IN THE NAME OF
GOD

IRAN
The Cradle of Civilization

Photos By
Afshin Bakhtiar

Persian Texts : M. Azad

English Texts : Esmail Salami

Al Ain, 5th May 2018

Dear Michael,

all colleagues of Finance-Controlling Middle East & Turkey wish you all the best for your active retirement.

Thanks for all your support extended to all companies and colleagues over the last 20 years.

Your pragmatic approach, openness and continuous willingness to help will be deeply missed.

Yours Stefan

(Arun?)

Best wishes
Lakshmy

Enjoy the retirement, we will join for Champagne :)

wishing u all the best
from Zamalek Island
09.05.18

Enjoy the retirement
next life

best wishes for the next
phase in life.
thanks for the good support
in collaboration
Saurabh Shrivastav

BEST WISHES FROM DUBAI
ZEYNEP

Best wishes
Deyup Kocadayı

Enjoy your retirement
with my best wishes
Ahmet Gurgun

 Photos : Afshin Bakhtiar

 Persian Texts : M. Azad

 English Texts : Esmail Salami

 Calligraphy : Esrafil Shirchi

 Cover Design : Afshin Sadeghi

 Art Director : Afshid Fatemi Nazar

 Editing : Mohammad Zamanian

 Direct Manager : Nasser Mirbagheri

 Color Seperation : Mahmoud Rasaee, Hashem Tajik

 Lithigeraphy : Farayand-e Gooya

 Printing : Gooya House of Culture & Art

 Binding : Gohar

 Sixth print : Fall 2017

 Prints run : 1000

 ISBN : 964-7610-03-3

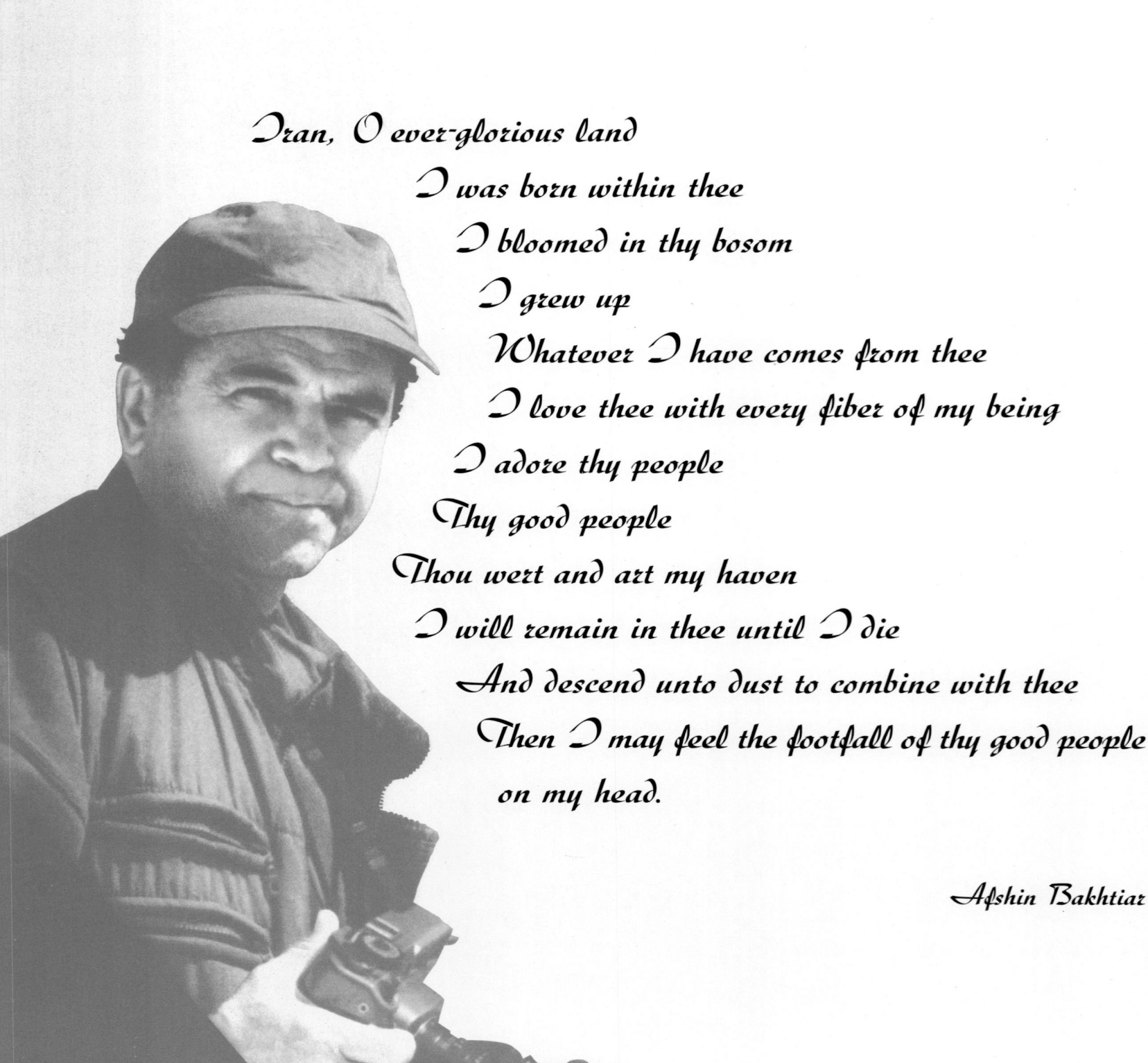

Iran, O ever-glorious land
    I was born within thee
        I bloomed in thy bosom
            I grew up
                Whatever I have comes from thee
                    I love thee with every fiber of my being
                I adore thy people
            Thy good people
        Thou wert and art my haven
           I will remain in thee until I die
                And descend unto dust to combine with thee
                    Then I may feel the footfall of thy good people
                on my head.

Afshin Bakhtiar

In the Name of God

With a history of 7,000 to 10,000 years of a unique and rich civilization, Iran is a country greatly esteemed and loved by the Iranians.

The Cyrusí cylinder on Human Rights, the world order prescribed by the Zoroastrian teachings, Dariusí order for the establishment of a medical college in Egypt, the pure Islamic art and its manifestations in the tileworks of the mosques and edifices, paintings and calligraphies all bespeak the ancient and pure civilization of this land. Although the glory and grandeur of the arts of the Achaemenides, the Arsacides and the Sassanids have waned in the course of time, great arts of tilework, plasterwork, calligraphy and painting have flourished in every corner of the land. On the other hand, given the fact that Iran enjoys the four seasons, beautiful beaches, massive forests and charming springs and the presence of heterodox ethnic groups such as the Kurds, the Lurs, the Turks and Baluches, one can imbibe the diversities of this land.

The sight of the palaces, mosques, caravanserais, churches and ancient edifices makes one contemplate a great civilization.

Despite all this, celebrated poets such as Ferdowsi, Rumi, Saídi, and Hafiz have inspired other arts such as painting, calligraphy, illumination and the design of flower and birds, thus enriching other Persian arts.

Great scholars such as Edward Browne, Arthur Pope, and Roman Girshman who had spent some precious parts of their lives studying the Iranian tourism magnets and arts and culture, have all described Iran as exotic and great.

As Jeanne Chardin departed from his hometown on horseback and came to Isfahan, he fell in love with the culture of this land.

It is understood that all this grandeur and glory cannot be encapsulated in a one-volume book. However, the able hands of Mr. Afshin Bakhtiar combine technique with art and bring before our eyes the grandeur of a land, unparalleled of its kind. He has long made indomitable efforts and herein presents us with his finest touch of art.

What distinguishes this book from the rest of others is the complete range of photos from different parts of the Iranian land including the edifices, architectural landmarks, nature, traditions and customs and life.

Given a quarter of a century experience, the Gooya House of Culture and Arts has published numerous books in this field including Isfahan, Kerman, Yazd, Shiraz, Kashan from different artists. Gooya is also intent on publishing books on other provinces too. It is sincerely hoped that these books will prove useful to people inside and outside of the country.

We also wish to extend our deep gratitude to all those who have in their own way contributed to the creation of this book.

In scanning the photos, Mr. Mahmud Rasai and Hashem Tajik are the originators of quality printing. Mr. Afshid Fatemi has made great efforts in the design and the layout of the book. Mr. M. Azad has written a Persian text to the book in a sweet style. Mr. Ismail Salami has authored a complete and precise English text for the book. Ms. Brigit Rinnel has translated the book into German for the German-speaking people. Mr. Esrafil Shirchi has ornamented the book with his unique style of calligraphy. Mr. Shaban Afzali and his colleagues Mr. Vahid Farshad Seffat, Mohammad Reza Farahani, Ali Razaqqi, Asghar Haghighi, Mehdi Jalali, and Ali Reza Jafari have made great efforts for the book in the Farayand Lithography. In the printing of the book, Mr. Javad Mir Hashemi and his colleagues have given the photos a new meaning of beauty. Shahab, Shahin and Mehdi Matin who are among the noted binders in Iran have been responsible for the charming binding of the book. In the end, we would like to thank all those who have played a part in the creation of this book but whose names have been neglected.

Nasser Mirbagheri

The appellation ëIraní

According to the views of scholars, the appellation ëIraní, which was called ëAraní in Middle Persian, is derived from that of an ancient tribe calling itself ëAriaí and from the land ëArianí or ëArianaí where this tribe lived, i.e., the land of the Arians. Until the beginning of the twentieth century, Iran was called ëPersí by the rest of the world, a name given to Iran by the ancient Greeks, which they had derived from the name of the south-western region of íParsí. In 1935, the Iranian government officially asked all foreign governments to henceforth call this country ëIraní, which was accepted by the vast majority of these governments; however, the country is sometimes referred to as ëPersiaí in some texts.

Art and Architecture

Persian architecture dates back to the late sixth and early fifth millennia BC with four distinctive periods: 1. prehistoric architecture until the establishment of the first Median government. 2. architecture from the Median period up to the late Sassanid period. 3. Islamic architecture up to the late Safavid period. After all, the Iranians used other forms of art including stone carving, stucco carving and plasterwork, painting, tilework, brickwork, mirror glasswork, honeycomb work, and mosaic work. Iran boasts of a large variety of monuments including prehistoric huts, early villages and towns, fortresses and fortifications, temples and fire temples, mausoleums, massive ancient palaces, dams and bridges, bazaars, baths, roads, magnificent mosques, towers and minarets, and religious structures.

A very ancient monument discovered on the Iranian plateau is the painted structure of Zaghe Tappe in the Qazvin plains datable to the late seventh and early sixth millennia B.C. The structure was used for social gatherings and meetings. A feature of the building is its fireplace used to heat the interior in winter as well as a brazier for roasting meat. The structure had two depositories for tools and equipment, and a smaller chamber, which served as a living room. The walls were painted and decorated with images of wild goats. It seems that the painted structure of Zaghe Tappei served as a temple and a gathering center for the Neolithic tribes in Iran.

The Sialk Mound, an important mound near Kashan, represents another prehistoric site in Iran, inhabited by people who had developed a simple and basic housing technique. The Sialk Mound was excavated by Ghirshman in the 1930s. The site is supposedly datable to the 15th century B.C. Later excavations, however, suggest that the site dates back to 7000 years. The houses were made of mud brick buildings, which were oval-shaped and sun-baked. The walls were painted red. The doors were small, their heights not exceeding 80-90cm.

Tappe Hassan near Damghan, Tell-i-Iblis near Kerman and Tappe Hasanlu in Western Azerbaijan are among other prehistoric sites with architectural monuments of various periods. In excavations of Tappe Hasanlu, three massive structures, datable to 800 BC to 1000 BC, were discovered, which had been constructed on similar plans. They had entrance gates, paved courtyards, rooms, nooks, and smaller storerooms. In Tappe Hassanlu architecture, the buildings were apparently built of wood (for the first time), with columns which may have been tree trunks and erected on uncut plinths.

Ziggurat Chogha Zanbil is one of the most significant architectural remnants of the 13th century B.C. Located in 45km of Susa, an ancient Iranian town, Khuzestan Province, it was built by Huntash Huban the Elamite king on the ruins of ancient Elamite city of Dur-Untash. Ziggurat Chogha Zanbil was built on the order of Untash Gal the Elamite king in 1250 BC, for the worship of Inshoshinak god. Originally, it had five concentric storeys but only three remain, reaching a total height of some 25m (82ft). This imposing landmark had been lost to the world for more than 2500 years, which it was until being accidentally spotted in 1935 during an oil companyís aerial survey. An interesting point about this landmark is the construction of a potable water treatment system. The water was used by the worshippers and other dwellers of the city.

The first Iranian monarchy was established by the Medes (800 B.C.). Their king, Cyaxares, chose Ekbatana (modern Hamedan) as his capital. Ekbatana had been one of the earliest Iranian towns built on architectural and urban principles. The first monument unearthed in archaeological excavations is the Royal Palace of the Median Kings at Ekbatana. The palace is a two-storied building surrounded by fortifications and tower. Therefore, it can be considered a starting-point in Iranian architecture.

The establishment of the Achaemenid dynasty (560-330 BC) features one of the brilliant periods in Persian architecture. Among the best architectural monuments of the period, mention can be made of mausoleums, fire-temples, and palaces. The ruins of Achaemenid palaces already exist in Pasargadae, Susa and Persepolis. A glorious monument of Achaemenid architecture is Pasargadae palace at Shiraz. Situated northeast of Persepolis in southwestern Iran, it is the first dynastic capital of the Achaemaenian Empire. Traditionally, Cyrus II the Great (reigned 559ñc. 529 BC) chose the site because it lay near the scene of his victory over Astyages the Mede (550). Pasargadae includes two palaces, a sacred precinct, a citadel, a tower, and the tomb of Cyrus. The palaces were set in walled gardens and contained central columnar halls, the largest of which was 37 m (111 ft) in length. The proportions of the principal rooms varied from square to rectangular; all were lighted by a clerestory. Walls were constructed of mud brick; foundations, doorways, columns, and dadoes along the walls were of stone. Columns were capped with stone blocks carved to represent the forequarters of horses or lions with horns, placed back to back. The roof was flat and was probably made of wood. The sacred precinct consisted of a walled court containing two altars and a rectangular stepped platform. The tower was a tall rectangular structure built of yellow limestone; a contrasting black limestone was used for the doorway and two tiers of blind windows. The tomb of Cyrus was a small gabled stone building placed

on a stepped platform. The surrounding columns were placed there during recent Islamic times.

Persepolis is another architectural masterpiece of ancient Iran. The site lies near the confluence of the small river Pulvar (Rudkhaneh-ye Sivand) with the Rud-e Kor. Darius transferred the capital of the Achaemenid dynasty to Persepolis from Pasargadae, where Cyrus the Great, founder of the Persian Empire, had ruled. Construction of Persepolis began between 518 and 516 B.C. and continued under Dariusís successors Xerxes I and Artaxerxes I in the 5th century B.C. Known as Parsa by the ancient Persians, it is known today in Iran as Takht-i Jamshid (ìThrone of Jamshidî) after a legendary king. The Greeks called it Persepolis. Built in a remote and mountainous region, Persepolis was an inconvenient royal residence, visited mainly in the spring. The site of Persepolis consists of the remains of several monumental buildings on a vast artificial stone terrace about 450 by 300 m (1,480 by 1,000 ft). A double staircase, wide and shallow enough for horses to climb, led from the plains below to the top of the terrace. At the head of the staircase, visitors passed through the Gate of Xerxes, a gatehouse guarded by enormous carved stone bulls.

To the north of the Apadana stands the impressive Gate of Xerxes, from which a broad stairway descends. Xerxes, who built this structure, named it ìThe Gate of The Nationsî for all visitors had to pass through this. It is the second largest building at Persepolis, where the king received nobles, dignitaries, and envoys bearing tribute. An enormous throne room, 70 by 70 m (230 by 230 ft), occupied the central portion of the Throne Hall. It is also known as the Hundred-Column Hall after the 100 columns that supported its roof. These columns were made of wood, and only their stone bases survive. Eight stone doorways led into the throne room. Carvings on the sides of the doorway depict the king on his throne and the king in combat with demons. The Throne Room was begun by Xerxes and completed by Artaxerxes I.

The fall of Achaemenid Empire is followed by a period of stagnation in the development of Parthian architecture, which resulted from a hundred years of domination by Alexander and his successors - Seleucids. Parthians ousted the Seleucids from the mainland Iran after successive fights against Macedonian forces, and established the Parthian dynasty (174 BC - 224 A.D.). The Parthian architects constructed palace walls with cut stones. They also used stuccos. Their stuccos were mainly themed with geometrical lines and floral designs. Some of the reliefs created by great Parthian artists are extant in Behistan (Bisotun) and Susa. The Sassanians (224-642 BC) hailed from the Province of Pars, who revived the glories of Achaemenid Persia and created a national art. The Sassanian architectural style can be distinguished from the existing ruins of palaces, worship places, fortifications, bridges, and dams. An outstanding feature of their architecture is the construction of high-rising brick vaults wider than any vault in the known world of the period. Taq-i-Kisra at Ctesiphon (present-day Iraq) with a great open vault, which spans 75 feet, is 90 feet high and nearly 150 feet deep, is considered one of the most splendid palaces in the Sassanian period. The Sassanian architecture transcended the borders of Iran, and stretched to India, Turkmenistan, China, Syria, Asia Minor, Constantinople, the Balkans, Egypt and Spain. Huge gates and massive domes are common in the Sassanian architecture, to be later imitated in the mosques and palaces of Islamic period.

The greatest stone carving monument of Sassanian architecture is situated near Darab Gerd (Fars Province) and known as Naqsh-i-Rustam. Naqsh-i Rustam is situated some five kilometers northwest of Persepolis, the capital of the ancient

Achaemenid Empire. It was already a sacred place when king Darius I the Great (522-486) ordered his monumental tomb to be carved into the cliff. Bishapur was another town of Sassanian period built by Shapur I in Fars (Province), the remnants of which are still visible. Some of the reliefs are among the masterpieces of sculpture art. The Bishapur reliefs depict the kingís investiture by Ahura Mazda, his victories, wars and hunting.

During Sassanian period, stucco art is brought to perfection. All Sassanian palaces are decorated with stucco.

Kermanshah was situated on the old Silk Road, at a site, which was called ìthe Gate to Asiaî by Professor Herzbeld. The coronation scene of Ardashir II (279-383 A.D.) has been carved on two lateral fronts of the great cave of Taq-i-Bostan. The imperial hunting grounds are also portrayed in bias relief. A boat is floating ahead on a leaf. The king is standing on it and hunting the boards. Behind the kingís boat, other boats are moving ahead, wherein are sitting the musicians while playing and signing. In another scene of this huge rock carving, the hunted animals are shown on the back of huge elephants.

Sassanian art is not limited only to the construction of towns, palaces, and massive rock carvings. Sassanian artists were also great masters in constructing arch dams and bridges. There are numerous articles on the grandeur of Sassanian art and its impacts on other nations and artists.

The advent of Islam in Iran (635 A.D.) brought about numerous changes and the Iranian architects were encouraged to incorporate Iranian architecture with Islamic architecture. A large number of structures and unique decorations and calligraphy emerged afterwards. The advent of Islam led to the construction of magnificent edifices in Iran. Islamic architectural monuments are scattered all across Iran. Isfahan is a city where Islamic architecture comes into full bloom. The historic monuments of Isfahan are so numerous that it can be likened to a museum of Islamic architecture. The great maydan (square) at Isfahan called Naqsh-i-Jahan (world image) represents exotic architectural landmarks. The square is situated in the center of the present city of Isfahan, and has been described as unique by world archaeologists in terms of architectural style, dimensions, and splendor. No doubt, by the end of 16th century, no such maydan had been constructed neither in Iran, nor in other countries of the world. This unique phenomenon of art and architecture is a creation of experienced and creative Iranian architects. The most famous architectural works of Maydan Naqsh-i-Jahan are Masjid-i-Shah (now Imam Mosque). Shaykh Lutfí Allah Mosque, and the Al Qapu Palace - seat of government - situated in their full splendor at the north end, east and west of maydan, respectively.

The southern side of maydan leads to the great bazaar of Isfahan, which is one of the most attractive and beautiful bazaars of the east, representing the great era of Islamic architecture with its buildings, the maydan and its historic monuments during the Safavid period (1491-1722).

The Masjid-i-Shah (Imam Mosque) was built as the space for public worship in Shah Abbasí new urban plan for Isfahan, but was not completed until the reign of his successor, Safi I. Formally reflecting the bazaar portal on the north wall of the square, the entrance portal to the Mosque is recessed into the centre of the arcade on the south wall. Between the entrance portal and the central four-iwan courtyard is a domed vestibule that enters the apse of the north iwan at a 45 degree angle. This transition accommodates the angle between the square axis with which the portal is aligned, and the mosque orientation toward Mecca. Beyond the entrance vestibule the plan is symmetrical on the North-South axis.

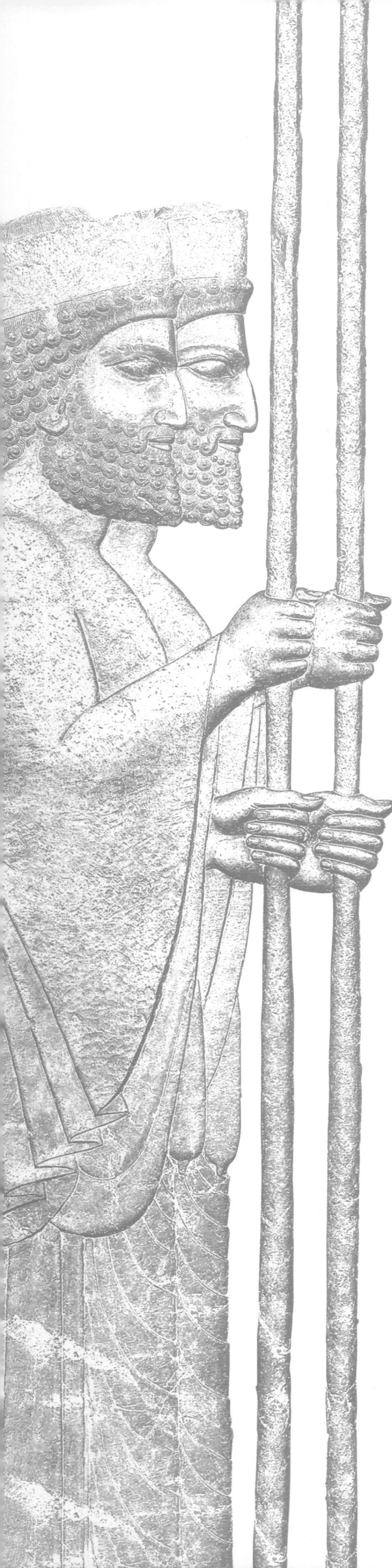

The south, east and west iwans each lead to a domed chamber. The south (qibla) iwan is flanked by eight-domed winter prayer halls, which continue to courtyards lined by arcades that function as madrasas. Minarets are paired at both the entry portal and the south iwan. The southern dome, a bulbous form supported on a tall drum, is the largest and the only one decorated. A base of marble revetment runs around the courtyard and iwans as in the entrance portal, above which the tiles are largely replacements from the 1930ís. These polychrome glazed tiles are of an inferior quality to the decoration of the entrance portal. The portal includes galleries and recesses, all surfaces covered with highly detailed tile mosaic. The semi-dome is filled with muqarnas, the arches are outlined with turquoise cable mouldings that spring from marble vases.

The mosque of Shaykh Lutf Allah (1601-28), one of the most beautiful architectural monuments of Iran, is situated on the east side of the Naqsh-i-Jahan square. Thought to be a palace chapel, the Mosque of Sheikh Lutfollah was built under Shah Abbas I, located slightly off axis across the maydan from the Ali Qapu, the entrance portal to the palace complex. Inscriptions identify the architect as Master Muhammad Reza B. Hussein. The entry portal, recessed into the east arcade of the maydan, is aligned with the maydan faÁade. The single domed octagonal chamber is entered by an unusual corridor that bends to accommodate the angle between the maydan axis and the qibla orientation toward Mecca. The corridor passes around two sides of the chamber so that entry is opposite the qibla wall. Typical use of the octagon in Persian architecture is limited to the zone of transition. However, the octagon form in the Mosque of Sheikh Lutfollah extends to the floor. The octagon is articulated with eight pointed arches forming squinches, grooved, without muqarnas. All surfaces are inlaid with mosaic tile, the arches trimmed with a turquoise cable molding. The drum of the dome, carried by the squinches, has a series of ceramic grilled windows, which allow light to filter in from above. The dome itself is shallow, one of the few Safavid examples of single shell dome construction. It is decorated with a gold background upon which bands of blue pointed almond shapes diminish in size toward the centre of the dome.

Masjid-i-Jameh (Friday Mosque) is another valuable architectural work of Islamic period displaying experiences of more than nine hundred years of creativity. Constructed in the late 11th and early 12th century, the Friday Mosque is the most ancient building in Isfahan. Changes and additions were made in subsequent periods. It was partially destroyed in Iraqi air raids, and repaired immediately thereafter. The Friday Mosque as it stands now is the result of continual construction, reconstruction, additions and renovations on the site from around 771 to the end of the twentieth century.

The architectural splendor and grandeur of mosques is largely due to their virtuoso tilework. Various tiles were used in the embellishment of mosques. Tiles contained floral designs in Arabesque and phrases of the Holy Qurían in different Arabian calligraphy known as Sols, Nastaliq, Kufic, etc., all on tiles of deep azure blue or other colors.

The development of Iranian architecture can also be traced also in mosques of other towns such as the Naíin Friday mosque (mid-tenth century), Ardistan Friday Mosque (circa 1180), Zawareh Friday Mosque (1153), Golpayegan Friday Mosque (12th century), and the historical mosques of Tabriz and Yazd.

Stucco is another decorative art of Iranian architecture. The Islamic period architects were unparalleled in the art of stucco. Stone and stucco carvings have played a significant role in the internal and external decorations of Seljuk structures. During Seljuk period, stucco carving was used both in mosques and in the mansions of the nobles.

Mirrorwork is another decorative element of Iranian structures during the Islamic period. In Islamic period, minarets appeared shortly after mosques. Mosque minarets had mostly tile facings, while a large number of minarets were built with bricks. The finest and tallest Iranian minarets are to be found in Isfahan and certain towns in the desert areas. Brickwork is another architectural element of Iranian art.

Huge brick tower construction represents another creative aspect of Iranian architecture. Gombad-È Kavus is a spectacular tomb tower, a stunning memorial to the remarkable Qabus (of which ëKavusí is a corruption), a prince, poet, scholar, general and patron of the arts. He ruled the surrounding region at the turn of the 11th century and decided to build a monument to last forever. The 55m (180ft) tower was completed in 1006, six years before Qabus was slain by an assassin. Gombad is 93km (58mi) northeast from Gorgan, a sizeable town in northern Iran near the Caspian Sea. Minibuses leave about every hour from the special Gombad terminal. There is also a daily bus from Tehran, 470km (290mi) southeast of Gombad.

Tuqrol Tower near Rayy (1139 A.D.) and Bistam Tower (1314 A. D.) are among such towers, each representing a masterpiece of architecture and brickwork. Also known as the Mongol Tower, the Tughrol Tower is a huge 20m high brick structure slightly embellished with deeply grooved brickwork. The triple vaulted cornice which crowns the deep pleats of its cylindrical surface is deceptively simple and brilliantly effective; the monumental doorway at the south side has an impressive simplicity. It is believed to be the tomb of Tughrol I, the Seljuk king. All the historical and artistic features and evidences such as the Seljuk-style Kufic inscription and design carved on the brick indicative of its Seljuk origin, have been destroyed in the course of reparations carried out in 1882 AD, thus this 12th century structure looks like a modern building, to the passer-by it might appear to be large Victorian water-tower. This effect is enhanced by its having lost whatever dome or cone probably the latter it once possessed; its flat top looks severely functional. A marble tablet has been installed upon the portal of the tower, indicating the nature and date of repairs carried out in it.

Architecture in Iran dates back to more than 6,000 years, from at least 5,000 BC to the present and religion has played a dominant role in creating a large number of architectural edifices in Iran.

Sources:

* Ayatollahi, Habibollah, The History of Iranian Art, Alhoda Publications, 2004
* Britannica, 2005
* Encarta 2005
* salamiran.org
* Kiani, Kiyanush, The Geography of Iran (trans. By Azita Rajabi), Alhoda 2004
i

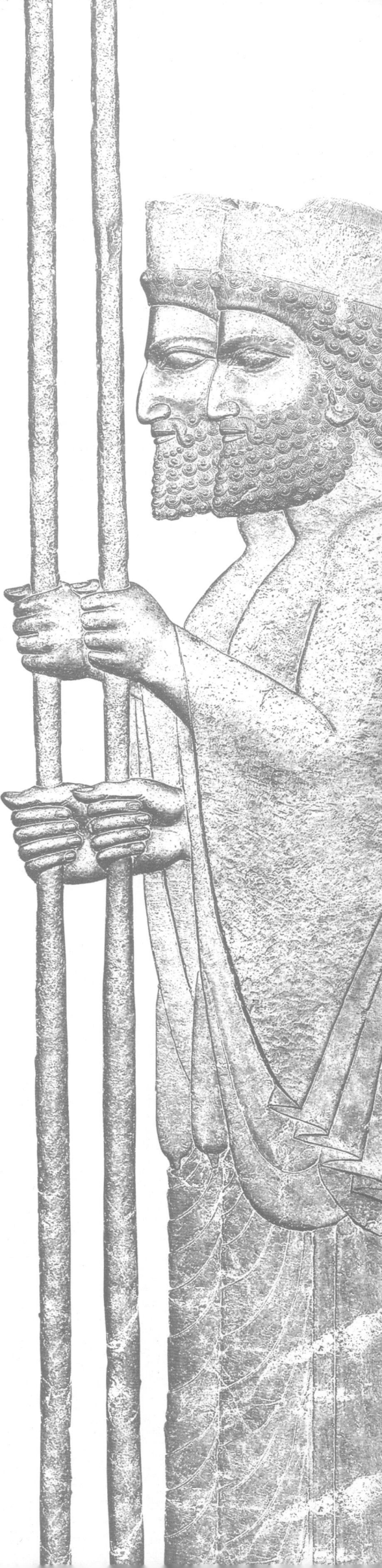

18	Tehran
51	Semnan
79	Markazi
85	Qome
86	CharMahal & Bakhtiari
107	Isfahan
163	East Azarbaijan
195	West Azarbaijan
215	Ardebil
235	Zanjan
237	Qazvin
250	Mazandaran
267	Golestan
269	Gilan
307	Kerman
326	Yazd
349	Sistan & Baluchestan
363	Khorasan
391	Lorestan
407	Hamedan
411	Ilam
417	Kermanshah
429	Kordestan
435	Kohkilooyeh
442	Boushehr
451	Hormozgan
471	Khozestan
481	Fars

کیلومتر
50 0 50 100 150 200 Km
Kalat
Radkan
Toos
Mashahd
Nishabour
Chih l Dokhtar
Foroomad
Sabzevar
Bastam
Fariman
Torabat Heydaryeh
Tarood
Khorasan
Tabas
Birjand
Yazd
Yazd
Zabol
Hamoon Lake
Bafgh
Ravar
Kerman
Rafsanjan
Mahan
Zahedan
Kerman
Sirjan
Bam
Sistan & Baluchestan
Hormizgan
Hormoz iland
Qeshm
Kish
Small Tonb
Big Tonb
Aboomoosa
Oman Sea
Chabahar

Central Region		ناحیه مرکزی	
Tehran	18-49	۵۳۴ – ۵۰۳	تهران
Semnan	50-77	۴۷۴ – ۵۳۵	سمنان
Central Privince	78-85	۴۶۶ – ۴۷۵	مرکزی
Char Mahal & Bakhtiari	85-105	۴۴۶ – ۴۶۷	چهارمحال و بختیاری
Isfahan	106-159	۳۹۲ – ۴۴۷	اصفهان

Chihil Dokhtar
چهل دختر
فرومد
Foroomad
بسطام
Bastam
شاهرود
Shahrood
Foolad Mahalleh
فولاد محله
Ahooan
هوان
فیروزکوه
Firoozkooh
سمنان
Semnan
طرود
Tarood
سمنان
Semnan
گرمسار
Garmsar
خور و بیابانک
Khoor & Biabanak
Isfahan
Natanz
اردستان
Ardestan
نائین
Naeen
اصفهان
Isfahan
۵۰ ۰ ۵۰ ۱۰۰ ۱۵۰ ۲۰۰ کیلومتر
50 0 50 100 150 200 Km

Tehran

With an area of roughly 18,637sqkm, the province is the most densely populated area in Iran. It consists of nine districts: Tehran (the capital), Shemiranat, Rayy, Islam Shahr, Shahr Ray, Karaj, Jajrud, Lar, and Rood Shoor. The name Tehran is derived from the Old Persian teh, "warm," and ran, "place." Tehran is the successor to the ancient Iranian capital of Rayy, which was destroyed by the Mongols in AD 1220; traces of Rayy—where the conqueror Alexander the Great halted while pursuing Darius III, king of Persia, in 330 BC—are still to be found south of Tehran. The village of Tehran is believed to have been a suburb of Rayy in the 4th century, and after the fall of Rayy, many of the inhabitants moved to Tehran. The first European to mention Tehran was Don Ruy Gonz?lez de Clavijo, ambassador to the king of Castile to the court of Timur (Tamerlane), who visited the town in 1404. Tehran was the home of several Safavid rulers of Persia from the 16th to the 18th century. Tehran became prominent after its capture in 1785 by Agha Mohammad Khan, the founder of the Qajar dynasty (1779–1925), who made the city his capital in 1788. Since that date, Tehran has been the capital of Iran. The majority of the inhabitants are Muslim. Persian (Farsi) is the language in general use, with approximately one-quarter of the population using the Azeri dialect. Important buildings include the Sepah-salar Mosque, the Baharestan Palace (the seat of the Majles, or parliament), the Shams ol-Emareh, and the Niavaran Palace. The Golestan Palace (containing the famous peacock throne and the jewel-studded Naderi throne), the Sa'dabad Palace, and the Marmar (Marble) Palace are now maintained as museums. There is also a notable archaeological museum and an ethnographical museum. Industrial plants manufacture such items as textiles, cement, sugar, chinaware and pottery, electrical equipment, and pharmaceuticals. There is also a car-assembly industry, and an oil refinery is in operation at Rayy.

استان تهران

استان تهران با وسعتی در حدود ۱۸۹۵۶ کیلومترمربع، از شمال به استان مازندران، از جنوب به استان قم، از شرق به استان سمنان و از غرب به استان قزوین محدود شده و مرکز آن شهر تهران است.

شهرهای استان تهران :تهران، ری، دماوند، فیروزکوه، شهریار، کرج، ورامین، اسلام‌شهر.

استان تهران با رشته‌کوه‌های البرز از استان‌های شمالی ایران جدا شده‌است.

آب‌و‌هوای تهران در مناطق کوهستانی از نوع آب‌و‌هوای متعدل است و در دشت‌ها از نوع آب و هوای نیمه بیابانی است.

شهر تهران با آنکه چندان قدمتی ندارد، اما آثار جالب توجهی دارد. تهران که روزگاری روستایی از توابع ری بود پس‌از ویرانی ری بدست مغولان، به تدریج رشد کرد و در سال ۱۲۰۰ هجری قمری پایتخت ایران شد و به این ترتیب جای ری را گرفت. بناهای تاریخی تهران بیشتر در دوره قاجار ساخته شده‌اند.

مهم‌ترین مکان‌های دیدنی تهران عبارتند از :موزه جواهرات در بانک ملی که الماس معروف کوه نور همراه تاجهای شاهان در آن نگهداری می‌شود.

بازار تهران با کاروانسراها و ساختمان‌های قدیمی، کاخ گلستان، مسجد شاه (امام)ومسجد و مدرسه سپهسالار (مطهری)زیارتگاه حضرت عبدالعظیم(ع)در شهر ری، که بناهای باشکوهی دارد.

موزه ایران باستان، موزه فرش، موزه رضاعباسی، موزه آبگینه، مجموعه کاخ‌های نیاوران و سعدآباد و گلستان ازمجموعه‌هایی هستند که آثار گران‌بهایی را در خود جای داده‌اند.

Damavand Peak

It is an extinct volcanic peak of the Elburz Mountains about 42 miles (68 km) northeast of Tehran. Estimates of its height vary from about 18,400 feet (5,600 m) to more than 19,000 feet (5,800 m), and it dominates the surrounding ranges by 3,000 to 8,000 feet (900 to 2,450 m). Its steep, snowcapped cone is formed of lava flows and ash and is crowned by a small crater with sulfuric deposits. Below the crater are two small glaciers; there are also fumaroles, hot springs, and mineral deposits of travertine. Mount Damavand is mentioned in several Persian legends, one of which gives it as the resting place of Noah's ark.

دماوند

بلندترین قله رشته‌کوه‌های البرز، دماوند است که ۵۶۳۶متر از سطح دریای مازندران و ۵۶۷۱متر از سطح دریاهای‌آزاد ارتفاع دارد.

گمان می‌رود آتشفشان دماوند در حدود ۱۰۰هزار سال قبل خاموش شده باشد. یادگار این آتشفشان پیش از تاریخ ،سنگ‌های گوگرددار و تکه‌های گوگرد ناب و همچنین حوضچه‌هایی به شعاع ۱۰۰متر و عمق ۳۰سانتی‌متر در قله قیفی شکل دماوند است که معمولا یخ‌بسته است. درجه برودت هوا در قله دماوند، در میانه تابستان بین ظهر و ۴بعدازظهر در حدود چهار درجه زیر صفر است. دامنه دماوند در ارتفاع ۲۰۰۰تا ۳۵۰۰متری یکسره از گل‌های شقایق پوشیده است. مناسب‌ترین راه صعود به قله دماوند از طریق روستای پلور در جاده هراز است. قله دماوند ۲۶یال دارد که چهار مُسیر آن به عنوان راه‌های اصلی شناخته شده‌است:

مسیر جنوبی : جاده هراز، پلور، ده‌رینه. مسیر غربی :از جاده هراز - پلور - جاده سدار

مسیر شمالی : جاده‌هراز-آب‌گرم لاریجان، منطقه چمن‌گوسفندسر. مسیر شمال‌شرقی :از جاده‌هراز، پلور

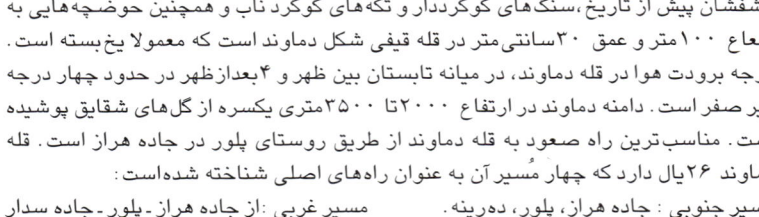

Tehran International Book Fair

With an area of 1.3 million square meters, the fair is managed by the Center for Developing Exports. Inaugurated in 1969, it has so far hosted more than 40 cultural and trade fairs. It is the most frequented book fair in Iran, hosting domestic and foreign publishers every spring.

نمایشگاه بین‌المللی تهران

محل دائمی نمایشگاه‌های متعدد بین‌المللی و ملی، در فضایی به وسعت ۳/۱ میلیون مترمربع با ۶۲سالن، زیرنظرمرکز توسعه صادرات اداره می‌شود. این نمایشگاه در سال ۱۳۴۸افتتاح شد و از آن زمان تاکنون سالانه بیش از ۴۰نمایشگاه بازرگانی بین‌المللی، اختصاصی، صادراتی و فرهنگی را میزبانی کرده‌است. پربیننده‌ترین نمایشگاه فرهنگی،نمایشگاه کتاب است که با شرکت ناشران داخلی و بخشی از ناشران جهان در اردیبهشت‌ماه هر سال برگزار می‌شود.نمایشگاه‌های متنوع صنعتی، کشاورزی، تجاری و فرهنگی، سال به سال گسترش‌یافته و هر سال در فضای وسیعتری برگزار شده‌است.

Shams al-Emareh (Shams al-Emareh Palace)

One of the first high-rise buildings of old Tehran, it was commissioned by Naser al-Din Shah. The construction was completed in 1867 by Doost Ali Khan Moayer al-Mamalek. The edifice is made of thick brick walls. In some cases the thickness of the basement walls exceeds 600 centimeters and the thickness of the ground floor walls stands in the range of 510, 150 and 120 centimeters. The building contains stucco, mirror work, tilework and murals and is one of the most beautiful of historical buildings in Tehran.

Shams al-Emareh has been the tallest royal building with three stories and two towers on the top. This building used to serve as a place for official receptions and also the private harem of Nasser ad-Din Shah.

شمس العماره

ناصرالدین‌شاه قاجار در سال ۱۲۸۴ فرمان ساختن قصر شمس‌العماره را به معیرالممالک داد. این کاخ در انتهای باغ‌گلستان و در شرق عمارت دیوان‌خانه قرار داشت. شمس‌العماره بنایی بلند است که دو برج آن از سمت خارج قصر، یعنی از طرف بازار، چشم‌انداز بسیار جالبی دارد.

بانوسازی تهران و توسعه خیابان ناصریه (ناصرخسرو امروز) عمارت شمس‌العماره در بر غربی خیابان قرار گرفت. جالب است که نام «شمس‌العماره» در فرهنگ عامیانه (فولکور) تهرانی انعکاسی یافته است ـ از جمله در یک تصنیف عامیانه ـ که مضمونش گویای آن است که نام «شمس‌العماره» با زندگی روزمره مردم درآمیخته است.

Gulistan Palace in Tehran

During the reign of the Safavid Shah Abbas I, a vast garden called Chahar-Bagh (Four Gardens), a governmental residence and a Chenaristan (a grove of plane trees) were constructed on the present site of the Gulistan Palace and its surroundings.
Later, Karim Khan Zand (1749-1779 C.E.) ordered the construction of a citadel, a rampart and a number of towers in the same area. In the Qajar era, some royal buildings were gradually erected within the citadel. In 1813, the eastern part of the royal garden was extended and some other palaces were built around the garden, called the Gulistan Garden. The group of palaces in the northern part of the Gulistan Garden, consists of the Museum Hall (Talar-i- Brilian), the Ivory Hall, the Crystal Hall, and the Talar-i Narinjistan (orangery hall). In the upper

کاخ گلستان

در زمان شاه عباس صفوی چهارباغ و عمارت ایوانی ساده و چنارستانی در محل کنونی گلستان و اطراف آن ، احداث شد. تا اینکه کریم خان زند در همین محل اقدام به پی ریزی ساختمان بزرگ و برج های آن کرد.
در دوران قاجار ، بناهای سلطنتی را در درون ارگ و حصاری می ساختند.

در سال ۱۲۶۸ هجری قمری (برابر با پنجمین سال سلطنت ناصرالدین‌شاه)قسمت شرقی باغ سلطنتی را وسعت دادند و کاخ‌های دیگری در اطراف این باغ بنا کردند که مجموعاً به نام «گلستان» خوانده می‌شد. مجموعه کاخ‌های ضلع‌شمالی باغ گلستان، شامل تالار، موزه، سرسرای ورودی، تالار آیینه، تالار برلیان، تالار عاج و تالار بلور، پیش ازقسمت‌های دیگر کاخ ساخته شد. تاریخ ساختمان تالار موزه (تالار تاج‌گذاری)سال ۱۲۹۶ هجری‌قمری است. در شاه‌نشین تالار سلام، تخت زرین وجواهرنشان بزرگی به نام تخت طاووس قرار دارد.

section of the Royal Reception Hall of the Gulistan Palace, there is a large gilded throne, called Takht-i- Tavus (The Peacock Throne), which must be the same as the Solar Throne (Takht-i Khorshidi). Nasser ad-Din Shah added a museum in the form of a large, first-floor hall decorated with mirror work, where some of the priceless crown jewels were put on show. The coronation ceremonies took place in the first-floor hall.

The palace garden offers coolness and silence in the heart of the city. Shade is provided by rose bushes, and blue fountain-bowls.

تخت طاووس از آثار مشهور ارگ سلطنتی تهران است. معروف است که نادرشاه افشار آن را از هند به غنیمت آورد.

تخت طاووس اثر هنری مجلل و زیبایی است که سراسر آن را با ورقه‌های طلا پرداخته‌اند و با ظرافت استادانه‌ای قلم‌زنی و میناکاری کرده‌اند. این تخت با سنگ‌های گرانبها ـ به ویژه یاقوت و زمرد ـ آراسته شده‌است.

تخت طاووس هفت پایه جواهرنشان و دو پله دارد که در پشت تندیسی از اژدها قرار گرفته و دیواره ظریفی دارد که دور آن با کتیبه آراسته شده. پشتی بلند تخت، سراسر جواهرنشان است. ستاره‌های گرد از الماس بر بلندای تخت می‌درخشد، در دو طرف این ستاره دو پرنده جواهرنشان دیده می‌شود.

برخی عقیده دارند که این تخت، تخت طاوس اصلی نیست، نادرشاه چون شیفته تخت طاووس مغول کبیر بود، فرمان داد تا مانند آن را از جواهر دیگر بسازند. ظاهراً فاجعه‌ای که در گیرودار هرج و مرج دوران پس از مرگ نادرشاه و پایان قرن هجده به وجود آمد، سرنوشت تخت را نامعلوم گذاشت.

Palace of Green Museum

The palace was commissioned by Reza Shah in between 1925-1929. Traditional architecture is the main feature of the palace. Among other features of this construction are plasterworks, murals and ornamentations. Persian carpets, chinaware, and precious chandeliers are housed in the palace.

کاخ موزه سبز

این کاخ به دستور رضاشاه در سال ۱۳۰۴ تا ۱۳۰۸ بنا شد. ساختمان مدرسه با رعایت اصول معماری سنتی ایران ساخته شده و از نظر تزیینات داخلی با دیگر کاخ ـ موزه‌های موجود در این مجموعه تفاوت اساسی دارد. ـ گچ‌بری، تذهیب دیوارها، خاتم‌کاری و تزئینات دیگر از ویژگی‌های معماری این بنا است. آثار عرضه شده در این موزه در برگیرنده فرش‌های ایرانی، انواع مبلمان، ظروف چینی، لوسترهای نفیس خارجی و نظایر آن است.

Portal of National Garden

The portal of the national garden is decorated with Qajar tileworks. The portal is presently located between the central post office and the Registration office. The portal was constructed in the early 1921-1931.

سردر باغ ملی

در نخستین سال‌های دهه ۱۳۱۰- ۱۳۰۰ سردر بلند زیبایی در مدخل میدان مشق سابق [میدان توپخانه] ساخته شد. بعدها، از آنجا که بخش بزرگی از زمین‌های میدان مشق به باغ ملی اختصاص یافت، به این نام مشهور شد. سردر باغ ملی با کاشی‌کاری دوره قاجار تزیین شده و نقارخانه کوچکی در بالای سردر ساخته‌اند که روحیه‌ای به این بنای عمومی می‌داد.

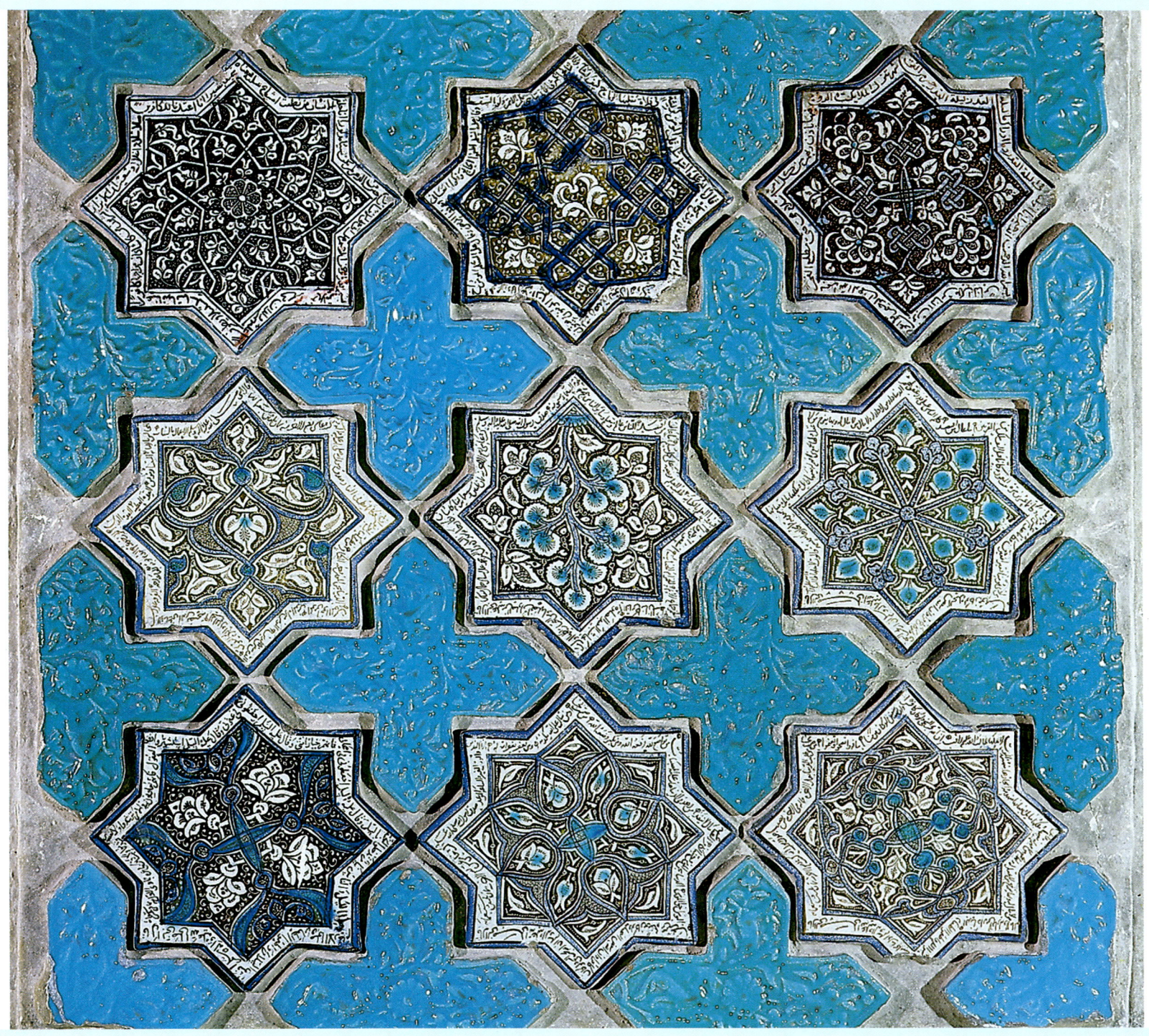

موزه ایران باستان(موزه ملی ایران)

موزه ایران باستان با زیربنای ۲۷۴۴مترمربع، نخستین موزه علمی ایران به شمار می‌آید که آثار مربوط به تهران و هنر پیش از تاریخ ایران را از هزاره ششم پیش از میلاد تا دوره اسلامی در خود جای داده‌است. این موزه از نظر ارزش، اهمیت، فراوانی و قدمت اشیا، یکی از موزه‌های معتبر جهان است. ساخت این بنا زیرنظر «آندره گُدار» دانشمند فرانسوی، در سال ۲۳۱۴هجری‌شمسی آغاز شد و پس از دوسال، مورد بهره‌برداری قرار گرفت. این موزه دوطبقه، دارای تاسیسات جنبی شامل تالار سخنرانی، تالار نمایش، کتابخانه و انبار مخصوص حفظ اشیا عتیقه است. طبقه اول موزه به آثار پیش از تاریخ و دوره تاریخی اختصاص دارد و در طبقه دوم، آثار دوران اسلامی به نمایش گذاشته شده‌است. ظروف سفالین مرمت شده که به نمایش درآمده‌اند، اشیای پیش از تاریخ موزه هستند. این ظروف دست‌ساز ازکالاهای تولیدی معدود جوامع ابتدایی بودند که در سراسر فلات ایران می‌زیستند این جوامع کوچک پراکنده از راه‌مبادله اشیای دست‌ساز و محصولات کشاورزی باهم در ارتباط بودند. رشد فنی و هنری در تولید انبوه سفال نقشداربازتاب دارد. این نقش‌ها بی‌گمان نشان‌دهنده خلاقیت هنری انسان‌هایی است که در آفرینش هنری، از طبیعت اطراف‌خود الهام می‌گرفتند.

موزه ایران باستان؛ موزه ملی ایران (موزه دوران اسلامی)

اشیای این موزه قبلا در طبقه دوم ساختمان «موزه ملی ایران» (موزه ایران باستان)قرار داشت که با آماده‌سازی‌ساختمان «موزه دوره اسلامی» به این موزه انتقال یافت.
«موزه دوران اسلامی» در سمت شرقی موزه ملی قرار دارد. اقدامات راه‌اندازی این موزه از سال ۱۳۶۸شمسی‌شروع شد و در سال ۱۳۷۵به بهره‌برداری رسید.
این موزه دربرگیرنده مجموعه‌ای نفیس و متنوع از اشیای اسلامی متعلق به قرون اولیه اسلامی تا پایان دوره قاجاریه‌است، در این موزه بیش از ۶۰۰ شیء، شامل نسخه‌های خطی - چون قرآن، کتب علمی، تاریخی و ادبی، قطعات خطوط نقاشی، مینیاتور، سفال، فلز، شیشه، چینی، پارچه، فرش و گلیم، اشیای سنگی، چوبی، عاج، جواهر گچبری و آجراست که بیشتر حاصل کاوش‌های علمی در محوطه شهرهای قدیمی اسلامی چون نیشابور، ری، جرجان (گنبدکاووس)تخت سلیمان، آذربایجان و ... است.
موزه ایران باستان تا سال ۱۳۶۶به عنوان تعمیرات اساسی تعطیل بود و از این سال با عنوان «موزه ملی ایران» بازگشایی شد و فعالیت خود را آغاز کرد.

Museum of Muslim Era

Islamic treasures consist of various pieces crafted from the early years of the Islamic era to the 14th century LH. The displayed works fall into different categories. The first floor of the Islamic Era Museum is home to handwritten copies of the Holy Qur'an, set in a totally spiritual atmosphere with other complementary elements of a mosque, such as a praying vault.
There are also other handwritten books from the Timurid era to the time of the Safavids. Notable among this collection is Ferdowsi's Shahnameh (Book of Kings), Sa'adi's collection of poems and prose, Nezami's Khamseh (The Five), as well as the collections of poems of Hafez and Amir Alishir Navaee. Most of the books are in Nastaliq script and embellished with miniatures drawn by Timurid and Safavid artists.

Ancient Museum of Iran

The construction of this outstanding museum began in 1935 and was completed two years later. The spectacular entrance is in the style of a Sassanian palace (Taq-e Kasra or Iwan-e Mada'en). The National Museum, or the Museum of Ancient Iran, is the country's archaeological and Islamic museum. Within the marvelous collection are artifacts found during excavations at Persepolis, including a sixth-century-B.C. audience-hall relief from the Treasury of Darius I and a frieze of glazed tiles from the Central Hall of the Apadana Palace.

برج طغرل

برج طغرل در شهر ری، از مهمترین برج‌های آرامگاهی ایران به شمار می‌رود. این برج که مغز دیوارهای آن ازخشت و نَمای بیرونی‌اش از آجر است. پلانی خورشیدی شکل دارد و بر روی سکویی مدور ساخته شده‌است. قطر برج ۲۱/۱۲۰ و ارتفاع آن ۲۰/۵۰ با دیوارهای قطور به پهنای ۲/۸۰ متر است.

این بنا همراه با تزیینات آجری در پیشانی برج، از شکیل‌ترین برج‌های آرامگاهی و از نظر قدمت، متعلق به دوره سلجوقی است. آرامگاه استاد محمدمحیط طباطبائی، که عمری در تاریخ ایران تحقیق کرد، در محوطه داخلی این برج قرار دارد.

برج طغرل در سال ۱۳۰۰ هجری‌قمری تعمیر شد، به همین سبب، آثار و نشانه‌های به جا مانده تاریخی و معماری‌سلجوقی آن - از قبیل کتیبه کوفی و نقش و نگار آجری آن از بین رفت. اکنون این برج قدیمی که از بناهای نیمه اول قرن‌پنجم هجری است، به صورت یک بنای تازه درآمده است لوح سنگ مرمر سردر برج، به یادگار مرمت بنا نصب‌شده‌است.

موزه آبگینه و سفالینه‌های ایران

ساختمان هشتادساله موزه آبگینه به خودی‌خود برای علاقه‌مندان هنر معماری، براستی دیدنی است. این بنا ۸۰ سال پیش به دستور قوام‌السلطنه برای سکونت او ساخته شد و در ۱۳۵۵ به موزه تبدیل یافت.

ساختمان هشت ضلعی موزه از دو طبقه و زیرزمین تشکیل شده، بنای آجری ساختمان با طرح‌های مختلف و نقش‌های هندسی و گل و بوته، اشکال جالبی به وجود آورده که یادآور معماری دوران سلجوقی است و می‌تواندالهام‌بخش معماران معاصر برای طرح‌های سبک کلاسیک باشد.

موزه آبگینه دارای پنج تالار برای نمایش آثار هنری است و در کنار آن، کتابخانه و سالن سمعی و بصری نیز مشغول‌به کار است.

در فضای کم‌نظیر این موزه، نمونه‌های برجسته هنر و صنعت بلورسازی، سفال‌سازی، چینی و سرامیک ایران ازدیرباز تاکنون، به نمایش درآمده است.

Abgineh Museum and Iranian Earthenware

This 19th century Qajar mansion is two-storey high and displays a mixture of classical Rococo, Art Nouveau, and Persian features. The building assumes a rectangular overall shape and entrance porch surmounted by a balcony in itscenter. On both floors, the rooms are arranged on either side of a circular stairwell. Due to the additional floor loads, the galleries overlooking the central hall were reinforced by means of columns. The richly decorated interior walls were kept untouched in most cases and show-cases, designed by the architect with built-in lighting systems were placed in the center of some rooms. In a few instances, structural changes were inevitable and existing spaces were therefore transformed. Most fireplaces were kept in place although they are no longer used for heating purposes.

Tughrol Tower

Also known as the Mongol Tower, it is a huge 20m high brick structure slightly embellished with deeply grooved brickwork. The triple vaulted cornice which crowns the deep pleats of its cylindrical surface is deceptively simple and brilliantly effective; the monumental doorway at the south side has an impressive simplicity. It is said to be the tomb of Toghrol I, the Seljuk king. All the historical and artistic features and evidences such as the Seljuk-style Kufic inscription and design carved on the brick indicative of its Seljuk origin, have been destroyed in the course of reparations carried out in 1882 AD, thus this 12th century structure looks like a modern building, to the passer-by it might appear to be large Victorian water-tower. This effect is enhanced by its having lost whatever dome or cone probably the latter it once possessed; its flat top looks severely functional. A marble tablet has been installed upon the portal of the tower, indicating the nature and date of repairs carried out in it.

Reza Abbassi Museum

Housing a valuable collection of arts, paintings, calligraphy and the art of the book, the Museum consists of two divisions: Pre-Islamic and Islamic Galleries. The Museum, located in a modern four-story building, was named after the famous painter of the Safavid period. Its collection covers Iranian Art from 6,000 BC to the 20th century. In the first gallery, objects from the pre-historical and historical periods illustrate the gradual development of technology and man's adaptation of earthly materials to the needs of daily life: a large collection of Lurestan Bronzes, artifacts of the Achaemaenian, Parthian and Sassanian periods. In the second gallery (three halls), you will see works of calligraphy, one of the finest achievements of the Islamic period particularly in the Koran room; a comprehensive record of the Iranian tradition of painting, the art of illumination, and etchings by various travelers to Iran; and well-made, finely proportioned and sometimes exquisite items used as utilities or ornaments: pottery, metalworks, architectural elements, jewelry and textiles from the Seljuk, Timurid, and Safavid periods.

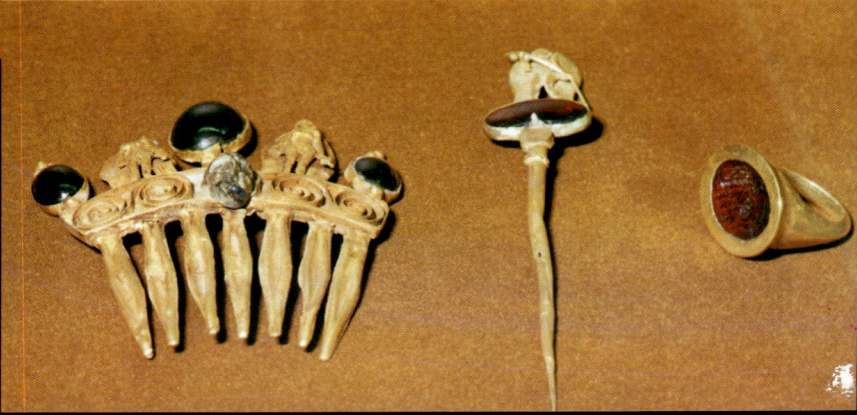

موزه رضا عباسی

این موزه در بزرگداشت یکی از نگارگران زیردست و بی‌مدعای دوره صفوی نام‌گذاری شده‌است. بنای موزه عباسی درچهارطبقه به شیوه معماری مدرن ساخته شده، و در سال ۱۳۵۶ گشایش یافت.

این موزه با هدف گردآوری، نگه‌داری، مطالعه و شناساندن دستکارهای به یادگار مانده از هنرمندان و افزارمندان چیره‌دست این مرزوبوم احداث شده‌است.

موزه رضا عباسی شامل سه بخش پیش از تاریخ، دوره تاریخی و دوره اسلامی است. مجموعه خط و کتابت این‌موزه یکی از غنی‌ترین و نفیس‌ترین مجموعه‌های موجود در ایران است.

این موزه دارای یک کتابخانه با حدود شش هزار جلد کتاب است که مجموعه‌ای نسبتاً غنی از تاریخ و فرهنگ ایران‌است. سعی شده‌است از این طریق، نمونه‌هایی از ارزش‌های غنی فرهنگی ایران زمین ارائه شود. چندین دوره روزنامه و مجله فارسی مکمل این مجموعه است که مرجعی ارزنده برای تحقیق علاقه‌مندان به تاریخ و باستان‌شناسی وفرهنگ ایران است.

موزه عباسی با دیدی تاریخی و جامعه‌شناختی شکل گرفته و اشیای موزه به ترتیبی عرضه شده تا تماشاکننده‌شناختی از روند تکامل تاریخ بدست آورد. موزه عباسی دارای دو تالار است که در هر کدام آثار مربوط به دوره‌ای‌خاص عرضه شده:

۱ـ تالار پیش از اسلام :اشیای این تالار مربوط به دو دوره پیش از تاریخ و عصر تاریخی است. دوره پیش از تاریخ‌در ایران با پیدایش بشر آغاز می‌شود و تا حدود هزاره سوم پیش از میلاد ادامه می‌یابد :در این تالار، با گسترش‌تدریجی فنون و تطابق مصالح مادی با نیازهای زندگی روزمره اجدادمان آشنا می‌شویم. شکل و طرح اشیای تالار، ازمحیط زندگی الهام گرفته، و مطالعه در شیوه زندگی، باورها و برداشتهای گذشتگان را آسان‌تر می‌کند.

آثار مربوط به دوره تاریخی پیش از اسلام (مفرغ‌های لرستان)مربوط به دوره‌های هخامنشی، اشکانی و ساسانی‌است.

۲ـ تالار هنرهای اسلامی : در این تالار اشیائی کم‌نظیر را می‌بینیم که بیشتر براهمیت زیبایی لوازم مورداستفاده دردوره اسلامی تاکید دارند.

آثار موجود تالار، شامل ظروف سفالی، اشیای فلزی، عناصر معماری، جواهرات و منسوجات دوره‌های سلجوقی، تیموری و صفوی هست که در میان آنها قلمدان‌ها، جلد کتاب‌ها و جعبه‌های روغنی دوره قاجار دیده می‌شود.

در این موزه، گنجینه‌ای از نقاشی‌های دوره اسلامی وجود دارد. نمونه‌هایی از انواع مکتب‌های نقاشی مانند شیراز وتبریز و هرات، یک برگ از شاهنامه هوتون، هنر تذهیب، آثار چاپی بیگانگان درباره ایران و مینیاتور، از جمله آثار به‌نمایش درآمده در این تالار است.

خوش‌نویسی نیز از دستاوردهای عالی دوره اسلامی است. مراحل گوناگون خطاطی، خط‌ثلث، محقق، نسخ ونستعلیق به ترتیب به نمایش درآمده است. انواع ظروف سفالی، اشیاء فلزی، منسوجات و آثار دیگر از دیدنی‌های موزه عباسی است.

Museum of Ancient Iran

There are rows of scientific books in the fields of medicine, astronomy, geography and philosophy in another part of the Islamic Era Museum. The oldest book is the Dastur ol-Loghah (Grammar) dating back to the 5th century LH. This section is decorated with fine calligraphy and miniature paintings bearing Shirazi, Herati, Indian, Mongol and Isfahani patterns.

موزه ملی ایران (موزه ایران باستان)

ساخت موزه با الهام از بناهای دوره ساسانی آغاز شد و سعی به عمل آمد تا مصالح به کاررفته در ساختمان موزه، یادآور بناهای دوره ساسانی باشد. وسعت زمین واگذار شده برای ساختمان موزه ۵۰۰/۵مترمربع بود که ۲۷۴۴مترمربع آن به زیربنا اختصاص یافت. موزه ایران باستان در سال ۱۲۱۶خورشیدی رسماً افتتاح شد و در سال‌های انقلاب تا سال ۱۳۶۶ برای تجدیدسازمان و تعمیرات اساسی تعطیل بود و از این سال به عنوان «موزه ملی» بازگشایی شد و فعالیت جدید خود را آغازکرد. موزه ملی به عنوان موزه مادر، بسیاری از اشیای باستانی و تاریخی را که ازنقاط مختلف ایران، ضمن کاوش علمی و به طرق مختلف به دست آمده‌بود، در خود جای داد.

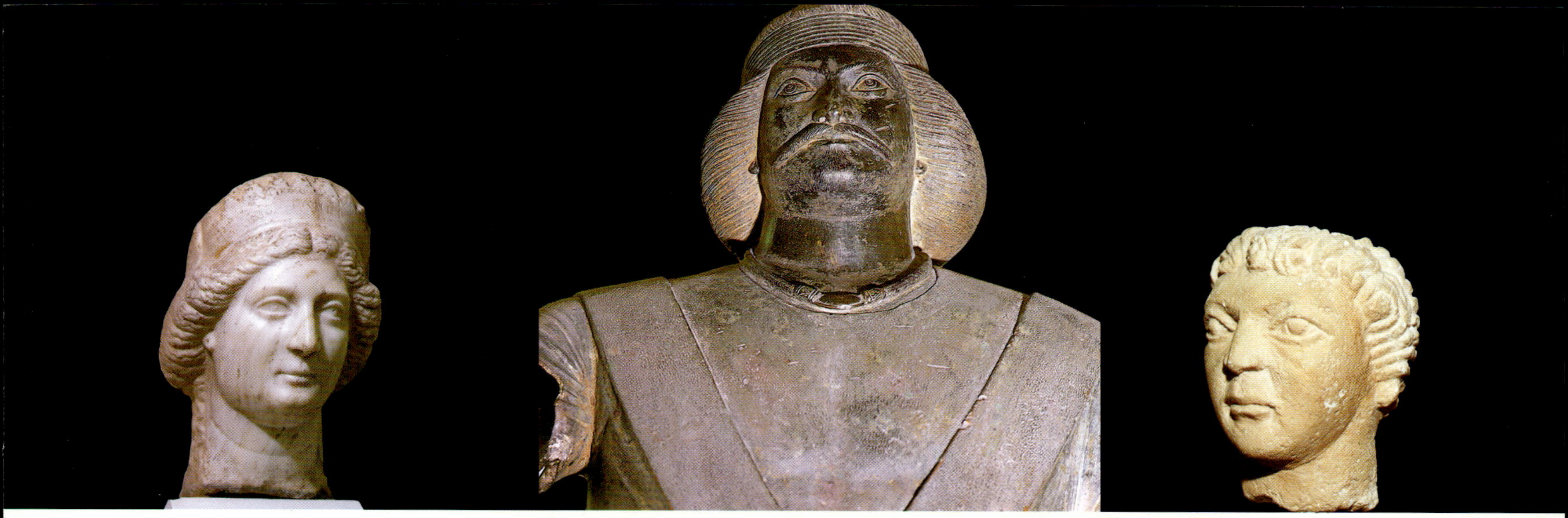

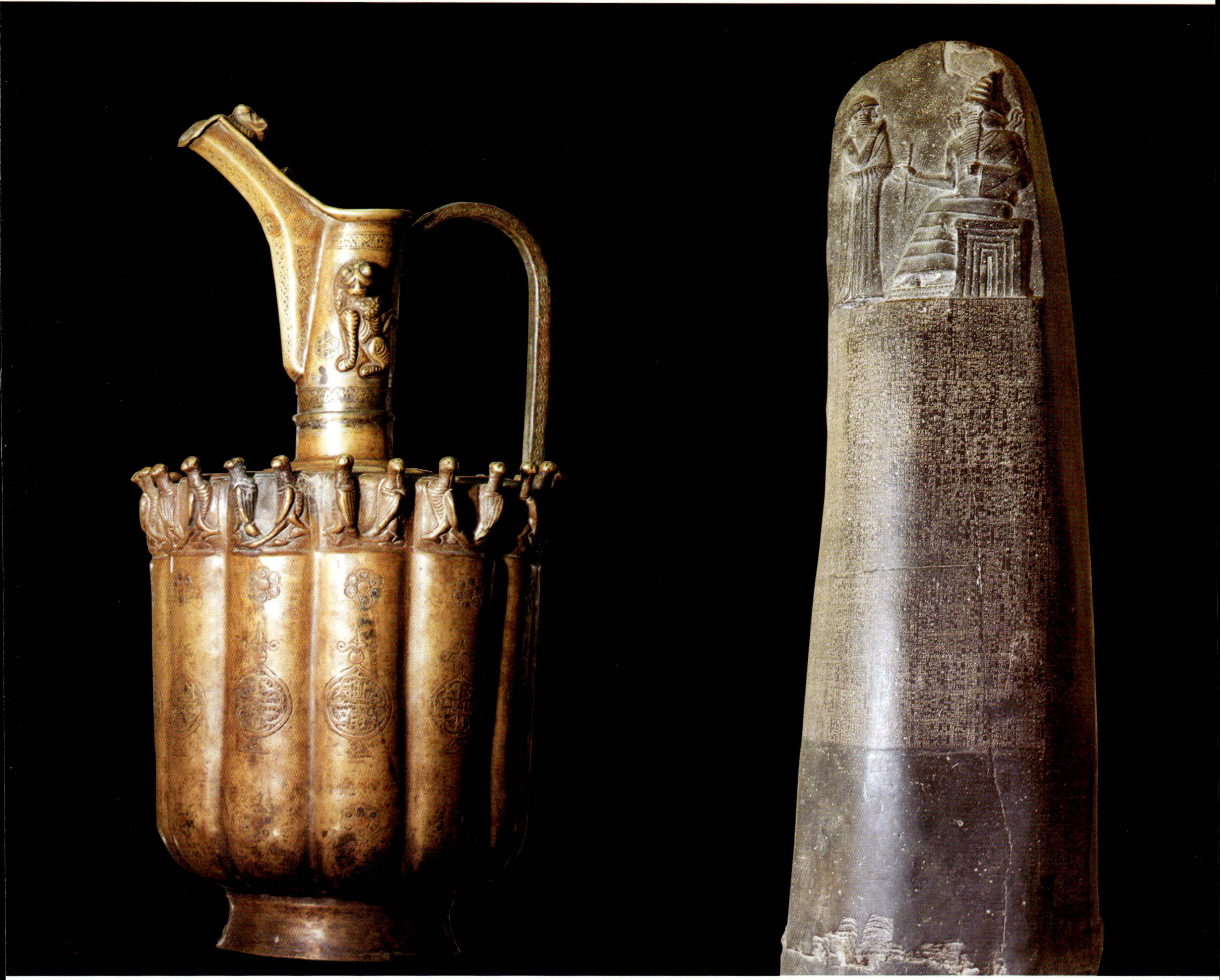

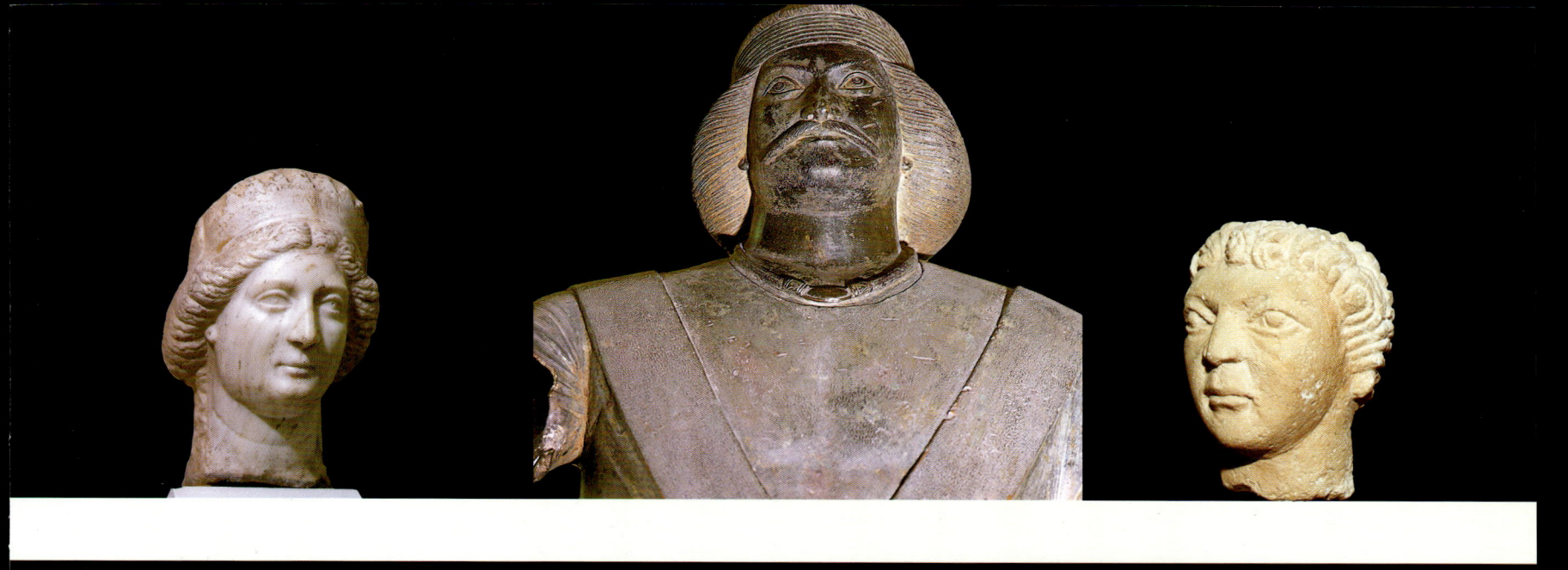

Museum des alten Iran - Teheran

Ancient Museum of Iran   موزه ایران باستان

Ancient Museum of Iran   موزه ایران باستان

Green Museum   موزه سبز

Green Museum   موزه سبز

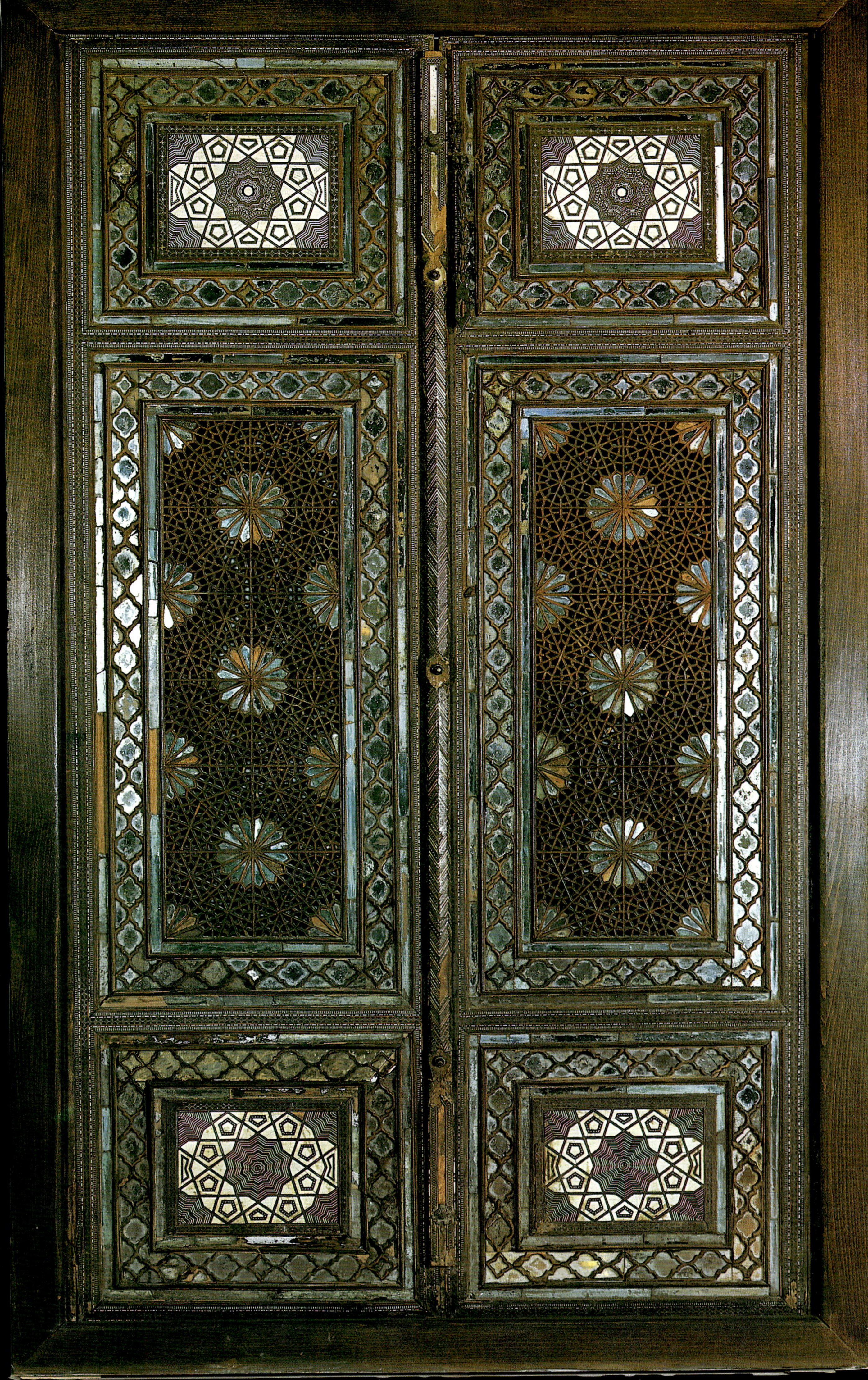

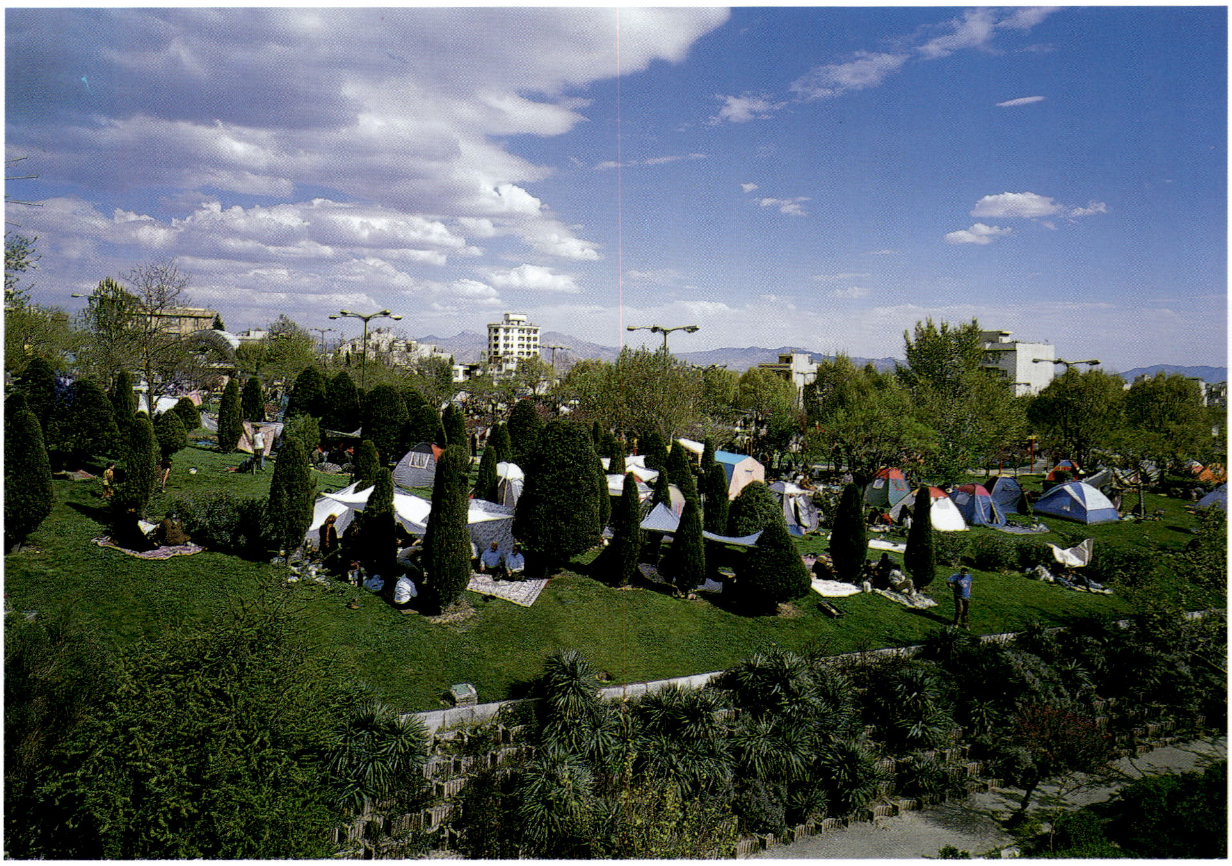

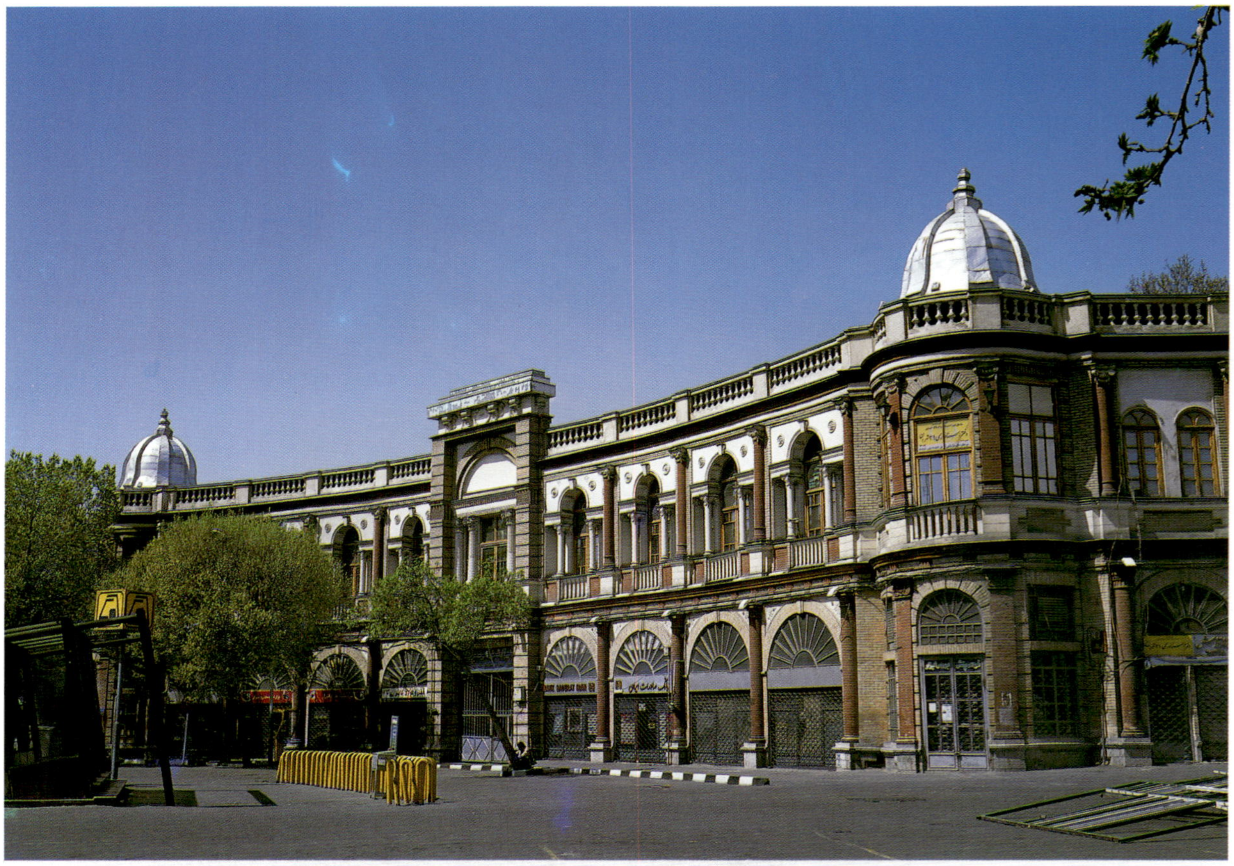

مراسم برف چال

این مراسم یک مراسم مذهبی است که هر سال در دومین هفته اردیبهشت ماه در ارتفاعات دماوند نزدیک روستای رینه برگزار می‌شود. در این مراسم اهالی، قطعه‌های بزرگ برف و یخ را درگودالهایی که حفر کرده اند مدفون می کنند.

Barf Chal Ceremony

It is a religious ceremony held in late April on the Demavand Mountain near Rineh village. In this ceremony, people bury big masses of snow or ice in the holes they dig.

Coffeehouse

Ancient coffeehouses lacked chairs or tables. People used to sit on stone beds carpeted with zilu (a rough covering). Tilework was a main feature of the coffeehouses. There was usually a pool in the middle of the coffeehouses. The walls depicted Persian mythological heroes. Every night a narrator vehemently related the stories of the Persian heroes. The coffeehouses were also a resort for people from different walks of life. In other words, the coffeehouse served as a living socio-cultural resort. Among the most noted teahouses in Tehran are Ayeneh and Qanbar Teahouse in Naser Khosrow, Yuzbashi behind Shams al-Emareh and Tal'abeh teahouse in Marvi alley and Ased Ali in north Sa'di ave.

قهوه‌خانه

معتبرترین قهوه‌خانه‌های تهران قدیم، قهوه‌خانه‌های آینه و قنبر در ناصرخسرو، قهوه‌خانه یوزباشی در پشت شمس‌العماره، و قهوه‌خانه تلنبه در کوچه مروی و قهوه‌خانه آسیدعلی در خیابان سعدی‌شمالی بود.
قهوه‌خانه‌های قدیم تهران فاقد میز و صندلی بود و محل نشستن افراد، سکو یا تخت‌هایی بود که آنها را با قالی یازیلو مفروش می‌کردند. قهوه‌خانه‌ها از نظر معماری بسیار شبیه به سر بینه حمام‌های قدیمی بودند که دیوارهای آن باکاشی پوشیده می‌شد، علاوه بر فضای سرپوشیده، قهوه‌خانه دارای فضای سربازی نیز بود که به آن باغچه می‌گفتند.
حوض و سنگابه در وسط قهوه‌خانه دیده می‌شد. دیوارهای قهوه‌خانه با نقش صحنه‌های رزم و بزم و تصاویرقهرمانان اساطیری شاهنامه [بخصوص تصویرهایی از داستان رستم و سهراب، سیاوش، کشته‌شدن دیو سپید به دست‌رستم]تزیین می‌شد. در بعضی از قهوه‌خانه‌ها هر شب، نَقال داستان‌های شاهنامه را برای حاضران نقل می‌کرد. و شب «سهراب‌کشان» [در نقل داستان رستم و سهراب]قهوه‌خانه شوروحالی داشت.
قهوه‌خانه همچنین مرکز اجتماع صاحبان حرفه‌های مختلف بود به‌طوری‌که هر حرفه، قهوه‌خانه‌ای خاص خودداشت. به این ترتیب، قهوه‌خانه یک نهاد زنده فرهنگی و اجتماعی بود.

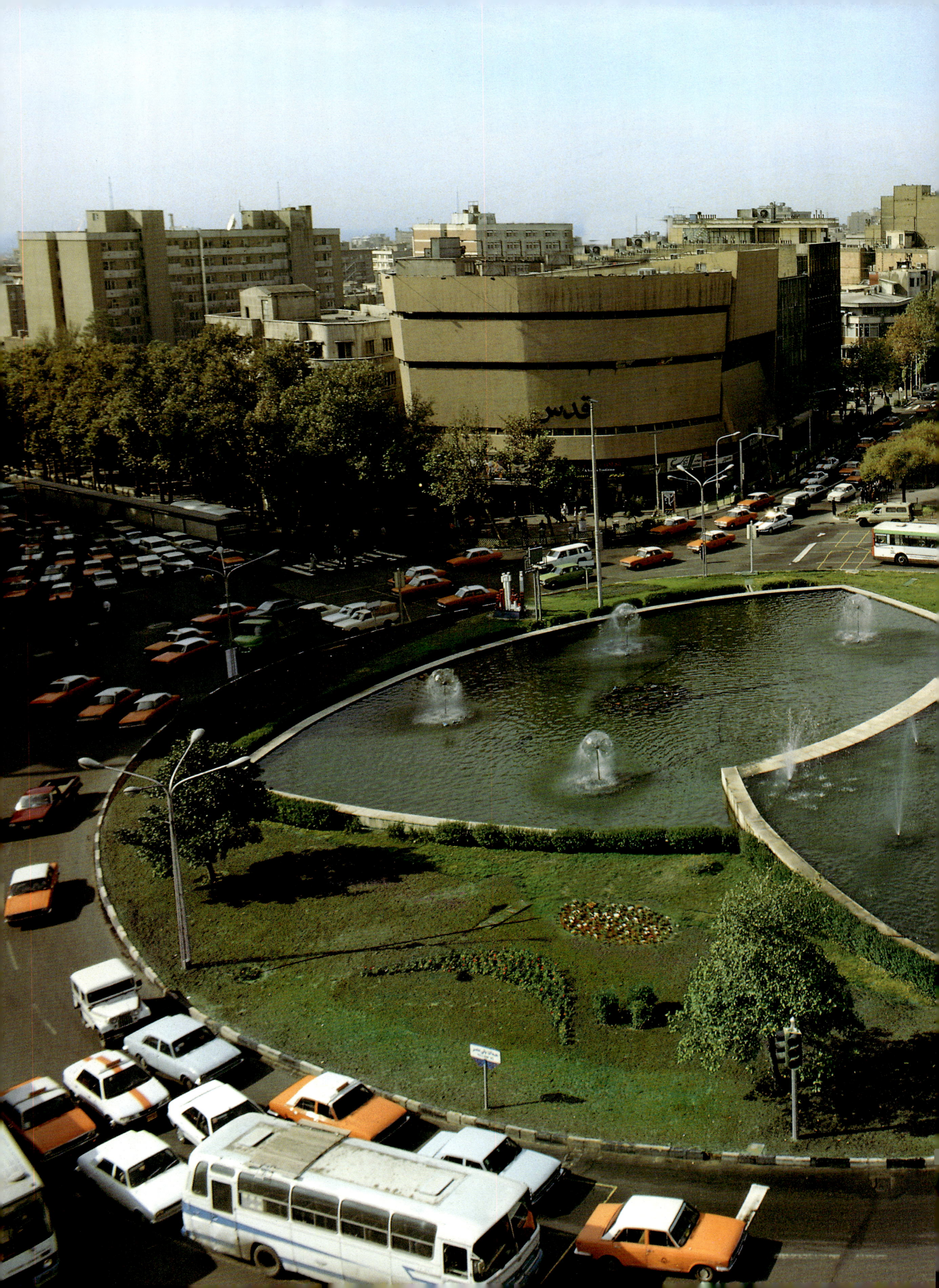
قدس

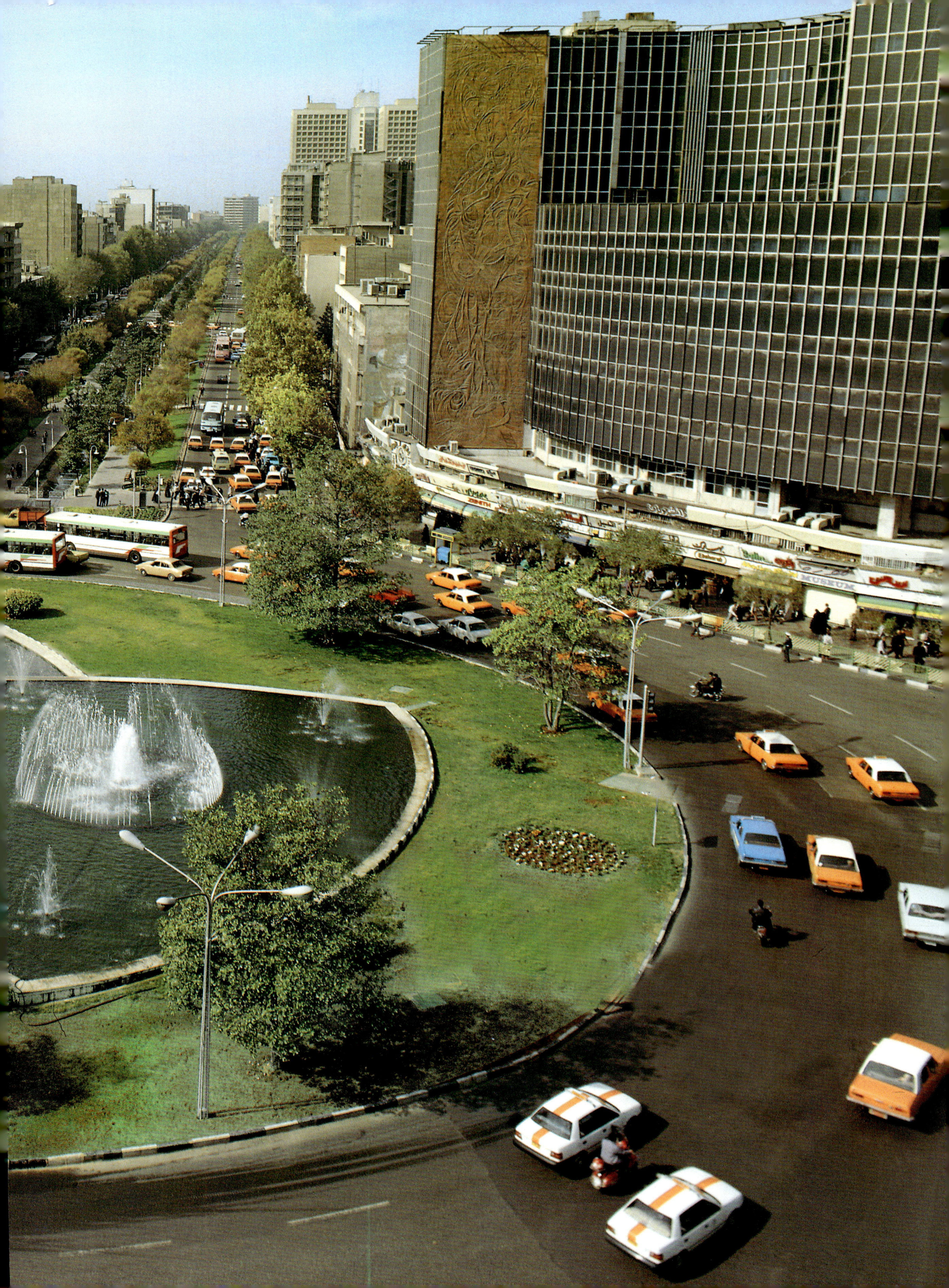
MUSEUM

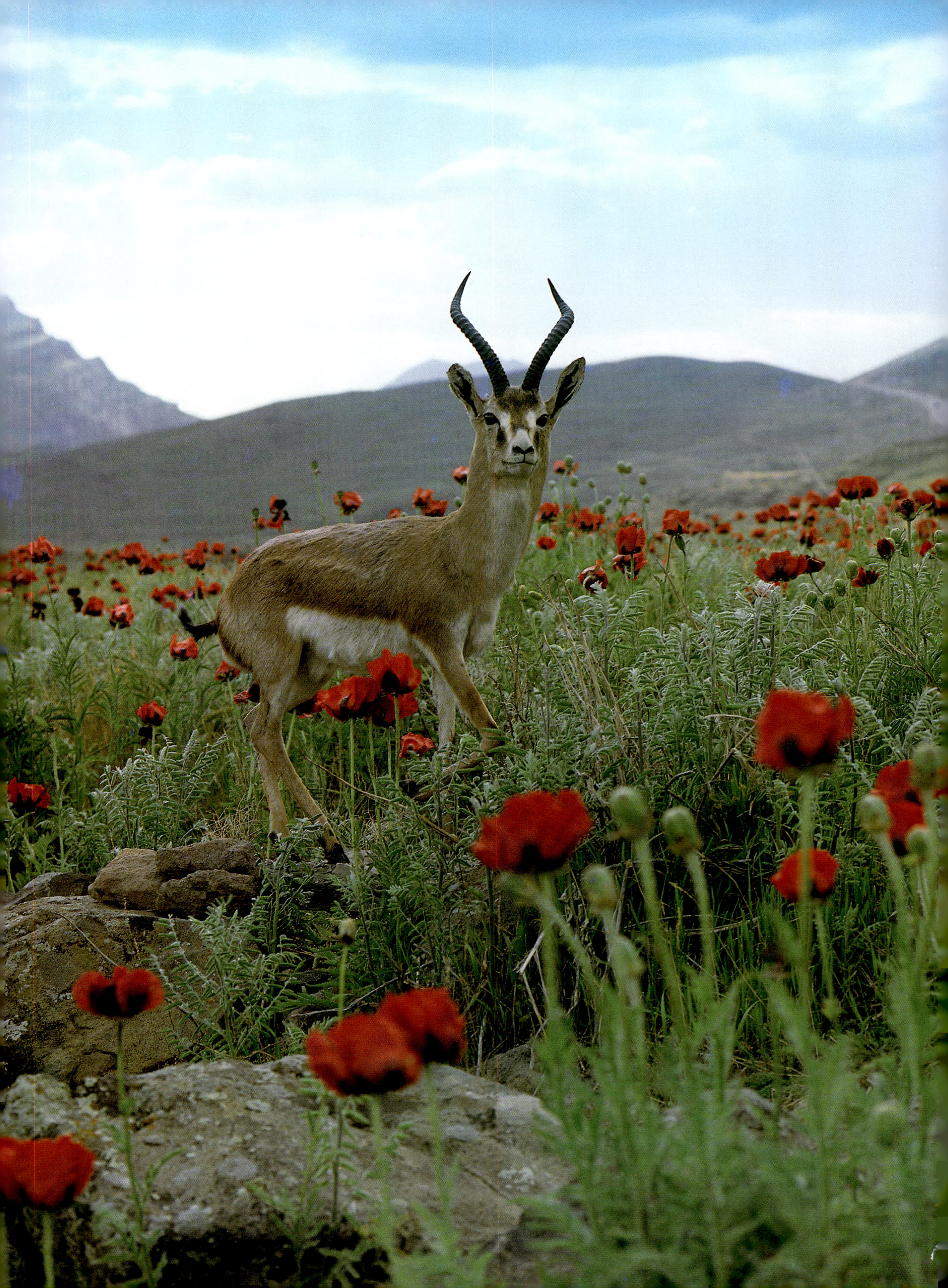

Lar Protected Zone

Located 90km of north-eastern Tehran, it is a major catchment area due to the number of raging rivers. The unique fauna of the area include rams, ewes, boars, panthers, foxes, jackals, and different types of birds and reptiles.

منطقه حفاظت شده لار

این منطقه در شمال و شمال شرقی تهران در فاصله ۹۰ کیلومتری آن واقع شده و به دلیل وجود رودهای خروشان و پرآب جزو مناطق آب خیز ایران است. منطقه لار به علت غنای ساختار طبیعی گونه های مختلفی از حیات وحش مانند قوچ، میش، پلنگ، گراز، روباه و شغال و ۹۷ گونه پرنده و انواع خزندگان را در خود جای داده و از گستره بسیار متنوع گیاهی نیز برخوردار است.

آب اسک
(چشمه معدنی اسک ـ آمل)

این چشمه‌های یازدهگانه در ۹۵ کیلومتری شرق تهران در دامنه جنوبی قله دماوند و در کف دره هراز واقع شده‌اند. خواص درمانی این نوع آب‌ها به دلیل ترکیب آن است و حاوی کلروره بی‌کربناته و هیدروژن سولفوره و گوگرد است. آب‌های گوگردی اسک در درمان عفونت‌های مجاری تنفسی و بیماری‌های جلدی و بیماری‌های مفصلی مؤثر است.

Ab Ask
(Amol-Ask Mineral Spring)

These elevenfold springs are situated 95km to the east of Tehran at the foot of the Damavand Peak in the bottom of Haraz valley. The sulphuric waters of Ask have medicinal properties.

جاده فیروز کوه | FiroozKooh Road

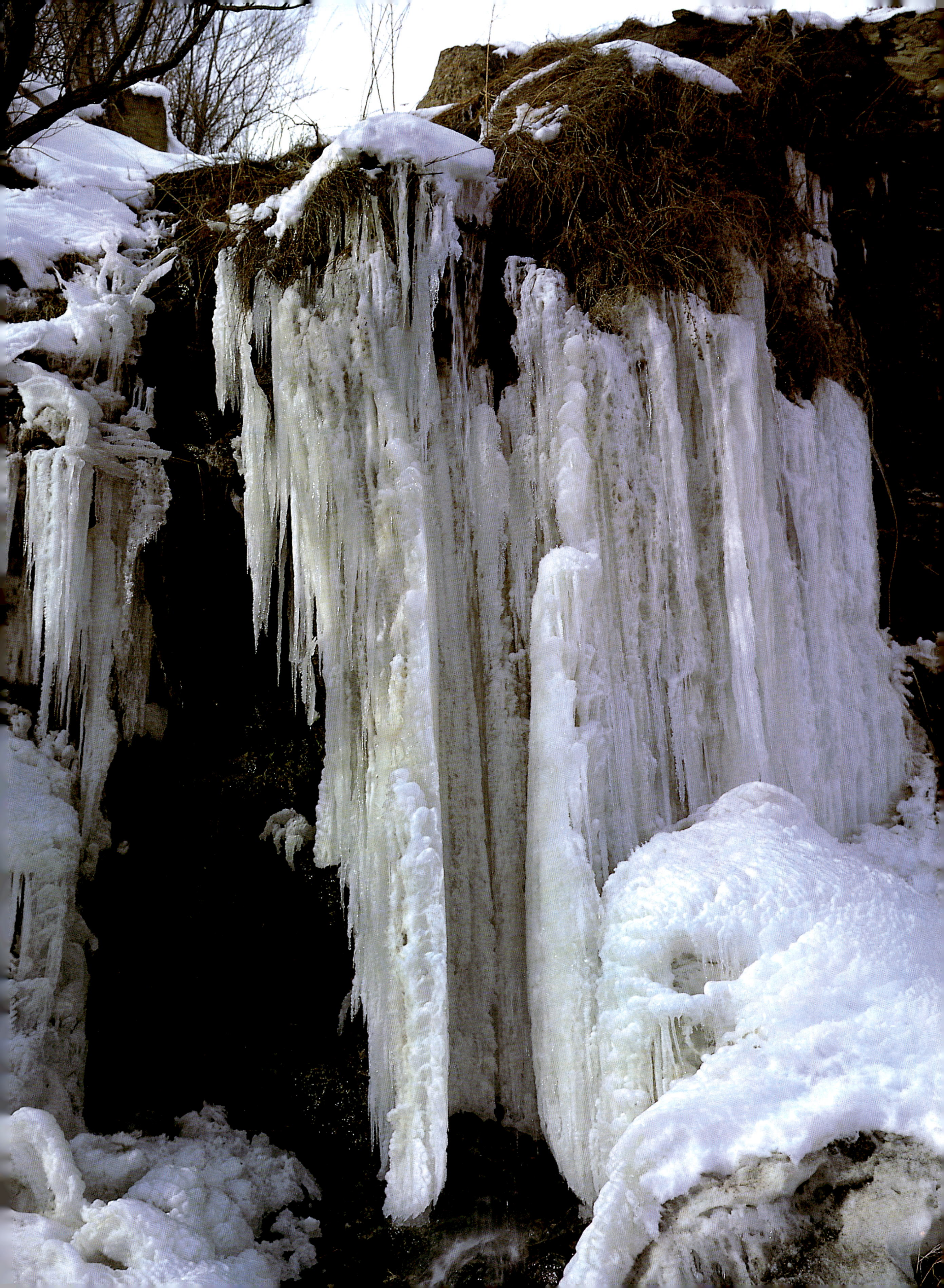

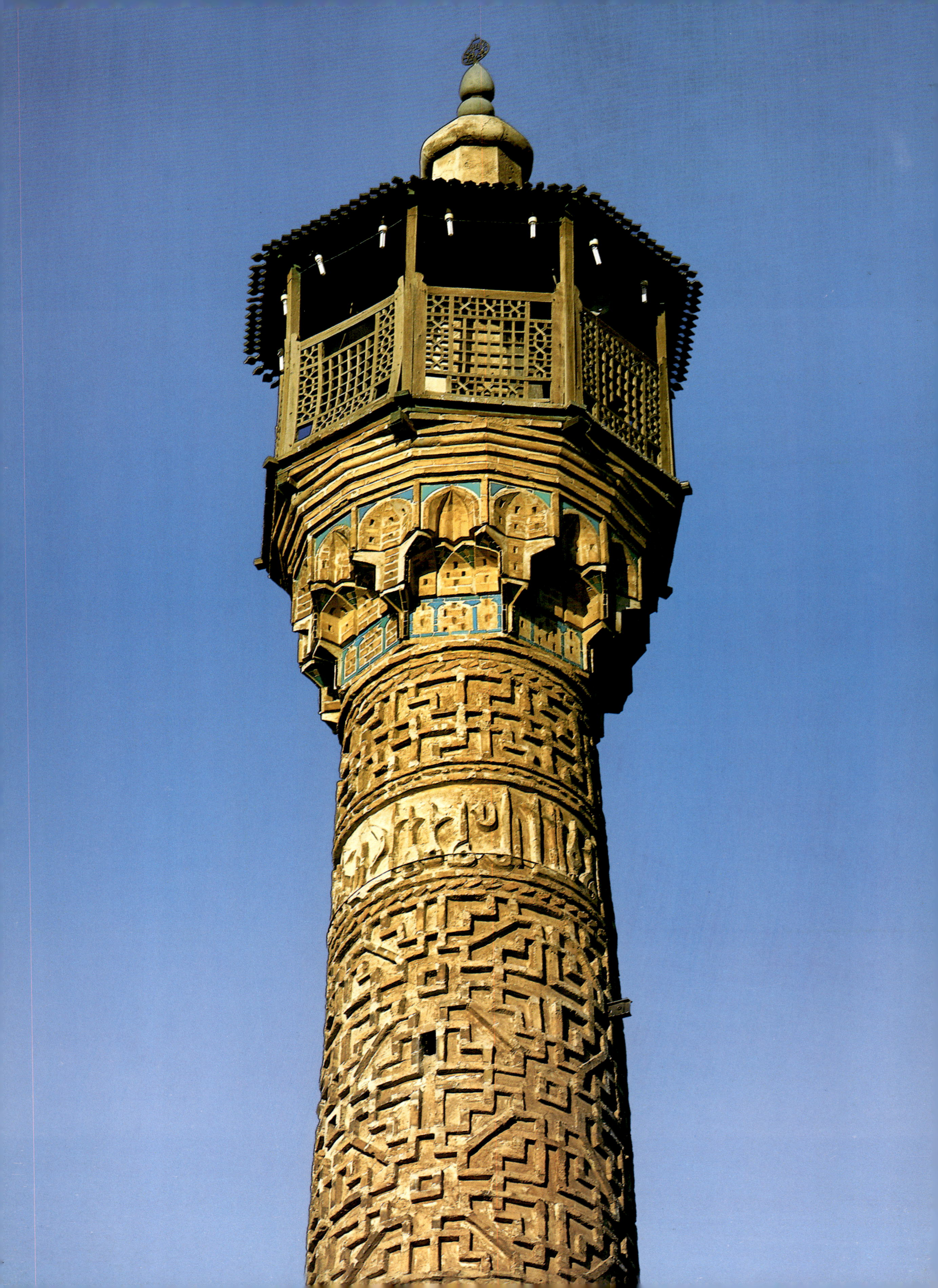

Semnan

With an area of 96,816sqkm in northern Iran, the province is bounded by the provinces of Khorasan on the east, Esfahan on the south, Markazi (Tehran) on the west, and Mazandaran on the north. The main counties are Semnan (the capital), Shahrud, Damghan and Garmsar. The northern half of the region is an extension of the Elburz Mountains pierced by narrow defiles; to the south the land surface drops gradually by shallow terraces to the flat salt waste of the Kavir-e Namak. The Rudkhaneh-ye (stream) Qareh Su, rising in the Elburz Mountains, flows southward into the Kavir-e Namak. Semnan has been the cradle of many Iranian luminaries, among them, Bayazid Bastami, Sheikh Hassan Khaqani, Manuchehri Damghani and Furughi Bastami.

استان سمنان

استان سمنان با مساحتی در حدود ۹۸۵۱۵کیلومترمربع، ۸/۵درصد مساحت کل کشور است. این استان با مرکزیت شهر سمنان، از شمال به استان مازندران، از جنوب به استان اصفهان، از شرق به استان خراسان و از غرب به‌تهران محدود است.

شهرهای عمده سمنان :سمنان، شهمیرزاد، شاهرود، بسطام، دامغان، گرمسار و ایوانکی. استان سمنان در دامنه‌های جنوبی سلسله جبال البرز قرار گرفته است. ارتفاع آن از شمال به جنوب کاهش می‌یابد و به‌دشت کویر ختم می‌شود. استان سمنان به علت تنوع جغرافیایی، دارای آب و هوای متفاوت است :به این صورت که‌در نواحی کوهستانی هوا سرد، در دامنه کوه‌ها معتدل، و در کنار کویر، گرم است.در روزگاران قدیم، راه ابریشم از این استان می‌گذشته، و آثار و بناهای متعددی از آن دوره برای بازدید گردشگران‌در این استان باقی مانده است.

شاعران و عارفان نام‌آوری از این خطه برخاسته‌اند چون با یزید بسطامی، شیخ ابوالحسن خرقانی، منوچهری‌دامغانی و فروغی بسطامی...

مناره مسجد جامع سمنان
Friday Mosque of Semnan

Friday Mosque of Semnan

The landmark in Semnan is Masjed-e Jom'eh, whose minaret with its Kufic inscription upon its brick surface dates back to the 12th century AD (Seljuq period) and whose high iwan, built in the 15th century AD, contains an attractive carved stucco mihrab, and bears an inscription dated 1425 AD in the name of the Timurid sovereign Shahrokh, son of Tamerlane. The minaret, known as the Minar-e Masjid-e Jam'e, is equipped with 91 spiral steps leading to its peak, and several holes on its body for lighting the interior of the structure. In three corners of its courtyard, impressive prayer halls have been constructed which seem to defy the passage of time because of their strong columniation. Several historic firmans (royal decrees) can be seen in the iwan of the mosque, which have been carved on stone and which bears the dates 1554-1612-1629 and 1694 AD.

مسجد جامع سمنان

مسجد جامع سمنان از کهن‌ترین آثار اسلامی شهر سمنان است. حفاری‌های اخیر نشان داده‌است که این مسجد در قرن اول هجری روی خرابه‌های یک آتشکده ساخته شده، ولی در طول زمان تغییراتی در آن به عمل آمده، به طوری که در بنای کنونی مسجد، آثاری از دوره مغول و تیموری دیده می‌شود.

ایوان رفیع مسجد به ارتفاع ۲۱ متر در قسمت غرب صحن قرار دارد. که در زمان شاهرخ تیموری و گنبد آن در عهد سلطنت سلطان منجر ساخته شده‌است.

در قسمت فوقانی ایوان، کتیبه‌ای از کاشی وجود دارد که از ضلع شمالی ایوان شروع شده و تا انتهای ضلع جنوبی ادامه می‌یابد. در پایین این کتیبه چند لوح سنگی بزرگ دیده می‌شود مشتمل بر فرمان‌های پادشاه صفوی که برای اطلاع اهالی سمنان در ایوان نصب می‌شده.

مناره سلجوقی به ارتفاع ۳۱/۲۰ متر در گوشه شمال شرقی شبستان، قرار دارد که در ورودی آن به این شبستان بازمی‌شود. شبستان جنوبی مشتمل بر ۱۶ ستون مدور در وسط و هشت‌ونیم ستون در طرف دیوار شرقی است که پایه‌های تاق شبستان است این شبستان در زمان ارغون‌خان و به همت وزیر دانشمند او شیخ علاءالدوله سمنانی ساخته شده و در عهد سلطنت فتحعلی‌شاه قاجار، توسط حاکم وقت سمنان نسبت به تعمیر آن اقدام شد.

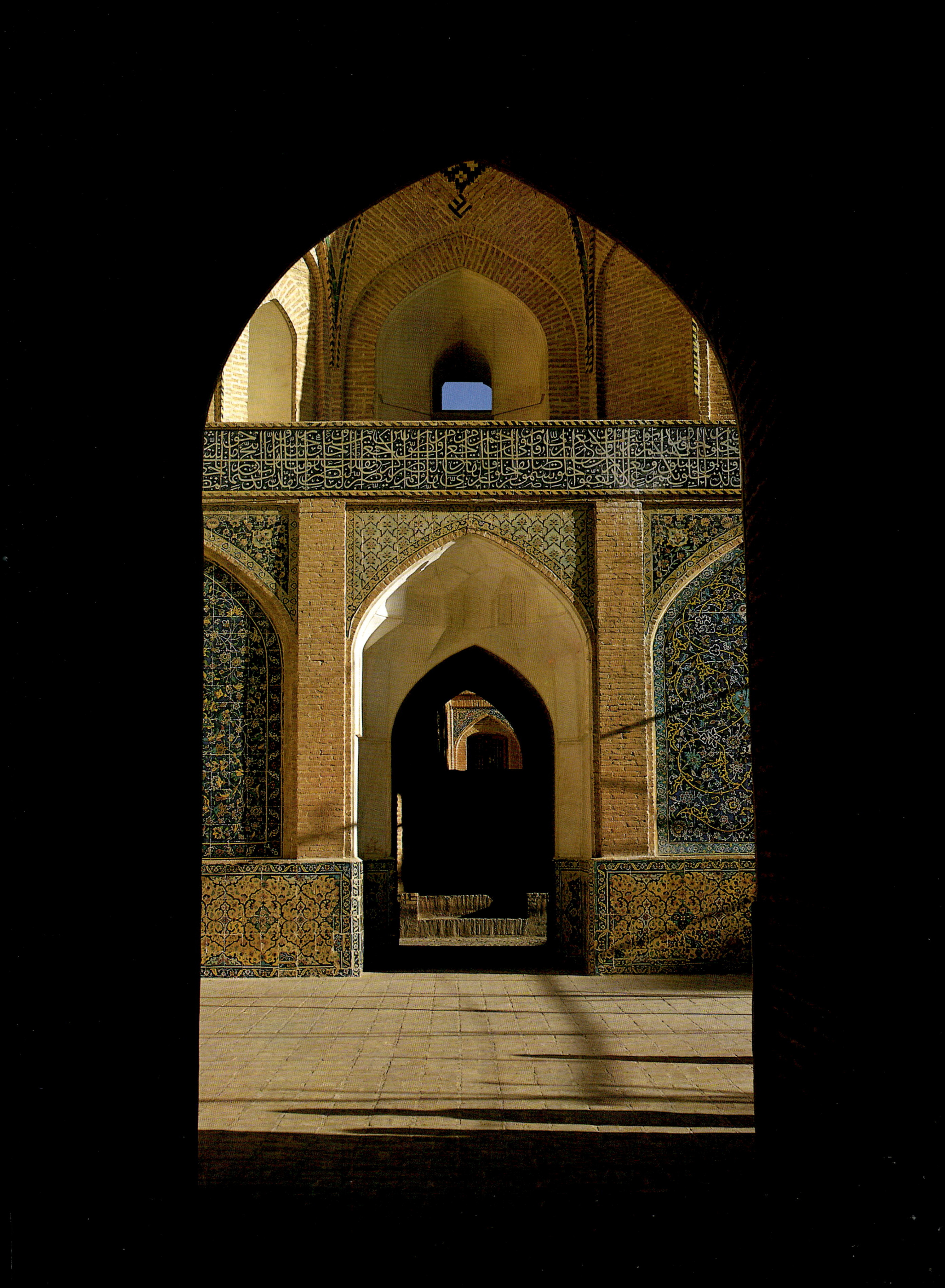

برج چهل دختران

بین محله‌های «کوش مغان» و «زاوغان» سمنان، برج کهنه و قدیمی و نیمه ویرانه‌ای است به نام چهل دختر یا چهل دختران که به احتمال زیاد، تاریخ بنای آن به زمان قبل از اسلام برمی‌گردد. نزدیکی محله‌های «کوش مغان» (کوشک مغان) و زاوغان (زاویه مغان) به این برج، حاکی از آن است که برج چهل دختران زمانی آتشکده یا یکی از اماکن متبرک زردشتیان بوده‌است. در باور عامه، برج چهل‌دختران را چهل دختر تارک دنیا ساخته‌اند و این برج، بخت‌گشای دختران دم‌بخت است.

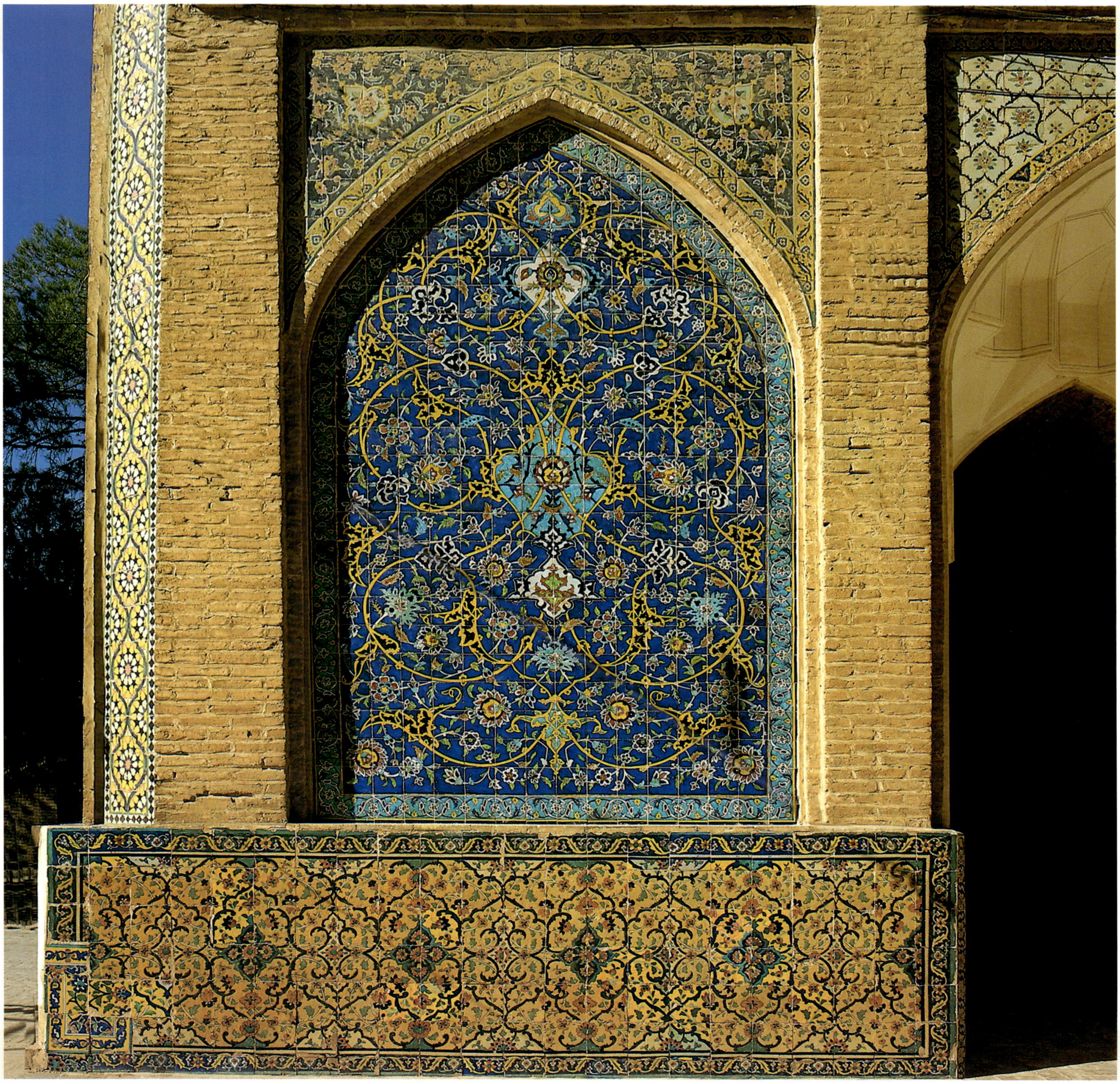

Tarik-Khana Mosque

The oldest extant mosque in Iran, the Tarik Khana, or 'House of God' incorporates a simple Arab plan with Sassanian construction techniques. An arcade lines the central courtyard, a single bay deep on all but the qibla side where it increases to 3 bays. The central aisle on the qibla arcade is wider and taller than the others, a form that presciently indicates the later ubiquitous monumental axis of Persian architecture. The arcades, recalling Sassanian precedents, are formed of fired brick arches, elliptical and sometimes slightly pointed, and massive circular brick piers.

مسجد تاری خانه

به نظر می‌رسد که این نام، ترکیبی از لفظ ترکی «تاری» (خدا)و «خانه» فارسی است. کهن‌ترین بنای دوره اسلامی که تاکنون شالوده ساسانی خود را حفظ کرده و از خرابی‌ها و صدمات ناشی از زلزله قرون سوم و چهارم هجری‌قمری رسته است. مسجد تاری خانه دامغان است. اگرچه نوشته‌ای که تعیین‌کننده تاریخ بنای آن‌باشد، وجودندارد ؛ولی از روی سبک بنا می‌توان آن را متعلق به قبل از سال ۲۰۰ هجری‌قمری داشت.

آندره گُدار باستان‌شناس نامی می‌نویسد :«نقشه این مسجد ساده‌ترین، خالص‌ترین و حتی می‌توان گفت علمی‌ترین مساجد صدر اسلام است. در بنای تاری‌خانه و در شکل‌های معماری که در آن به کار برده‌شده، و در شکل ساختمان،هیچ چیز نیست که ایرانی خالص

Standing together at a distance from the mosque are the remains of a square minaret of uncertain date, possibly part of the original construction period, and a cylindrical minaret from the Seljuk period. The latter is strikingly divided into six zones of ornamentation, each rendered in brick with a different geometric pattern.

نباشد. حتی می‌توان گفت که در این بنا هیچ شکل و هیچ جزئی از ساختمان نیست که متعلق به زمان ساسانیان نباشد...»

تاق‌هایی که بدون مجاورت دیوار، روی ستون‌ها ساخته شده‌اند. معماری عهد ساسانی را به یاد می‌آورد. ستون‌های تاری‌خانه دارای تاق‌های وسیع و موازی با بناها هستند، از طرف صحن مسجد، مانند ایوان‌های زمان‌ساسانیان باز و گشوده‌اند. احتمالاً تاری‌خانه در زمان

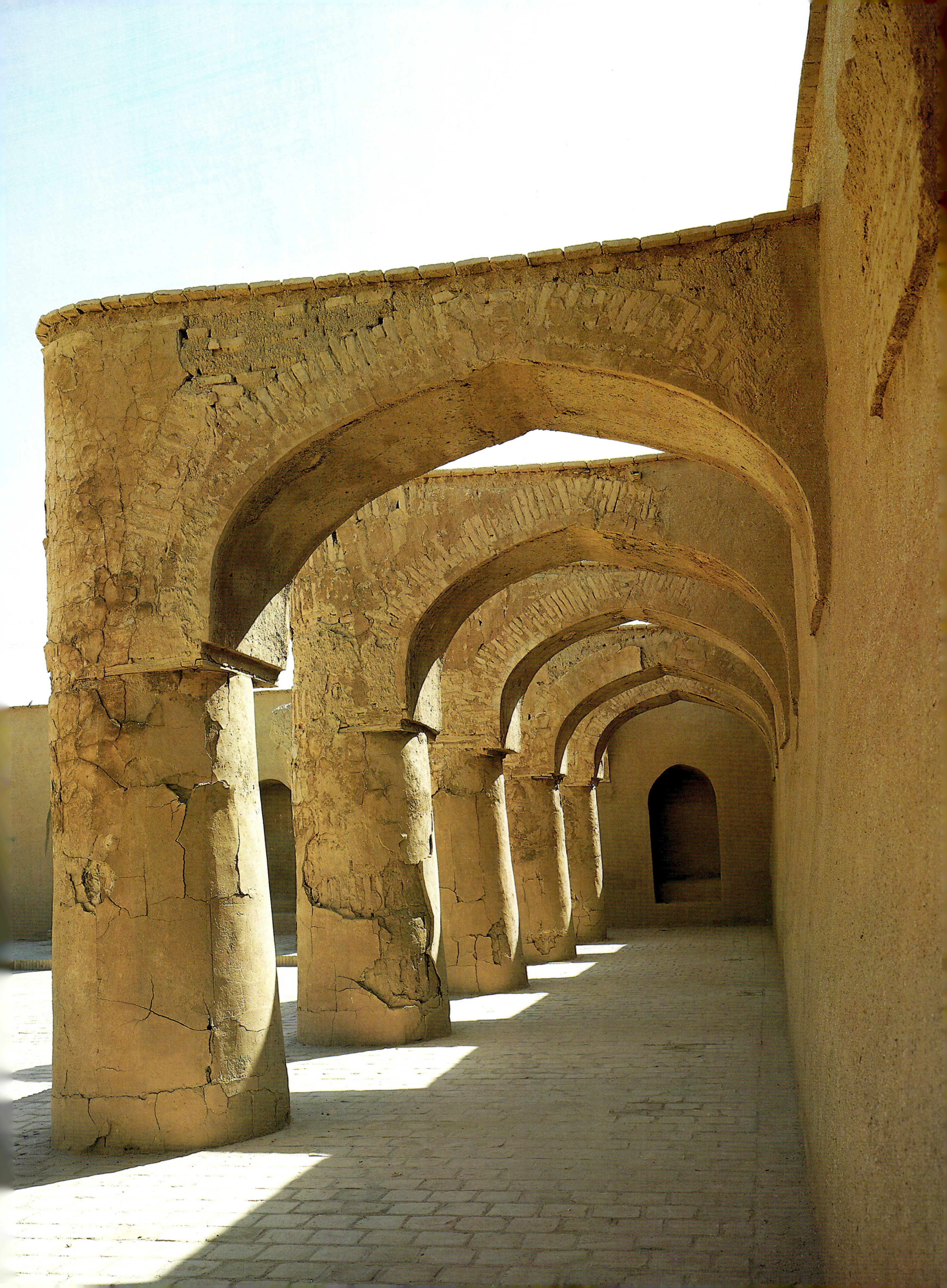

Mausoleum of Bayazid Bastami – Shahrud

Located on the outskirts of the village are two clusters of structures that were perhaps originally joined as one group. The larger building cluster includes the mausoleum of Bayazid; a Seljuk minaret and part of a Seljuk wall; the mausoleum of Imamzadeh Muhammad Bastam Mirza; two other tombs and oratories; an entrance iwan portal and corridor; an iwan portal opposite this; a madrasa built by Shah Rukh.

Extant traces of pre-Seljuk construction indicate that work on the shrine of mystic Bayazid al-Bastami (d.874 or 877) may have begun not long after his death. The minaret and a wall fragment of a mosque remain from the Seljuk period (both now incorporated into the existing mosque), dated by an inscription to 514/1120.

Repairs were undertaken during the reign of Ghazan Khan, and the mosque within the shrine complex was decorated with carved stucco. This work, and much of the work to follow, was undertaken by Muhammad ibn al-Hussein ibn Abi Talbod Damghan, including a fine mihrab inscribed with his name and the date 699/1299. A second period of construction, also under Muhammad ibn al-Hussein is dated to the reign of Oljeitu and includes the addition of an eastern entrance portal and corridor; an iwan situated across the courtyard from this portal; and possibly includes the enclosing of the entire shrine complex. The entrance portal is formed of a tall arch with a semi-dome of muqarnas, the walls covered with faience and unglazed terracotta. Unlike typical contemporary examples of faience in western Iran which use smaller units of squares, rectangles and triangles in an interlocking geometry, at Bastam parallelepipeds or more complex forms with molded elements in relief intersect to form borders. The iwan across the courtyard is decorated similarly. This iwan possibly once lead to a second courtyard that no longer exists.

شاهرود ـ آرامگاه بایزید بسطامی

آرامگاه عارف نامی بایزید بسطامی، در شهر بسطام، فاقد هرگونه تزیین است. در حقیقت، وارستگی و بی‌نیازی بایزید بسطامی، حتی بعد از مرگ او و گذشت یازده قرن در مرقدش دیده می‌شود، و آرامگاه آن عارف بزرگ، هیچ‌شباهتی به بقعه‌ها و آرامگاه‌های پرتجمل دیگر بزرگان ندارد.

آرامگاه بایزید بسطامی دارای یک پنجره سقف آهنی است. روی قبر، یک سنگ مرمر قرار دارد که کلماتی از مناجات مشهور علی‌بن ابی‌طالب (ع) بر آن حک شده‌است، و به‌طوری‌که از مفاد سنگ نوشته برمی‌آید، این سنگ متعلق به شخصی به نام قاضی ملک است که احتمال می‌رود یکی از حکام ایالت قومس بوده‌باشد، ولی معلوم نیست به چه علت آن را روی آرامگاه بایزید نصب کرده‌اند.

طیفور ابن عیسی‌بن آدم ابن‌سروشان، مشهور به بایزید بسطامی، از مشایخ بزرگ صوفیه و از مشاهیر عرفای ایرانی‌است؛ هرچند از زندگی او اطلاع چندانی در دست نیست... جد بایزید زرتشتی بود و از بزرگان بسطام. بایزید بعد از مدت‌ها سیاحت و ریاضت کشیدن، به بسطام بازآمد و در همانجا درگذشت. مقبره‌اش زیارتگاه عارفان و مردان خداست.

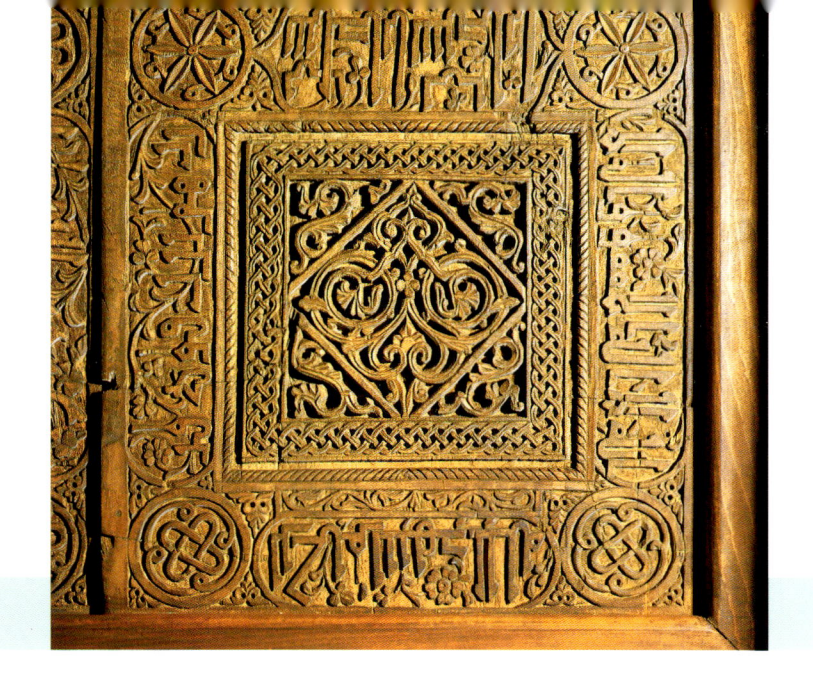

Mausoleum of Imamzadeh Mohammad – Bastam

Adjacent to Mausoleum of Bayazid stands the Mausoleum of Imamzadeh Mohammad. It is believed to belong to the grandson of Imam Jafar Sadeq (AS). It looks like another dome built 15m away from it. Amid these two domes lies a stucco covered iwan. The portal is decorated with beautiful tileworks on which the word "Ali" is spectacularly written.

بسطام، بقعه امامزاده محمد(ص)

در شهر بسطام، جنب آرامگاه بایزید بسطامی، بقعه بسیار معروفی است که به نام بقعه امامزاده محمد نامیده‌می‌شود. طبق نوشته بعضی از کتابها، این بقعه محل دفن فرزند یا نوه امام جعفر صادق(ع) است. بقعه امامزاده محمد شبیه‌گنبد دیگری است که در فاصله ۱۵متری شمال آن ساخته شده و این دو بنا تقریباً قرینه یکدیگرند. گنبد سمت شمال‌به نام گنبد غازان‌خان معروف است و بنای آن را به غازان‌خان مغول (۴۰۳ـ ۶۷۰هـ .ق.)نسبت می‌دهند. غازان‌خان دوگنبد یادشده را یکی بر سر قبر امامزاده محمد(ع)و دیگری را برای آرامگاه بایزید بسطامی بنا کرده و در نظر داشته که‌جسد بایزید را به داخل گنبد دوم انتقال دهد، ولی چون بایزید را در خواب، ناراضی از این عمل می‌بیند ؛از تصمیم‌خود منصرف می‌شود. در میان این دو گنبد، ایوانی است به نام ایوان غازان‌خان، بر روی این ایوان گچ‌بری‌هایی دیده‌می‌شود.

در جلوی این در، دالانی هست که ساختمان آن دارای امتیازاتی است. این دالان از بناهای سلطان محمد الجاتیواست. سردر ورودی دالان دارای کاشی‌های معرق بسیار زیبایی است و روی بعضی از کاشی‌ها چهار مرتبه کلمه «علی»، به شکل خاصی نقش بسته است. به غیر از کاشی‌های معرق مذکور، گچ‌بری‌های زیبایی نیز در این سردر به چشم‌می‌خورد.

Bastam Friday Mosque

The original construction of the mosque dates from the Seljuq period (early 5th century = 11th century A.D.), and there remains nothing but an ancient wall of this early monument today. The brick Seljuq minaret of the mosque is, however, extant and its Kufic inscription gives the date 1120 A.D. In the reign of Sultan Muhammad Khodabandeh Oljeitu, the Muslim Mongol Ilkhan, other structures were added to the Seljuq constructions, including an impressive iwan built in 1317 by the Damghani architect, Muhammad ibn Hussein, whose name has been inscribed in Friday Mosque, and also in the Mihrab of the adjoining mosque.

مسجد جامع بسطام

مسجد جامع بسطام در جنوب بسطام و در فاصله دو یست متری جنوب آرامگاه بایزید بسطامی واقع شده است. این مسجد شامل دو بخش است: صحن مسجد دارای محرابی است که با گچ‌بری‌های زیبا و هنرمندانه تزیین شده. در قسمت وسط محراب، دو مربع مستطیل قرار دارد که روی یکی عبارت «لااله الاالله، محمد رسول‌الله» و بر دیگری عبارت علی بن ابی‌طالب ولی‌الله، نوشته شده‌است. اما گچ‌بری مستطیل دوم با تمام گچ‌بری‌های این محراب تفاوت آشکاری دارد. به نظر می‌آید که مستطیل دوم در زمان رواج مذهب شیعه ساخته شده و جای طرح مستطیل قبلی را گرفته و عبارت «علی بن ابی‌طالب...» به جای اسامی ابوبکر و عمر و عثمان نشسته باشد.

Hazrat Bathhouse

The Pahneh Bathhouse is a landmark in Semnan. Located between the Friday Mosque and the Imam Khomeini Mosque and Imamzadeh Yahya, it was constructed under Abolqasem Baber Khan, the Timurid king in 1452 A.D. Owing to inattention during the reign of Naser ad-Din Shah, the Bathhouse was destroyed and its inscription was stolen. In 1894 A.D., it was renovated at the order of Haj Mulla Ali during the reign of Muzaffar ad-Din Shah. The edifice is comprised of three sections: cubicle, leading to the bath, a plaster covered portal and two paintings of a Qajar soldier holding a sword.
Some verses are written in Nastaliq Script on the portal. The bathhouse is presently used as a museum.

حمام پهنه و گرمابه حضرت

حمام پهنه یکی از آثار قدیمی و ارزشمند سمنان است که کمتر مورد توجه قرار گرفته است. این حمام که در گوشه شمال غربی تکیه پهنه سمنان بین مسجد جامع و مسجد امام خمینی(ره)و امام‌زاده یحیی قرار دارد، در سال ۸۵۶هجری‌قمری در زمان سلطنت ابوالقاسم بابرخان پادشاه تیموری و به دستور وزیر او خواجه غیاث‌الدین بهرام سمنانی ساخته شده‌است.
در سال ۱۳۱۲هـ. ق. در زمان سلطنت مظفرالدین شاه و به دستور حاج ملاعلی حکیم الهی، دانشمند معروف، تعمیر و بازسازی شد. ساختمان حمام از سه قسمت تشکیل شده‌است. رخت‌کن یا سربینه که از طریق یک هشتی کوچک به گرمخانه وخزانه متصل می‌شود یکی از قسمت‌های جالب توجه این حمام، سردر زیبا و کاشی‌کاری شده آن است در دو طرف درورودی، که از چوب یا گُل میخ‌های آهنی ساخته شده، دو نقش از یک افسر قاجار با شمشیر دیده می‌شود. در بالای در ورودی، اشعاری به خط نستعلیق خوانا و استادانه بر هشت قطعه کاشی نوشته شده است که سروده مرحوم اسدالله منتخب‌السادات پدر استاد حبیب یغمای است.
بنای این حمام اکنون موزه مردم‌شناسی است.

Cisterns

The cistern is an ancient means of water reservation and cooling through an underground building structure. These underground structures have been current in Semnan and other desert provinces of Iran as public or private water storage facilities, widely used before the installation of public plumbing systems in the late 1950s. Although today many of these structures are still operational, most of which have been protected by the Organization of Cultural Heritage for restoration or viewing by the public as museums.

آب انبارها

در زمانهای قدیم، یعنی زمانی که هنوز لوله‌کشی جهت آب آشامیدنی وجود نداشت. در نقاط مختلف شهرها و روستاها آب‌انبارهایی احداث می‌شد تا اهالی بتوانند آب نوشیدنی خویش را تهیه کنند.
تأمین آب انبارها بدین سان بود که در فصل زمستان که هم به علت بارندگی، آب زیاد می‌شد و هم مصرف آب کم‌بود، آب اضافی به آب انبارها هدایت می‌شد و احیاناً ناخالصی‌های آبِ آب‌انبار به تدریج ته‌نشین می‌شده. و به دلیل‌ساخت فیزیکی آب انبارها، آب موجود همیشه خنک بوده در استان سمنان تعداد زیادی آب انبار قدیمی وجوددارد که بعضی از آنها دارای ارزش تاریخی نیز هستند. در اینجا نمونه‌هایی از آب انبارهای قدیمی استان سمنان رامی‌آوریم.
آب انبار ده‌نمک :این آب انبار در روستای ده نمک، جنب کاروانسرای شاه‌عباسی و بر سر راه قدیم تهران ـ مشهد واقع شده‌است آب این انبار از بارانهای فصلی تامین می‌شود، و نمونه آب انبارهایی است که در مسیر راه‌های‌کاروان رو، در کنار کاروانسراها ساخته می‌شد.

Semnan **Shahrud** **سمنان**

Shahrud **شاهرود**

Dehnamak **ده نمک**

شاهرود ـ بسطام
Bastam - Shahrud

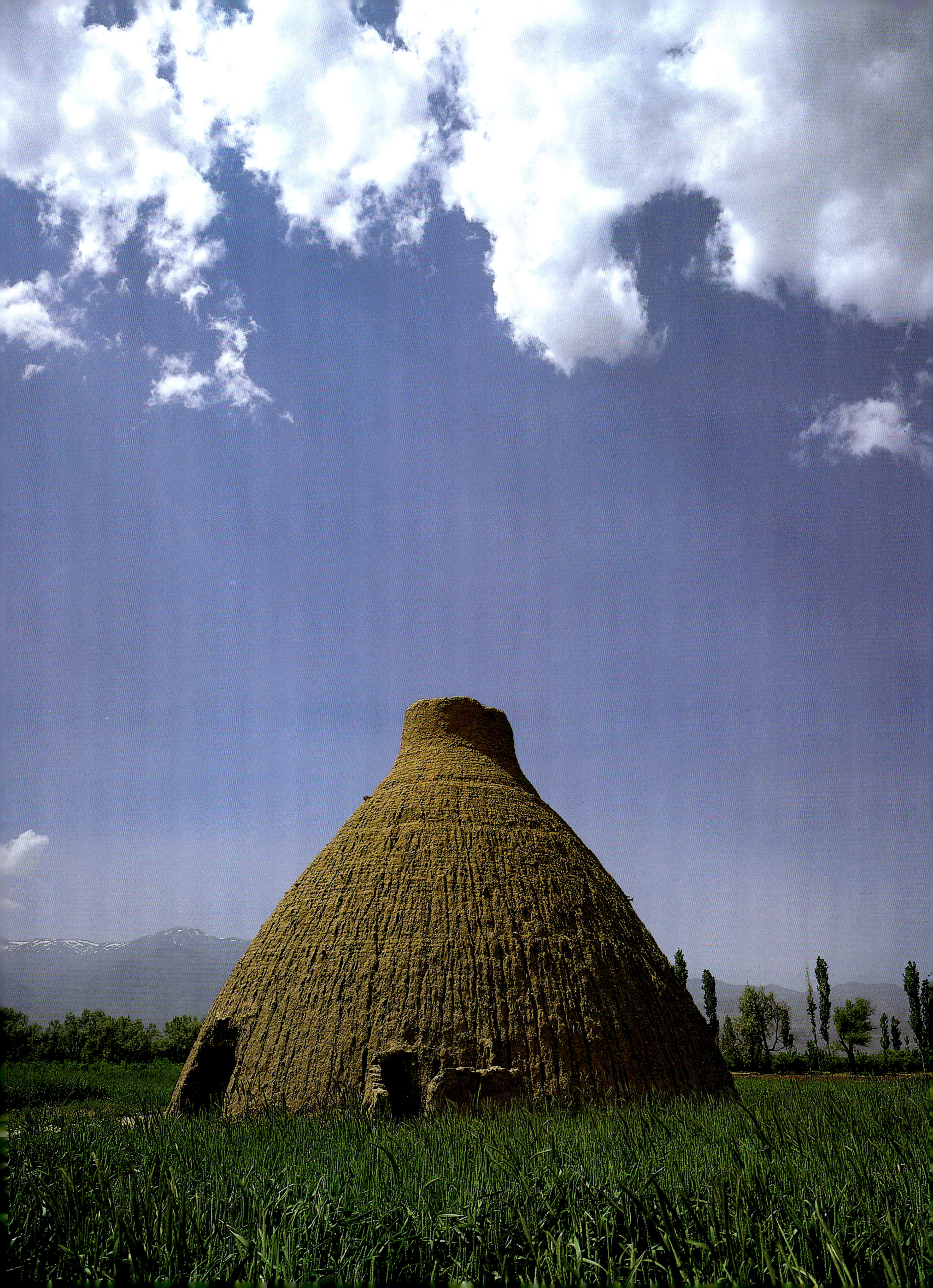

کاروانسرای بهدشت

این کاروانسرا در ۸کیلومتری شاهرود در دهکده بهدشت واقع شده، مستطیل‌شکل و از نوع چهار ایوانی بوده و درزمان صفویه بنا شده‌است. متأسفانه قسمت اعظم این کاروانسرا خراب شده و فقط دروازه ورودی و قسمتی ازاتاق‌های آن به جا مانده‌است. در کاروانسرای بهدشت جمعاً ۲۴اتاق برای سکونت مسافران ساخته‌اند، اتاق ها دراطراف حیاط مرکزی به صورت قرینه بنا شده‌است.

Behdasht Caravanserai

Located 8km of Shahrud in Behdasht village, the caravanserai was constructed in the Safavid era and is rectangular in form. Unfortunately, a large portion of the caravanserai has been destroyed and only the entrance gate and some parts of the rooms have survived. There are 24 rooms in the caravanserai.

Dehnamak Caravanserai

Located 20km of Garmsar, the caravanserai was constructed in the Safavid era. It is rectangular in form. After fundamental changes, it has been converted to the Pilgrims House of Imam Reza (AS).

کاروانسرای ده‌نمک

این کاروانسرا در ۲۰کیلومتری شرق گرمسار واقع شده و از نوع کاروانسرای چهار ایوانی است. در زمان صفویه‌ساخته شده و به شکل مربع مستطیل است و سردر ورودی آن، با دو گوشواره دوطبقه، به شکل ذوزنقه است که در ضلع جنوبی کاروانسرا قرار دارد. در چهارگوشه حیاط چهار مدخل ورودی به اصطبل‌های چهارگوشه کاروانسرا راه دارد.

کاروانسرای میاندشت

در دهکده میاندشت، در ۱۰۹کیلومتری شرق شاهرود، بین جاده سبزوار - مشهد، سه کاروانسرای متصل به هم‌وجود دارد که در مجموع «کاروانسرای شاه‌عباسی» نامیده می‌شود. از این سه کاروانسرا یکی در زمان شاه‌عباس اول‌ساخته شده و دو کاروانسرای دیگر متعلق به دوره قاجار است.

کاروانسرای شاه‌عباسی به شکل مربع ۵۰×۵۰متر و به صورت چهار ایوان بنا شده و در اطراف حیاط مرکزی آن ۱۶اتاق برای مسافران ساخته شده‌است. دو کاروانسرای دیگر هم با پلان چهار ایوان ساخته شده‌است. به گفته صنیع‌الدوله در سه کاروانسرای میاندشت حدود ۲۰۰۰نفر می‌توانستند اتراق کنند. کاروانسرای میاندشت جهانگردان بسیاری را تحت تأثیر قرار داده و سیاحان و شرق‌شناسانی چون جکسون(Jackson)و دونووان (Donovan)شرح جالبی از این بنا بدست داده‌اند.

Miyandasht Caravanserai

Located 109km of eastern Shahrud on Sabzevar-Mashad Road in Miyandasht Village stand three connected caravanserais known as Shah Abbasi Caravanserai. One of them was built during the reign of Shah Abbas and the other two date back to the Qajar era. Covering an area of 50x50m, the Shah Abbasi caravanserai contains 16 rooms. The caravanserai could accommodate roughly 2000 people. The caravanserai has stunned numerous tourists with wonder and amazement, inducing them to give detailed descriptions of it.

Abbas Abad Caravanserai

Dating back to the Safavid Era, the caravanserai has a rectangular yard with the length of 32.20m and the width of 26.5m. It has 30 rooms.

کاروانسرای شاه‌عباسی سمنان

این کاروانسرای مربوط به دوره صفوی، به رباط عباسی معروف بوده و به فرم چهار پلانی ساخته شده‌است. حیاط کاروانسرا مستطیل‌شکل به طول ۳۲/۲۰و عرض ۲۶/۵است. این کاروانسرا روی‌هم‌رفته ۳۰اتاق دارد. طرح خارجی‌کاروانسرای شاه‌عباسی نیز مستطیل شکل است و فقط ضلع شرقی آن دارای نماسازی است.

کاروانسرای شاه‌سلیمانی آهوان

این کاروانسرا که در روستای آهوان در ۴۲کیلومتری شرق سمنان واقع شده‌است، در سال ۱۰۹۷هـ.ق. در زمان شاه‌سلیمان صفوی برای استراحت زایران امام هشتم که از سمنان به مشهد مشرف می‌شدند، ساخته شد. کاروانسرای شاه‌سلیمانی آهوان دارای حیاط وسیع مستطیل‌شکل و چهار ایوان و ۲۴ اتاق برای مسافران و زائران است.

Shah Suleiman Caravanserai

Located 42km of Semnan in Ahu'an Village, it was constructed in 1685 during the reign of Shah Suleiman Safavi for accommodating the pilgrims of Imam Raza's Shrine. It has a spacious rectangular yard, 4 iwans and 24 rooms.

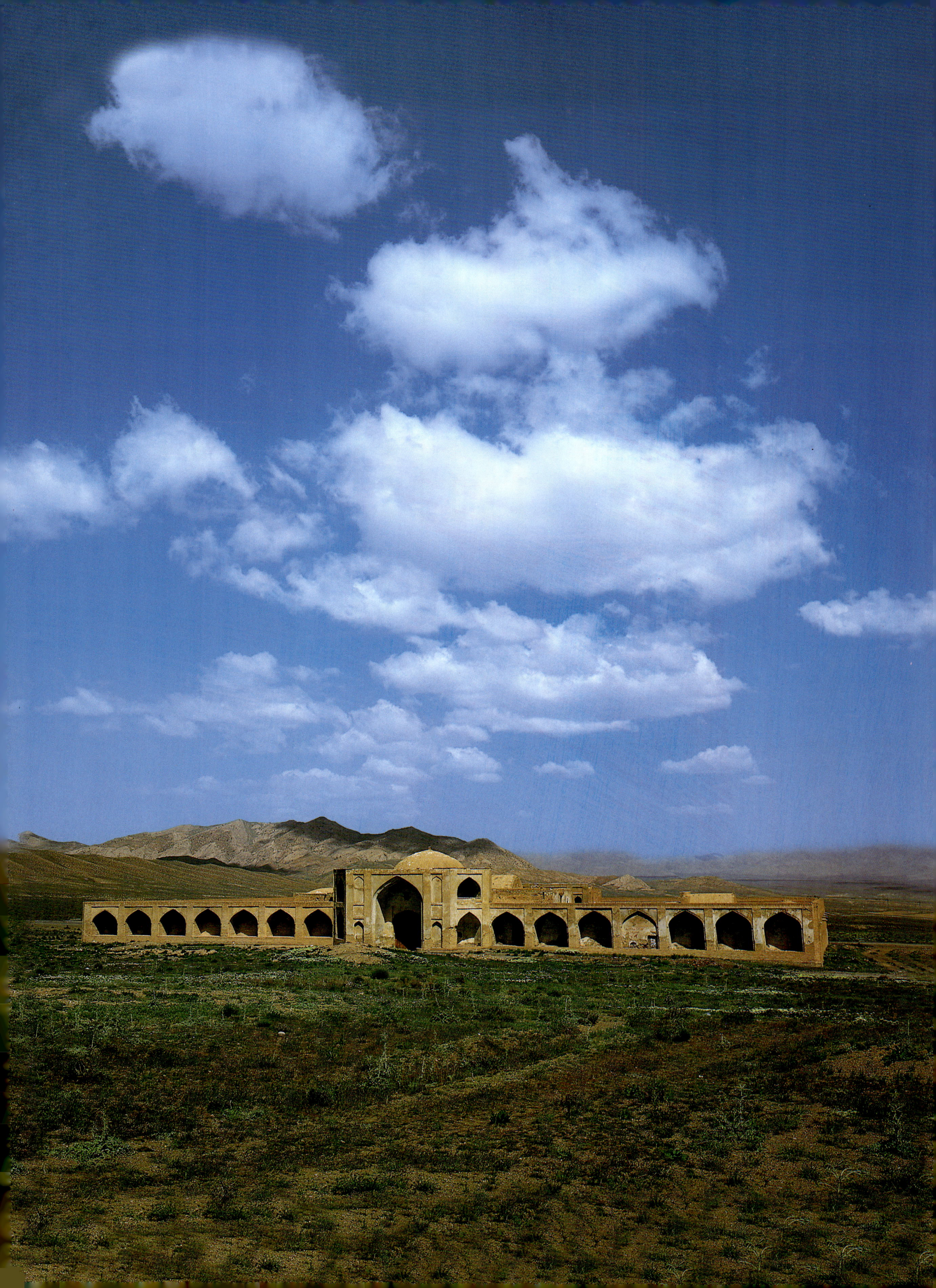

میل مسجد تاری خانه دامغان **Tarik-Khana Mosque – Damghan**

آرامگاه ابن‌یمین فرومدی [یا فَریومَدی]

در انتهای روستای فرومد، ساختمان زیبایی به چشم می‌خورد که متعلق به ابن‌یمین، شاعر معروف قطعه‌سرای فارسی است. این ساختمان به هیچ‌وجه با بافت روستا هم‌آهنگ نیست. بنایی است شش‌گوش که مانند گلبرگ‌های یک گل بازشده‌است که قبر شش گوشه داخل آن، مانند پرچم گل است. بر روی سنگ قبر شش‌گوش، شرح حال مختصر ابن‌یمین آمده‌است.

Mausoleum of Ibn Yamin - Farumad

The Mausoleum belongs to Ibn Yamin, the most important Persian poet of epigrams; 1287-1368. He was one of the earliest poets to write on the Shi'ite Imams and the tragedy of Karbala.

Bayazid Bastami – Shahrud

شاهرود - بسطام بایزید بسطامی

بقعه امامزاده علی‌اکبر گرمسار

این بقعه در شمار یکی از معروف‌ترین بقعه‌های منطقه گرمسار است. قدمت تاریخی آن به حدود هشتصد و پنجاه سال قبل می‌رسد ؛ گنبد اصلی این بنا، ایلخانی و رواق‌های پیوست و هشتی ورودی آن، مربوط به دوره قاجار است بقعه و بارگاه با بنای آجری ساخته شده و فاقد هرگونه تزئینات کاشی است. دیوار داخل حرم از زمین به ارتفاع ۵۰ سانتی‌مترسنگ‌کاری شده و بقیه تا زیر گنبد سفیدکاری است. این بنای ساده با حفظ اصالت، به خوبی بازسازی شده‌است.

Mausoleum of Imamzadeh Ali Akbar – Garmsar

One of the most noted mausoleums in Garmsar, it dates back to 850 years ago. The mausoleum is made of mud bricks and lacks tile works ornamentations. The interior wall is decorated with stone. The structure has been well renovated and restored.

برج پیر علمدار

این برج در شرق شهر دامغان در محله خوریا و مدرسه حاج فتحعلی بیگ (حوزه علمیه دامغان)واقع شده. مقبره‌ای‌است که به سال ۴۱۷هـ.ق. به صورت برج مدور آجری با گنبد مخروطی پیازی‌شکل ساخته شده‌است. ارتفاع این بنا ۱۲متر، قطر داخلی آن ۵/۴ متر است و شهرت آن به دلیل داشتن کتیبه‌ای زیبا با خط کوفی مشبک است. این ساختمان به سبک‌بنای چهل دختران ساخته شده، اما نه به آن ظرافت و زیبایی.

Pir-e Alamdar – Damghan

The mausoleum of Pir-e Alamdar is a circular, lovely domed tomb-tower, which, according to an inscription, was constructed in 1026 AD. It is the oldest extant building of this type south of the Alborz Mountains. The fame of this eleventh-century monument lies mainly in the use of Kufic design in its brick decorations and a Kufic inscription inside the tower. Near this tomb-tower stands a mosque built during the reign of the Muslim Mongol Ilkhan, Oljeitu.

Tughrol Tower – Damghan | برج طغرل دامغان، مهماندوست

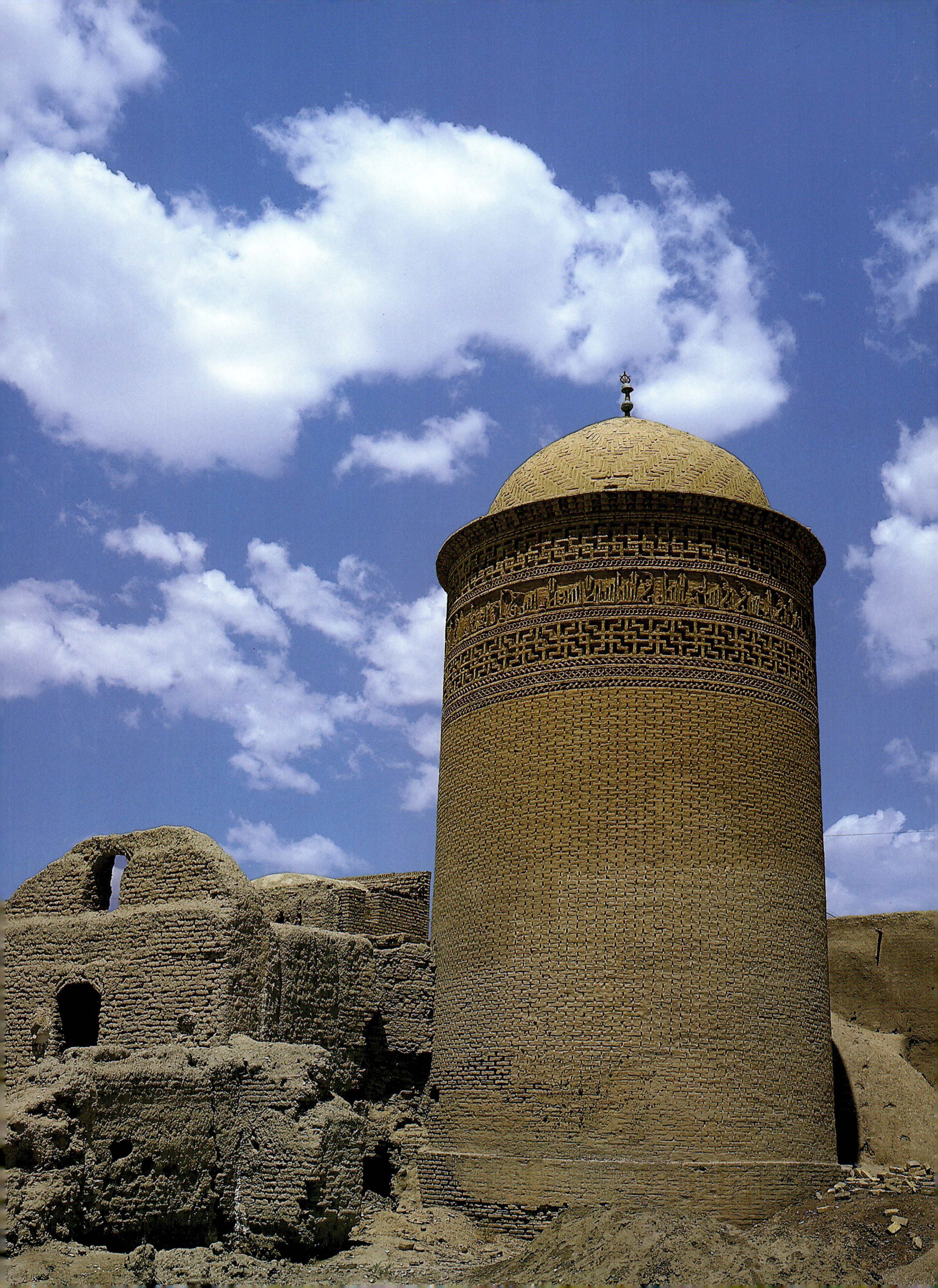

طرود شاهرود

پوشش گیاهی، به ویژه درختان، امروزه از مهم‌ترین و زیباترین جلوه‌ها و چشم‌اندازهای طبیعی و جاذبه‌های بی‌نظیر جهانگردی هستند. سرسبزی پوشش گیاهی، لطافت هوا همراه با آب‌های جاری و روان، چشم‌اندازهای بدیع و زیبایی پدید می‌آورد که اوقات فراغت ما را سرشار از آرامش می‌سازند.

از کویر تا دامنه‌های جنوبی سلسله جبال البرز، پوشش گیاهی کویری، نیمه کویری، نیمه سردسیری و کاملاً سردسیری مشاهده می‌شود.

در دامنه جنوبی سلسله جبال البرز با افزایش ارتفاع، تغییر جنس خاک، مقدار رطوبت و تغییر درجه حرارت، نوع پوشش گیاهی تغییر می‌کند. در ۳۰ کیلومتری حاشیه کویر به سمت دامنه‌ها، قسمت عمده‌ای از منطقه دارای پوشش‌گیاهی جالب توجه است که در نقاط مختلف از نظر تراکم متفاوتند.

از منطقه مهدی‌شهر به طرف حاشیه شمالی، آثار پوشش گیاهی به صورت درختان خانواده سوزنی‌برگ به ویژه‌ارس، سرو، بته و درختچه زرشک نمایان می‌شود.

در مناطقی که پوشش گیاهی غنی دارند، گیاه غالب از تیره گندمیان است. در منطقه شهمیرزاد گیاهان خودرو شامل‌گون، درمنه، گیاهان تیره گندمیان، نعنائیان، اسفندفرفیون، بومادران، کاسنی، گل سرخ وحشی (نسترن) به وفور دیده می‌شود.

Tarud – Shahrud

Tarud – Shahrud

Khatir Kuh

خطیرکوه (ختیرکوه)

Maladeh

ملاده

Abr Forest- Shahrood

شاهرود جنگل‌های ابر

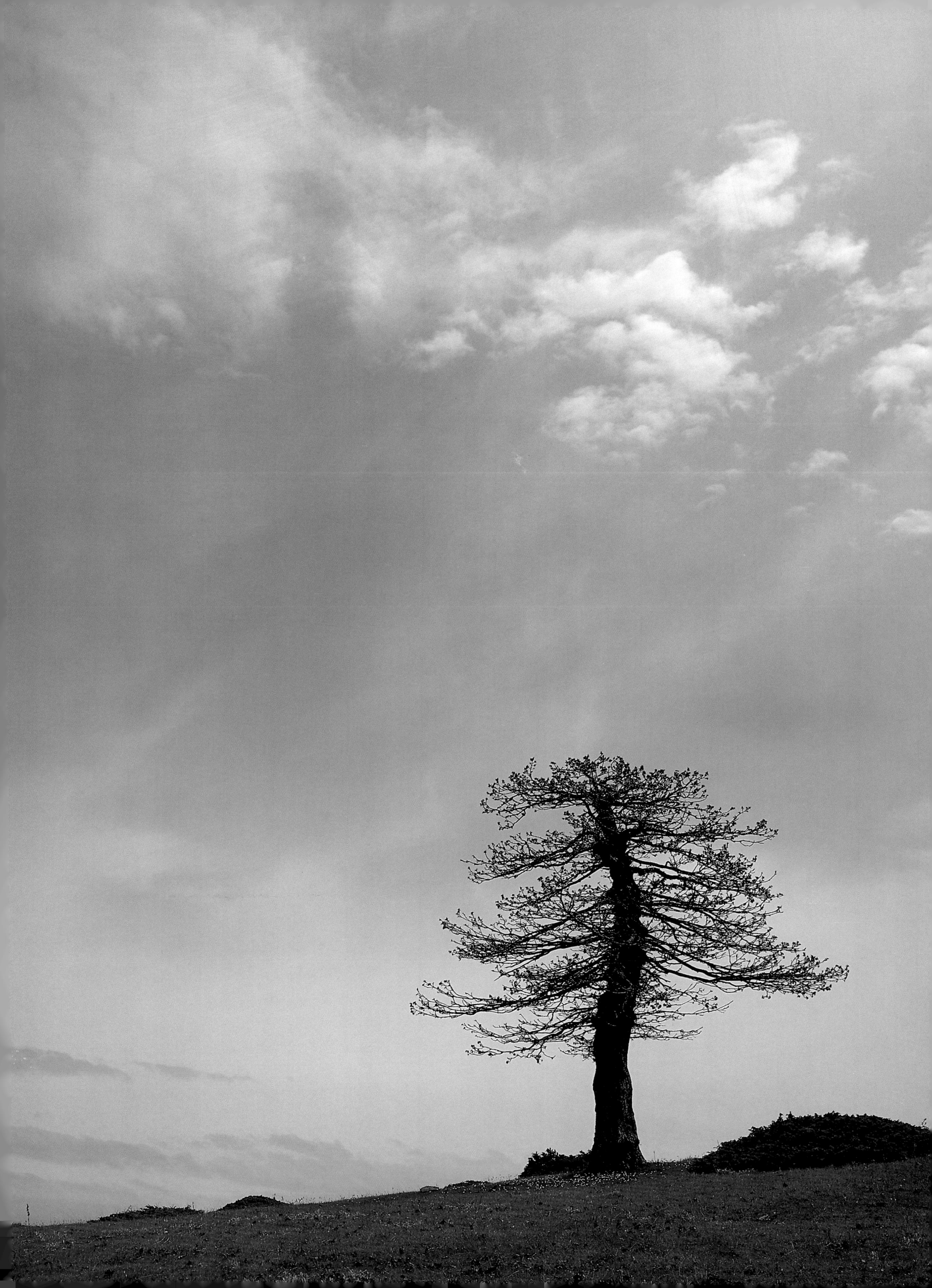

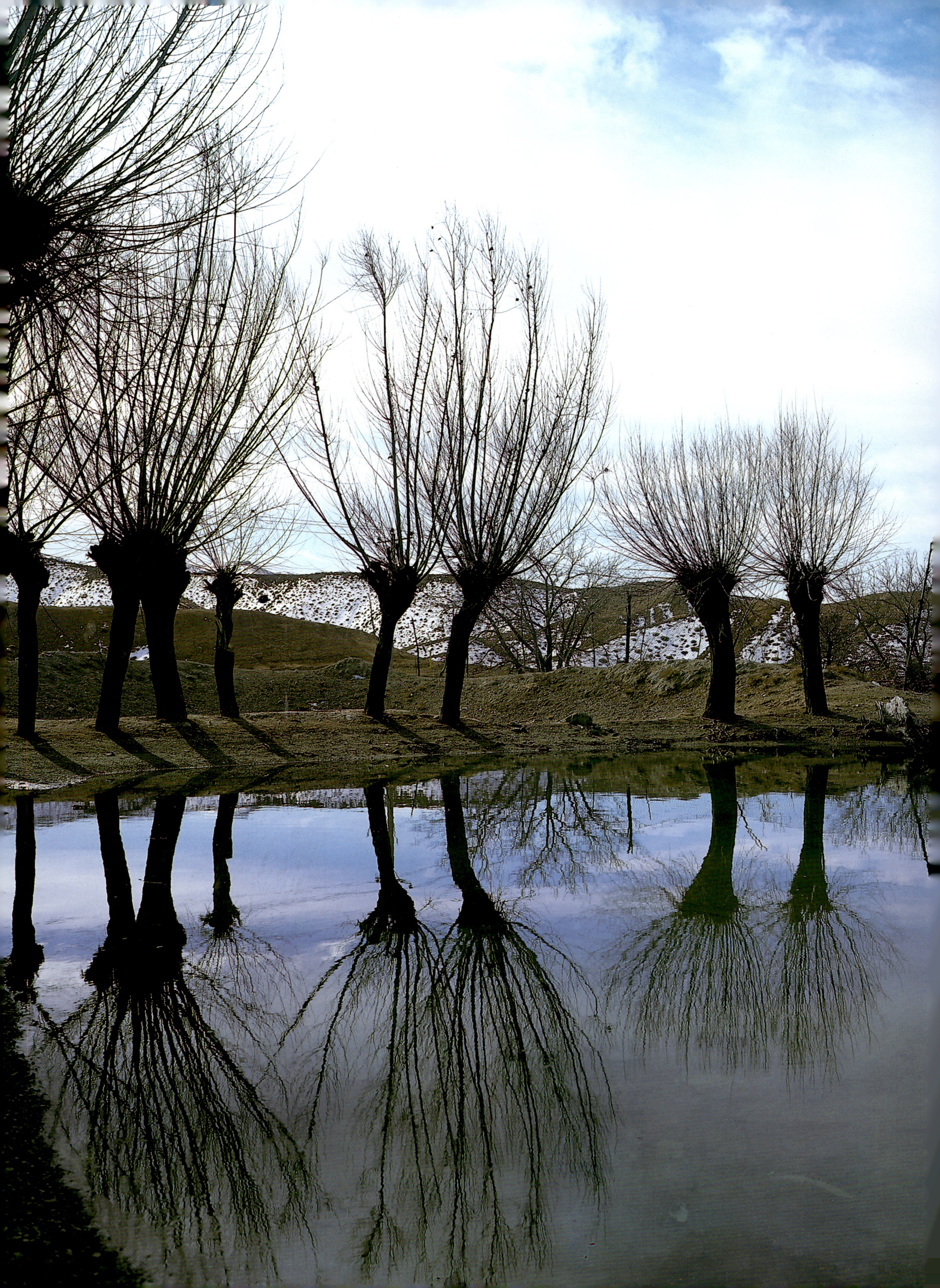

Mausoleum of Hakim Elahi – Semnan

Adjacent to the Hakim Elahi Street stands the mausoleum of a great luminary of Semnan. Hakim Elahi was born in 1826 and died in 1905. His mausoleum was built by his son Abdol Javad Elahi in 1942.

سمنان ـ آرامگاه حکیم الهی

این آرامگاه در کنار خیابان حکیم الهی سمنان واقع شده و مدفن یکی از چهره‌های تابناک فلسفه و حکمت و از مفاخر گرانمایه سمنان است. حکیم الهی در رمضان ۱۲۴۳ متولد شد و در ربیع‌الاول ۱۳۲۳ فوت کرد. آرامگاه او به همت فرزندش عبدالجواد الهی در سال ۱۳۲۱ شمسی بنا شد. بنای آرامگاه از ایوان و چند سالن تو در تو تشکیل شده. بر پیشانی ایوان کتیبه‌ای از کاشی دیده می‌شود. تزیینات زیبای آجری پیشانی سر در، جلوه‌ای به این بنا می‌دهد.

Damghan to Jandaq — دامغان به جندق

Shahmirzad – Pulad Mahaleh — شهمیرزاد ـ پولاد محله

78 | *Markazi*

Central Province

With an area of 29,406sqkm, it is bounded by Tehran and Qazvin on the north, Hamadan on the west, Luristan and Isfahan on the south and Tehran, Qom and Isfahan on the east.

The main counties are Ashtiyan, Arak, Saveh, Mahalat, Tafresh, Delijan, Khomein, and Sarqand.

The Central Province has a semi-arid climate. Historically, the province dates back to the Seleucid era.

Places of interest include the caves of Aghdash and Shah Pasand, Chahar Fasl Bathhouse, and the ancient Zoroastrian fire temple known as Shah Zand.

استان مرکزی

استان مرکزی در جنوب استان تهران و تقریباً در مرکز ایران قرار دارد. این استان از شمال به استان‌های تهران و قزوین، از غرب به استان همدان، از جنوب به استان‌های لرستان و اصفهان و از شرق به استان‌های تهران، قم و اصفهان محدود است. این استان مساحتی معادل ۲۹۵۳۰ کیلومترمربع از مساحت کل کشور را به خود اختصاص داده است. شهرستان‌های استان مرکزی آشتیان، اراک، تفرش، خمین، دلیجان، ساوه، سربند، محلات می‌باشند.

استان مرکزی از مناطق تاریخی ایران است که قدمت آن به دوره سلوکیان می‌رسد. شهرهای تاریخی ساوه، محلات و نیمه‌وَر، تفرش و آشتیان... از نواحی این استان‌اند که آثار تاریخی بسیاری در گستره‌ی خود به نمایش گذاشته‌اند. از مهم‌ترین مکان‌های دیدنی این استان می‌توان به این اماکن اشاره کرد: غارهای اراک، شهر زیرزمینی دلف‌آباد فراهان، خرابه‌های معبد سلوکی خورهه، کاروانسرای دودهک، امامزاده یحیای شهرستان محلات، منطقه باستانی و کاروانسراهای شهرستان ساوه، غار دلیجان و امامزاده‌ها و زیارتگاه‌های بسیاری که هرکدام تصویرگر بخشی از تاریخ این سرزمین هستند.

Arak Bazaar

Dating back to 1813, the bazaar is superb in its architecture. The main sections are constructed in straight rows, branching off at right angles. The bazaar was made of brick and adobe. The historical Sepahdari School is located close-by.

بازار اراک

بازار اراک که قدمت آن به سال ۱۲۲۸ هجری قمری می رسد از نظر نوع معماری سیمای منحصر به فردی دارد.

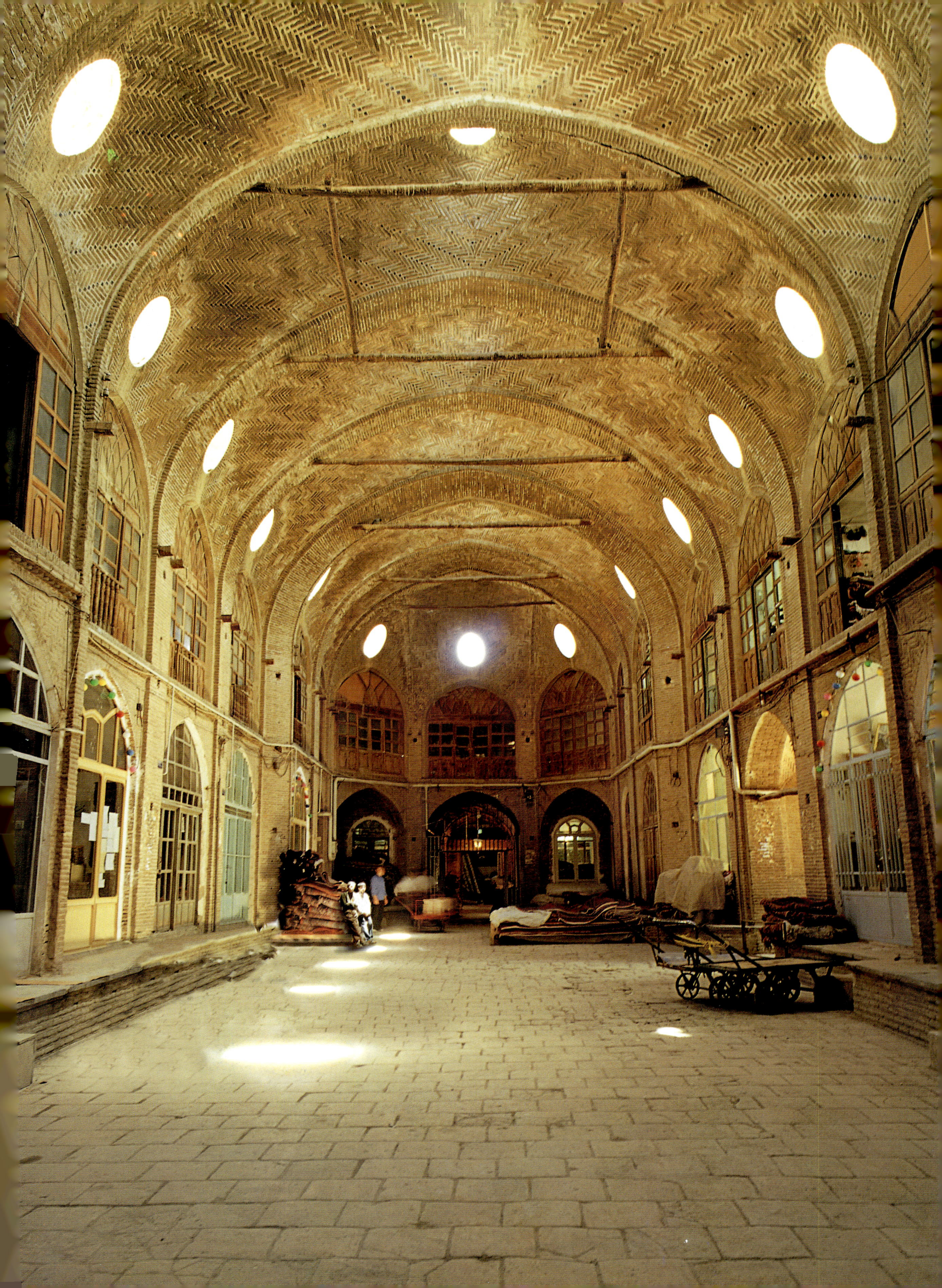

Chahar Fasl Bathhouse – Arak

Constructed in the Qajar era, the bathhouse consists of two sections: one for men and the other for women. The bathhouse has been registered with the Organization of Cultural Heritage as a museum.

حمام چهار فصل اراک

حمام چهار فصل اراک در دوره‌ی قاجاریه ساخته شده، این بنا دارای دو قسمت مردانه و زنانه است. کاشی‌های به‌کاررفته در سر بینه‌ی حمام و زیبائی پیچک‌های ستون‌های زیر سربینه و تقسیم‌بندی‌های قسمت‌های مختلف حمام، جلوه‌ی خاصی به آن داده‌است. این بنا پس از بازپیرائی توسط میراث فرهنگی به موزه تبدیل شده‌است.

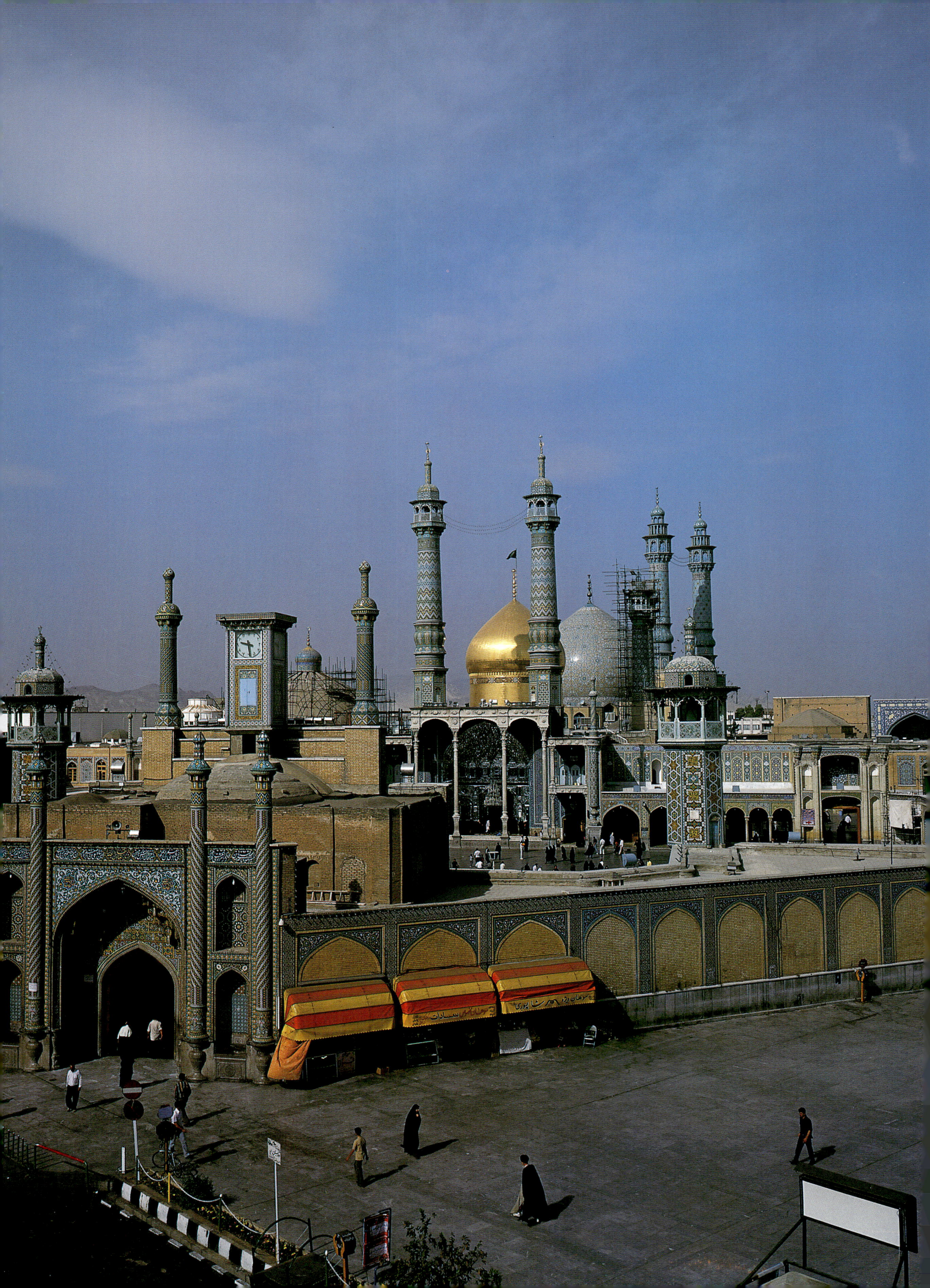

Tomb of Highness Masoomeh

The architechtury of this tomb has a 2nd century of A.H. old. In some documentary this building was rebuilt on middle of fifth century by Amir Abolfazl Araghi, one of Toghrol mens. Fathali Shah, the Qajar king, has a special interest on this tomb so some of its decoration are still remain.

آستان حضرت معصومه (س)

معماری بارگاه حضرت معصومه به نیمه دوم سده دوم هـ . ق. باز می گردد. به استناد کتب تاریخی، این بنا همچنان پابرجا بود تا این که در میانه سده پنجم هـ.ق. (۴۲۹ – ۴۶۵ هـ.ق.) توسط امیرابوالفضل عراقی از رجال دوره طغرل اول سلجوقی تجدید بنا شد. در عصر قاجار، فتحعلی شاه به قم و آستانه مقدسه توجهی خاص مبذول داشت، چنانکه تزئینات کنونی به همراه رواق ها و بیوتات فعلی اغلب متعلق به آن عهد است.

Chahar Mahal Bakhtiari

With an area of 16,201sqkm, the province of Chahar Mahal Bakhtiari is situated in the centre of the Zagros Mountains. It is bounded by Isfahan on the north and east, Khuzestan on the west, and Kohkiloyeh on the south. The main counties are Shahr-e Kurd (the capital), Burujen, Lurdekan, Farsan and Ardal. The Bakhtiaris are divided into two main branches: Haft Lang and Chahar Lang. They have two different summer and winter territories. The summer territory of the Chahar Lang branch is to the north, while the summer territory of the Haft Lang is to the south. Historically, the Bakhtiari territory was at some stage part of the Fars state, and was also part of the Khuzestan province before it became an independent entity. There are also other tribes who populate the region. The natural beauty of the region is quite superb. The Zagros Mountains dominate the climate here. Cold winters are followed by mild summers. The wildlife is colorful, and there is an abundance of lakes, waterfalls, and vast forests. Places of interest include Sureshjan Ski Site, Shalamzar and Assadiyeh castles, Zaman Khan Bridge, Atabakan and Friday Mosques, Hakimeh Khatun and Baba Pir Ahmad Shrines, and the magnificent Jangal Saman Village.

چهارمحال و بختیاری

استان چهارمحال و بختیاری در قلمرو مرکزی رشته‌کوه‌های زاگرس بین پیشکوه‌های داخلی استان اصفهان قراردارد.

این استان از شمال و شرق به استان اصفهان، از غرب به استان خوزستان، و از جنوب به استان کهگیلویه و بویراحمد محدود است.

استان چهارمحال و بختیاری حدود ۱۶۵۳۲ کیلومترمربع مساحت دارد.

شهرستان‌های این استان عبارتند از: شهرکرد، بروجن، لردگان، فارسان و اردل.

منطقه چهارمحال و بختیاری به علت کوهستان‌های بلند و ارتفاعات برفگیر، در فصل زمستان پوشیده از برف می‌شود.

استان چهارمحال و بختیاری زیستگاه اصلی عشایر بختیاری است. این استان طبیعتی شگفت‌انگیز دارد و چشم‌انداز کوه‌ها، تالاب‌ها، رودها، چشمه‌ها و غارهای آن، این استان را به یکی از دیدنی‌ترین و جذاب‌ترین استان‌های ایران تبدیل کرده‌است.

چشم‌اندازهای زیبای طبیعی این استان را با چشم‌اندازهای سلسله جبال آلپ در سوئیس و اطریش مقایسه کرده‌اند.

زندگی عشایر و کوچ آنها از مناظر جذاب و دیدنی این منطقه است.

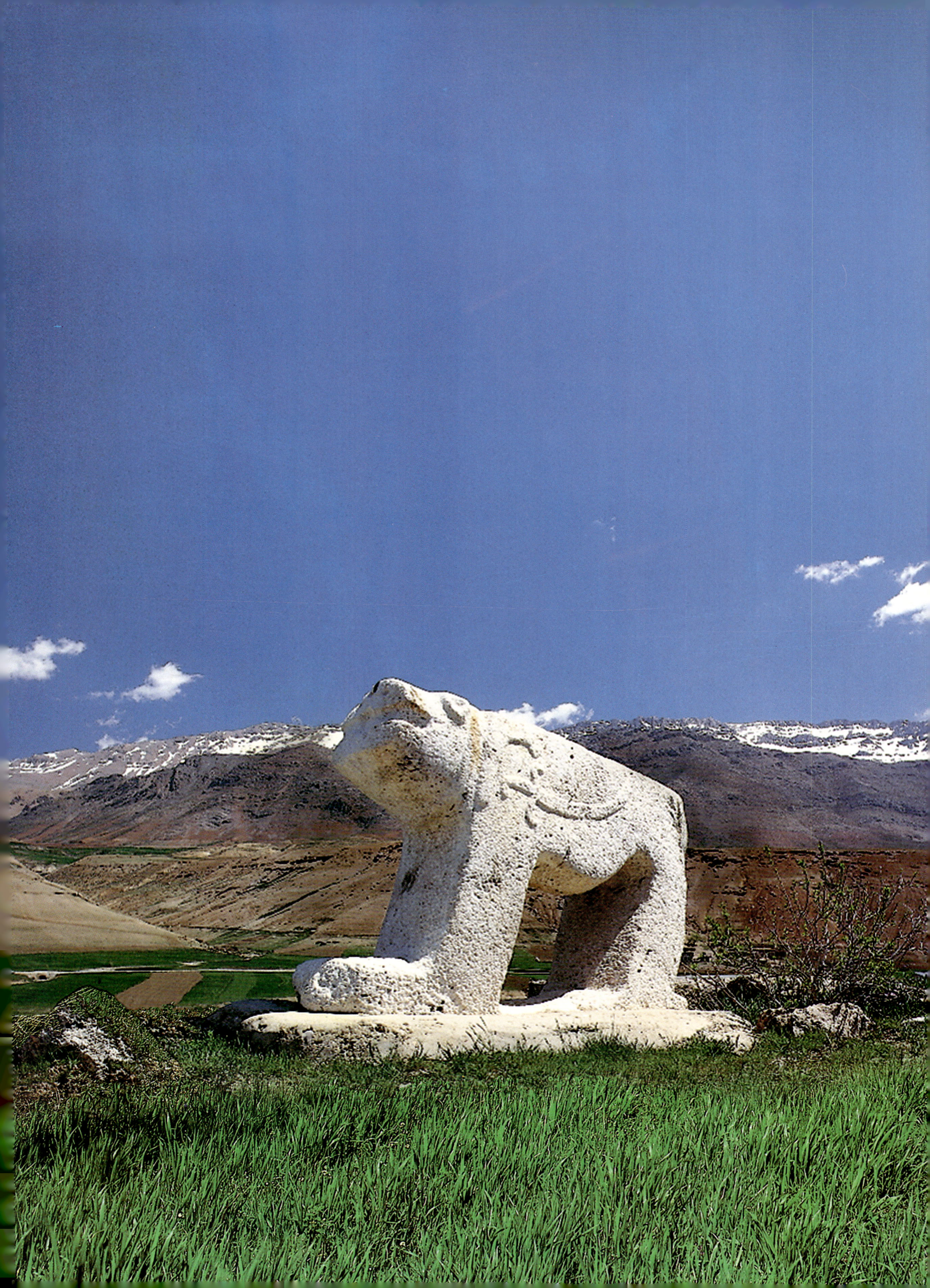

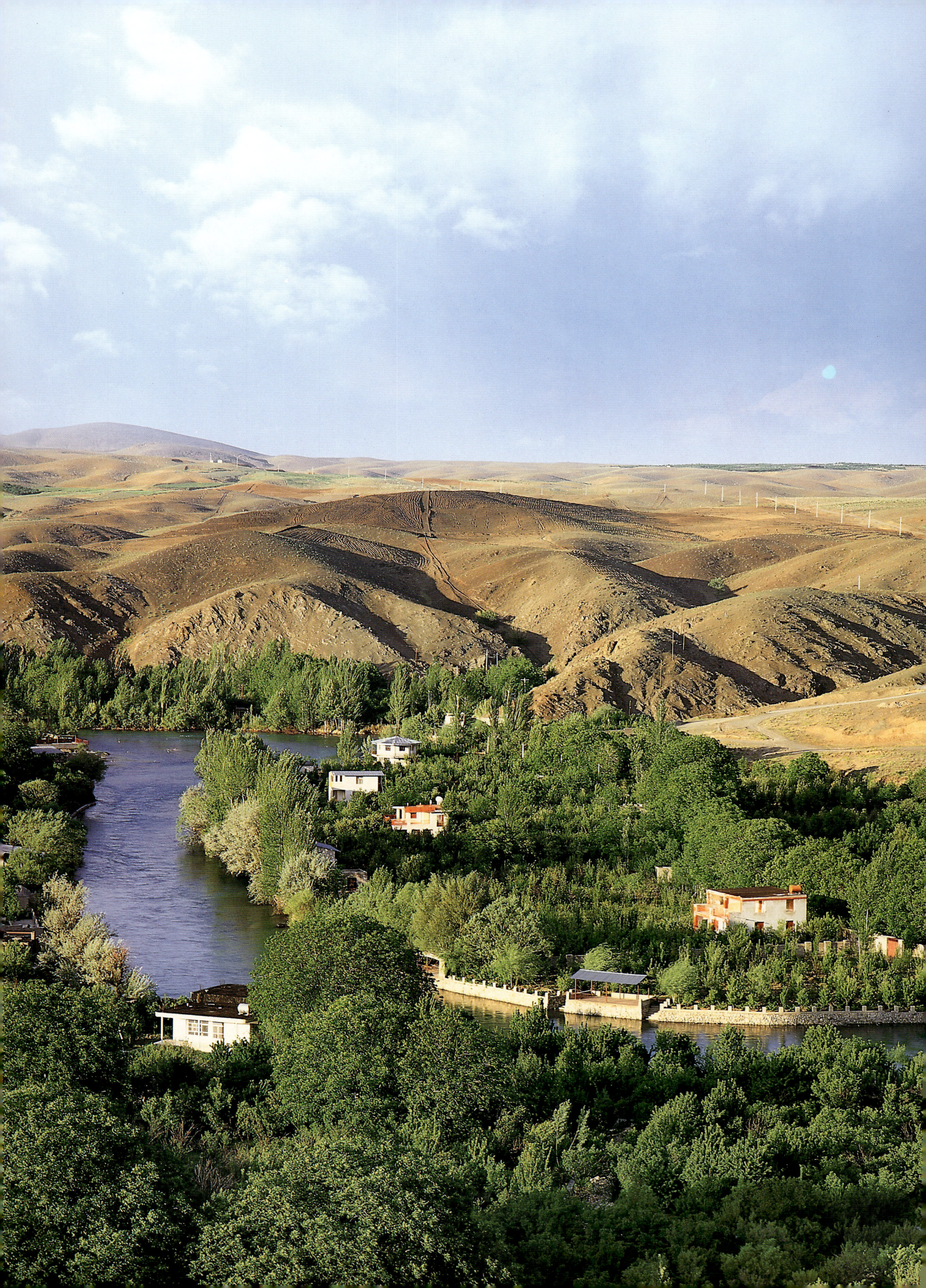

Saman

Located 20km of Shahr-e Kurd and 90km of Isfahan, it is one of the cities of Chaharmahal Bakhtiyari. Saman is a mountainous area. The city stands 186m above the sea level. The climate is moderate.

سامان

شهری است در ۲۰ کیلومتری شمال غربی شهرکرد و ۹۰ کیلومتری جنوب غربی اصفهان، که از نظر تقسیمات کشوری تابع استان چهارمحال و بختیاری است.

سامان ناحیه‌ای است کوهستانی در منطقه لار که جنوب و غربش را بلندی دربر گرفته و در جنوب غربی آن، تنگه‌ای بین دو رشته‌کوه قرار دارد که تنها راه ارتباطی سامان با شهرکرد و دیگر روستاها و شهرهای چهارمحال و بختیاری است.

این شهر از سطح دریای آزاد ۱۸۶ متر ارتفاع دارد. آب‌وهوای آن معتدل کوهستانی است.

Ardel

One of the districts of Chaharmahal Bakhtiyari, Ardal stands in an area of 2644km with a population of 31972 people.

اردل

اردل از بخش‌های شهرستان بروجن چهارمحال و بختیاری است و متشکل از دهستان‌های پشتکوه، میانکوه ودیناران است. بخش اردل ۲۶۴۴کیلومترمربع مساحت و ۳۱۹۷۲نفر جمعیت دارد شهر اردل مرکز این بخش، ۱۸۰۲نفرجمعیت دارد.

اردل از گذشته‌های دور یکی از مراکز ییلاق و اسکان ایل «هشت لنگ» بختیاری بوده و در متون تاریخی، از جمله سفرنامه شهره «ابن بطوطه» ذکری از این ناحیه هست.

چهلگرد

اردل

چهلگرد

Stone Lion (Shir-e-Sangi)

Stone lion was a sculpture placed on warriors graves and was a symbol of fair and hiroism. Nowadays stone lions are still remains from old graves in mountains and fiels.
The structure of lions are basically same and only defferent from matrials they are maid.

شیر سنگی

«شیر سنگی» سمبل و نماد پهلوانی است که بر سر گور پهلوانان و جنگاوران ایل می‌گذاشته‌اند. امروزه شیرهای سنگی پراکنده‌وار از گورستانهای قدیمی بر جای مانده و همه جا در دشت و دره و کوچرو، در متن طبیعت پراکنده است. طرح کلی تندیس‌های شیر همه جا به هم شباهت دارند، و تقریباً هم‌اندازه‌اند و فاقد ریزه‌کاری و پرداخت دقیق‌اند، فقط از لحاظ خصوصیاتی که مربوط به جنس اورنگ سنگ تندیس می‌شود در مناطق مختلف با هم تفاوت‌هایی دارند.

تالاب چغاخور

تالاب چغاخور با مساحتی حدود ۲۳۰۰ هکتار یکی از زیباترین و بزرگ ترین تالاب های استان است. عمق تالاب به ۱/۵ متر میرسد. رشته کوه زیبای کلار نیز در سمت جنوب غربی مشرف بر تالاب است.

Chogha Khor Marsh

Covering 2300 hectares, the marsh is one of the most beautiful marshes in the province. It is 1.5m deep. Also, the Kelar Mountains lie in the south-western of the marsh.

Char Mahal Bakhtyari

چهارمحال و بختیاری

سردر کاخ قلعه چالشتر، قاجاریه

کاخ و قلعه چالشتر در ۱۰ کیلومتری شهرکرد واقع شده‌است. سال‌ها پیش از اینکه شهرکرد اعتبار یابد، مرکز حکومت‌نشین چهارمحال بود. در این محل قلعه‌ای وجودداشت که متعلق به خدارحیم بختیاری بود. امروزه از قلعه چالشتر جز بخش کوچکی باقی نمانده، با اینهمه بخش بازمانده، و بخصوص سر در کاخ قلعه، نمونه‌ای از معماری باشکوه آن است. گچ‌بری سر ستون‌ها و آرایه سردر نمونه‌ایست از تزیینات ازمیان رفته.

Chaleshtar Castle

Located in Dezak village, the edifice has two stories. The first floor has a hall, four iwans and several rooms. The second floor has an area known as Howzkhnana in the middle of which there is a sofreh khana. The sofreh khana is decorated with stuccos.

Sar Agha Seyyed Village | روستای سرآقاسید

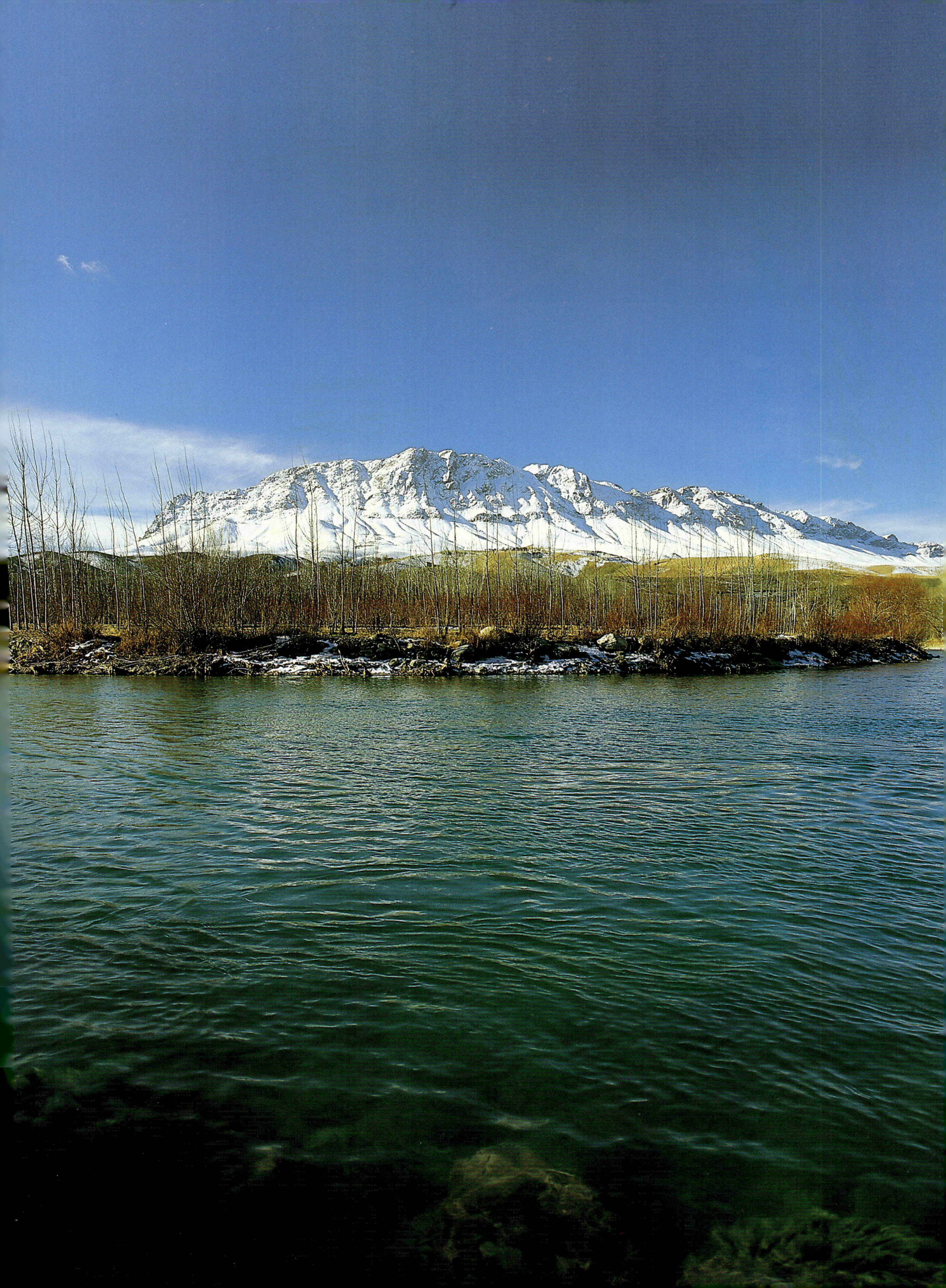

Chuqa – traditional garment

Chukha is a traditional garment used by the Bakhtiyari tribes. It is usually white with blue or black embroideries. Chukha is generally worn by people in all four seasons. The best chukha is made of wool.

چوب بازی و گوی بازی عشایر

Char Mahal Bakhtyari
چهار محال و بختیاری

توشمال‌ها

هر طایفه و تیره، نوازندگان محلی ویژه‌ای دارد که به آنها «توشمال» می‌گویند. هر روستا یک توشمال مخصوص به‌خود دارد. دسته‌ای از توشمال‌ها سیار هستند و به همراه ایل کوچ می‌کنند. مجموعه ایل بختیاری، همراه با سنن و شیوه‌های خاص زندگی، به تنهایی یکی از جاذبه‌های بی‌نظیر و چشمگیر این منطقه است. یکی از دیدنی‌های جالب توجه سرزمین چهارمحال و بختیاری، کوچ ایل بختیاری است: تعداد خانواده‌هایی که به صورت کوچ رو زندگی می‌کنند، بالغ بر صدها خانواده گزارش شده‌است. آنها هر ساله از پنج مسیر مختلف به راه می‌افتند و همراه با اراده‌ای خستگی‌ناپذیر، با سختی‌های طبیعت درگیر می‌شوند و پس از عبور از رودخانه‌ها، دره‌ها، و پشت سر گذاشتن بلندی‌های زردکوه، در دامنه‌های سبز زاگرس پراکنده می‌شوند و سه ماه در این منطقه می‌مانند و در مراتع سرسبز به چرای دام‌هاشان مشغول می‌شوند.

مسجد جامع چالشتر

این مسجد در سال ۱۲۹۷ هجری قمری به دستور حاج محمد رضاخان چالشتری در ۹ کیلومتری شهرکرد ساخته شده است. بنا از سنگ، آجر و کاشی است و دارای چهار ایوان و شبستان و حوضخانه، تطهیرخانه و سردر ورودی است. در داخل شبستان جنوبی، منبر چوبی زیبایی تعبیه شده که در اطراف آن، آیاتی از قرآن کریم بر روی چوب منبت کاری شده است.

Friday Mosque of Haj Reza Khan Riyahi

The mosque was constructed in 1879 by the order of Haj Mohammad Reza Khan Chalashtari in 9km of Shahr-e Kurd. It has four iwans, a prayer hall and a pool. On the walls of the prayer hall, verses of the holy Qur'an are seen.

Assari- Farrokhshahr

عصاری فرخ‌شهر

سقاخانه ارباب میرزا - شهرکرد، قاجاریه

Saqakhaneh Arbab Mirza – Shahr-e Kurd

Sutudeh House – Chalashtar خانه ستوده ـ چالشتر

مسجد جامع حاج محمدرضاخان ریاحی ـ چالشتر
Friday Mosque of Hajj Mohammad Reza Khan Riahi – Chalashtar

Zaman Khan Bridge – Saman

Located 29km of Shahr-e Kurd, it is an ancient valuable monument. It was built by Zaman Khan. The bridge was completely restored twice.

پل زمان‌خان

این پل از بناهای باارزش قدیمی استان است که در ۲۹ کیلومتری شمال شهرکرد قرار دارد. زمان‌خان، یکی از روسای عشایر، این پل را به‌صورت دو دهنه هشت‌متری ساخت. پل زمان‌خان دوبار، یک بار در سال ۱۰۲۲ هجری‌قمری توسط کارگزاران حکومت صفوی و بار دوم در سال ۱۳۲۱ شمسی به وسیله حاج عبدالحسین قزوینی مالک قریه جمعالی به طور کامل تعمیر شد و با احداث دیواره سنگی در دو طرف آن، استحکام بیشتری یافت.

امام زادگان حلیمه و حکیمه خاتون

ساختمان اولیه این بنا، شاید جزو مجموعه‌های اتابکان فارس باشد، که در اثر مرور زمان و حوادث مختلف از بین‌رفته و در دوره‌های مختلف دیگر، تغییراتی در آن صورت گرفته‌است. ساختمان نوسازی‌شده فعلی به زمان قاجار و پهلوی تعلق دارد. ساختمان اصلی آن در مغرب، دارای رواقی است که گنبدی روی آن قرار گرفته است داخل رواق به شکل هشت‌ضلعی است و سطح ایوان آن را با گچ ساده‌ای پوشانده‌اند به‌طوری که از قسمت‌های گچ بری شده مشاهده‌می‌شود. بدنه ایوان آن، با نقاشی مذهبی تزیین شده و سردر ورودی آن در سمت شرق، یک هشتی و ایوان دارد که‌روی در ستون سنگی جلوخان قرار دارد و به کاشی هفت‌رنگ مزین است.

در داخل مقبره، ضریحی فلزی و در درون آن دو قبر متصل به‌هم قرار گرفته که بر روی معجر چوبی آن، تاریخ ۱۲۸۶هجری‌قمری خوانده می‌شود. درهای مقبره عبارت است از سه دهنه که با شیشه‌های رنگین به‌صورت متحرک ـ ارسی ـ ساخته‌شده‌است. در طرفین دو در بزرگ، عبارت «بانی حاجیه خورشید بیگم، صبیه مرحوم حاج محمدرضاخان شهرکی ۱۳۳۲هجری قمری» نوشته شده است. در جوار امام‌زاده، سنگ قبرهایی به تاریخ ۱۰۲۳و ۱۱۳۰هجری‌قمری نصب‌شده‌است.

قلعه دزک

این بنا در جنوب شرقی روستای دزک قرار دارد و در دو طبقه، باشکوه تمام ساخته شده. طبقه اول شامل یک‌هشتی و چهار ایوان و چند اتاق است. طبقه دوم شامل محوطه بزرگی به نام «حوضخانه» است که در وسط آن یک‌سالن بزرگ به نام سفره‌خانه ساخته شده و اتاق آینه در کنار آن قرار گرفته است. سفره‌خانه دارای تزیینات گچبری ونقاشی است.

Dezak Castle

Located in Dezak village, the edifice has two stories. The first floor has a hall, four iwans and several rooms. The second floor has an area known as Howzkhnana in the middle of which there is a sofreh khana. The sofreh khana is decorated with stuccos.

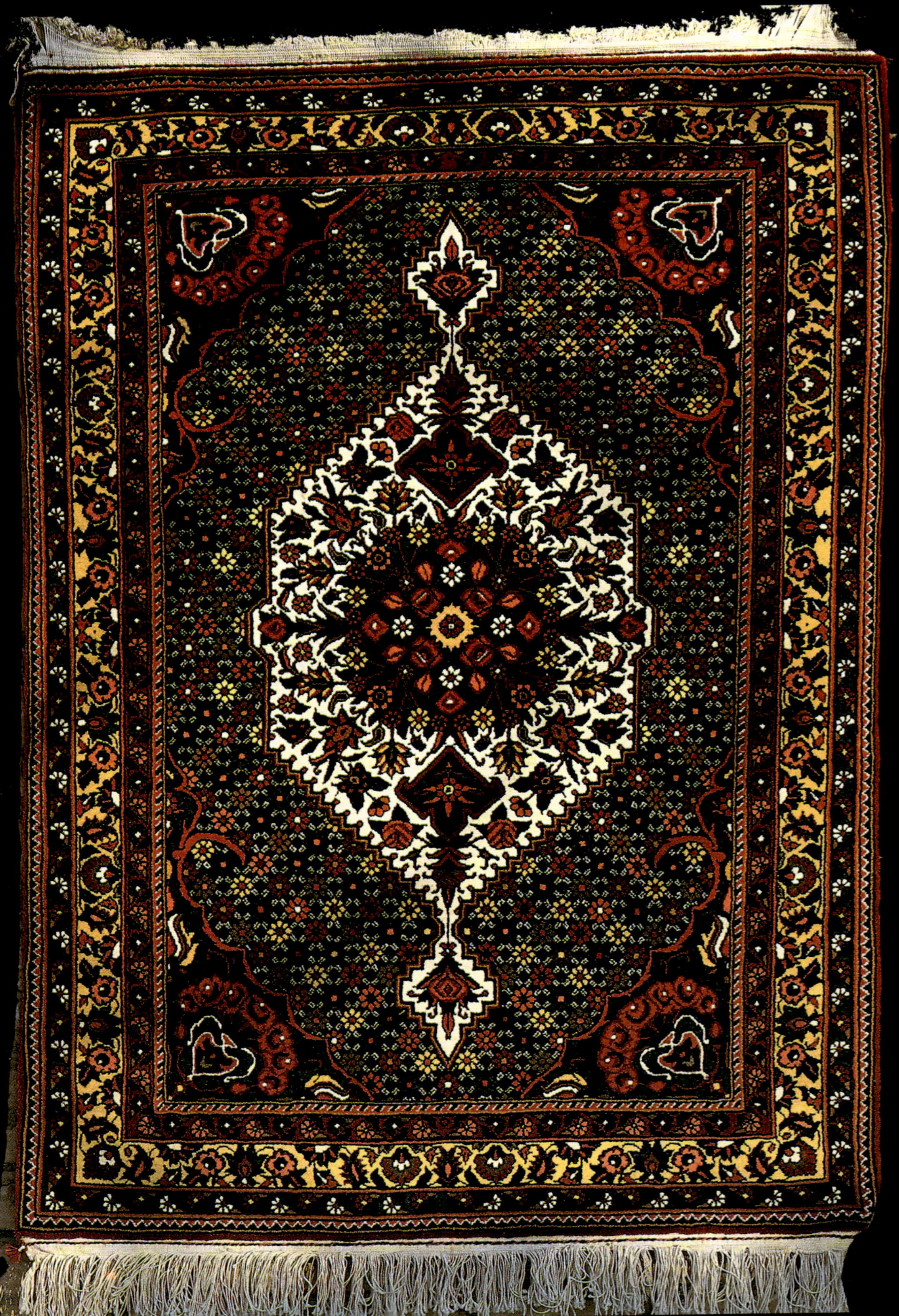

نمکدان - از صنایع دستی استان
صنایع دستی عشایری استان

در جامعه عشایری چهارمحال و بختیاری صنایع مدرن و کارگاهی وجود ندارد و صنعتگران این جامعه بیشتر به صنایع دستی بافتنی اشتغال دارند و فعالیت آنها غالباً در زمینه‌های بافت چوخا، خورجین، قالی و قالیچه، سیاه چادر، گلیم، دستکش و کلاه پشمی و مانند آنها است.
صنایع دستی در جامعه عشایری استان یک فعالیت جنبی به حساب می‌آید و اوقات فراغت زنان بیشتر به این کار اختصاص می‌یابد. در بین بعضی از طوایف به رشته خاصی از صنایع دستی بیشتر اهمیت داده می‌شود. مثلاً درمیان طایفه کیارسی بافت بهترین نوع چوخا زبانزد عشایر است.

گلیم بافی
گلیم‌بافی همواره پابه‌پای قالی‌بافی پیش رفته است. گلیم‌ها از نظر روش بافت، اندازه، وزن، رنگ و کاربرد؛ تفاوت‌های چشم‌گیری باهم دارند. به‌طور کلی، کاربرد گلیم به علت وزن اندک و وسعت زیاد آن، بیشتر و متنوع‌تر از قالیچه است. گلیم‌های دست‌باف عشایر بختیاری، عمدتاً دستباف زنان در طایفه اولاد حاج‌علی است و تکنیک بافت‌آن سوزنی و بسیار مشکل است.

خورجین‌بافی
خورجین از دستباف‌های بی‌گره عشایر بختیاری است که جنبه خود مصرفی دارد و توسط زنان، بر روی دارهای افقی‌بافته می‌شود. خورجین در اندازه‌های مختلف بافته می‌شود و ابعاد آن به طور متوسط ۳/۵متر در ۹۰سانتی‌متر است و چندین روش در بافت آن به کار می‌رود. نقش‌های این‌گونه خورجین‌ها هندسی است و معمولا از گنجینه نقش‌های سنتی انتخاب و بافته می‌شود. بهترین خورجین‌های عشایری به وسیله اولاد حاج‌علی بافته می‌شود که در اطراف سرخون زندگی می‌کنند.

جاجیم‌بافی
جاجیم یکی از دستباف‌های متداول زندگی سنتی ایران است. جاجیم‌ها به شکل نوارهایی دراز و باریک به عرض ۱۵تا ۳۰سانتی‌متر بافته می‌شوند. جاجیم‌ها را می‌توان به اندازه‌های مختلف شکل داد: عرض آنها با تعداد نوارهایی‌که به هم دوخته می‌شوند و طول‌شان به طول دلخواه نوارها مشخص می‌شود. جاجیم پوششی سنگین و بادوام است‌که معمولا بر روی نمد یا لحاف دوخته می‌شود. امروزه در معدودی از روستاهای چهارمحال و بختیاری جاجیم بافته‌می‌شود که البته میزان تولید آن بسیار کم است و بیشتر جنبه خودمصرفی دارد.

Khorjins are generally woven by women on horizontal looms in different sizes. The khorjins are usually 3.5x90cm. The designs are geometrical and traditional. The oldest ***kilim*** or rough hand woven floor mat in Iran belongs to the Parthian Period. Of important models one may refer to the Verni kilim in Azerbaijan, kilimcheh (small kilim) of Bijar and Sanandaj, Baluch kilim, Shiriki Pich which resembles carpet in shape and knots, Palas in central regions, Masnad in Namin district of Ardabil and ***Ziloo*** around Tehran. The harmony of color and pattern is a standard to determine the value of a gelim and it wholly depends on the mentality of the weaver.
Jajim means a "thick cloth" like "palas" and a kind of two-sided carpet, which is thinner than Palas. ***Jajim*** is woven with colorful and fine threads of wool or mixture of silk and wool. It has no fluff and its two surfaces could be used. It is a tribal weaving and used as a coverlet or protector from coldness. Before the emergence of quilt and blanket, jajim was the only coverlet of tribesmen. Although it is rough and coarse, it will become fine and delicate by continuous use.

Gelim

Kilim

قالی (لچک و ترنج)چالشتری

Khorjins

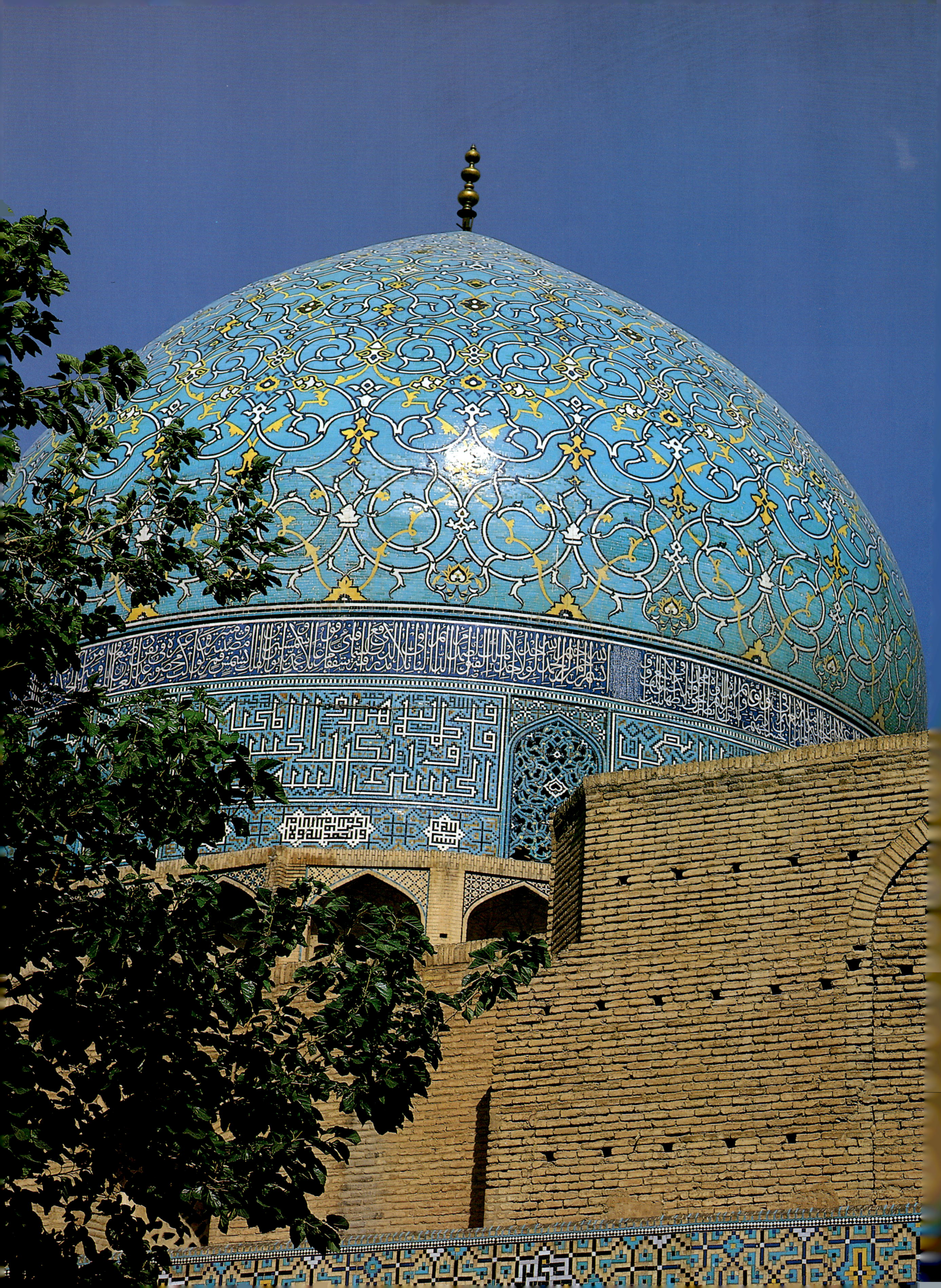

Isfahan

With an area of 107,027sqkm, the province consists of 17 districts: Isfahan (the capital), Ardestan, Barkhar and Maymeh, Semirom, Khomeini Shahr, Khansar, Shahreza, Faridan, Fereydoon Shahr, Falavarjan, Kashan, Golpayegan, Lanjan, Mobarakeh, Na'in, Nadjafabad and Natanz.

Little is known of Esfahan before Sasanian times (c. AD 224–c. 651). In the 4th century a colony of Jews was said to have been established in the suburb of Yahudiyeh. When the Arabs captured Esfahan in 642, they made it the capital of al-Jibal province. Toghrïl Beg, the Turkish conqueror and founder of the Seljuq dynasty, made Esfahan the capital of his domains in the mid-11th century; under his grandson Malik-Shah I (reigned 1073–92), the city grew in size and splendor. After the fall of the Seljuq dynasty (c. 1200), Esfahan temporarily declined.

The city's golden age began in 1598 when Shah Abbas I the Great (reigned 1588–1629) made it his capital and rebuilt it into one of the largest and most beautiful cities of the 17th century. In the centre of the city, he created the immense Meydan-i Shah (Royal Square) as well as the noted Masjid-i Shah (Royal Mosque), which was not finished until after his death, and the Masjid-i Sheykh Lutfullah (Lutfullah Mosque). In 1722, the Ghilzay Afghans took the city after a long siege. Isfahan, a major textile centre, is well known for its handicrafts and traditional manufactures of tiles, rugs, and cotton fabrics.

اصفهان

استان اصفهان با مساحتی در حدود ۱۰۵۹۳۷ کیلومترمربع، در مرکز ایران واقع شده و از شمال به استانهای مرکزی، قم و سمنان، از جنوب به استانهای فارس و کهکیلویه و بویراحمد، از شرق به استانهای خراسان و یزد، و ازغرب به استانهای لرستان و چهارمحال بختیاری محدود است.

شهرهای استان اصفهان :اصفهان، اردستان، برخوار، میمه، خمینی شهر، خوانسار، سمیرم، شهر حنا، فریدن، فریدون شهر، فلاورجان، کاشان، گلپایگان، لنجان، مبارکه، نائین، نجف‌آباد، نطنز.

استان اصفهان در مرکز فلات ایران است و به علت گستردگی زیاد، شامل بخش‌های متعدد کوهستانی و جلگه‌ای است.

آب و هوای استان اصفهان به‌طورکلی معتدل خشک است، اما خود شهر اصفهان آب و هوای معتدل و چهارفصل منظمی دارد.

شهر اصفهان از پیشینه تمدنی و تاریخی طولانی برخوردار است. این شهر احتمالاً در دوره هخامنشیان ساخته شده‌است. در دوره اردوان پنجم اشکانی سپاهان یا اسپهان مرکز یکی از ایالات ایران بود. در دوره سامانیان، اصفهان شهری پادگانی بود. در سال ۱۹ هجری به‌دست مسلمانان فتح شد. از آن پس، شهر به دو بخش مسلمان‌نشین (شهرستان) و یهودنشین (یهودیه) تقسیم شد. در سال ۱۰۰۰ هجری قمری پایتخت صفویان از قزوین به اصفهان، انتقال یافت.

اصفهان گنجینه‌ای از جاذبه‌های جهانگردی است :مسجد جامع اصفهان، میدان نقش جهان (میدان امام) که مسجدهای امام، مسجد شیخ لطف‌الله و عمارت عالی‌قاپو در دوره صفوی دور این میدان ساخته شده. کاخ چل‌ستون، کلیساهای جلفا (از جمله کلیسای وانک) آتشگاه یا آتشکده زرتشتی، پل‌های خواجو، سی و سه پل و شهرستان بر روی رودخانه زاینده‌رود که از میان شهر می‌گذرد و در کناره‌های آن گردشگاه‌هایی ساخته شده است.

امروزه اصفهان علاوه بر مرکزیت استان، از کانون‌های صنعتی مهم کشور نیز هست. بخشی از صنعت ذوب آهن و فولاد کشور در این استان متمرکز است. شهرهای دیگر استان اصفهان، چون کاشان، قمشه، گلپایگان، نطنز، نائین، اردستان و روستای ابیانه نیز از جاذبه‌های گردشگری و جهانگردی برخوردارند.

Isfahan 107

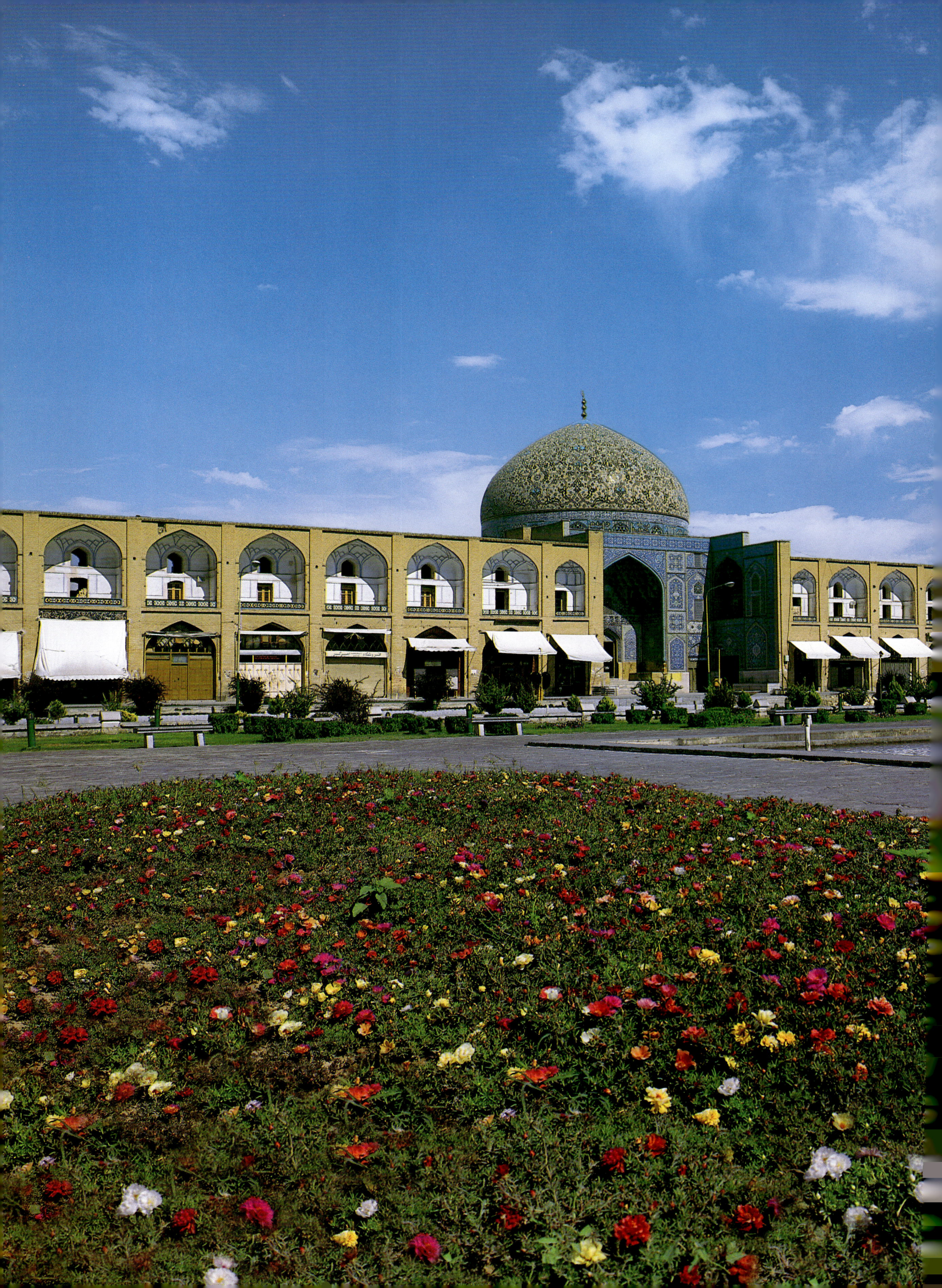

مسجد شیخ لطف‌الله

یک جهان گرد هنرشناس اروپایی با دیدن مسجد شیخ لطف‌الله با شگفت‌زدگی گفت :
«مشکل بتوان این بنا را ساخته دست بشر دانست!»
مسجد شیخ لطف‌الله در ظرافت و کمال، شاهکار بی‌همتای هنر معماری و کاشی‌کاری ایران است. این مسجددر قرن یازدهم هجری به فرمان شاه‌عباس اول در مدت ۱۸سال ساخته شد. کتیبه سر در معرق آن به خط ثلث علیرضاعباسی به تاریخ ۱۰۱۲هجری‌قمری است معمار و بنای مسجد استاد محمدرضا اصفهانی است. نام او در محل‌محراب زیبای مسجد در لوحه کوچکی آمده‌است. مسجد شیخ لطف‌اله از بناهای بسیار مشهور تاریخی و مذهبی است که تزیینات کاشی‌کاری داخلی آن، از ازاره‌ها به‌بالا، همه از کاشی معرق پوشیده شده‌است. داخل و خارج گنبد بی‌نظیر آن، از کاشی‌های معرق نفیس پوشیده‌شده است.
شیخ لطف‌الله از علمای بزرگ شیعه، و از مردم «میسن» از روستاهای «جبل عامل» لبنان امروزی بود که به دعوت‌شاه عباس اول در اصفهان اقامت گزید و این مسجد برای تجلیل از مقام او ساخته شد و به تدریس و نمازگزاری وی‌اختصاص یافت و به همین جهت به مسجد شیخ لطف‌الله مشهور شد.

Sheykh Lutfullah Mosque

Immediately opposite the Royal Palace of Ali Qapu stands one of the loveliest mosques in Iran: the Sheikh Lutfullah Mosque. It was started in 1602 by Shah Abbas I, replacing an older mosque, for his father-in-law, and it was thereafter used as the royal mosque until the Masjid-i Imam was built. Although it lacks the size and grandeur of the latter, it surpasses it in workmanship and design.
The galleried colonnade on the eastern side of the main square is cut cleanly and the main entrance, as can be seen here is set back. The effect is highlighted by the intricacy of the tilework panels on the exterior, and the offsetting of the dome, necessary for the correct orientation of the prayer chamber, also rouses the visitor's curiosity. The mosque is entered through the iwan above the steps. The covered passageway down which you pass then subtly turns you through the 45 degrees or so necessary to bring you into line with Mecca, before entering the sanctuary.

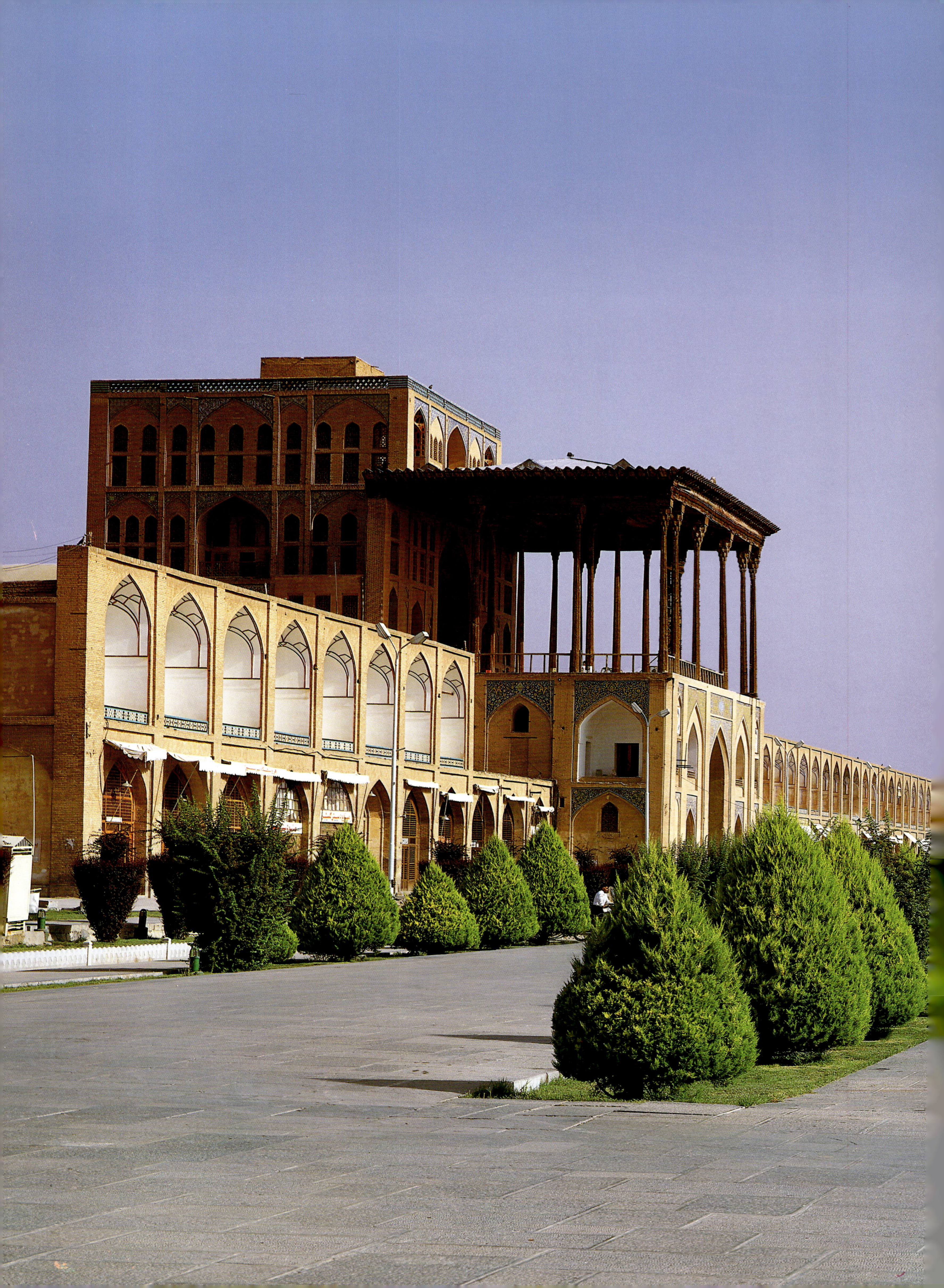

Ali Qapu

The Ali Qapu is located on the west facade of the Shah Maydan (now Maydan-i Imam) facing the Mosque of Shaykh Lutfullah. Originally much smaller in scale, designed as a portal between the palace gardens and the maydan. The additions include a double height talar (a columnar porch form usually located at ground level) which sits upon a two-story base. The talar provided a post from which royalty and courtiers could view any spectacle in the maydan below. Three more stories rise behind the talar, each with a different floor plan composed of reception halls and rooms of varying sizes and uncertain function. Of note are the stucco muqarnas niches in the fifth floor 'music room'. Cutouts in the shape of ceramics and glassware create a delicate surface and intense chiarascuro effect. Along with the Chihil Sutun and Hasht Behesht, the Ali Qapu was restored in 1977.

عالی قاپو

قصر «عالی قاپو» نمونه منحصربه‌فردی از معماری کاخ‌های دوره صفوی است که در اوایل قرن یازدهم هجری قمری به امر شاه‌عباس اول ساخته شد. این قصر در دوره صفویه به «دولتخانه مبارکه نقش جهان» و «قصردولتخانه» معروف بود؛ زیرا شاهان صفوی، سفیران و مهمانان بلندمرتبه خود را در این کاخ به حضور می‌پذیرفتند؛ وبعد از او هم جانشینانش این کاخ را توسعه دادند و عمارت حوضخانه و تالار مروارید را به آن افزودند و این مجموعه را به پذیرایی رسمی از سفیران و مهمانان عالیقدر اختصاص دادند.

بنای عالی قاپو دارای پنج طبقه است که هر طبقه آن تزئینات ویژه‌ای دارد. با آنکه بعد از دوره صفویه به تزیینات بناها، خرابی‌ها و آسیب‌های جبران‌ناپذیری وارد آمد، با اینهمه هنوز هم شاهکارهایی از گچ‌بری‌ها و نقاشی‌های دوره صفوی برای دوستداران هنر ایران به یادگار مانده است که به راستی شگفت انگیزند. مینیاتورهای هنرمندانه رضا عباسی نقاش نامی دوره صفوی (که سخت آسیب دیده‌اند)نقاشی‌های گل و بوته، شاخ و برگ، نقش‌های پرندگان و جانوران وحشی، و گچ‌بری‌های زیبای آن، که به شکل انواع جام و صراحی در تاق‌ها ودیوارها تعبیه شده‌است، از قسمت‌های جالب توجه این بنای تاریخی است.

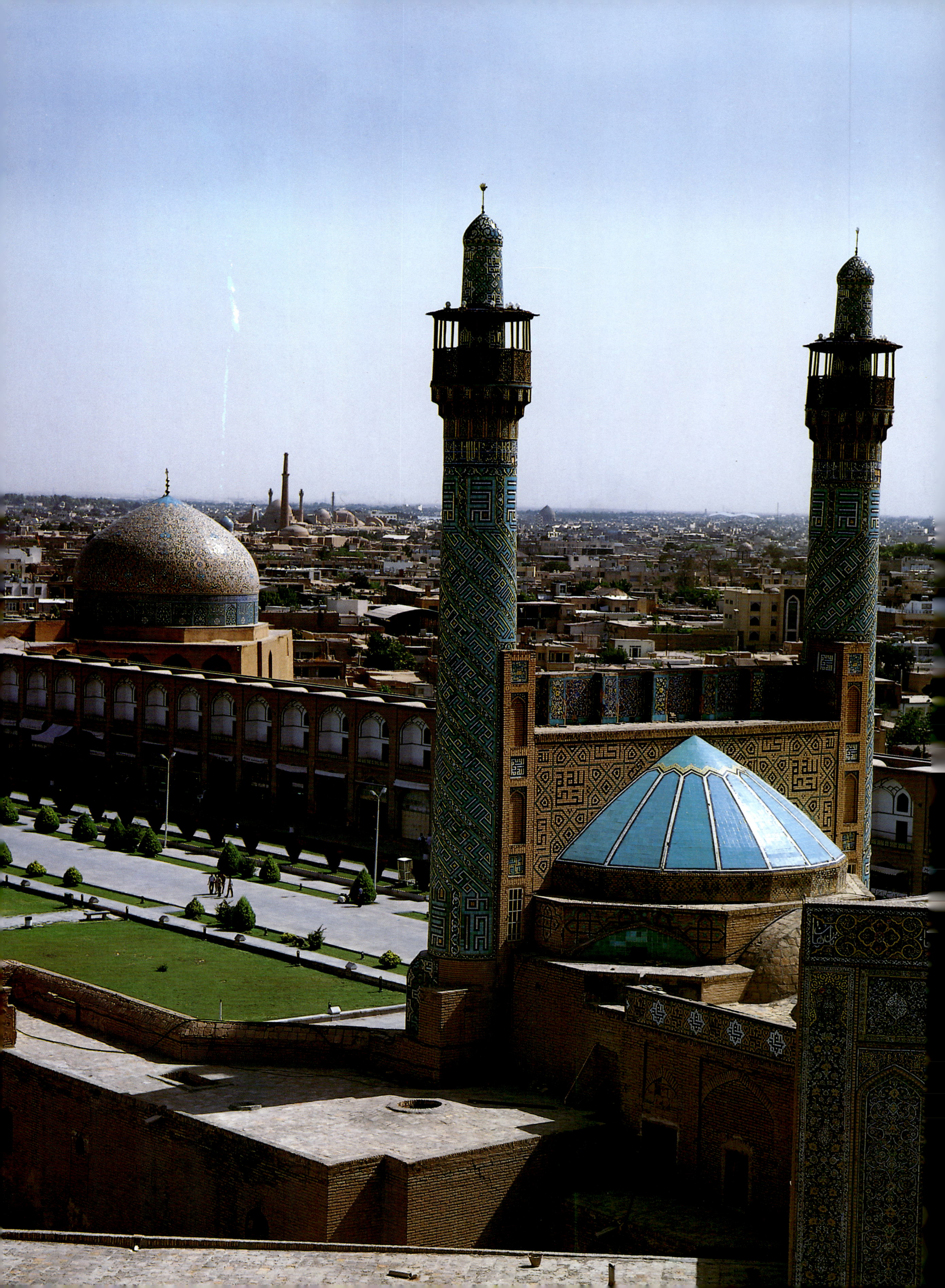

Maydan Naqsh Jahan (maydan-i Imam)

The maydan is an eight-hectare space constructed under Shah Abbas I between 1590 and 1595 for official ceremonies and sport. A two storied, arcaded perimeter of stores was added by 1602 in an effort to introduce commerce to the area, luring merchants from the old city. Festivals and parades continued in this multifunctional space, alternating use of the large central area with commercial stalls. The arcaded facades were originally decorated with polychrome glazed tiles, the rhythm of the arcades broken once on each façade by the entrance to a building. On the south, the Shah Mosque; east, the Mosque of Shaykh Lutfullah; the Ali Qapu on the west façade; on the north the monumental entrance portal to a two kilometer bazaar which links the maydan to the old city.
The iwan of this grand portal, known as the Naqqara-khana, crowned with the representation of Sagittarius in mosaic tile, leads to the royal bazaar, the royal mint and the royal caravanserai. This was the strong room for the most valuable trade in the city.

میدان نقش جهان (میدان امام)

پیش از آنکه شهر اصفهان پایتخت صفویه شود، در محل این میدان باغ وسیعی بود به نام نقش جهان، در دوره شاه عباس اول، آن باغ را تا حدود امروزی آن وسعت دادند و به شکل میدانی بزرگ درآوردند دراطراف آن مشهورترین و عظیم‌ترین بناهای تاریخی اصفهان را ایجاد کردند. مانند مسجد جامع عباسی (مسجد امام) مسجد شیخ لطف‌الله، عمارت عالی‌قاپو وسردَر قیصریه. طول این میدان از شمال به جنوب ۵۰۰متر و عرض آن ۱۶۵ متر است. در قرن یازدهم هجری (قرن هفدهم میلادی) این میدان یکی از بزرگترین میدان‌های جهان بود و در دوره شاه عباس و جانشینانش میدان بازی چوگان، رژه‌قشون، جشن وآتش‌بازی، و محل نمایش‌های مختلف بود. دو دروازه سنگی جنوبی و شمالی چوگان که از آن دوره بازمانده‌اند، یادگار روزگار رونق بازی‌های باشکوه چوگان هستند. جهان‌گردان مشهور اروپایی که از این میدان دیدن کرده‌اند، وصف زیبایی این میدان را در سفرنامه‌هاشان آورده‌اند. بناهای باشکوه مسجد شیخ لطف‌الله، مسجد جامع عباسی و عالی‌قاپو زیبایی وجاذبه میدان نقش جهان را دوچندان می‌کنند.

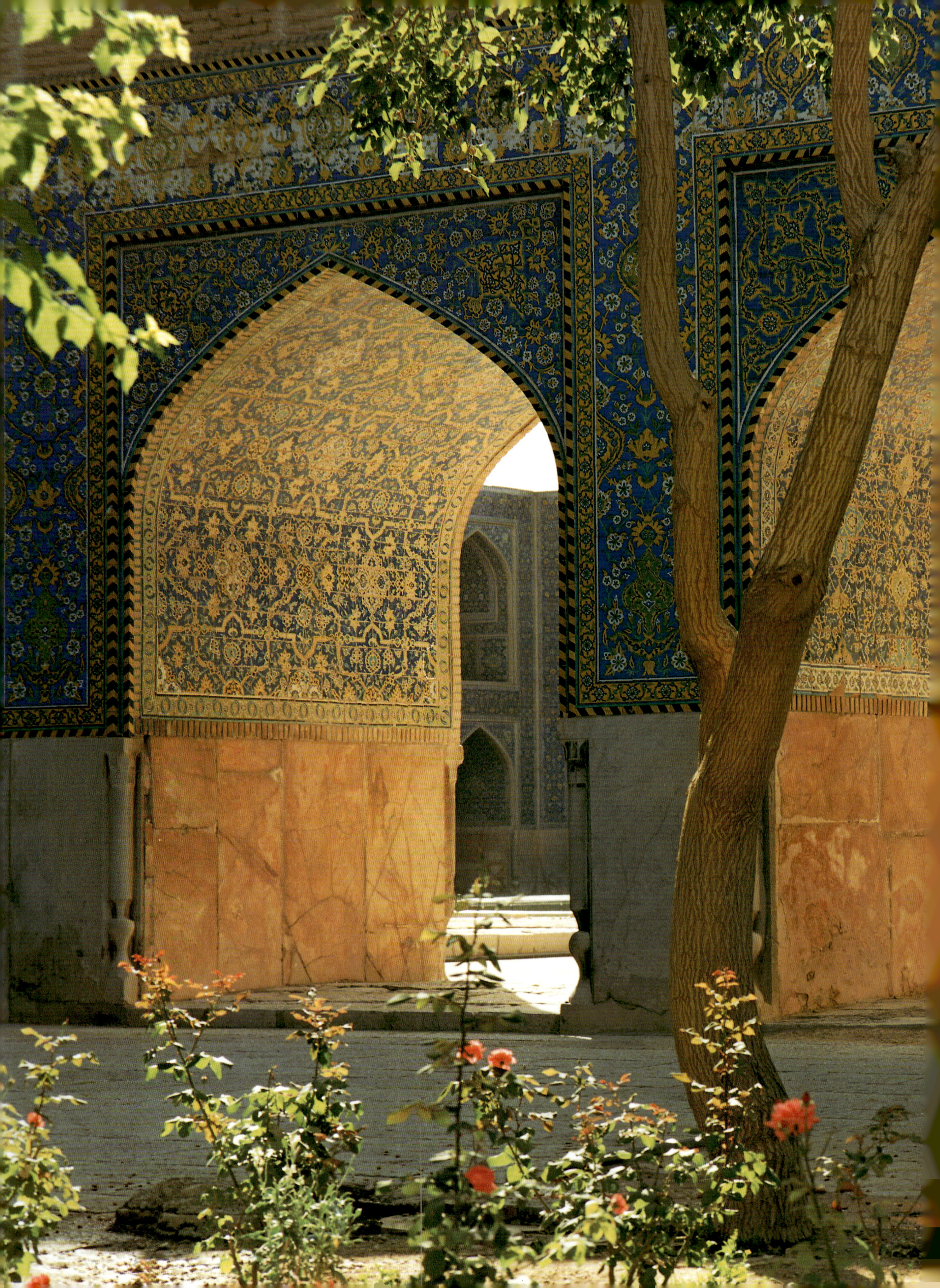

مسجد جامع عباسی (امام ـ شاه)

یکی از مهمترین بناهای عصر صفویه که به اعتقاد بسیاری از لحاظ عظمت بنا، معماری و کثرت تزئینات ، زیباترین مسجد ساخته شده در ایران به شمار می آید. این مسجد که در ضلع جنوبی میدان نقش جهان واقع شده ، در ادوار تاریخی مختلف به نامهای مسجد شاه، مسجد سلطانی جدید و جامع عباسی شهرت داشته است. بنای آن در ۱۵ صفر ۱۰۲۰ ق \ ۱۹ آوریل ۱۶۱۶ م در سومین مرحله از اجرای طرح میدان نقش جهان به فرمان شاه عباس بزرگ آغاز و در حدود سال ۱۰۴۷ ق \ ۱۶۳۷ م در دوران سلطنت شاه صفی به پایان رسید.

Abbsi Friday Mosque (Imam-Shah)

A monument dating from the safavid period, Abbasi Friday Mosque is deemed by many to be the most splendid mosque is grandeur of architecture and abundance of ornament hitherto built in Iran. Located in southern wing of Naqsh-i-Jahan Square, it is identified by various names including The Shah Mosque. The construction dates back to 19th, April 1616. It was started during the implementation of the third phase of building Naqsh-i-Jahan square at the order of Shah Abbas the Great and ended in 1637 during the reign of Shah Safi.

Khwaju Bridge

Built by Shah Abbas II on the foundations of an older bridge, the Khwaju Bridge links the Khwaju quarter on the north bank with the Zoroastrian quarter across the Zayandeh Rud. It also functions as a weir; the downstream side is formed as a series of steps carrying the water to a much lower level.
On the upper level of the bridge the main central aisle was utilized by horses and carts and the vaulted paths on either side by pedestrians. Octagonal pavilions in the center of the bridge on both the down and the upstream sides provide vantage points for the remarkable views. The lower level of the bridge may be accessed by pedestrians and remains a popular shady place for relaxing.

پل خواجو

پل «خواجو» یا «پل شاهی»، که در اواخر دوره تیموری شالوده‌هایی داشته، به فرمان شاه عباس دوم در سال ۱۰۶۰هجری قمری به‌صورت امروزی آن ساخته شد. غرفه‌های پل خواجو به تزیینات کاشی‌کاری و نقاشی آراسته است.

منظره پل خواجو هنگام طغیان آب زاینده‌رود، به راستی دیدنی بود. انواع آب‌بازی و نمایش‌های آبی در برابر شاه و خانواده سلطنتی به نمایش درمی‌آمد. برای شاه صفوی و خانواده‌اش یک غرفه اختصاصی به اسم «بیگربیگی» بناشده‌بود، این بنا هم‌اکنون نیز وجود دارد و اتاق‌های آن با نقاشی تزیین شده‌است. نام اصلی این پل در منابع و مراجع دوران صفوی «پل شاهی» آمده‌است و «پل خواجو» نامی است که طی دو قرن‌گذشته، به مناسبت مجاورت پل با محله خواجو، بر سر زبانها افتاده است.

پل‌های دوره صفوی در اصفهان، صرفاً برای رفت‌وآمد ساخته نشده، بلکه مانند دیگر بناهای عمومی شهری دارای‌کارکرد فرهنگی اجتماعی است، و غرفه‌ها و چشمه‌ها و پله‌های پل با هنرهای کاشی‌کاری و نقاشی و حجاری تزیین‌شده تا بازتاب زندگی فرهنگی مردم در اوقات فراغت باشد. جشن‌هایی که شاهان صفوی در زاینده‌رود، در کنار پل‌ها برگزار می‌کردند، علاقه آنها را به سنت‌های زیبای کهن نشان می‌دهد. پل‌های زاینده‌رود در اصفهان نمونه‌هایی از غنای فرهنگ مادی در دوره صفوی است.

مسجد جمعه یا جامع اصفهان

این مسجد در واقع مجموعه‌ای از بناها و آثار هنری دوره‌های بعد از اسلام است که از شاهان، وزیران ایران، بزرگان و بانوان نیکوکار ایرانی به یادگار مانده‌است و بخشی از تحولات معماری دوره‌های اسلامی تاریخ ایران را در مدت‌هزارسال نشان می‌دهد.
بخش‌های ممتاز و جالب‌توجه این مسجد به این قرارند :صفه‌های کوچک سمت راست دالان ورودی که باستون‌های مدور و گچ‌های زیبا تزیین یافته‌اند و مجموعه‌ای از آثار دوره دیلمی در قرن چهارم هجری قمری است.
گنبد خواجه نظام‌الملک -وزیر مشهور ملکشاه -که در سال‌های ۴۶۵ تا ۴۸۵ هجری‌قمری ساخته شده. کتیبه کوفی این گنبد در ضلع جنوبی مسجد، حاوی نام ملکشاه سلجوقی و وزیر او خواجه نظام‌الملک است.
چهل ستون :در سمت چپ دالان ورودی از آثار دوره پادشاهان آل‌مظفر در قرن هشتم هجری قمری است که درساخت آن از سبک بناهای سلجوقی پیروی شده.
ساختمان ایوان جنوبی مسجد :از قرن ششم و تزیینات داخلی و خارجی آن در قرن هشتم، نهم، دهم و یازدهم هجری‌قمری است، دو مناره این ایوان ظاهراً در عهد حسن‌بیک ترکمان افزوده شده‌است و در دوره این امیرآق‌قویونلو و پادشاهی طهماسب اول و شاه‌عباس دوم تغییرات ضروری مسجد به انجام رسیده و داخل و خارج این‌ایوان با تزیینات کاشی‌کاری آراسته شده‌است.
ایوان شرقی مسجد :مشخصات معماری دوره سلجوقی را به خوبی حفظ کرده‌است. داخل این ایوان باگچ‌بری‌های قرن هشتم آراسته شده و کتیبه کاشی‌کاری آن، حاکی از تعمیر ایوان در دوره شاه سلیمان صفوی است.
ایوان غربی مسجد :که ساختمانی از قرن ششم هجری است. این ایوان در دوره شاه سلطان حسین صفوی تعمیر وتزیین شده.
در شمال ایوان غربی، مسجد کوچکی از دوره الجاتیو ایلخان مسلمان مغول باقی مانده که محراب عالی گچ‌بری شده آن، به دستور وزیر ایرانی «محمد ساوی» ساخته شده و تاق‌های آجری متنوعی دارد. نام سازنده این محراب در آخرحاشیه کتیبه محراب به جا مانده است.
ایوان شمالی معروف به صفه درویش در قرن ششم و گنبد گچ‌بری داخل آن در دوره سلطان سلمان صفوی ساخته شده است.

Friday Mosque in Isfahan

The Friday Mosque is the result of continual construction, reconstruction, additions and renovations on the site from around 771 to the end of the twentieth century. Archaeological excavation has determined an Abbasid hypostyle mosque in place by the 10th century. Buyid construction lined a façade around the courtyard and added two minarets that are the earliest example of the double minaret on record.
Construction under the Seljuqs included the addition of two brick domed chambers, for which the mosque is renowned. The south dome was built to house the mihrab in 1086-87 by Nizam al-Mulk, the famous vizier of Malik Shah, and was larger than any dome known at its time. The north dome was constructed a year later by Nizam al-Mulk's rival Taj al-Mulk. The function of this domed chamber is uncertain. Although it was situated along the north-south axis, it was located outside the boundaries of the mosque. The dome was certainly built as a direct riposte to the earlier south dome, and successfully so, claiming its place as a masterpiece in Persian architecture for its structural clarity and geometric balance. Iwans were also added in stages under the Seljuqs, giving the mosque its current four-iwan form, a type which subsequently became prevalent in Iran and the rest of the Islamic world.
Of note is the elaborately carved stucco mihrab commissioned in 1310 by Mongol ruler Oljaytu, located in a side prayer hall built within the western arcade. Safavid intervention was largely decorative, with the addition of glazed tilework, and minarets flanking the south iwan. The cupolas and piers that form the hypostyle area between the iwans are undated and varied in style, endlessly modified with repairs, reconstructions and additions.

محراب الجایتو
mihrab Oljaytu

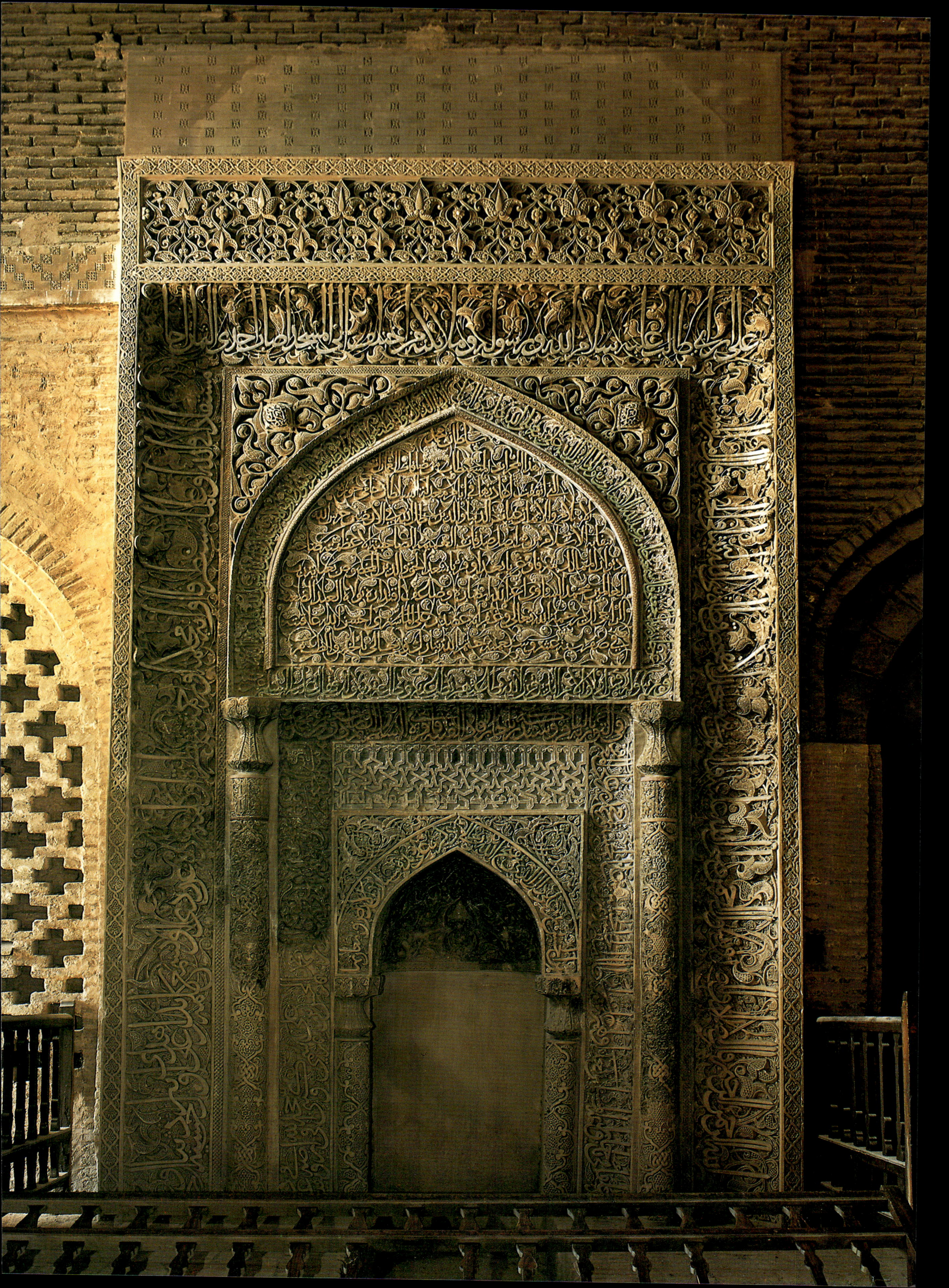

Hasht Behesht

Completed in 1669, Hasht Behesht has fine murals and spectacular roofs while retaining a domestic simplicity. Its name and style of construction probably derive from a much older palace built in Tabriz by Ouzun Hassan. It consists of an almost octagonal base on which four iwans are raised and four smaller sets of chambers, while the centre is surmounted by a spectacular ceiling. The exterior tilework is notable for its naturalistic style, depicting peacocks and angels alongside trees in a less stylized way than previous buildings, while inside there are charming murals on the walls and a further variety of spectacular ceilings.

Chihil Sutun Palace (The Palace of Forty Columns)

Built during the Safavid era, the palace was largely completed under Shah Abbas II (1642-1667). The magnificent talar or verandah is the dominant feature of the palace and the slender columns, over 40m tall, which support it are cut from single chenar trees (platanus orientalis). The roof is also made from chenar tree beams and inset with complex decoration. The surface of much of the throne room is still covered with mirrored glass and this probably also was used on the pillars, as it was in the palace of Ali Qapu, so as to give the appearance of a roof floating in the air.

Looking out over the pool from the verandah, one is able to appreciate the importance attached historically by Persians to the concept of "talar" which fulfilled their love of sitting in the garden while they were protected from the light and heat.

Behind the verandah there is a small raised throne room which leads into a spacious audience chamber. This is richly decorated with paintings celebrating the heyday of the Safavid dynasty, including a particularly celebrated one of Shah Tahmasb receiving the Mogul Emperor Homayun at a banquet. There are also some paintings of a more secular nature, depicting ladies lying in gardens and hunting scenes, although these have been badly defaced. On the outside of the building there are some particularly interesting pictures of European figures, presumably based on the ambassadors and their retinue who would have stayed in the palace from time to time.

Allah Verdi Khan Bridge (Si o Se Pol)

A very famous bridge of the Safavid Era in Isfahan, it consists of 33 arches and was commissioned in 1602 by Shah Abbas I. Si o Se Pol literally means 33 bridges in Persian. The bridge is built on a series of pontoons of great width and there is a famous teahouse among them which is accessible from the southern bank. The bridge was originally known as Allah Verdi Khan who was responsible for its construction. The lower level of 33 arches is surmounted by a second layer, with one arch above each pontoon and two arches above the lower single arch, giving it its name and rhythmic appearance. The road along the top is sandwiched between high walls which give some shelter from the wind as well as protection for travelers. The bridge itself is 295m long and 13.75m wide. The thirty four piers on which it is constructed are 3.49m thick and the arches are 5.57m wide. The southern side of the bridge, where the waters of the Zayandeh run more swiftly has supplementary arches. The bridge served as a springboard for the development of the Khwaju Bridge

پل الله‌وردی‌خان
(سی و سه پل)

این پل که در نوع خود، شاهکاری بی‌نظیر از آثار دوره شاه‌عباس صفوی است. به هزینه و نظارت سردار معروف شاه‌عباس، الله‌وردی‌خان، بنا شد. این پل به نام‌های «سی‌وسه چشمه» یا «سی‌وسه پل»، «چهارباغ»، «جلفا» و بالاخره «زاینده‌رود» معروف است. تاریخ بنای این پل را علی نقی کَمره‌ای شاعر زمان شاه عباس در یک قطعه شعر به ماده تاریخ، سال ۱۰۰۵ هجری ذکر کرده‌است. این سال مقارن ایامی است که چهارباغ نیز احداث شد. این پل در حدود ۳۰۰متر طول و ۱۴متر عرض دارد و طولانی‌ترین پل بر روی زاینده‌رود است. در دوره صفویه مراسم جشن آبریزان یا آب‌پاشان در کنار این پل برگزار می‌شد. در سفرنامه‌های سپاهان اروپایی آن دوران، به برگزاری این جشن اشاره شده‌است. ارامنه جلفا هم مراسم خاج‌شویان خود را در محدوده همین پل برگزار می‌کردند.

این پل یکی از شاهکارهای معماری و پل‌سازی ایران به شمار می‌آید و زیبائی و شکوه خاصی دارد.

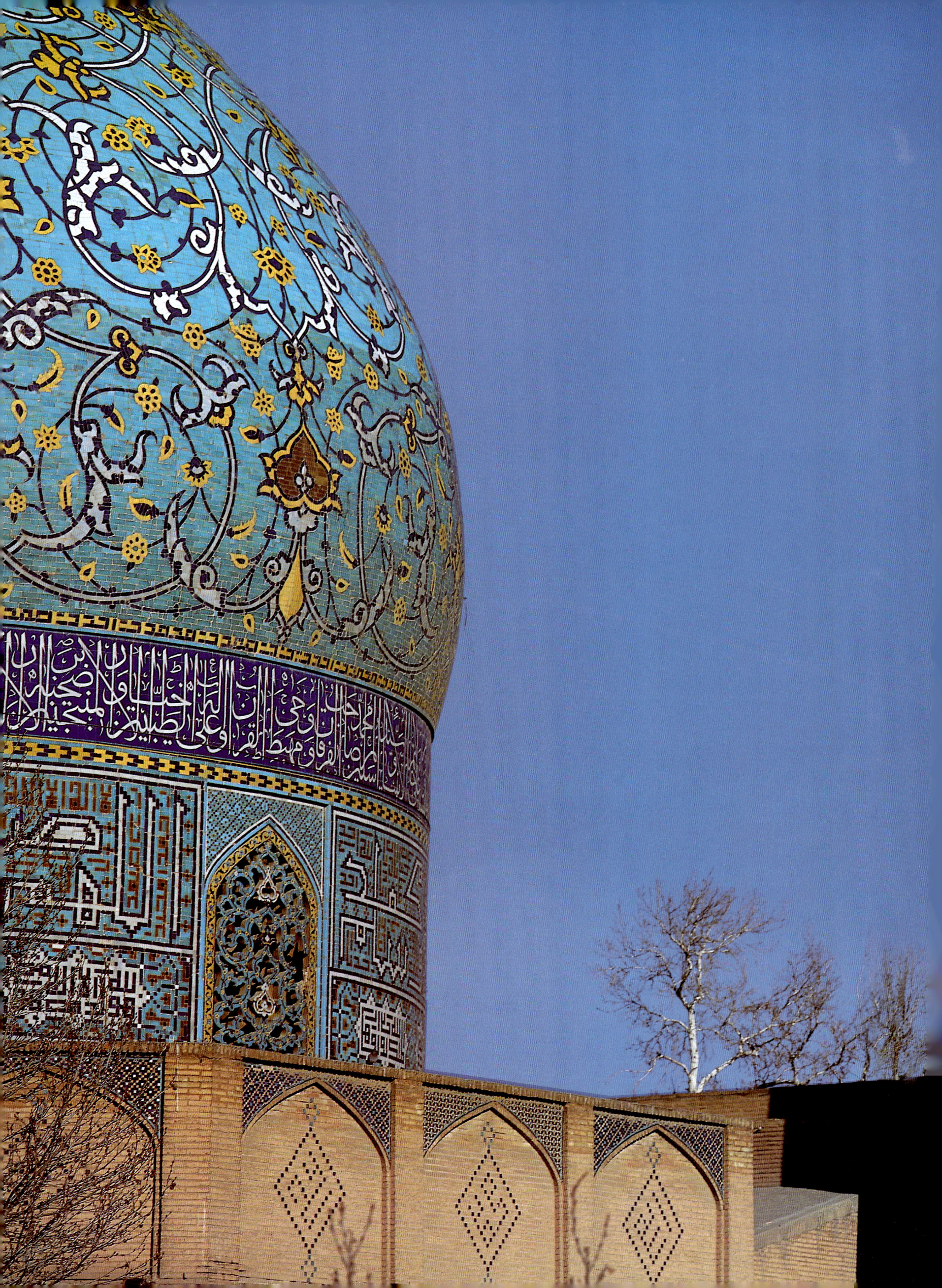

مدرسه چهارباغ

مدرسه چهارباغ که به نام «مدرسه سلطانی» و «مدرسه مادرشاه» نیز نامیده می‌شد، آخرین بنای باشکوه عهدصفوی در اصفهان است که برای تدریس و تعلیم طلاب علوم دینی، در اواخر حکومت شاه سلطان حسین صفوی ازسال ۱۱۱۶ تا ۱۱۲۶ هجری قمری ساخته شد.

درخت‌های کهنسال سایه گستر و جوی آب زمزمه‌گری که در پای درختان جاری است، بر زیبایی کاشی‌کاری‌ها وتزئینات نفیس بنای مدرسه افزوده، و فضای مدرسه را بسیار فرح‌بخش کرده‌است.

گنبد مدرسه چهارباغ - از نظر تناسب‌های معماری و زیبایی کاشی‌کاری - بعد از گنبد مسجد شیخ لطف‌اله جای‌می‌گیرد، و در مجلل آن که با طلا و نقره تزیین شده، از لحاظ طلاکاری، طراحی و قلمزنی شاهکاری از صنایع‌هنری کم‌نظیر است.

Chahar Bagh School (Madrasa Chahar Bagh)

The last splendid building of the Safavid Era in Isfahan, it was constructed during Shah Sultan Hussein from 1704 to 1714 for theological and clerical training. The portal decorated with gold facade, and the tileworks inside the building are masterpieces of fine art. The madrasa has a monolithic mimbar (pulpit) and the tilework of its mihrab (niche) is unique. A superb door links the dome chamber to the elegant prayer hall.

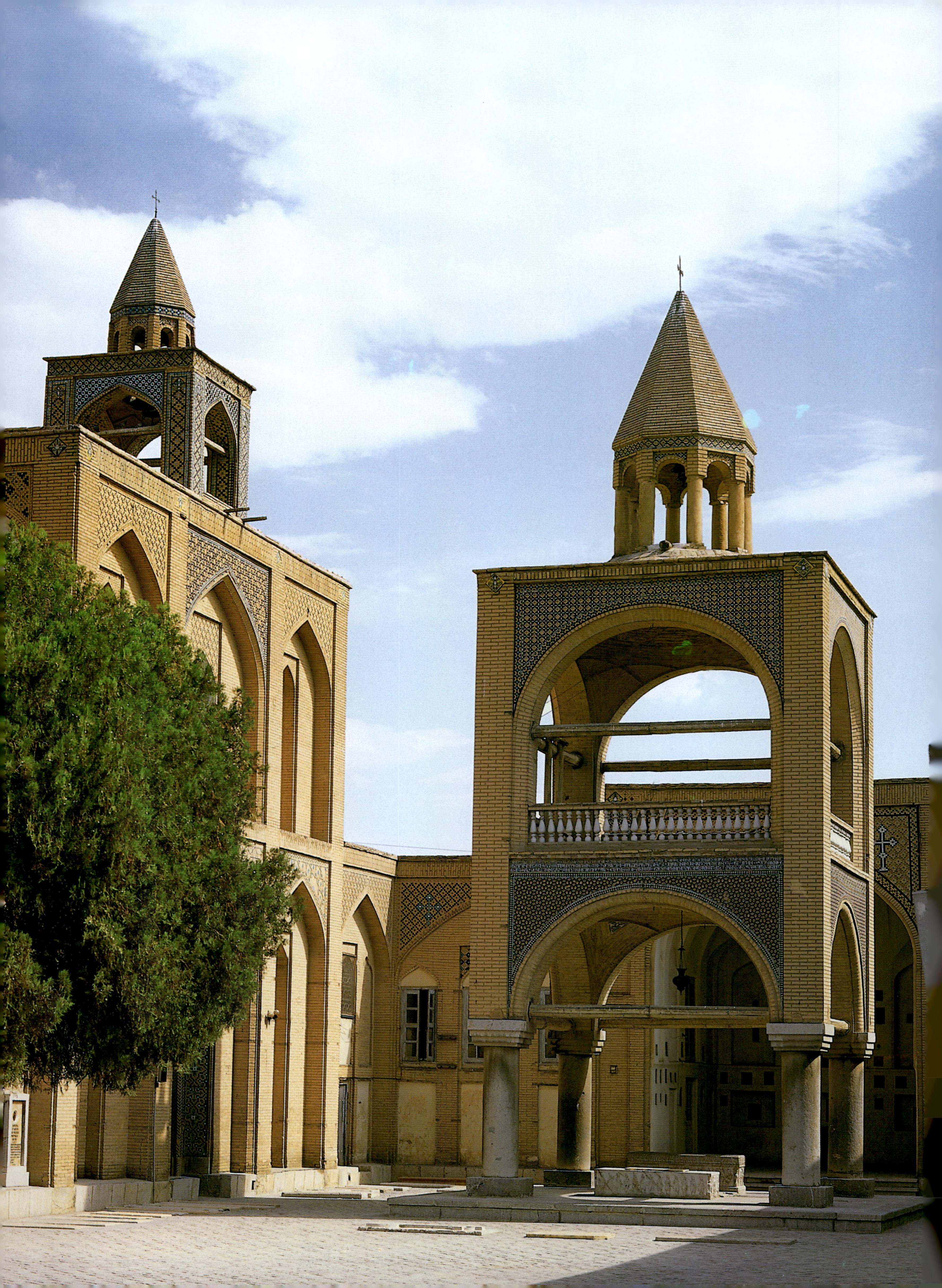

Vank Church

Constructed in 1664, the church is situated in the Julfa area of Isfahan. The paintings in the church were commissioned by the Armenian merchant, Avedic Stepanusian, and were executed by three monks, Havans, Stepanus and Minas. The area surrounding the cathedral also includes a bell-tower, erected in 1702, a printing press, founded by Bishop Khachatoor, a library established in 1884, and a museum which was opened in 1905, housing many historical objects and manuscripts, including the original grant of land.

کلیسای وانک

کلیسای وانک یا «کلیسای اعظم» بزرگترین و زیباترین کلیسای جلفای اصفهان است که از لحاظ تزیینات ونقاشی‌های فضای داخلی بسیار جالب‌توجه است. طاق‌کلیسای وانک از نظر طلاکاری سقف بر سطح داخلی گنبد و نقاشی‌های تاریخی، یکی از زیباترین کلیساهای‌جلفای اصفهان است این کلیسا به نام‌های «سن سو» و «دوآمنا پرکیج» (به زبان فرانسه به معنی نجات‌دهنده)نیزمعروف است.

تزیینات داخلی کلیسای وانک تلفیقی است. از نقاشی تزیینی ایرانی با رنگ و روغن و آب طلا، و صحنه‌هایی اززندگی حضرت مسیح(ع)متأثر از نقاش مذهبی ایتالیا.

برج ناقوس روبروی در اصلی کلیسا قرار دارد. این برج در زمان شاه‌سلطان حسین ساخته شده و نام‌شاه‌سلطان‌حسین، و خلیفه بزرگ ارامنه و بانی کلیسای وانک در کتیبه تاریخی ناقوس آمده‌است. این کتیبه به خط‌وزبان ارمنی است و در سال ۱۷۰۲ میلادی در برج ناقوس نصب شده‌است.

خانه بروجردی‌ها

خانه‌های قدیمی بخشی از میراث فرهنگی سرزمین ما است. بیشتر این خانه‌ها در سده‌های اخیر ساخته شده و درمالکیت شخصی اشخاص حقیقی است. معماری این خانه‌ها بسیار متنوع است، و این تنوع از آنجاست که سلیقه شخصی مالکان و سازندگان خانه‌ها، در سبک بنای هر خانه، نقش تعیین‌کننده دارد. صاحبان خانه‌های وسیع و مجلل قدیمی گویا می‌خواستند جاه و جلال و ثروت و مکنت خود را به نمایش بگذارند. اما نیت آنها هرچه بود، زمینه‌ای فراهم آوردند تا ده‌ها بنا و گچکار و آیینه‌کار و دیگر هنرمندان زمانه، اثری ماندگار از هنر عصر خود به یادگار بگذارند. یکی از خانه‌های قدیمی که سالانه پذیرای هزاران تن از گردشگران و ایرانگردان است، خانه بروجردی است که از سال ۱۳۵۴ به تملک سازمان میراث فرهنگی درآمد.

این خانه را سیدجعفر نطنزی ساخته است که از بروجرد مال‌التجاره‌وارد کاشان می‌کرد. بنای این مجموعه از تاریخ شروع و ساخت (۱۲۹۲)تا پایان عملیات ساختمانی در حدود ۱۸ سال، یعنی تا سال ۱۳۱۰ هجری قمری طول کشید. در ساخت این خانه بیش از ۱۵۰ بنا و گچکار و دیگر استادان هنرمند به‌کار گرفته شدند. این خانه باشکوه در نوع خود، یکی از شاهکارهای خانه‌های مسکونی کاشان و ایران به حساب می‌آید و از نظر ویژگی‌های معماری، یکی از بهترین خانه‌های دو قرن اخیر شناخته شده و تحسین همگان را برانگیخته‌است.

طرح کلی ساخت‌وساز خانه بروجردی‌ها شبیه به خانه‌های قدیمی در هوای کویری است - با همان هشتی و اتاق پنج دری و ایوان‌ها و حیاط‌ها - با این تفاوت که خانه بروجردی‌ها در ابعاد بزرگتری ساخته شده و در ساختن بعضی قسمت‌هاابداع‌هایی شده[مثل کل سطوح مختلف زیرزمین]و بخصوص از لحاظ کاشی‌کاری و گچ‌بری و آیینه‌کاری و حجاری از خانه‌های ساده معمولی کاملا ممتاز است.

مصالح ساختمانی خانه بروجردی‌ها، مصالح دم دست خانه‌سازی در کاشان بود که در نهایت ظرافت و استحکام به‌کار رفته است. زیبایی و شکوه خانه بروجردی‌ها، چشم دوست و دشمن را خیره کرد، و دشمن تنگ چشم، شایع کرد که سید جعفر نطنزی «برای فرار از خمس و زکوه، خانه بروجردی‌ها را ساخت!»

اما امروزه صدها دیدارکننده از خانه بروجردی‌ها، به همت بلند سازنده‌اش درود می‌فرستند.

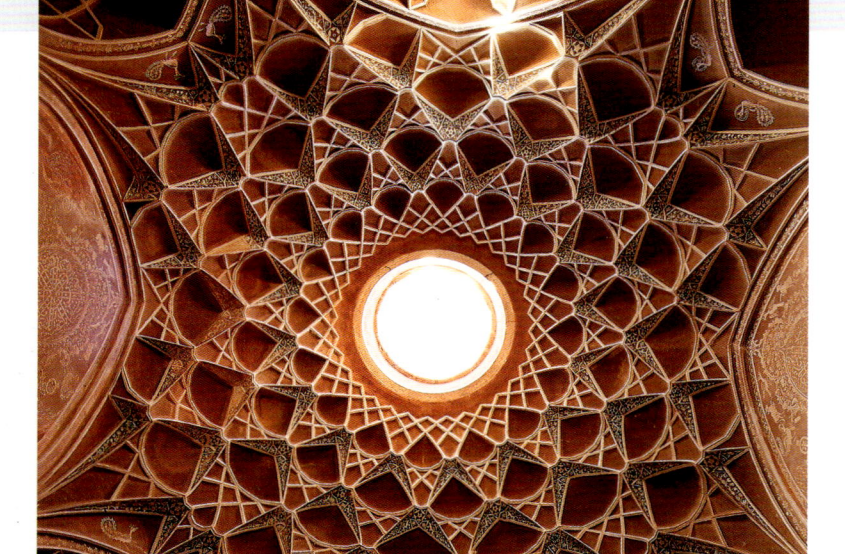

Borujerdi Mansion

Built for the merchant Haj Sayyed Ja'far Borujerdi, this mansion is noted for a distinct rooftop that adorns many posters and postcards of Iran. The stucco carvings and frescoes are also noteworthy, the latter executed by Kamal al-Mulk and Sani al-Mulk Ghaffari Kashani.

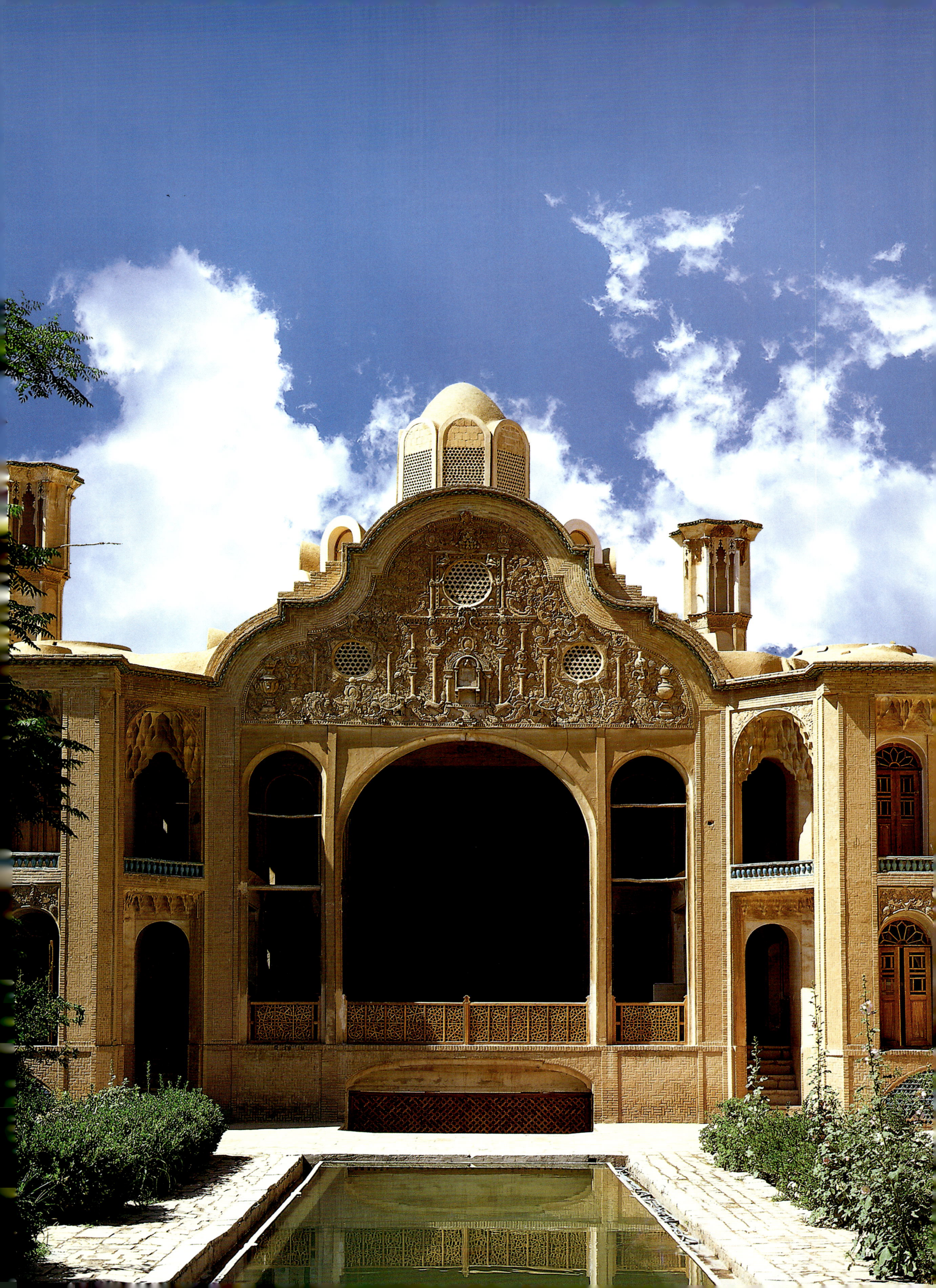

Tabataba'i Mansion

The construction of the mansion dates to 1880. The mansion is divided into two main sections. In fact, there are two houses which are symmetrically linked with each other.

خانه طباطبائی

تاریخ ساخت بنا به سال ۱۲۹۸ هجری قمری باز می گردد. این خانه دارای دو بخش مجزا و در اصل دو خانه مستقل است که به طرز ظریفی به هم مرتبط شده اند.
مهم ترین مجموعه فضایی خانه در جبهه جنوبی واقع شده که ارتفاع این جبهه از سایر قسمتهای بنا بیشتر است.

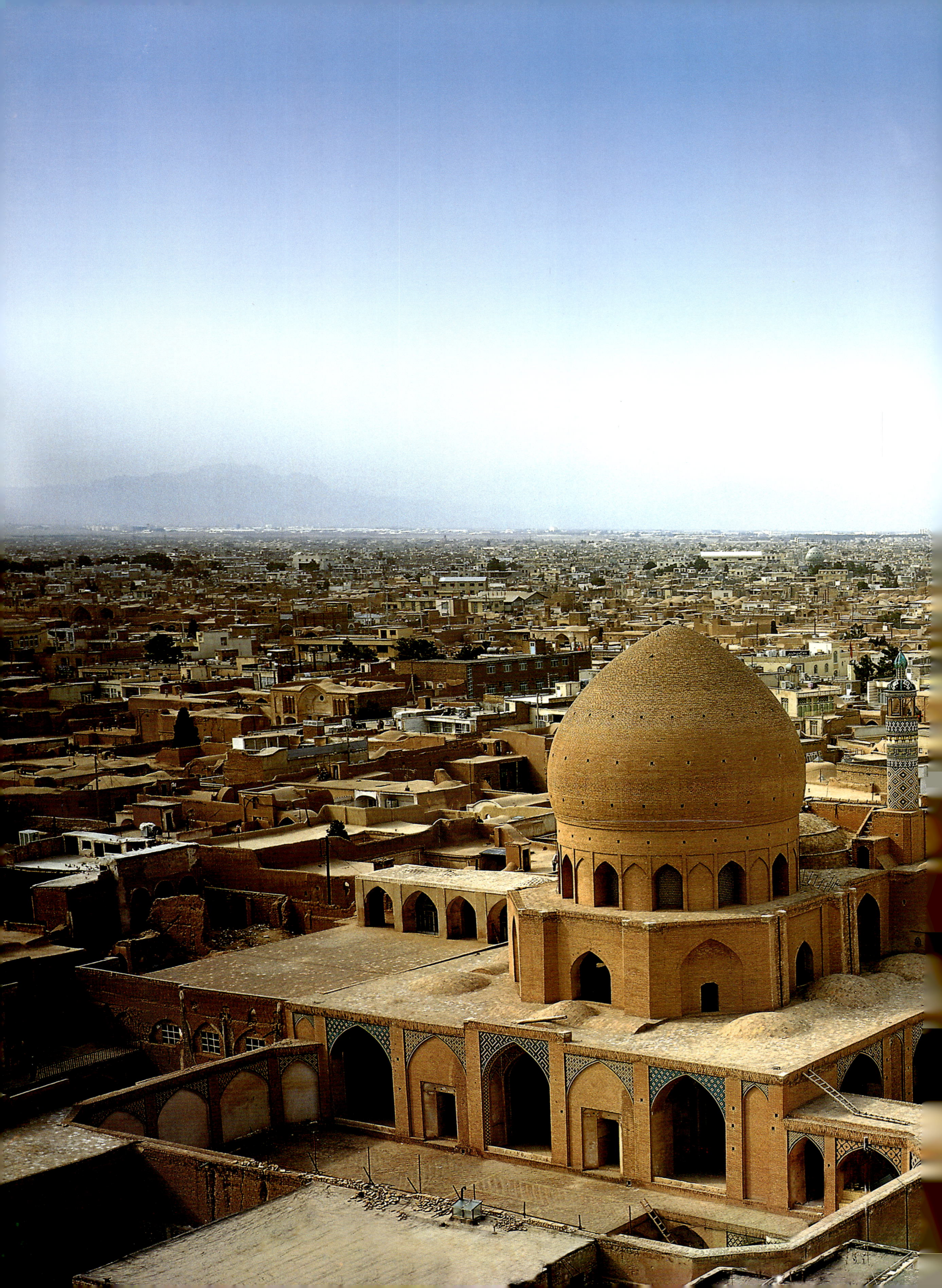

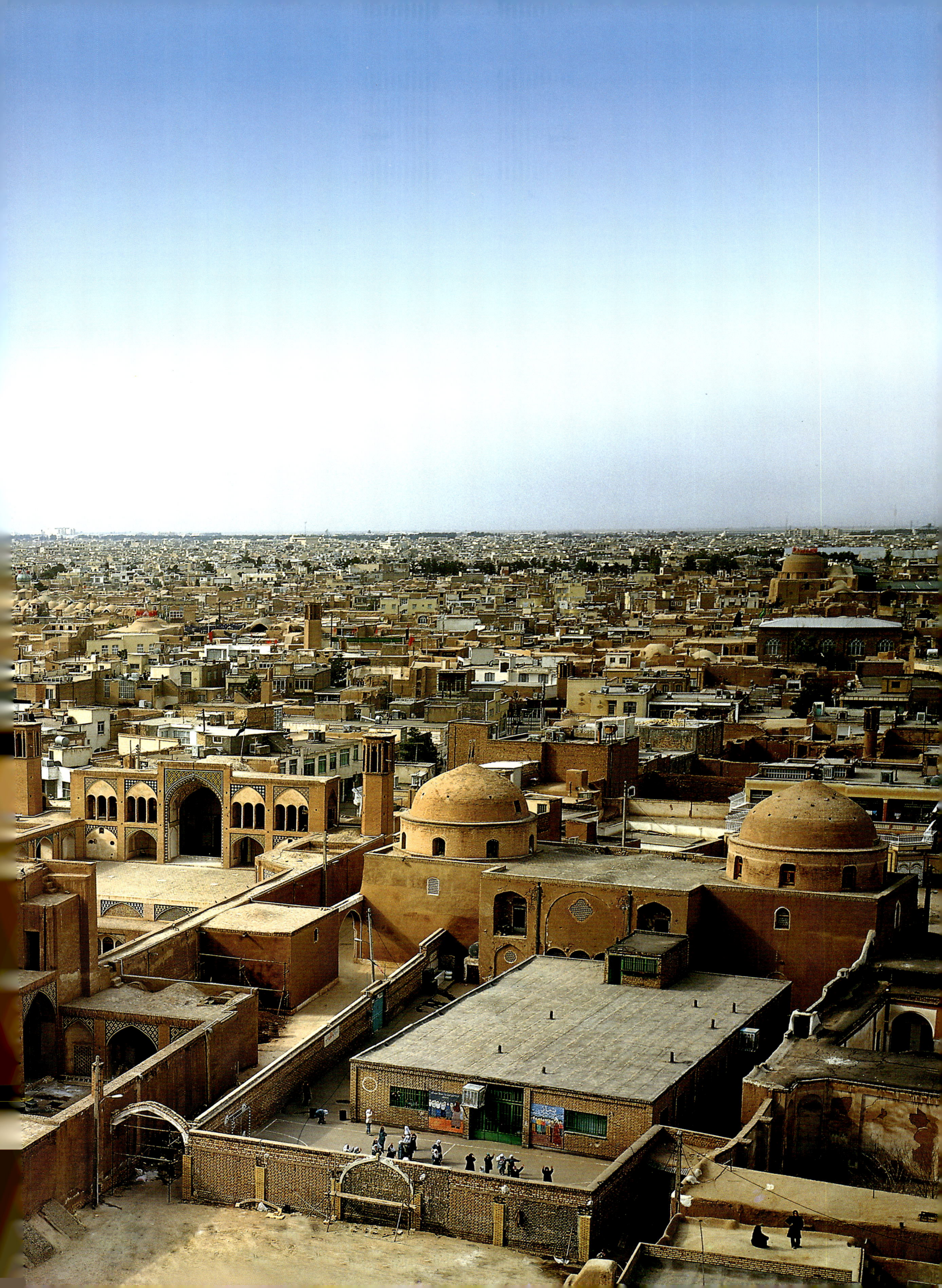

مدرسه آقابزرگ

مدرسه آقابزرگ کاشان مانند دیگر بناهای اقلیم گرم و خشک ایران، دارای چهار ایوان است. گنبد عظیم و دو مناره کاشی‌کاری‌شده مدرسه آقابزرگ در حال حاضر نیز از بلندترین بناهای تاریخی شهر است.

این گنبد باشکوه همراه با مناره‌ها، صحن، فضای سبز و حجره‌هایی که یک طبقه پایین‌ترند، به طرز جالبی خودنمایی می‌کند :در طبقه پایین، حجره‌های طلاب و شبستان دلباز تابستانی قرار گرفته است. عناصر بدیع ساختاری این بخش، و فضای گیرای آن، حجم معماری جذابی پدید آورده است.

گنبد عظیم دو پوش بر روی هشت جرز عظیم تکیه داده‌است ـ برخلاف بسیاری از گنبدها که روی سطح مربع بناشده‌اند، این گنبد روی زمینه هشت وجهی ساخته شده‌است. گنبد دو پوسته دارد. یکی گنبد زیرین که بار سقف را به جرزها منتقل می‌کند، و دیگری گنبدی است که روی آن قرار گرفته و برای بزرگ جلوه‌دادن ظاهر و حفاظت از پوشش زیرین ساخته‌شده‌است. کاربندی های ظریف نورگیرهای آجرین بالای گنبد، آیات الهی منقوش، دور تا دور بدنه کار، ارتباط تنگاتنگی بین فضاهای گوناگون شبستان غربی و حیاط مرکزی، برقرار کرده‌اند و بیننده را متحیر می‌کنند.

سقف شبستان غربی و شبستان زمستانی، گچی است و با نقوش ساده زینت یافته‌اند. کنار آن، کتابخانه مدرسه قرار دارد. آنطرف‌تر، راه‌پله‌ای به پشت‌بام می‌رود.

پشت‌بام دارای ریتم منظم و ترکیب‌موزون است. ایوان‌های شرقی و غربی با پشت‌بندهای تکرارشده و کاشی‌کاری‌زیبای آن، یادآور جهات اربعه و اهمیت آن در فرهنگ این مرزوبوم است. از بالا ایوان غربی خودنمایی می‌کند که مقبره متولیان پیشین مدرسه است.

بر سردر مدرسه، کتیبه‌ای حاوی اشعاری با نام شاعر و تاریخ سال ۱۲۶۸ با خط نستعلیق بر روی کاشی نشسته‌است. در جای دیگر کتیبه سردر، نام بانی آن نیز آورده شده.

مدرسه آقابزرگ یکی از زیباترین بناهای تاریخی کاشان است، این بنا از لحاظ حجم، پدیده جالبی در معماری شرقی‌است.

Agha Bozorg Mosque

One of the most famous mosques of the Qajar period in Kashan (19th century A.D.), it is highly noted for its architectural design. Its superb dome and two tiled minarets are among the tallest historical structures in Kashan. The huge brick dome and the prayer halls are on the second floor and the beautiful courtyard contains several chambers. The corner-pieces are decorated with tileworks.

The dome is built on an octagonal platform. Skylights have been affixed to the dome. Religious verses around the dome provide a harmonious link between the different sections of the structure. The ceilings of the western and winter prayer halls are covered with stuccos, which have been designed on simple lines.

The porches display intricate tileworks, indicating traditional art and culture and the tombs of several trustees can be seen in the western porch. This structure was constructed in 1851.

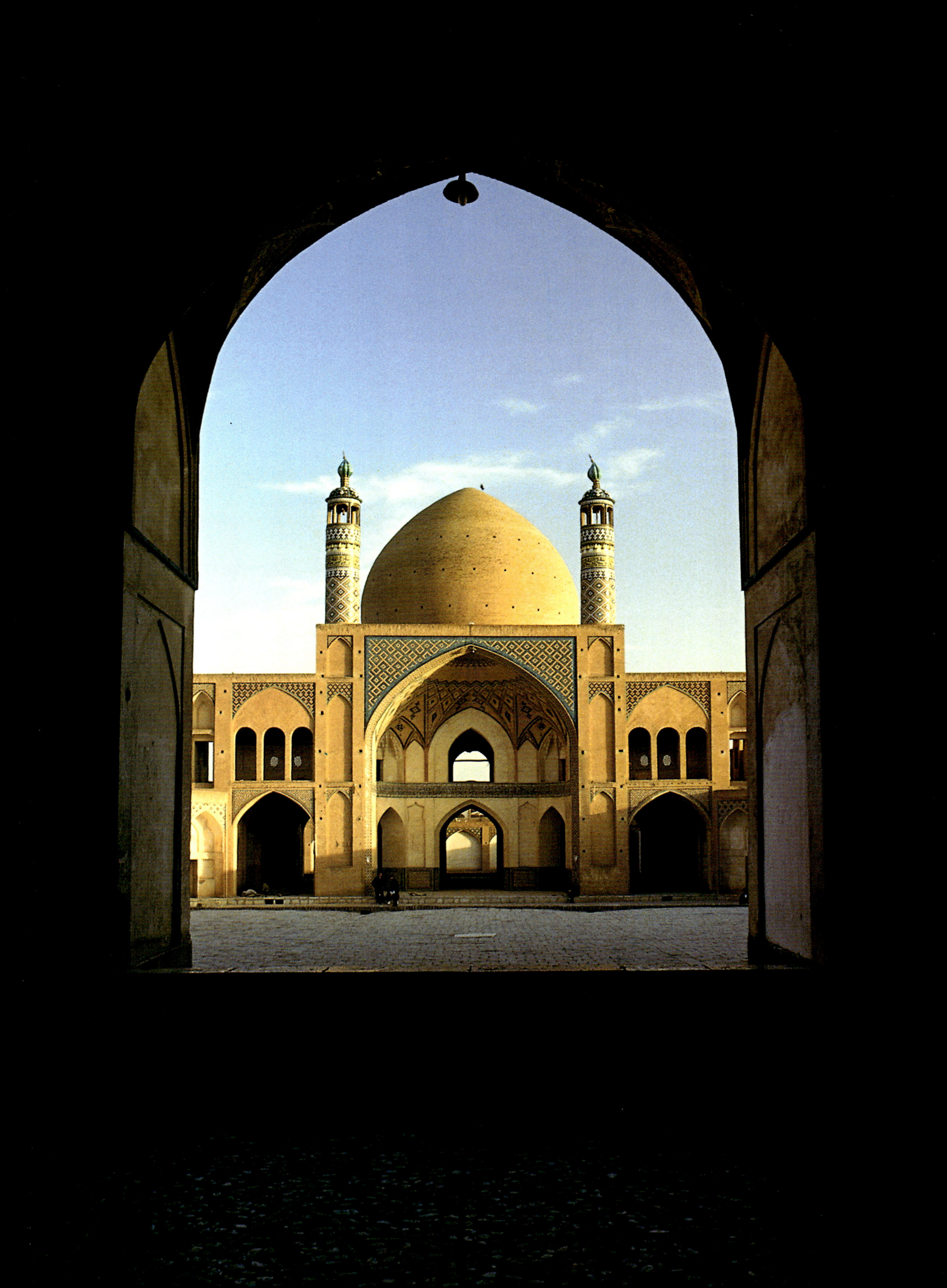

Bagh-e Fin

The six and a half acre garden in Fin, a suburb outside Kashan, captures the Soleimaniyeh spring and directs it into a geometric layout of watercourses and pools, framing various small buildings and garden plots. Although a garden was in place much earlier, the standing buildings are from the Safavid and Qajar periods. Safavid constructions include the exterior wall and monumental entrance portal, the central pavilion, and a small bathhouse - famed as the site of Amir Kabir's murder. A larger bathhouse and a library were built during the Qajar period.

باغ فین

باغ و کاخ فین‌کاشان یکی از بناهای مجلل و باارزش تاریخی استان اصفهان است که در ۶کیلومتری جنوب کاشان، در کنار روستای فین‌قرار دارد. بنای کنونی باغ در دوره صفوی بر روی بناهایی از دوران آل‌بویه ساخته شده که از لحاظ باغ‌آرایی و آبرسانی‌اهمیت خاصی دارد. این باغ به علت قتل امیرکبیر در حمام کوچک آن به سال ۱۲۶۸هجری قمری، بسیار معروف شده‌است.

باغ فین از جمله باغ‌های سنتی ایران است که صدها سال است به برکت چشمه سلیمانیه پابرجا مانده‌است. هم‌اکنون‌آب فین به حوض و استخر دیگری می‌ریزد که در اصطلاح محلی «لثه‌گاه» نامیده می‌شود. آب در آبگیرها و جدول‌های‌زیبای باغ فین، و از میان فواره‌های جهنده درون آبها عبور کرده و از طریق جوی‌های آب روان داخل آبادی می‌شود وباغستان‌های انجیر و انار

روستای فین را سیراب می‌کند. مازاد این آب، سرانجام به کشتزارهای حومه شهر می‌ریزد و به‌مصرف آبیاری اراضی کشاورزی و سبزی کاری می‌رسد.

در مجموعه باغ فین دو حمام کوچک و بزرگ ساخته شده که هریک دارای خزینه و حوض‌های متعدد آب هستند.حمام کوچک از حیث معماری چندان مهم نیست، اما حمام بزرگ آن با ستون‌های مرمری و سقف نقاشی‌شده، بسیارجالب توجه است. بناهای این باغ عبارتند از سردر ورودی، برج و بارو، شتر گلوی صفوی، شتر گلوی فتحعلی‌شاهی،اتاق شاه‌نشین جنوب شرقی باغ، موزه غرب باغ، حمام‌های کوچک و بزرگ و کتابخانه شرق باغ.

شتر گلوی شاه عباسی بنای سرپوشیده دو طبقه است که در وسط باغ و در مقابل سردر بزرگ واقع شده‌است و دروسط آن حوض زیبایی با آب جاری قرار دارد و بر روی دیوارهای آن هنوز آثار نقاشی‌های زیبا دیده می‌شود. از دیگربناهای داخل باغ، شترگلوی فتحعلی‌شاهی است که ساختمان آن در سال ۱۲۲۶هجری قمری به پایان رسیده. داخل این بنای‌سرپوشیده مناظر نقاشی‌شده بسیار زیبا، و همچنین کتیبه‌ای گچی به خط نستعلیق دیده می‌شود.

باغ فین در دوره صفوی و قاجار، بسیار رونق داشت، ولی با آغاز انقلاب مشروطیت و همزمان با کاهش امنیت این‌منطقه، تمام در و پیکر و اشیای داخل باغ و کاخ فین به غارت رفت و بناهای آن رو به ویرانی گذاشت، ولی در دهه سی، اداره حفاظت آثار باستانی، در جهت حفظ و احیای باغ و بناهای تاریخی فین قدم‌های بلندی برداشت. نام و یادامیرکبیر، خود ضامن احیای بنای تاریخی فین بوده‌است. هر سال مردم شهرها و روستاهای ایران به زیارت قتلگاه‌امیرکبیر می‌آیند و یادش را زنده نگه می‌دارند.

امام‌زاده هلال بن علی

این بقعه بین راه آران و بیدگل، در ۱۲ کیلومتری کاشان واقع شده‌است و دارای گنبد با دو گلدسته مزین به کاشی‌های الوان زیبا، صحن‌های شمالی و جنوبی وسیع، ایوان‌های مرتفع، صفه، غرفه‌های متعدد، حوضخانه، سرداب و بادگیرهای قدیمی است. اصل بنای کنونی از دوره صفوی است که بعدها چندین‌بار بازسازی و مرمت شده‌و با نقاشی‌های آبرنگ تزیین شده‌است. بر در چوبی ورودی بقعه، عبارت «در عهد دولت پادشاه‌جم‌جاه ناصرالدین‌شاه قاجار، وقف نمود محمدزمان میرزای قاجار به روضه متبرکه امام‌زاده واجب‌العظیم محمدهلال‌بن علی فی شهر ذیحجه سنه ۱۲۵۶ هجری قمری» و روی دماغه آن، عبارت «عمل استاد باقر، ولد استاد حسین» حک شده‌است.

گفته می‌شود که محمد هلال همان محمد اوسط است که در کتب تاریخی از او به نام محمد ماه روی یاد شده‌است، ولی شیخ مفید در بین اولاد علی (ع) از فرزندی به نام محمد هلال نام نبرده‌است.

در داخل حرم و ایوان و صحن‌های این امام‌زاده، گروهی از علما و بزرگان قریه آران مدفون شده‌اند که روی قبر هر یک سنگ قبری تاریخی قرار دارد.

Imamzadeh Helal ibn Ali

The mausoleum stands 12 kilometers of Kashan, containing a dome with two tilework minarets, tall iwans, numerous chambers, and traditional badgirs (wind towers). The monument dates back to the Safavid Era. However, it was reconstructed and repaired and decorated with watercolor paintings. Sheykh al-Mufid, the great Shia scholar, has mentioned Mohammad Helal as one of the descendents of Imam Ali (AS).

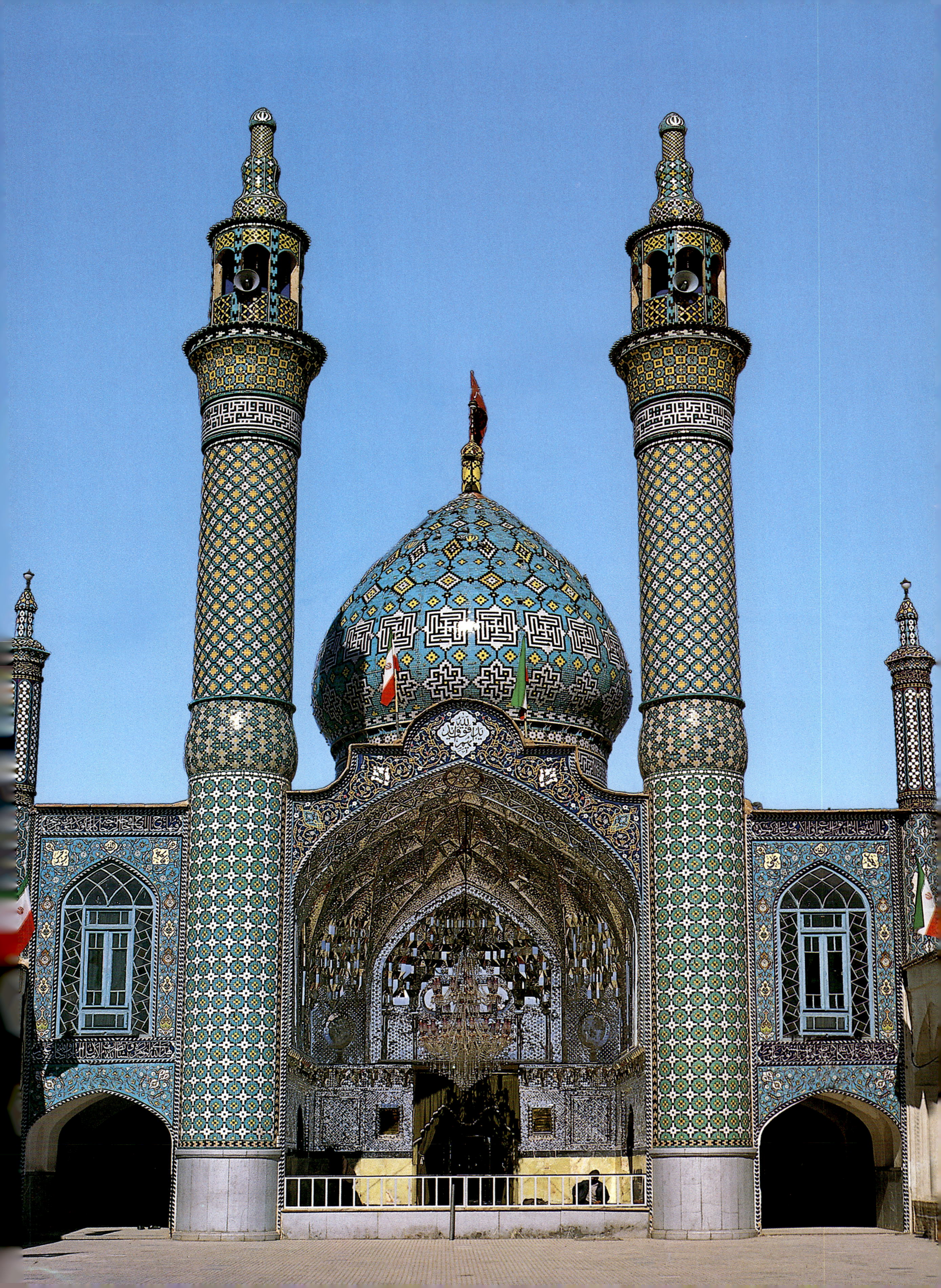

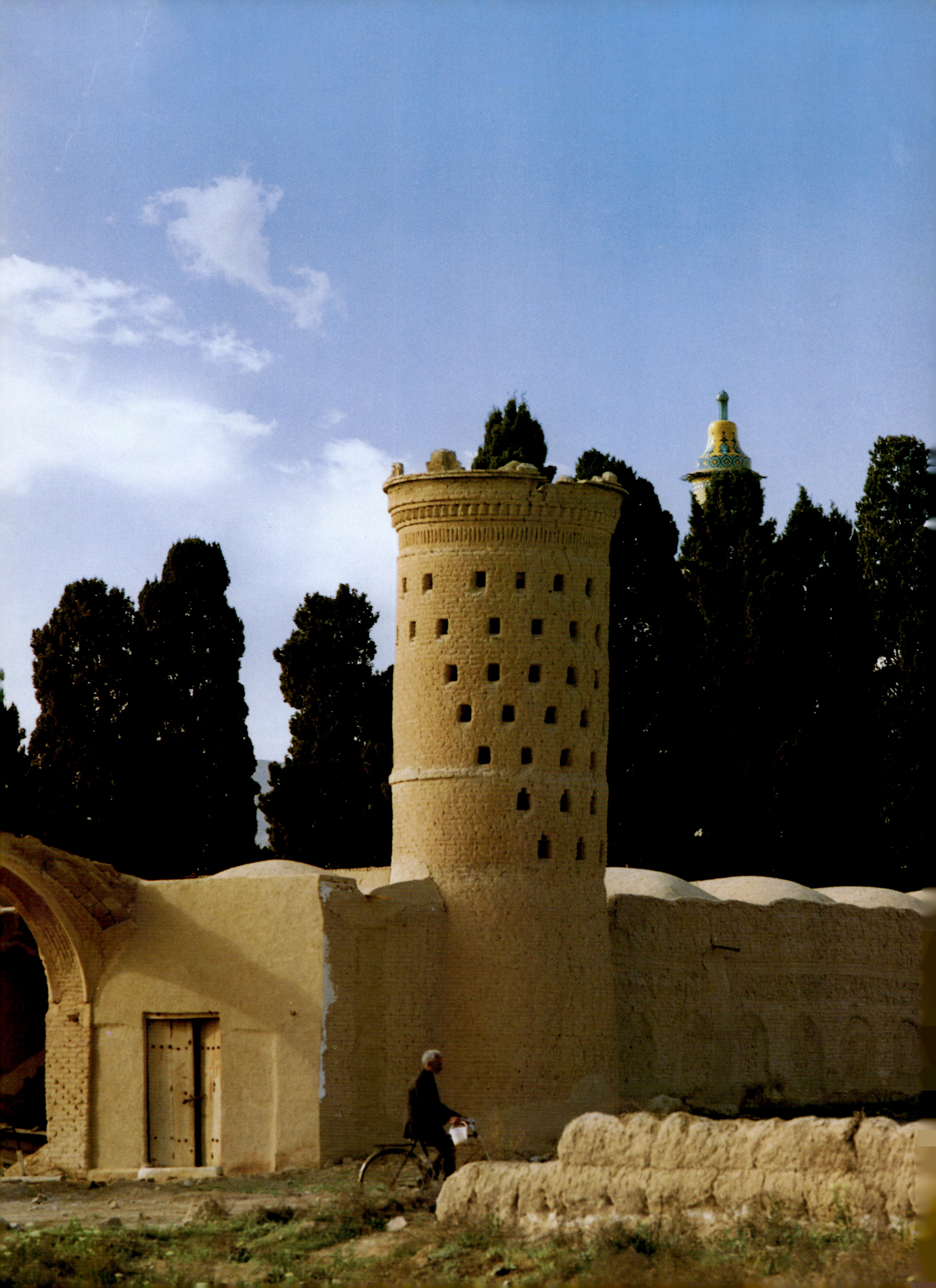

امامزاده ابراهیم

بنای امامزاده ابراهیم در ۲۴ کیلومتری شرق اصفهان در روستای زمان‌آباد برخوار واقع شده‌است. این امامزاده دارای صحنی وسیع است و اتاق‌هایی در جنب آن قرار دارد. امامزاده ابراهیم به حضرت جعفربن موسی منسوب‌است.
کتیبه جلوی مقبره، به خط ثلث لاجوردی، با کاشی معرق و زمینه آجری، طراحی و اجرا شده‌است که اتمام بنای آرامگاه را به دوره شاه‌عباس اول می‌رساند. در داخل مقبره نیز به خط ثلث لاجوردی، با کاشی معرق بر زمینه قرمزرنگ، آیه ۱۳۰ از سوره «بقره» و قسمتی از آیه ۹۷ سوره آل‌عمران، که مشتمل بر نام ابراهیم است، گچ‌بری شده.

Imamazadeh Ibrahim

The edifice stands at 24 kilometers of Isfahan in the village of Zamanabad. The imamzadeh is attributed to Hadhrat Ja'far ibn Musa (AS). The inscriptions are written in Thulth Script and decorated with tileworks. The structure dates back to the period of Shah Abbas I. Inside the mausoleum the name of Ibrahim is plastered with verse 130 of the Qur'anic Sura of Baqara.

ابیانه

یکی از آبادی‌های خوش آب‌وهوای استان اصفهان است که در دامنه شمال‌غربی کوه کرکس و در ۲۸ کیلومتری شهر نطنز قرار گرفته است.

ساختار اجتماعی و معماری این روستا، به ویژه علاقه شدید مردم آن به حفظ آداب و رسوم و سنن قدیمی، بسیار جالب توجه است. ساختمان‌ها، بناهای تاریخی و لباس اهالی همچنان شکل و رنگ بومی و سنتی دارد و بسیار دیدنی‌است. مسجد جامع ابیانه و محراب چوبی آن با تاریخ ۷۷۶ هجری قمری و منبر چوبی آن با تاریخ ۴۶۶ هجری قمری، و کتیبه کوفی آن از اهمیت هنری و دینی ویژه‌ای برخوردار است.

ابیانه در دو دهه اخیر به جاذبه توریستی مهمی تبدیل شده و شرکت‌های سیروگشت، برنامه‌های هفتگی منظمی برای دیدار از ابیانه دارند. علاقه مردم بومی به پوشیدن لباس‌های زیبای سنتی، بناهای ساده خوش ساخت قدیمی، و طبیعت سرسبز زیبا، ابیانه را به جاذبه توریستی درجه اول تبدیل کرده‌است.

Abyaneh

A beautiful historic village at the foot of Karkass mountain 70 km to the southeast of Kashan and 40 km to Natanz, it is a village of living traditions, architectural styles (all in red clay). The village is compact, with narrow and sloped lanes, and houses located on the slope as if placed on a stairway. The roofs of some houses serve as the courtyard for other houses higher up on the slope. The language is Parthian Pahlavi. They are deeply committed to their traditions. Everyone wears the traditional Abyaneh costume on coming back to the village from anywhere in Iran. The women's traditional costume consists of a headdress with floral motifs and pleated pants. There are a good number of old houses in Abyaneh, among them the homes of Gholam Nader Shah and Nayeb Hussein Kashi. In addition to the Zoroastrian fire-temple (from the Sassanid Era) in the village, there are three castles, a pilgrimage site, three mosques named Hajatgah, Porzaleh, and Jam'e, all worth a careful visit. The Hajatgah mosque, built next to a rock, dates from the early Safavid period, according to an inscription on top of its door. Inside the mosque there is a beautiful nocturnal prayer hall with wooden capital pillars.

The Friday Mosque of Abyaneh dates back to the eleventh century. There are a number of inscriptions and a minbar (pulpit) in the mosque. The interesting thing is that the pulpit has many features similar to the architectural elements and column heads seen in Persepolis.

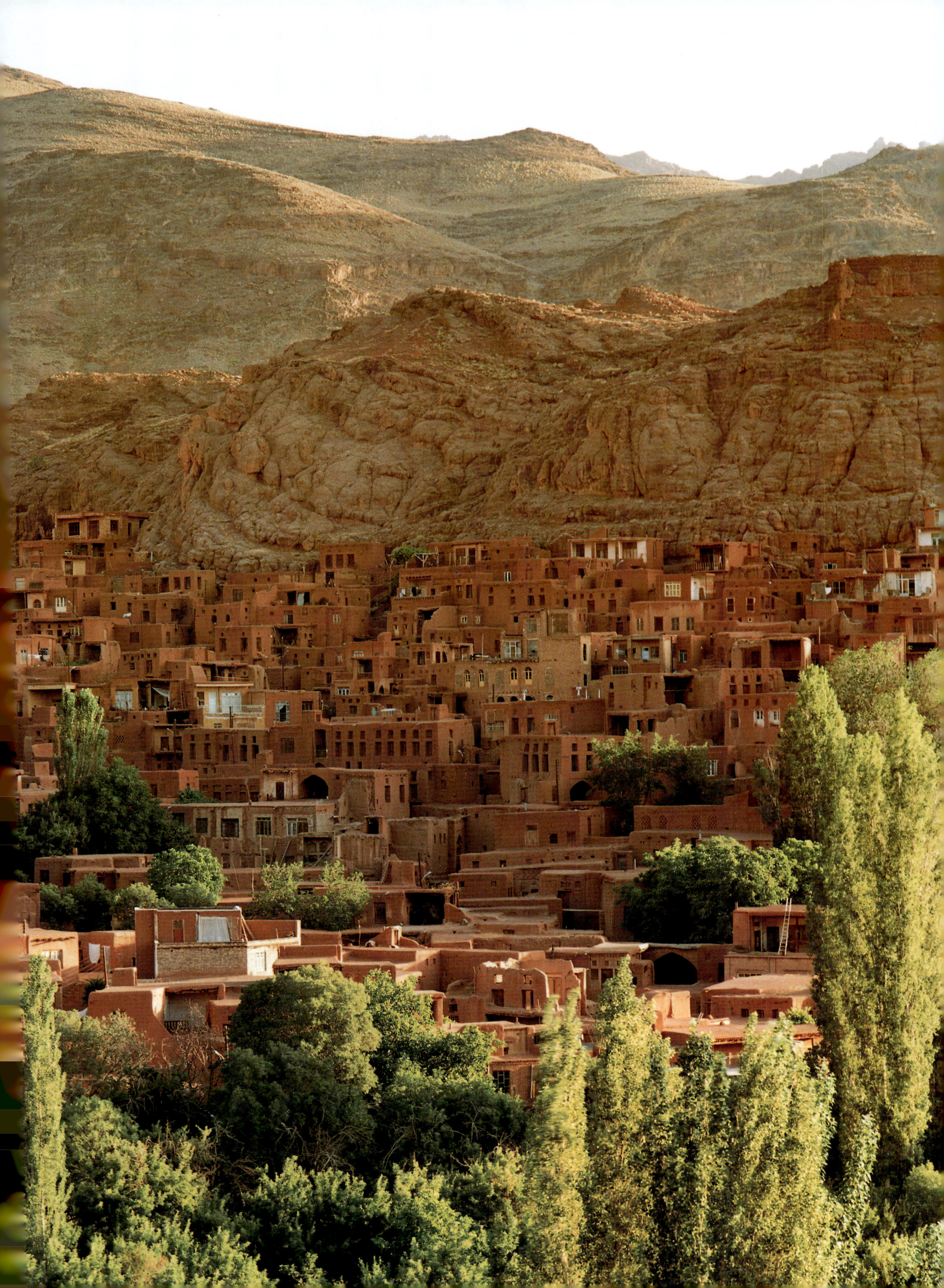

بازار کاشان

بازار بزرگ و قدیمی کاشان، از بناهای دیدنی این شهر است. بنای اولیه بازار کاشان را به اوایل قرن هفتم هجری‌قمری نسبت می‌دهند، ولی دوران صفویان روزگار رواج و رونق کار این بازار بوده‌است.

بازار کاشان با آراستگی و طرح بسیار عالی‌اش، به راستی شکوهمند است. تاقی‌های خوش‌نقش و نگارش زیبایی‌شگفت‌انگیزی دارد. در مجموعه این بازار، ده‌ها کاروانسرا، تیمچه، آب انبار، حمام و کارگاه وجوددارد که هرکدام اهمیت ونقش ویژه‌ای دارند.

بازار کاشان را راسته‌های مس‌فروشان، زرگرها، کفاشان و فرش‌فروشان دربر می‌گیرد. تیمچه امین‌الدوله بنای مرتفعی است با سه طبقه و دهنه وسیع که در استحکام تیمچه و طراحی و معماری آن‌چنان دقت و مهارتی به کار رفته که پس از یک‌قرن‌ونیم هنوز کاملا سالم و سرپاست و یکی از کانون‌های فعال تجاری است.

تیمچه ملک‌التجار نیز از حیث نقشه و اصول معماری و تاق‌بندی‌های سقف و تزیینات روی کار، همانند تیمچه‌امین‌الدوله است، ولی از لحاظ وسعت و اندازه دهنه سقف، کمی از آن کوچکتر است. این روبنا از لحاظ طرح‌های‌هندسی، شاهکاری در هنرهای تزیینی است.

تیمچه حاج سیدحسین صباغ نیز در سه طبقه ساخته شده و دو صحن دارد. در نزدیکی این تیمچه آب انباری به‌همین نام وجود دارد که در نوع خود بنایی عظیم و باشکوه است.

سرای شریف‌خانه یا گمرگ نیز دارای سه طبقه است و در اواخر دوره قاجار به همت آقاشریف فدائی ساخته شده وحجره‌های آن با کاشی‌های نقشدار و نقاشی‌های بسیار زیبا تزیین شده که مجالس بزم و رزم و شکارگاه را به نمایش‌گذاشته است؛ و این از امتیازات سرای شریف‌خانه است. بازار کاشان به راستی یک موزه زنده تاریخی است.

Bazaar of Kashan

The construction of the ancient bazaar in Kashan is attributed to the seventh century AH 13th AD). However, it was in full flourish during the Safavid period. The bazaar of Kashan is unique in design. Within the bazaar stand numerous caravanserais, timchehs, cisterns and bathhouses all of which are of paramount importance and serve particular purposes.

Sayyed Vaqef Shrine

This octagonal structure stands on a mound in the vicinity of Fusheh village in Natanz. It has an azure blue dome with Kufic inscription. The mound is surrounded by an ancient mud brick wall. The interior of the mausoleum lacks ornamentations. However the entrance door is carved and decorated with some verses. The inscription above the door bears the name Shahrokh Teymuri.

آرامگاه سید واقف

این بنای آجری هشت ضلعی با گنبد فیروزه‌ای رنگ و کتیبه خط کوفی ساقه گنبد، بر فراز تپه‌ای مشرف به آبادی فوشه نطنز واقع شده‌است. این تپه درون دیواری بسیار کهنه، که از خشت و گل ساخته شده، محصور است.
داخل مقبره سید واقف فاقد تزیینات است. ولی در ورودی آن منبت‌کاری شده و بسیار عالی است و با چند شعر زینت یافته است.
کتیبه بالای این در، نام شاهرخ تیموری را دربر دارد. صندوق منبت‌کاری مقبره دارای کتیبه‌ای شامل آیات قرآنی و تاریخ ۸۵۱ هجری قمری است.

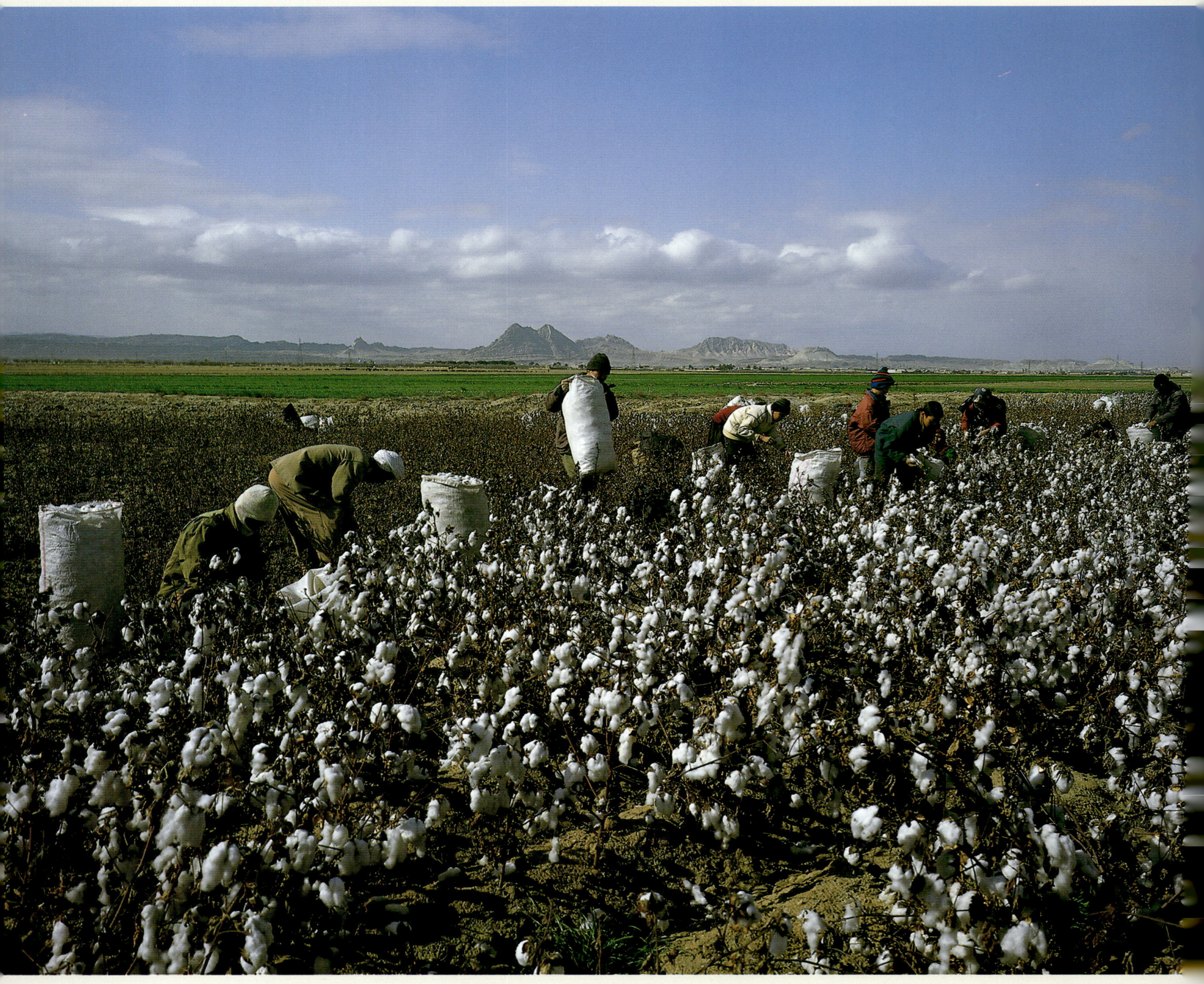

Tarq Village

Pigeon Tower

The pigeon towers were originally built to provide the farmers with animal fertilizers. The quadrangular pigeon towers which are to be found in Khansar (a district in Isfahan province), are normally 14 meters long, 6 meters wide and 6-7 meters high. The roofs supported by wooden beams are flat. The pigeon towers are no longer in vogue. More than one hundred pigeon towers exist in the province of Isfahan. Today the pigeon towers, which are considered as wonders of Iranian architecture, constitute a part of the cultural heritage of Isfahan.

کبوترخانه

کبوترخانه نمونه‌ای آشکار از همسویی زندگی مردم با طبیعت، اقلیم و در نوع خود، شاهکاری از نبوغ معماری‌ایرانی است. غرض از ساختن کبوترخانه، جمع‌آوری فضولات کبوترها برای کود زمین‌های کشاورزی است.

«کبوترخانه» یا «برج کبوتر» به دو شکل گرد و چهارگوش ساخته می‌شد. در بسیاری از مناطق کشاورزی اصفهان یک‌یا چند برج کبوتر در یک مجموعه ساخته می‌شد قدمت واقعی این برج‌ها هنوز به درستی معلوم نشده، اما شاردن جهانگرد فرانسوی که در دوره صفویه به اصفهان سفر کرده، تعداد کبوترخانه‌های این خطه را سه هزار برج نقل‌کرده‌است.

کبوترخانه در نواحی مختلف استان اصفهان به شکل‌های گوناگون ساخته شده. در مناطق شمال‌شرقی و جنوبی به‌شکل برج‌های مدور و در شهرهای خوانسار و نطنز به شکل برج‌های مکعب ساخته شده‌اند.

هر برج، به نسبت بزرگی خود، یک یا چند گنبد دارد. گنبدی نیز بر فراز استوانه بلند برج ساخته می‌شود که برای‌ورود و خروج کبوترها سوراخ‌هایی دارد که «فلفل‌دان» نام دارد زیرا شکل کلی آن «فلفل‌دان» را به ذهن می‌رساند.

در دیوارهای داخلی هر کبوترخانه هزاران لانه کبوتر ساخته شده و فضای داخلی برج به شکلی طراحی و اجرا شده‌که کبوترها بتوانند آزادانه در داخل برج پرواز کنند. کبوترخانه از نمونه‌های شگفت‌انگیز معماری تجربی ایرانی است. این برج‌های بلند، با آنکه از خشت و گل ساخته شده سال‌های آزگار از باد و باران و آفتاب بی‌گزند می‌مانند.

کبوترخانه‌های مکعب‌شکل که نمونه‌هایی از آن‌ها در اطراف زمین‌های کشاورزی خوانسار وجوددارد، معمولا ۱۴ متر طول، ۶متر عرض و ۷ تا ۱۰ متر ارتفاع دارند. سقف برج‌های مکعب، مسطح است که با تیرهای چوبی پوشانده‌می‌شود. در این نوع از کبوترخانه‌ها، تزیینات خارجی برای سهولت ورود و خروج کبوترها با آجرکاری مشبک ساخته‌می‌شد.

امروزه با روی‌آوردن کشاورزان به کودهای شیمیایی، کبوترخانه‌ها از رواج و رونق افتاده‌اند. از مجموع‌کبوترخانه‌های اصفهان تنها تعدادی کبوترخانه که در مناطق شهری قراردارند، بازسازی شده‌اند. در حال حاضر بیش ازصد کبوترخانه در گوشه و کنار اصفهان وجوددارد.

امروزه کبوترخانه بخشی از میراث فرهنگی اصفهان است که از شگفتی‌های معماری ایرانی است.

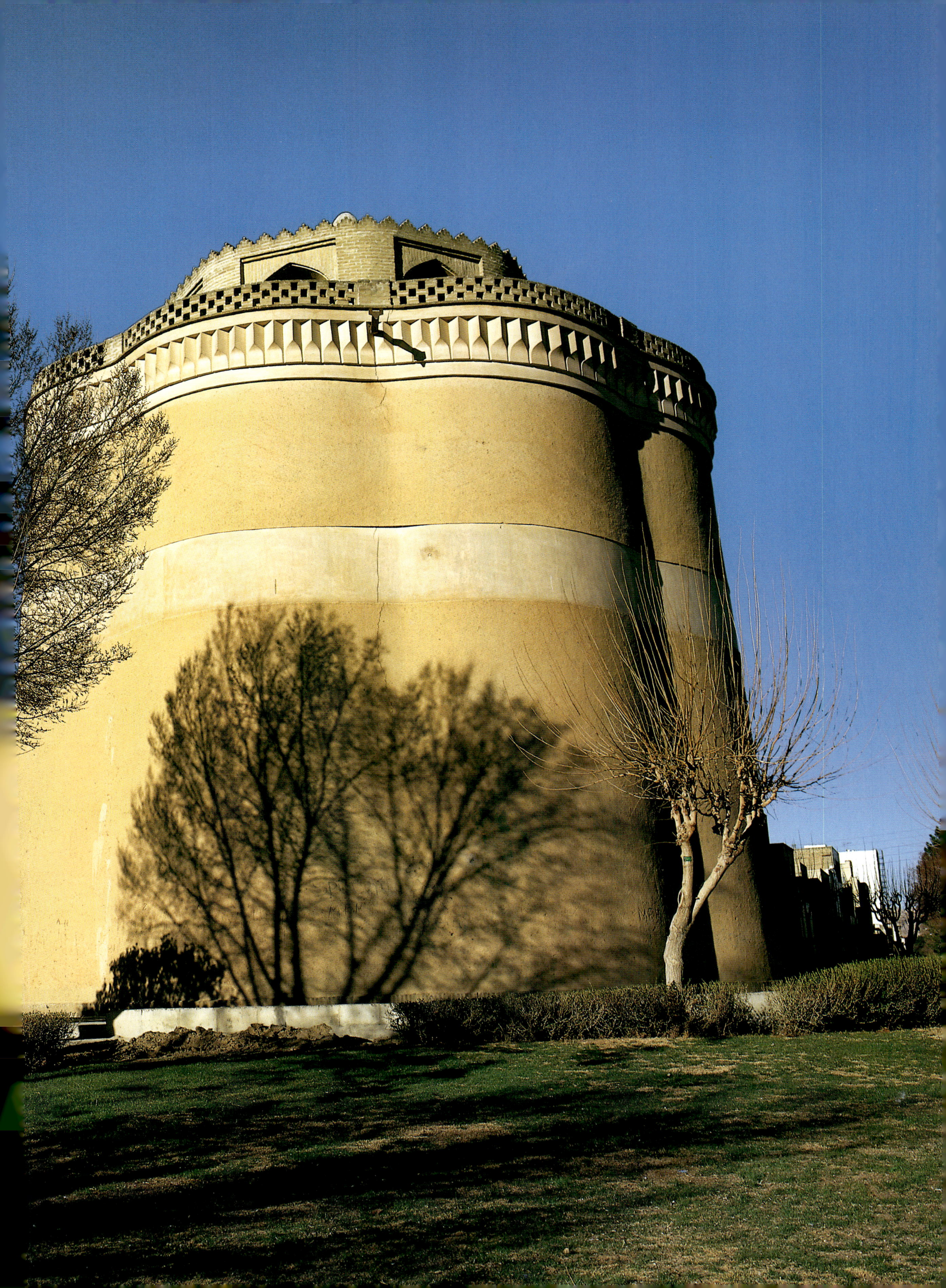

Kavir Maranjab كوير مرنجاب

Kavir Maranjab كوير مرنجاب

Kavir Maranjab

کویر مرنجاب

Khansar

Khansar is a small town situated on the foothills of Zagros Mountain Ranges. Some of the summits surounding this town are up to 5000 meters high. In the past centuries, due to the existence of these mountains, Khansar has not been an easy target for the invaders to Iran to be captured. Perhaps, it is the reason why the inhabitants of Khansar are still speaking the original version of an old and ancient varity of Persian language.

خوانسار

خوانسار از شهرهای منطقه زاگرس و دارای آب و هوای بسیار مطبوع و ملایم است. در اطراف این شهر قله هایی مرتفع گاه تا ارتفاع ۵۰۰۰ متر وجود دارد که این شهر را در طول قرون گذشته و در جریان تهاجم بیگانگان به ایران به منطقه ای دست نیافتنی تبدیل کرده است. شاید به همین دلیل است که گویش مردم این شهر کمتر به واژگان بیگانه آمیخته شده و هنوز اصالت کهن خود را حفظ کرده است.

براساس اسناد موجود سابقه تاریخی خوانسار به بیش از ۱۰۰۰ سال می‌رسد. خوانسار از زمان صفویان به یکی از مراکز بزرگ علمی کشور تبدیل گردید بطوریکه بسیاری از اهل علم در پی کسب علوم مختلف به این شهر رفت و آمد داشته‌اند.

گلستان کوه خوانسار
Gulistan Kuh Khansar

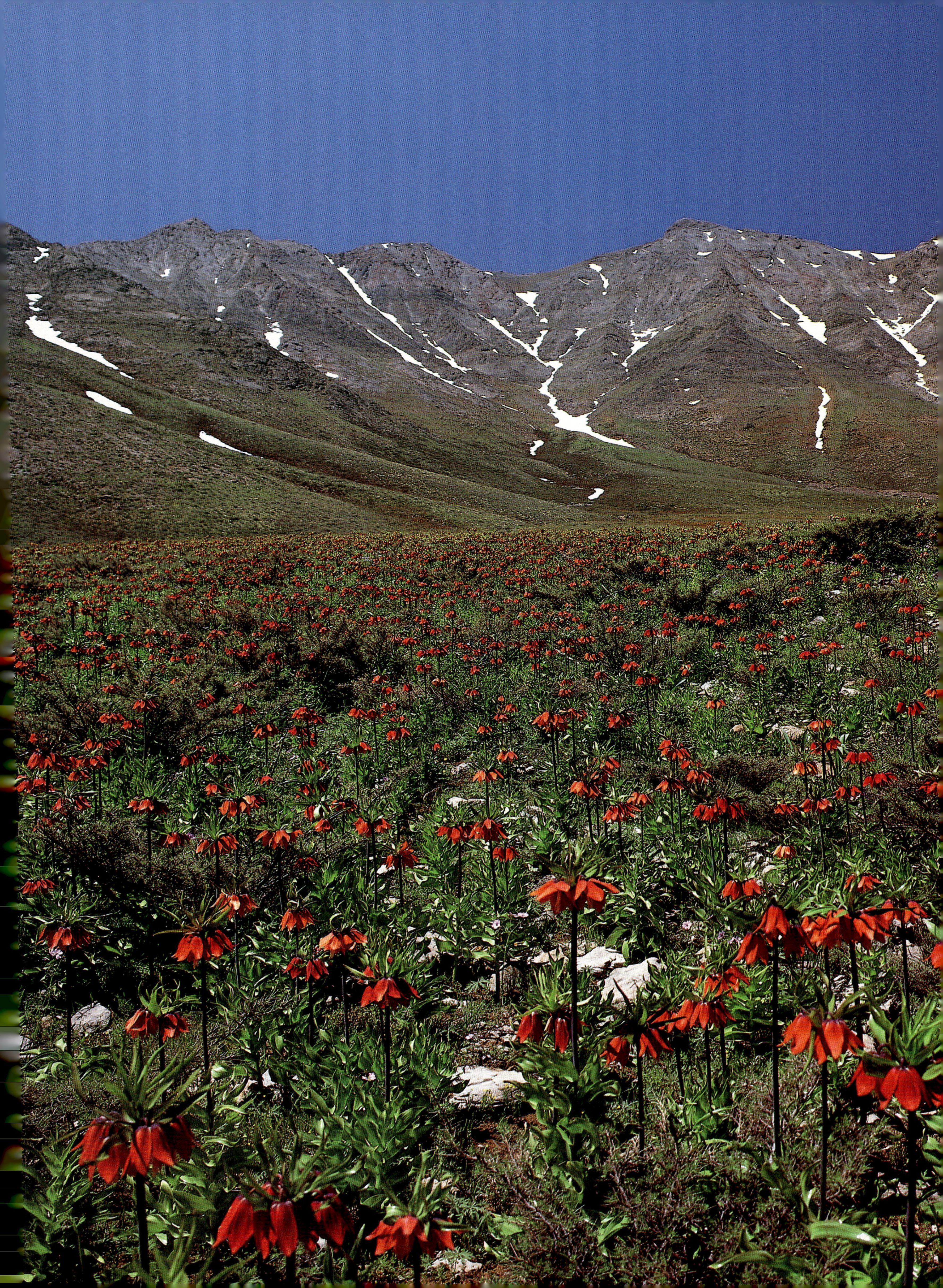

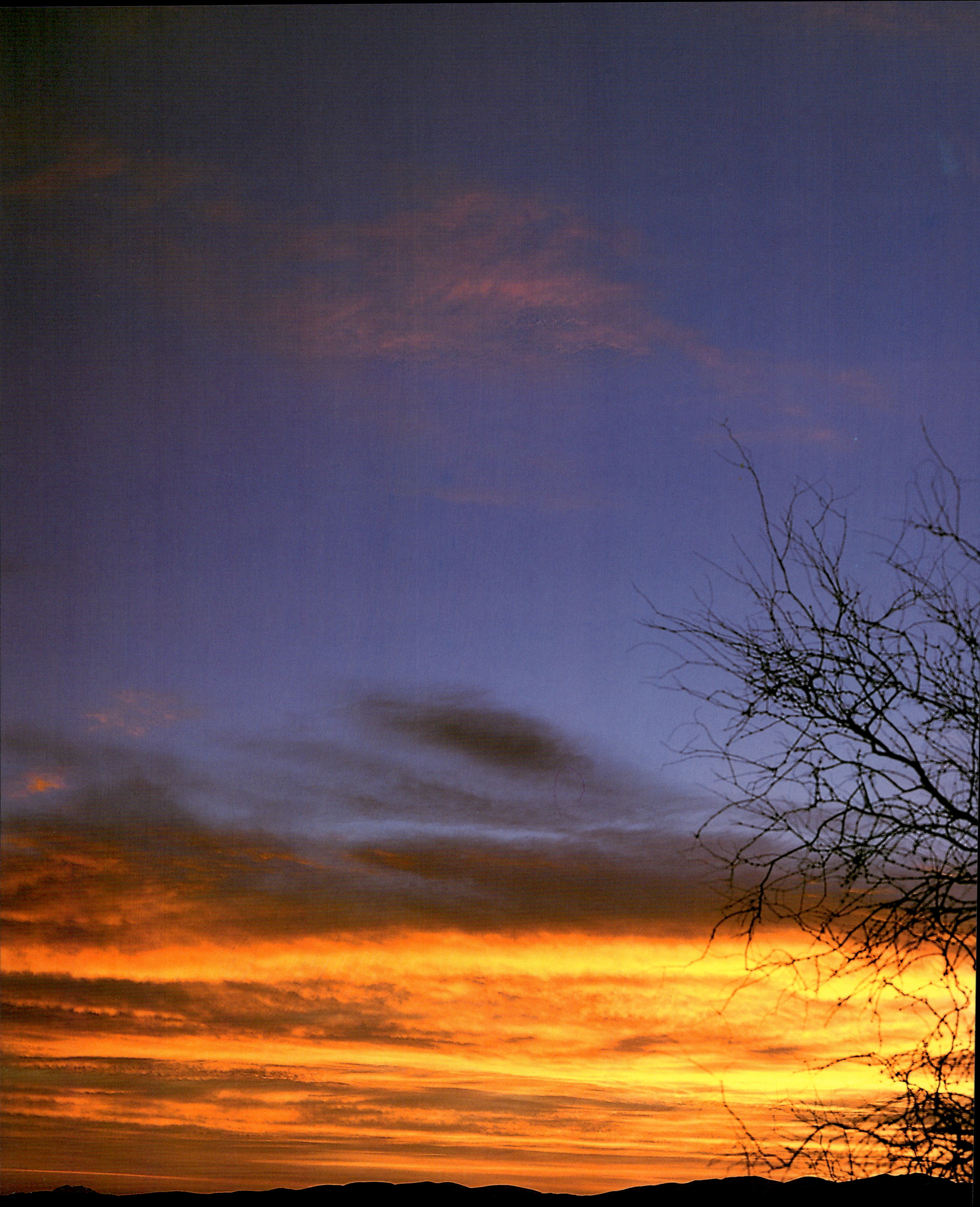

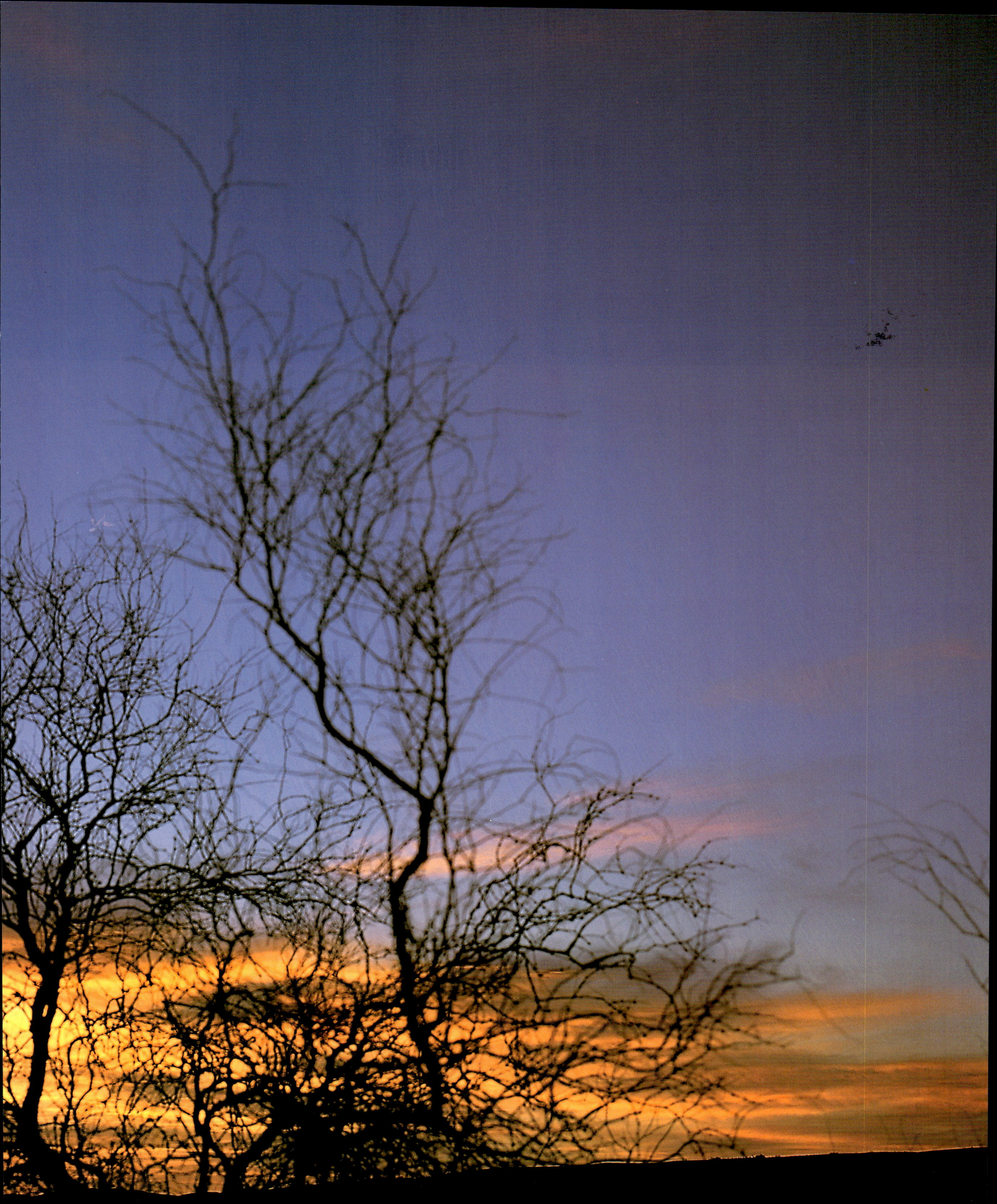

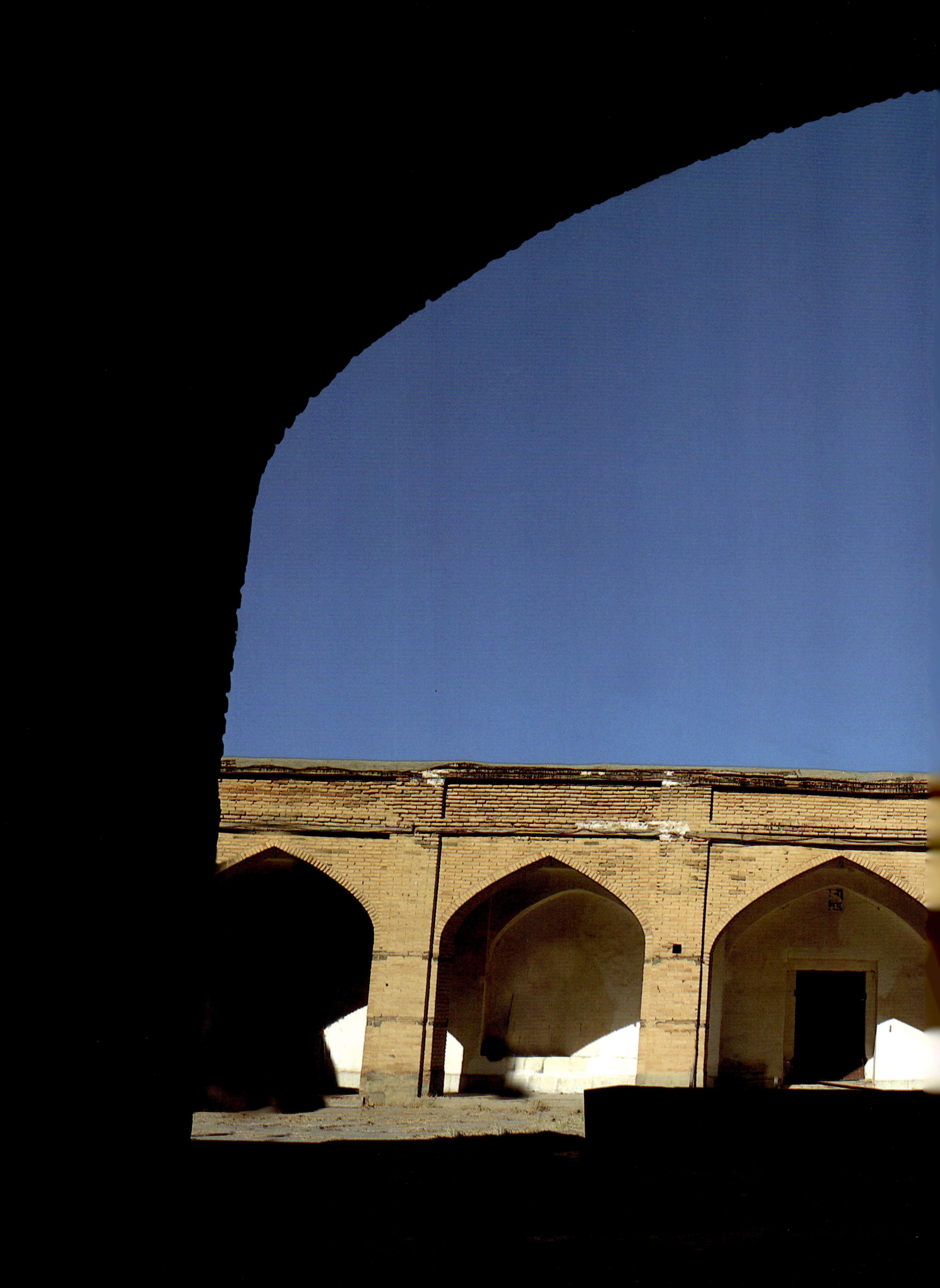

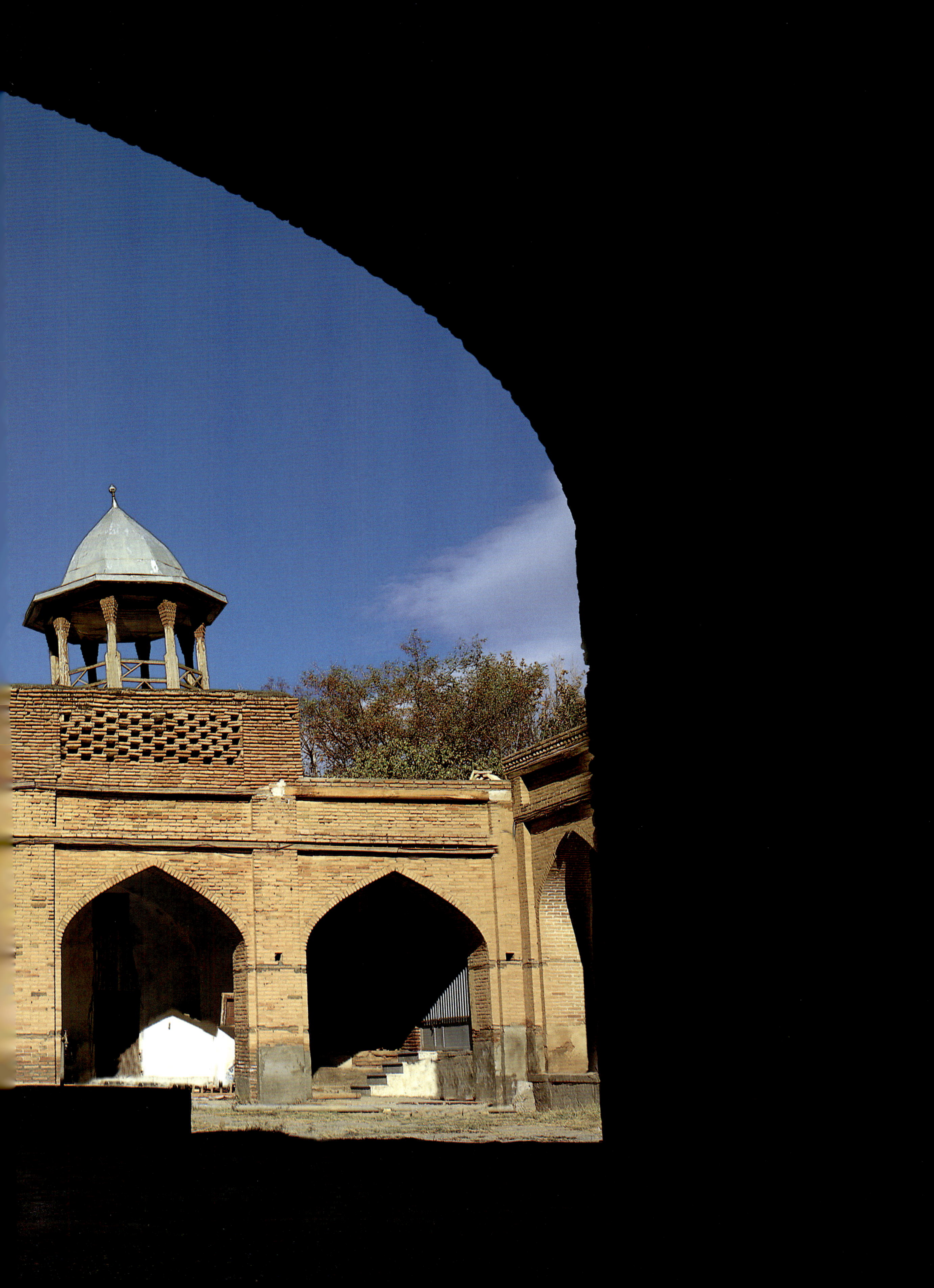

Sialk Mound

The richest archaeological site in central Iran is the mound of Sialk. The Sialk site was excavated by Ghirshman in the 1930s. He dated the site to the second half of the 15th millennium BC. Later excavations suggest the site is more than 7000 years old. Probably, the inscribed clay tablets are some of the most interesting findings which date back to the late 3rd and early 2nd millennium BC. Other evidence shows immigrants and conquerors passing through this region and settling near Bagh-e Fin. The artefacts uncovered are housed in the Louvre Museum in Paris and the archaeological museum in Tehran.

تپه های سیلک

در سه کیلومتری جنوب غربی کاشان تپه های سیلک قرار دارند. در حدود ۴۵۰۰ قبل از میلاد اقوامی با تمدن جالب توجهی می زیسته اند که وسایل کار آنها را بیشتر سنگ و استخوان تشکیل می داده است. مهم ترین اکتشافات این تپه ها یافته هتیی از لوحه های گلی عیلامی است. در فاصله دو تپه بزرگ و کوچک دو گورستان قدیمی کشف شده که به نام گورستان الف و ب نامگذاری شده اند.

North-West Region		ناحیه شمال غربی	
East Azarbaijan	162-193	۳۸۹ - ۳۵۸	آذربایجان شرقی
West Azarbaijan	194-213	۳۵۷ - ۳۳۸	آذربایجان غربی
Ardebil	214-233	۳۳۷ - ۳۱۸	اردبیل
Zanjan	234-235	۳۱۷ - ۳۱۶	زنجان
Qazvin	236-247	۳۱۵ - ۳۰۴	قزوین

| کیلومتر | ۲۰۰ | ۱۵۰ | ۱۰۰ | ۵۰ | ۰ | ۵۰ |

50 0 50 100 150 200 **Km**

ras

Afarin

اردبیل

Ardebil اردبیل
مشکین شهر
MeshkinShahr

Ardebil

Khalkhal
خلخال

Miyaneh ميانه

Zanjan
زنجان

Manjil منجیل

Zanjan

زنجان

Soltanieh سلطانیه

قزوین
Qazvin

الموت
Alamoot

Abyek
آبیک

قزوین
Qazvin

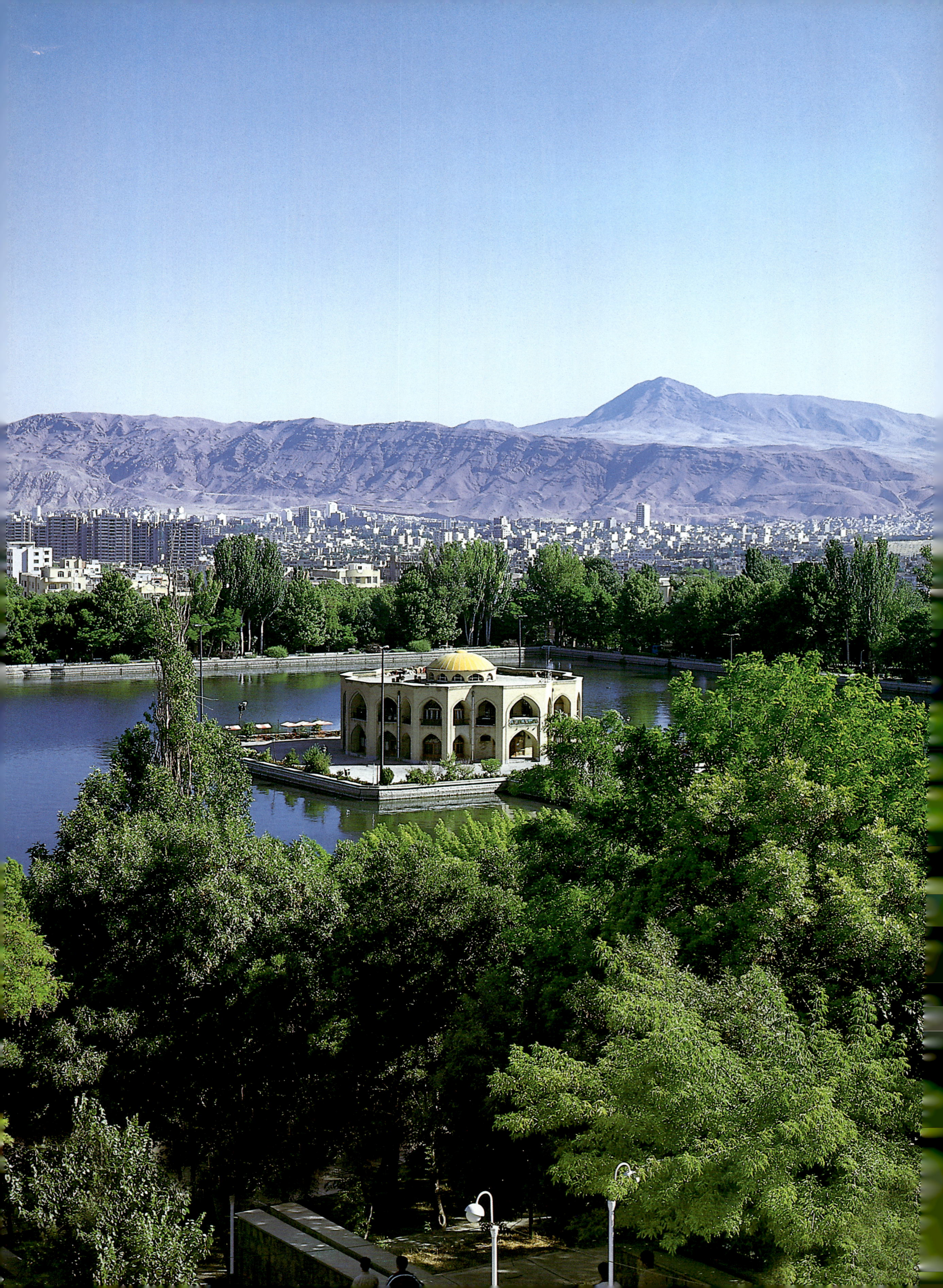

East Azarbaijan

With an area of 46,930sqkm, the province is located in northwestern Iran. It includes 12 districts: Tabriz (the capital), Ahar, Bostanabad, Bonad, Sarab, Shabestar, Kaliber, Maragheh, Marand, Miyaneh, Heris, and Hashtrud. Azeri is the dominant language in the province.

The province has been the cradle of many luminaries such as Khaqani Shirvani, Anvari Abivardi, Qatran Tabrizi, Shahriar, Babak Khoramdin, Sheikh Mohammed Khiyabani, Sattar Khan and Baqer Khan. Azarbaijan is believed to have been the birthplace of Zoroaster.

Places of interest include El-Goli, The Municipality Palace, The Historical village of Kandovan and its Minerals, water springs, The historical Bazaar, Friday Mosque, Ark Tabriz, The Blue Mosque, The Poets Cemetery, Sayyed Hamzeh Tomb, The Azarbaijan Museum, The Natural Valleys of Sa'idabad, Babak citadel, and the Sahand Mountains.

آذربایجان شرقی

سرزمین تاریخی و باستانی آذربایجان خاستگاه یکی از دیرینه‌ترین تمدن‌های فلات ایران به شمار می‌رود.آذربایجان نه تنها از نظر منابع طبیعی کوهستانی (کوه‌های سهند و سبلان)که به خاطر برخورداری از چشمه‌های آب‌گرم و آب معدنی غنی و پرارزشی مانند سرعین، بستان‌آباد، به ویژه کرانه‌های دریاچه ارومیه، از ارزش‌ها و جاذبه‌های‌گردشگری بسیار برخوردارست. دریاچه ارومیه با جزیره‌های زیبا و معروف خود، چون قویون و اخی، آرزو، اشک داغی، اسپیری، به خاطرچشم‌اندازهای طبیعی و همچنین خواص آب درمانی و لجن درمانی منابع آلی آن، از جاذبه‌های گردشگری آذربایجان‌است. شهرهای آذربایجان از جمله تبریز، ارومیه، اردبیل، مراغه، خوی، مرند و مهاباد، دیدنی‌های تاریخی فراوانی دارند: مسجد کبود، مسجد جامع، ارگ، بازار و گردشگاه شاه‌گلی یا ائل‌گلی در تبریز، بقعه شیخ صفی و مسجد اعظم دراردبیل، قلعه بابک در کلیبر. کلیسای تاتاروس (قره کلیسا)در سیاه چشمه ماکو. برج شمس تبریزی در خوی، تپه و روستای حسنلو در نزدیکی‌نقده و... از نظر تاریخی و معماری آثاری کم‌مانند و جالب توجه‌اند. کالاهای صنایع دَستی آذربایجان، به ویژه قالی آن بسیار مشهور است. آذربایجان شرقی با وسعت ۴۵۲۶۱/۴کیلومترمربع در گوشه شمال‌غربی فلات ایران قرار دارد. رود ارس حدودشمالی آن را با جمهوری‌های آذربایجان، ارمنستان و ایالت خودمختار نخجوان مشخص می‌کند. رود قطور و آب‌های‌دریاچه ارومیه حدود غربی آن با استان آذربایجان غربی است. در جنوب، کشیدگی رشته‌کوه‌ها، دره‌ها، جلگه‌ها ودشت‌ها موجب پیوستگی توپوگرافیک استان با آذربایجان غربی و زنجان شده‌است. و در شرق نیز دره و رودخانه دره‌رود، کوه‌های سبلان، چهل‌نور و گردنه صابااین این خطه را از استان اردبیل جدا می‌کند. شهرهای عمده آذربایجان شرقی :اهر، بستان‌آباد، بناب، تبریز، سراب، شبستر، مراغه، مرند، میانه ـ تبریز مرکزآذربایجان شرقی است.

آب و هوای استان آذربایجان شرقی به‌طورکلی سرد و خشک است، ولی به علت تنوع توپوگرافیکی، اقلیم‌های‌متفاوتی دارد :ناحیه سردسیر شامل دامنه کوهستان سهند، شهرهای تبریز و مرند که در مسیر بادی مرطوب قرار دارند. ناحیه معتدل که عمدتاً در کوهپایه‌ها و دامنه‌های جنوبی واقع است. سواحل دریاچه ارومیه و شهرهای میانه و مراغه از مناطق معتدل به حساب می‌آیند.

کاخ شهرداری تبریز

کاخ و تالار شهرداری تبریز در سال ۱۳۱۲ شمسی در محل گورستان متروک و خرابه کوی نوبر با نظارت مهندسان آلمانی ساخته شد. این ساختمان دارای یک برج ساعت چهارجانبی است که طنین موزون زنگ‌هایش هر پانزده دقیقه‌یک‌بار، گذشت زمان را اعلام می‌کند. بنای خارجی تالار شهرداری از سنگ، تراش‌خورده است و نقشه ساختمان آن، مشابه ساختمان‌های بزرگ کشور آلمان قبل از جنگ جهانی دوم است. این بنا در مرکز شهر تبریز، و در میدانی به نام میدان ساعت قرار دارد.

Municipality Building – Tabriz

Formerly called Baladiya, the municipality was constructed in 1933 in Tabriz, a place where there used to be an old cemetery. The overall design resembles an eagle with wide spread wings. On top of the "head" (the tower), there stands a clock with four faces. The ringing bell of the clock tells the time every hour. The building, known as the Clock Building, is still used as the municipality.

El Goli

A pleasant hillside garden and park around an artificial lake in an area of 54,675sqm, El Goli is situated 4km south of downstream Tabriz. A hill in the eastern side of the park leads down to the pool with steps, and a fountain from top of the hill flows down to the pool. In the center of the pool stands a grand hexagonal building. The pool is said to have been built during the reign of Ak Koyunlu monarchs. However, it was developed by the Safavids.

استخر شاه‌گولی یا ائل گولی

شاه‌گولی که امروزه ائل‌گولی (استخر مردم) نامیده شده از گردشگاه‌های زیبا و دلکش تبریز است که در هفت کیلومتری جنوب‌شرقی تبریز، در دامنه تپه‌ای واقع شده‌است. شاه‌گولی یا ائل‌گولی، استخری است بزرگ به‌مساحت ۵۴۶۷۵مترمربع. در جنوب استخر، تپه‌ای است که آن را از بالا تا پایین و همسطح آب، پله‌بندی کرده‌اند و نهر آبی در آن جاری است. خیابانی از جنوب به عمارت باشکوه وسط استخر می‌رسد؛ دور استخر درختانی کهنسال‌سر به هم آورده‌اند که انعکاس آنها در آب، زیبایی محوطه را دوچندان می‌کند. سطح تمام تپه‌های جنوبی استخر به‌شکل زیبایی چمن‌کاری و گلکاری شده و روزهای گرم تابستان تفرجگاه مردم تبریز است.

برج خلعت‌پوشان

در ده کیلومتری تبریز و یک کیلومتری شمال جاده تبریز - تهران در روستای گرگه، برج آجری بلندی وجوددارد که به‌برج خلعت‌پوشان معروف است، زیرا در دوره قاجاریه در این بنا خلعت اعطائی پادشاهان بر دوش حاکمان آذربایجان انداخته می‌شد. این بنا از آثار اواخر دوره صفویه است. برج به‌صورت کثیرالاضلاع ۱۶ ضلعی و سه طبقه است.

Khal'at Pushan Tower

Situated 10km of Tabriz, the Khalat Pushan Tower dates back to the Qajar Era. The tower has 3 stories and 16 angles.

مقبرة الشعرای تبریز

یکی از اماکن مهم تاریخی شهر تبریز، مقبرة الشعرای محله سرخاب تبریز است. مقبرة الشعرا درجانب شرقی بقعه سید حمزه واقع شده و مدفن ده‌ها تن از عرفا، دانشمندان و شاعران نام‌آور این مرز و بوم است، از جمله:
شاعران نامداری چون «همُام تبریزی»، «خاقانی شروانی»، «اسدی طوسی»، «ظهیرالدین فاریابی»، «انوری ابیوردی»، «قطران تبریزی»، و از مشهورترین چهره‌های معاصر در مقبرة الشعرا «محمدحسین شهریار» شاعر نامدار است.

Mausoleum of Poets - East Azarbaijan

Known as the Mausoleum of Poets, it houses the tombs of over fifty Iranian luminaries. Bodies of Asadi Tusi, Khaqani Shervani, Zahir-e Faryabi, Qatran Tabrizi, Homan Tabrizi, Salman Savoji, Falaki Shervani, and the celebrated contemporary poet of Tabriz, the late Mohammad Hussein Shahriyar are buried here.

Shihab ad-Din Ahari – Ahar اهر - بقعه شهاب‌الدین اهری

Dome of Hülegü's Mother- Maragheh (Gombad-e Kabud)

Situated in central Maragheh, the dome rests on a stone base. It is octagonal, with a brick arch on each of its eight sides, and decorated with superb blue tiles, bricks, and beautiful stalactite decorations. There is no inscription in the dome. A funerary stele inside the dome constitutes part of the edifice. The monument has nothing to do with Hülegü's mother.

گنبد کبود یا قبر مادر هلاکو

برجی است کبودرنگ و زیبا به شکل منشوری ده وجهی، پهلوهای این برج دارای طاقنما و حاشیه‌کاری و دندانه‌است و در کنار آنها پایه‌های ستون‌مانندی ساخته شده‌است. این پایه‌ها مانند سطح بیرونی طاقنماها، با تزییناتی مرکب از آجر و سفال و کاشی فیروزه‌ای‌رنگ، بطور بدیعی آرایش شده‌است. این برج از دو طبقه تشکیل شده :سردابه مخصوص قبر و اطاقی مزین به گچبری و کاشی‌کاری و نوشته. گنبد سقف بلند این اتاق فروریخته و قسمت اعظم‌تزئینات و نوشته‌های آن از بین رفته است. تاریخ بنا، احتمالا بین ۵۸۲و ۶۵۲هجری‌قمری است.

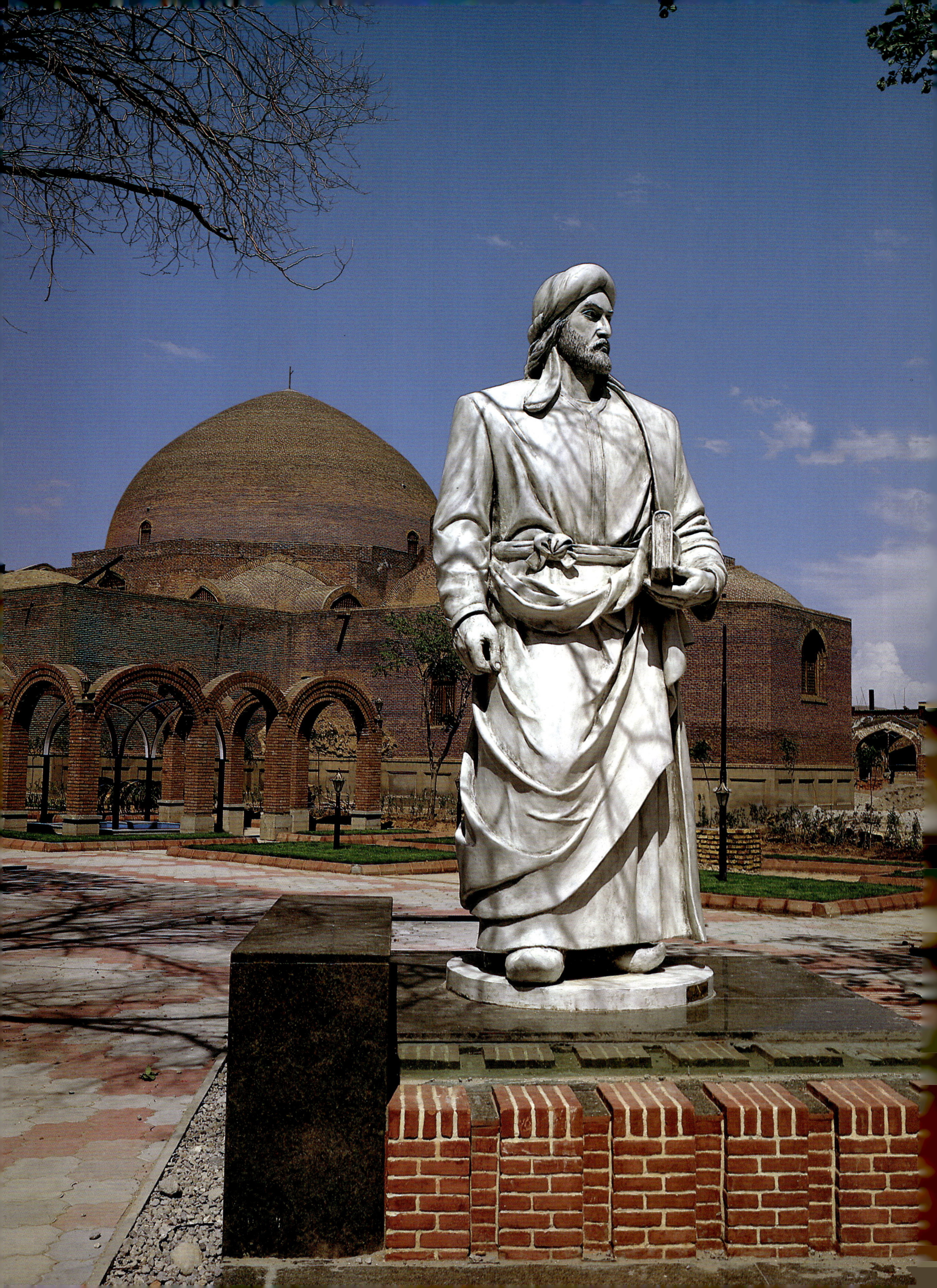

مسجد کبود تبریز (گوی مسجد)

مسجد جهانشاه یا مسجد کبود تبریز از آثار ابوالمظفر جهانشاه‌بن قره‌یوسف از سلسله ترکمانان قره‌قویونلو است، که بنای آن در ۸۷۰ هجری‌قمری به همت و نظارت جان بیگ‌خاتون (همسر جهانشاه)پایان یافت و زلزله وحشتناک ۱۱۹۲ هجری تبریز، تمام سقف مسجد فرو ریخت و تنها سردر آن باقی ماند که از لحاظ معماری فوق‌العاده شایان توجه است.

Blue Mosque - Tabriz

Located on the north side of Imam Khomeini Avenue in Tabriz, the Blue Mosque is a 15th century structure, which was destroyed by an earthquake. However, it has recently been restored. Because of the blue tiles used in the decoration of both interior and exterior of the mosque, it has become to be known as the Turquoise of Islam.

The remnant testifies to its earlier grandeur and splendor. Completed in 1465 by Nimatollah ibn Mohammad Bavvab, architect of Prince Jahan Shah Turkman Salimi even today its Timurid tilework (main entrance) with a blue-on-white inscription band of mosaic tile in Riqa' calligraphy is magnificent.

The entrance portal with its two minarets appears to have been connected with the main prayer hall under the largest cupola of the mosque, by means of vaulted corridor. Some of the blue mosaics in the portal are heavily damaged.

تبریز ـ خانه مشروطیت

این خانه محل اجتماع سران مشروطه آذربایجان بود. تاریخ ساختمان آن ۱۳۴۷ شمسی است. بانی این خانه حاج مهدی کوزه کنانی، از فعالان نهضت مشروطه است. به علت ارزش تاریخی، خانه مشروطیت در فهرست آثار ملی به ثبت رسیده است.

Constitutional House - East Azarbaijan

The edifice is located next to the Tabriz grand bazaar, on Motahari Ave. During the years which led to the constitutional Revolution and afterwards, the house was used as the resort of the leaders, activists, and the adherents of the movement, among them Sattar Khan, Baqer Khan, Seqat ol-Eslam and Haji Mirza Aqa Farshi. Haj Vali Memar-e Tabrizi constructed the two-storied building in 1868. It has numerous rooms and halls. The most beautiful part is a skylight and a corridor decorated with colorful glasses and mirrors.

موزه آذربایجان

این موزه با سه سالن نمایش به ابعاد ۳۷ × ۱۲ و چند اتاق اداری و کتابخانه. یکی از بزرگترین موزه‌های کشور است. کل زیربنای موزه آذربایجان ۲۴۰۰ مترمربع است. موزه آذربایجان با دارا بودن ۲۳۰۰ قطعه اشیاء عتیقه و هنری ثبت شده و بیش از یک هزار شیءغیرثبتی در حال بررسی، یکصد جلد کتاب خطی نفیس و دو هزار و پانصد جلد کتاب چاپی در زمینه تاریخ و باستان‌شناسی و علوم، درمرکز توجه دوستداران فرهنگ و هنر کشورمان و جهانگردان خارجی قرار دارد و به طور متوسط همه ساله صدها هزار نفراز آن بازدید می‌کنند.

از سه سالن موجود موزه آذربایجان، شامل زیرزمینی، طبقه اول و دوم، با عناوین نمایشگاه‌های دایمی آثار هنری، باستان‌شناسی، مردم‌شناسی و مشروطیت بهره‌برداری می‌شود.

Bahnhof - Tabriz

Railway – Tabriz   راه آهن تبریز

Azarbaijan Museum

Azarbaijan Museum, constructed in 1957 and inaugurated in 1962, is situated on Imam Khomeini Ave (next to the Blue Mosque). With an area of 3000sqm, it consists of three main sections: A) Ethnological Section, displaying costumes and characteristics of various tribes and peoples of Iran; B) Archaeological Section, displaying objects datable to the fourth millennium BC. Here one can see coins, weapons, decorative objects, and domestic utensils and tileworks. These objects were excavated in Mushlan, Hassanlu, Qara Tappeh, Khosrow Shah, and Marlik. C) History of Constitutional Revolution Section, containing photographs and documents of interest from the Constitutional Revolution of Iran.

دو سالن طبقه اول که مهمترین قسمت موزه محسوب می‌شود، فعالیت‌های متنوع و آثاری مفرغی از هزاره پنجم قبل از میلاد، در ویترین‌های متعدد به طریقه علمی و با رعایت توالی زمانی چیده شده.

در بخش اسلامی این سالن، اشیائی از قرن‌های چهارم تا یازدهم هجری به نمایش درآمده است که قفل رمز به دست آمده از روستای بازار لری عجب شیر است که دارای چهار دکمه رمز است، ظروف چینی دوره صفوی در نوع خود بی‌نظیر است. این ظروف به سفارش شاه عباس صفوی جهت وقف به آستان شیخ صفی‌الدین اردبیلی ساخته شده‌اند.

در سالن طبقه دوم یادگارهایی از نهضت مشروطیت و سران آن و اشیائی که اهمیت مردم شناختی دارند، به نمایش درآمده است. اسلحه کمری ستارخان سردار ملی، عینک و دوات ثقة‌الاسلام، و عکس‌هایی دیدنی و منحصربه‌فرد از وقایع و شخصیت‌های مشروطه؛ به غنای این بخش می‌افزاید. تعداد ده ویترین از این سالن برای نمایش اشیای مردم شناختی اختصاص یافته است. بیشترین فضای این سالن، که به عنوان نمایشگاه دائمی از آن استفاده می‌شود، به نمایش آثار هنرمندان آذربایجان اختصاص دارد.

Tark Stone Mosque

In the Miyaneh Village stands a mosque with finely cut stones. The present edifice is the result of recurrent restorations and renovations. From the inscription on the mosque, the date of its construction is apparently 1607 C.E. The mihrab which is built of stone is masterfully constructed.

میانه مسجد تَرک (روستای تَرک)
مسجد سنگی تَرک

روستای ترک از توابع شهرستان میامه، و یکی از قصبه‌های قدیمی استان است که نام آن بارها در اسناد تاریخی آمده‌است. در این روستا مسجدی است که نمای آن از سنگ‌های خوش‌تراش و کنده‌کاری ساخته شده است.

این مسجد در روزگاران گذشته همواره موردتوجه بوده و بارها مرمت و بازسازی شده، و کتیبه‌هایی که تاریخ تعمیر مسجد را می‌رساند، در آن نصب شده‌است ـ از جمله بر در و دیوار سنگی این مسجد تاریخ ۱۰۱۶ هجری‌قمری، یعنی دوره «شاه عباس صفوی» و همچنین ۱۲۸۳، دوره «ناصرالدین‌شاه قاجار» به زبان‌های فارسی و عربی نقش بسته است.

محراب مسجد از اهمیت خاصی برخوردار است و بسیار استادانه ساخته شده‌است. این محراب از سنگی یک‌پارچه تراشیده شده و کنده‌کاری‌های دیدنی دارد.

در مورد تاریخ بنای این مسجد نظرات مختلفی ابراز شده، برخی بنای این مسجد را به امام حسین(ع) مربوط می‌دانند، و برخی دیگر، آن را به خاندان مغول ـ و به ویژه سلطان اُلجایتو نسبت می‌دهند.

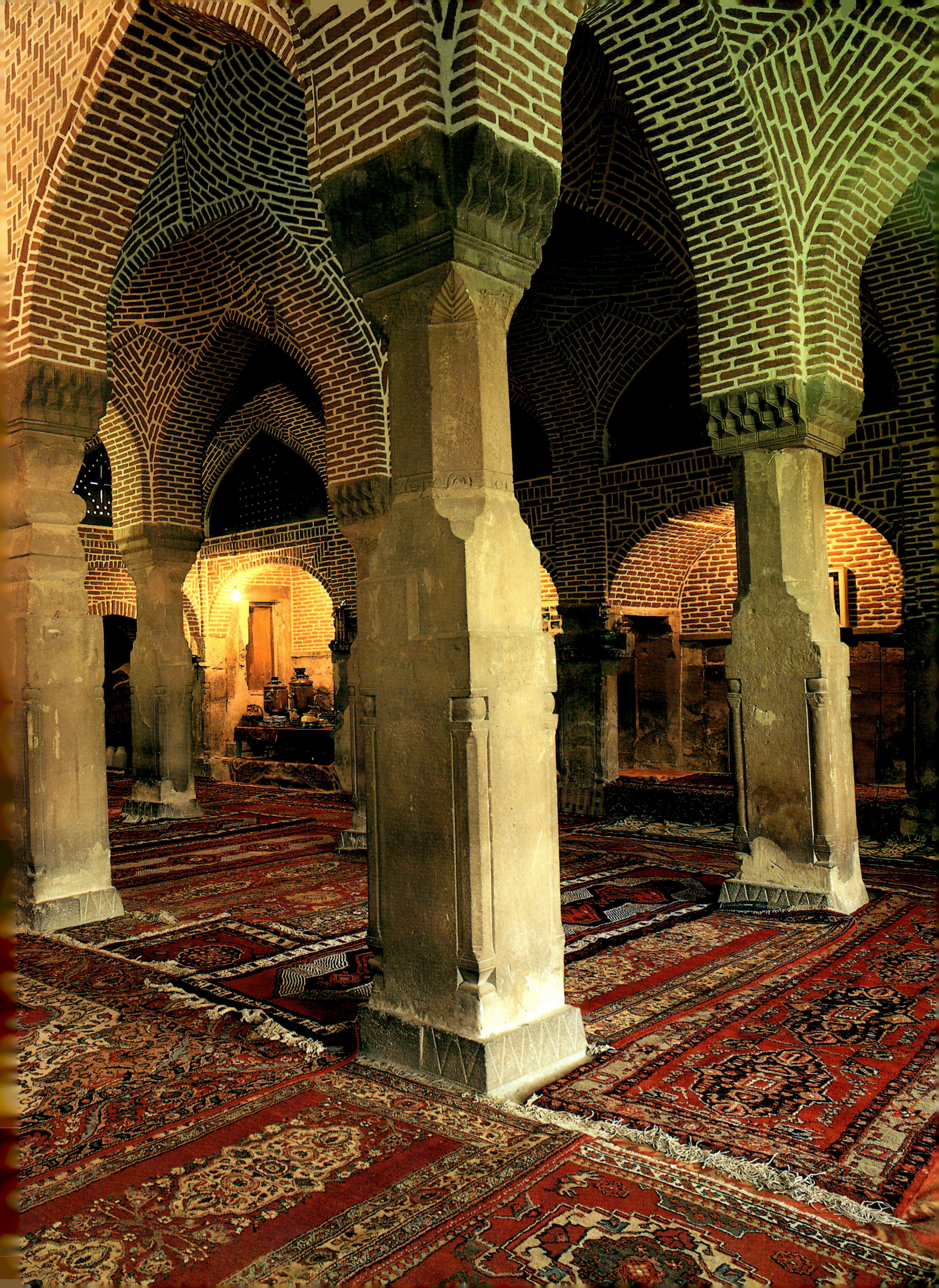

Bazaar of Tabriz

Strolling in the center of Tabriz, one cannot miss its superb 15th-century roofed bazaar. It is already much diminished in its variety of goods, but still a great place for getting hopelessly lost amid its dusty architectural splendors. Its architectural style, numerous caravansaries, mosques, and schools have added to the beauty and glory of the complex. Little is known of the history and origin of the bazaar. The present structure of bazaar dates back to the late Zand dynasty (1750-1779 AD).

In 1334, Ibn Battuta visited Tabriz and said: "I passed through the jewelers' bazaar, and was dazzled by the varieties of precious stones. They were displayed by beautiful slaves wearing rich garments with a waist-sash of silk, who stood in front of the merchants, exhibiting the jewels to the customers' wives, who bought them in large quantities to outdo each other."

The complex has high brick domes and arches. It includes several small bazaars, or arcades, each for a specific profession. Carpet weaving is the main trade, but Tabriz is also renowned for its silverware and jewelry. The spice bazaar, one of the most pungent and impressive in Iran, is an excellent place for picking up henna.

بازار تبریز

مجموعه بازار تبریز یکی از بازارهای بزرگ تاریخی و زیبای ایران و خاورمیانه است. عواملی مانند سبک معماری بازار، آرایش مغازه‌ها، کثرت تیمچه‌ها، کاروانسراها، دالان‌ها، راسته‌ها و همچنین انواع مشاغل و حرفه‌ها، وجود تعدادبسیاری مدرسه و مسجد، که عمدتاً از سابقه تاریخی برخوردارند، این بازار را به نمونه عالی محیط تجارت، کسب وکار و زندگی شرقی تبدیل کرده‌است. بازار تبریز آمیزه‌ای هماهنگ از فرهنگ ایرانی ـ اسلامی است.
در طول تاریخ تبریز، بازار این شهر همواره مورد توجه تجار و جهان‌گردان ایرانی، عرب و اروپایی بوده‌است، و آنهابازار تبریز را به خاطر فراوانی ثروت و زیبایی معماری ستوده‌اند. از این شخصیت‌ها می‌توان به مقدسی، یا فوت‌حموی، ابن بطوطه، حمدالله مستوفی، مارکوپولو، اودریک، کلاویخو، جان کارت‌رایت، تاورینه و شاردن اشاره کردکه در سفرنامه‌های خود به تفصیل مطالب ارزنده‌ای درباره بازار تبریز آورده‌اند.
عمده‌ترین بازارچه‌ها، تیمچه‌ها و سراهای تبریز:
ـ بازار امیر

بازار، کاروانسرا و تیمچه امیر از زیباترین و مهمترین بازارهای تبریز است. بازار امیر از شلوغ‌ترین و پرحجم‌ترین بازارهای تبریز و ازنقاط دیدنی و جهانگردی شهر است. بازار امیر در سال ۱۲۵۵هجری‌قمری توسط میرزا محمدخان امیرنظام زنگنه بنا شد.
ـ تیمچه مظفریه
یکی از مراکز عمده تجارت و صدور فرش آذربایجان و ایران است که شهرت جهانی دارد. تیمچه مظفریه در زمان‌ولیعهدی مظفرالدین میرزای قاجار به سال ۱۳۰۵هجری قمری توسط حاج شیخ جعفر قزوینی از بازرگانان تبریز، بناشد. این بازرگان کاردان، تیمچه را به نام مظفرالدین میرزا، «مظفریه» نامید که مورد تحسین ولیعهد قرار گرفت و ازتصاحب آن خودداری کرد.
ـ راسته بازار
شاید بزرگترین و کامل‌ترین بازار تبریز از نظر تنوع اصناف و اجناس، راسته بازار باشد. در این بازار سراهایی به نام‌بازرگانان صاحب نام وجوددارد که موجب اعتبار تجاری راسته بازار بوده‌است. از جمله سرای کمپانی، سرای حاج‌حسن میانه، سرای عباسی، سرای میرزا جلیل، تیمچه حاج شیخ اول، حاج شیخ دوم و حاج شیخ سوم، و بسیاری ازتاجران معتبر دیگر.

Babak Castle - Kalibar

This castle is located 5km southwest of Kalibar, and 148km from Tabriz at 2,600m above sea level. Surrounding the castle are valleys and only accessible through a narrow track. It was from this castle that Babak Khorramdin and his followers fought against the Arabs for 22 years. Historical evidence shows that this castle was the center of rule in the 6th and 7th century AH, of the territory. This castle has been repaired by The Cultural Heritage Organization of Iran.

کلیبر ـ قلعه بابک

قلعه جاویدان یا قلعه جمهور یا دژ بد که امروز به نام قلعه بابک معروف است، در ۵ کیلومتری جنوب غربی کلیبرواقع شده و ۲۳۰۰ تا ۲۶۰۰ متر از سطح دریا ارتفاع دارد. دورادور این قلعه را دره‌هایی به عمق ۴۰۰ تا ۶۰۰ مترفراگرفته و تنها یک راه بسیار باریك دارد.

از همین‌جا بوده‌است که بابک خرم دین، قهرمان تاریخی آذربایجان، و یارانش به مدت ۲۲سال سپاهیان عرب راکه برای سرکوب قیام او آمده‌بودند، در کوه‌ها و دره‌ها سرگردان کرد، و با شبیخون‌های ماهرانه خود، آنها را درهم‌شکست و فراری داد.

کشف تنورهای متعدد نان در قلعه بابک، از حضور گروه‌های رزمنده در این دژ نظامی حکایت می‌کند.

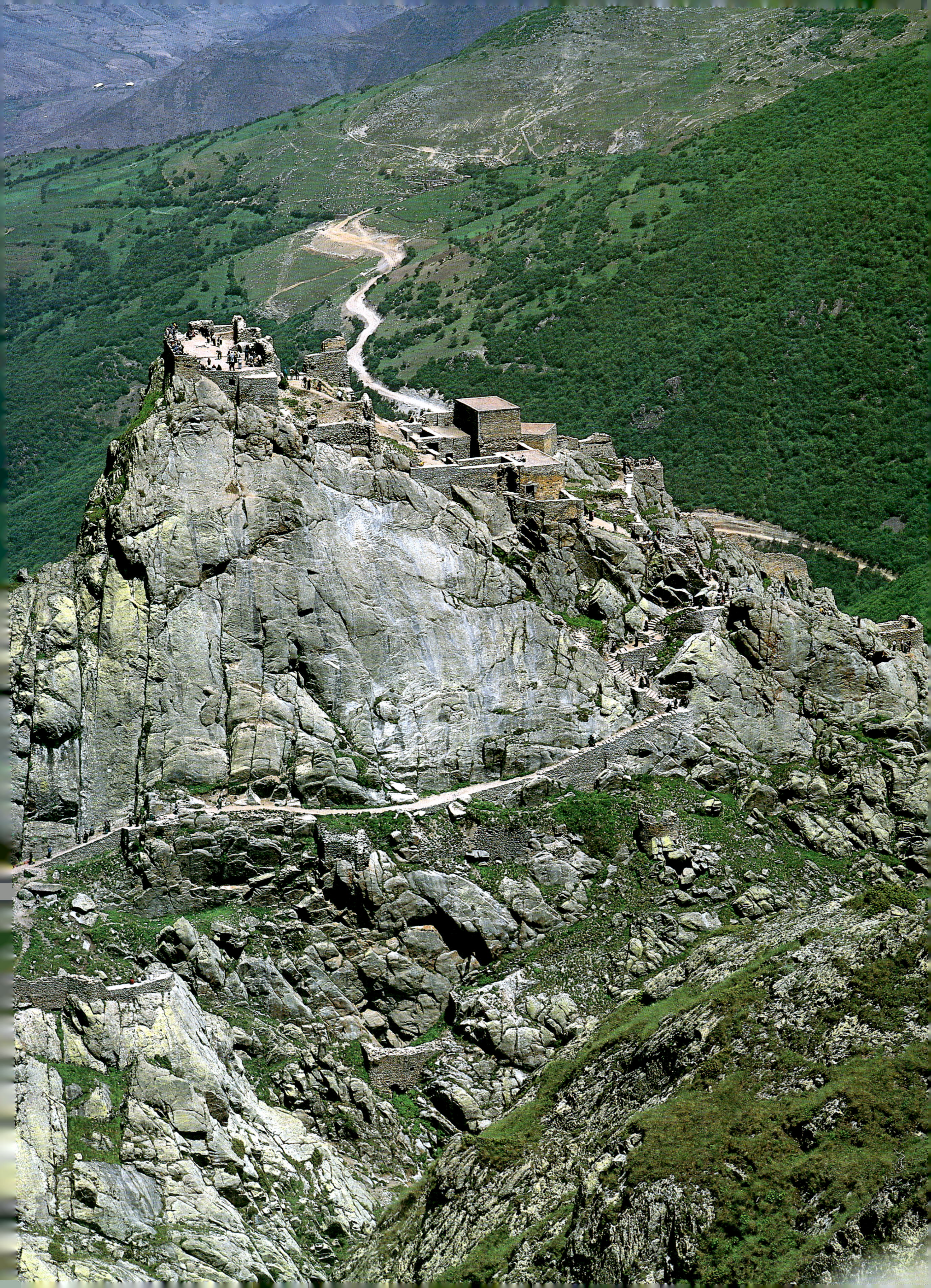

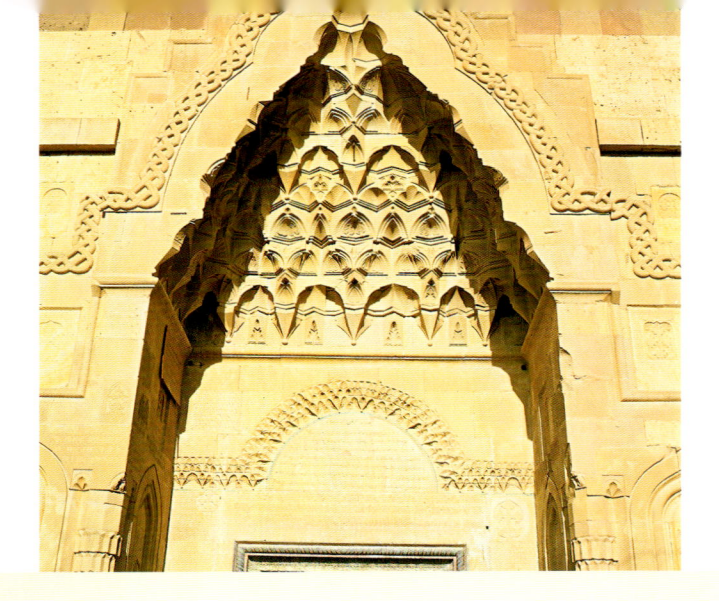

The Church of Holy Mary

This church was built in the 12th century AD and in his travel chronicles, Marco Polo, the famous Venetian traveler referred to this church on his way to China. For so many years, Saint Mary's Church served as the seat of the Azarbaijan Armenian Archbishop. It is a handsomely built edifice, with different buildings sprawled on a large area. A board of Armenian peers is governing the well-attended church.

Mujumbar Church

Located 40km of Tabriz, the church dates back to the ninth century C.E.

Saint Stepanous Church

Located at an intersection west of the Marand-Jolfa highway and east of the Khoy-Jolfa road, the church has a pyramidal dome. The structure largely resembles the Armenian and Georgian architecture and the interior is decorated with beautiful paintings by Honatanian, a renowned Armenian artist. Hayk Ajimian, an Armenian scholar and historian, recorded that the church was originally built in the ninth century AD, but recurrent earthquakes in Azarbaijan completely eroded the previous structure. The church was rebuilt during the reign of Shah Abbas II.

کلیسای مریم مقدس

ساختمان بنای کلیسای مریم مقدس بنای سنگی است دارای حیاطی وسیع و پر دار و درخت است. ساختمان آن در سال ۱۷۸۲ میلادی آغاز شد و در ۱۷۸۵ پایان یافت. بنای این کلیسا به سبک ارمنی است و به شکل صلیب ساخته شده است.
کلیسای مریم مقدس بزرگترین کلیسای تبریز است و مراسم مهم مذهبی ارامنه در آن برگزار می‌شود. قبر خلیفه بزرگ ارامنه استپانوس، و قبر کشیشی از خانواده آراکل تبریزی، مورخ بزرگ قرن هفده میلادی، در این کلیسا است.

کلیسای سرکیس مقدس

سرکیس مقدس نام کلیسایی است که در سال ۱۸۲۱ میلادی، توسط شخصی به نام پطروسیان در محله بارون آواک ساخته شده‌است. سبک معماری این کلیسا به سبک ارمنی است این بنا نیز به شکل صلیب ساخته شده‌است. بنای کلیسا، سنگی و گنبدهای آن آجری است. بیرون کلیسا، در قسمت شرق حیاط، یک یادبود سنگی به یاد کشتگان ارمنی ساخته شده که طرح و حجاری بدیعی دارد.

کلیسای شوقات (شوغات)

این کلیسا در گورستان ارامنه در محله مارالان تبریز واقع شده است. طرح آن صلیبی است و محرابش ۸۰ سانتی‌متر از کف تالار بلندتر است. سقف کلیسا آهنی است و برج ناقوس آن استوانه‌ای و دارای چهار طبقه است. بنای این کلیسا قدیمی نیست و در سال ۱۹۷۵ میلادی ساخته شده تا جانشین کلیسای قدیمی محل بشود که موقع احداث خیابان تخریب شد.

کلیسای موجومبار

این کلیسا در روستای ارمنی کندی موجومبار در ۴۰ کیلومتری شمال تبریز، در دهستان رود قات قرار دارد و قدمت آن به قرن نهم میلادی می‌رسد.

کلیسای سن استپانوس

کلیسای سن استپانوس یکی از کلیساهای باعظمتی است که بین قرن‌های چهارم تا ششم هجری ۱۰ (تا ۱۲ میلادی) در ۱۶ کیلومتری غرب جلفا در ده سبز و خرم «شام» بر یک بلندی ساخته شده‌است. سبک معماری این کلیسا آمیزه‌ای است از شیوه معماری اورارتو، اشکانی، به یونانی و رومی که بعد از ساختن بناهای شگرف طاریوس، آختامار واستپانوس، این آمیزش سبک‌ها، به نام سبک و شیوه ارمنی مشهور شد. متاسفانه برای حفظ و نگهداری این کلیسای تاریخی کوشش اندکی به عمل می‌آید و به علت زمستانهای سخت منطقه و کوچ ارامنه جلفا کلیسای سن استپانوس از رونق افتاده و به همین جهت بین مردم به «خارا با کلیسا» یا کلیسای خرابه معروف شده‌است.

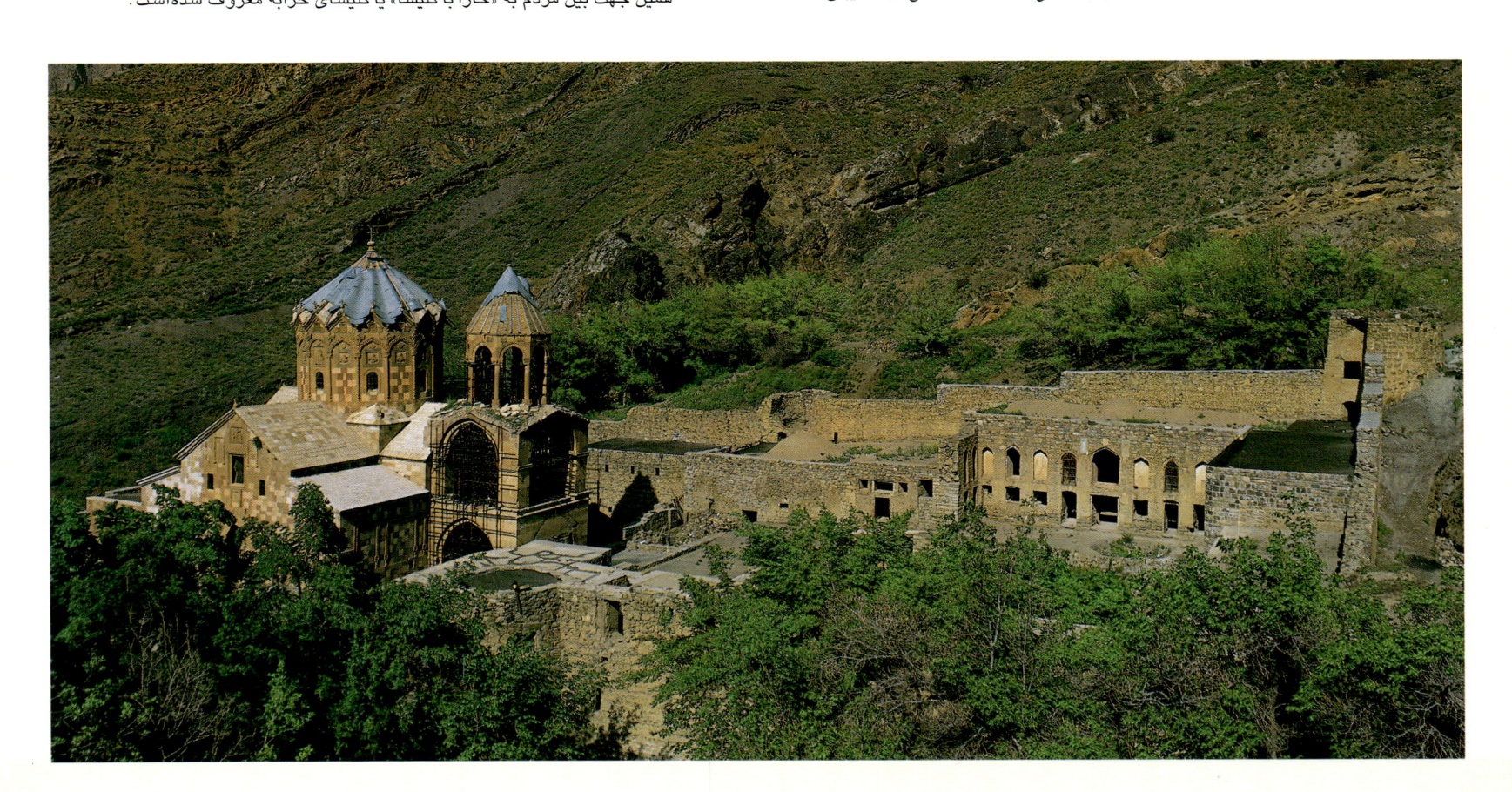

Zahhak Castle – Hashtrud

Over the Tehran-Tabriz tunnel lies the remnant of an old village known as Zahhak castle. It was apparently used by the Ismailis as a fort. The edifice dates back to the Sassanid era because remnants of potteries belonging to the second millennium BC have been found in archeological excavations.

قلعه ضحاک هشترود

بالای تونل تهران ـ تبریز (بین مراغه و میانه) در شرق ایستگاه خراسانک، بقایای یک آبادی قدیمی، سطح وسیعی‌را پوشانده است که به قلعه ضحاک معروف است.

قلعه که بنایی است محکم و دیواری دولایه با پیش‌آمدهای مدور دفاعی دارد، احتمالا توسط اسماعیلیه بازسازی‌شده و پناهگاه آنان بوده؛ قدمت این بنا احتمالا تا دوره ساسانی هم می‌رسد، زیرا در میان بقایای این قلعه قدیمی‌سفال‌هایی متعلق به هزاره دوم قبل از میلاد مسیح کشف شده‌است. که از قدمت قلعه ضحاک حکایت می‌کند. قلعه‌ضحاک به احتمال زیاد قلعه دیده‌بانی بوده و از هزاره دوم قبل از میلاد تا ابتدای دوره اسلامی از آن استفاده شده‌است.

پل میانه

این پل بر روی رودخانه شهر چای ساخته شده که از کوه سهند و بزغوش سرچشمه می‌گیرد، و به پل شهر چای معروف است. پل میانه، از بناهای تاریخی و قدیمی و از دیدنی‌های این شهر است.

Pol-e Miyane

Pol-i-Miyaneh
Diese sehr alte Brücke führt über den Fluss Shahr-e-Chay.
A very ancient bridge, it stands over the Shahr-e Chay River.

Khoda-Afarin Bridge

Over the Aras River stand two bridges known as Khoda-Afarin. The former dates back to the Seljuk era while the latter to the Safavid period.

پل خداآفرین

روی رود ارس دو پل تاریخی به فاصله اندکی (۱۰۰)متر (از یکدیگر بنا شده‌اند که به نام «خدا آفرین» مشهورند. پل اولی منسوب به قرن ششم هجری (دوره سلجوقیان) است. پل دوم خداآفرین حدود ۱۲۰ متر طول دارد. بنای این پل به دوره صفوی نسبت داده می‌شود.

گنبد غفاریه مراغه

گنبد غفاریه بنایی است مربع و آجری که بر بالای سکویی سنگی و سردابه دخمه عمیقی استوار است. هریک از اضلاع دوطرف و عقب بنا دارای دو طاقنما و یک حاشیه مکتوب است. در جلوخان بزرگ، یک طاقنمای مرکزی برسردر ساخته‌اند. در این گنبد تمام خطوط، به خط ریحان است و حروف سیاه کتیبه‌ها بر متن سفید دیوار با شاخ و برگ‌فیروزه‌ای تزیین شده‌است. تاریخ احداث این بنا بین سال‌های ۷۲۵و ۷۲۸هجری‌قمری است.

Gonbad-e Ghaffariya – Maragheh

Located in northwestern Maragheh, this cupola is one of the beautiful buildings of the eighth era. The edifice was constructed under Sultan Abusaid Bhadr Khan, the Ilkhanid king. It looks like a circle and is decorated with blue, black, and white glazed tiles.

Ajabshir Friday Mosque – Mehrabad

Located in the east of Urumiyeh sea 35km of Maragheh, the mosque has a night prayer hall with dimension of 20x15 meters. The mosque has mud brick walls and wooden columns. It was apparently constructed in Qajar period.

مهرآباد ـ مسجد جامع عجب‌شیر

بخش عجب‌شیر در حاشیه شرقی دریاچه ارومیه به فاصله ۳۵کیلومتری مراغه واقع شده‌است. مسجد جامع عجب‌شیر دارای شبستانی به ابعاد ۲۰×۱۵متر است که از لحاظ زیبایی با مسجد جامع میدان بناب قابل مقایسه‌است. شبستان بنا دارای دیوارهای آجری و ستون‌های چوبی با سرستون‌های مقرنس و قطاربندی‌شده و سقف چوبی‌نقشدار است. تاریخ بنای مسجد را می‌توان به دوره قاجاریه نسبت داد.

«عاشیق‌ها»

موسیقی بومی آذربایجان از روزگار کهن تاکنون در وجود «عاشیق‌ها» خلاصه می‌شود. عاشیق‌ها هنرمندانی خودساخته‌اند که از میان مردم برخاسته‌اند و با هنر اصیل و نوای دلنشین ساز خود، در جشن‌ها و عروسی‌ها و قهوه‌خانه‌ها به ترنم درمی‌آیند. عاشیق ساز می‌نوازد. ساز شبیه تار است و نُه سیم دارد که بر سینه می‌گذارند و می‌نوازند. اکنون همراه عاشیق یک یا دو بالا بانچی (نوازنده بالابان) و قلواچی (دایره‌زن) نیز هست که او را همراهی می‌کند. عاشیق در چندین هنر مهارت دارد: هم شاعر است، هم آهنگساز، هم منظومه‌سرا، هم خواننده، هم نوازنده، هم هنرپیشه و هم داستان‌گو، که همه این هنرها را با صدای دلنواز سازش اجرا می‌کند.

Ashiqs

The native music of Azarbaijan has long been attributed to the Ashiqs. The Ashiqs were self-made artists who infused a new spirit in the festivals and ceremonies with their music. The musical instrument of the Ashiqs has nine strings. They place the instruments on their chests and play and sing.

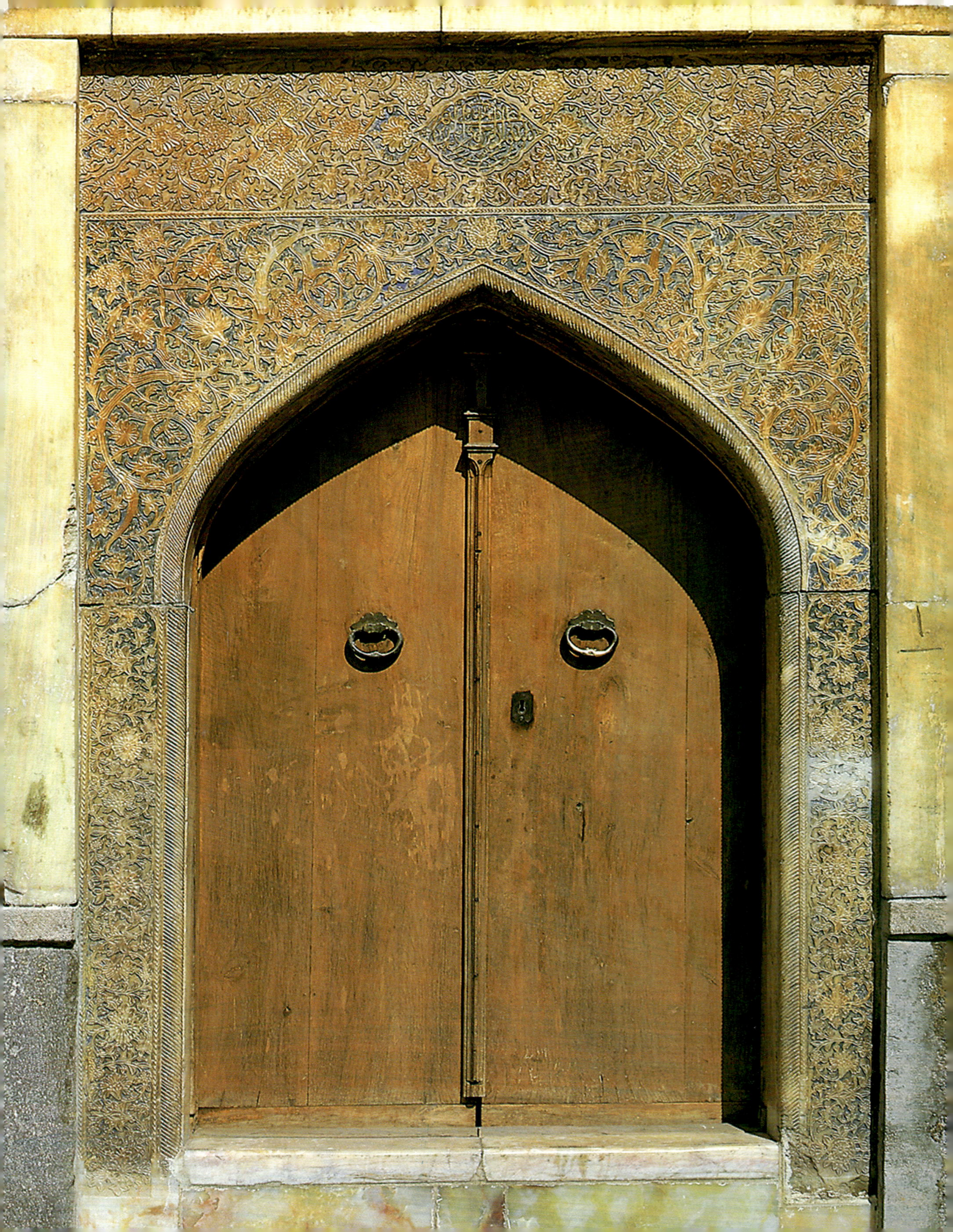

Mausoleum of Seyyed Hamza

Consisting of a mausoleum in the south, and some study rooms for seminarians and rooms in the east, the mausoleum is noted for its mirror works. The construction of the mausoleum dates back to 1314 A.D.

بقعه سیدحمزه

این بقعه عبارت است از صحن نسبتاً وسیعی که مقبره در سمت جنوب آن قرار گرفته و در قسمت شرق و شمال آن، حجره‌ها و اطاق‌هایی جهت سکونت و تحصیل طلاب ساخته شده.
آیینه‌بندی طاق مقبره و دیوارهای شمالی و جنوبی آن که در کمر دیوار به کتیبه‌ای زیبا ختم می‌شود، از زیبائی‌های تحسین‌انگیز این بنای تاریخی است تاریخ بنای نخستین بقعه سال ۷۱۶ هجری قمری است.

مسجد صاحب‌الامر

Sahib al-Amr Mosque

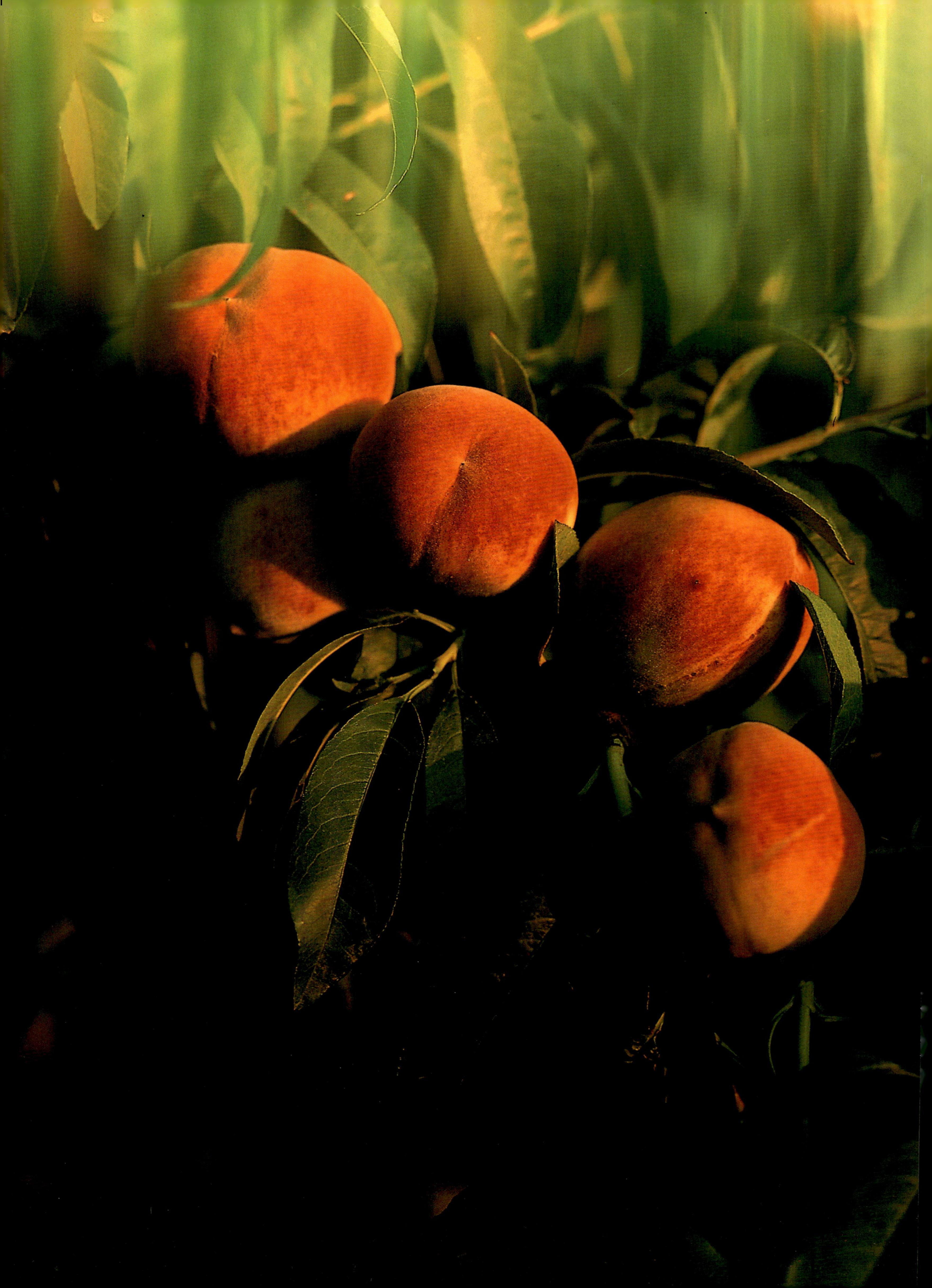

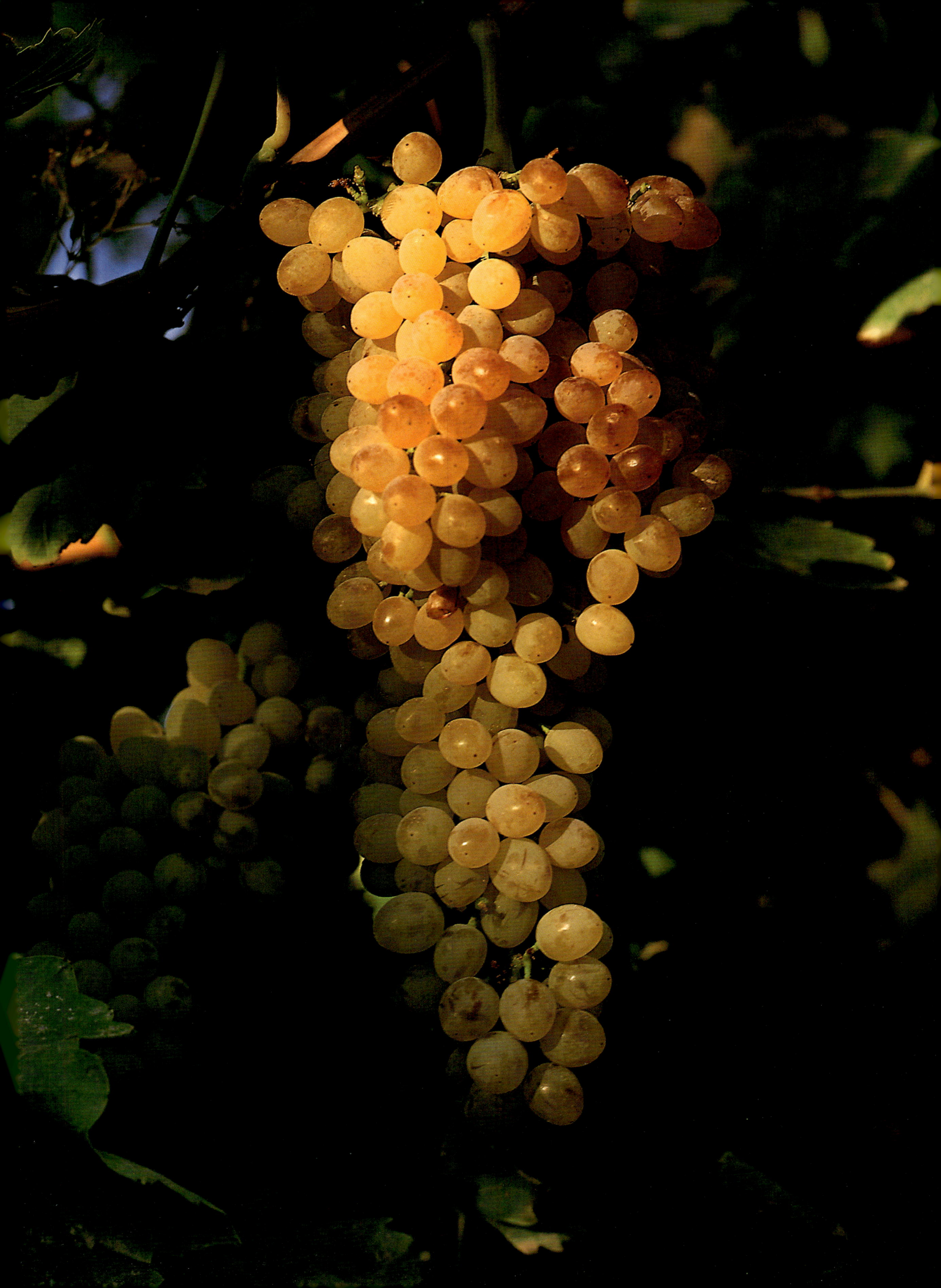

بقعه صاحب‌الامر

بقعه صاحب‌الامر در جانب شرقی میدان صاحب‌آباد سابق تبریز قرار گرفته و یک گنبد و دو مناره بلند دارد. این بنانخست مسجد سلطنتی شاه تهماسب صفوی بود، ولی در سال ۱۰۴۵ هجری قمری به دست سپاهیان سلطان‌نژاد چهارم تخریب شد و پس از عقب‌نشینی عثمانی‌ها دوباره آباد گشت.

این بنا در زلزله شدید سال ۱۱۹۳ هجری قمری فرو ریخت و در سال ۱۲۰۸ تجدیدبنا شد. در سال ۱۳۴۵ بدون توجه به اهمیت تاریخی بنا، در نتیجه خیابان‌کشی، بخش بزرگی از آن تخریب شد. با اینهمه در مدخل دهلیز و اندرون بقعه، دوطاق مرمری از زمان شاه تهماسب صفوی پابرجا مانده‌است.

در جوار بقعه صاحب‌الامر، مسجدی نیز وجوددارد که به مسجد ثقه‌الاسلام یا مسجدالامر معروف است

Sahib al-Amr Mausoleum

Located in the eastern wing of Saheb-Abad Square in Tabriz, the mausoleum has a dome and two minarets. The monument used to be the Royal Mosque of Shah Tahmasp Safavi. However, it was destroyed by the army of Soltan-Nezhad IV to be later reconstructed after the withdrawal of the Ottomans.

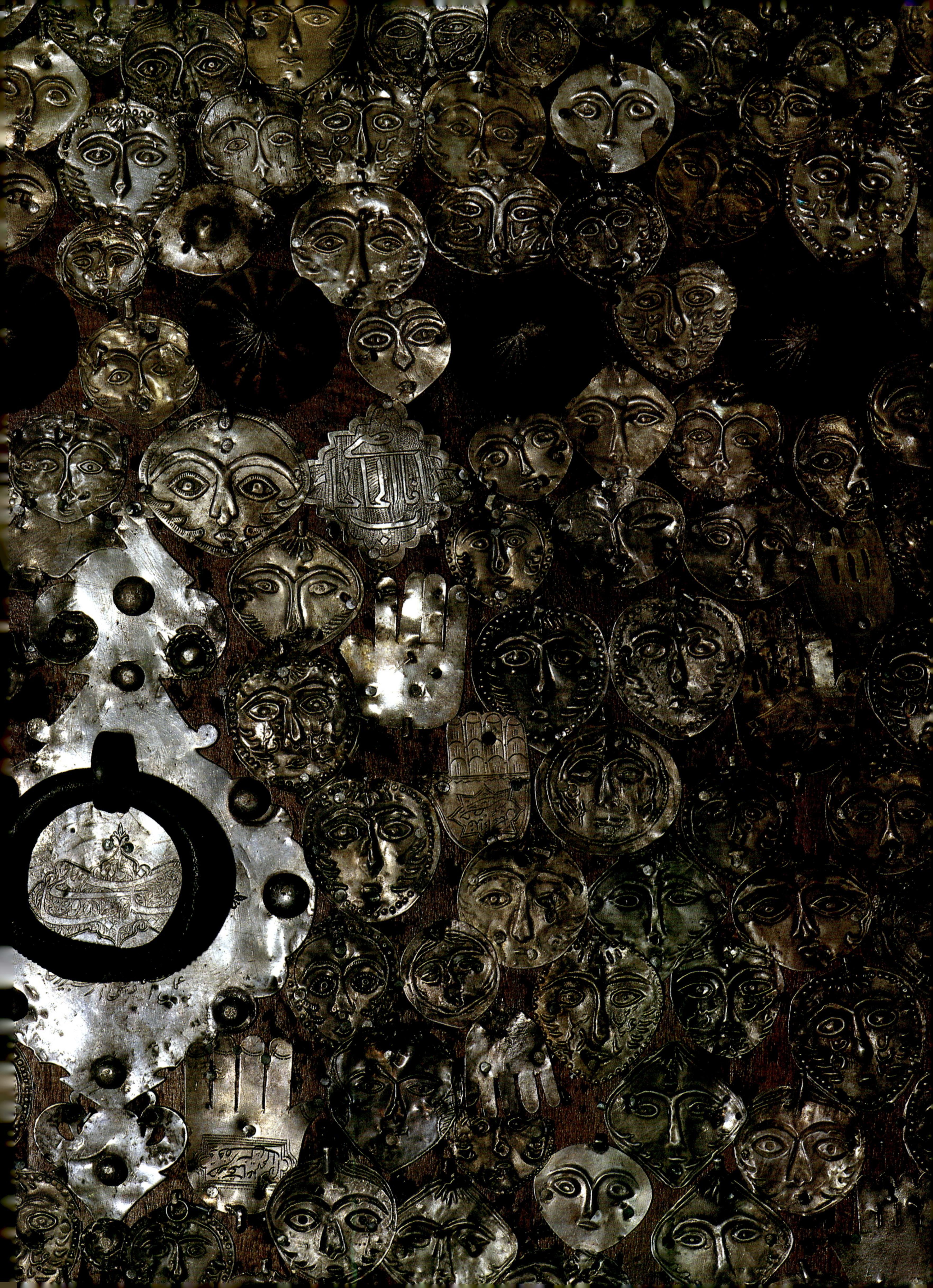

Winter – Tabriz to Bostanabad

بستان‌آباد به تبریز

II زمستان ـ تبریز به بستان‌آباد

Winter – Tabriz to Bostanabad

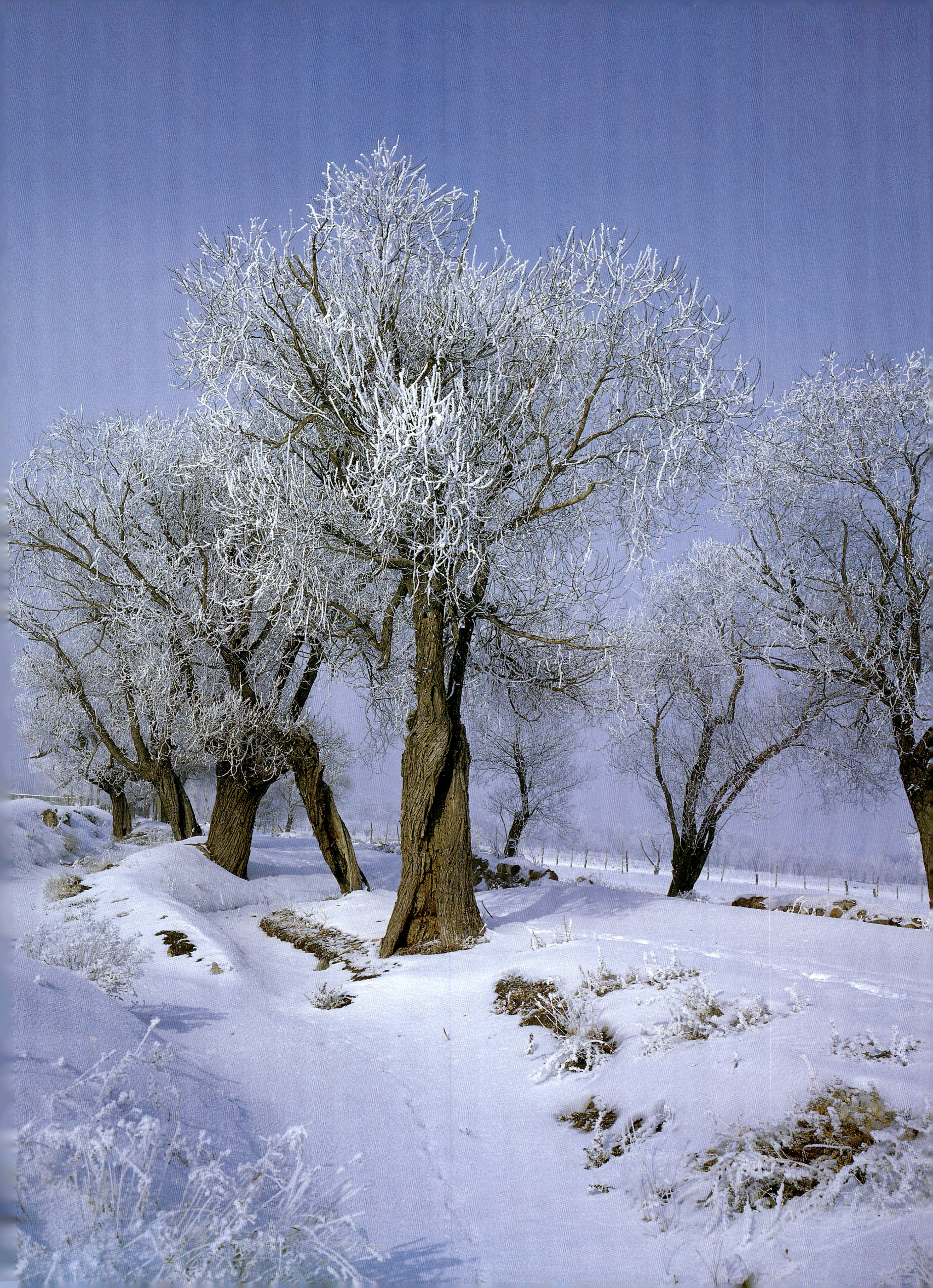

Arasbaran Forests

The Arasbaran forests stand in an area covering 72000 hectares in the southern side of the Aras River. It has been registered with UNESCO.

جنگل‌های ارسباران

جنگل‌های ارسباران منطقه حفاظت شده‌ای است به وسعت ۷۲ هزار هکتار در کناره‌های جنوبی رود ارس. این جنگل‌ها در شهرستان کلیبر واقع شده و به عنوان مکان ذخیره بیوسفر در یونسکو به ثبت رسیده است و از ارزش‌های خاص گیاهی و جانوری برخوردار است.

Urumiyeh Lake

دریاچه ارومیه

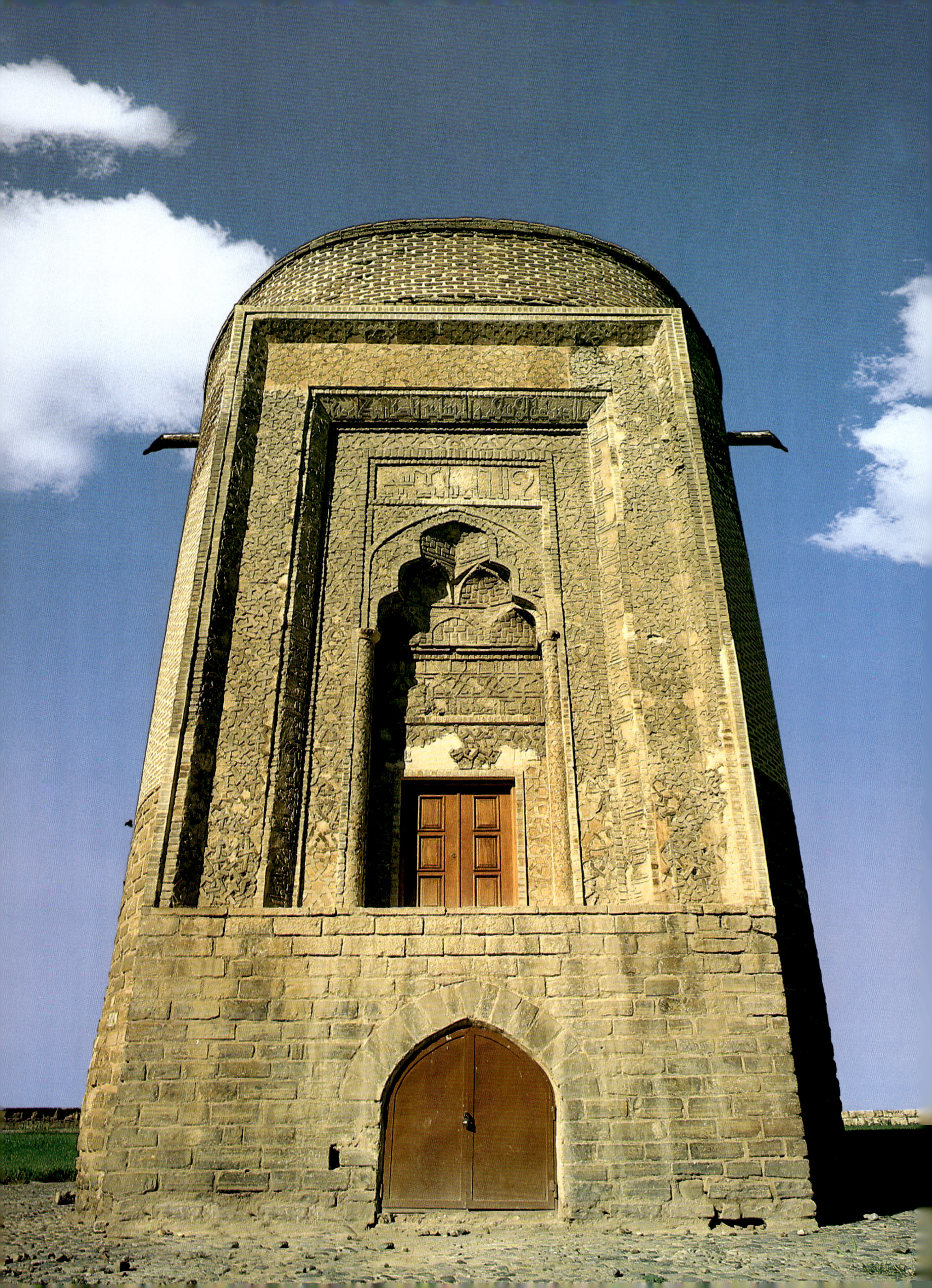

# West Azarbaijan	آذربایجان غربی

این استان با وسعت ۴۳۶۶۰کیلومترمربع، از طرف شمال و شمال‌شرقی با جمهوری آذربایجان و ارمنستان، از غرب با ترکیه و عراق، از جنوب با استان کردستان و از شرق با استان آذربایجان شرقی و زنجان همسایه است.

شهرهای آذربایجان غربی: ارومیه، بوکان، پیرانشهر، تنکاب، خوی، مرودشت، سلماس، شاهین دژ، ماکو، مهاباد، و میاندوآب و نقده. شهر ارومیه مرکز آذربایجان غربی است.

آذربایجان غربی نیز در منطقه کوهستانی واقع شده و هوای آن به طورکلی در زمستان بسیار سرد و در تابستان نسبتاً گرم یا خشک است.

With an area of 39,490sqkm, including Lake Urumiyeh, the province is located in northwestern Iran. There are 14 districts: Urumiyeh (the capital), Bukan, Khoy, Maku, Siah Cheshmeh, Oshnaviya, Mahabad, Miyando'ab, Naqadeh, Piran Shahr, Salmas, Takab, Sardasht, and Shahin Dezh. It borders with Iraq on the southwest, Turkey on the west, and Armenia on the north.

There are outstanding natural beauties in the province. The Lake Urumiyeh and its abundant islands are huge attractions for nature lovers. There are also huge mountains in the region. The land between the mountains and the lake is a fertile plain suited for agriculture and herding. West Azarbaijan has more or less the same kind of climate as its namesake in the east. The only difference is the extra humidity in the region and the milder winters. The province has rich vineyards, where some of the best grapes are produced. Various tribes occupy this land: the Kurds in the south, and the Azeris in the north.

Points of interest include the Lake Urumiyeh and its gorgeous islands (Kabudan, Ashk, Arezoo and Espeer), Zanbil, Haftabeh and Qaynarjeh mineral and hot water springs, Farhad, Takht Ghara, and Daniel caves, Bakhshi castle, and old Bazaar of Urumiyeh. Takht-e Soleiman was used as a major fire temple of in ancient Persia.

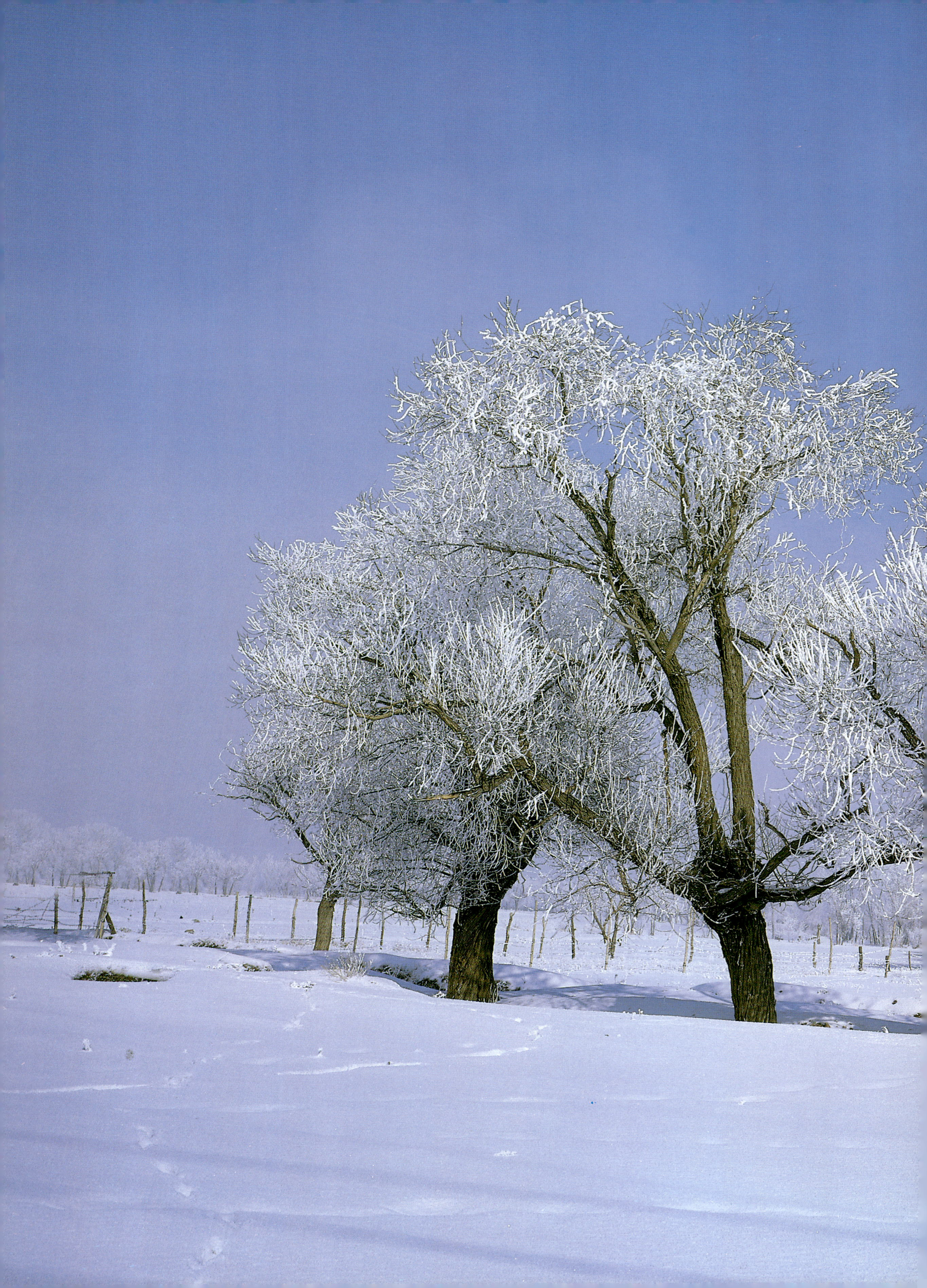

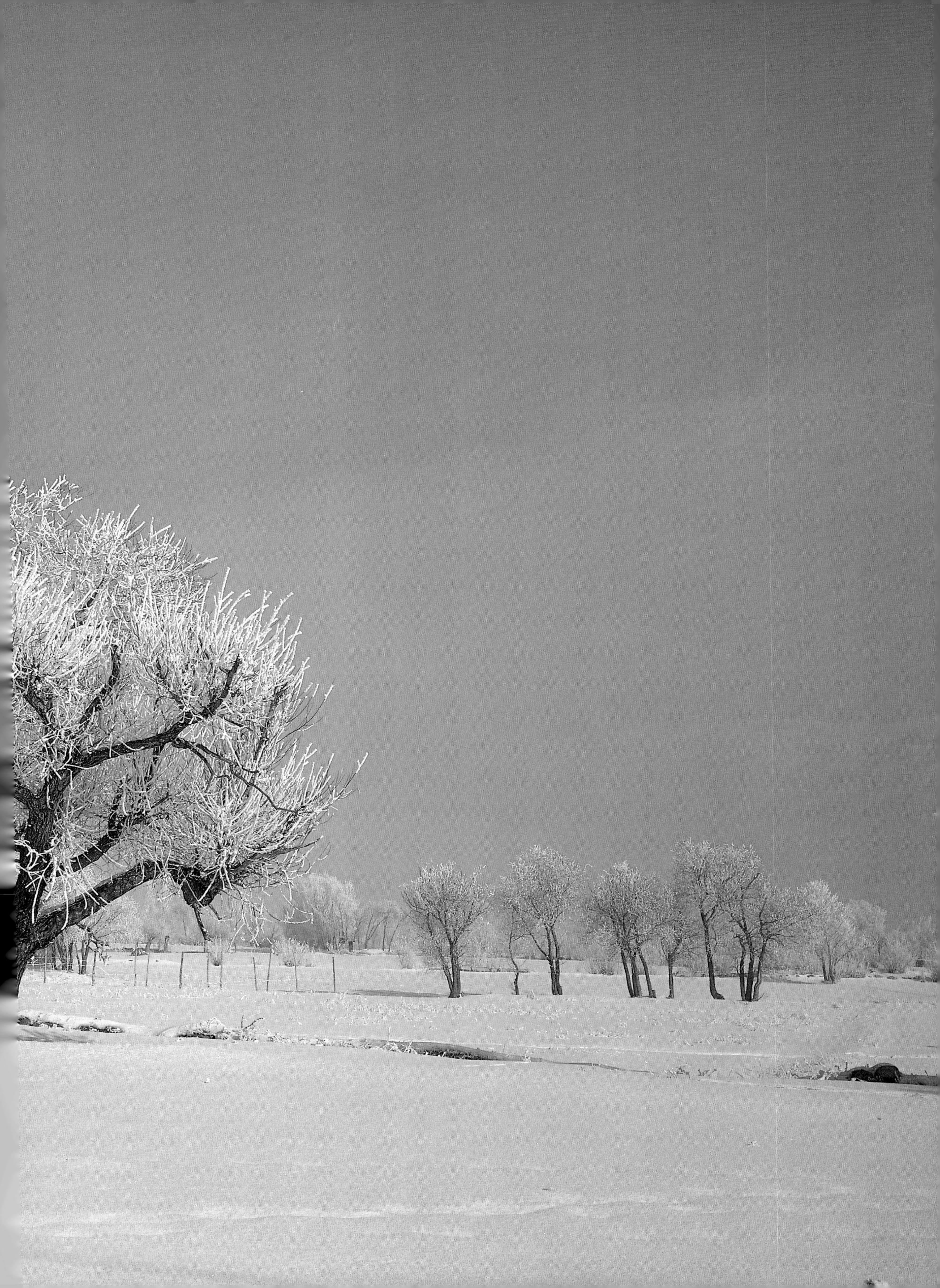

Shalmash Waterfall

The Shalmas Waterfall, located close to Sardasht, is very famous and is surrounded by very beautiful natural views.

آبشار شلماش ـ سردشت

آبشار شلماش در نزدیکی سردشت واقع شده و یکی از تفرجگاه‌های مردم منطقه است. این آبشار یکی ازشاخه‌های رودخانه زاب به شمار می‌آید. ارتفاع آن در حدود ۱۰ متر و آب آن نیز قابل توجه است. همجواری این آبشار با دره‌ای سرسبز و زیبا و جنگل‌های پراکنده، زیبایی خاصی به آن بخشیده‌است.

Nature – Salmas

طبیعت استان ـ سلماس

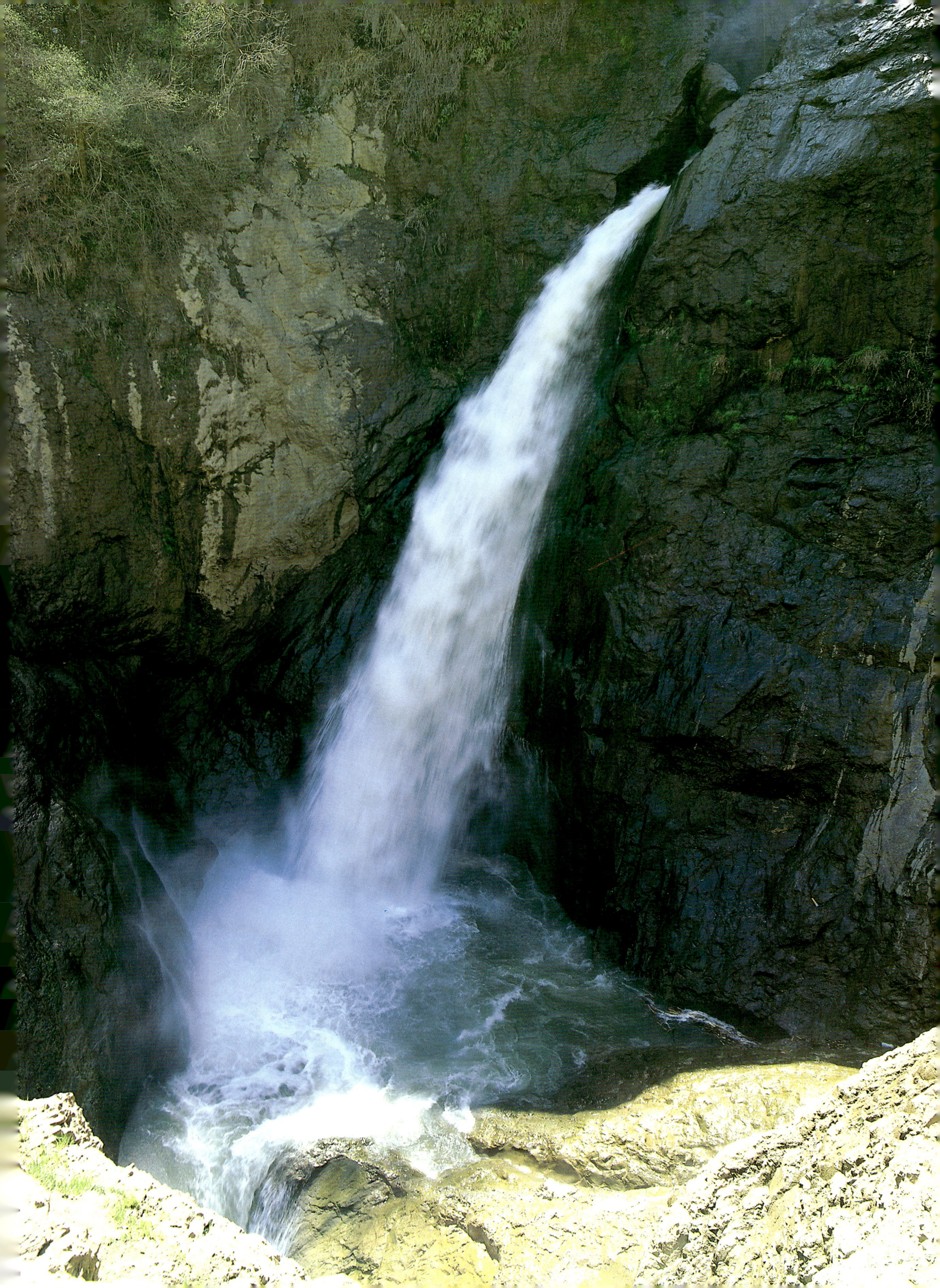

Akhmaqiya Cemetery

The Akhmaqiya village is located 13km of the north-eastern Osku. There is a huge cemetery with numerous tombs and sculptures there.

رود ارس

رود مرزی ارس حدود ۱۳۵ کیلومتر میان آذربایجان غربی و جمهوری خودمختار نخجوان جاریست. به طور کلی رود ارس از کوههای هزار برکه ترکیه سرچشمه می گیرد.

سردشت به پیرانشهر

Sardasht to Piranshahr

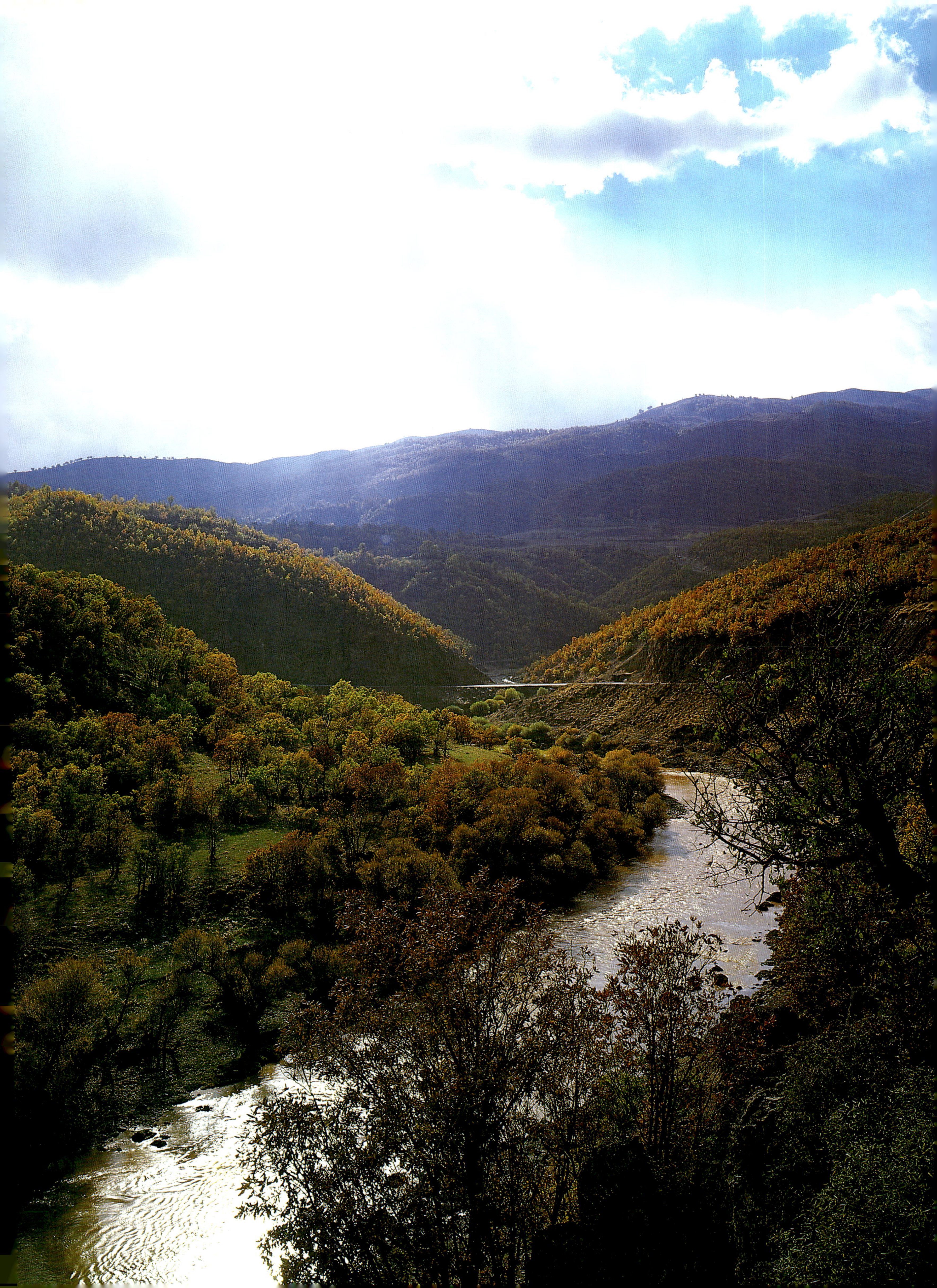

غار فقرقا، مهاباد

در دهکده «اندرقاش» در ۱۸کیلومتری مهاباد، دخمه نسبتاً بزرگی در دل کوه ایجاد شده که احداث آن را به فراآتیس پدر دیاکو، اولین پادشاه ماد، نسبت می‌دهند. ساختمان این دخمه که اهل دهکده آن را فقرقا می‌نامند، بسیار استادانه طراحی شده و ارتفاع آن تا سطح زمین در حدود ۱۰ متر است.
داخل این دخمه سنگی سه حوضچه حفر شده که یکی از آنها که در وسط قرار دارد. بزرگتر از حوضچه‌های دوطرف است و می‌توان گفت که احتمالاً آرامگاه فراآتیس در آنجاست. کف و سقف دخمه تماماً سنگی است و به خلاف بیشتر دخمه‌های سنگی که کج و معوج بنا شده‌اند. به‌صورت قائم و بسیار دقیق ساخته شده بنابراین می‌توان گفت که این دخمه به وسیله بهترین و ماهرترین مهندسان و سنگتراشان عصر ساخته شده. ژاک دومر باستان‌شناس معروف فرانسوی، این دخمه سنگی را متعلق به دوره ماد یا هخامنشیان می‌داند، اما مردم‌محلی می‌گویند این دخمه را فرهاد کوه‌کن برای اقامت خود در دل کوه کنده است و احتمالا کلمه فقرقا مخفف و مبدل «فرهادگاه» بوده‌است.

Faqerqa Cave – Mahabad

In the village of Andarqash 18km from Mahabad in the heart of the mountain, a relatively large crypt has been formed dating back to the first Median king. The cave is of unique architectural design. Within this cave, there are three sites. One of them probably belongs to Fra Atis. This crypt is believed to have been the residence of Farhad (From the love story of Shirin and Farhad). He has made some drawings in memory of his beloved. The word Faqerqa is the short form of Farhadgah.

تخت سلیمان

تخت سلیمان و مجموعه «آثار باستانی آن، یکی از مهم‌ترین و مشهورترین مراکز تاریخی و تمدن ایران به شمار می‌آید. این مجموعه در ناحیه تکاب، بر روی یک بلندی طبیعی به ارتفاع ۲۰ متر از سطح دشت احداث شده‌است. دراین مجموعه حصاری است با ۳۸ برج دفاعی مخروطی شکل. لایه بیرونی این حصار متعلق به دوره ساسانی است. این حصار در عهد ساسانی دو دروازه داشته: دروازه جنوبی مخصوص عبور خواص و دروازه شمالی برای عبور عوام به آتشکده آذرگشسب بوده‌است. این آتشکده بزرگترین و معروفترین آتشکده آیین زرتشت بوده‌است.

Takht-i-Soleiman

The complex of the Takht-i-Soleiman monument is placed on a natural high land, about 20m above the surrounding plain. All the structural relics have been constructed within an oval shaped rampart. The exterior rampart with 5m thickness, 14m height and outer circumference of 1,200m has 38 conical defense towers.

The outer wall is a remnant from the Sassanian period. During the Ilkhanid reign, a new gateway had been constructed adjoined with the former southern gateway. Within the oval rampart, there are two square plots with different centers. In the center, there is a lake and the northern square contains an ancient fire-temple. Iwan-e-Khosrow is placed towards the northwest of the lake and towards its southern side is Iwan-e Gharabaq Khosrow. Takht-e-Soleiman was destroyed during the Roman conquest in 624 AD.

In archeological surveys around the site of the fire-temple, a variety of coins, tiles and a huge copper cooking vessel (a remnant of the Islamic period), have been discovered. The Soleiman prison consisting of the remnants of a pre-historic and the Median temple is included in this site.

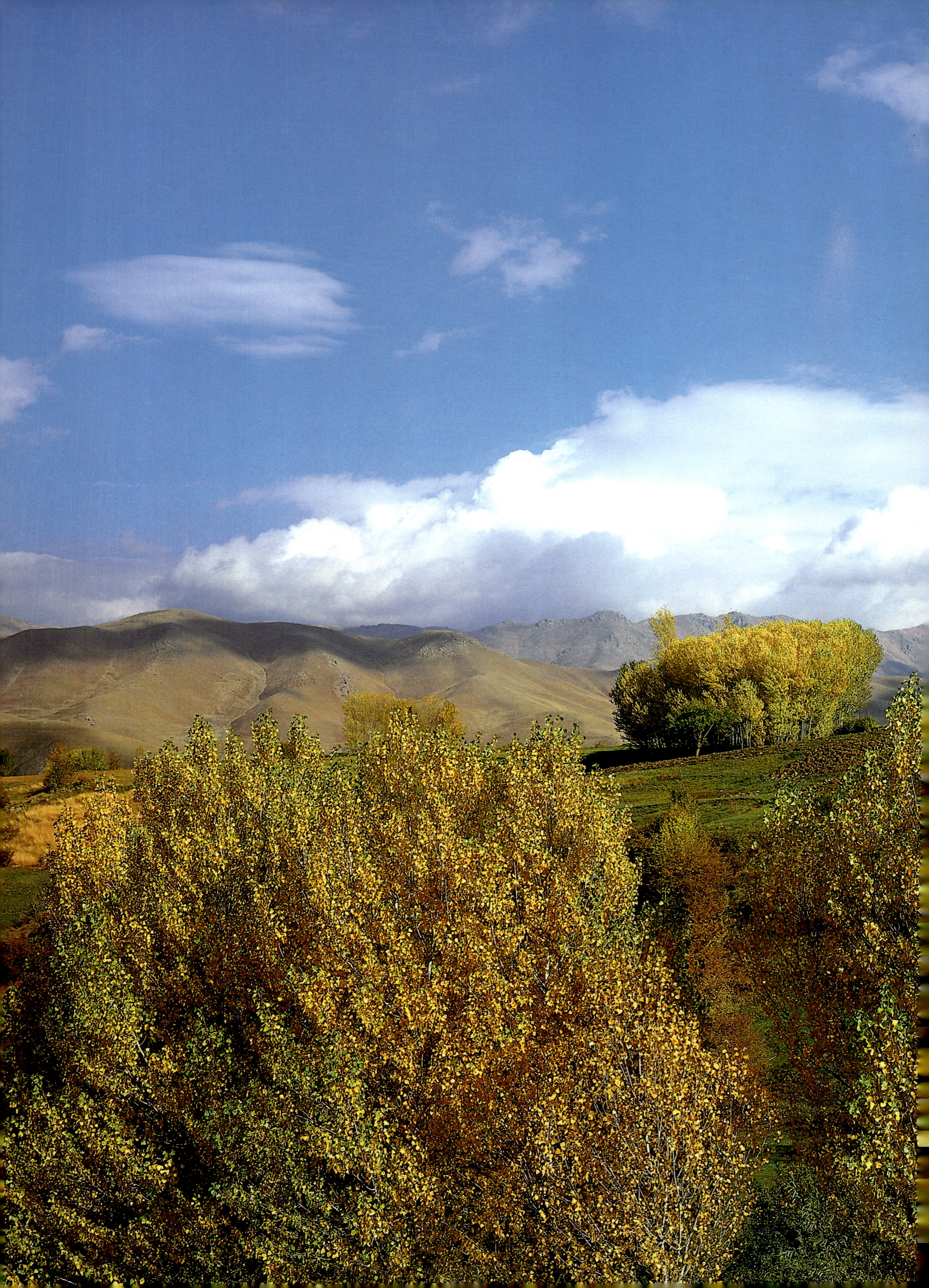

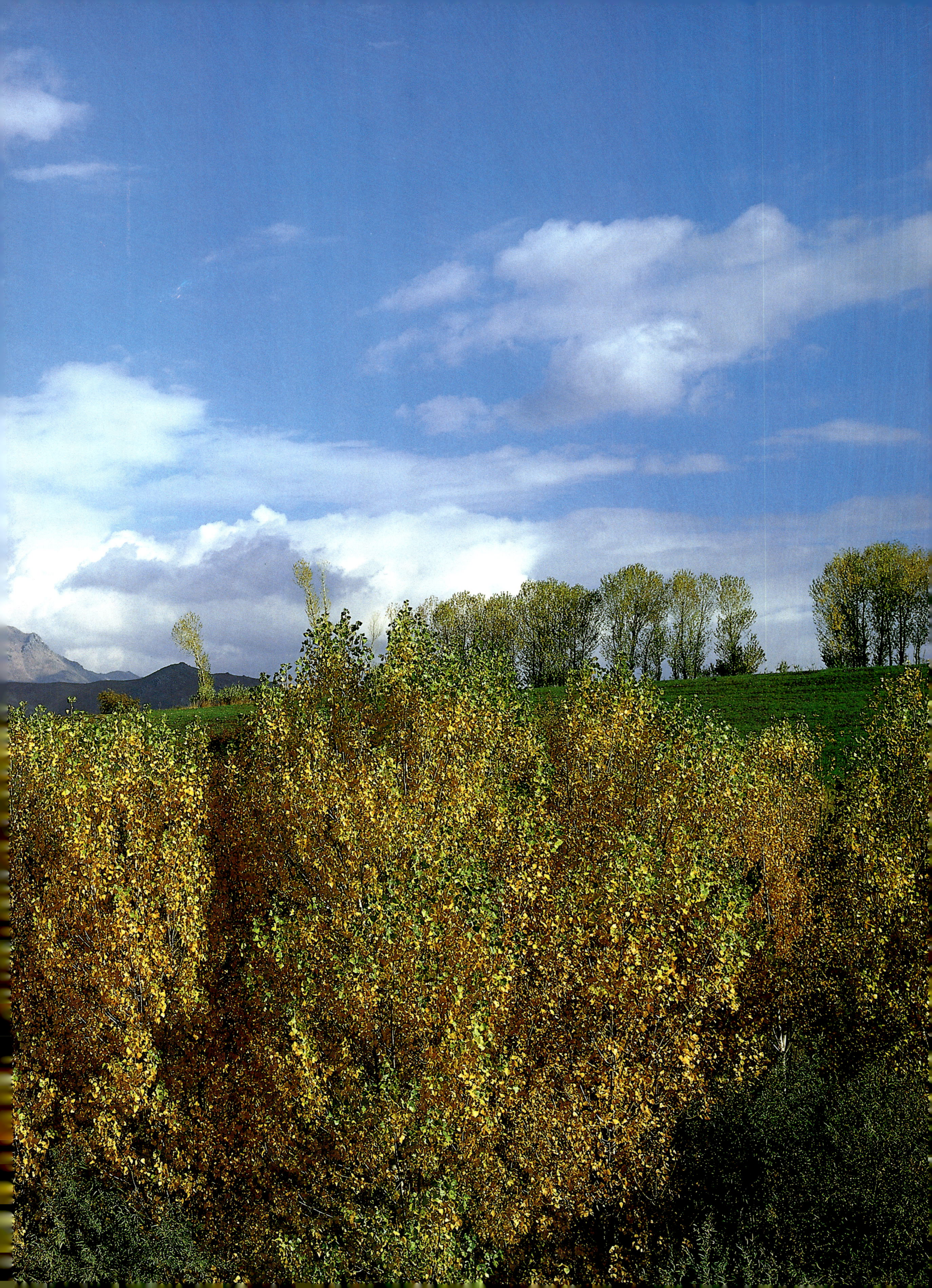

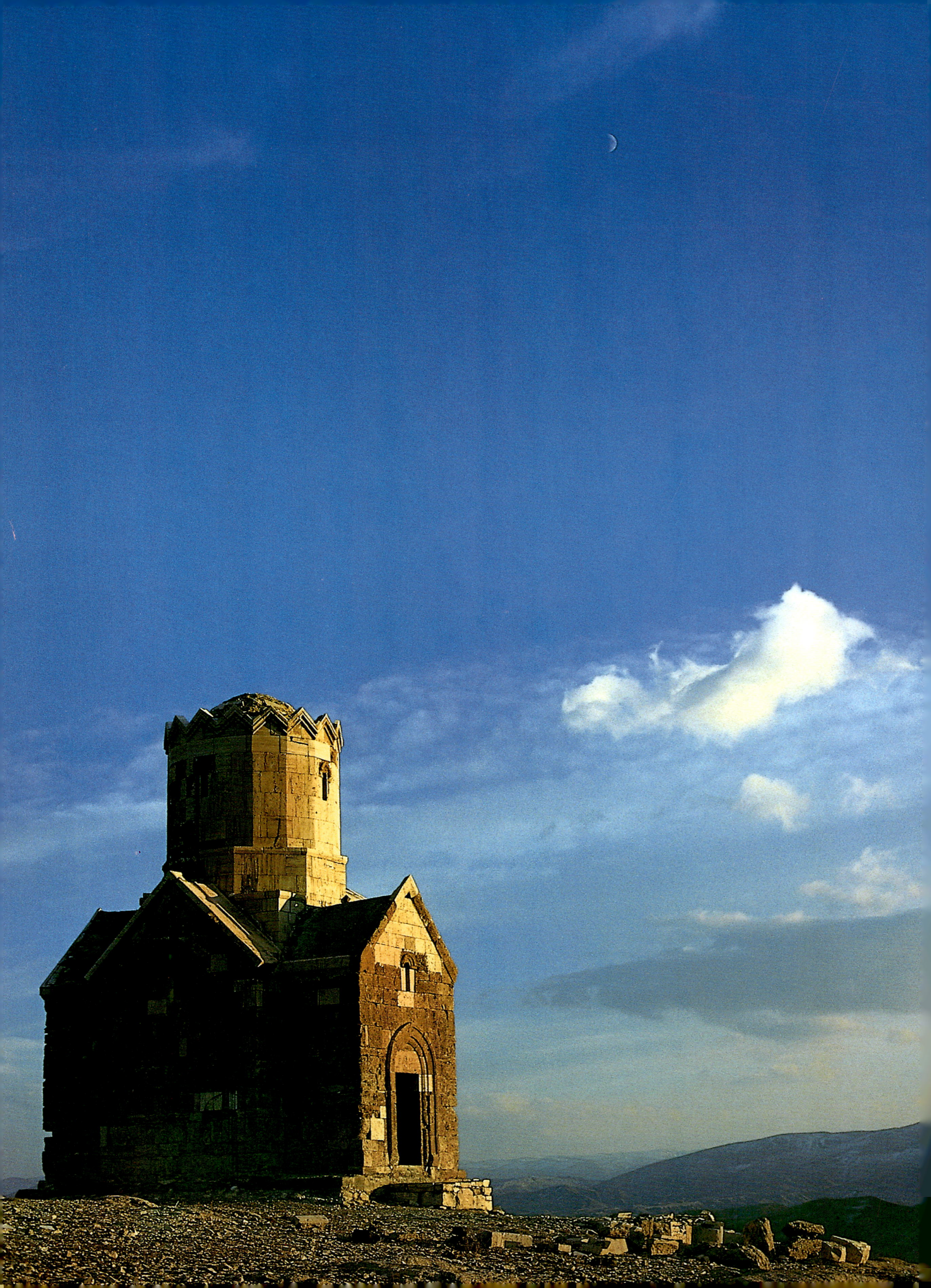

Qara Kelisa

The apostle Saint Thaddeus came to evangelize Armenia in 66 AD and had the first sanctuary built. He was martyred and buried in his own church. The basilica stands in the mountainous region of Chaldoran, northwest of the Khoy city. It was built in the shape of a cross and consists of a chevet in black and pale stone covered with a cupola. The center of the basilica is built of light-colored sandstone, topped with a tall drum with twelve facets, each with an opening. A cupola crowns the building. The interior design of the basilica is different from that of other churches in the country. Contrary to other churches whose interior is decorated with portraits inspired by religious concepts, there is only one picture above the altar which shows Madonna hugging her child and treading the sky

قره کلیسا (کلیسای طاطاووس)

این کلیسا که به نام «نادی مقدس» هم نامیده می‌شود، در روستای قره کلیسا از توابع سیه چشمه شهرستان ماکوساخته شده و مزار نادی مقدس (طاطاووس)است. ارامنه مدعی‌اند که کلیسای طاطاووس اولین کلیسایی است که به دستور مبشرین و حواریون مسیح در دنیا ساخته شده‌است.

قره کلیسا از دو قسمت متمایز ساخته شده‌است، یکی کلیسای سیاه یا قسمت قدیمی و یکی کلیسای سفید که جدیدتر و بزرگتر از کلیسای سیاه است و هر دو قسمت در مجموع به یک بافت واحد شکل می‌دهند.

Zur Zur Church

Located in the vicinity of Baron Village and 40km of Siyah Cheshmeh, the church dates back to the 13th century. It's a small structure on the heights hanging over the Siyah Cheshmeh River.

کلیسای زورزور (باران)

در مجاورت روستای بارون و ۴۰ کیلومتری سیه چشمه بر دامنه شیب تند کوه در ساحل رودخانه زنگمار واقع شده است. به استناد اظهار نظر شورای خلیفه گری، این کلیسا مربوط به قرن دهم میلادی و بنایی است کم حجم و منفرد بر روی ارتفاعات مشرف بر رودخانه فوق و شباهت زیادی به نمازخانه دارد.این کلیسا به علت احداث سد بارون که آب آن، ساختمان کلیسا را نیز در بر می گرفت، به محل مرتفع تری در همان ناحیه انتقال یافته است.

سردشت

مردم سردشت، دیار خود را زادگاه زرتشت، پیامبر ایرانی، می‌دانند و عقیده دارند که کلمه «سردشت» از نام این پیامبر گرفته شده‌است (سردشت به قیاس زردشت). سردشت طبیعتی زیبا و مسحورکننده دارد و آبشار آن معروف است. در این شهر آثار تاریخی خاصی کشف شده و آبشار آن، معروف به آبشار شلماش، تفریحگاه مردم منطقه است چشم‌انداز دره‌های سرسبز و زیبا و جنگل‌های پراکنده سردشت در کنار این آبشار، به آن زیبایی خاصی بخشیده است. متاسفانه به علت بی‌توجهی و عدم سرمایه‌گذاری، پیرامون این آبشار هیچگونه محوطه‌سازی نشده و این جاذبه طبیعی به‌صورت بدوی و ابتدایی باقی مانده‌است.

در سردشت آثار تاریخی ویژه‌ای کشف شده‌است.

Sardasht

Located in the province of Kurdistan, the city is believed to be the birthplace of Zoroaster, Iranian prophet. Its name was also attributed to Zoroaster later to be changed to Sardasht after Islam. The Shalmas Waterfall, located close to the city, is very famous and surrounded by very beautiful natural views.

مقبره امامزاده برکشلو ، ارومیه

این مقبره در روستای امامزاده در ۱۲کیلومتری شهرستان ارومیه واقع شده‌است. بنا به روایتی، این مقبره مدفن دوبرادر از امامزادگان، به نام‌های ابراهیم و محمد است. که چهار پشت آنها به حضرت امام زین‌العابدین(ع) می‌رسد. درعین حال به استناد اظهارات برخی معمرین این روستا، امامزاده مذکور مدفن یکی از اولاد حضرت موسی‌بن جعفراست.

قدمت این مقبره به اوایل دوره قاجار یا دوره زندیه می‌رسد. رواق و گنبد ایوان در سال ۱۳۲۵هجری قمری به‌اهتمام مرحوم حبیب‌الله بیگاربیگی بنا شده و بعدها نیز مرحوم حاج غفار افشار به تکمیل آن همت گماشته.

مقبره، مستطیل شکل است، با یک گنبد مرکزی که مانند چهارطاق‌های دوره ساسانی، دارای چهار جرز قوس‌داراست که به وسیله گوشواره‌هایی به هشت ضلعی تبدیل شده‌است. بنای خارجی دارای اطاق‌ها و آجرکاری خوبی‌است ولی به زیبایی جبهه داخلی نیست. ایوان جلوی ورودی مقبره تخریب و نوسازی شده‌است، به‌طورکلی بنای‌داخلی مقبره از نظر تقسیم‌بندی و ترکیبات معماری، چشمگیر و خوش‌ساخت است؛ بخصوص پوشش و ضریح آب طلاکاری شده روی دو قبر متبرکه، فضای خاصی به این مکان بخشیده است.

جبهه خارجی نیز در بخش شرقی دارای دو نیم ستون تزیینی است که مانند مناره مسجد ارومیه است، و فواصل آن‌با خشت‌های کوچک مربع سبزرنگ به صورت پیچ تزیین شده‌است.

Castle of Baghchih Juq Maku

This historical two-storied palace stands in the center of a spacious garden covering 11 hectares. The architecture is a combination of Iranian and European styles. Objects on exhibition include precious items such as carpets, furniture, chandeliers, and textiles.

کاخ باغچه‌جوق ماکو

این کاخ بنای تاریخی مجللی است که در فاصله ۸کیلومتری ماکو به بازرگان، در میان باغی پر درخت به وسعت ۱۱هکتار قرار گرفته است این کاخ در اواخر دوره قاجار به دستور اقبال‌السلطنه ماکویی، یکی از سرداران مظفرالدین‌شاه،ساخته شد. کاخ باغچه جوق از سبک معماری روسیه آن زمان تاثیر پذیرفته است.

نمای خارجی بنای کاخ با سنگ‌های صاف تقسیم‌بندی شده‌است و دارای مجسمه‌های گچی است که زینت بخش سردرها و نرده‌های گچی لبه بام است.

بنای داخلی ساختمان با گچبری‌ها، آیینه‌کاری‌ها و نقاشی‌ها متنوع بر روی سقف دیوارها و انواع کاغذدیواری‌های آن زمان تزیین شده و بسیار دیدنی است.

این کاخ به علت قرارگرفتن بر سر جاده ترانزیتی ترکیه و اروپا اهمیت توریستی زیادی دارد و همین امر می‌تواند درجلب مسافران و علاقه‌مندان بناهای تاریخی تاثیر بسزایی داشته باشد.

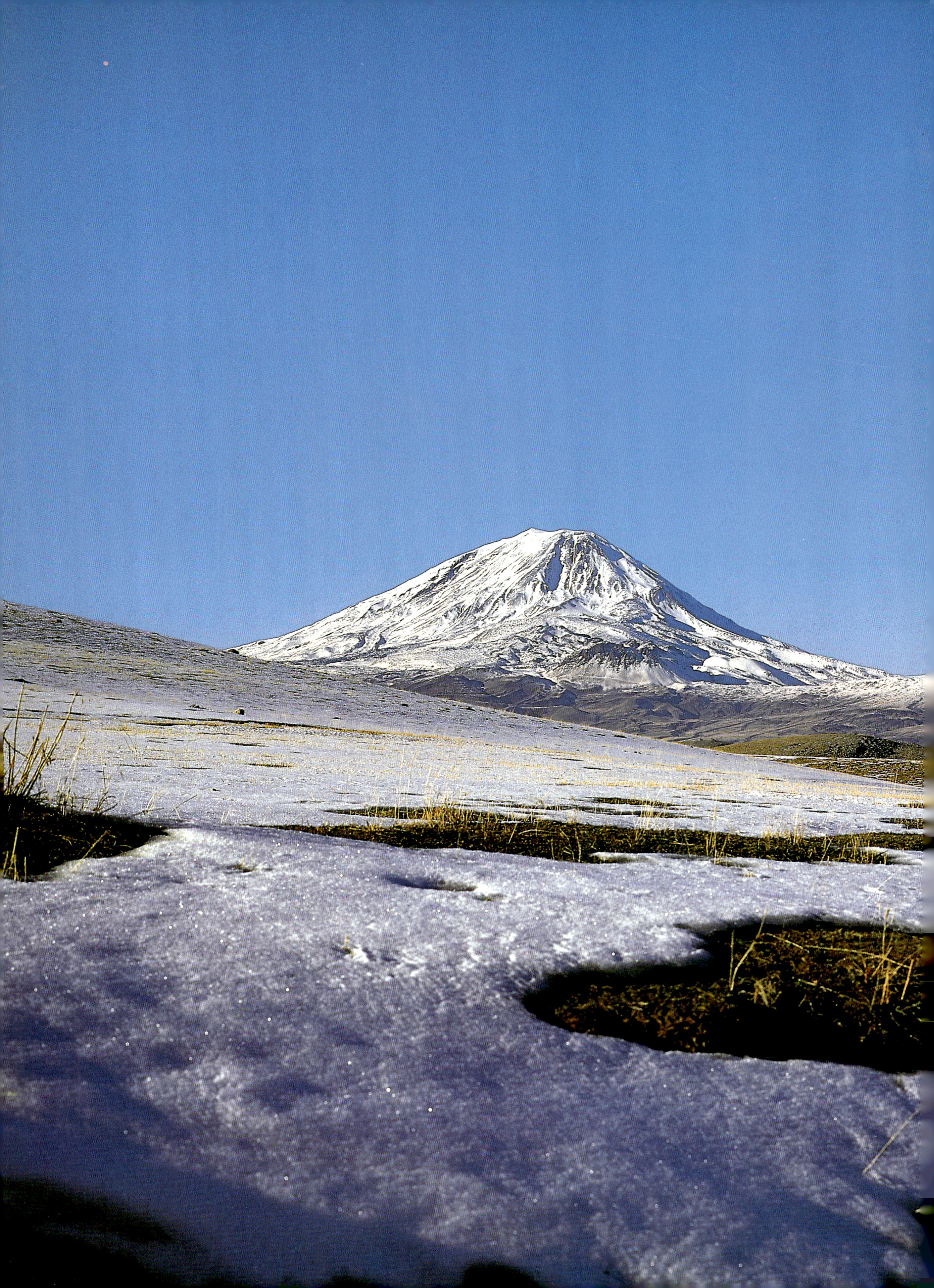

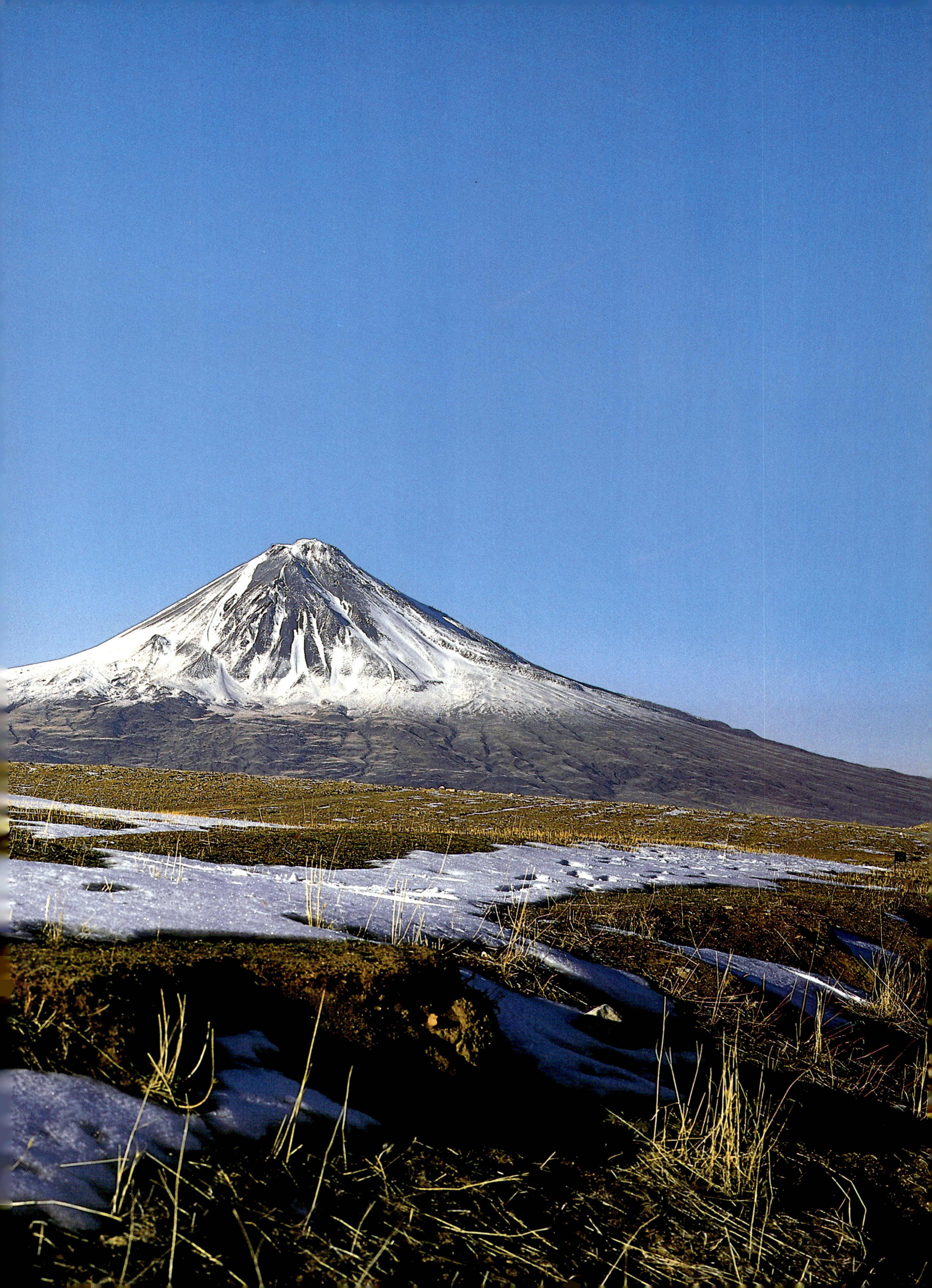

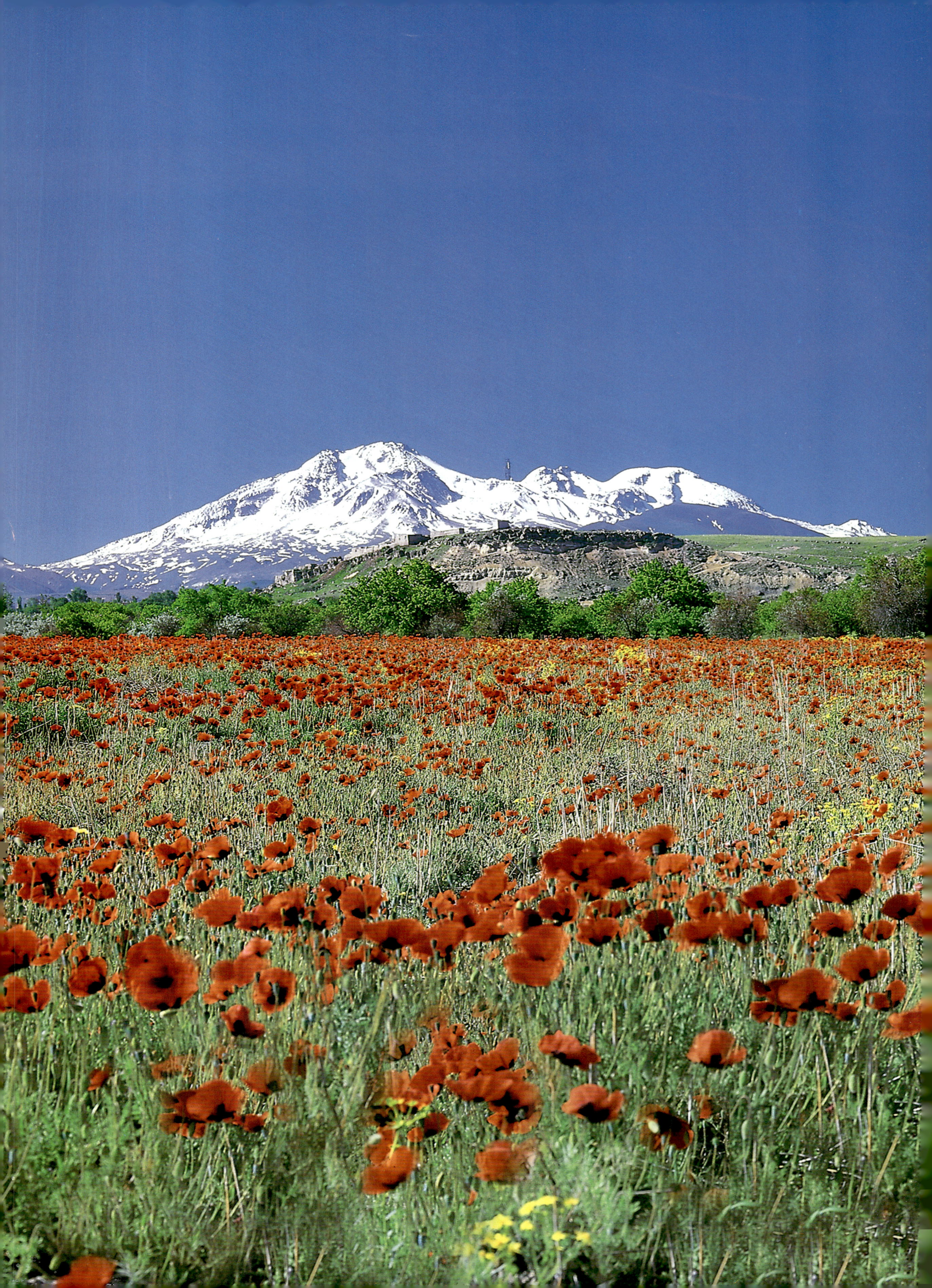

Ardabil

It is a town located in northwestern Iran, 38 miles (61 km) from the Caspian Sea. Persian historians have ascribed a founding date to the town in the Sasanian period, but its known history does not begin until the Islamic period. The town was taken by treaty by 'Ali (c. 600–661), the fourth caliph. It was at that time the residence of the Sasanian governor. The Umayyad governor made Ardabil his capital, but the Arab hold on the region did not last. Local rulers fought continuously in the area until the Mongol conquest in 1220, when the town was destroyed. It lost all importance until Sheikh Safi od-Din made it the centre of his Sufi order in the 13th century, at the beginning of the rise of the Safavid dynasty. Ardabil became a Safavid shrine, especially enriched by gifts from Safavid rulers. Much of the library of the shrine, once the greatest in Iran, and many of the treasures were looted by the Russians after their sack of Ardabil in 1827.The town once shared in trade with Russia via the Caspian, but such activity has stagnated. Its industry consists of a cement factory and the making of carpets and rugs. Local warm mineral springs are frequented. The population speaks Azeri, a Turkic language.

اردبیل

شهر اردبیل یکی از کهن‌ترین شهرهای ایران به شمار می‌رود. این شهر چندین قرن مرکز آذربایجان و زمانی پایتخت‌کشور ایران بوده‌است. کوه سبلان در مغرب اردبیل قرار گرفته است و بلندترین قله آن با ارتفاع ۴۸۷۰متر، همچون‌عقابی شهر را زیر شهپرهایش گرفته است. مردم اردبیل همواره از کوه سبلان با احترام و تقدیس یاد می‌کنند.

شهر اردبیل از سمت شمال با شهرستان گرمی و دشت زیبا و پربرکت مغان، از مشرق با استان گیلان ورشته‌کوه‌های طوالش، از جنوب با شهرستان خلخال و قسمتی از شهرستان میانه، و از مغرب با شهرستان‌های سراب و مشکین‌شهر همسایه است.

آب و هوای معتدل کوهستانی اردبیل، به همراه چشمه‌های آب گرم متعدد از جمله سرعین، سردابه، برجلو،... دردامنه کوه آتشفشان سبلان، سالانه هزاران نفر مردم گرمازده را در فصل تابستان به سوی خود جذب می‌کند.

در میان چشمه‌های آب گرم اردبیل، چشمه آب گرم سرعین در میان مردم دیگر شهرها معروف‌تر است و با امکانات‌مناسبی که در محل آب گرم‌ها دارد، پذیرای میهمانان خود از دورترین نقاط ایران می‌شود.

سبلان از اردبیل به مشکین‌شهر

Sabalan – from Ardabil to Meshkin Shahr

اردبیل ۳۳۶

Porcelain House

China objects are located in the Chini-Khaneh (or China House), a room originally designed to preserve the Chinaware or porcelain which was dedicated to Shah Abbas by one of the Chinese Emperors to recognize his efforts in making the Silk Road a safe place. Most of the Chinas were taken by the Russians after the Turkeman-Chay Treaty and now are housed in museums of St. Petersburg. This museum was inaugurated in 1991.

اردبیل - بقعه شیخ صفی - چینی‌خانه

چینی‌خانه بنایی است هشت ضلعی به قطر ۱۸ متر که قسمت داخلی آن - که در عهده شاه‌صفی به اسلوب تزیینات طبقه فوقانی عالی‌قاپوی اصفهان تزیین شده - از جالب‌ترین بخش‌های این مجموعه است. قسمت داخلی طاق و گنبد، با نقاشی و رنگ‌آمیزی مخصوص، طلاکاری‌های ظریف، و گچبری‌های مجوف تزیین شده‌است. اخیراً بنای چینی‌خانه به موزه تبدیل شده‌است.

Mausoleum of Sheikh Safi – Ardabil

It is composed of a series of monuments built in various periods and gradually took the shape of a complex for the first time by Shah Tahmasp. Later Shah Abbas added to the previous ones and renovated some sections. This historical complex is closely intertwined with the history of the Safavid Dynasty. Some Safavid kings as well as Shah Ismail I have been buried at this site. In the interior of this monument, near Sheikh Safi's tomb, the tomb of his son (the founder of mausoleum) and those of other family members can be found. At the time of Naser ad-Din Shah Qajar, i.e., about 115 years ago, major renovations took place and some changes were made to the complex. The main sections include the gate, the large court, the small court, and the graveyard court, Shahidgah (martyrdom place), Janat Sara Mosque and Cheleh Khaneh, which encircles Qandil Khaneh, Haramkhaneh and Chini Khaneh. The Allah Allah Dome is very famous and probably the most spectacular part of the complex.

Sheikh Safi's mausoleum comprises a collection of impressive monuments, fine structures and artistic decorations, of which the Porcelain House has been turned into a museum.

The architectural style of this edifice resembles that of Ali-Qapu in Esfahan. It is an octagonal, dome-covered room, with four Shah-neshins (elevated recesses). The stalactite works of this structure are fine specimens of the constructional and decorative devices of the Safavid period. This museum was inaugurated in early 1991.

بقعه شیخ صفی‌الدین اردبیلی

مجموعه بناهایی که به نام «بقعه شیخ صفی» [illegible] می‌شود، یکی از زیباترین بناهای تاریخی ـ هنری آذربایجان به‌شمار می‌رود. محل کنونی بقعه در ابتدا خانقاه و مسکن شیخ و سرانجام مدفن او بوده، لیکن بنای اصلی بقعه راسیدصدرالدین موسی، فرزند شیخ صفی ساخت و بعدها به تدریج بناهای دیگری به آن افزوده شد، و بیش از همه، شاه طهماسب اول و شاه عباس اول در توسعه و تزیین بقعه شیخ صفی کوشیدند. کاشی‌های معرق، گچبری‌ها و نقاشی‌های رنگارنگ از نفایس این مجموعه بناهای تاریخی است.

اردبیل ـ کلخوران ـ شیخ جبرائیل

Ardabil – Kalkhuran – Sheikh Jebreil

Sheikh Heydar - Meshkin Shahr

Located in Kalkhoran Village 3km of Ardabil, the mausoleum dates back to the early 16th century. The octagonal mausoleum stands in a garden and is decorated with the image of a lion and a panther. The ceiling is decorated with arabesque blue or golden colors.

مشکین‌شهر ـ کلخوران ـ شیخ حیدر

بقعه سید امین‌الدین جبرائیل پدر شیخ صفی، جد سلاطین صفوی، در روستای کلخوران در ۳کیلومتری اردبیل‌قرار دارد. بنای بقعه مربوط به اوایل قرن دهم هجری است. بنای مَقبره به شکل هشت ضلعی است و در وسط باغی‌قرار گرفته است. از تزیینات جالب این بقعه، نقش یک شیر و یک پلنگ در جناحین در ورودی چوبی منبت‌کاری‌شده‌است و گچبری سقف رواق که با رنگهای طلایی و آبی دارای اسلیمی‌های زیبا و گلهای شاه‌عباسی است.

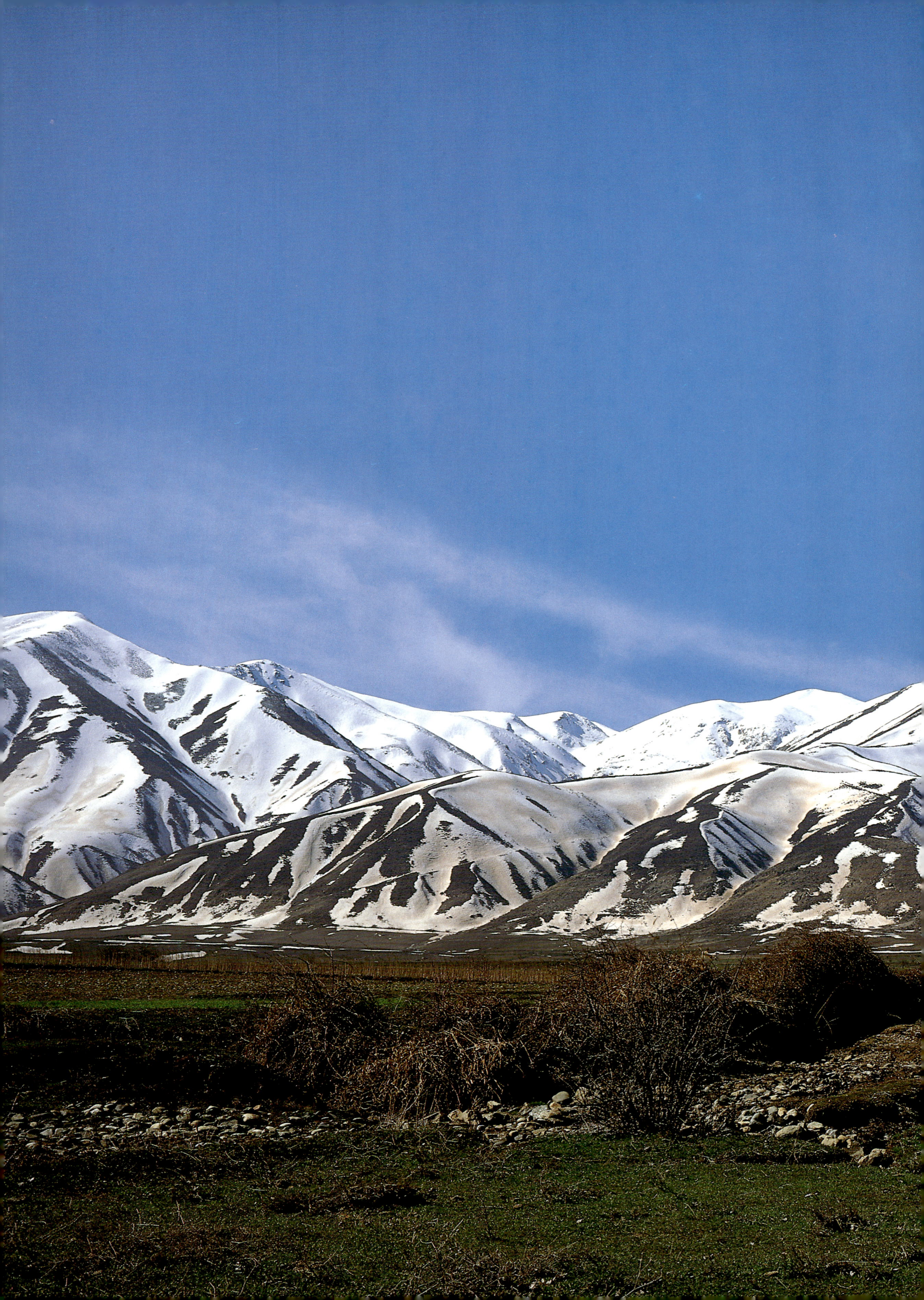

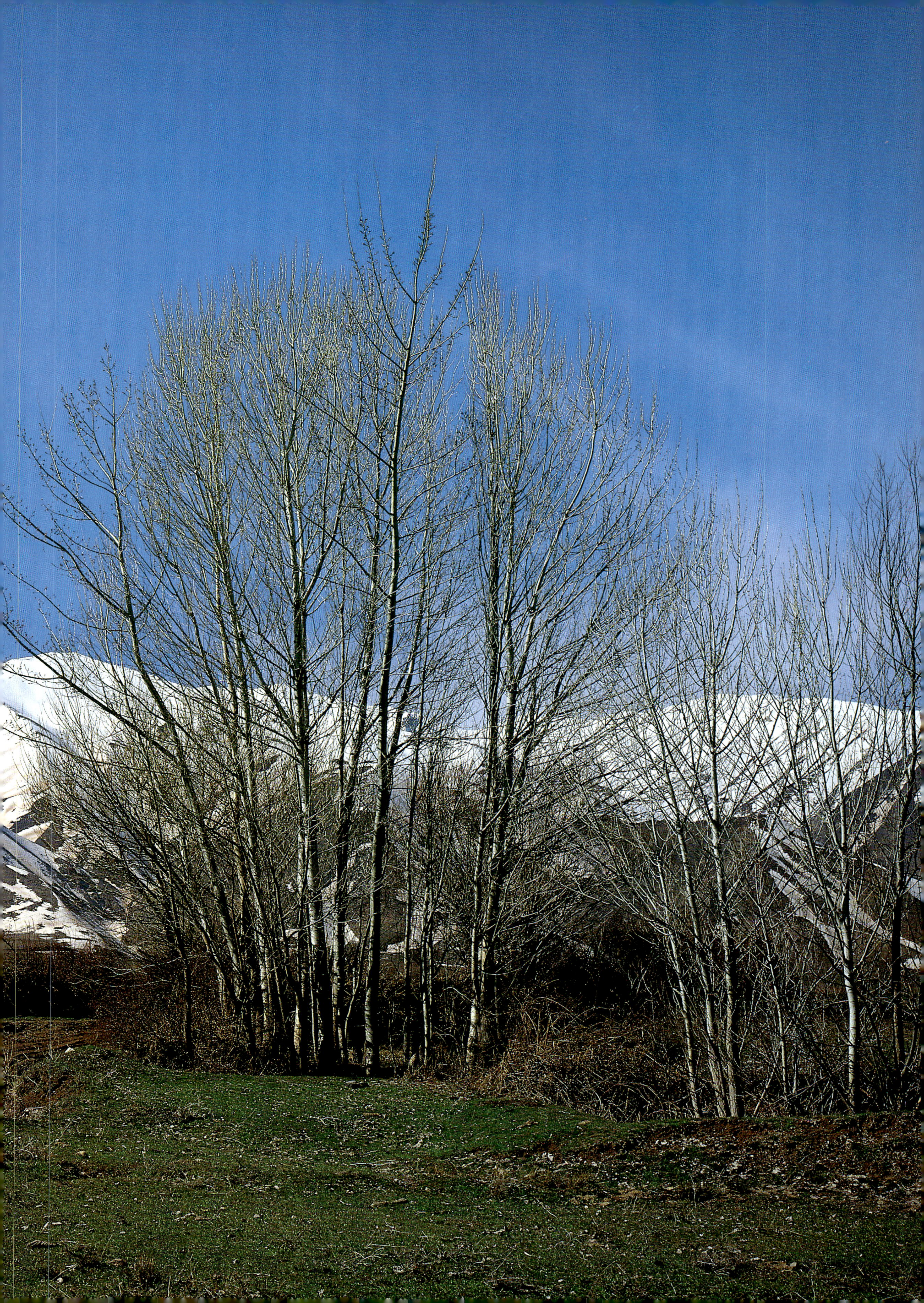

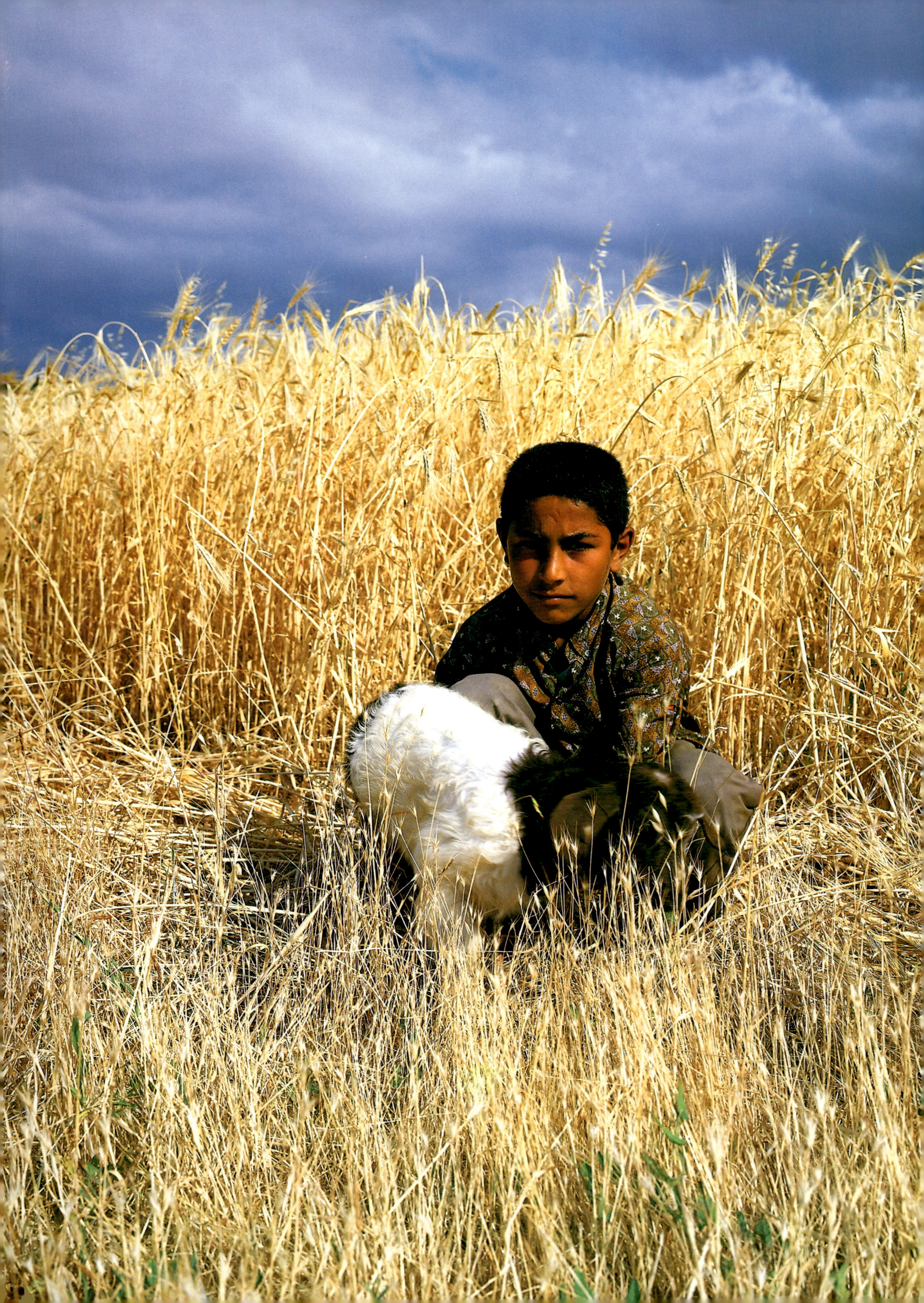

Meshkin Shahr

One of the major cities in east Azarbaijan, the city is located 96km of Ardabil. The presence of historical monuments dating back to the Sassanid and Ashakanid eras well testifies to the historicity of the region.

مشکین‌شهر

مشکین‌شهر از شهرهای مهم استان آذربایجان شرقی است که در ۹۶ کیلومتری شمال‌غربی اردبیل قرار دارد. وجود آثار متعدد ازادوار مختلف تاریخی از دوره اشکانیان و ساسانیان، دال بر قدمت این شهر است. این شهر به هر دو نام «خیاو» و «مشکین‌شهر» شهرت دارد.

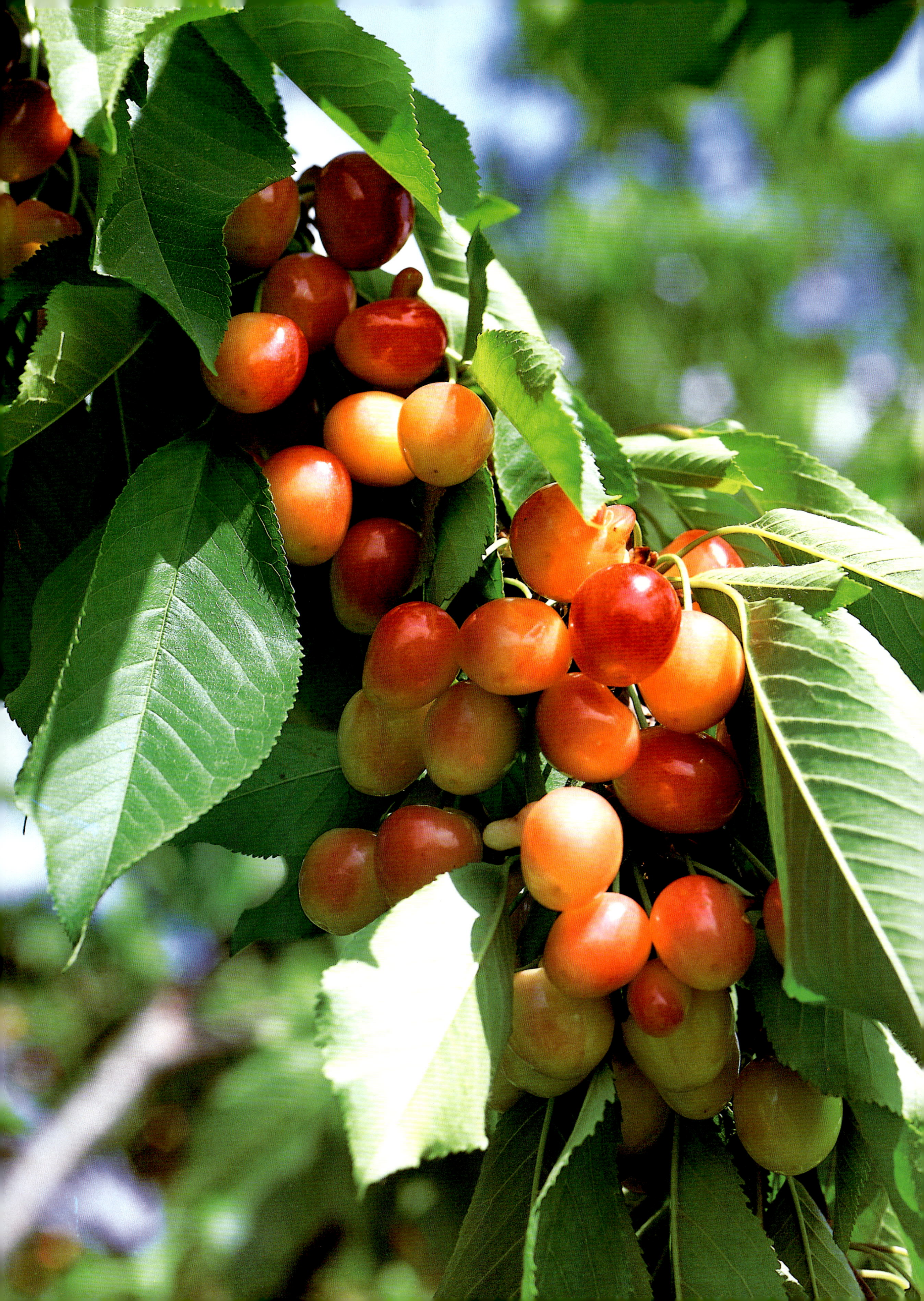

Ardebil | اردبیل

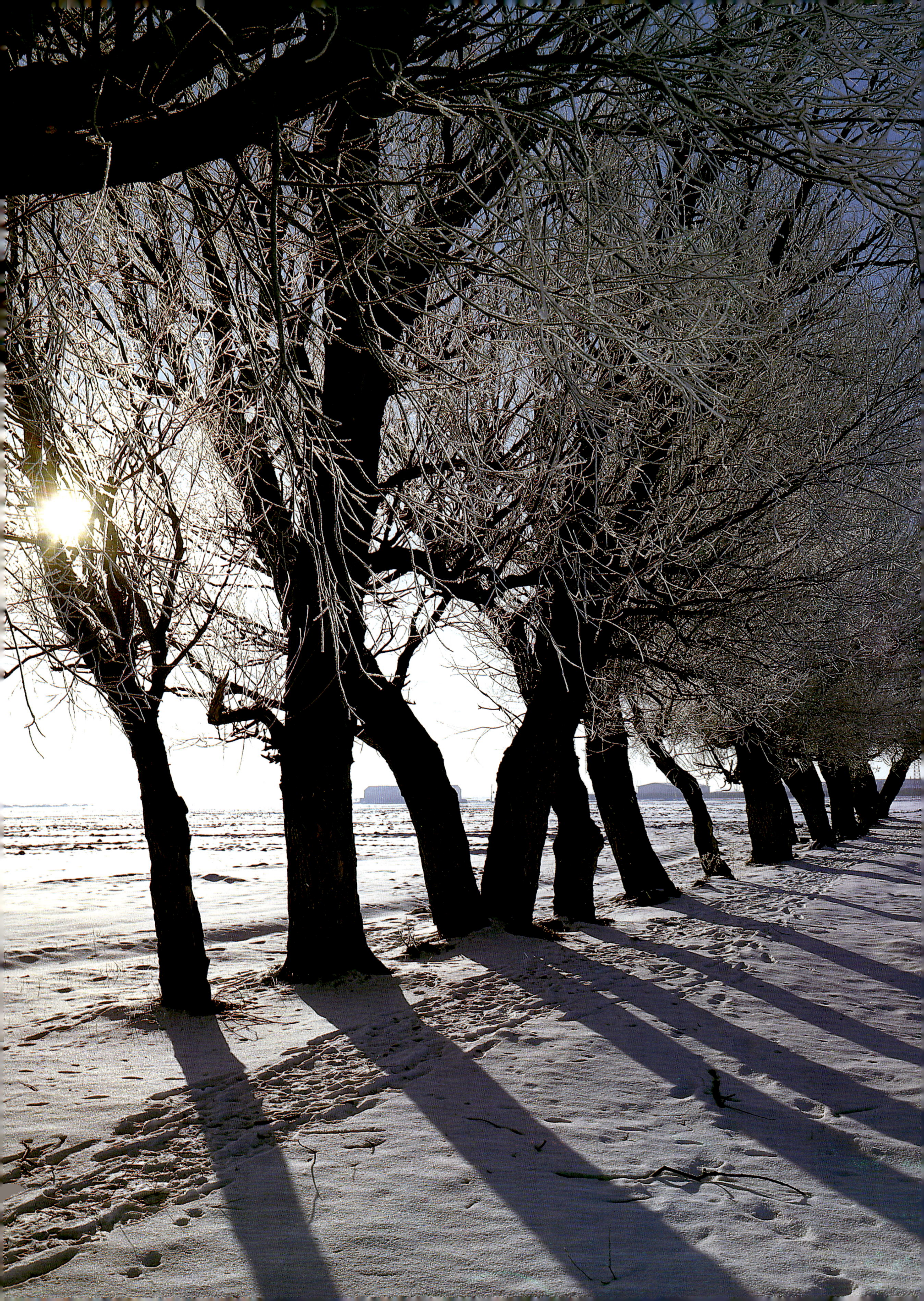

اردبیل به مشکین‌شهر
Ardabil to Meshkin Shahr

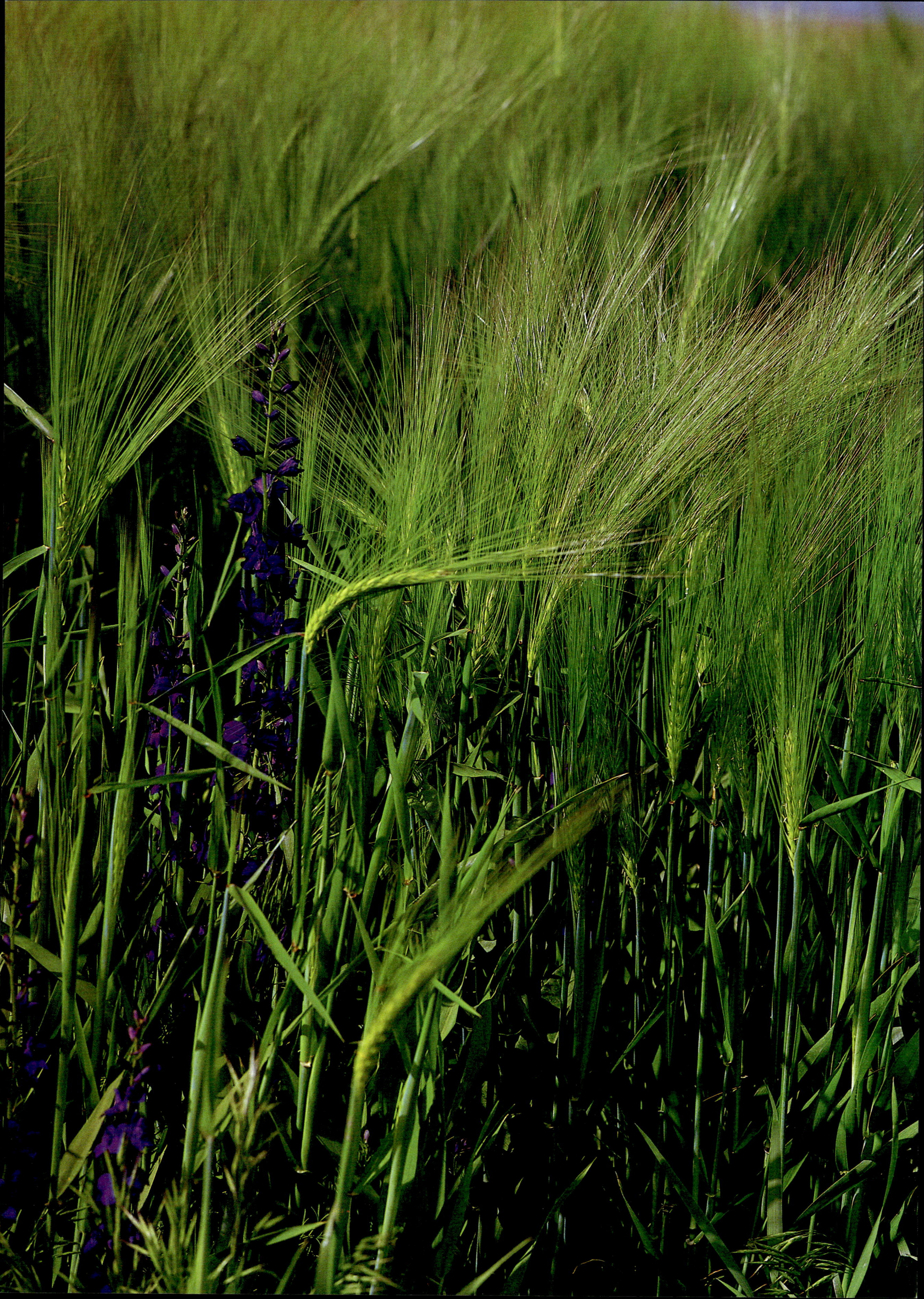

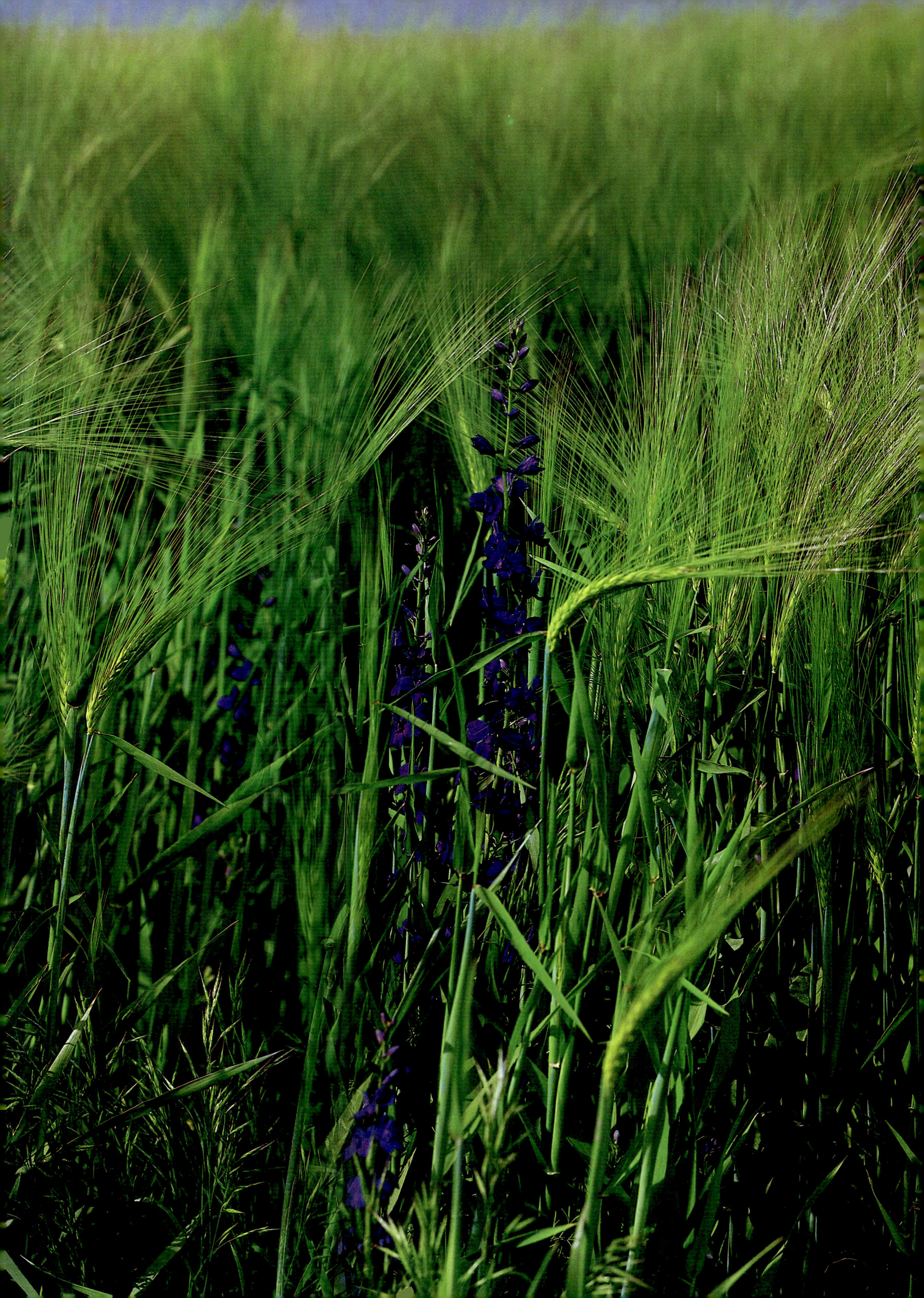

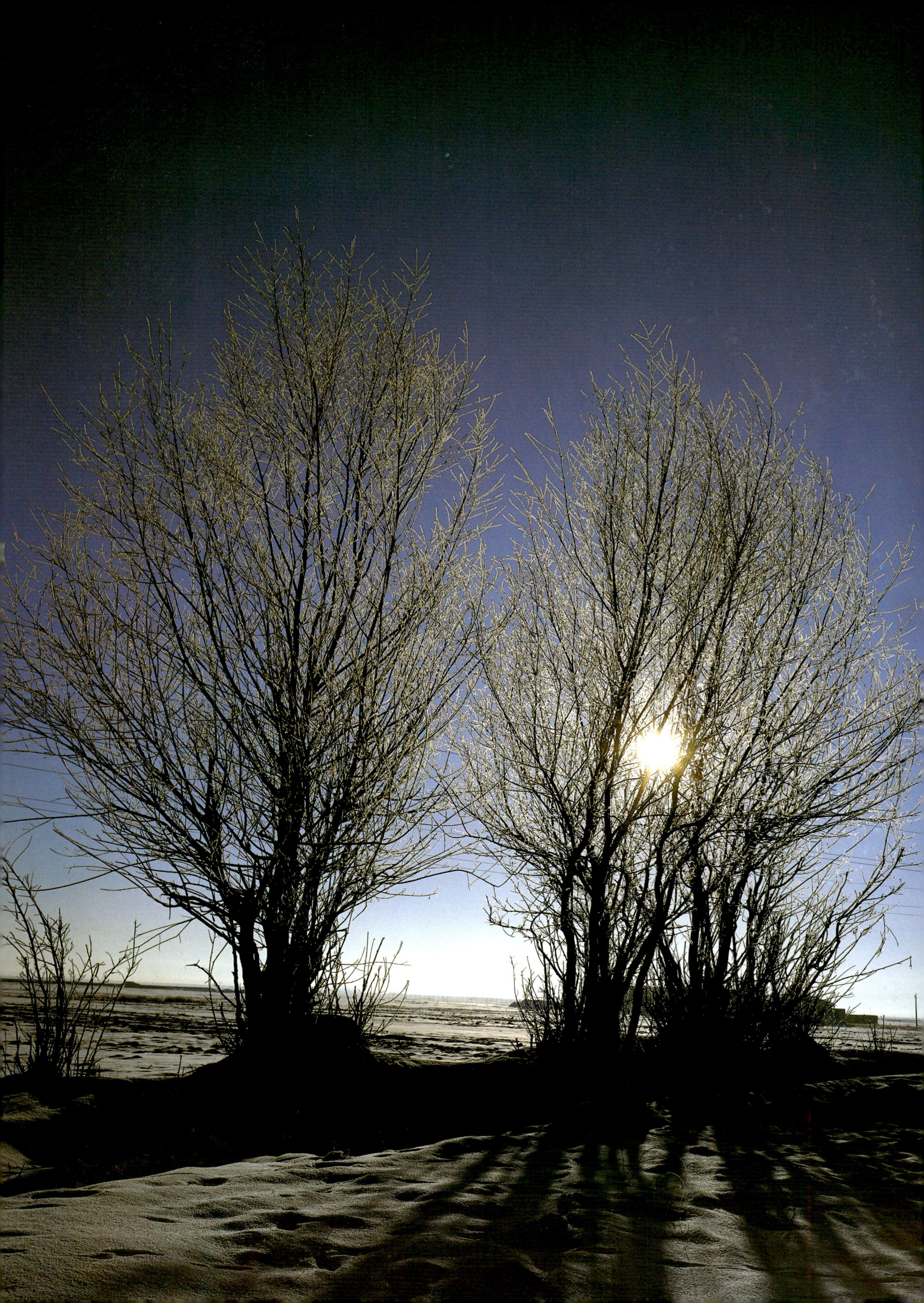

جاده اردبیل به مشکین شهر
Ardabil to Meshkin Shahr

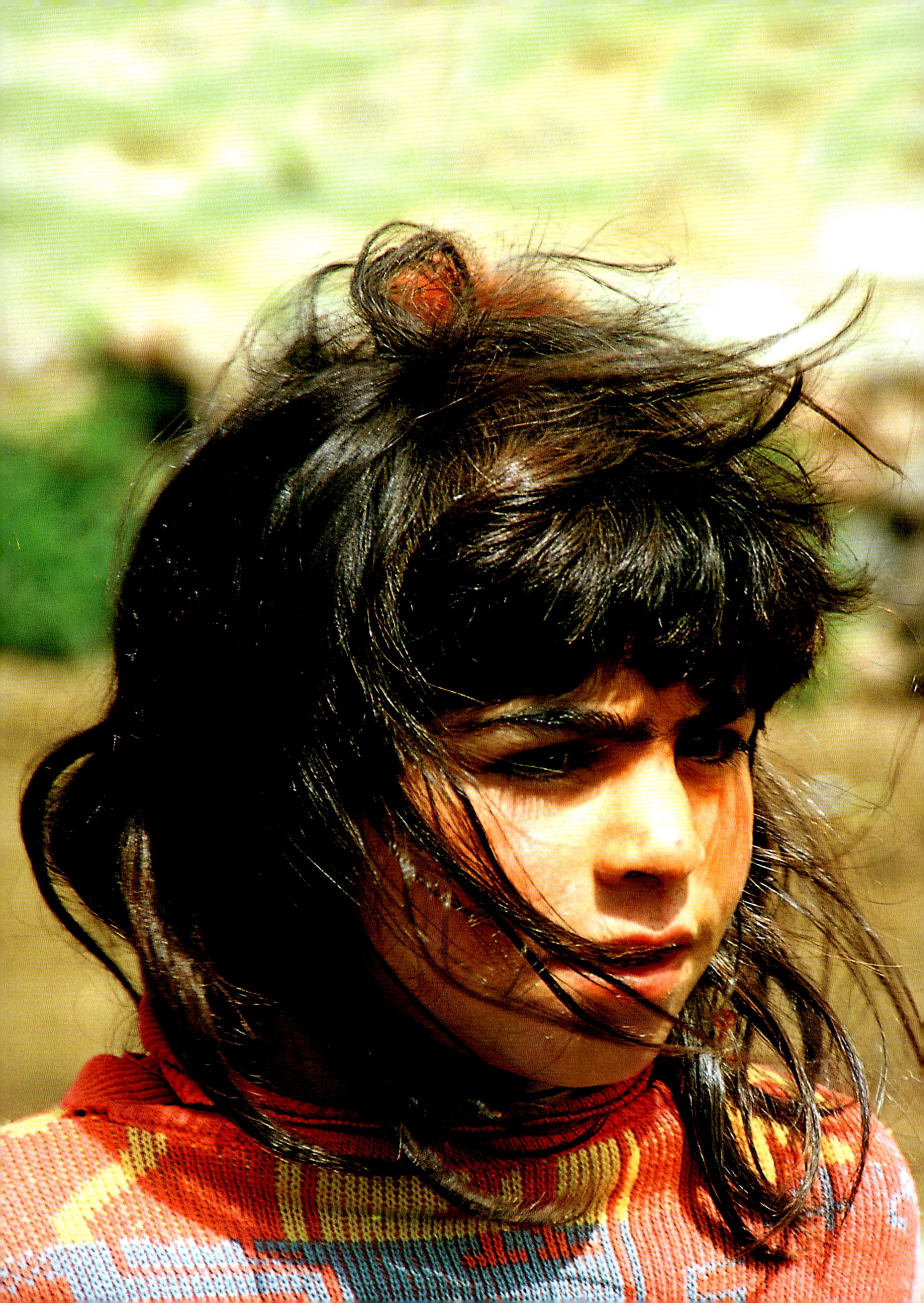

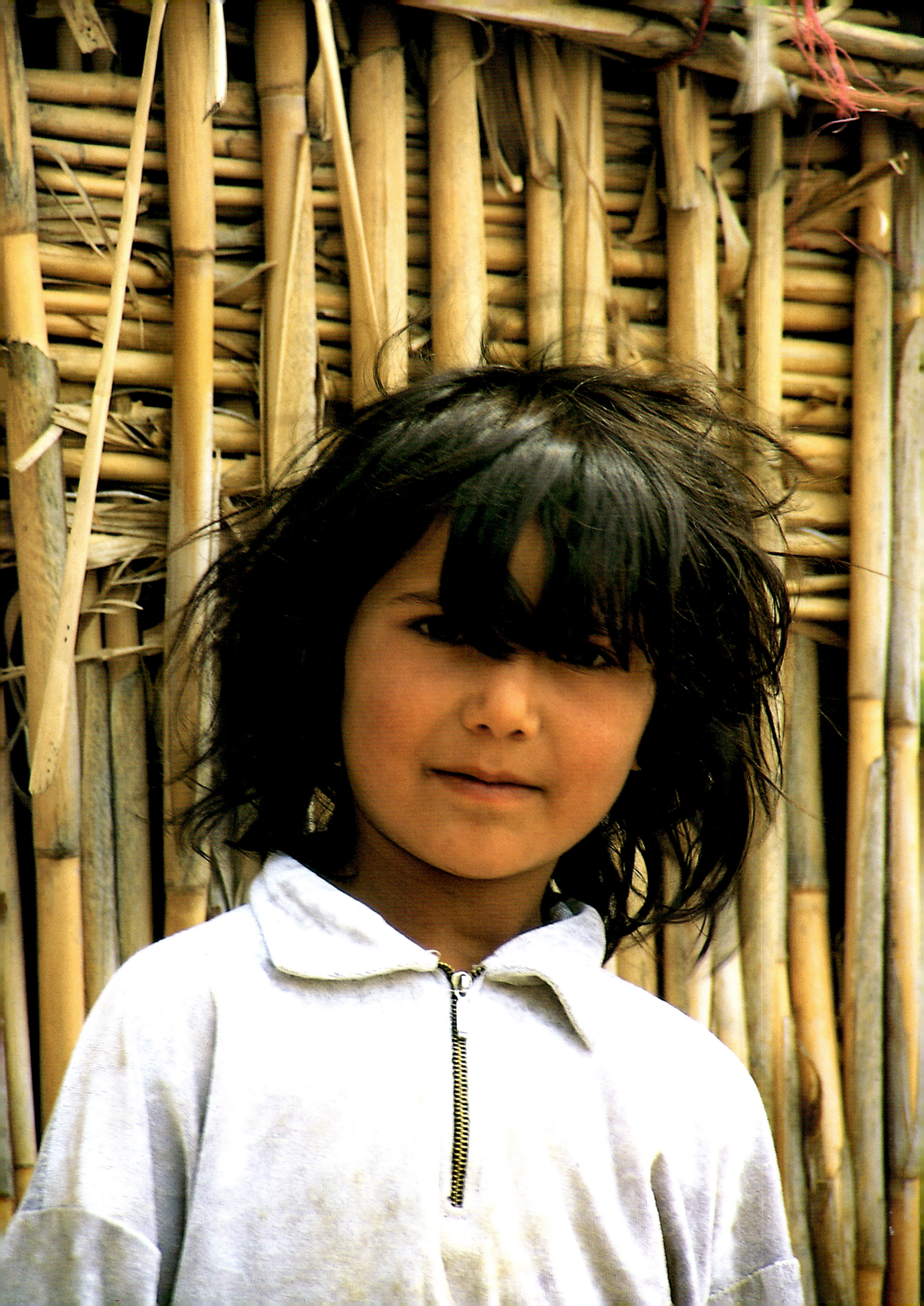

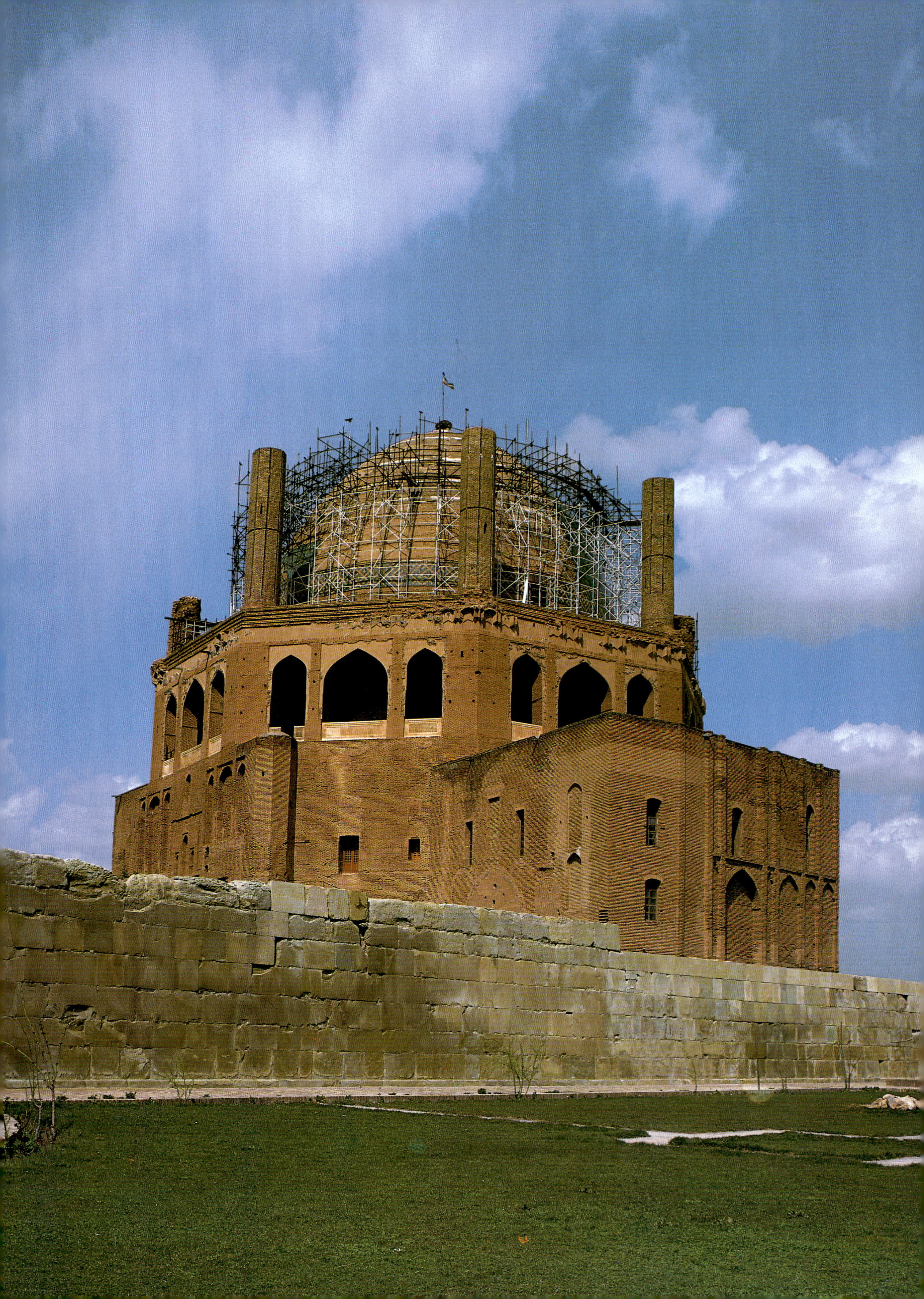

زنجان

استان زنجان در ناحیه مرکزی شمال‌غربی ایران واقع شده‌است. این استان با وسعتی در حدود ۳۶۹/۳۹ کیلومتر، ازشمال به استان اردبیل و گیلان، از شرق به استان قزوین، از جنوب به استان همدان، از جنوب‌غربی و غرب به‌استان‌های کردستان، آذربایجان‌غربی و شرقی محدود است.
شهرستان‌های استان زنجان :زنجان، ابهر، خدابنده.
استان زنجان از دو منطقه کوهستانی و جلگه‌ای تشکیل‌یافته است. این استان به‌طورکلی دو نوع آب‌وهوا دارد :آب‌و هوای کوهستانی که نواحی قیدار زنجان و ابهر را دربر می‌گیرد و زمستان‌های سرد و پربرف و تابستان‌های معتدل ازویژگی‌های آن است. آب‌وهوای نیمه‌مرطوب منطقه طارم علیا که تابستان‌های گرم و زمستان‌های ملایم دارد.
در استان زنجان آثار تاریخی گنبد سلطانیه، بنای رختشوی‌خانه سنگ اژدها، و بازار، آثاری تاریخی‌اند که از ارزش‌های‌هنری معماری طراز اول برخوردارند.

Zanjan

With an area of 21,841sqkm, the province consists of seven districts: Zanjan (the capital), Abhar, Khoram Darreh, Gheidar, Zarrinabad, Mah Neshan, and Ab Bar. It is bounded on the north by Ardabil and Gilan, on the east by Qazvin, on the south by Hamadan and on the west by Kurdistan and Western Azarbaijan. It was ravaged by Mongols in the 13th century. About 20 miles (32 km) southeast of Zanjan city is the village of Soltaniyeh, once the capital of Ilkhanid Iran. It was founded in the late 13th century largely by Oljaytu (1304–16), who moved the capital there and whose magnificent mausoleum is practically the only remaining Ilkhan (a Mongol dynasty) architecture. Its dome, 168 feet (51 m) high, rests on an octagonal brick structure decorated with blue faience.

Zanjan 235

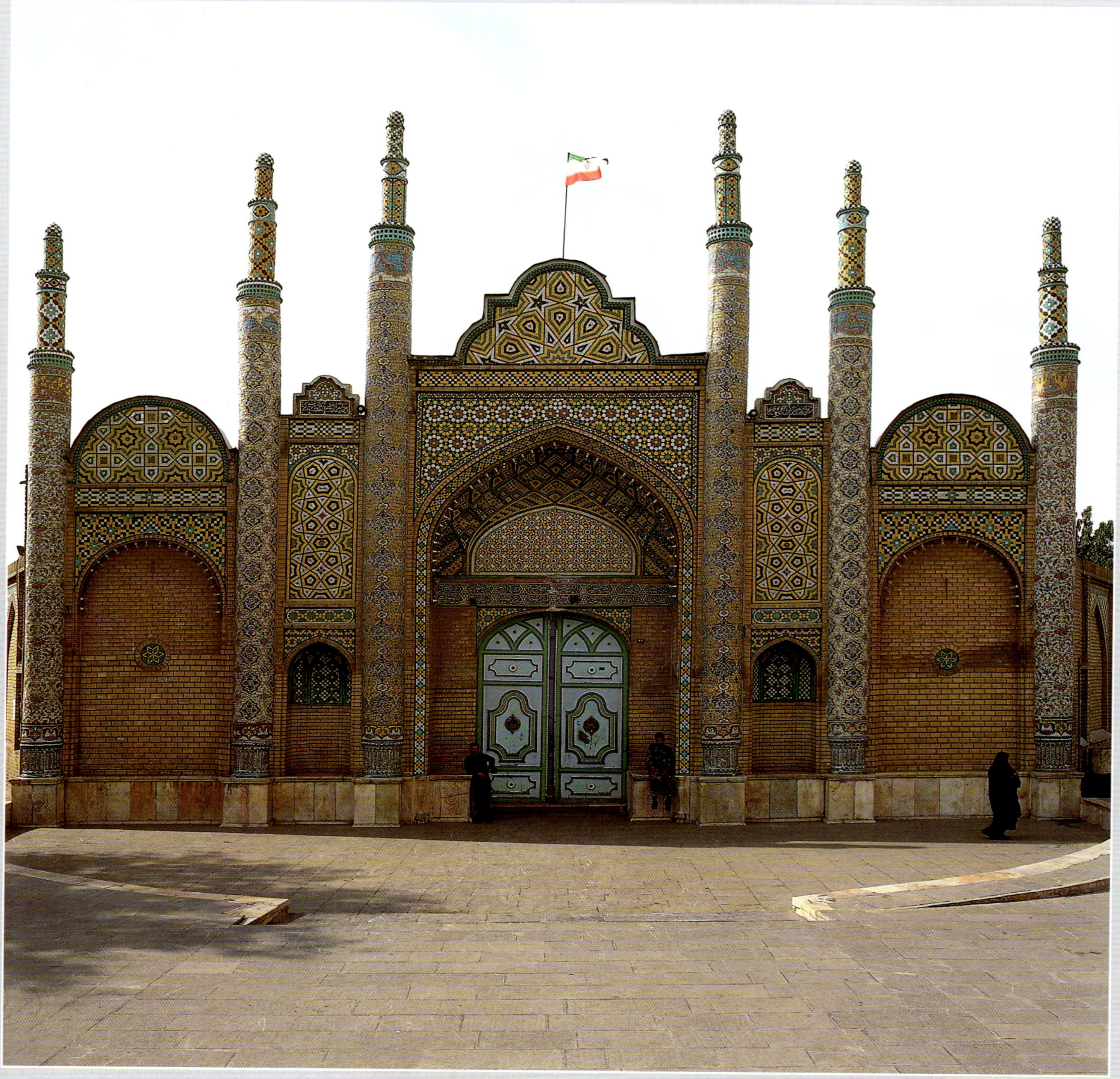

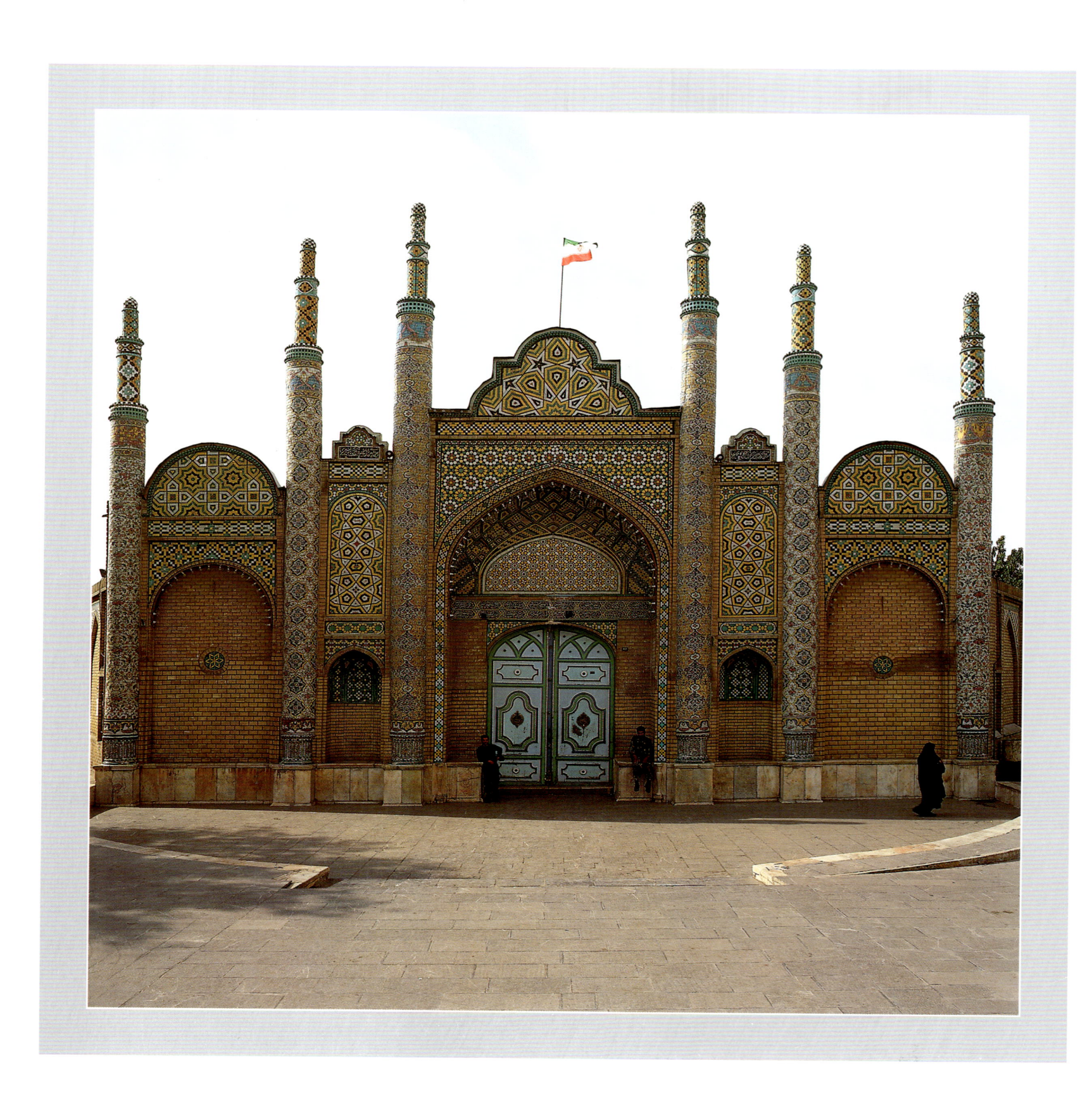

Qazvin

With an area of 15,502sqk, it is bounded by the province of Gilan on the north, central province on the south, Tehran on the east and Zanjan and Hamedan on the west. The main counties are Qazvin (the capital), Buyin Zahra, and Takistan.
The city of Qazvin, originally called Shad Shahpur, was founded by the Sasanian king Shapur I c. AD 250. It flourished in early Muslim times (7th century), serving as a base for Islamization, and was surrounded by strong fortifications by Harun ar-Rashid. Genghis Khan laid waste the city; however, it revived under the Safavids when Shah Tahmasp I (ruled 1524–1576) moved the capital from Tabriz to Qazvin. The city lost its eminence once again when Abbas I the Great (ruled 1588–1629) transferred the government to Isfahan in 1598. Nader Shah assumed the crown in Qazvin shortly after his return from invading India in 1739 and before returning to Mashad, then capital of Iran. Agha Mohammed Khan of the Qajar dynasty reestablished Qazvin about 1796 as a major base for foreign trade with the Caspian Sea, Persian Gulf, and Asia Minor.
Buildings dating from the time of the Seljuq sultans include the Friday Mosque; the Madrasa Heydariya, a square hall surmounted by a cupola; the tomb of Mostowfi, the Persian traveler; and the mosque of the Shah. In the mountains about 37 mi (60 km) northeast of Qazvin are the remains of a castle of the Assassins.

قزوین

استان قزوین از شمال به استان گیلان، از جنوب به استان مرکزی، از شرق به استان تهران و از مغرب به استان زنجان‌و همدان محدود است.
قزوین با توجه به موقعیت جغرافیایی خود، مانند پلی پایتخت کشور را به مناطق شمالی و غربی، و کشورهای قفقازو اروپا متصل می‌کند.
استان قزوین به دو ناحیه کوهستانی و دشتی تقسیم می‌شود. منطقه کوهستانی آن در شمال استان واقع شده‌است ودهستان‌های الموت و رودبار و قسمتی از کوهپایه اقبال و پشگلدره را دربرمی‌گیرد.
آب و هوای ناحیه شمال استان قزوین کوهستانی است. این ناحیه، زمستانهای سرد و پربرف و تابستان‌های معتدل‌دارد.
شهرهای مهم استان قزوین :شهر قزوین، تاکستان.
شهر قزوین که در سده‌های گذشته پایتخت صفویان بوده‌است آثار و بناهای جالب توجهی دارد. قلعه الموت، پناهگاه و پایگاه حسن صباح، در کوهستان‌های استان قزوین قرار دارد. شهر قزوین آثار تاریخی جالبی دارد که‌نمونه‌های آن در این مجموعه آمده است.

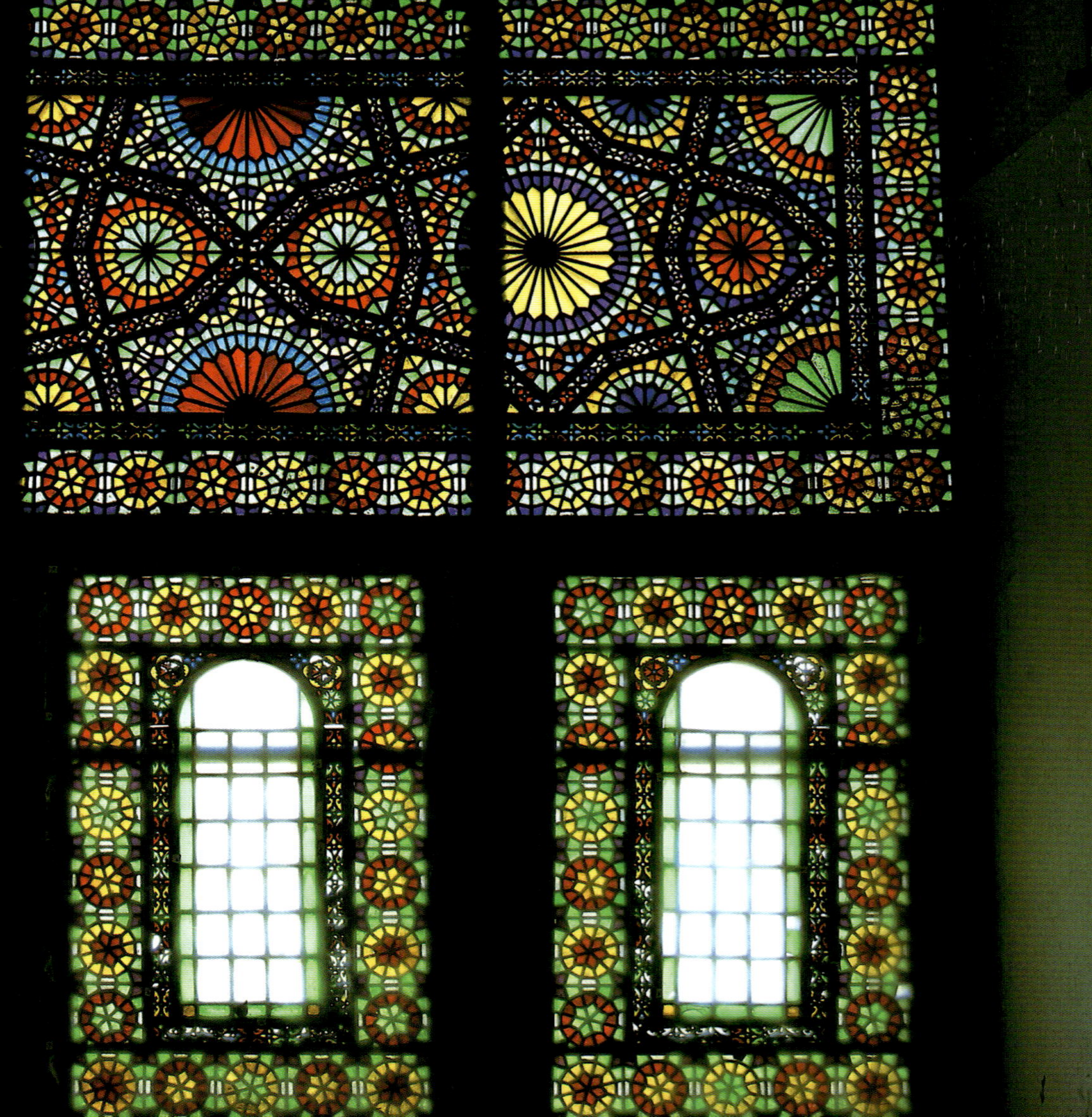

Hosseiniya Aminiha

The famous structure of Hosseiniya Aminiha ranks among the takaya (mourning halls) left as pious endowments. The building consists of large, small, and underground halls completely decorated with mirror works and other ornamentations in the Qajar style. It also possesses large wooden sash windows with colored panes. The place is counted as one of the reputable centers for holding mourning ceremonies in Qazvin. Named after its founder and benefactor the late Haji Mohammad Reza Amini, its date of the endowment is 1816 AD.

حسینیه‌ی امینی‌ها

این حسینیه در انتهای خیابان مولوی قزوین قرار گرفته و بخشی از ۱۶ عمارت تودرتوی پیوسته‌ای است که در سال ۱۲۷۵ هجری قمری به سرمایه‌ی مرحوم حاج محمدرضا امینی از تاجران قزوین، ساخته شده‌است. بنای حسینیه متشکل از سه تالار در جهت شرقی به غربی است که به موازات یکدیگر قرار دارند و با ارسی‌های چوبی زیبایی با یکدیگر ارتباط پیدا می‌کنند. هر سه تالار دارای تزیینات نقاشی همراه با آیینه‌کاری است. تزیینات گچ‌بری، چوب و آیینه‌کاری این تالارها با هماهنگی و زیبایی با هم تلفیق شده‌اند. ارسی‌های مشبک با شیشه‌های رنگی بسیار زیبا، از شاهکارهای هنری این مجموعه است. از دیدنی‌های این مجموعه، نقش برج‌های دهگانه‌ای فلکی بر نیم‌دایره بالای پنج دری رابط تالار میانی و تالار شمالی است. دیوار جبهه شمالی حیاط جنوبی سنگی است و نقش برجسته‌های فراوانی داشته است که تعدادی از آنها باقی مانده‌است.

Chehel Sutun in Qazvin

Located in a park in the center of the town, this is a small palace dating from the Safavid era. It was initially the royal palace of Shah Tahmasb built on the plans provided by a Turk architect. It is a two-storied building, characteristic of the arcaded pavilions of the period, such as those of Hasht Behesht palace in Esfahan. There are fragments of paintings on the walls and ceiling are still visible, and the interior is currently being restored. In some places, one can clearly see layers of paint, the result of a common feature of Iranian interior decoration. A superb wooden Safavid coffin is placed in the corridor near the corner. The second floor has turned into a museum since 1965. The museum houses a number of objects, including Neolithic pottery and bronzes from tombs in the Alamut area, decorated tilework and Qajar handicrafts.

عمارت چهل ستون قزوین

این بنای تاریخی یادگار دوره‌ی صفویه است. عمارت چهل ستون بنایی است دو طبقه که در وسط باغی ساخته‌شده، تالار بزرگ آن، روزگاری دارای تزیینات نقاشی، کاشی‌کاری و طلاکاری بوده که به مرور زمان ازبین رفته است.

برج‌های آرامگاهی خرقان

این برج‌ها در یک‌کیلومتری روستای حصار ارمنی - از توابع خرقان غربی - در ۳۲کیلومتری جاده‌ی قزوین - همدان قرار دارند. برج‌های خرقان در محوطه‌ی وسیعی به فاصله کمی از یکدیگر قرار گرفته‌اند و از بسیاری جهات به هم شباهت دارند. اما برج شرقی، قدیمی‌تر از برج غربی است.

بنای برج شرقی دارای نقشه‌ی هشت ضلعی با ستون‌های مدور در هشت گوشه است. بنای خارجی برج به تمامی ازآجرهای تزیینی است و همین بنای آجری است که منظر برج را به صورت یکی از زیباترین و چشم‌گیرترین آثار قرن پنجم ایران درآورده‌است. از کتیبه‌ی دوخطی سردر ورودی برج شرقی خرقان معلوم می‌شود که این بنا به تاریخ ۴۶۰هجری قمری ساخته شده. بنای برج غربی از نظر طرح و نقشه به بنای قدیمی‌تر بسیار شباهت دارد. - یعنی هشت‌ضلعی است و در گوشه‌ها ستون مدور کار گذاشته شده‌است. در برج‌های خرقان مقبره‌هایی نیز هست که ضریح آنها باظرافت و زیبایی منبت‌کاری شده‌است.

Kharaqan Towers

The towers lie 1km of the Hesar Village of Qazvin. The eastern tower has an octagonal architecture. The exterior tower is completely decorated with red mud bricks. Inscriptions are seen on the portal of the eastern tower, suggesting that the tower was built in 1067 C.E. the western tower is octagonal in form. In the towers of Kharaqan also lie some mausoleums decorated with beautiful carvings.

Bazaar in Qazvin

The bazaar in Qazvin is noted for its carpet shops. The bazaar was built under Shah Tahmasp I in the late 16th century. It is composed of bricks and long, narrow, interesting lanes. The bazaar is located in city center.

مجموعه‌ی بازار قزوین

مجموعه‌ی بازار قزوین با معماری جالب قدیمی‌اش، یکی از دیدنی‌های شهر قزوین است که در حال حاضر از آن چند اثر کوچک قدیمی به جای مانده است. در دوره‌ی صفویه بازارها وسعت یافتند و هر بازار به صنف خاصی اختصاص داشت. در گذر این بازارها، مسجد، حمام، سراها، تیمچه‌ها و قیصریه‌ای وجود داشته، تیمچه‌ها مرکز تجارت و قیصریه محل صنعتگران بوده‌است.

قیصریه‌ی قزوین با تاق‌های آجری بسیار مرتفع، بخشی از بازار قدیمی قزوین است. بازارچه سعدالسلطنه نیز از بازمانده‌های آثار قدیمی بازار قزوین است و هشتی بسیار زیبایی دارد که به سرای سعدالسلطنه متصل می‌شود.

Carpet Bazaar – Qazvin

قزوین - دروازه تهران

قلعه سمیران

این قلعه در دهستان طارم بر بالای یک تپه‌ی سنگی ساخته شده و دسترسی به آن، جز از سمت شمال، دشوار است. بنابراین، این قلعه یک دژ نظامی ـ دفاعی بوده‌است. از سفال‌های شکسته در دامنه‌ی تپه می‌توان حدس زد که قلعه‌ی سمیران مسکونی هم بوده‌است.

Semiran Castle – Dehestan-i-Tarom

Imamzadeh Hossein

The Mausoleum of Imamzadeh Hossein (also known as Shahzadeh Hossein), the direct son of the Eighth Imam has a magnificent blue cupola preceded by a portal with six small minarets, in the best baroque style. Hussein is believed to have been killed when a roof fell on him after performing a miracle. His shrine has long been an attraction for pilgrims and lies within the cemetery, paved with tombstones and surrounded by high, arcaded walls. The elaborately decorated octagonal domed building over his tomb, dating in part from the reign of Shah Tahmasp (1524-76) when Qazvin was the Safavid capital, was erected, according to a tiled inscription, by command of his daughter, Zaynab Begum. The latest date to be seen in the mausoleum is 1588 AD, which coincides with reign of Shah Tahmasp the Safavid, and is carved upon the doors of the portico and the harem. A second date, i.e. 1630 AD, can be found at the end of a historical mosaic inscription near the cemetery. However, the mirror work of the talar and some of the faience tiling dates from the 19th century.

امامزاده شاهزاده حسین

این بنا که در شهر قزوین واقع شده، آرامگاه حسین فرزند حضرت علی‌بن موسی‌الرضا (ع) است که در سال ۲۰۱ هجری‌قمری درگذشته. تاریخ و شکل بنای اولیه معلوم نیست. قدیم‌ترین تاریخ بنا به ضریح چوبی بسیار نفیس بقعه مربوط است که تاریخ ۸۰۶ هجری‌قمری بر روی آن حک شده‌است. تاریخ اولیه‌ی بنای کنونی را به دوره شاه صفی نسبت می‌دهند. طبق کتیبه‌ی موجود، بنای امامزاده در اوایل قرن چهاردهم ه‍.ق. بازسازی شده‌است. ساختمان ایوان بزرگ شمالی، دیواره‌ی صحن و سردر پرکار امامزاده، و نیز تزیینات کاشی‌کاری گنبد و آیینه‌کاری فضای داخلی به همین سال‌ها مربوط است.

بنای امامزاده روی‌هم‌رفته شامل آستانه، صحن و بقعه است. آستانه جنبه‌ی تزیینی دارد. در دو سوی بنا دو مناره قرار گرفته است. در ورودی امامزاده بسیار بلند و مجلل است. کتیبه سردر که به سال ۱۳۸۷ هجری‌قمری تعلق دارد، به خط نستعلیق عالی و به رنگ سفید در زمینه‌ی کاشی لاجوردی در دو ردیف شامل ۱۲ بیت شعر است.

پس از آستانه، هشتی قرار دارد که به صحن وسیعی راه دارد. «آرامگاه»، ساختمان کوچک منفردی است که در میان صحن وسیعی قرار گرفته. دیوارهای این صحن طاق‌نماسازی شده‌است.

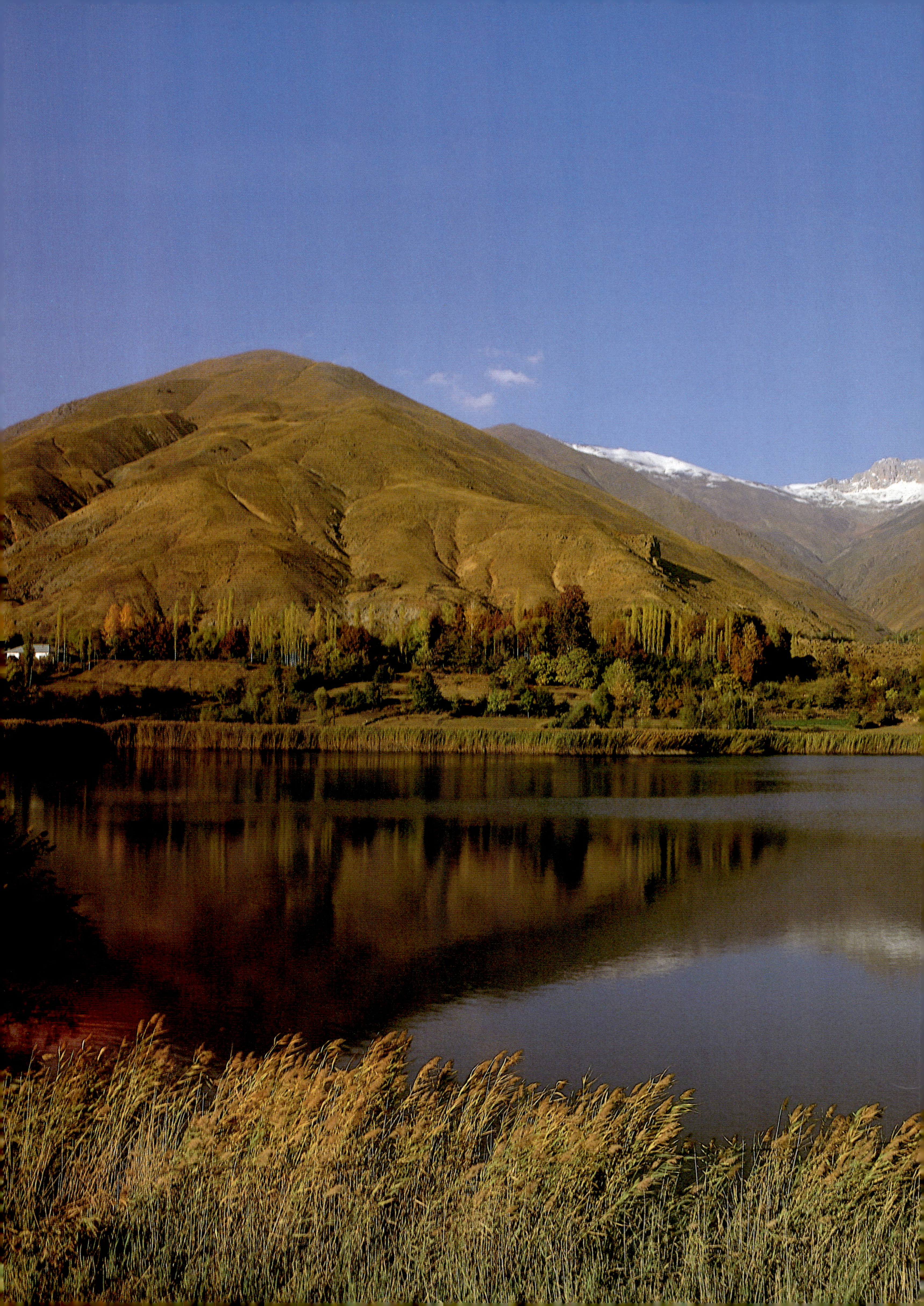

الموت - دریاچه‌ی اوان، قزوین

در شمال دهکده‌ی اوان، در فاصله‌ی تقریبی ۷۵کیلومتری شمال‌شرقی شهر قزوین، دریاچه‌ی کوهستانی زیبایی هست به‌نام اوان، طول و عرض این دریاچه ۵۰۰متر است و آب آن از چشمه‌ی زیر دریا می‌جوشد و آن را همیشه لبریز و پاکیزه‌نگه می‌دارد. چشم‌انداز سبز و خرم دور دریاچه زیبایی آن را دوچندان می‌کند.

آستارا Astara
یای خزر
Caspian
هشتپر Hashtpar
بندرانزلی
Anzali Port
Rasht
رشت
Lahijan
لاهیجان
Masooleh
ماسوله
Gilan گیلان
رامسر Ramsar
چالوس
Chaloos
Kelardasht
کلاردشت
منجیل
Manjil

North Region		ناحیه شمالی	
Mazandaran	250-263	۳۰۱–۲۸۸	مازندران
Golestan	264-267	۲۸۳–۲۸۷	گلستان
Gilan	269-303	۲۴۸–۲۸۲	گیلان

گلستان
Golestan
Saari
ساری
bol
بابل
مازند
Savad Kooh
سواد کوه
کیلومتر ۲۰۰ ۱۵۰ ۱۰۰ ۵۰ ۰ ۵۰
50 0 50 100 150 200 Km

Mazandaran

With an area of 23,064sqkm, it is located south of the Caspian Sea. There are 15 districts in the province: Sari (the capital), Ramsar, Tonekabon, Chalus, NoShahr, Noor, Amol, Mahmudabad, Babolsar, Babol, Juibar, Qaim Shahr, Pol Sefid, Beh Shahr, and Neka.

Mazandaran was formerly called Tabarestan. An early Iranian civilization flourished in the beginning of the first millennium BC in Tabarestan (Mazandaran).

It was overrun in about AD 720 by the Arab general Yazd ibn Mohallab and was the last part of Iran to be converted to Islam.

Among the major historical sites and tourist attractions are the historical complex of Farahabad, the forest park on the Sari to Neka route, Sisangan forest as well as numerous lakes and waterfalls. There are exquisite handicrafts and colorful rugs in this part of Iran.

مازندران

جلگه‌های کناری دریای مازندران به طول بیش از ۹۰۰ کیلومتر با دامنه‌های کوهستانی و شهرها و روستاهای زیبا ودل‌انگیز، و مردمانی مهربان و مهمان‌نواز، از ناحیه‌های مهم تفرجگاهی ایران هستند. در جلگه‌های کناری دریای مازندران با انبوهی از جنگل‌های درختان پهن‌برگ، پارک‌های جنگلی، ساحل‌های ماسه‌ای، آب سالم و تعداد زیادی از رودخانه‌های بزرگ و کوچک ؛چشم‌اندازهای طبیعی زیبایی پدید آمده‌است. درکنار محیط طبیعی، شهرهای بزرگ و کوچک که غالباً در کنار جاده ساحلی واقع شده‌اند، مرکز فعالیت‌های اقتصادی واجتماعی هستند. از شهر مرزی آستارا (در منتهی‌الیه شمالی ایران)تا کنار رودهای رود اترک(در جنوب شرقی مازندران) شهرها و کانون‌های جهانگردی بسیاری مانند تالش، بندر انزلی، رشت، لاهیجان، رامسر، چالوس، نوشهر،بابل، آمل، ساری، بهشهر، گرگان، و گنبد کاووس وجوددارند :در فاصله میان این شهرها، به ویژه در ناحیه‌های ساحلی،رستوران‌ها، هتل‌ها، متل‌ها و ویلاهای اجاره‌ای و دیگر تسهیلات گردشگری احداث شده‌اند که پذیرای گردشگران‌اند.ناحیه‌های کرانه دریای مازندران، علاوه بر امکانات گردشی، دیدنی‌هایی هم دارند. آثار تاریخی موجود در گیلان ومازندران و گرگان در این مجموعه معرفی شده‌اند. در شهرها و روستاهای کناره دریای مازندران، کالاهای صنایع دستی چوبی و حصیری به تعداد زیاد تولید و به گردشگران عرضه می‌شود.کشتزارهای وسیع برنج، توتون، چای، دانه‌های روغنی، پنبه، و انواع مرکبات و خانه‌های زیبای گالی‌پوش وچوبی، تجلی زندگی پرتلاش روستاییان زحمت‌کش سرزمین پربرکت گیلان و مازندران و گرگان است.

جاده چالوس ـ نساء ـ باغ گل غلامی

Chalus Road - Nisa- Gholami's Flower Garden

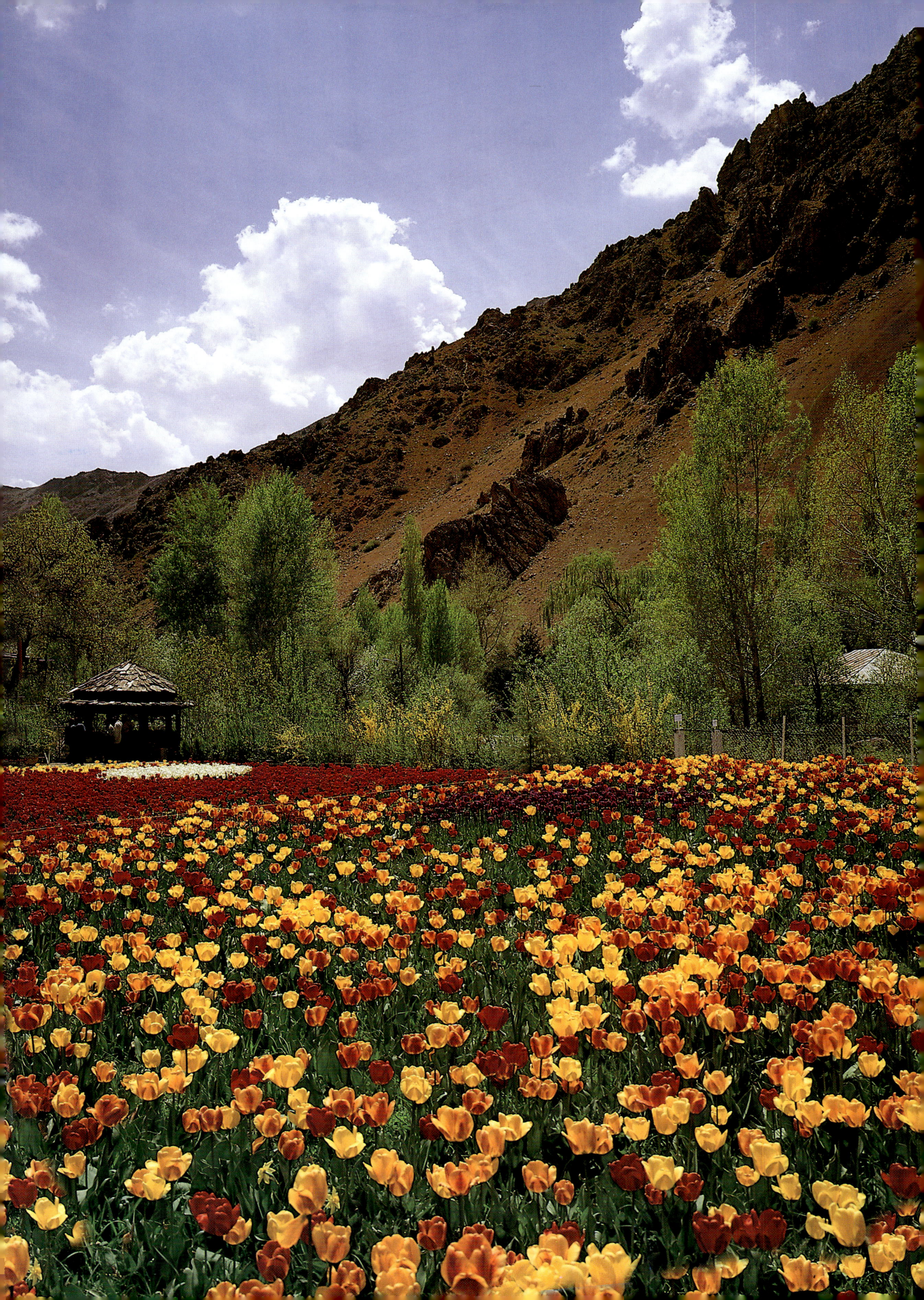

رامسر
Ramsar

جاده چالوس ـ نسا ـ باغ گل غلامی
Chalus Road - Nisa

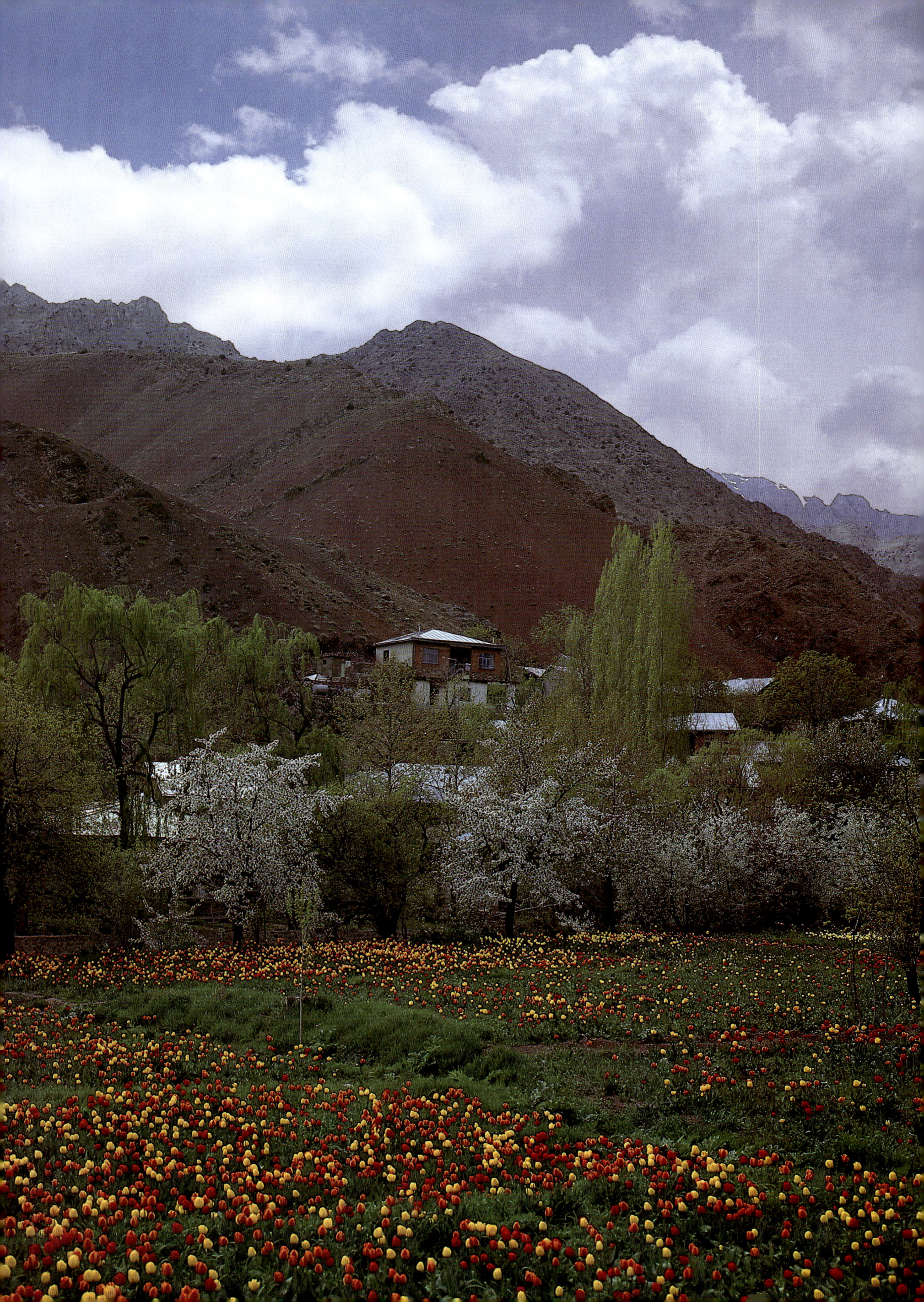

Kelardasht

Situated along the Caspian Sea in the north, it has common borders with the province of Qazvin from the south. In its northern regions, the climate is moderate and humid while in the south it is cold. The main city is Tonekabon, which is 257km from Tehran.

لاردشت

ار و اشیائی که در ناحیه کلاردشت و تپه‌های اطراف آن به دست آمده، نشان می‌دهند که این نطقه در گذشته‌از تمدن ویژه‌ای برخوردار بوده‌است. تنکابن یا شهسوار در گذشته‌های دور ستمدار» هم نامیده می‌شد.

نطقه ییلاقی کلاردشت، طبیعت زیبا و جذابی دارد و دریاچه «ولَشت» و چشم‌انداز علم‌کوه به ذابیت آن‌افزوده است. امروزه کلاردشت برای خود شهرکی ویلایی شده‌است.

روزه شهرت دهکده جنگلی آلاشت در سواد کوه، بیشتر به خاطر آن است که زادگاه رضاخان ضاشاه)سوادکوه‌بوده‌است.

Valasht Lake دریاچه ولشت

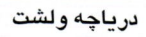

Kelardasht کلاردشت

Kelardasht Alam Kuh – Hesar Chal کلاردشت علم‌کوه ـ حصارچال

Alasht – Savad Kuh آلاشت ـ سوادکوه

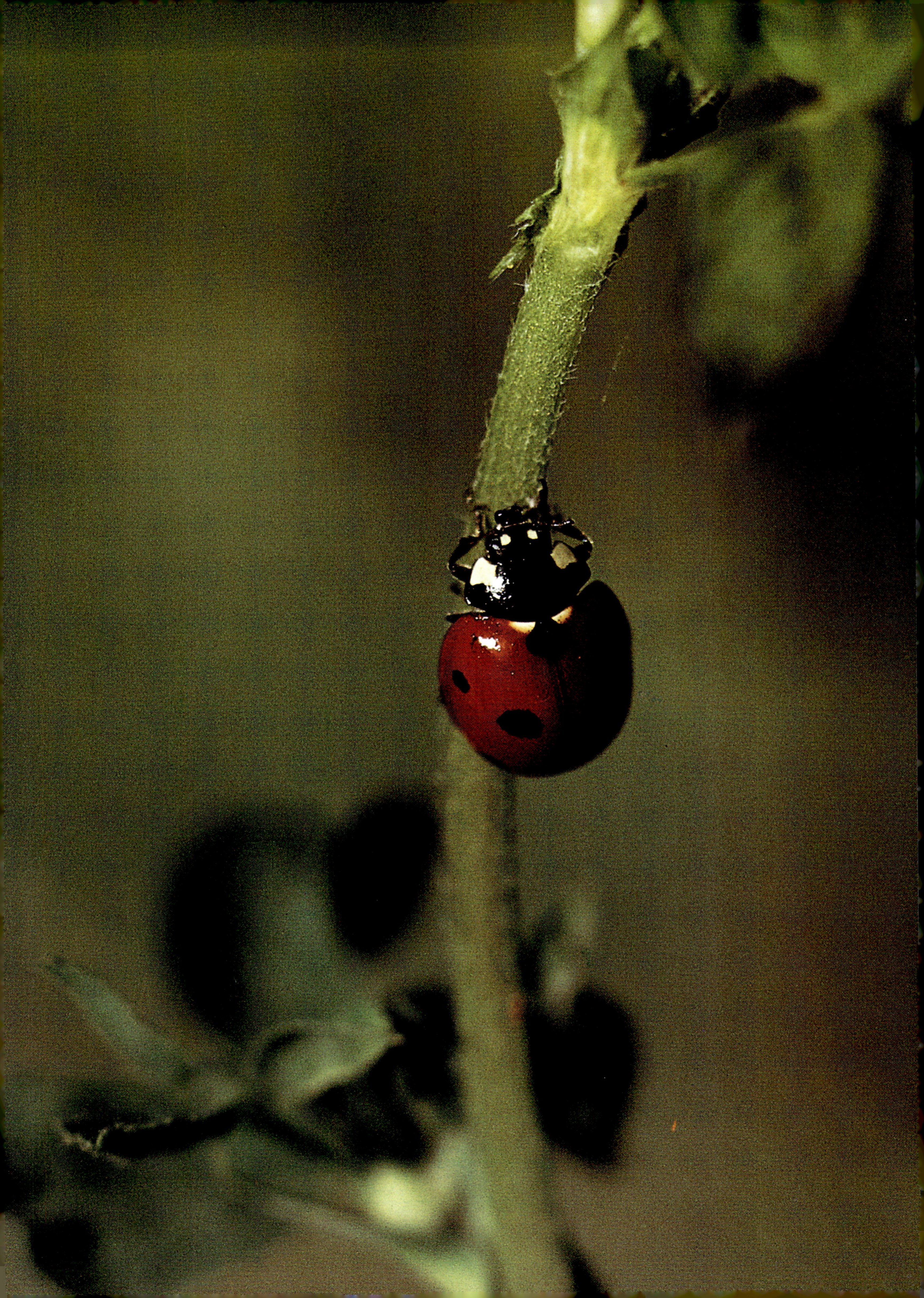

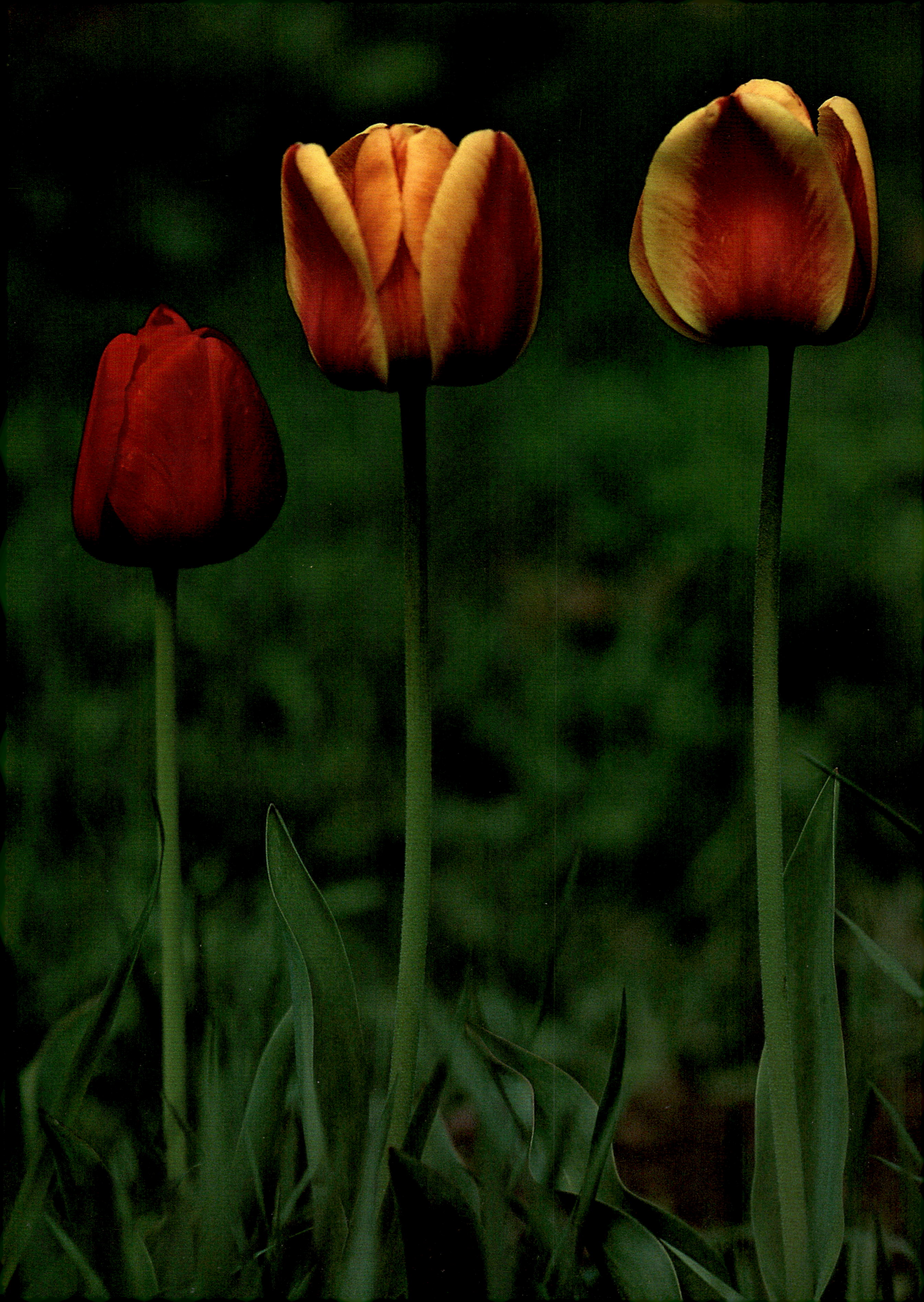

نمک آبرود

Namak Abrud

Yush and Baladeh | یوش و بلده

Veresk Bridge

This bridge was constructed during the reign of Reza Shah on the Veresk River near Savad Kuh. During World War II, it was known as the bridge of victory. It's at an elevation of 110m and its arch measures 66m in length.

پل ورسک

این پل در زمان رضاشاه برروی دره ورسک منطقه سوادکوه ساخته شد و در زمان جنگ جهانی به پل پیروزی معروف شد. پل ورسک با دهانه ای به طول ۶۶ متر و ارتفاع ۱۱۰ متر یکی از شاهکارهای مهندسی طول خط آهن شمال است.

Ramsar

Known as the bathing resort of the Caspian and by far the most beautiful site of the whole coast, it is unique in terms of scenery including forest, forested hills, and proximity to the Caspian beach. Wooded hills roll down nearly to the beach itself while the powerful outlines of the Alborz Mountains range from an impressive background. The last Shah built in palace (now a palace museum, or Muzeh-ye kakh-e Shah) in the thickly wooded hill overlooking Ramsar, the setting of which is one of the most magnificent anywhere along the Caspian coast. The thin coast strip is covered with rich vegetation including palm and orange trees among the flowerbeds. There is not much in the way of activities here, nor is there much of historical or architectural interest, but the breathtaking scenery is enough for most holidaymakers. Since the mountain stops only a few hundred meters short of the coast in this point, the town is squeezed into little more than one main street, and the natural limits to its development have helped to make this the most magnificent anywhere along the Caspian coast. The thin coast strip is covered with rich vegetation including palm and orange trees among the flowerbeds. There is not much in the way of activities here, nor is there much of historical or architectural interest, but the breathtaking scenery is enough for most holidaymakers. Since the mountain stops only a few hundred meters short of the coast in this point, the town is squeezed into little more than one main street, and the natural limits to its development have helped to make this the most attractive of the seaside resorts.

رامسر

رامسر بر دامنهٔ جنگل و ساحل دریای مازندران گسترده است. بعضی از متون تاریخی پیشینهٔ این شهر را ده قرن ذکر کرده‌اند. رامسر پیش از ۱۳۱۰ هجری شمسی روستایی آباد بود و «سخت سر» نام داشت. طبیعت زیبای این روستای تاریخی، زمینه‌ای برای تبدیل آن به یک شهر تفریحی و توریستی بود. هم‌اکنون رامسر از مهمترین تفرجگاه‌های شمال ایران است. هتل بزرگ رامسر، شهرسازی زیبای هماهنگ با طبیعت و امکانات رفاهی ـ از جمله فرودگاه ـ از امتیازات این شهر توریستی است.

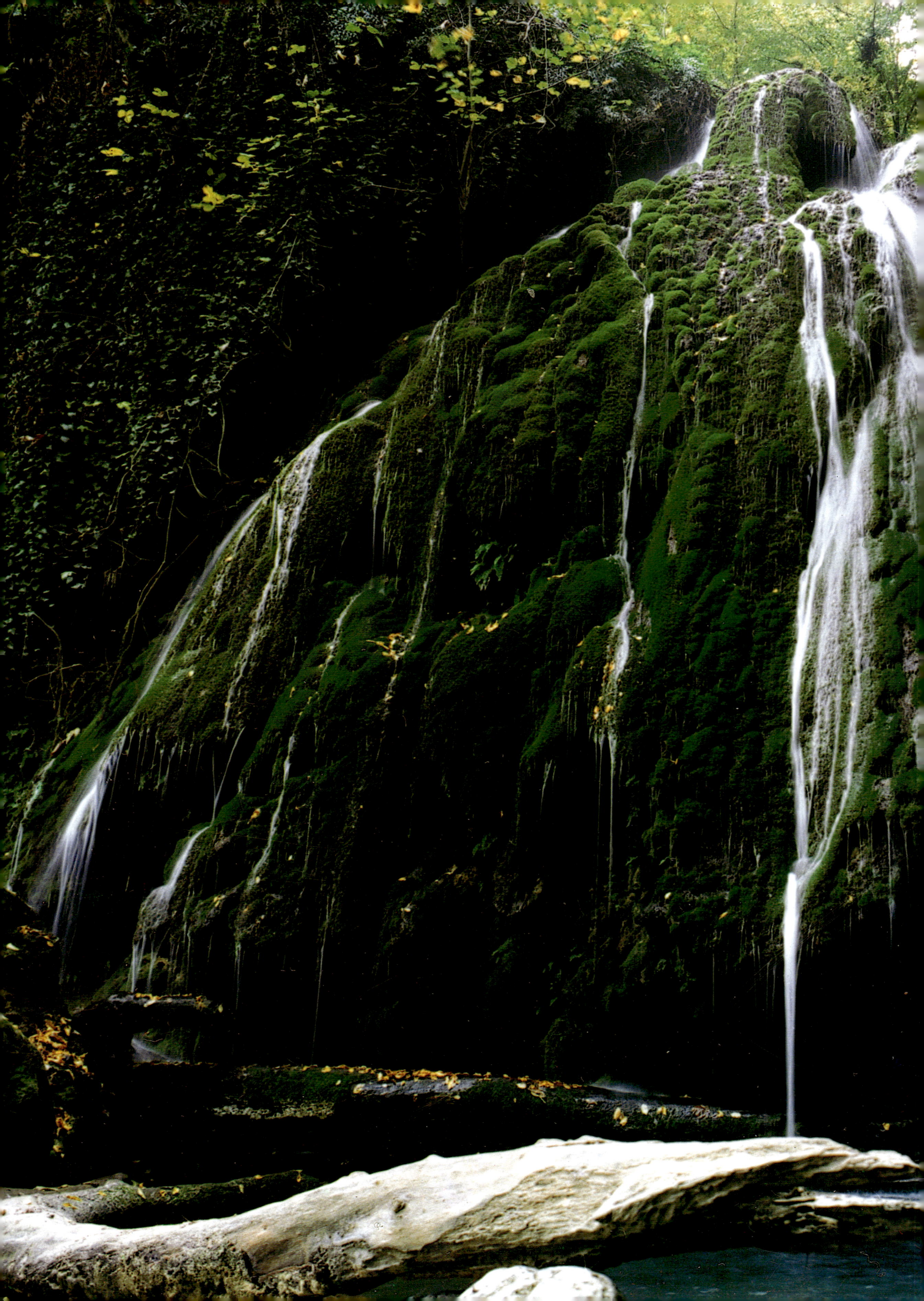

Kabudwall Waterfall

This series of waterfalls is situated in the heart of the Kabudwall jungle.

آبشار کبودوال

این مجموعه آبشارها در دره‌ای نسبتاً عمیق و بسیار زیبا، در جنگل انبوه و دیدنی کبودوال واقع شده‌است. کبودوال در ۵ کیلومتری جنوب علی‌آباد کتول قرار دارد.

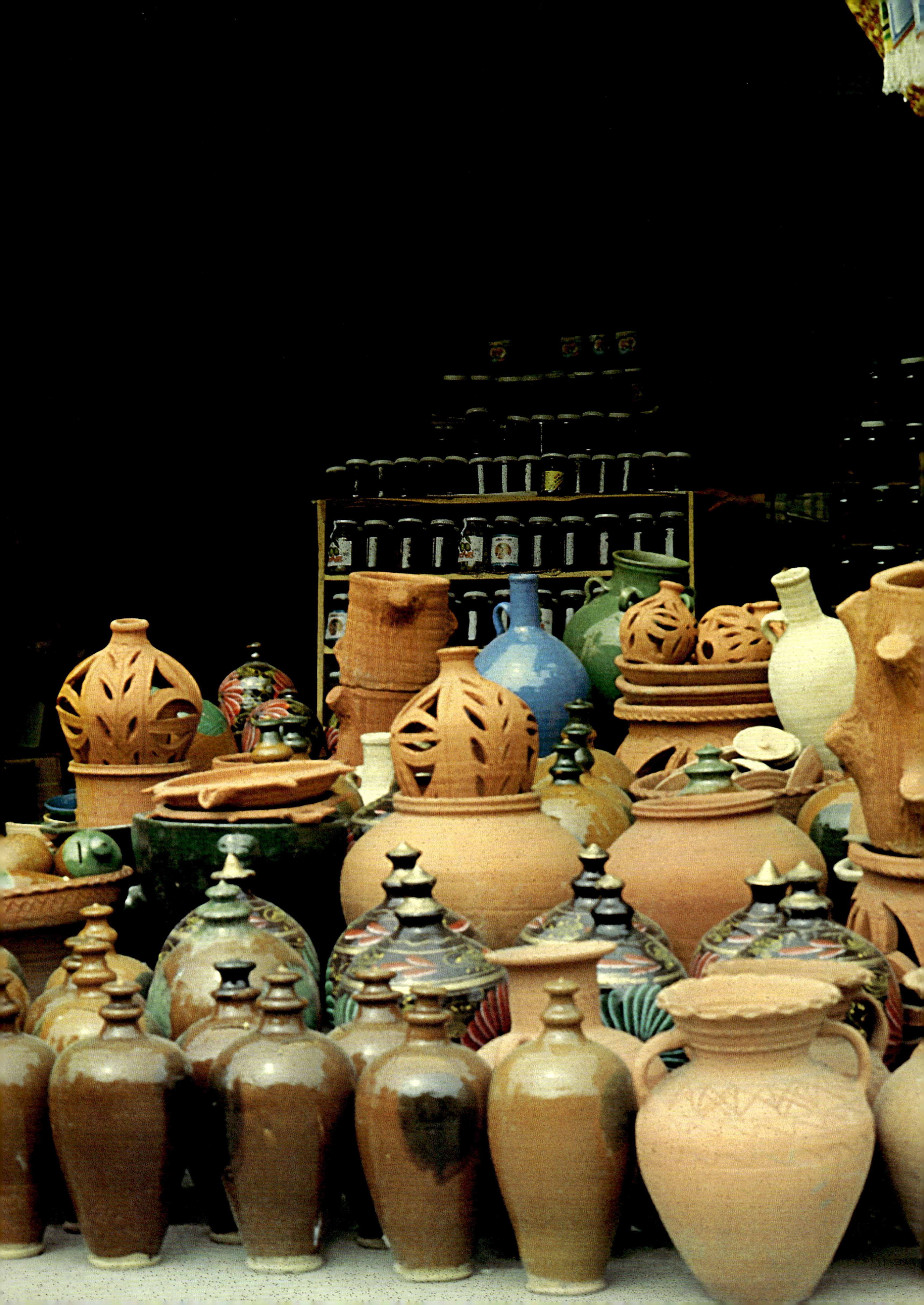

Nima's House in Yush

Yush village, a district of Nur township, is the birthplace of Nima, the modern Persian poet. Today, Nima's house has been renovated and turned into Nima Museum.

خانه‌ی نیما در یوش

روستای یوش از توابع بلده در شهرستان نور، زادگاه نیما یوشیج (علی اسفندیاری) شاعر نوآور معاصر است. امروزه خانه‌ی نیما در یوش، پس از مرمت و بازسازی، تبدیل به موزه‌ی نیما یوشیج شده و آرامگاه زیبا و ساده‌ای نیز در حیاط یوش ساخته شده.

Mazandaran
مازندران

بقعه‌ی شاه فخرالدین ساری
Mausoleum of Shah Fakhr ad-Din – Sari

میل گنبد قابوس (کاووس)

بنای آجری گنبد قابوس (کاووس) از نقطه نظر عظمت معماری و ویژگی‌های هنری و تکنیکی در زمره‌ی بزرگترین مفاخر معماری قرن چهارم هجری قمری به شمار می‌رود. ساختمان این میل که آرامگاه شمس‌المعالی قابوس‌بن‌وشمگیر زیاری است، در بالای تپه‌ای در میان پارک بزرگ شهر گنبد کاووس واقع شده‌است. این بنا در سال ۳۹۷ هجری‌قمری توسط «شمس‌المعالی قابوس‌بن وشمگیر» آل زیار جهت آرامگاه شخصی بنا شد.

Gombad-e Kavus

Gombad-é Kavus is a spectacular tomb tower, a stunning memorial to the remarkable Qabus (of which 'Kavus' is a corruption), a prince, poet, scholar, general and patron of the arts. He ruled the surrounding region at the turn of the 11th century and decided to build a monument to last forever. The 55m (180ft) tower was completed in 1006, six years before Qabus was slain by an assassin.

Gombad is 93km (58mi) north-east from Gorgan, a sizeable town in northern Iran near the Caspian Sea. Minibuses leave about every hour from the special Gombad terminal. There is also a daily bus from Tehran, 470km (290mi) southeast of Gombad.

برج ساعت ساری
Borj-i-Sa'at – Sari

بنای امامزاده عباس

بنای امامزاده عباس ساری از نظر شیوه‌ی معماری و شکل گنبد هرمی آن، اهمیت تاریخی و هنری دارد. داخل صحن بقعه، صندوق چوبی نفیسی بر روی مرقد قرار دارد که تاریخ سال ۸۹۷ هجری قمری بر روی آن حک شده است. در این بقعه سه تن از امامزادگان به نام امامزاده عباس، محمد و حسن مدفون هستند.

Abbas Mausoleum – Sari

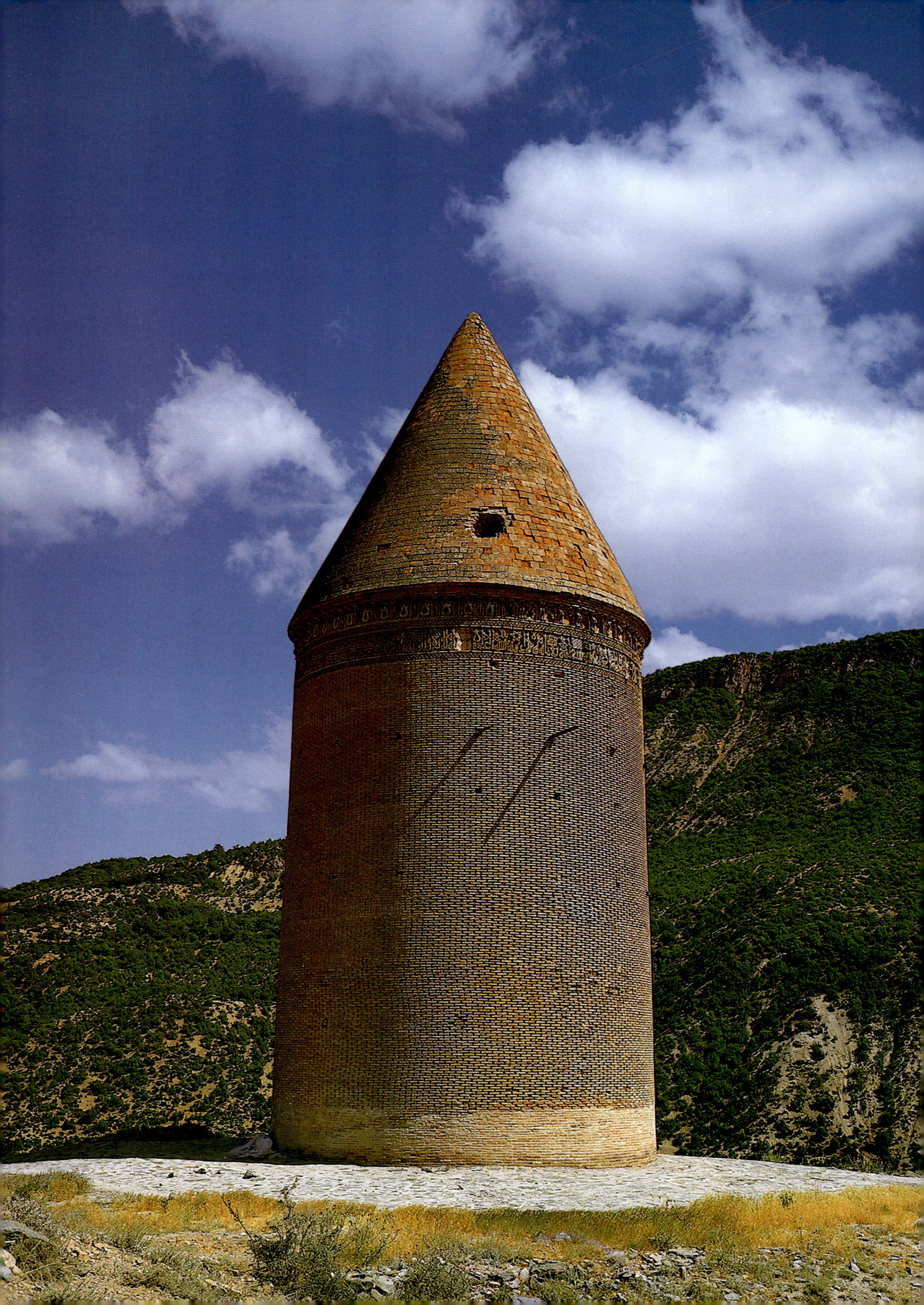

Mil-e Radakan

The tower stands 54km of the south of Gorgan near Radkan village. The construction of the tower was begun in 1016 and ended in 1020.

میل رادکان

این برج نزدیک روستای رادکان در ۵۴ کیلومتری جنوب گرگان بر فراز تپه‌ای بنا شده است. این بنا ۳۵ متر ارتفاع، و بدنه‌ی ساده‌ی آجرچین دارد. برج رادکان محل دفن یکی از اسپهبدان آل باوند طبرستان به نام ابوجعفرمحمدبن‌ولوریان باوندی، است. بنای برج در تاریخ ۴۰۷ هجری قمری شروع شده و در سال ۴۱۱ به پایان رسیده‌است.

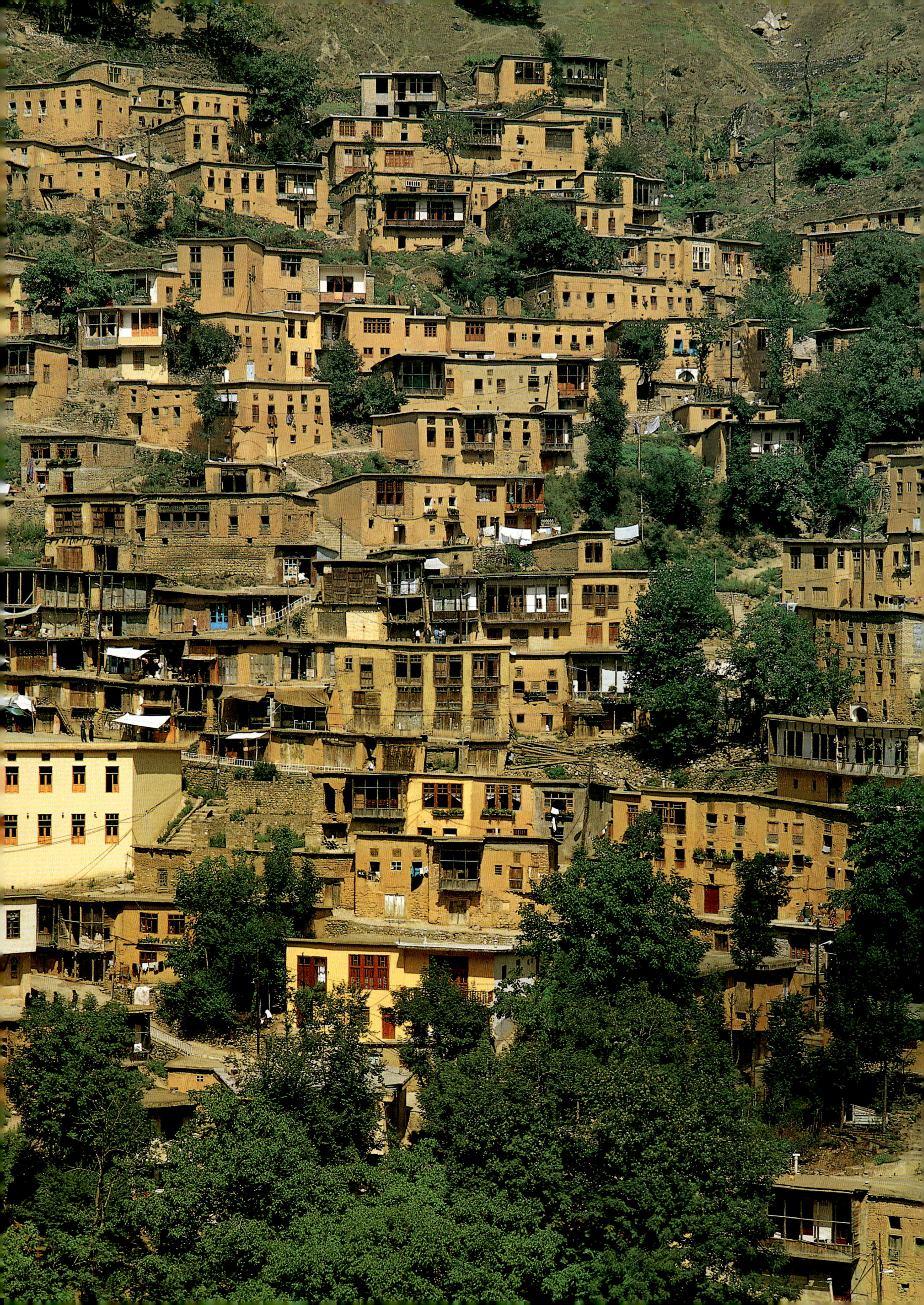

Gilan

With an area of 14,100sqkm, it is bounded by the Caspian Sea on the north, and the provinces of Ardabil, Zanjan and Mazandaran. Gilaki is the dominant dialect in the province. It consists of 16 districts: Rasht (the capital), Astara, Astaneh, Amlesh, Anzali, Rezvan Shahr, Rudbar, Rudsar, Siahkal, Shaft, Sumesara, Hashtpar, Fuman, Lahijan, Langerud, and Masal. Humidity is very high in the region. The largest river in Gilan is Sepid-Rud (the white river). Other important rivers are the Pol Rud and the Shalman Rud.
Gilan is noted for handicrafts, kilims, tea, rice, olives, and a special cake called kulucheh.

گیلان

استان گیلان با مساحتی در حدود ۱۴۱۰۰ کیلومتر مربع ، از شمال محدود به دریای خزر، و از سایر نواحی به استانهای اردبیل ، زنجان و مازندران محدود می باشد. گیلکی لهجهٔ غالب مردم این نواحی است. نواحی مختلف این استان عبارتند از جمله رشت(مرکز استان)و آستارا، آستانه، املش، انزلی، رضوان شهر، رودبار، رودسر، سیاهکل، شفت، صومعه سرا، هشتپر، فومن، لاهیجان، لنگرود و ماسال. آب و هوای این منطقه شرجی می باشد.
بزرگترین رودخانه گیلان سپید رود است. دیگر رودهای مهم عبارتند از پل رود و شلمان رود.
سوغاتی معروف گیلان کلوچه آن است.

Masuleh

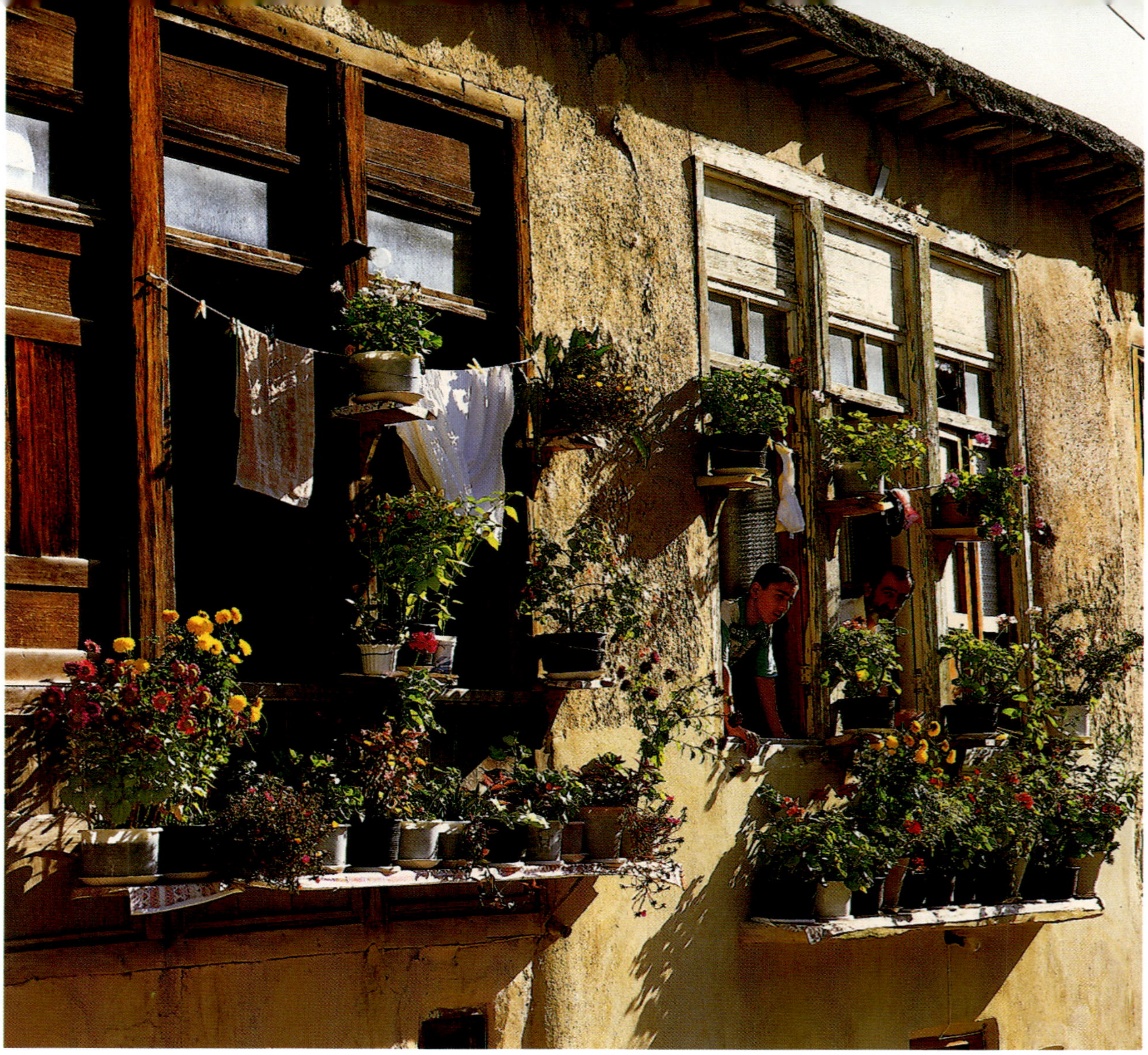

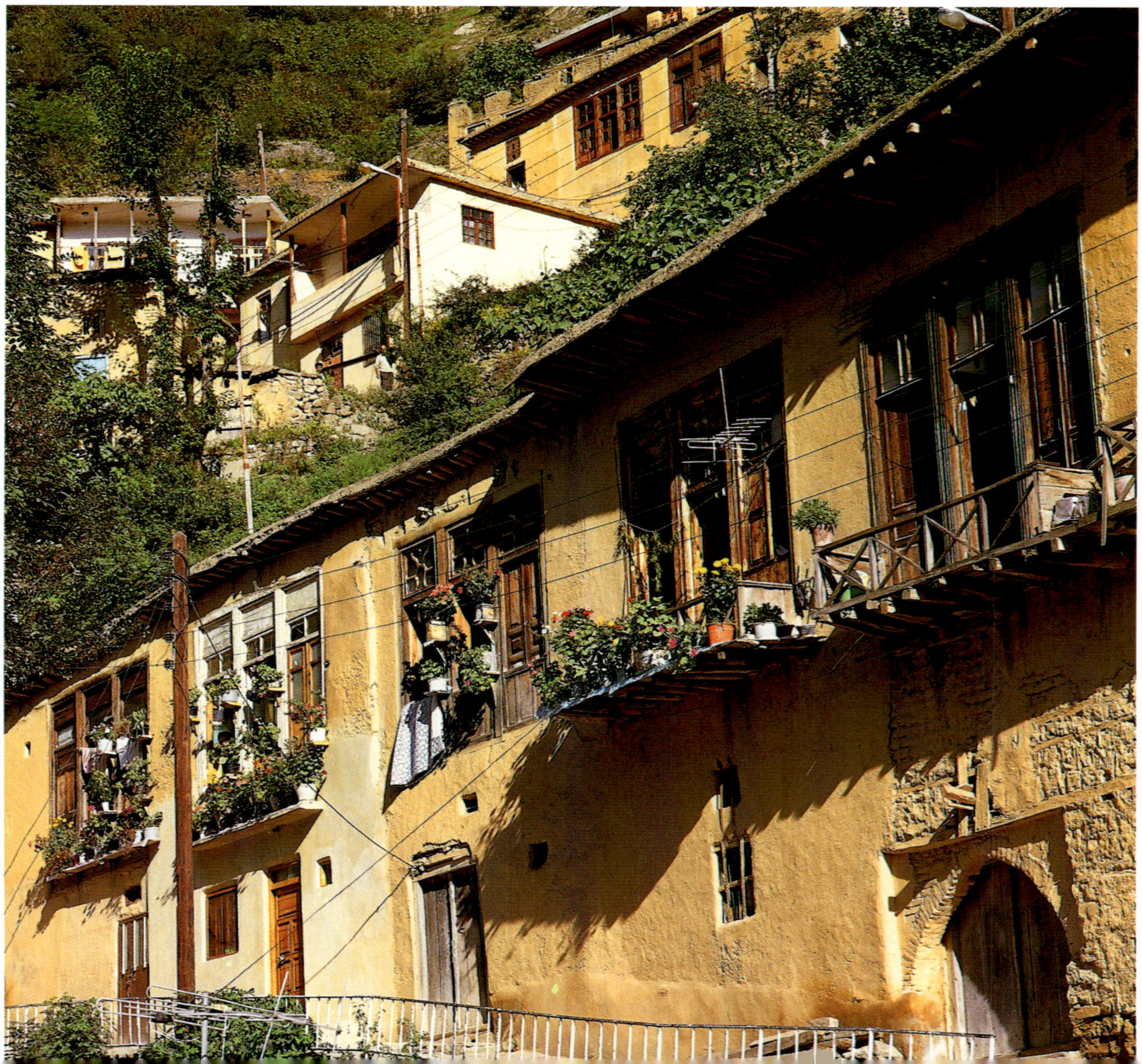

Gilan
گیلان

ماسوله

روستای زیبای ماسوله در ۶۳کیلومتری شهر رشت و در ضلع شرقی یکی از رشته کوه‌های تالش قرار دارد. این‌روستا که به سبب نوع معماری خانه‌هایش شهرتی جهانی یافته است، در شیب کوه واقع شده و نمای خانه‌های پله‌ای‌آن در دامنه سرسبز و سربرافراشته کوه‌ها و رود خروشان ماسوله‌رودخان، که از خط القعر دره می‌گذرد، از دل‌انگیزترین‌و دیدنی‌ترین مناظر گیلان و ایران است.
ماسوله جدید پس از آنکه مردم ـ احتمالا به واسطه شیوع طاعون در سال ۹۴۳هجری‌قمری ـ ماسوله قدیم را ترک‌کردند؛ در فاصله شش کیلومتری شهر متروکه احداث شد.
خانه‌های ماسوله اغلب دارای دو طبقه است و هر خانه در مجموع از دو قسمت تشکیل شده‌است: ۱ـ قسمت‌زمستانی (سومه) اتاق کوچکی است که معمولا در عقب خانه جای دارد. تنها محل نورگیر آن روزنه‌ای است به نام«لون». در وسط این اتاق کوره‌ای است برای تأمین گرما که از آن برای آشپزی هم استفاده می‌شود. در زمستان‌های سرد و یخ‌بندان ماسوله، اتاق گرم «سومه» پناهگاه شبانه‌روزی اهل خانه است. ۲ـ قسمت تابستانی :یا اتاق پیشخوان‌دارای پنجره‌های «اروسی» چوبی و بالارو است. بعضی از خانه‌ها اتاقکی هم بر بام خانه دارند که فقط تابستان از آن‌استفاده می‌شود. بام هر خانه متمایل به کوه ساخته می‌شود و معمولا پشت‌بام یک خانه، حیاط خانه بعدی است. بقعه‌های قدیمی عون‌بن‌علی و عون‌بن‌محمد از زیارتگاه‌های مردم ماسوله و روستاهای اطراف است.

Masulé

Of all the traditional and unspoiled mountain villages in the Caspian Province of Gilan, Masulé rates as the most breathtakingly beautiful. It is a cool 1050m (3444ft) above sea level and, formed by several irregular levels of terraced cream houses, appears to have grown out of its surroundings. So steep is the slope that there is not even a network of alleys - instead the flat roofs of many houses form a pathway for the level above.
There are few facilities here (just one hotel and restaurant, although you may be able to get a room in a local home), but Masuleh's inspired setting makes it worth the effort to get here.

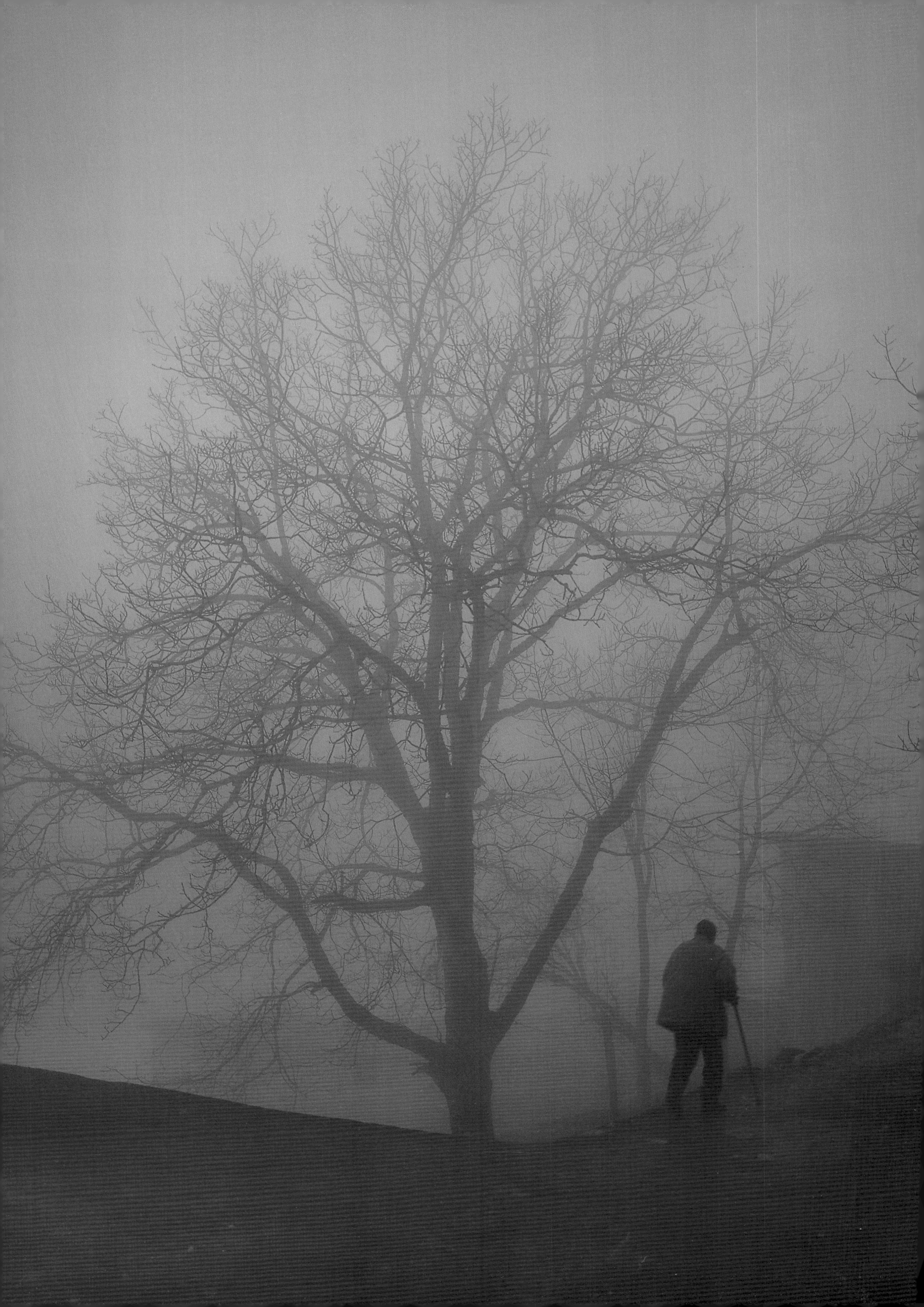

Tea Farms – Lahijan

One of the most beautiful cities in Gilan, it is noted for its tea.

مزارع چای لاهیجان

لاهیجان یکی از قدیمی‌ترین و زیباترین شهرهای استان گیلان است. این شهر به شهر چای اشتهار دارد. زیراچایکاری در ایران برای نخستین‌بار به همت «حاج محمدمیرزا کاشف‌السلطنه» چایکار، در سال ۱۳۱۹ هجری قمری در لاهیجان آغاز شد و به سرعت در این شهر و دیگر مناطق سواحل جنوبی دریای مازندران توسعه یافت، به‌طوری‌که پس از مدتی، کارخانه‌های چای خشک‌کنی و بسته‌بندی چای، کار تولید چای را رونق داد و با گسترش مزارع چای، بخشی از کار کشت چای نیز مکانیزه شد به‌طوری‌که اکنون چای یکی از تولیدات عمده کشاورزی کشور ما محسوب می‌شود. بی‌گمان کشت چای در ایران مدیون تلاش پی‌گیر مرحوم «کاشف‌السلطنه» پدر کشت و صنعت چای ایران است. کاشف‌السلطنه چنان عشقی به کار خود داشت که وصیت کرد او را روی تپه‌ای در میان مزرعه چای دفن کنند که خود وی به این قصد خریده بود. ابتدا بنا به وصیت کاشف‌السلطنه قبر وی که سنگش از مرمر سیاه بود، بدون سقف و حفاظ و در میان بوته‌های چای قرار داشت، اما بعدها، برای بزرگداشت این مرد خدمت‌گزار، مقرر شد که ٪۲ از درآمد چای به ساخت مقبره‌ای در خور شأن او اختصاص یابد. در سال ۱۳۳۵ شمسی بنای فعلی به همت انجمن آثار ملی با زیربنای ۵۱۲ مترمربع ساخته شد. در ۱۲۷۱ شمسی کل مجموعه به سازمان میراث فرهنگی واگذار شد. و سالن مستطیل‌شکل نسبتاً وسیعی که در جوار برج آرامگاه بود، برای احداث موزه چای ایران درنظر گرفته شد. موزه چای ایران با نمایش ابزار و وسایل سنتی چای و مدارک مربوط به تاریخ کشت چای در ایران پذیرای گردشگران است.

چای مکانیزه فومن | Mechanized Tea of Fuman

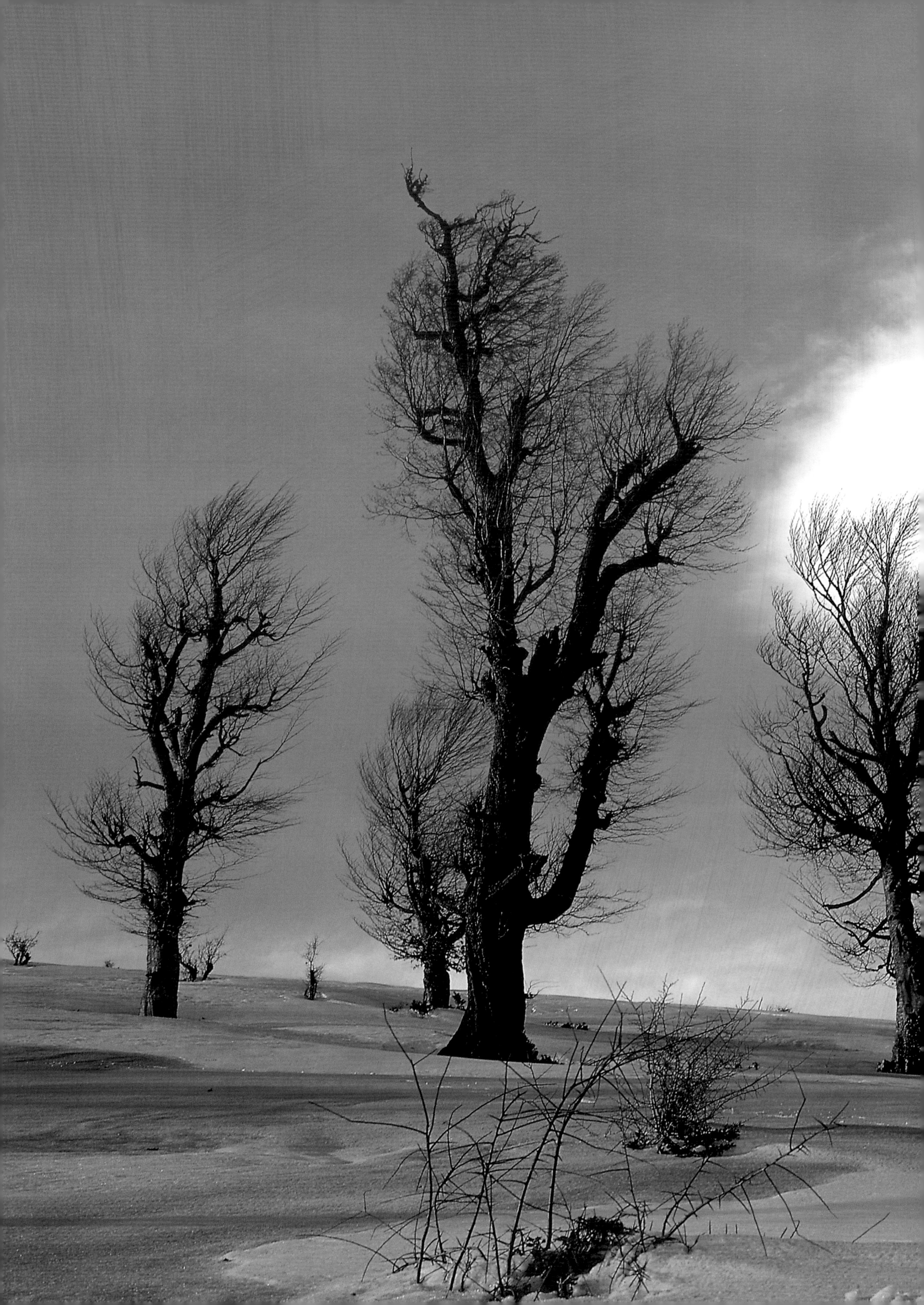

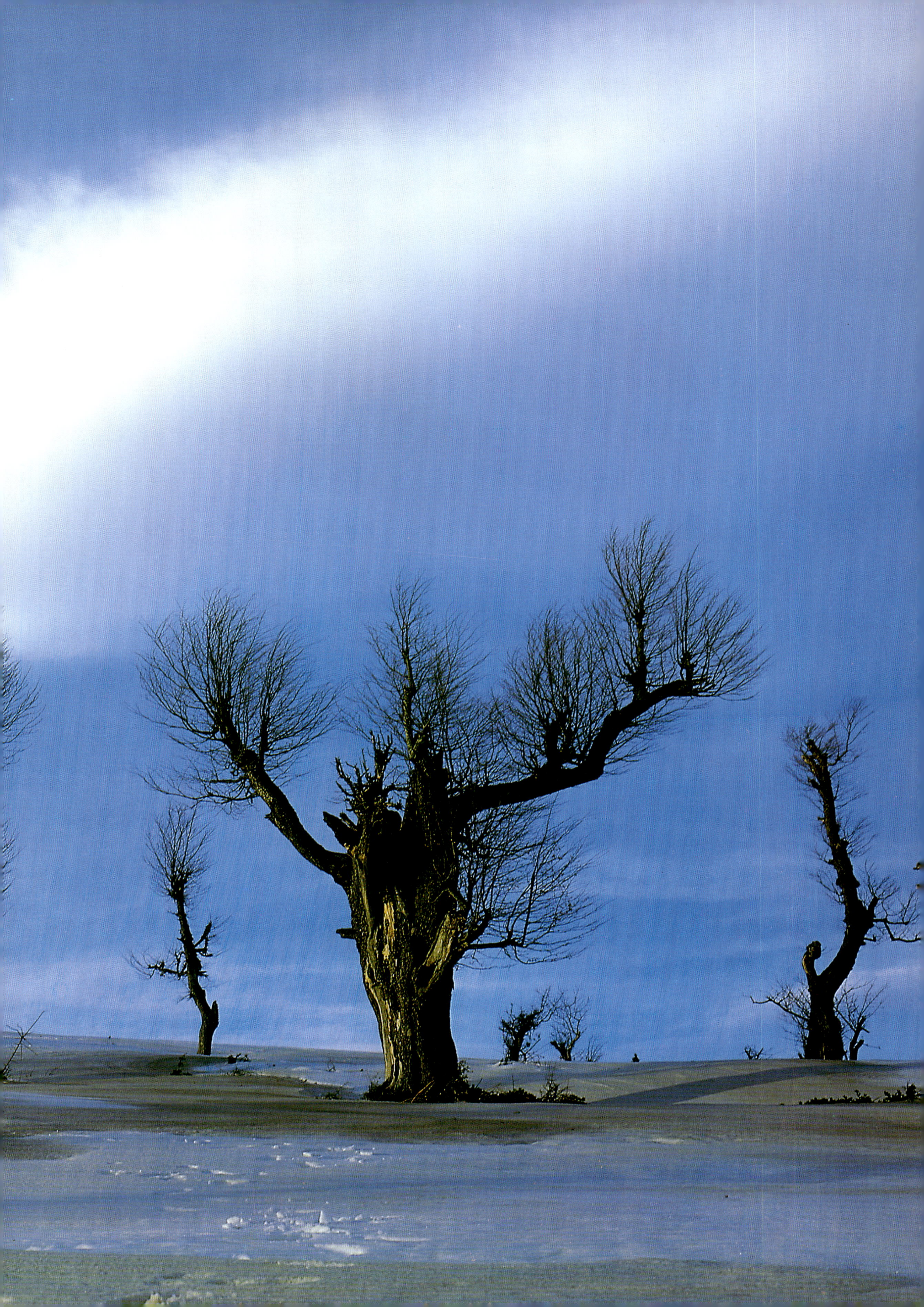

Mausoleum of Sheikh Zahed Gilani - Lahijan

Situated in the Sheikhanvar village of Lahijan, the structure is pyramidal in form and covered with earthenware tiles. It has a pointed dome and a plaster covered ceiling. The only inscription on the wooden chest on the tomb reveals the date of 1428. The architecture displays the effects of the 14th or 15th century.

لاهیجان آرامگاه شیخ زاهد گیلانی

ساختمانی است هرمی شکل با پوشش سفالی و گنبد نوک تیز که ایوانی آن را از دو سو احاطه کرده است. سقف درونی بقعه دارای گچبری است و ازاره های آن، با کاشی رنگی و گلدار تزیین شده است. تاریخ ساخت بنا به احتمال زیاد، سال ۸۳۳ هجری قمری است.

Mud brick Bridge of Langerud

The bridge was built over the Langerud River at the order of Haj Agha Bozorg Monajjem Bashi during the reign of Fath Ali Shah. The bridge is 37m long and 4.5m wide. The bridge has two arches.

پل خشتی لنگرود

این پل بر روی رودخانه لنگرود در راه قدیم لاهیجان به لنگرود ساخته شده است. پل لنگرود در محل پل چوبی قدیمی به دستور حاج آقا بزرگ منجم باشی، و در زمان سلطنت فتحعلی شاه ساخته شده است... طول پل ۳۷ متر و عرض آن ۴/۵ متر است. این پل ۲ چشمه با طاق های جناقی دارد که از دو طرف به جرزهای قطور تکیه داده اند.

Gilan
گیلان

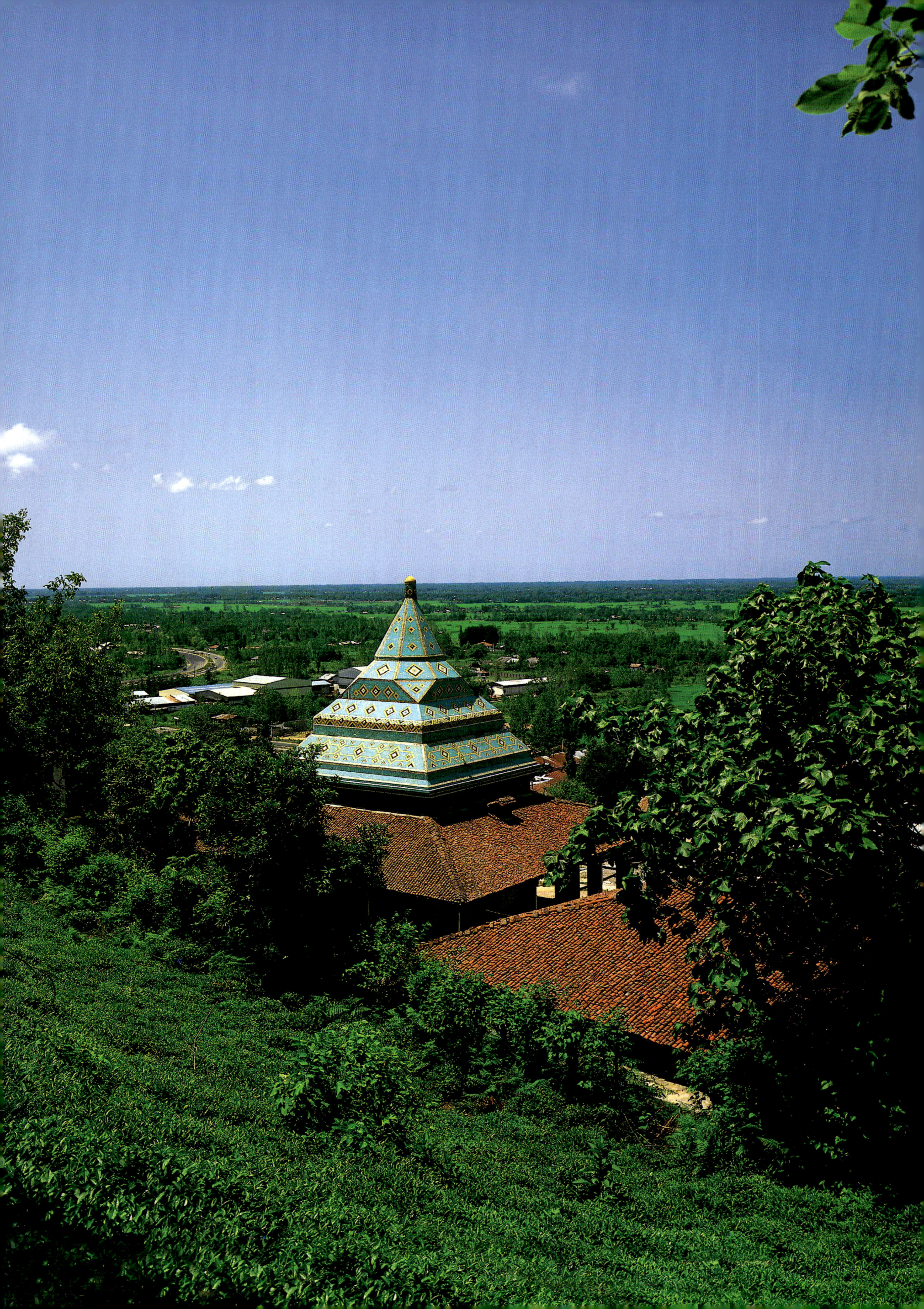

شالیزار یسار به آستارا

چشم‌انداز بی‌کران شالیزارها از یسار به آستارا ـ گستره سبز شالیزار، چشم‌انداز شوق‌انگیز سرزمین پربرکت گیلان است. شالیکاران پا به آب بی‌امان می‌سپارند، کمر خم می‌کنند و نشاهای برنج را دانه‌دانه در بطن زمین می‌کارند تا شالیزار سبز و بارور شود و عطر برنج ایرانی در خانه‌های ما بپیچد. همه اذعان دارند که برنج هیچ‌جا به عطر و طعم برنج ایران نمی‌رسد.

Paddy fields – Yasar to Astara

The superb vista of the paddy fields from Yasar to Astara is a great sight. Everyone owns that the Iranian rice has the best taste and flavor.

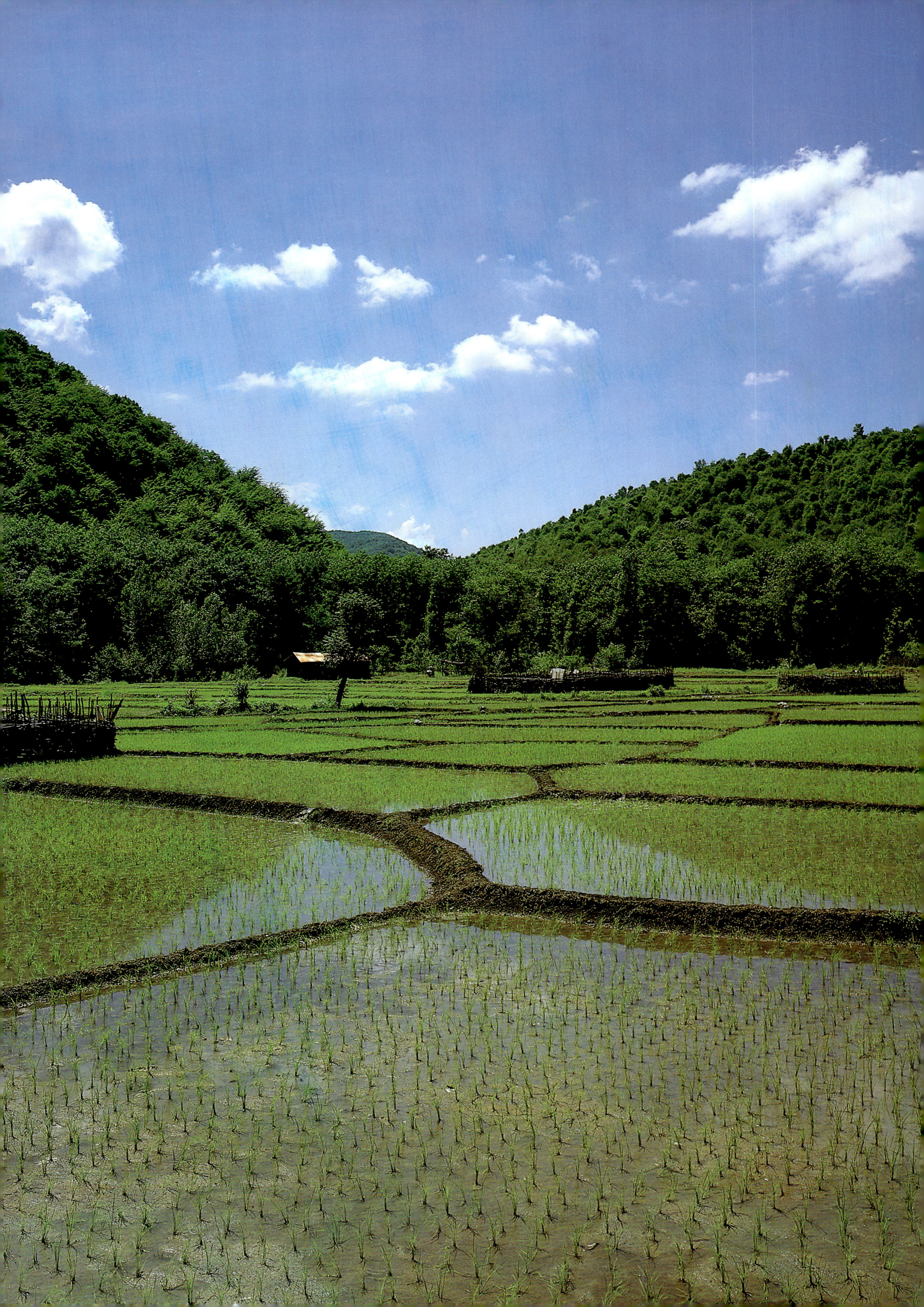

Hashtpar Tavalesh

سد سفیدرود:

سفیدرود از استان‌های کردستان و آذربایجان سرچشمه می‌گیرد، از استان زنجان می‌گذرد و در استان گیلان به دریای مازندران می‌ریزد. از منجیل تا آستارا تعدادی رودخانه و جویبار به سفیدرود می‌ریزند. سد بزرگ سفیدرود برروی این رودخانه احداث شده‌است، حواشی دریاچه سد و این رود بزرگ، قابلیت‌های جالب توجه گردشگری دارند.

Sefid Rud

Persian Sefid Rud, also spelled Safid Rud, longest river of northern Iran, rising 920 feet (280m) in elevation and breaking through the Elburz Mountains in an impressive gorge 23 miles (37km) long to emerge on the plain of Gilan, where it forms a delta and flows into the Caspian Sea. With its main tributary, the Qezel Owzan, the Safid River is approximately 600 miles (1,000km) long and drains 21,700 square miles (56,200 square km). A dam at Manjil at the upper end of the gorge is designed to prevent floods, improve and extend irrigation, and provide electric power.

هشتپر طوالش

Mausoleum of Imamzadeh Hashem

Located in an area by the same name on the Tehran-Rasht road, it is frequented by pilgrims. It includes an arcade, an inn, a mosque, a park, a library and a clinic. The mausoleum has been renovated.

Sefid Rud Dam

Hashtpar-e Talesh

Capital of Talesh, the town is one of the superb forested areas in Gilan.

Talesh is called 'Tablestan' in the Arabic language. Until the time of the Afsharid Dynasty, the southern part was dependent on the Kasgar government and the central sector excluding Astara, named as Espahbod, was under the control of the Nav and Tul governments whereas the northern portion was called Goshtasbi. As the wars between Iran and Tsarist Russia came to an end, and after the conclusion of the Golestan and Turkmen Chai Treaties, Talesh Goshtasbi was segregated from Iran. Thereafter, Espahbod Talesh and Talesh Kasgar which were under the dominance of the tribal chiefs of Namin were divided into two parts. Its northern sector was under the control of Ardabil until 1963.

هشت‌پر تالش

هشت‌پر مرکز تالش است که در گذشته «شفارود» و پس از آن، «گرگان - رود» نام داشت. تا دوره افشاریه، بخش‌جنوبی شهرستان تالش، تابع حکومت «کسگر» بود، و بخش میانی آن آستارا تحت حکومت «ناو» و «طول» (اسپهبد)قرار داشت و بخش شمالی آن را «گشتاسپی» می‌نامیدند. پس از انعقاد عهدنامه‌های گلستان و ترکمان‌چای، تالش‌گشتاسپی از پیکر ایران جدا شد، سپس تالش «اسپهند» و «کسگر» دو قسمت شد. قسمت شمالی آن در محدوده شهرستان آستارا تا سال ۱۳۴۲ تابع اردبیل باقی ماند و قسمت جنوبی آن به پنج بلوک یا خان‌نشین به نام «گرگانرود» (گرگارو) اسالم، تالش دولاب (رضوان‌شهر)، شاندرمن و ماسال تقسیم شد و «خمسه طوالش» نامیده شد. تالش دریک منطقه زیبای جنگلی قرار دارد و مرکز آن هشت‌پر است.

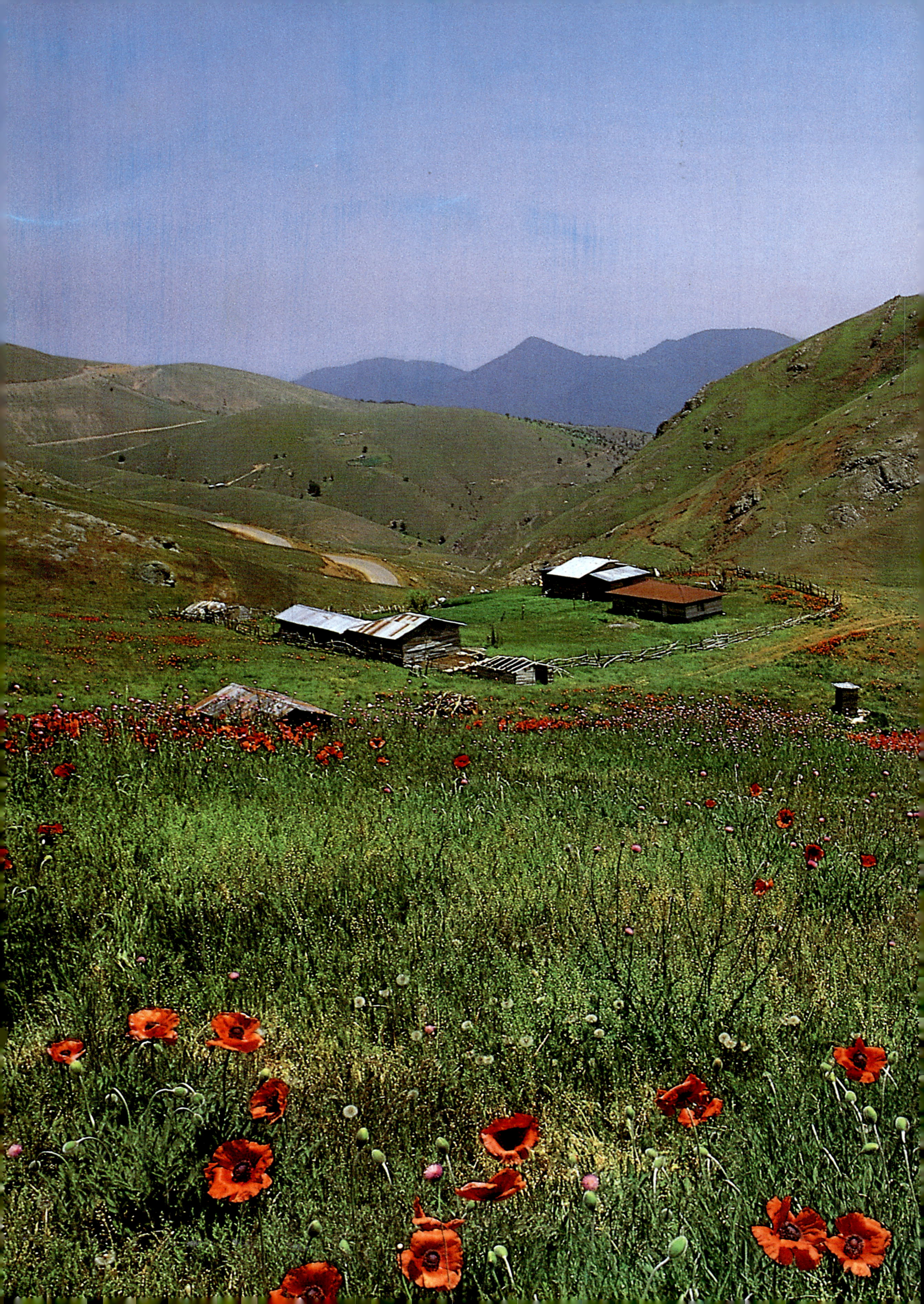

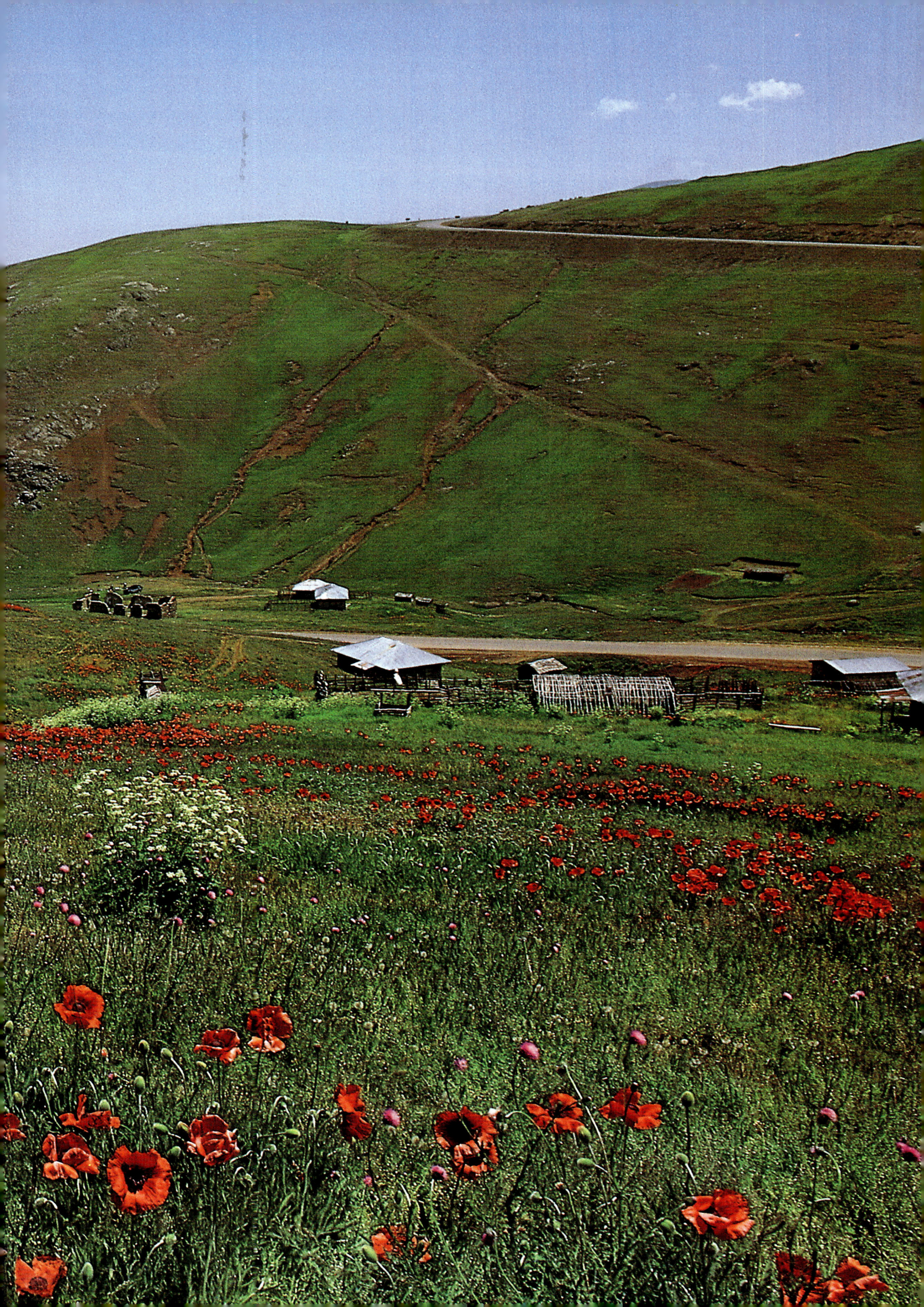

Masuleh toward the North | ماسوله به شمال

اسالم به خلخال
Asalem to Khalkhal

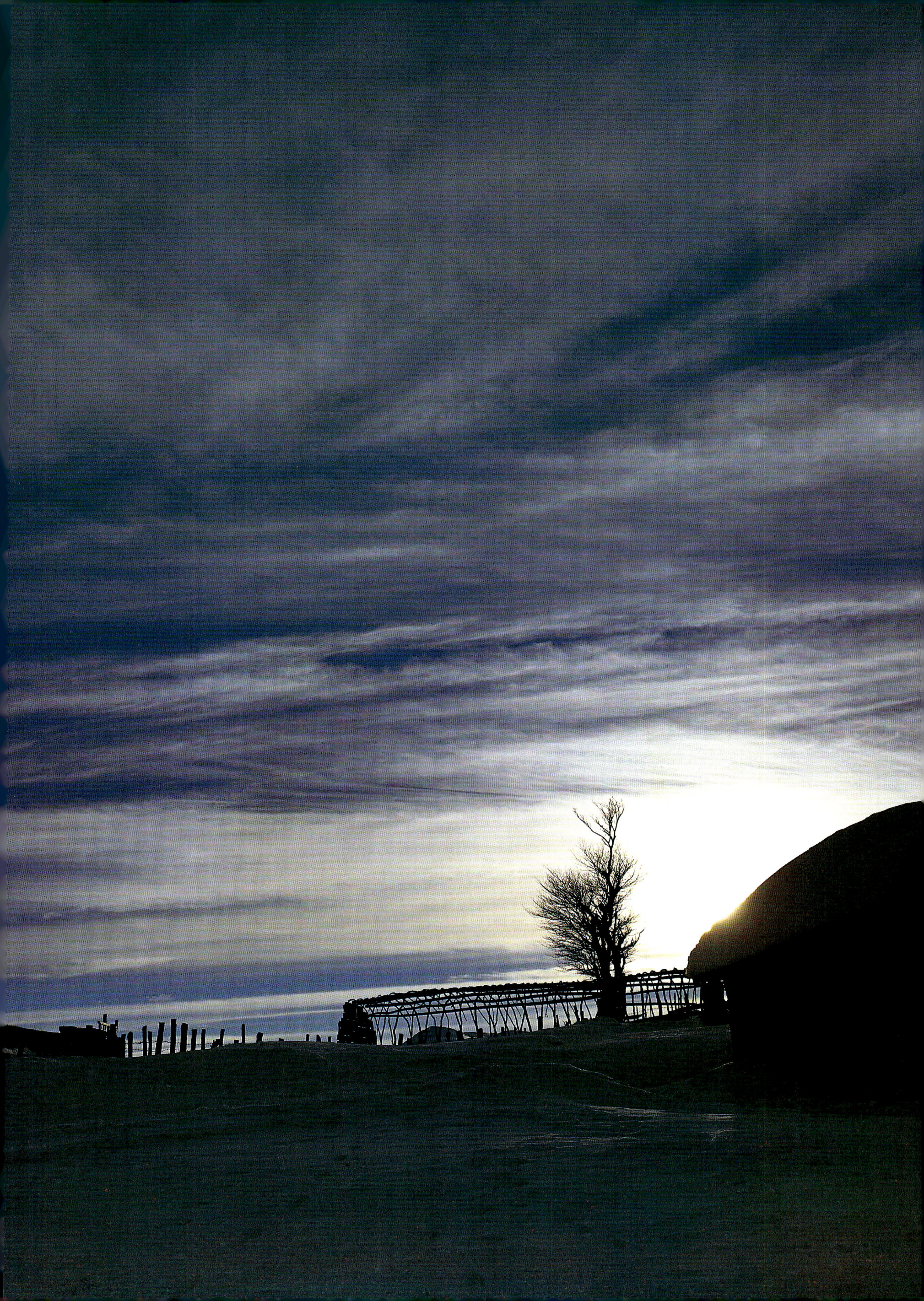

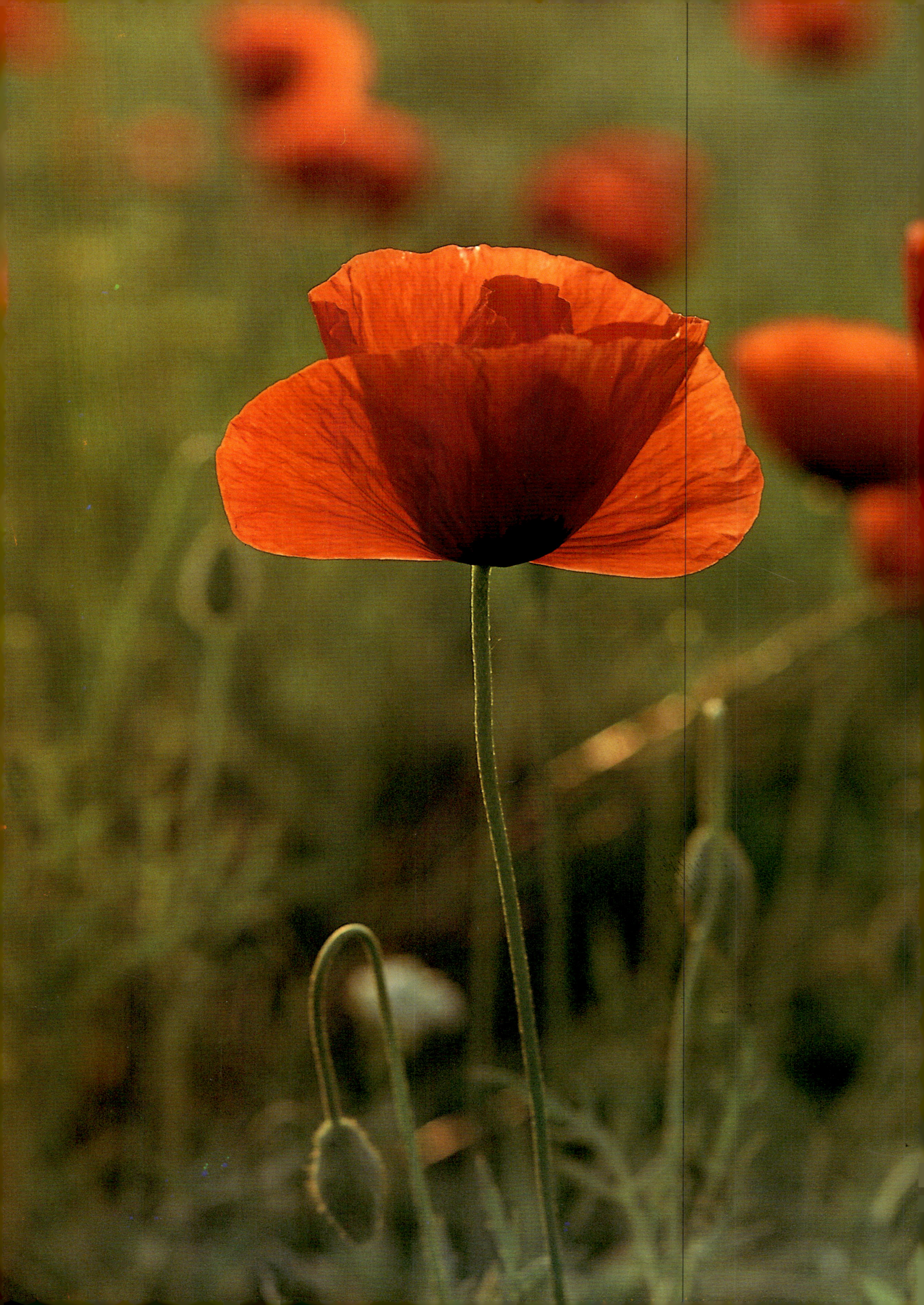

Manjil | منجیل

اسالم به خلخال
Asalem to Khalkhal

Masooleh ماسوله

Hashtpar Tavalesh هشتپر طوالش

Khalkhal خلخال

Gilan
گیلان

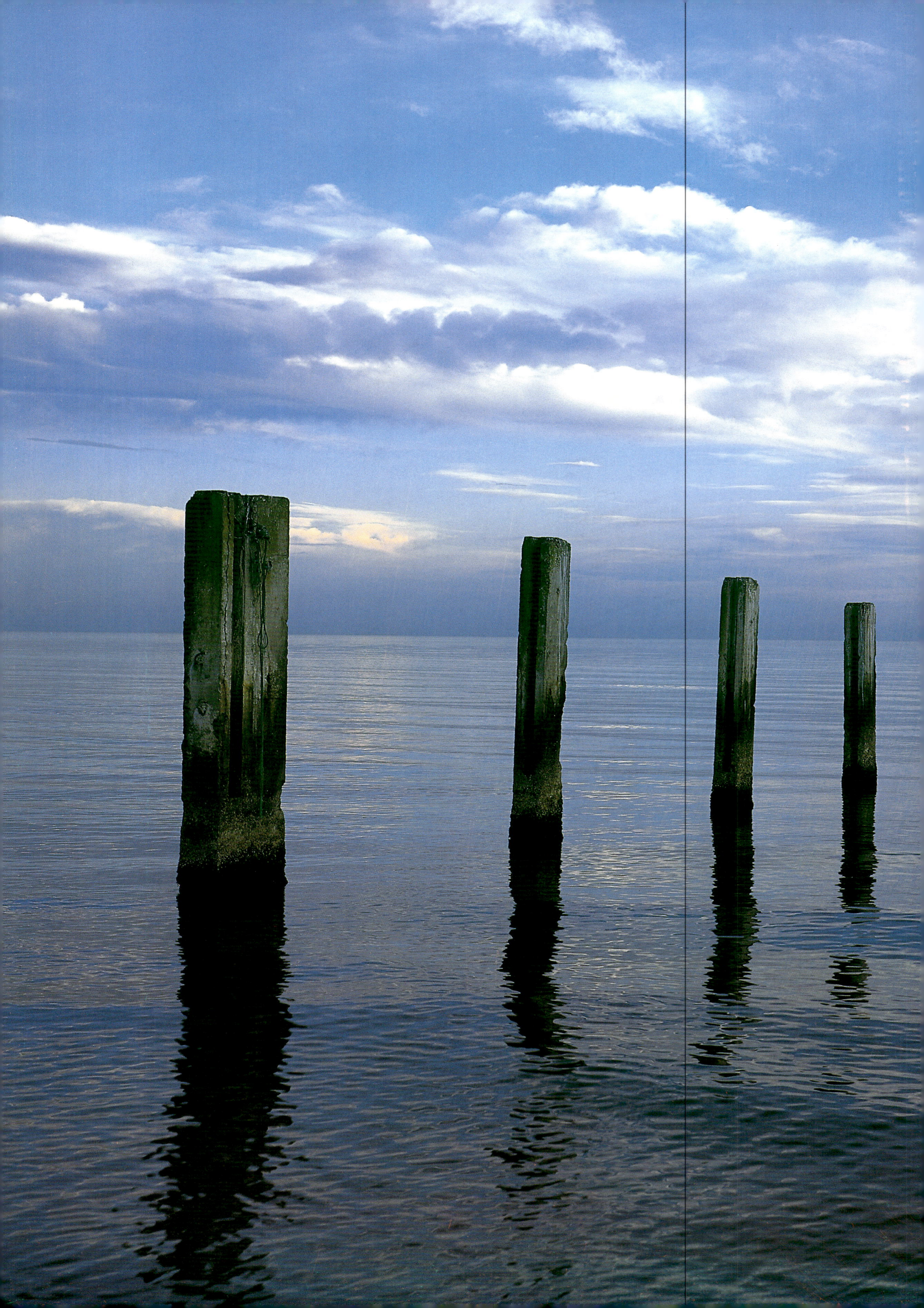

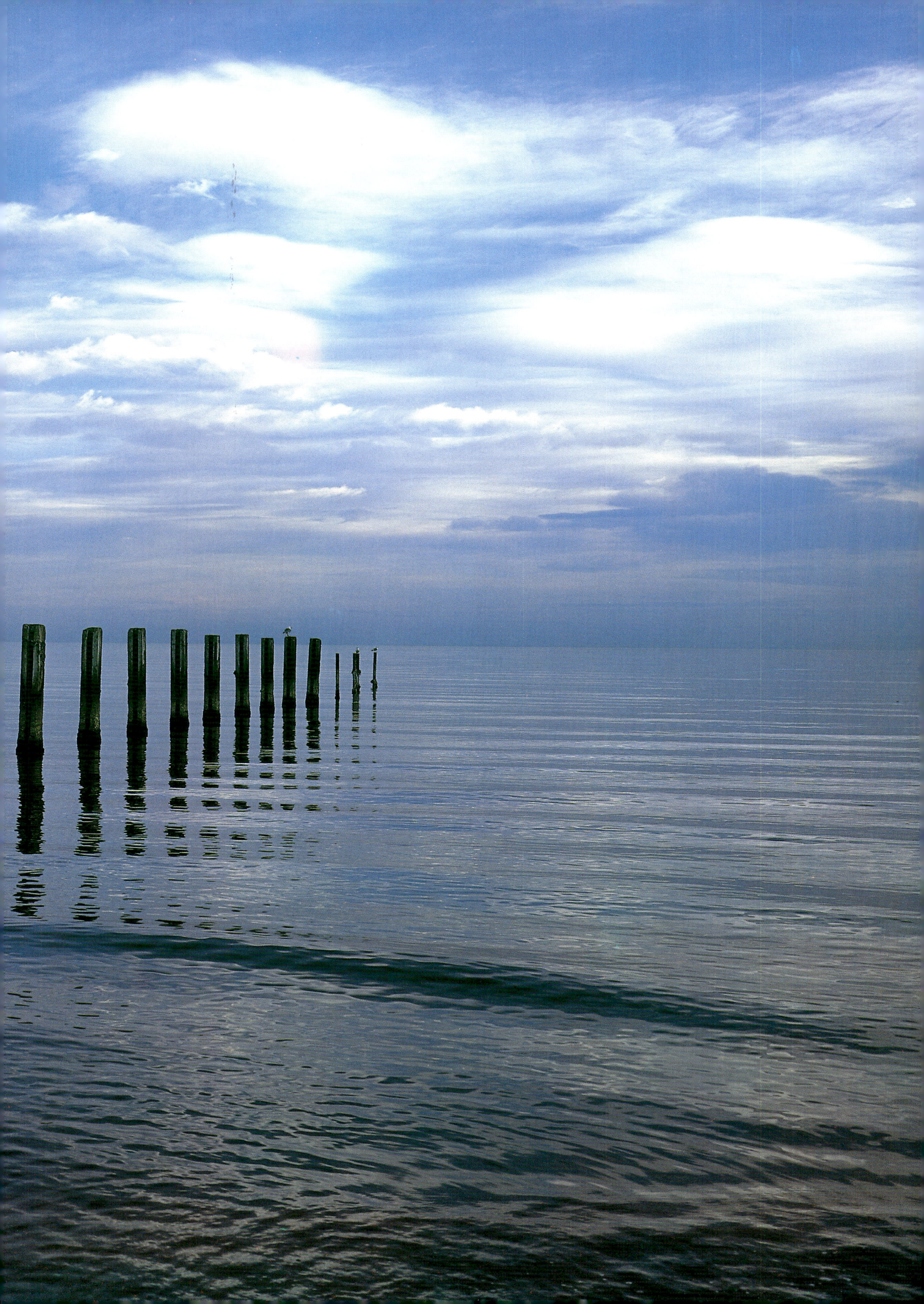

Gilan
گیلان

فضاهای جنگلی

جنگل‌های شمالی ایران و به ویژه جنگل‌های گیلان، تنها بازمانده جنگل‌های طبیعی کشور و بناهای یک ثروت ملی، تاریخی و طبیعی‌اند. در سرزمین خشک ایران که مساحت جنگل‌های آن بسیار اندک است و هرسال در حدود ۵۰ تا ۶۰هزار هکتار از منابع محدود آن نیز نابود می‌شود، هر واحد جنگلی به تنهایی یک فرهنگ و یک هویت و حتی یک میراث تاریخی و ملی است. میراثی که تنها در محدوده‌هایی از ایران هنوز پابرجاست.

جذابیت جنگل‌های گیلان در تنوع گونه‌های جنگلی آن‌هاست. ویژگی دیگر جنگل‌های گیلا
سرسبزی بستر آن‌است که مانند فرشی از چمن گسترده است.
جنگل‌های گیلان، امکانات شایان توجهی را از نظر تغذیه حیات وحش و پرکردن اوقات فرا
مردم فراهم کرده‌است. محیط طبیعی آن، حتی بدون تجهیزات کافی در کوهپایه‌ها نیز قابا
تفرجگاهی دارد.

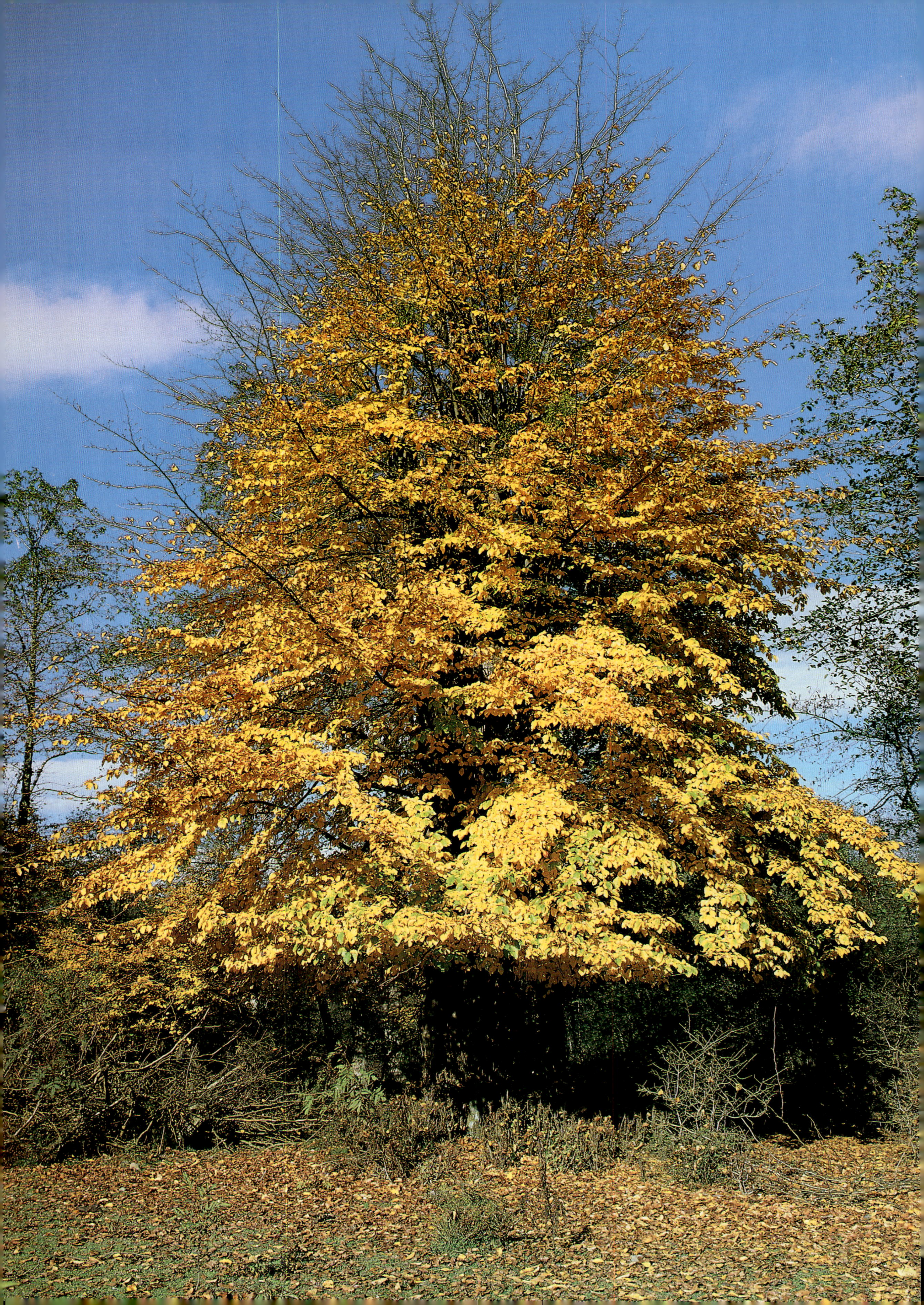

جنگلهای شفارود اسالم

توسعه راه‌های ارتباطی از میان دره‌هایی که کوه و جنگل را به هم پیوند می‌دهند، امکان برقراری گشت‌های گردشگری را برای گذشتن از دل جنگل‌ها و دستیابی به دریا، آسان کرده‌است. در پهنه سرزمین گیلان نواحی ییلاقی و محورهای جهانگردی بسیار زیبائی پدید آمده‌اند که معروفترین آنها عبارتند از : محور ماسوله و ییلاقات آن، محور دیلمان و ییلاقات آن، محور رحیم‌آباد ـ گرماب‌دشت و کوچید.

محور اسالم به خلخال، محور قلعه رودخان و ییلاقات آن، نواحی ییلاقی امامزاده ابراهیم و امامزاده اسحاق(ع)، نواحی ییلاقی رستم‌آباد سلمانسر، ییلاقات دره اشکور و دره گوهررود و مارلیک.

اسالم – جنگل شفارود | Shifarud Forests – Asalem

جنگل کیسـ
Gisum Forest

ریاچه استیل - آستارا

ر جنوب شهر آستارا یکی از دریاچه‌های زیبای ساحلی گیلان، در مساحتی کوچک ؛سیاحتگران نجکاو رامجذوب می‌کند. این دریاچه در شمار بهترین زیستگاه‌های طبیعی پرندگان است. برای لوگیری از هجوم مردم به این دریاچه، آن را جزو مناطق حفاظت شده اعلام کرده‌اند.

Estil Lake – Astara

Towards the south of Astara lies one of the beautiful lakes of Gilan. Th lake is the habitat for numerous birds. The area is protected

Anzali Lagoon (Mordab-e Anzali)

Mordab is the name given to the various shallow lagoons on the Persian shores of the Caspian Sea. The largest of these, Part River, part swamp, lies between Bandar Anzali and Rasht, 25 miles inland where the reeds and thick, channels are kept clean through which boats can be rowed or punted.

تالاب انزلی

تالاب انزلی از جمله زیباترین چشم‌اندازهای آبی گیلان است. این تالاب محل تخم‌ریزی آبزیان و پناهگاه پرندگان بومی و مهاجر است. در داخل تالاب، جزایر زیبایی پراکنده است. از دیدنی‌های چشم‌نواز تالاب انزلی می‌توان از گل‌های نیلوفرآبی نام برد که غنچه‌ها و برگ‌های آن سر از آب برآورده، سطح وسیعی از تالاب را پوشانده‌است. هرساله هزاران هزار پرنده مهاجر از سرزمین‌های شمالی برای زمستان‌گذرانی به تالاب انزلی روی می‌آورند. نیزارهاگذشته از آن‌که زیستگاه مناسبی برای پرندگان به شمار می‌آیند، رویشگاه گیاهانی با قابلیت انعطاف فراوان هستند که درصنایع دستی و بومی گیلان کاربرد قابل توجهی دارند. انواع حصیر، زنبیل، سبد، ظروف‌های نیی و... از این گیاهان‌ساخته می‌شود. ماهی‌گیری و شکار و فروش پرندگان از منابع درآمد صیادان و ساکنان اطراف تالاب است.

Gilan | گیلان

Gilan

گیلان

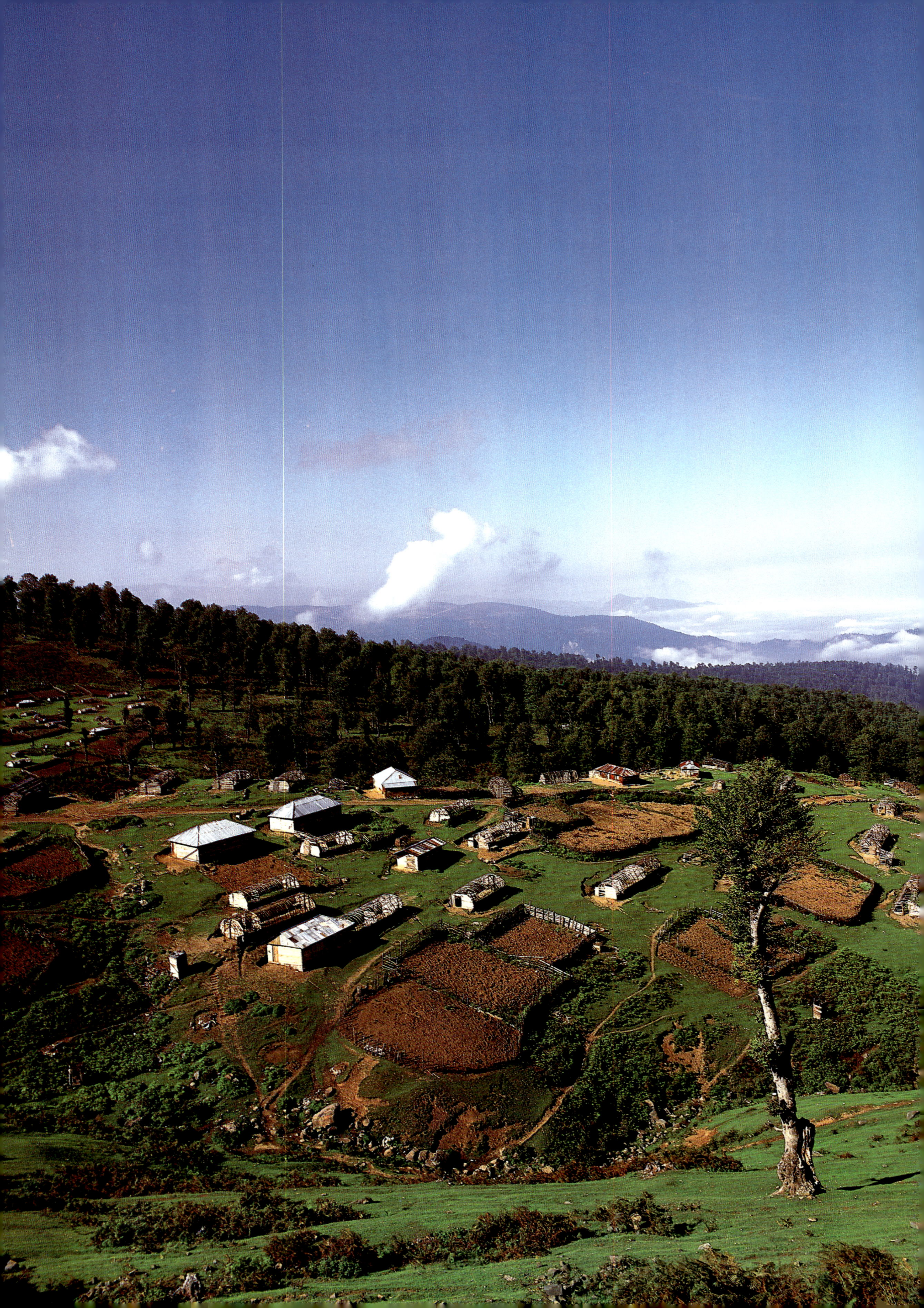

بندر انزلی

قدیمی‌ترین زمانی که در متن‌های تاریخی از انزلی یاد شده، سال ۸۶۳ هجری قمری است که در آن زمان یک دهکده کوچک بوده است. از اوایل دوره صفویه، این ناحیه موردتوجه انگلیسی‌ها، روس‌ها و دولت مرکزی ایران قرارگرفت. انگلیسی‌ها با دایرکردن شرکت تجارتی صادرات ابریشم گیلان در مسکو، راه رشت ـ انزلی ـ بادکوبه به اروپا را رونق بخشیدند و انزلی به عنوان «دروازه اروپا» معروف شد. از آن زمان به بعد، انزلی به تدریج به صورت توقفگاهی برای کشتی‌های تجاری و سرپلی میان رشت و اروپا درآمد و روزبه‌روز بر رونق آن افزوده شد. روی کارآمدن پهلوی اول و توجه وی به بندر انزلی، اسکله جدیدی در انزلی و غازیان ساخته شد و اداره بندر و کشتی‌رانی مجهز گشت. در حال حاضر بندر انزلی یکی از زیباترین شهرهای گیلان و مجهزترین بندر کرانه‌های دریای مازندران است که سالانه هزاران تن کالا توسط کشتی از آن خارج و یا به آن وارد می‌شود.

Bandar Anzali

A principal port and a resort, northern Iran, on the Caspian Sea, connected with Mazandaran, Azerbaijan, and Tehran by road, the city has a population of Russians, Armenians, Caucasians, and Turkmens. Founded in the early 19th century, the town lies on both sides of the entrance to Mordab Lagoon. It was occupied by the Russians in 1920; they declared a Soviet Republic of Gilan, but that entity collapsed in 1921. The port lies in the channel between two sandy peninsulas; Ghazian Peninsula, to the east, has an airfield. The channel is quite irregular in depth. The entrance is protected by two breakwaters, and dredging is necessary. Port installations are mainly on the eastern side. There is a small wharf, an oil depot, and a fishery station.

اسالم به خلخال

Asalem to Khalkhal

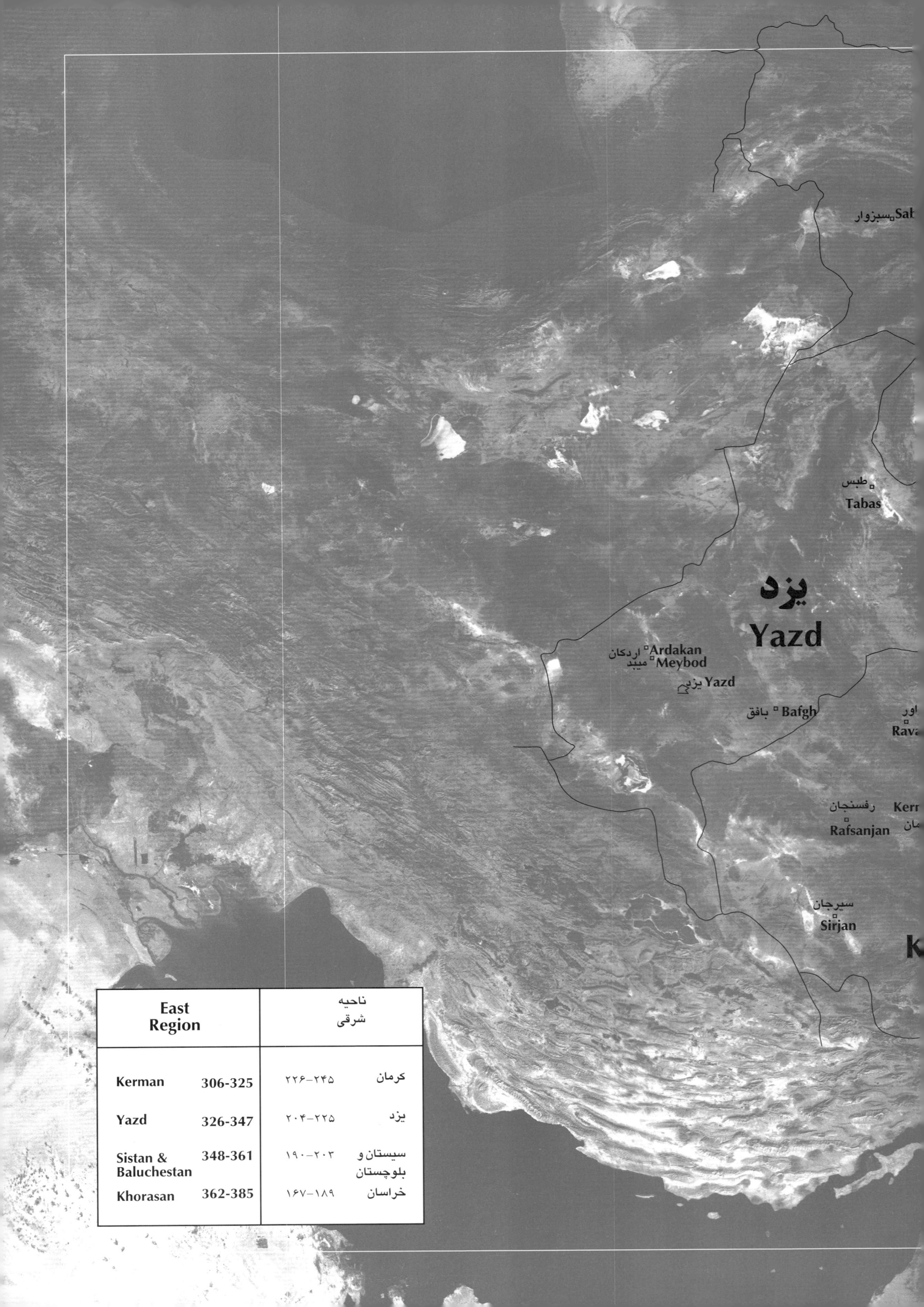

East Region		ناحیه شرقی	
Kerman	306-325	۲۲۶-۲۴۵	کرمان
Yazd	326-347	۲۰۴-۲۲۵	یزد
Sistan & Baluchestan	348-361	۱۹۰-۲۰۳	سیستان و بلوچستان
Khorasan	362-385	۱۶۷-۱۸۹	خراسان

يزد
Yazd

سبزوار Sa
طبس Tabas
اردکان Ardakan
میبد Meybod
یزد Yazd
بافق Bafgh
او Rava
رفسنجان Kerr
Rafsanjan
سیرجان Sirjan

کیلومتر

کلات Kalat
طوس Toos
مشهد Mashahd
ur
فریمان
Fariman
تربت حیدریه
orabat Heydaryeh
خراسان
horasan
بیرجند
Birjand
دریاچه
هامون
Hamoon
Lake
زابل
Zabol
شهر سوخته
Sookhteh City
زاهدان
Zahedan
بم
Bam
سیستان
و بلوچستان
Kahnoj
کهنوج
هامون
جازموریان
ایرانشهر
Sistan &
Baluchestan
چابهار
Chabahar
50 0 50 100 150 200 Km

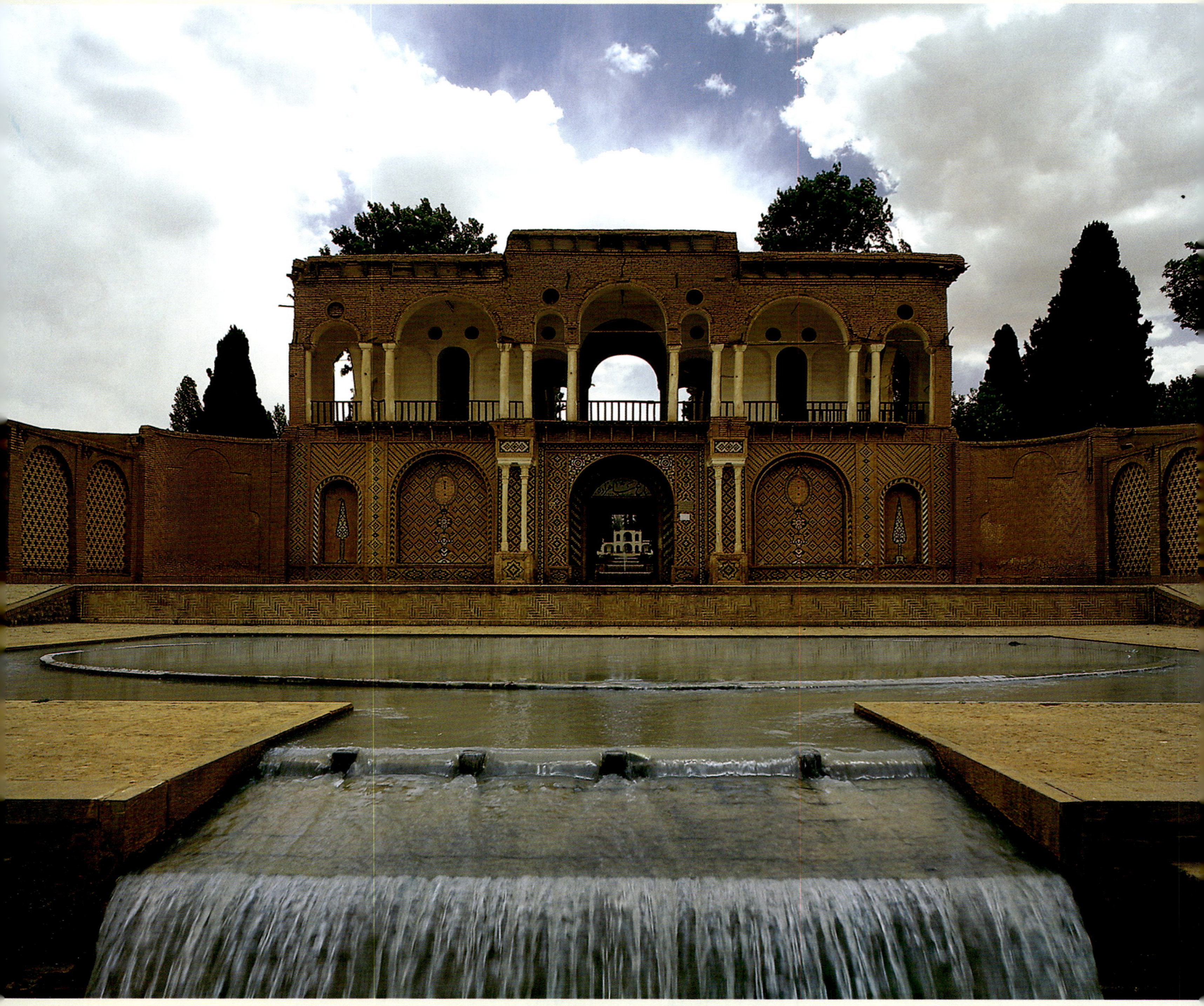

Kerman کرمان

With an area of 181,814sqkm, Kerman is located in southeastern Iran. It consists of 10 districts: Kerman (the capital), Bam, Baft, Bardsir, Jiroft, Kahnuj, Shahr-e Babak, Sirjan, Rafsanjan and Zarand. There is varying climate due to extreme geographical diversity. On the north and the central parts, it is dry and moderate while in the south and the east it is very hot and relatively humid.

Kerman city was probably founded by Ardashir I (reigned AD 224–241) of the Sasanian dynasty. It was sacked by the Uzbeks in 1509 and occupied by Afghans in 1720. Kerman was pillaged by Agha Mohammad Khan Qajar when Lotf Ali Khan of the Zand dynasty took refuge there. It was rebuilt under Fath Ali Shah, the founder of the Qajar dynasty (ruled 1797–1834). Points of interest include a large bazaar, some old mosques, including Masjed-e Malek (Mosque of the King; 11th century, now restored), Masjed-e Jom'eh (Friday Mosque), Masjed-e Bazaar-e-Shah (Mosque of the Shah's Bazaar; founded under the Seljuqs), and Masjed-e Pa Minar (built in 1390 under the Timurids). At the western end of the bazaar is the Ark (Arg), the former citadel of the Qajar dynasty. Next to it is the Qal'eh, allegedly constructed as a citadel by the Afghans during a short-lived subjugation of Kerman in 1722. On the Kerman plain stands the Jabel-e Sang (Mountain of Stone), a tomb built probably in the 11th or 12th century, and to the west is the Bagh-e Sirif, a luxuriant garden.

استان کرمان در جنوب شرقی ایران واقع شده‌است. از شمال با استان‌های خراسان و یزد، از جنوب با استان‌هرمزگان، از شرق با سیستان‌وبلوچستان و از غرب با استان فارس همسایه است. مساحت این استان حدود ۱۷۵/۰۶۹ کیلومترمربع است. استان کرمان بعد از استان خراسان دو{مین استان پهناور کشور است.

ارتفاعات و پستی و بلندی‌های منطقه و شرایط اقلیمی آن، آب و هوای متفاوتی در نواحی مختلف استان به وجودآورده‌است:
نواحی شمال و شمال‌غربی و مرکزی، دارای آب و هوای خشک و معتدل است و نواحی جنوب و جنوب‌شرقی، آب و هوای گرم و نسبتاً مرطوب دارد. آب و هوای شهر کرمان خشک و نیمه‌معتدل است.

شهر کرمان در قرن سوم میلادی و در روزگار اردشیر اول ساخته شده‌است در دوره اسلامی، شهر کرمان از کانون‌های‌مهم فرهنگی ایران بوده‌است. این شهر، در طول تاریخ مورد تهاجم بیگانگان قرار گرفته است. در سال‌های اخیرکوشش‌های فراوانی به عمل آمده‌است تا آثار باستانی این استان بازسازی شوند.

دیدنی‌های مهم شهر کرمان عبارتند از: بازار کرمان و حمام و مسجد گنجعلی‌خان که به‌صورت موزه درآمده‌است، قلعه دختر از بناهای دوره ساسانی، مسجد جامع کبیر و گنبدسبز ... علاوه بر آثار یاد شده استان کرمان، باید از دو مرکزتاریخی مهم دیگر در این استان نیز باید نام برد: آرامگاه شاه نعمت‌الله ولی در شهر ماهان که ساختمان گنبد و مناره آن از ارزش هنری بسیار برخوردار است.

شهر بم از آنجا که نمونه کامل یک شهر شرقی است، ارزش جهانگردی بسیار دارد. این شهر اجزای کامل یک شهر باستانی از قبیل حصار، بازار و ارگ حکومتی، شارستان و برج و بارو را در بر می‌گیرد. ارگ جدیدی با تجهیزات کامل توریستی در جوار ارگ قدیم بم احداث شده‌است.

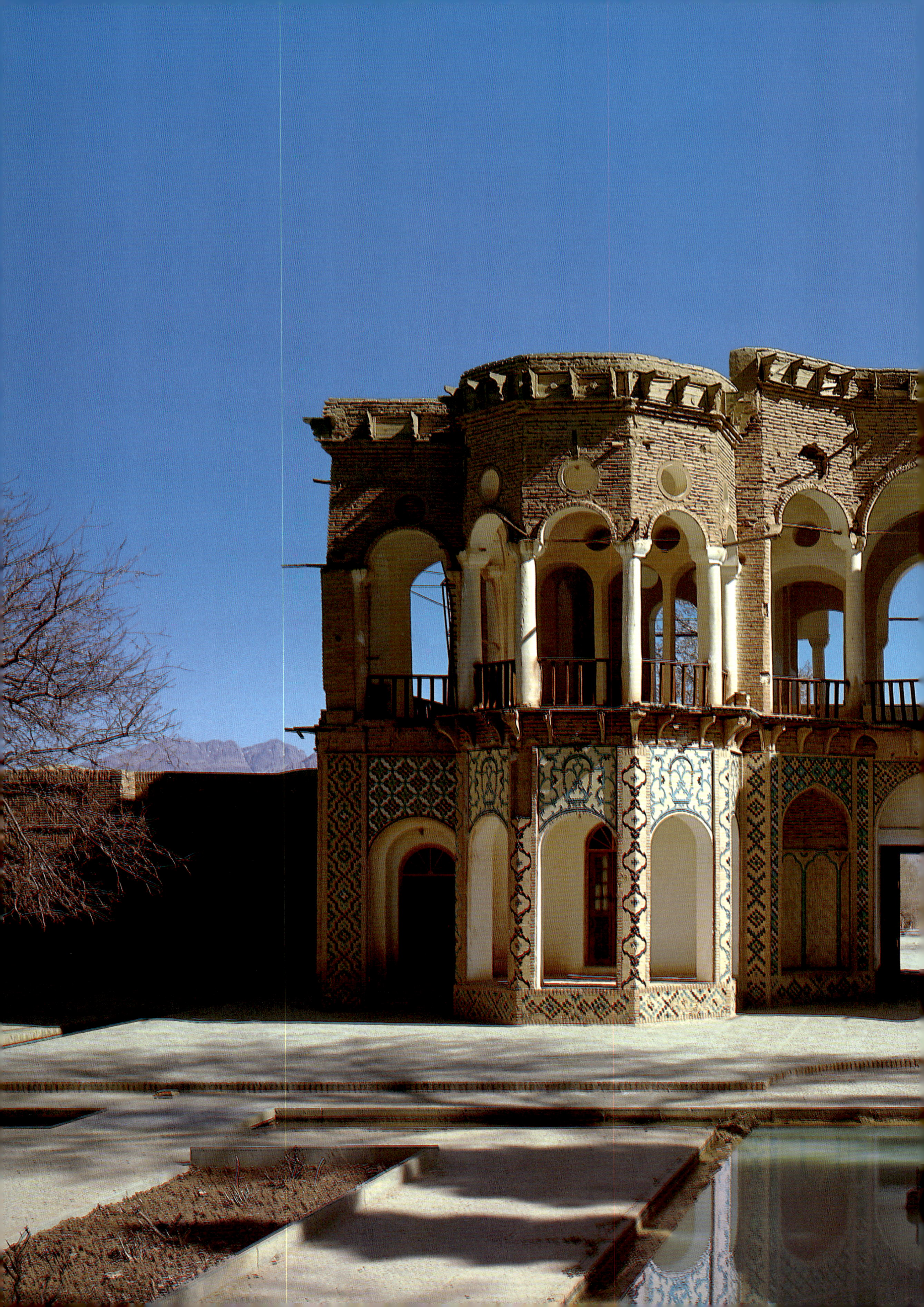

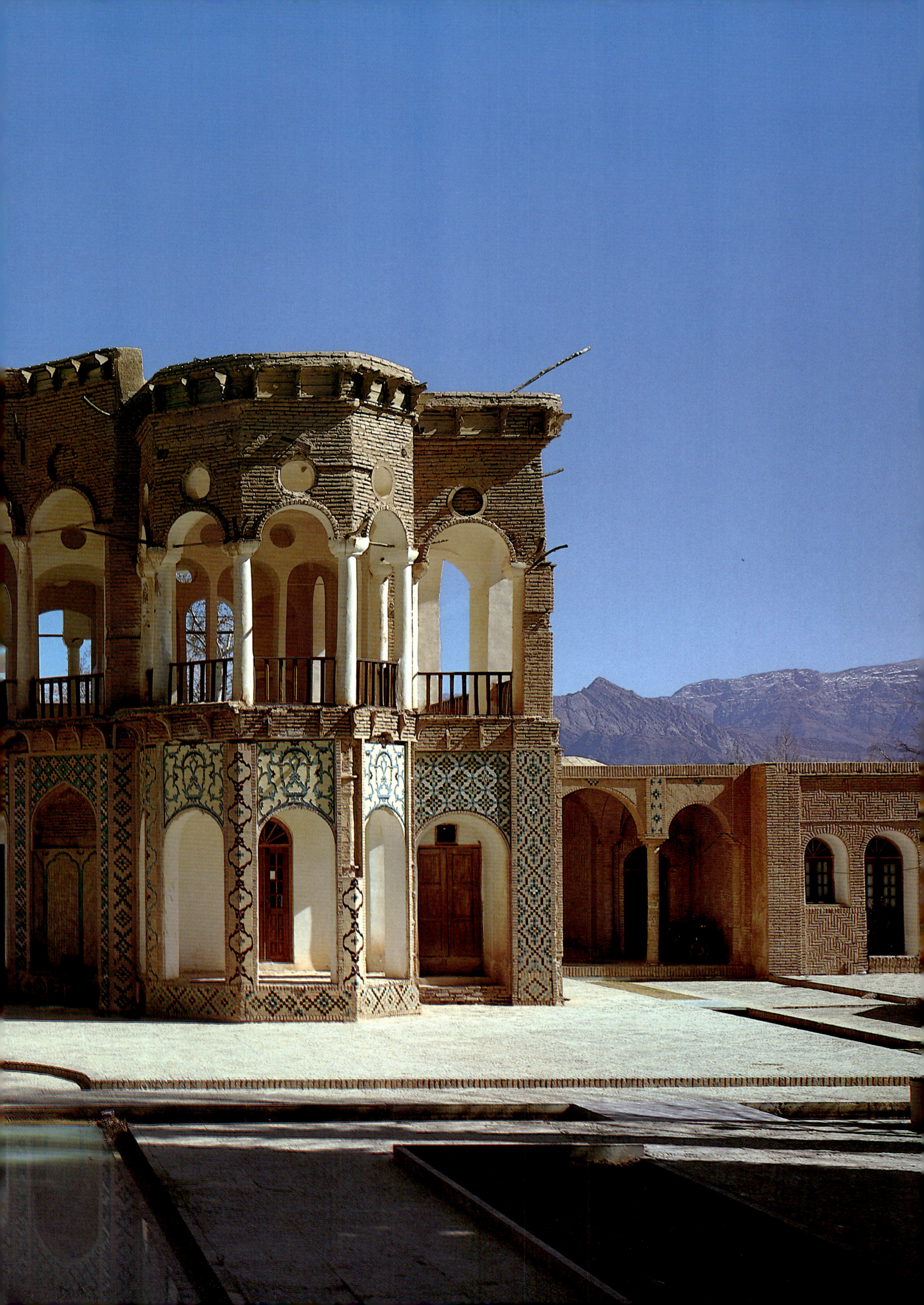

Ganj Ali Khan Complex

Ganj Ali Khan was one of the famous rulers during the reign of Shah Abbas. He constructed many monuments and buildings. Ganj Ali Khan complex is composed of a school, a square, a caravanserai, a public bath, a cistern, a mint house, a mosque and a bazaar. A number of inscriptions laid inside the complex indicate the exact date when these places have been built.

Out of Ganj Ali Khan Complex, the Khan public bathhouse located in the grand bazaar of Kerman serves as an anthropology museum. This is a unique work of architecture with beautiful tileworks, painting stuccos, and arches. The bathhouse was in use no later than 60 yea ago. In the closet section and main yard of the bath, there are man statues, which are unbelievably interesting. These statues wer designed at Tehran University's faculty of fine arts in 1973 and the transferred to this museum.

The complex was built during the Safavid era (1499-1723 AD) wit a modern architectural style. The architect is a master from Yaz

مجموعه گنجعلی‌خان

مجموعه گنجعلی‌خان از یادمان‌های تاریخی ارزشمند کرمان است. این مجموعه دیدنی، شامل میدان، بازار، مدرسه و حمام و ضرابخانه می‌شود. میدان گنجعلی‌خان در واقع این مجموعه را یکجا جمع کرده‌است.
میدان :میدان گنجعلی‌خان نظیر میدان نقش جهان اصفهان و میدان میرچُخماق یزد، پیرامون خود، بعضی از عناصرشهری را به وجود آورده است ؛به‌طوری‌که در سه ضلع آن بازار قرار دارد و در ضلع دیگرش مدرسه گنجعلی‌خان بناشده‌است. مساحت این میدان ۵۳۴۶مترمربع است. طاقنماهای آجری، کاشی‌کاری، فضای سبز، حوض آب و... برزیبایی میدان افزوده است.
بازار :این بازار در ضلع شمالی میدان گنجعلی‌خان واقع شده و در سمت راست بازار، حمام زیبای تاریخی‌گنجعلی‌خان و مناره‌های آن قرار گرفته، در سمت چپ آن نیز ۱۶طاقنما ساخته شده که منظری زیبا دارند.

حمام :حمام گنجعلی‌خان از جاذبه‌های سیاحتی به یادماندنی کرمان است بنای حمام با کاشی‌کاری، نقاشی،گچبری، مقرنس‌کاری و کاربندی‌های زیبا، با ظرافت هنرمندانه‌ای آراسته شده‌است. سردرحمام با نقاشی‌های زیبای عصر صفوی تزیین شده‌است. رخت‌کن حمام با قرینه‌سازی ایوان‌ها و ایوانچه‌ها و ستون‌ها، فضای زیبایی به وجودآورده، قرینه‌سازی حتی میان کف و سقف رخت‌کن با دقت رعایت شده. مثلا اگر سقف به شکل لوزی است، کف نیزبه همان شکل است. بخش گرمخانه به ۶غرفه تقسیم می‌شود که هر غرفه ؛مخصوص

یک صنف جامعه (سادات،روحانیون، خوانین، رعایا، اعیان و بازاری‌ها) است سیستم کانال‌کشی آب و فواره‌ها چنان دقیق طراحی و اجرا شده که ازعجایب معماری حمام است یکی دیگر از عجایب حمام «سنگ ساعت زمان» است.
مدرسه :این بنا در ضلع شرقی میدان گنجعلی‌خان واقع شده و روزگاری مدرسه پررونق بوده که بعدها به کاروانسراتبدیل شده است. بنای مدرسه در تاریخ (۱۰۰۷هـ.ق.) بدست معمار معروف زمان، محمدسلطان یزدی ساخته شده.مساحت زیربنای مدرسه ۷۲۴مترمربع است و حجره‌های متعدد آن در دو طبقه، به شیوه معماری زیبایی طراحی‌شده‌اند.

National Library of Kerman

The most important library in Kerman, the national library houses 353000 books. The tilework portal and the decorated column on either side are architecturally important.

کتابخانه ملی کرمان

طبق آمار موجود، تعداد کتابهای مخازن کتابخانه‌های استان ۳۵۳هزار جلد است که عمدتاً در نقاط شهری، به ویژه در مرکز استان متمرکز شده‌اند کتابخانه ملی کرمان، هم از نظر تعداد و هم از نظر نوع کتاب، مهمترین کتابخانه استان است و در قیاس با سایر کتابخانه‌های موجود در شهرستان‌های دیگر از اهمیت ویژه‌ای برخوردار است. سردر کاشی‌کاری کتابخانه ملی، ستون‌های تزیینی دو سمت آن و همچنین پنجره‌ای مشبک طرفین در ورودی برمتن دیوارهای کاشی‌کاری نشده، از لحاظ سبک معماری و تزیین‌کاری، ارزش خاص خود را دارند.

شاه نعمت الله ولی
Shah Nimatollah – Mahan

Mausoleum of Shah Nimatollah Vali

In 1406 Aleppo-born Sufi Shaykh, and later saint, Shah Nur ad-Din Nimatollah Vali moved to Mahan, a village outside Kerman, where he established an order of dervishes. He died in 1431 aged over 100. In 1436 a shrine was erected in his honor and became a pilgrimage site; with the attention of successive rulers contributing various additions over the centuries.

The shrine complex as it now stands, comprises three courtyards arranged axially communicating with dependent structures. The earliest work is attributed to the Bahmanid ruler Ahmed I Vali who erected the sanctuary chamber in 1436. Shah Abbas I undertook extensions and renovations in 1601, including renovation or reconstruction of the dome. During the Qajar period the site was particularly popular, necessitating the construction of additional courtyards to accommodate increased numbers of pilgrims. The minarets also date from this period. This mausoleum is located outside of Kerman in the town of Mahan. Shah Nur od-Din Nimatollah Vali lived up to hundred years of age (1331-1431). He was a poet, a sage, a Sufi, and the founder of Nimatollah Sufi order. He was born in Aleppo (Syria) and spent most of his life in Iraq. He also lived for seven years in Mecca. He traveled to Samarqand, Herat, and Yazd. He spent the last years of his life in Mahan.

The dome over the tomb of the well known Sufi leader dates back to the early 15th century. The complex is famous for its tilework and seven ancient wooden doors. The ceiling is quite spectacular. In the courtyard, there is a lake surrounded by cypress trees. If you climb to the roof, you can see two minarets from the Qajar period.

آرامگاه شاه نعمت‌الله ولی، ماهان

خانقاه و آرامگاه شاه نعمت‌الله ولی، شاعر و عارف و سر سلسله دراویش نعمت‌الهی (۸۳۴- ۷۳۰هـ .ق.) امروزه به «بقعه ماهان» معروف است و یکی از باصفاترین بقعه‌های ایران است که فضایی متناسب و هماهنگ از معماری، باغ‌سازی و صفای روحانی را درهم آمیخته است. هسته مرکزی این مجموعه را مزارشاه تشکیل می‌دهد که در سال ۸۴۰هـ .ق. به هزینه احمدشاه بهمنی از شاهان سلسله بهمنیه‌دکن ساخته شده و در طی قرون، در هر دوره قسمت‌های دیگری نیز به صورتی جالب به آن افزوده‌اند. شاه نعمت‌اله ولی معاصر حافظ بود و حافظ تعدادی از غزل‌های شاه‌نعمت را جواب گفته.

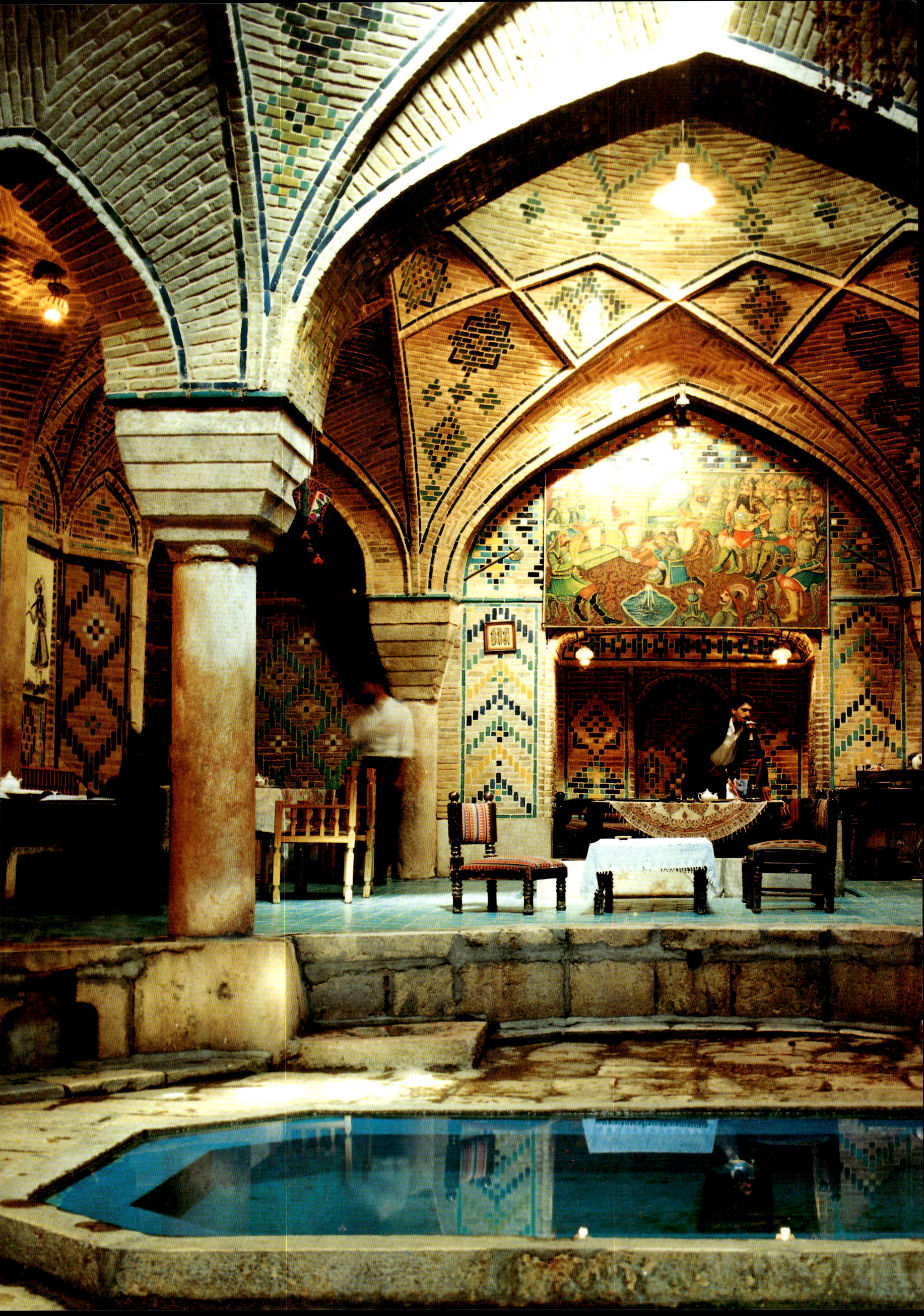

حمام یا چایخانه سنتی وکیل

اولین بخش از مجموعه وکیل، بنای حمام قدیمی یا چایخانه امروزی وکیل است. بنای حمام در سال ۱۲۸۰هجری‌قمری با تأثیرپذیری از سبک معماری عصر زندیه - قاجاریه احداث شده‌است. این بنا یکی از حمام‌های تاریخی - سنتی کرمان بوده و به تقلید از حمام گنجعلی‌خان ساخته شده‌است. از کف تا دیوار آن کاشی‌کاری وسرامیک‌کاری شده و به دو بخش رختکن و گرمخانه تقسیم می‌شود. در سال‌های اخیر این حمام به چایخانه سنتی‌تبدیل شده‌است سردر این حمام در سال ۱۳۶۹به سبک، معماری زندیه - قاجاریه بازسازی شده و راهی از آن،مستقیماً به بازار کرمان باز شده‌است. امروزه مهمانان و بادیدکنندگان در این حمام - چایخانه با فالوده کرمانی، چای وانواع نوشیدنی پذیرائی می‌شوند. بخش گرمخانه حمام، محل صرف غذاهای محلی کرمانی است.

Vakil traditional Teahouse or Bathhouse

Influenced by the Qajar-Zand architecture, the bathhouse was constructed in 1863 in imitation of the Ganj Ali Khan Bathhouses. The walls are decorated with tilework and ceramics. In recent years, the bathhouse has been converted into a traditional printing works.

Kerman Bazaar

The bazaar includes various rows or alleys such as Arg, Ganj Ali Khan, Ekhtiyari, Sardari, Vakil, Attari, Qadamgah and Mozaffari rows.

Any part of this bazaar was constructed during the reign of a ruler in this city. Due to the decline in traditional products, the old bazaars are no longer in flourish.

بازار اصلی کرمان

این بازار بزرگ از میدان ارگ شروع و به میدان مشتاقیه ختم می‌شود و بازارهای آن از غرب به شرق عبارتند از: بازار ارگ (نقاره‌خانه و سراجی) بازار گنجعلی‌خان، بازار اختیاری، بازار سرداری، بازار وکیل، بازار عطاری، بازار قدمگاه و بازار مظفری.

هر قسمت از بازار کرمان در زمان یکی از حکام و فرمانروایان این دیار ساخته شده است و از حیث بعضی از ویژگی‌ها در ایران منحصر به فرد است و در زمان تأسیس خود، یکی از شاهکارهای ارزنده معماری بوده است.

بازار اصلی کرمان هنوز هم طولانی‌ترین راسته بازار ایران محسوب می‌شود... طول این راسته بازار از میدان ارگ تا خیابان میرزا رضای کرمانی ۱۲۰۰ متر و عرض آن بین ۴/۵ تا ۶/۵ متر است.

Moayerri Ice Reservoir — یخدان معیری

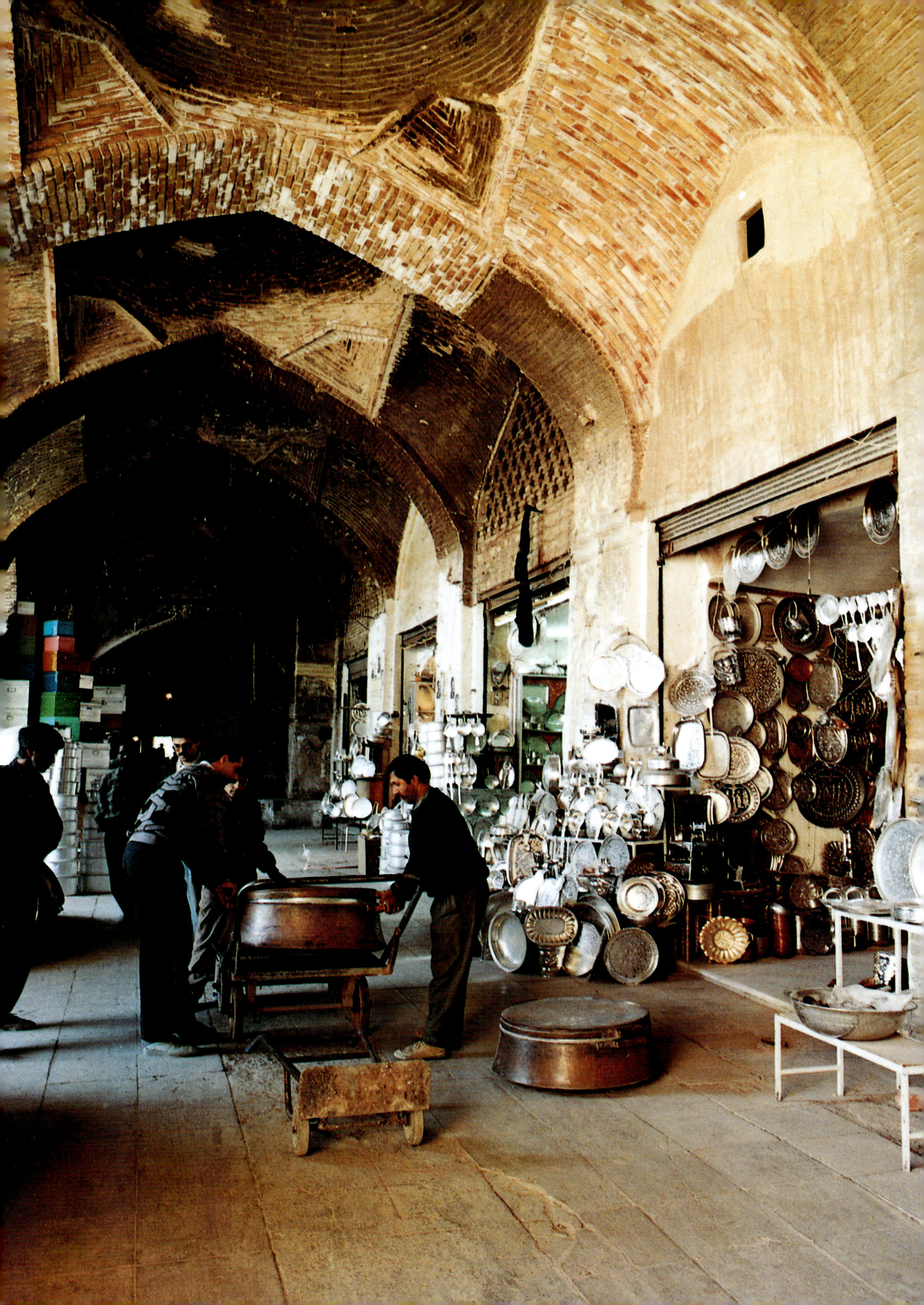

شگفتی‌های روستای میمند

معماری روستای میمند یکی از شگفتی‌های معماری روستایی است. خانه‌های دیرینه سال این روستا مانندمناره‌هایی در دل کوه کنده شده‌اند ؛اتاق‌ها و پستوهای این خانه‌های مناره‌ای‌شکل دارای راهرو و ستون هستند. این‌خانه‌ها ـ به علت شیب اطراف دره میمه ـ چهار یا پنج طبقه روی هم ساخته شده‌اند. ارتفاع آنها دو متر و وسعت آنها ۱۶ تا ۲۰ مترمربع است. این خانه‌ها نه نورگیر دارند و نه دودکش و نه پنجره، در وسط هر اتاق اجاقی کنده شده که برای‌گرم‌کردن خانه و پختن غذا به کار می‌رود.

Wonders of Meymand Village

The architecture of the village is unique. The ancient houses stand like minarets in the heart of the mountains. These houses are built in four or five stories on each other. They are 2m high and 16-20sqm wide. These houses lack chimneys or windows. In the middle of each room is a stove on which the villagers cook their food.

Chahkaroo Caravanserai | کاروانسرای چاه‌کرو

riday Mosque - Kerman

he Friday Mosque of Kerman also known as Muzaffari is one of the istorical monuments of the 14th century, noted for its magnificent ortal, its mihrab and mosaic tile decorations, and its historic inscription, which bears the date 1349 C.E.
On the western side of the mosque, there is an iwan originally dating om the times of Ali Muzaffar. However, the mosque was repaired in later periods, including repairs of the main part of its mihrab, carried out in the reign of Shah Abbas II.
The southwestern portal of the mosque also dates back to the Safavid period. The minaret and the muezzin's place have been repaired under Karim Khan Zand, and its mihrab is one of the outstanding parts of this monument. Fundamental repairs and decorative and tileworks were completed in 1940.

مسجد جامع کرمان

این مسجد بخشی از مجموعه مظفری است که امیرمبارزالدین محمدمظفرمیبدی یزدی در سال ۷۵۰هـ.ق. آن را به‌اتمام رسانده‌است. به همین جهت در زمان صفویه به مسجد مظفری شهرت داشت. سردر رو به شرق مسجد از شلیک توپهای آغامحمدخان ویران شد، ولی بعدها آن را بازسازی کردند این مسجد یکی از قدیمی‌ترین بناهایی است که ازشاهان ایرانی بعد از آل‌بوی باقی مانده‌است. مسجد جامع کرمان سردری رفیع و عظیم در ضلع شرقی دارد ک باکاشی‌کاری‌های زیبا تزیین یافته و برج ساعت آن زینت‌بخش سردر رفیع آن است.
ساختمان مسجد بر طبق اصول قرینه‌سازی، دو ایوان بزرگ تابستان و زمستانی دارد. درآم تعدادی از مغازه‌های بازار قدمگاه و بازار مظفری، وقف مخارج این مسجد شده‌است.

Bam Citadel

Deep in the stark beauty of the deserts of southeastern Persia on the ancient route leading towards India lies one of the most unexpected – and spectacular – sights in all the Middle East. This is the vast, deserted fortress city of Bam. Although founded in the Sasanian period and described as a great impregnable citadel in the 10th century, most of what can be seen today is 17th century and later. The immense mud ramparts are still virtually intact, and inside is an entire, silent crumbling city. One can wander along deserted streets, narrow passages, under archways, out into courtyards surrounded by crumbling rooms, into private houses and past bazaars that are now utterly quite, until one at last approaches the famous citadel, up through a series of great courts and barracks. On top one can at last truly appreciate the eerie city spread out below, with more crumbling walls and great dome stretching beyond the ramparts out into the desert. The entire city is, of course, a goldmine for the student of vernacular architecture, and one can appreciate traditional building techniques such as various mud vaulting and dome systems, or traditional forms of buildings such as ice- houses, cisterns, or various styles of courtyard houses, each with a central courtyard portal facing the prevailing wind so as to catch any breeze. Rarely can one find a better testament to the qualities of mud and adobe architecture. Although Bam witnessed many great upheavals throughout its history, the reason for its desertion are nothing more dramatic than the exhaustion of its water tables, causing its last inhabitants to move to the new city of Bam a short distance away at the beginning of this century.

ارگ بم

در شمال شرقی شهر بم، در دامنه صخره‌ای عظیم، قلعه مستحکمی را پی افکنده‌اند که به ارگ بم معروف است. این قلعه، شهر قدیم بم است. سه جانب قلعه را باغ‌ها، خانه‌های مسکونی و زمین‌های کشاورزی محصور کرده و جانب شمال‌آن در امتداد رودخانه‌ای قرار گرفته است. این شهر قدیمی از چهار قسمت و ۳۸برج دیده‌بانی تشکیل شده‌است. در ازای ضلع غربی و ضلع جنوبی آن به ترتیب ۵۲۰متر و ۳۵متر و مساحت آن در حدود ۰۰۰ / ۲۰مترمربع است. طرف جنوب قلعه ۴حصار و طرف شمال شرقی آن یک حصار بزرگ وجوددارد. دورتادور قلعه خندق عمیقی حفر شده تا ازتجاوز دشمن محفوظ بماند. قسمت‌های مختلف قلعه عبارتند از :دروازه ورودی، محله عامه‌نشین، سربازخانه و بنای‌مرکزی، حاکم‌نشین.

خانه‌های عمومی کنار کوه ، روی زمین مسطح بنا شده و از نظر شهرسازی و عناصر زندگی شهری، مجموعه کاملی‌است که تا حدودی نیازهای جامعه زمان خود را برمی‌آورد. مکان‌های شناخته‌شده آن راهرو اصلی (بازار)، حسینیه(آتشکده) مسجد (آتشکده)، زورخانه، حمام (عمومی) و سابات جهودهاست. بیشتر خانه‌های عامه به هم راه دارند. در بعضی از خانه‌ها آثار حمامی اختصاصی دیده می‌شود و در کنار تعدادی از آنها اسطبل را جدا از محل زندگی‌ساخته‌اند.

بعد از ورودی، یک راه اصلی تا دروازه دوم کشیده شده، قسمتی از این راه، بازار شهر است که سقف‌های آن فروریخته و جزرها و قوس‌های آن باقی مانده‌است.

دروازه سوم و سومین قسمت ارگ را مکانهای شناخته شده‌ای از قبیل سربازخانه، خانه فرمانده قشون و همچنین‌آسیاب بادی تشکیل می‌دهد. مجموعه بنای حاکم‌نشین و عمارت بنای قلعه را به بهمن‌بن اسفندیار نسبت می‌دهند. مسلم است که ارگ بم به قبل از اسلام مربوط می‌شود.

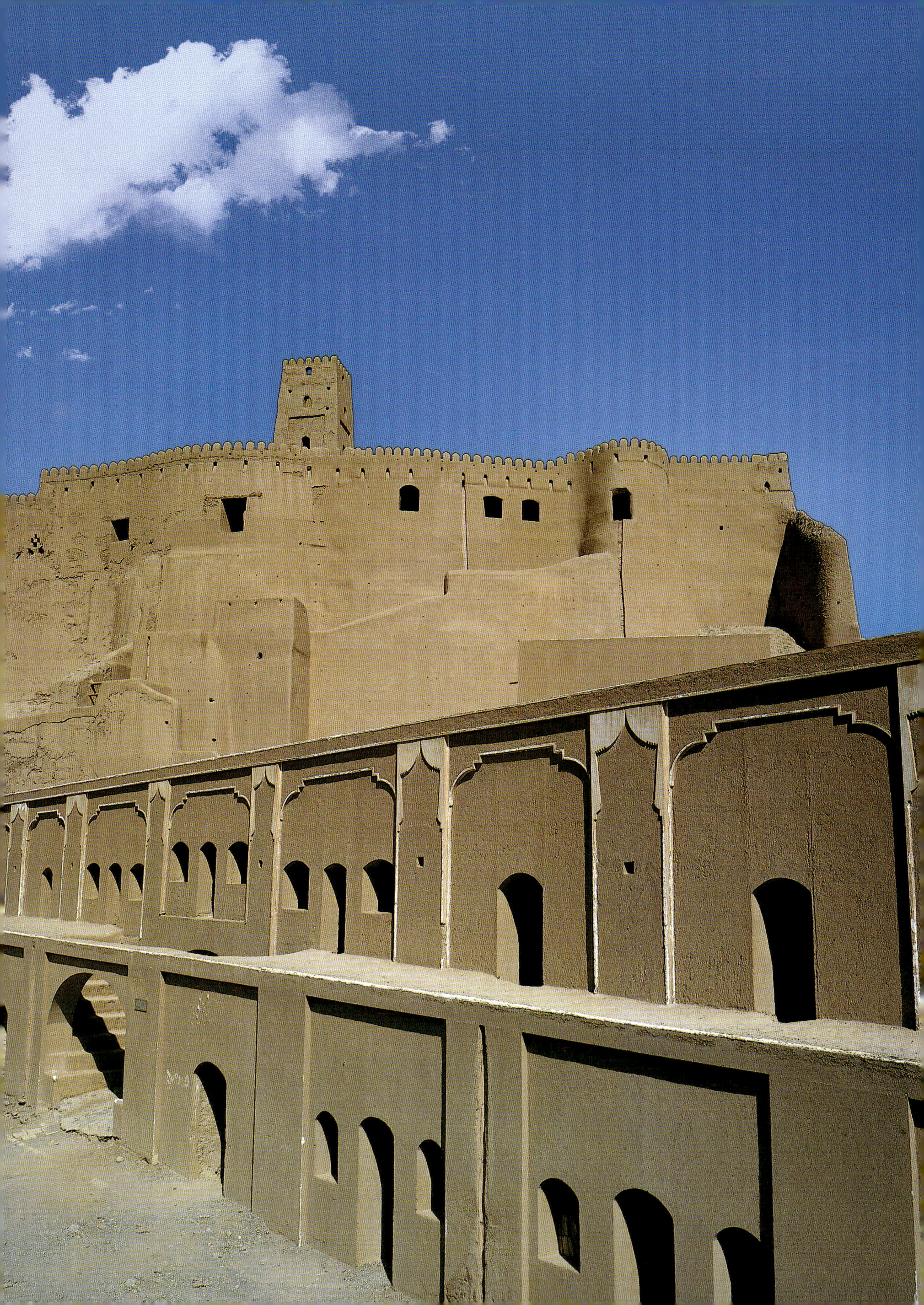

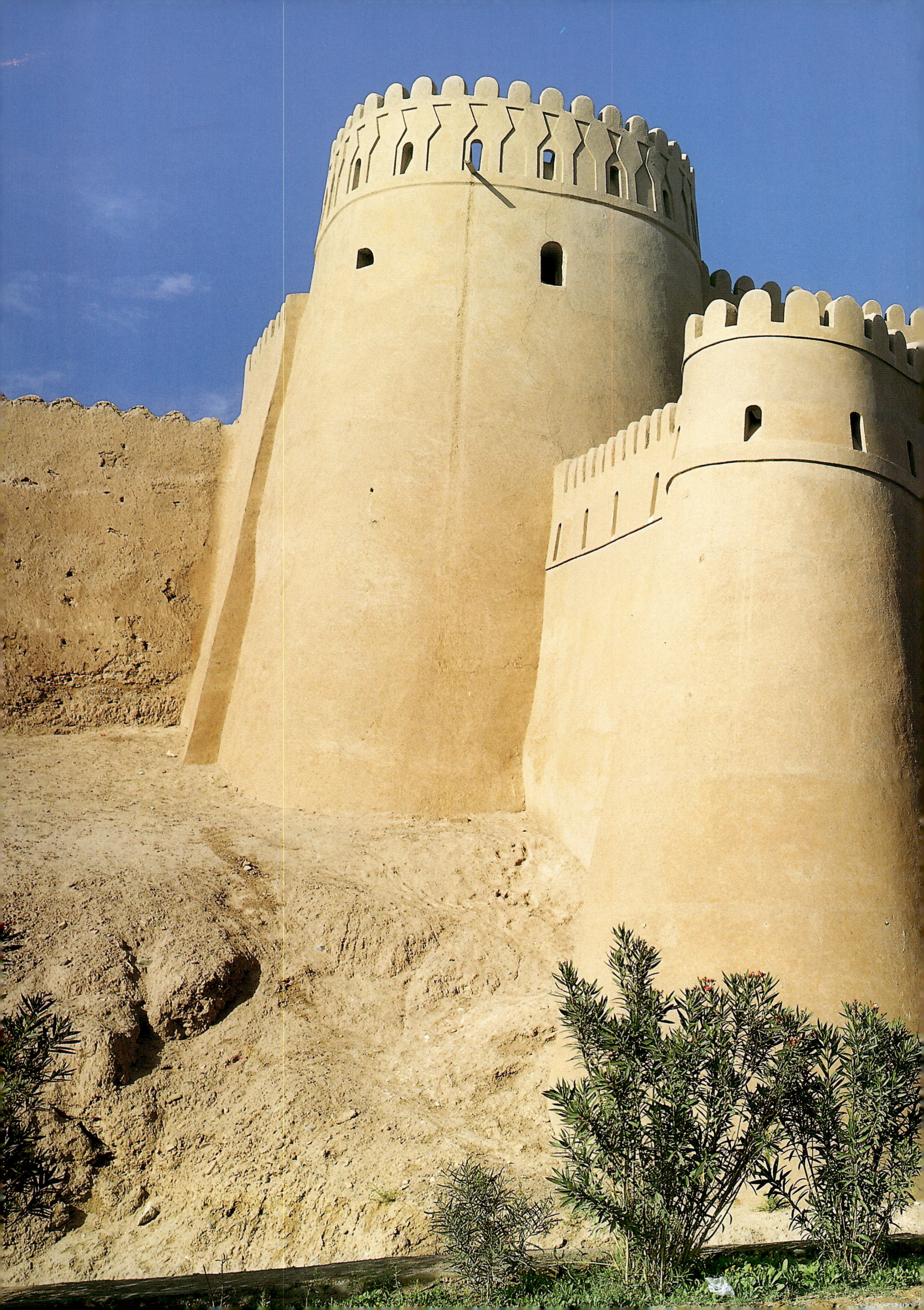

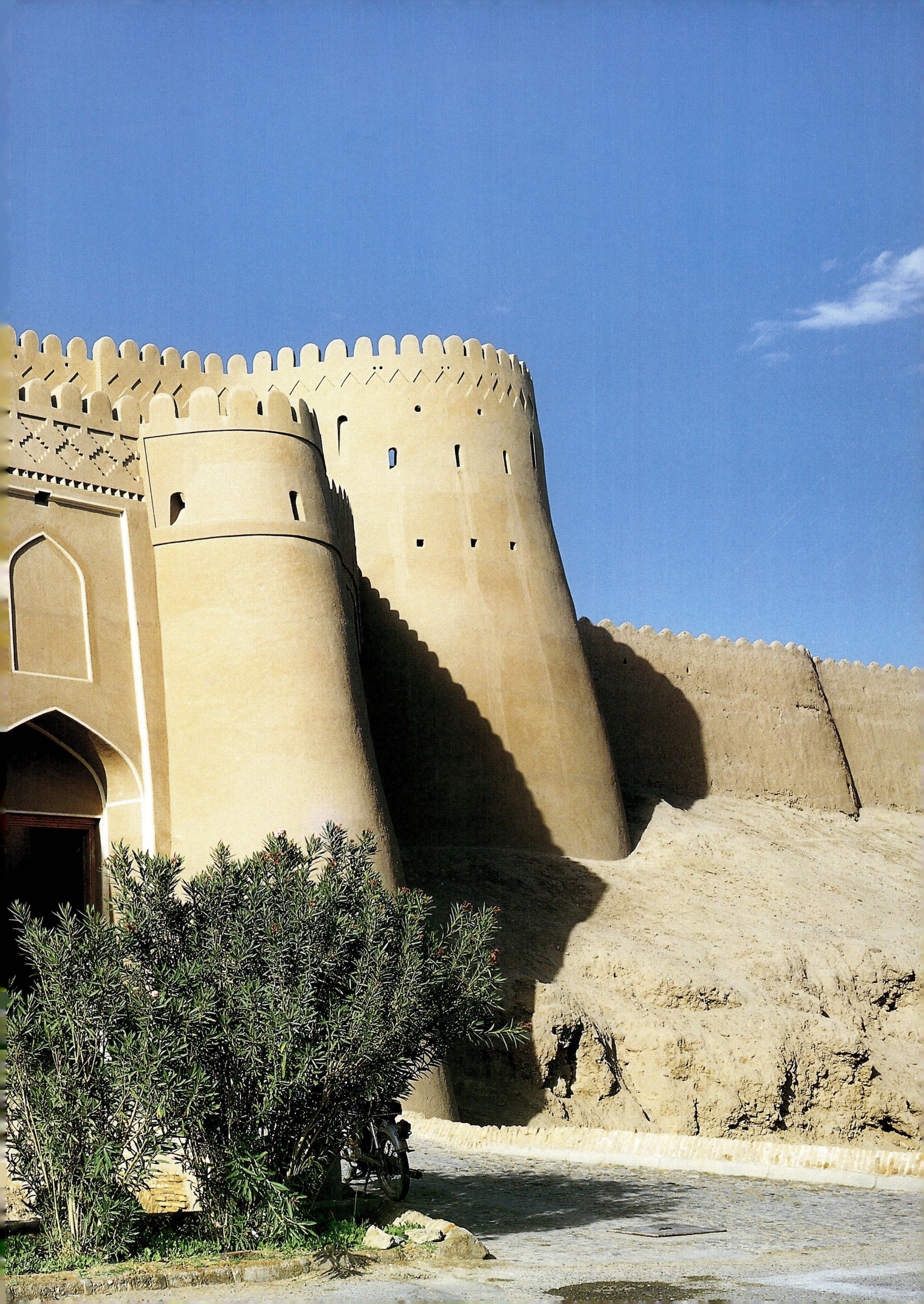

Yazd

With an area of 76156sqkm, Yazd province is located in central Iran. It is bounded on the north and west by Isfahan, on the northeast by Khorasan, on the south-west by Fars and on the southeast by Kerman. The city of Yazd dates from the 5th century AD and was described as the "noble city of Yazd" by Marco Polo. It stands on a mostly barren, sand-ridden plain about 4,000f (1,200m) above sea level. Yazd is now the last centre of Zoroastrianism in Iran. Besides a few remains of the imposing medieval city wall, the city has many important mosques and mausoleums dating from the 12th Imam (AS). The Friday Mosque is distinguished by the highest minarets in Iran, mosaic faience, a superb mihrab (pulpit) dated 1375, and two oratories that are Gothic in appearance. Some of the other mosques and mausoleums in the city are decorated with delicate and rich stucco relief or are polychromed with tones of pale blue, rose, and yellow. The skyline is picturesque with minarets and many tall towers that were designed to bring cool air from underground into the buildings' chambers.

یزد

استان یزد با مساحتی در حدود ۷۲۱۵۶کیلومتر، در مرکز ایران قرار گرفته و از شمال و غرب به استان اصفهان، ازشمال‌شرقی به استان خراسان، از جنوب غربی به استان فارس و از جنوب‌شرقی به استان کرمان محدود است. و به علت دوربودنش از سرحدات مرزی ایران در طول تاریخ از بحران‌ها و فشارهای فرهنگی و نژادی مصون مانده‌است. شهرهای میبد، تفت، بافق، اردکان و مهریز، هریک با دیدنی‌ها و آثار جالب خود از شهرهای تابعه یزد هستند. استان یزد در قلمرو سلسله جبال مرکزی ایران واقع شده و از پستی و بلندی و چاله‌ها و کفه‌های کویری تشکیل‌شده‌است. آب‌وهوای استان یزد، به علت قرارگرفتن در کمربند خشک جهانی، دارای زمستانی سرد و نسبتاً مرطوب وتابستان‌های گرم طولانی و خشک است. یزد از شهرهای قدیمی ایران و از بهترین نمونه‌های شهرهای کویری به‌شمار می‌رود. در این شهر همه چیز حکایت از حرکت و زنده‌بودن محیط اجتماعی دارد. نام یزد معمولا یادآور آثار هنری و اصیل ایران است. تولیدات صنایع‌دستی یزد که تا دوره قبل از ماشینی‌شدن به دلیل کیفیت خوب و برخورداری از اصالت هنری، شهرت جهانی داشتند،هنوز هم از بازار خوبی برخوردارند. به دلیل همین فرهنگ دگرپذیری، اقلیت‌های مذهبی نیز با برخورداری از حقوق اجتماعی و احساس امنیت کامل،در کنار دیگر شهروندان به کار و زندگی خود مشغولند. یکی از جاذبه‌های این استان، نشانه‌های فرهنگ و آیین زرتشتی‌است. یزدی‌ها مردمی سخت‌کوش و مقاوم‌اند، و در گذر زمان با مبارزه‌ای طولانی، بر طبیعت سرسخت، چیره شده‌اند. آنها با کندن قناتهای متعدد، آب را از دوردست‌ها به شهر رسانده‌اند. طول بعضی از این قنات‌ها به هزار کیلومتر می‌رسد. یزدی‌ها با معماری مناسب آب‌وهوای کویری و ساختن بادگیرهای استادانه، با طبیعت ناسازگار، هوشمندانه مقابله می‌کنند. ظرافت‌های بکاررفته در ساخت آثار هنری و معماری شهر یزد، در نوع خود بی‌نظیرند. مهمترین آثار وبناهای باارزش تاریخی، عبارتند از :مسجد جامع یزد. مسجد امیرچخماق، بقعه دوازده امام. زندان اسکندر،آتشکده یزدان، باغ دولت‌آباد، باغ‌خان. میدان و بازار خان. یزد بزرگترین کانون زرتشتیان ایران است. بیش از هزارسال است که زرتشتیان در این شهر خانه و زندگی دارند.

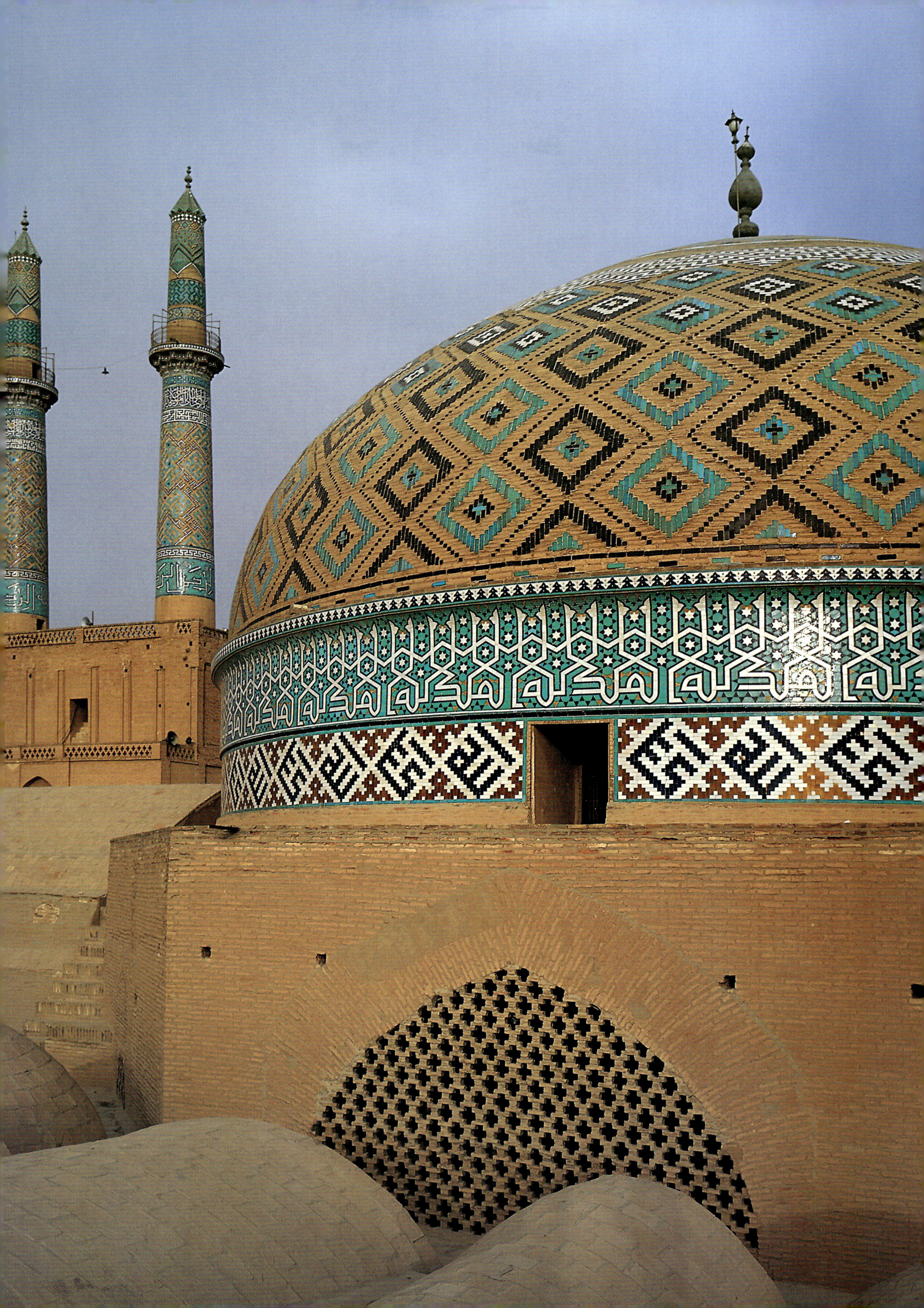

Meybod

Located in north-western Yazd, Meybod is believed to have been built during the reign of Gayomart. Meybod is an ancient Iranian city.

میبد

در شمال غربی یزد کنار جاده تهران بندرعباس و راه آهن تهران کرمان قرار دارد. بر اساس یک افسانه میبد در روزگار کیومرث بنیان گذاری شد. میبد یکی از نمونه های نادر شهرهای باستانی ایران به شمار می رود.

گنبد عالی علی (ابرکوه)
Gonbad-e Ali Abrkuh

Narin Fork- Meibod

This fork is a pre-Islamic building and rapiared in Mozafarian era. The area of this 7 stage fork is about 3 hectare. It placed on a high hill by the city.

نارین قلعه ـ میبد

این قلعه از بناهای مربوط به قبل از اسلام است و در دوران مظفریان تعمیراتی در آن صورت گرفت. مساحت این قلعه هفت طبقه، سه هکتار و دارای برج و بارو و فضاهای متعدد می‌باشد و در بالای تپه‌ای مسلط بر شهر میبد قرار دارد.

مسجد میرچخماق

مسجد میرچخماق که در تاریخ‌های یزد به نام «مسجد جامع نو» نیز خوانده شده است در دوره‌ی صفوی به همت «امیر جلال‌الدین چخماق شامی» حاکم یزد و زوجه او «ستی (بی‌بی) فاطمه خاتون» احداث شد (سال ۸۴۱ هـ .ق). این مسجد از لحاظ زیبائی، وسعت و اهمیت و اعتبار بعد از مسجد جامع قرار می‌گیرد.

Mirchakhmaq Mosque

Constructed by Amir Jalal ad-Din Chakhmaq Shami in the Safavid era, the mosque consists of a prayer niche decorated with fine mosaic tiles and a platform with stalactite worked vault. The monument was established in the 14th century.

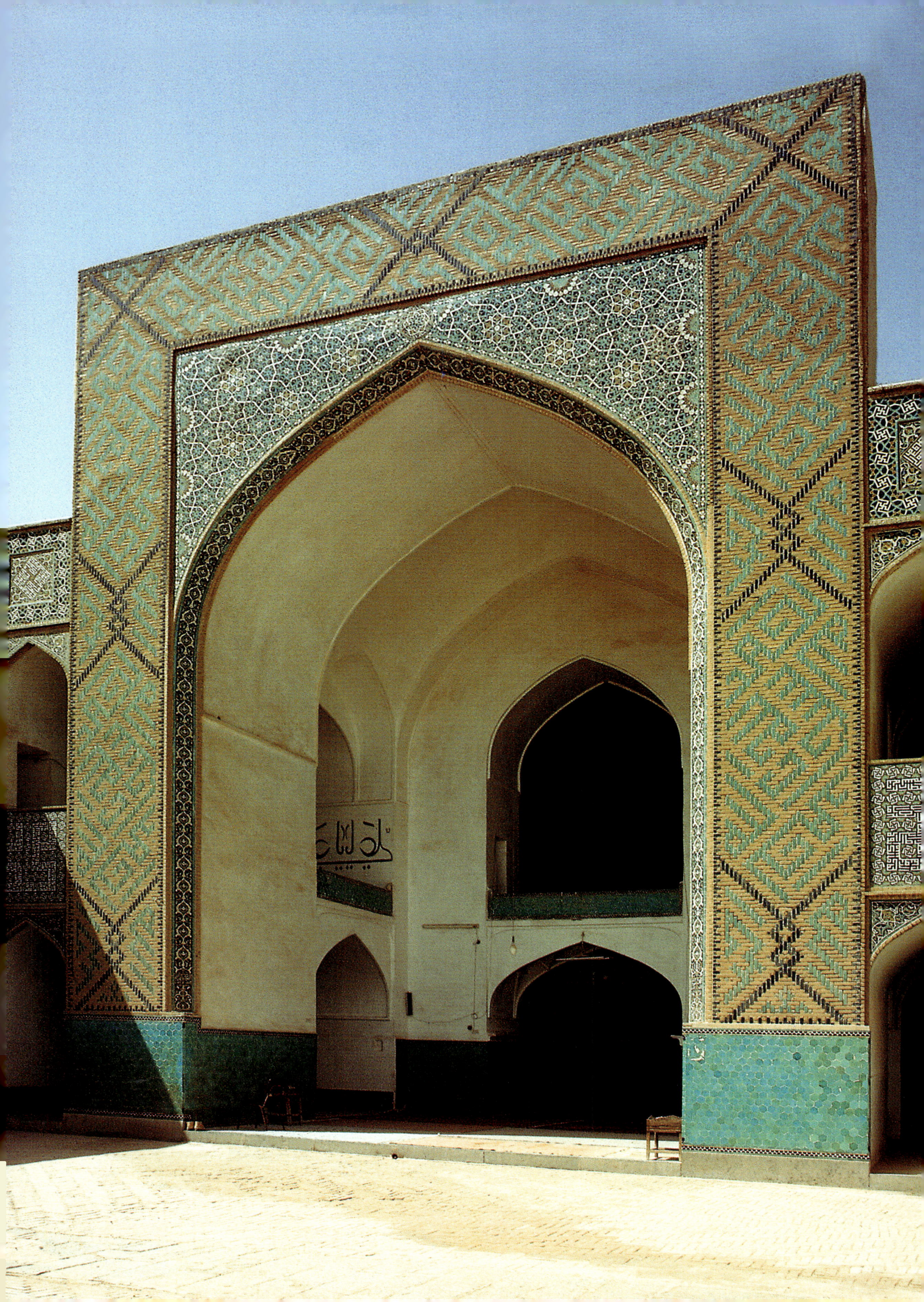

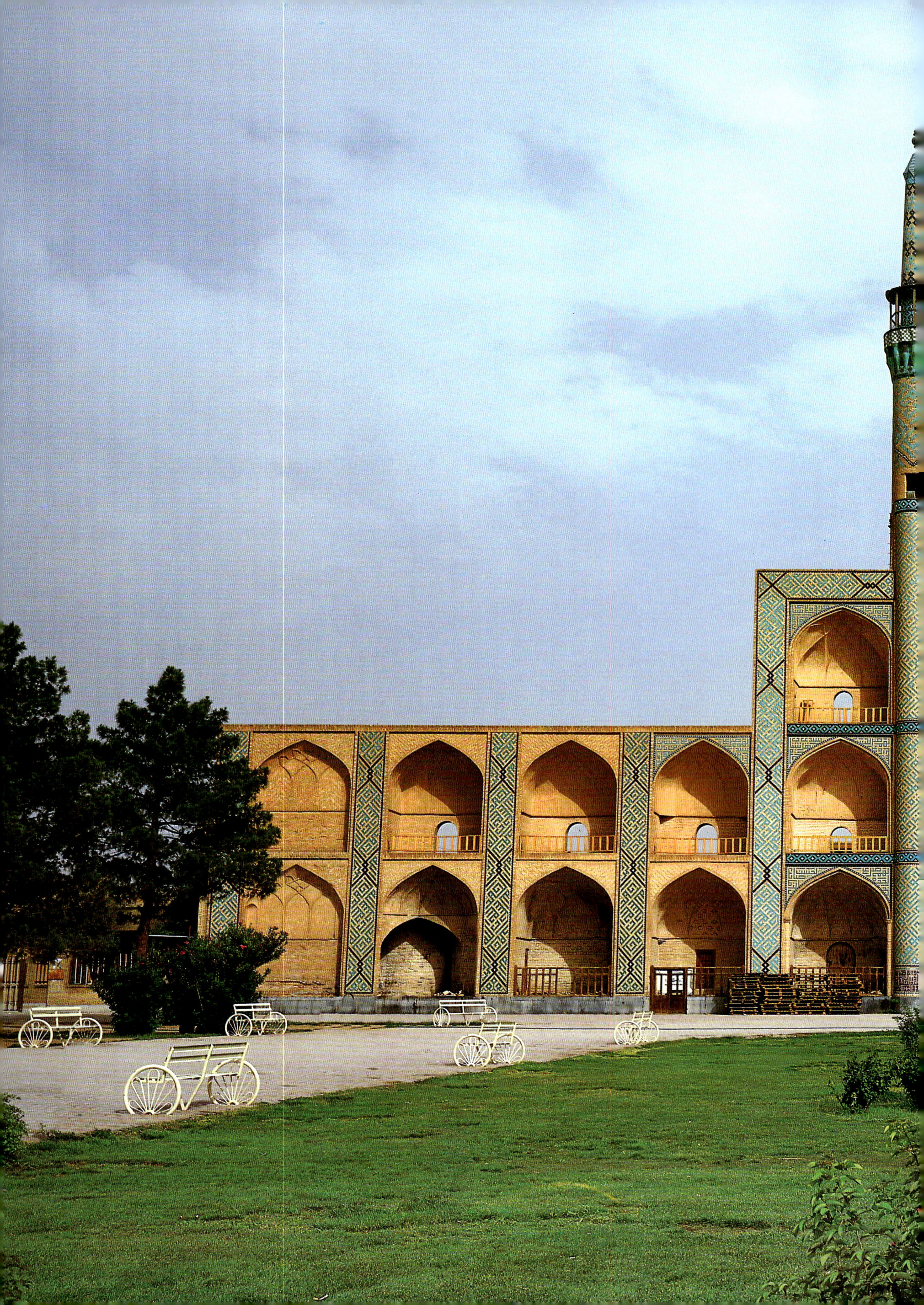

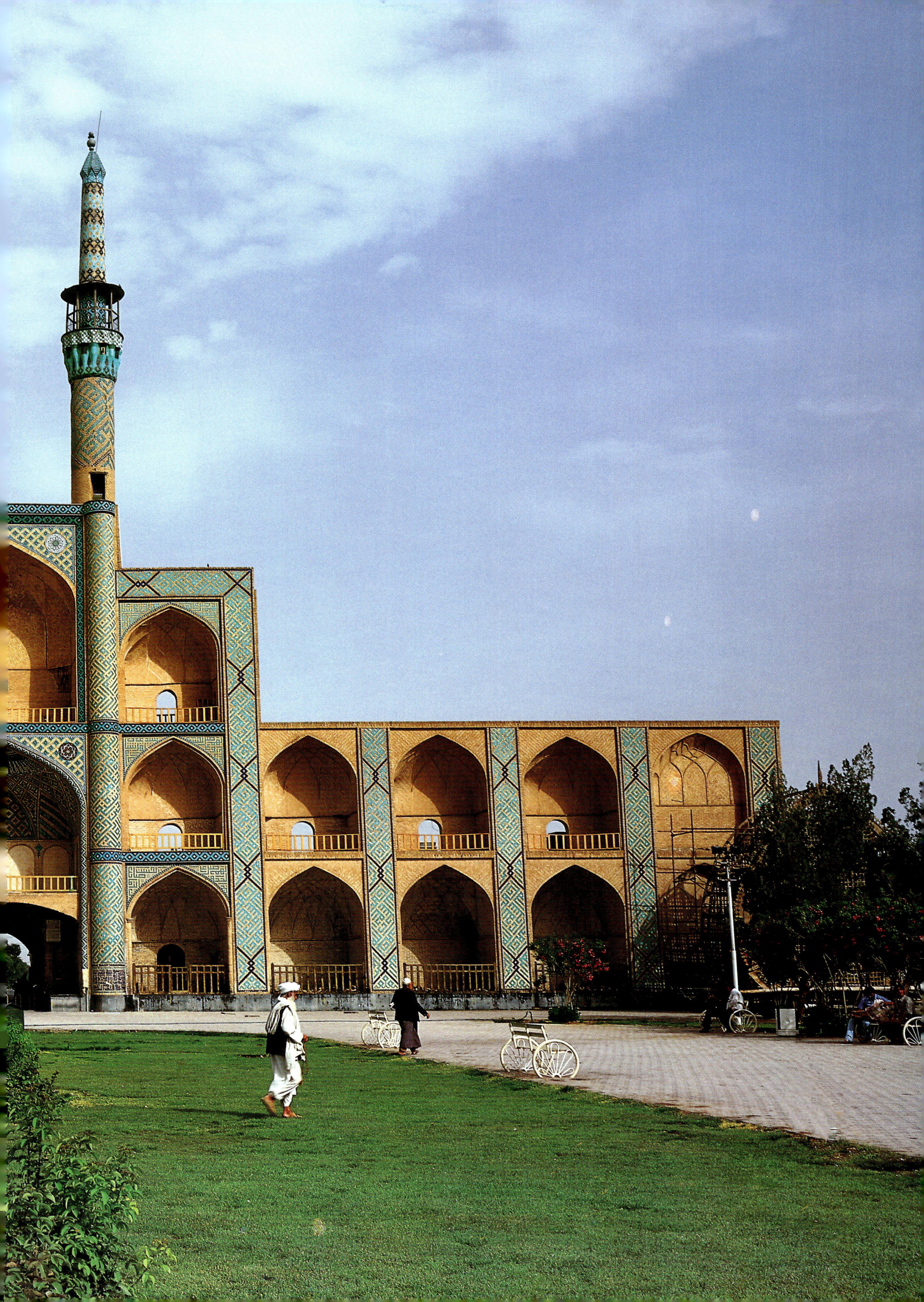

Dakhmeh or Qol-ye Khamushan (towers of Silence):

A circular enclosure, having a gate through walls twenty-five feet high, leads into an inner hall, and a second enclosure. Stairs lead up and over the second wall, thence to an inner well. There are special attendants, called 'Carriers of the Dead', serving the needs of the dead, and only they are allowed to enter the Tower. The attendants carry the bodies into the Tower, and perform such rites as are called for. Along the inner hall are many compartments where the body, entirely stripped, is laid. The attendants then retire and the ever-present vultures quickly strip the flesh from the corpse. The corpse is left exposed to the sun and elements until bleached and dry. The bones are then collected and deposited in the central well to further deteriorate.

After the body is placed in the Tower, there are funeral ceremonies held outside the Tower, and the funeral is over. The decompositio of the corpse is so complete that one well has accumulated only fiv feet of 'debris' in forty years. The area around the Tower is kept a a garden, sacred in a sense similar to our cemetery areas. Occasionall a stray ear or finger is found in the nearby residential areas, havin been dropped by a passing vulture or hawk. Nonetheless, the entir process is considered quite sanitary.

One of the tenets of the Parsee faith is that the rich and poor shal in death, meet as one. This method of 'burial' certainly fulfills tha requirement. While the method at first glance seems barbaric to th westerner, a description of our own ceremonies would certainl sound barbaric to others. Consider the Egyptian process o mummification as an alternative.

دخمهٔ یزد

دخمه بنائی است دور از شهر که بر بلندی می‌ساختند و مردگان زرتشتیان را مدتی بر بلندای دخمه می‌آویختند تا درمعرض هوا تجزیه شوند و لاشخورها تنها استخوانی از جسد باقی بگذارند. آنگاه استخوان‌ها را در چاهی به نام‌استوک‌دان (استخوان‌دان) می‌ریختند. امروزه با گسترش شهرها استفاده از دخمه منسوخ شده‌است و بقایای‌دخمه‌های قدیمی در شهرهایی مانند یزد و کرمان که اقلیت‌های زرتشتی از قدیم زندگی می‌کرده‌اند، وجود دارد.

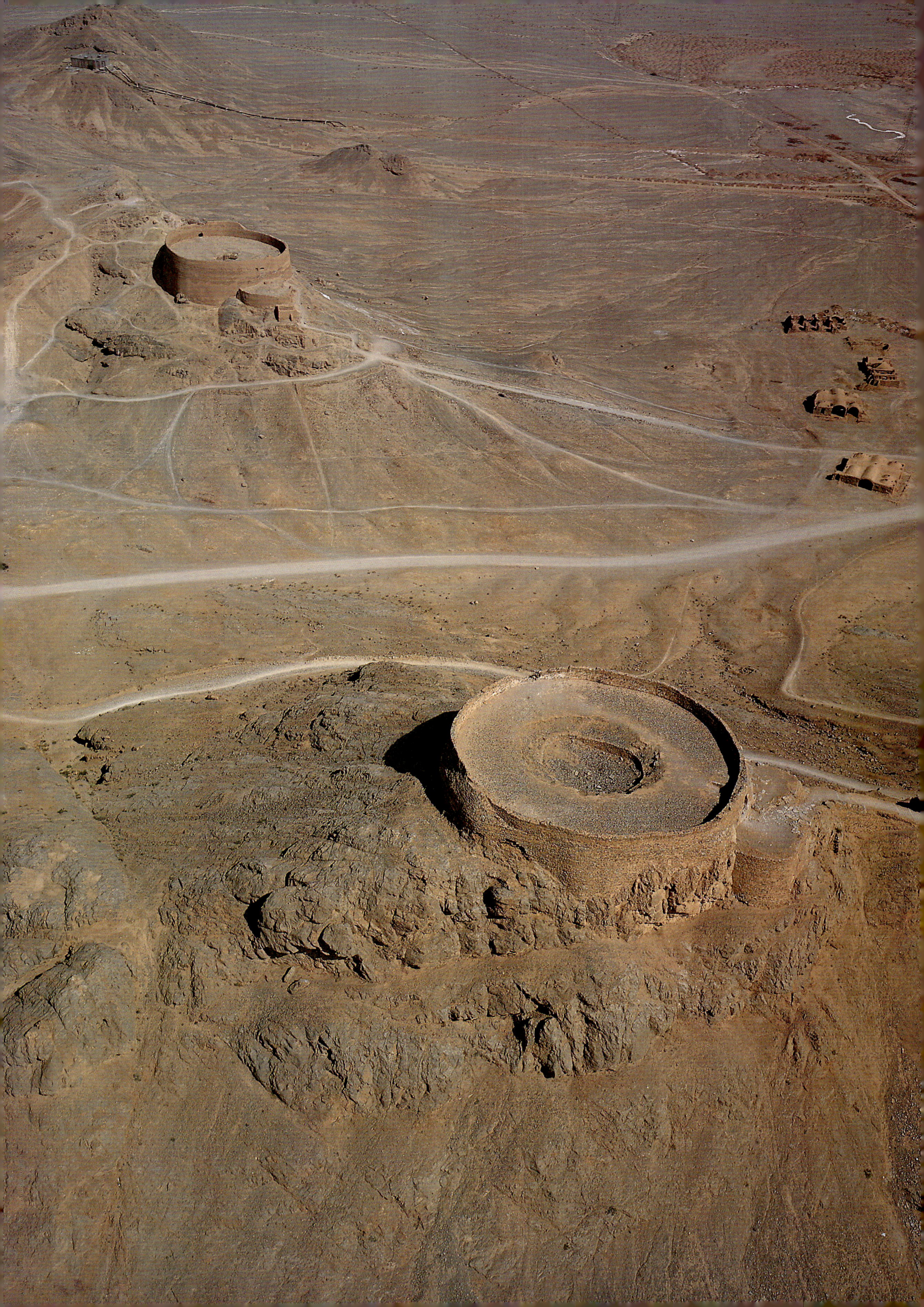

Yazd Friday Mosque

The gateway of this towering 14-century edifice is unique in Iran. Crowned by a pair of minarets, the mosque is the tallest in Iran; the portal façade is completely decorated in dazzling tile work, predominantly blue in colour. Inside is a long arcaded court where, behind a deep-set southeast iwan, is a sanctuary chamber which, under a squat tiled dome, is exquisitely decorated with faience mosaic; its tall faience mihrab, dated 1365, is one of the finest of its kind. The mosque currently houses valuable collections of books and manuscripts. Close to the mosque was the Vaqt Va Sa`at (Time and hour) complex, now reduced to the Shrine of Rokn od-Din, who was responsible for building the complex.

مسجد جامع

درخشان ترین بنای شهر یزد مسجد جامع آن است. بنای قدیمی، بسیار فاخر، بلندی مناره ها، زیبایی گچکاری، شبستان زمستانی هریک عاملی از بزرگی، زیبائی و هنرمندی این یادگار ارجمند و هزار ساله یزد است.

مناره ها، زیبایی گچکاری، شبستان زمستانی هریک عاملی از بزرگی، زیبائی و هنرمندی این یادگار ارجمند و هزار ساله یزد است.

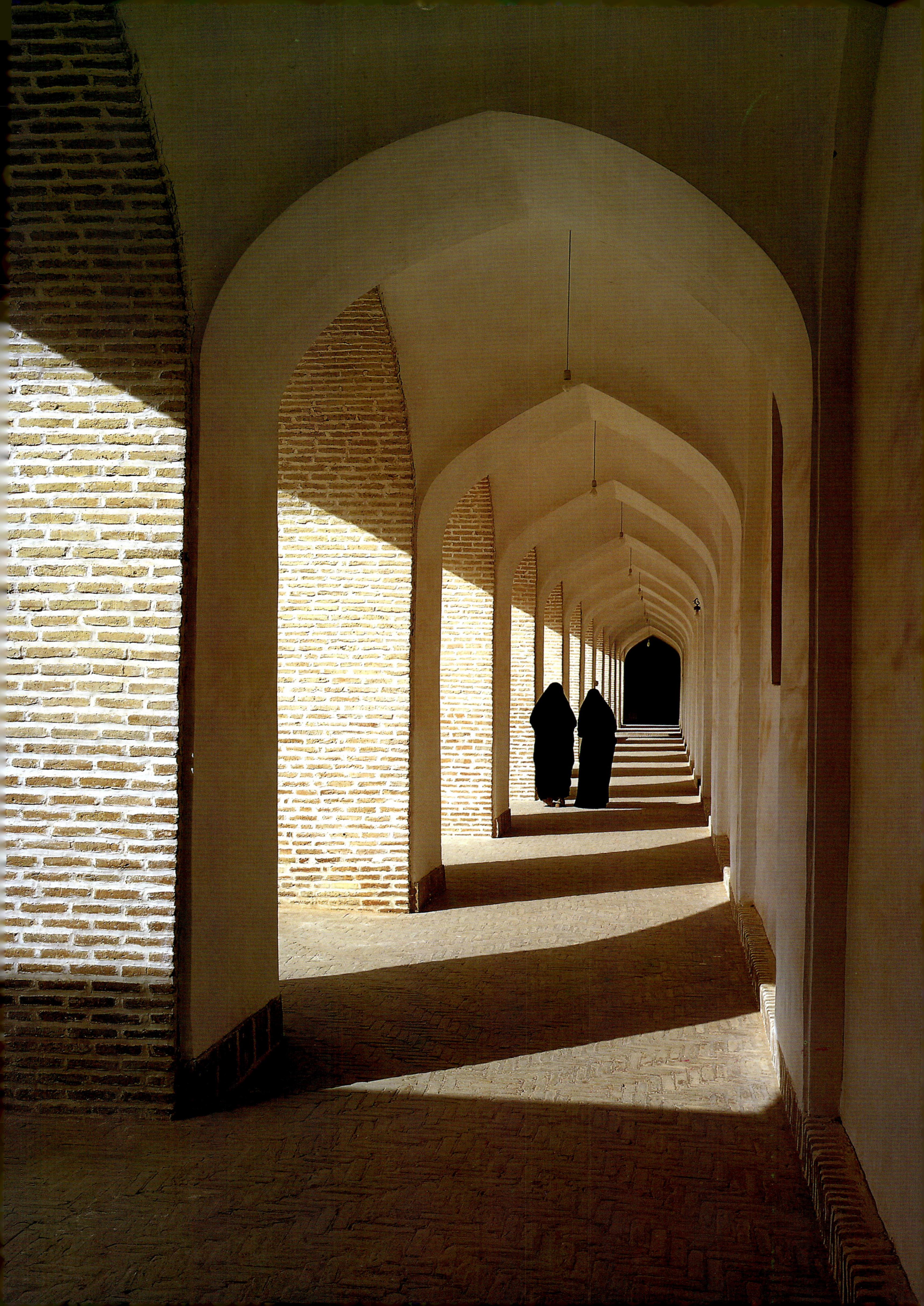

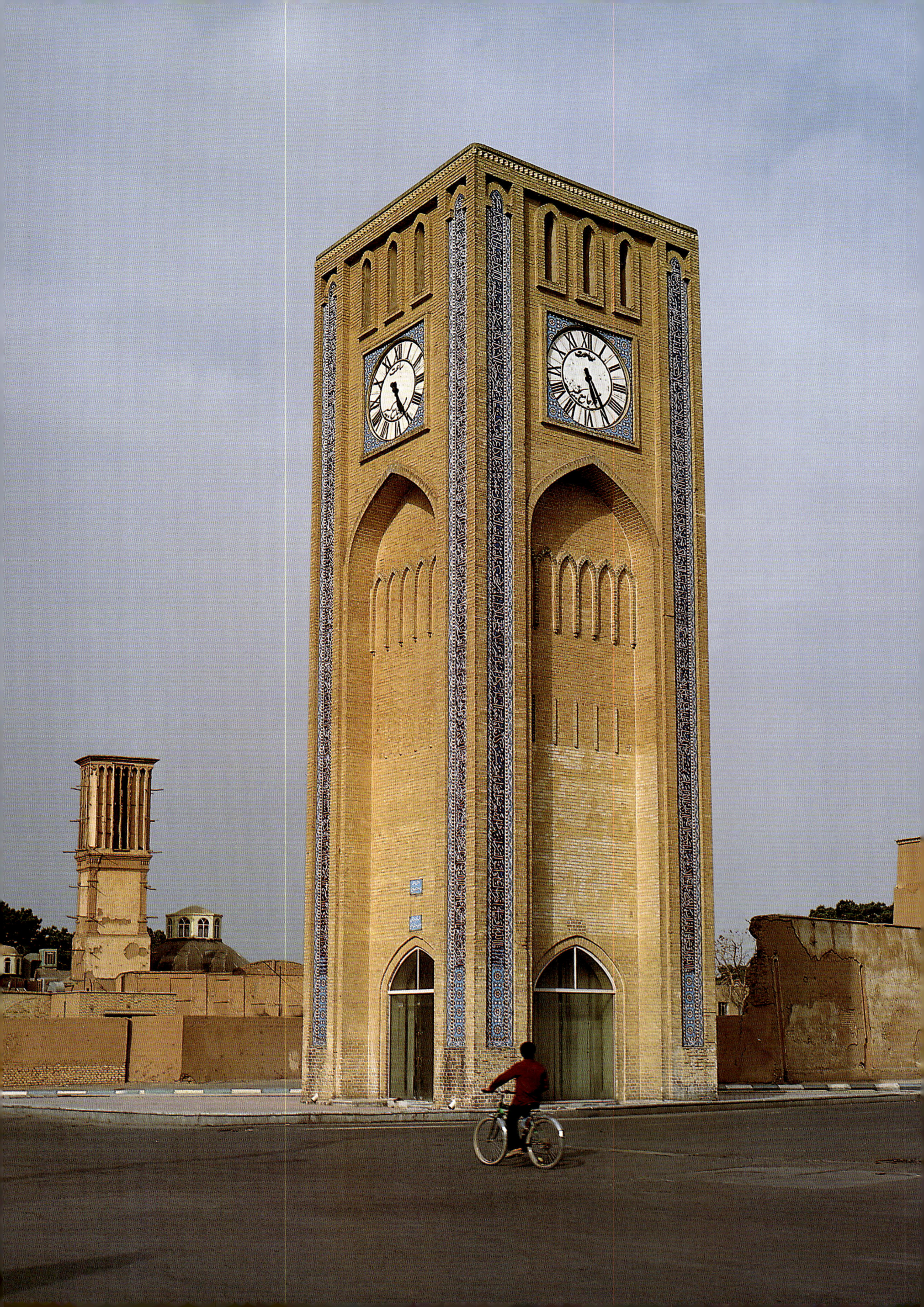

Mir Chaqmaq Complex

Having a huge dome and superb iwan, the mosque was originally called Masjid-e-Jami or Masjid-e-Nau. According to the inscription of the portal, the construction of the mosque was commissioned by Bibi Fatima Khatun, wife of Amir Chaqmaq, governor of Yazd. The marbled mihrab is decorated with verses from the Holy Koran. There are other constructions such as the Khaneqah (1426), a caravanserai, public baths, a square, and a takiya.

مجموعه میر چخماق

میدان میرچخماق اثری از قرن نهم هجری و یادگاری از دوران حکومت امیرچخماق شامی است. این میدان در عصر صفوی هم به همین نام شهرت داشت.

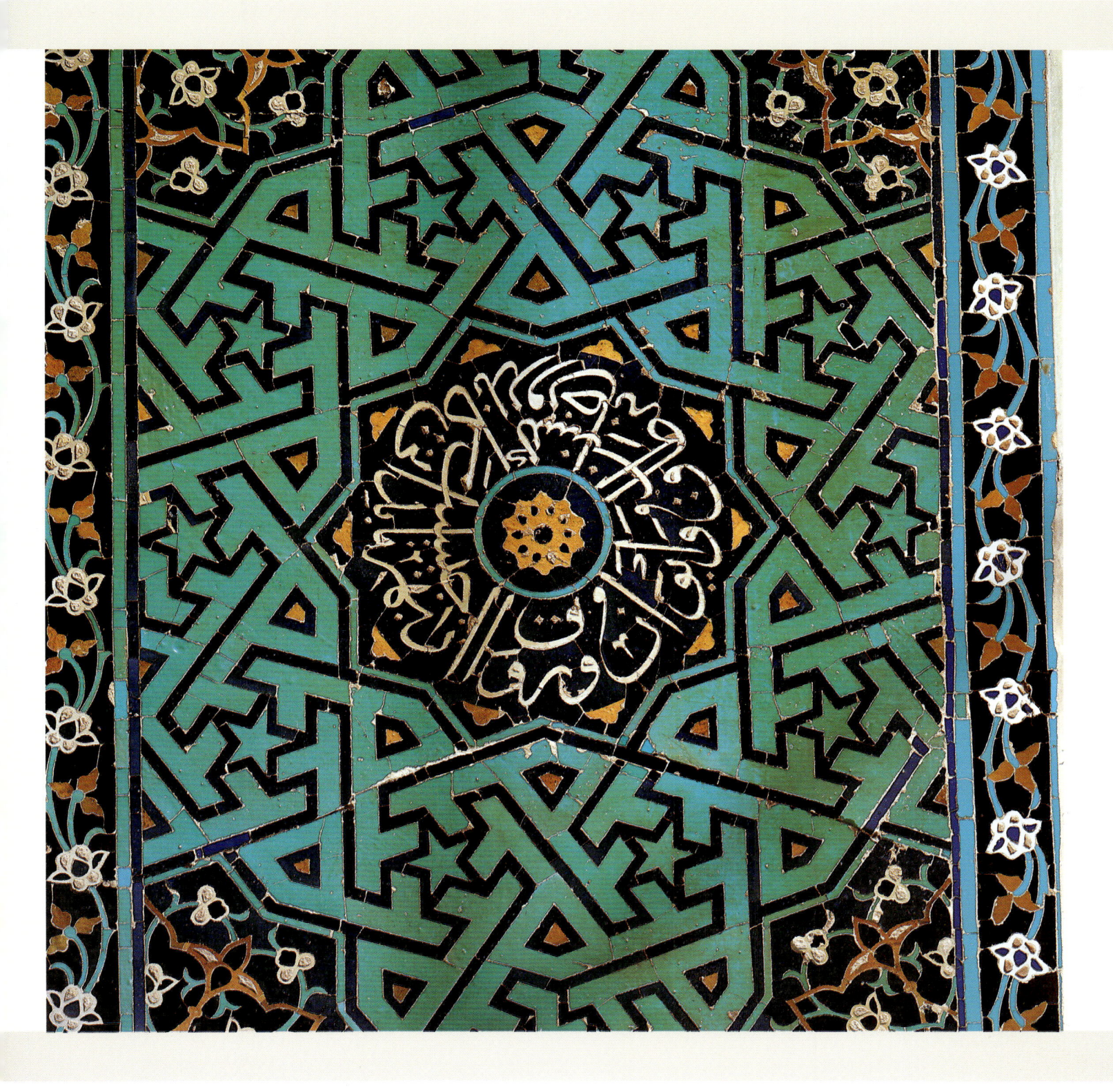

Sa'at Square

Dating to the 15th century, the square used to have an observatory which was considered an important scientific achievement.

میدان ساعت

این میدان قدیمی اثری از نیمه قرن هشتم هجری است. در این میدان یک دستگاه نجومی و رصدی موسوم به اوقات و ساعت قرار داشته که در زمان خود از دستگاههای مهم علمی بوده و نام میدان از این دستگاه گرفته شده است.

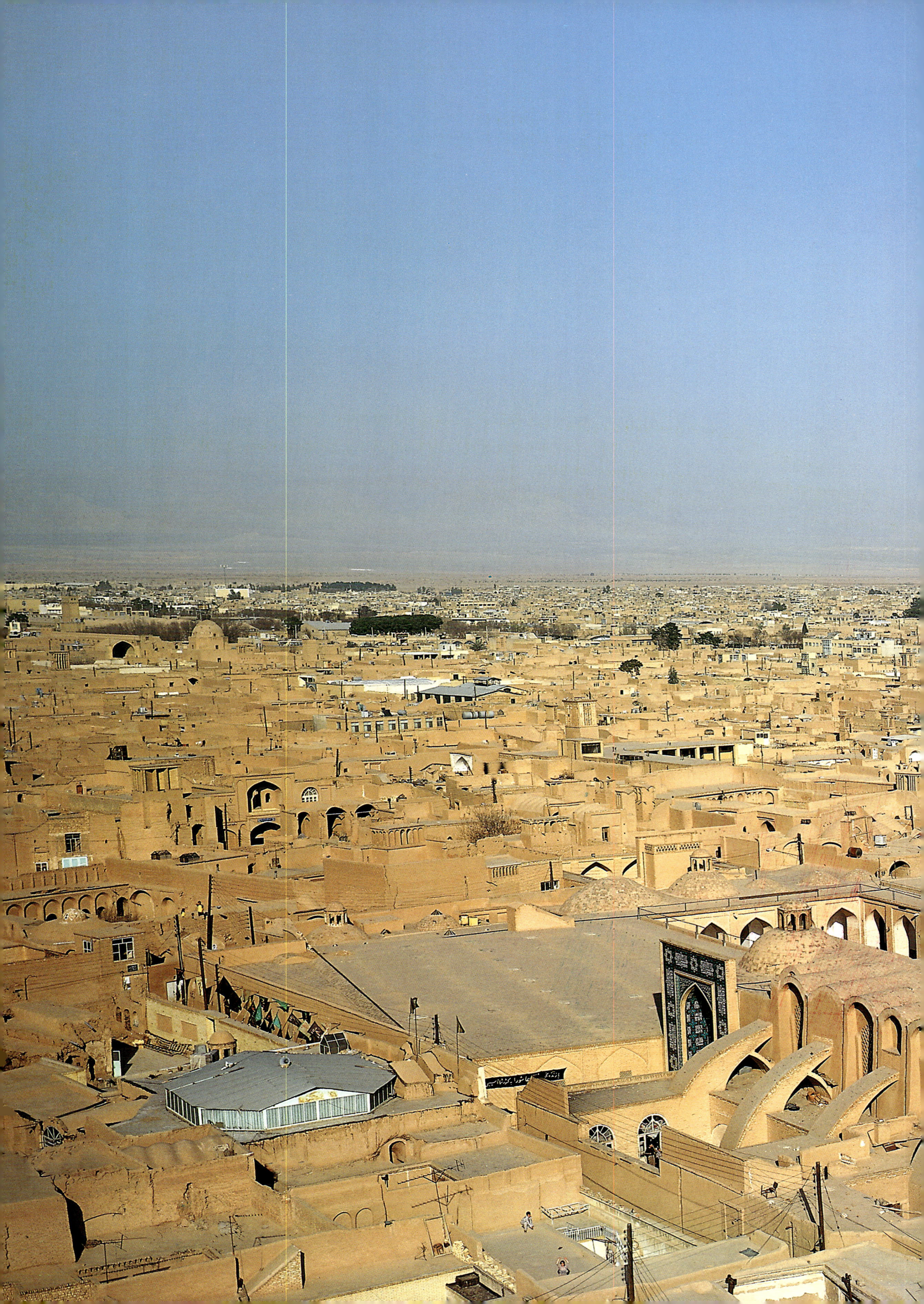

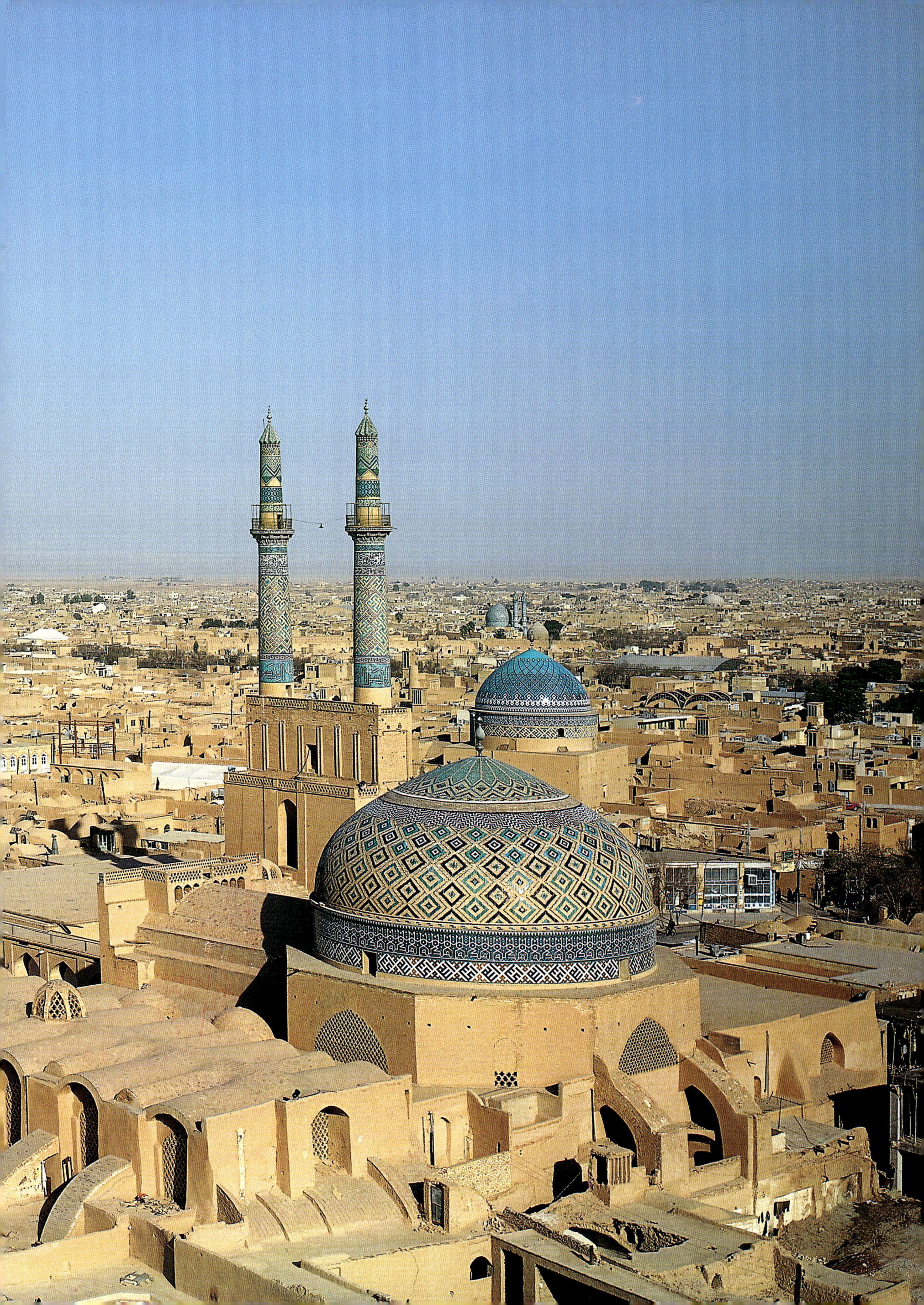

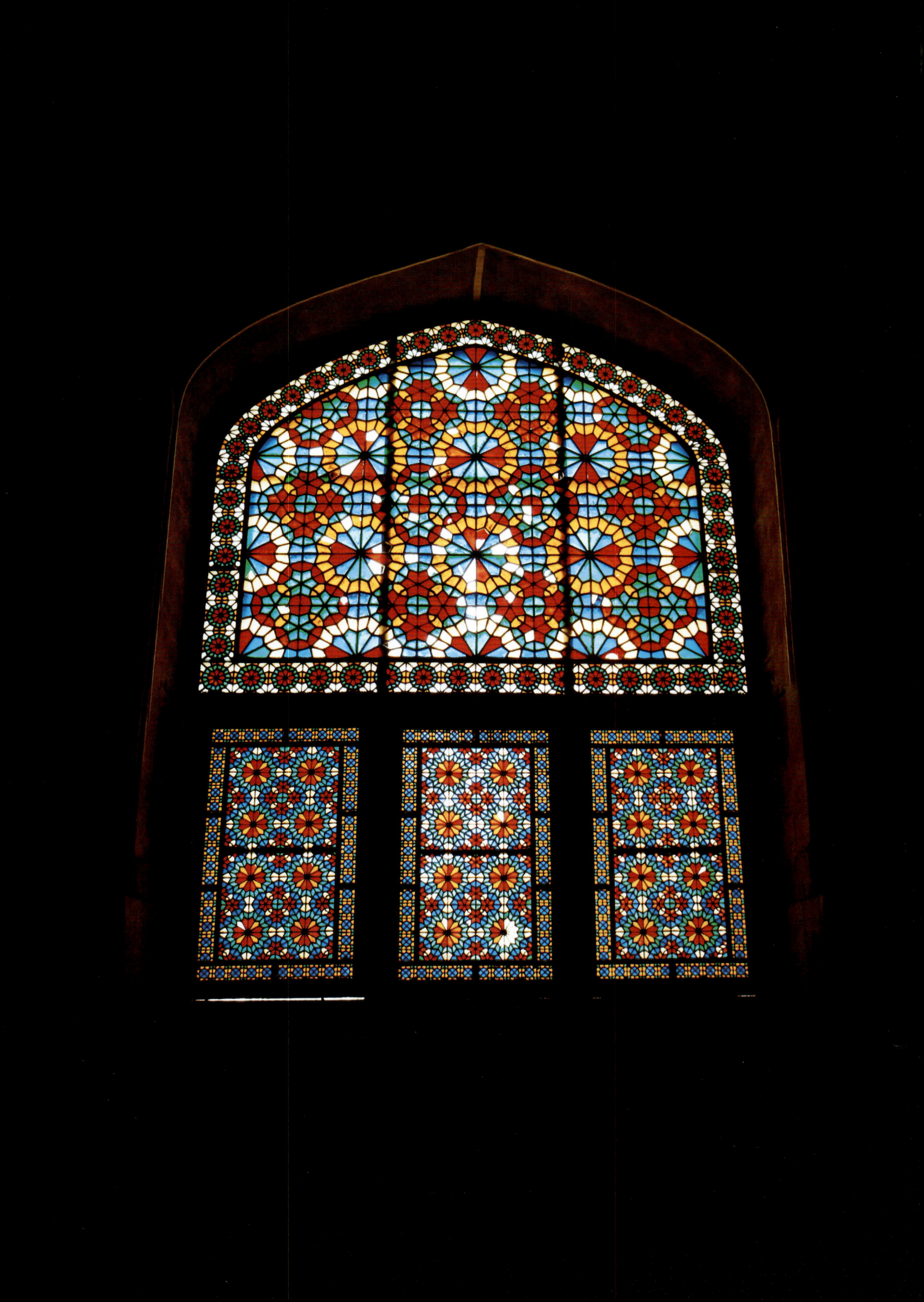

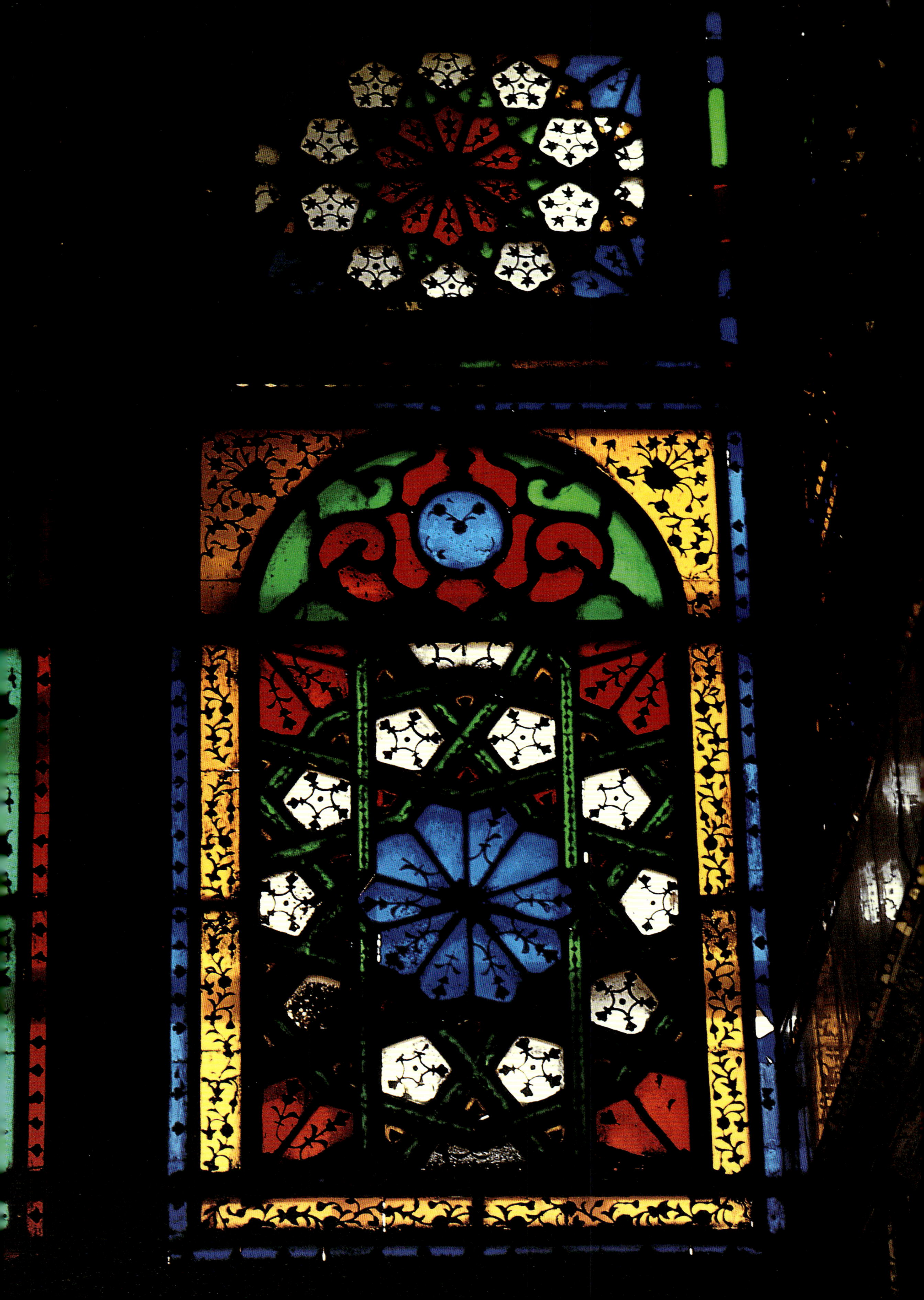

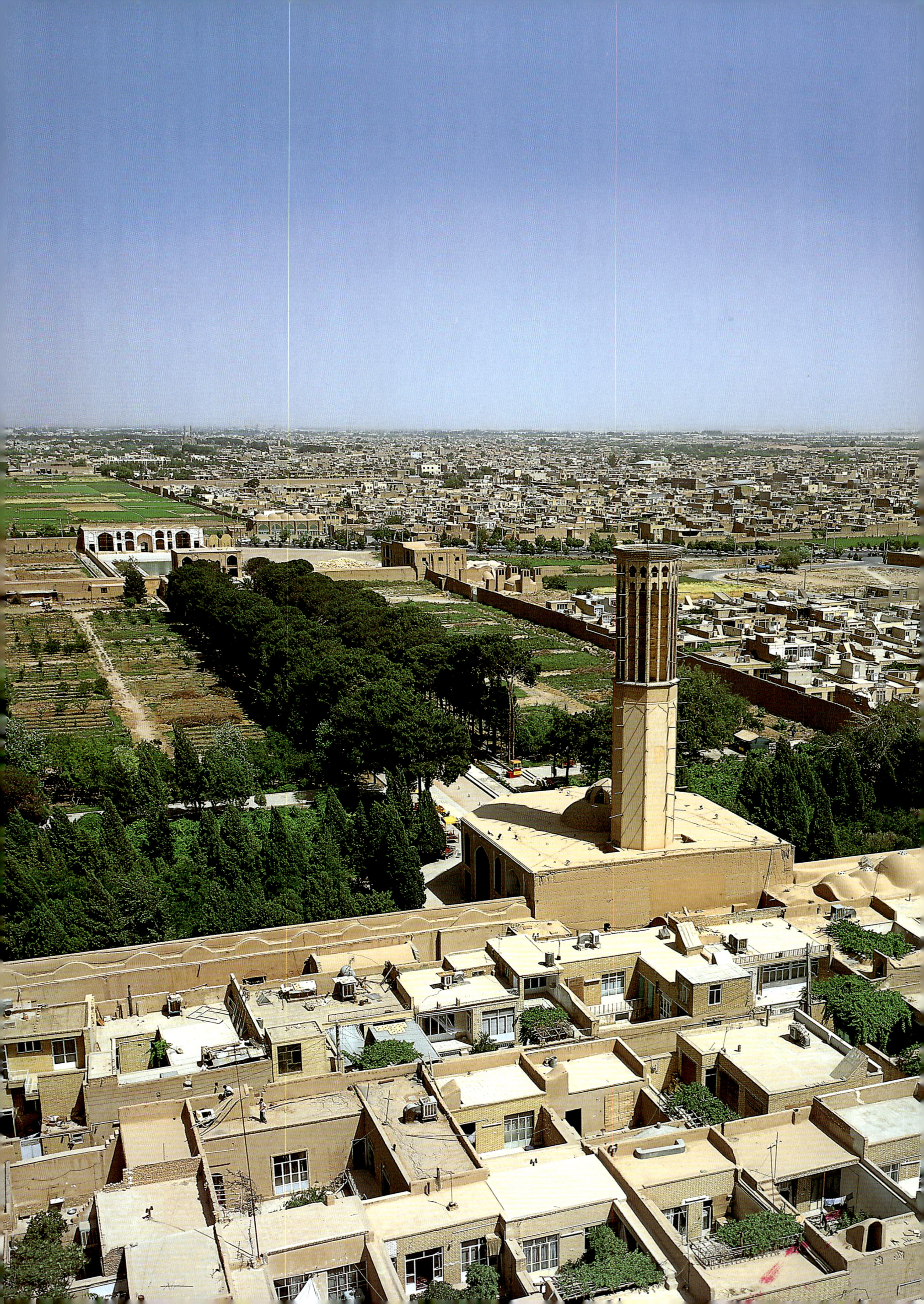

Dowlatabad Garden – Yazd

One of the best-known gardens in Iran, it was designed and built in the Safavid era. The garden includes a governmental complex. This is a complex built according to the original Iranian architectural style and consists of a large garden and some buildings. Being watered by a qanat, until the very recent past it was used for the residence of the provincial governor, The most impressive part of the Complex are a 33m high bad-gir (wind tower) on the roof and a water stream in the interior. The air was conducted into the interior and cooled through the action of the flowing water. Lattice doors and windows with stained glass patterns impart a pleasing sight to the Complex.

بادگیر دولت یزد
باغ دولت‌آباد

باغ دولت‌آباد یکی از باغ‌های معروف ایرانی است که در دوره‌ی زندیه طراحی و ساخته شده. بخش عمده‌ی آن، ازجمله عمارت هشتی و بادگیر باغ را که تخریب شده‌بود، سازمان ملی حفاظت آثار باستانی ایران بازسازی کرد. این باغ ازقناتی به همین نام (قنات دولت) مشروب می‌شود و جریان آب در باغ، استخوان‌بندی طراحی آن را تشکیل می‌دهد.

باغ دولت‌آباد مجموعه‌ای از ساختمان‌های متفاوت حکومتی است. جالب‌ترین بنای مجموعه را عمارت هشتی و بادگیر تشکیل می‌دهد که تلفیق جریان هوا و آب به زیباترین شکل صورت گرفته است. کاربندی بسیار ظریف سقف هشتی اثر استاد علی‌اکبر خرمی، معمار میراث فرهنگی است که با سیم گل و دم‌گیری گچی، بسیار استادانه اجراشده‌است.

بادگیر باغ دولت‌آباد با ۳۲ متر بلندی از سطح زمین، شاهکار مهندسی و نشانه‌ی نبوغ و توانمندی فکر و دست معماران یزدی است.

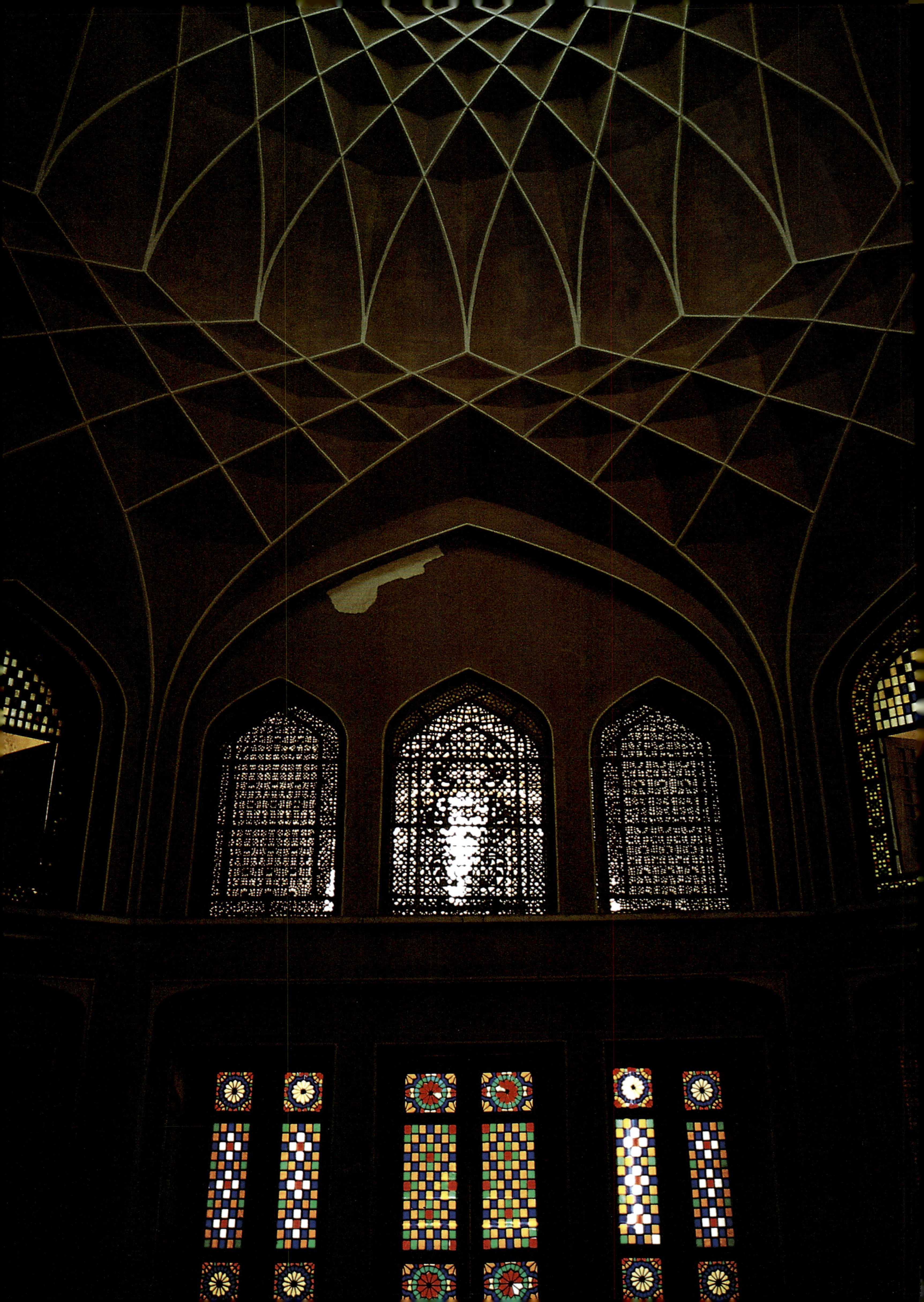

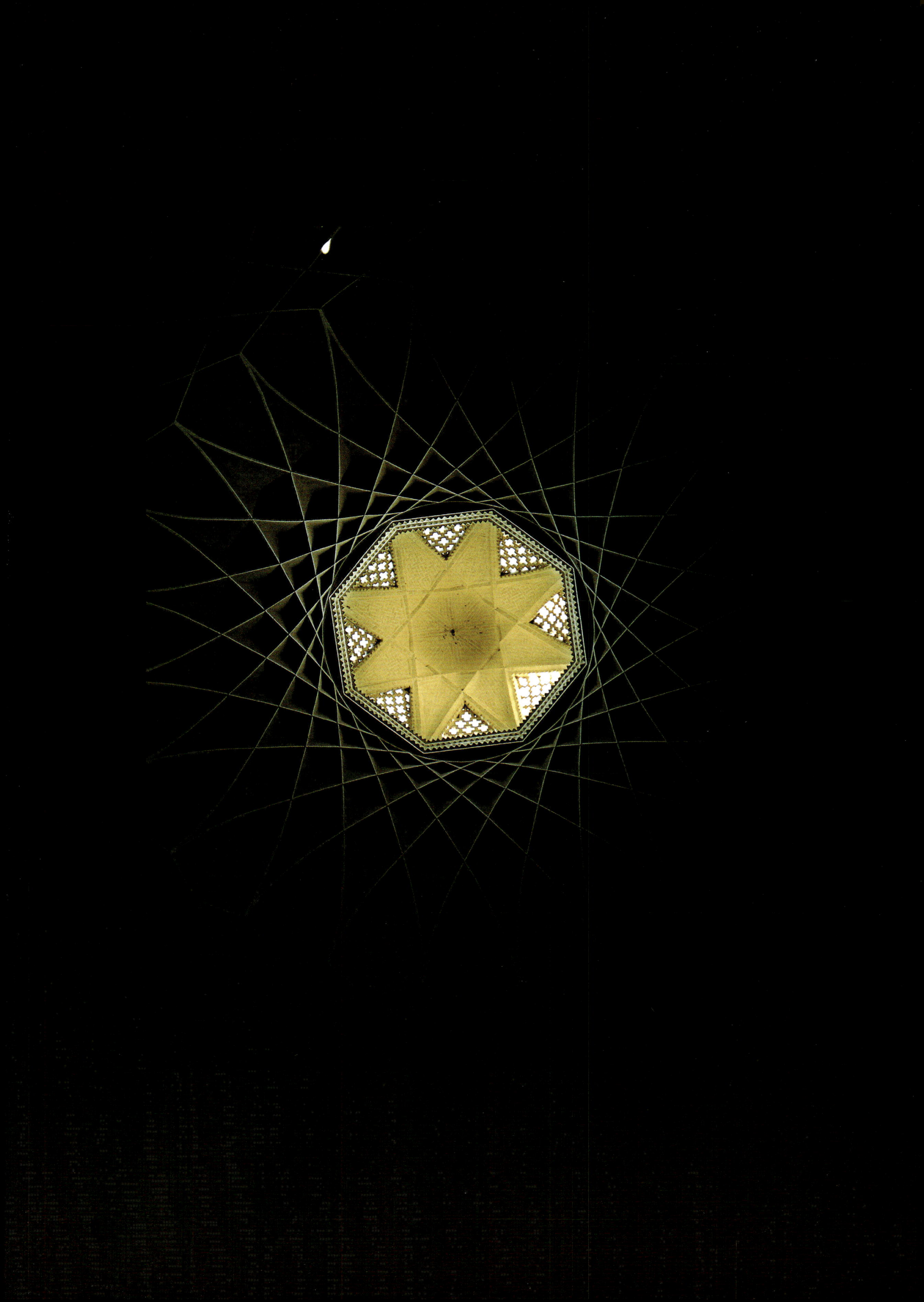

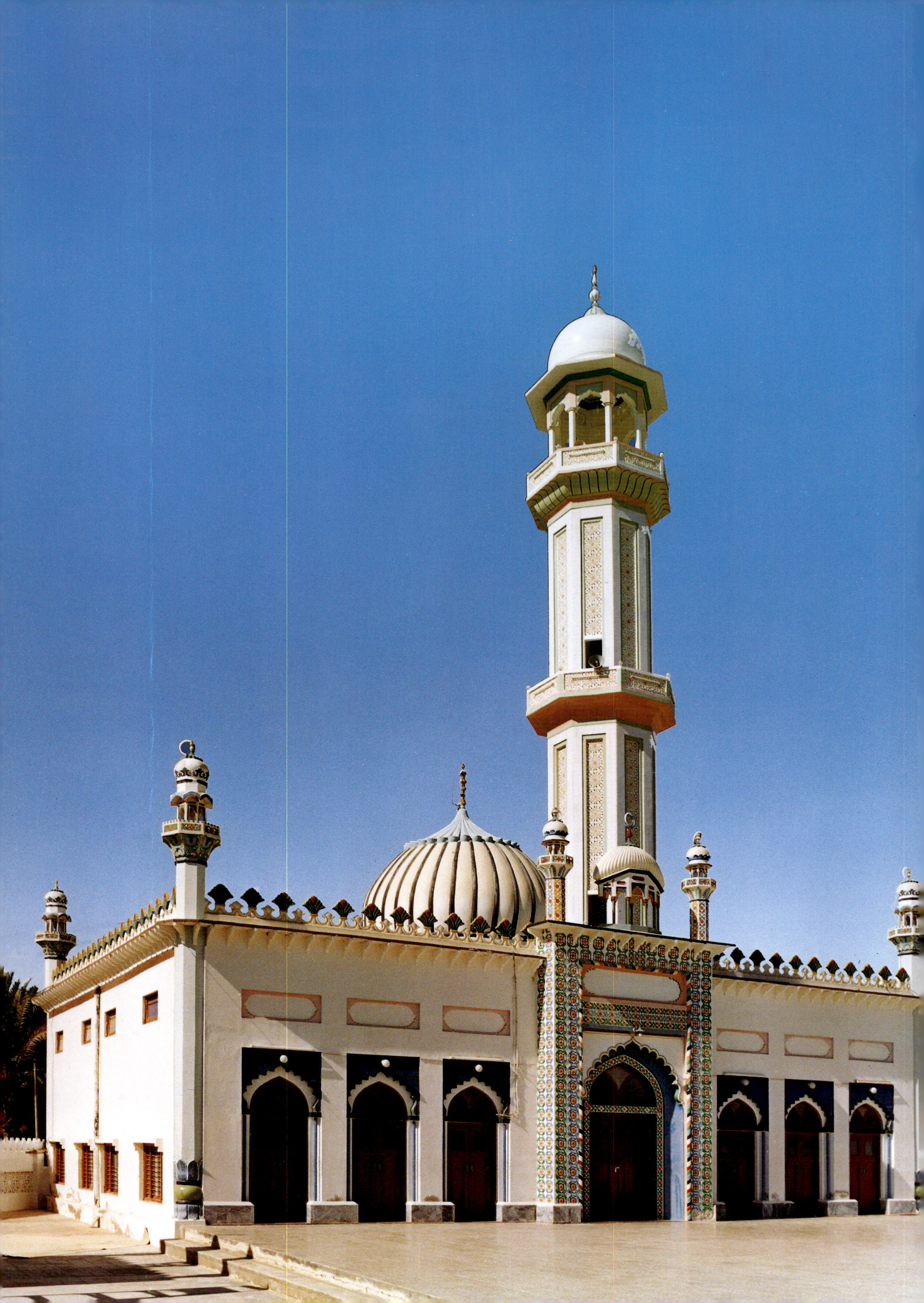

Sistan & Baluchestan

With an area of 178,431sqkm, the northern part, Sistan, covers only 8,117sqkm while Baluchestan is far larger. The districts are Zahedan (the capital), Zabol, Khash, Saravan, IranShahr, NikShahr, and ChahBahar. The province borders with Afghanistan and Pakistan.

Sistan owes its name to an old civilization dating back to 3,000 years, called the Saks. In Avesta, it is called Zaranj. Baluchestan is also an ancient land. It became one of the biggest satraps of the Achaemenid Empire during the reign of Darius the Great. There are splendid historical sites, such as the ruins of the burnt city (believed to be over 4,000 years old), and the Sassanid castle on Khwaju Mountain, the legendary Mount Taftan, near Khash.

Baluchis are famous for needle works, pottery, baskets, carpets, kilims and handicrafts.

سیستان و بلوچستان

استان سیستان و بلوچستان با وسعتی حدود ۱۸۷۵۰۲ کیلومترمربع در جنوب‌شرقی ایران قرار دارد. این استان پهناور در سمت شرق با پاکستان ۹۰۰ کیلومتر و با افغانستان ۳۰۰ کیلومتر مرز مشترک دارد. در جنوب با دریای عمان به طور تقریبی ۳۷۰ کیلومتر مرز آبی دارد. و از شمال و شمال‌غربی با استان خراسان به طول ۱۹۰ کیلومتر و در قسمت غرب با استان کرمان به طول ۵۸۰ کیلومتر و با استان هرمزگان به طول ۱۶۵ کیلومتر هم مرز است. شهرهای عمده استان :زاهدان، زابل، ایرانشهر، خاش، چابهار، شراوان و نیک‌شهر. در تپه‌های بلوچستان آثاری به دست آمده‌است که تاریخ این سرزمین را به ۳۰۰۰سال پیش از میلاد می‌رساند. آنچه مسلم است، کورش هنگام لشکرکشی به هند، مکران را نیز تصرف کرد. فردوسی در شاهنامه از گردان بلوچ سخن گفته است. یکی از وقایع مهم تاریخی بلوچستان، عبور اسکندر مقدونی از این سرزمین در هنگام بازگشت از هندوستان است که در جریان آن در اثر وجود ریگ‌های روان، بیابان‌های خشک و بی‌آب و سرسختی مردمان این‌سرزمین، بیشتر نیروهای نظامی خود را از دست داد. در وضعیت هواشناسی این منطقه بادهای شدید موسمی، طوفان شن، رگبارهای سیل‌آسا، رطوبت زیاد و مه صبحگاهی پدیده بسیار جالبی است. این استان تابستان‌های گرم و طولانی و زمستان‌های کوتاه دارد. دو فصل متمایز در این ناحیه وجوددارد: زمستان، با درجه حرارت معتدل و خنک در ماه‌های آذر، دی و بهمن ؛و تابستان گرم در بقیه فصل‌ها.

مسجد جامع طیس (تیس)
Tiss Friday Mosque

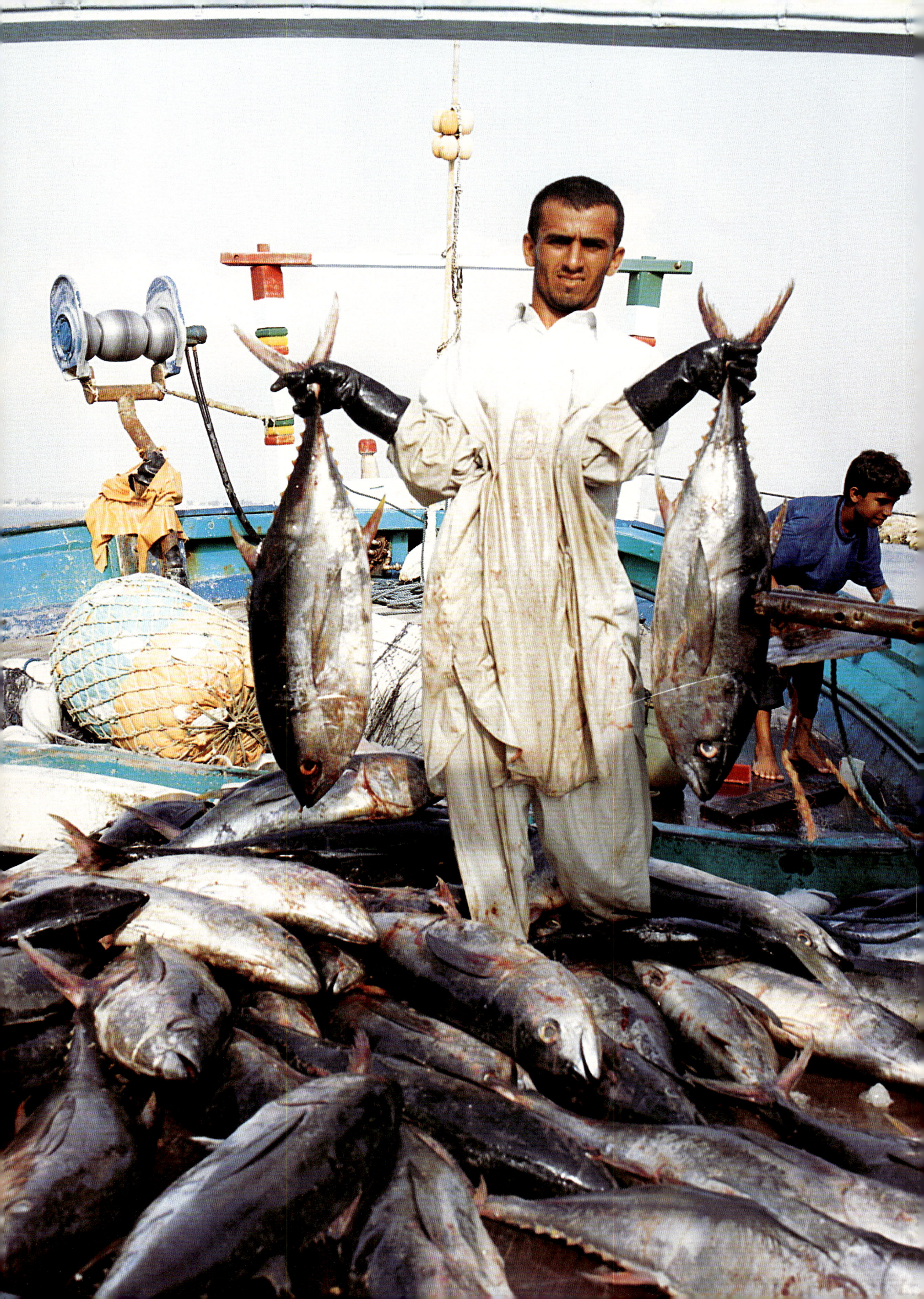

چابهار - ماهیگیری
Chabahar - Shilat

Zahedan

The population comprises Shi'ite Muslim Persians and Sunnite Muslim Baluchs. Local industry produces bricks, milled rice, livestock feed, processed foods, mats and baskets, embroidered articles, and ceramics. It is the terminus of the Trans-Iranian Railway near the Pakistani border and has an airfield. There is a ruined citadel, in the centre of the city, and the Friday Mosque (Masjid-e Jom'eh).

اهدان

ـهر زاهدان که امروزه مرکز سیستان و بلوچستان است، سابقه چندانی ندارد در محل زاهدان اه آبی بود که‌راهزنان پس از تاراج کاروان‌ها ساعتی یا شبی در آنجا می‌گذراندند در سال ۱۳۱ هـ.ق. کاریزی در آنجا حفر شد وآبادی کوچکی پدید آمد که «دزدآب» نام گرفت. چهار ال بعد متخصصان بلژیکی برای احداث گمرک‌خانه دردزدآب مستقر شدند. از آن زمان به ـریج بر وسعت و جمعیت دزدآب افزوده شد و در سال ۱۳۱۴ به زاهدان تغییرنام‌یافت. اولین شانه‌های شهرنشینی با احداث خط‌آهن از کویته‌ی پاکستان به زاهدان پدیدار شد و با توسعه‌ی عدی،زاهدان امروزی مرکز استان سیستان و بلوچستان شد.

Handicrafts | صنایع دستی

Friday Mosque - Iranshahr   مسجد جامع ایرانشهر

مسجد جامع زاهدان

Pasabandar Mosque   مسجد پسابندر

Friday Mosque - Zahedan

Zabol زابل

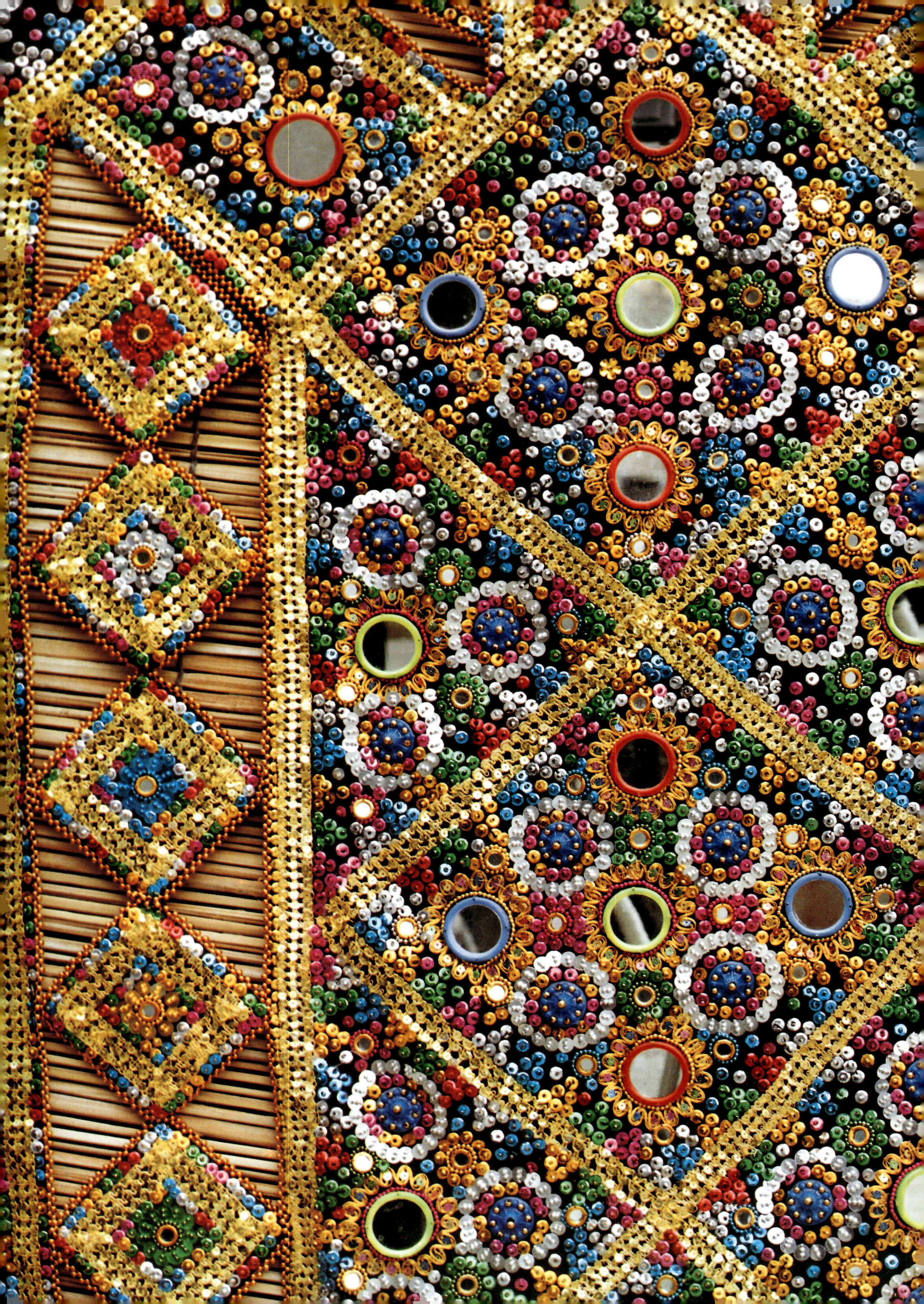

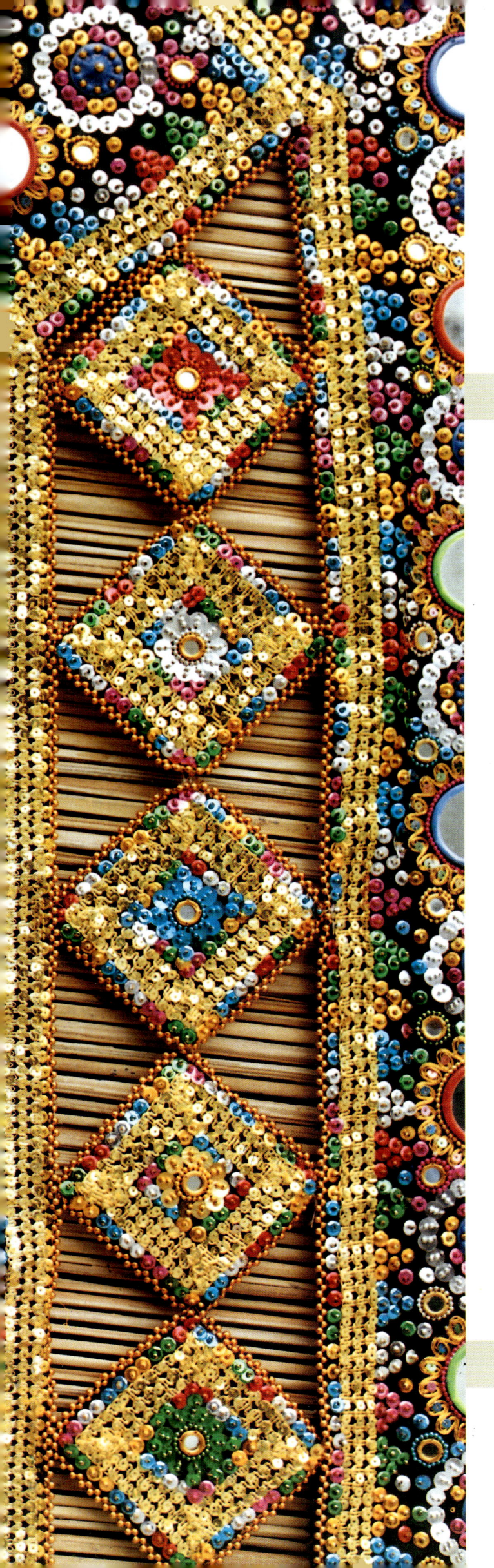

صنایع دستی استان ـ ایرانشهر

امروزه در سیستان و بلوچستان، بافتن قالی، قالیچه، گلیم و پشتی بیشتر جنبه حرفه‌ای پیدا کرده است و درآمد عمده خانواده از این راه تأمین می‌شود.
صنایع دستی دیگر مانند سوزن بافی، سکه و دکمه‌دوزی، پریواردوزی، سیاه‌دوزی، ساخت ظرفهای سفالی و زینت‌آلات (جواهرسازی) بین خانواده‌ها معمول است. تولید پارچه‌های دست‌باف از کرک و پشم شتر ـ به علت وفور مواد اولیه و ارزانی قیمت تمام‌شده ـ بازار مناسبی در داخل و خارج کشور یافته است که نیاز به توسعه دارد.

Handicrafts

The handicrafts of Sistan-Baluchestan include carpets, rugs, kilims, pottery, cloth and decorative objects.
Handicrafts of Baluchestan Province
People on the margins of the Hamun Lake earn their living through weaving mats. In the central part, people weave 30 different types of mats. Poetries in this region are very famous for their quality.

Chahbahar

There are many tourist attractions in the city including the beautiful shores of Oman Sea. Pozm, Gowatr and Kenarak ports, Shahid Beheshti jetty, Gelfeshan – where is one of the Chahbahar township's wonders that, like a volcano, emits mud instead of lava – Hara floating forests which sink into the water when flowing, and return into view at the ebb time, Seyed Gholamrasul belongs to the Timurid era, Tis (Portuguese) castle, Tis mosque and Khezr footprint.

چابهار

موسیقی بومی و ترانه‌های عامیانه‌ی مردم سیستان و بلوچستان، نموداری از هنر مردم این خطه است، ترانه‌های محلی بیشتر در عروسی‌ها و مراسم اعیاد، بخصوص عیدفطر، خوانده می‌شود و سازهای محلی که عبارت از قیچک، دهل، سرنا و طبل آن را همراهی می‌کنند. سازهای اصلی موسیقی بلوچی «قیچک» و «دهل» است قیچک یکی ازسازهای اصیل سنتی بلوچ است که در اصطلاح محلی «سوروز» نام دارد. این ساز از یک جعبه مجوف چوبی و چهار تاشش سیم ساخته شده و مانند کمانچه با کمان نواخته می‌شود. دهل نیز از سازهای ضربی موسیقی بلوچی است که‌ شکل استوانه‌ای دارد و همراه سرنا نواخته می‌شود. از دهل و سرنا بخصوص در جشن‌های عروسی در قفس‌های محلی استفاده می‌شود.

گل‌فشان – چابهار
Gelfeshan – Chabahar

Pasabandar – Chabahar | پسابندر چابهار

شهر سوخته

شهر سوخته در ۶۰ کیلومتری جنوب زابل، کنار جاده‌ی زابل واقع شده و مشتمل بر تپه‌هایی است که بیش از ۵۰ مترارتفاع ندارند. وسعت شهر سوخته ۲/۵ کیلومتر است. ضمن کاوش‌های علمی، بنای مستطیل‌شکلی با اطاق‌های چهارگوش، راهرو و پلکان‌هایی نمایان شد که مساحت آن تقریباً ۵۰۰ مترمربع است. در این کاخ باستانی، آثاری از آتش‌سوزی پردامنه‌ی وحشتناکی به جا مانده است که از جمله تیرهای سوخته و اسکلت نیمه سوخته انسانی که دسته‌هاون در دست دارد. کاوش‌های علمی نشان می‌دهد که مردم این سرزمین در هزاره‌ی چهارم، سوم و دوم پیش از میلاد، تمدن درخشانی همانند تمدن هند و بین‌النهرین داشته‌اند.

Khwaju Mount

With a height of 900m like an island, the historical site is situated in the middle of the Hamun Lake. There are ruins of a fire temple and enormous palace at the top of this mount dating back to the first century A.D. Sassanid and Arsacid eras. In the south part of the mount, there is a mud brick temple known as Kuchakchal Ganjeh. The construction is the temple of Nahid (Anahita) and is counted as a girl castle. The mount and the ancient monuments date back to different eras.

کوه خواجه

کوه خواجه به ارتفاع ۹۰متر، مانند جزیره‌ای از دل دریاچه هامون سربرآورده‌است. بالای این کوه بقایای آتشکده و کاخی عظیم نمایان است. گچبری‌ها و نقاشی‌های دیواری این کاخ، متأثر از هنر یونانی و منسوب به دوره اشکانی‌است. تاریخ آتشکده کوه خواجه را حدود قرن اول میلادی برآورد کرده‌اند، ویرانه‌های اطراف آن منسوب به دوره‌اشکانی و ساسانی است. در جنوب کوه خواجه پرستشگاهی است به نام «کرچک چل گنجه» که معبد ناهید (آناهیتا) بوده است. از بناهای معروف کوه خواجه زیارتگاه‌های «خواجه غلطان» و «پیرگندم بریان» است. دیگر آثاری که در کوه‌خواجه بدست آمده، بیشتر مربوط به قوم «سکا» که در حدود قرن دوم میلادی به این سرزمین مهاجرت کرده بودند.

Sassanian Castle of Khwaju Mount

قلعه دوره ساسانی کوه خواجو

Burnt City

It is a complex of ancient monuments located in 56km of Zabol. Relics unearthed in different archaeological excavations show that the Burned City was a prosperous large city some five millennia ago. Now, after all these eons, it is a mound 57km south of Zabol, 8 to 12 meters high and covering an area of 2.5sqkm, in the shape of a triangle as seen from air.

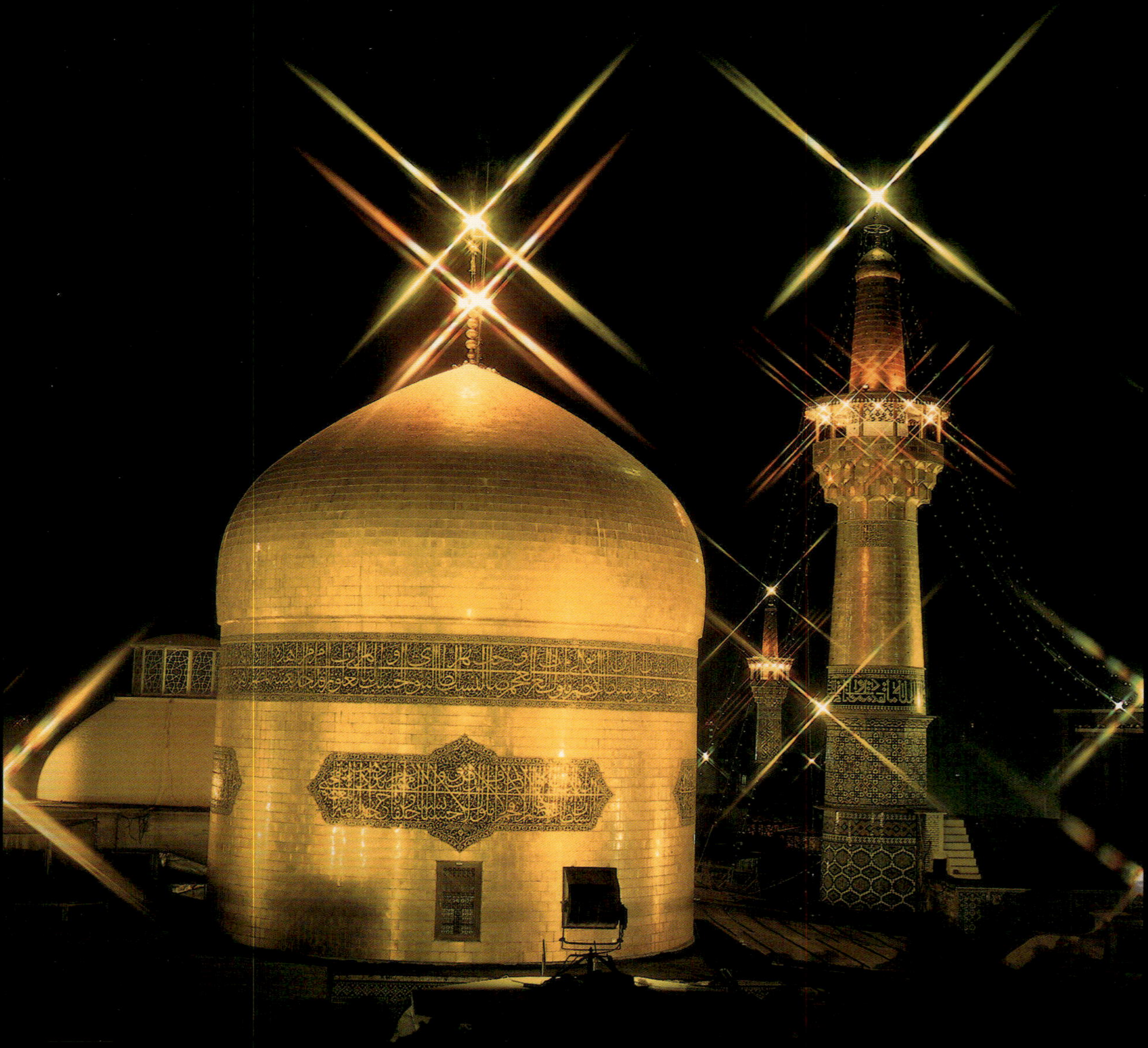

Khorasan

Located in northeastern Iran, it covers an area of 302,766sqkm. The districts are: Mashad (the capital), Esfarayen, Birjand, Taibad, Torbat Jam, Torbat Heydarieh, Chenaran, Khaf, Shirvan, Tabas, Ferdows, Fariman, Qayenat, Quchan, Kashmar, Gonabad, Nahbandan, Neishabur, Bardaskan, and Bojnurd. The history of the area stretches back to very ancient times, being part of the Achaemenid Empire of the 6th and 5th centuries BC and the Parthian empire of the 1st century BC. Khorasan was first named, however, by the Sasanians (beginning in the 3rd century BC), who organized their empire into four quarters (named from the cardinal points), Khorasan being literally the "Land of the Sun." After the Arab conquest in AD 651–652, the name was retained both as the designation of a definite province and in a looser sense. At first, the Arabs used the area as a march, or garrisoned frontier, but soon large colonies of Arabs moved in, especially around Merv, and a meld of Islamic and eastern Iranian cultures ensued. Later Khorasan regained virtual independence under the Tahirid, Saffarid, and Samanid dynasties (821–999). The north and northwest have sufficient rainfall for grasslands and scrub forests of alder, oak, juniper, and hornbeam; the south has little vegetation. The mineral products include turquoise, salt, iron, copper, lead, zinc, chromium, magnesite, and coal. Handicrafts include jewelry, rugs and carpets, furs, dolls, glassware, and handloomed cloth.
The shrine of Imam Reza (AS) in Mashad is among the most superb examples of Irano-Islamic arts.

خراسان

استان خراسان در شمال شرقی ایران با ۳۱۳هزار کیلومتر مساحت، وسیعترین استان کشور، و حدوداً یک پنجم مساحت ایران است. این استان از شمال و شمال‌شرقی به جمهوری ترکمنستان، از شرق به افغانستان، از جنوب به‌استان سیستان و بلوچستان و از غرب و شمال‌غربی به استانهای یزد، اصفهان، سمنان و گلستان محدود است.
استان خراسان از نظر موقعیت طبیعی به دو بخش شمالی و جنوبی تقسیم می‌شود. بخش شمالی عموماً کوهستانی است که در دره‌ها و نواحی پست آن دشت‌های حاصلخیزی به وجود آمده. و بخش جنوبی از دشت‌های پست و وسیع با تپه‌های کم ارتفاع تشکیل شده است، بارش اندک است و خاک مساعد کشاورزی نیست.
استان خراسان در منطقه معتدل شمالی قرار گرفته و به‌طور کلی آب‌وهوای متغیری دارد. دمای هوای استان ازشمال به طرف جنوب افزایش می‌یابد، ولی میزان بارش سالانه آن کم می‌شود.
خراسان بزرگ نامی بود که در سده‌های گذشته حوزه فرهنگی گسترده‌ای را شامل می‌شد. بخش‌هایی از خراسان‌بزرگ ؛امروزه جزو کشورهای افغانستان، تاجیکستان، ترکمنستان و ازبکستان است. استان خراسان از کانون‌های بزرگ‌تاریخی و باستانی و فرهنگی ایران است که شهرهای مشهد، نیشابور، بیرجند، سبزوار و شهر معروف طبس در حاشیه‌کویر، در آن واقع شده‌اند. تا قرن دوم هجری (قرن نهم میلادی) بر جای شهر مشهد کنونی، آبادی کوچکی وجود داشت‌که سُناباد، نامیده می‌شد. پس از شهادت حضرت امام رضا(ع) در این محل، این روستا مشهد مقدس نامیده شد و مزارآن حضرت زیارتگاه شیعیان ایران و جهان شد، و از این رو مشهد روز به روز توسعه یافت و شهری بزرگ شد. بارگاه امام رضا(ع) امروزه از مهمترین و باارزشترین نمونه‌های هنر اسلامی ایران است. موزه امام رضا درمشهد از بزرگترین گنجینه‌های فرهنگی و هنری، به ویژه کتابهای خطی و نقاشی است. مسجد گوهرشاد و گنبد سبز، آرامگاه خواجه ربیع و کلات نادری از آثار تاریخی مشهد است. آرامگاه فردوسی درتوس، آرامگاه خیام، عطار و کمال‌الملک در نیشابور از جاذبه‌های خراسان است.

مجموعه آرامگاهی آستان قدس

این مجموعـه در مـرکز مشهد مقدس واقع شده و یکی از باشکوهترین و وسیع‌ترین مجموعه‌های آرامگاهی جهان‌اسلام است ؛ که طی قرون متمادی بر مزار حضرت علی‌بن‌موسی‌الرضا(ع) [۲۰۳ - ۱۴۸هجری قمری] شکل گرفته و آثارتاریخی و هنری ارزشمندی از قرون مختلف دربرگرفته است.

Mausoleums of Astan Qods

Located in the center of Mashad, the complex is superb in the Muslim world. The complex has been built in the course of time in the site of Imam Reza's shrine and contains many valuable monuments of the Islamic art.

مسجد گوهرشاد

این مسجد که در جنوب حرم مطهر قرار گرفته، در سال ۸۲۱ هجری‌قمری توسط «گوهرشاد» (زوجه شاهرخ‌تیموری) و به استادی قوام‌الدین شیرازی ساخته شده‌است.

مسجد گوهرشاد که صحن بزرگی در میان دارد، به شیوه مسجدهای چهارایوانه ساخته شده و به سبب دارابودن‌تزیینات عالی و غنی کاشی‌کاری و کتیبه‌ای، در میان مجموعه بناهای اطراف حرم موقعیت ممتازی دارد. خطوط ثلث زیبای‌این مسجد به قلم بایسنقرمیرزا فرزند شاهرخ تیموری است. مهم‌ترین قسمت این مسجد ایوان جنوبی آن است که با مُقَرنَس‌کاری و کتیبه‌های نفیس آذین شده‌است.

در کتیبه این ایوان نام گوهرشاد و شاهرخ تیموری و فرزندشان بایسنقر میرزا ثبت شده‌است. گنبد اصلی مسجد با دهانه ۱۵ متر و دو پوسته، در گلوله‌باران ارتش روسیه در سال ۱۳۳۰ هجری قمری آسیب دیده که در سال ۱۳۲۹ شمسی برچیده شده و گنبدی از بتون مسلح به جای آن ساخته شده‌است.

Gowharshad Congregational Mosque

The Gowharshad Mosque with its 50-meter high faience dome and huge golden entrance is located immediately to the south of the Holy Shrine of Imam Reza (AS). A beautiful historic structure datable to the 15th century A.D., it was commissioned by Gowharshad, wife of the Timurid Shahrokh. The mosque has four iwans with two tile minarets flanking its main iwan. With its onion-shaped cupola, lofty iwan, and two superb minarets, the Gowharshad Mosque is to be considered as one of the architectural masterpieces in Iran. Sir Percy Sykes, soldier, diplomat and historian, describes it as "the noblest mosque in Central Asia" and U. Pope describes it as "the first and the greatest surviving Persian monument of the 15th century."

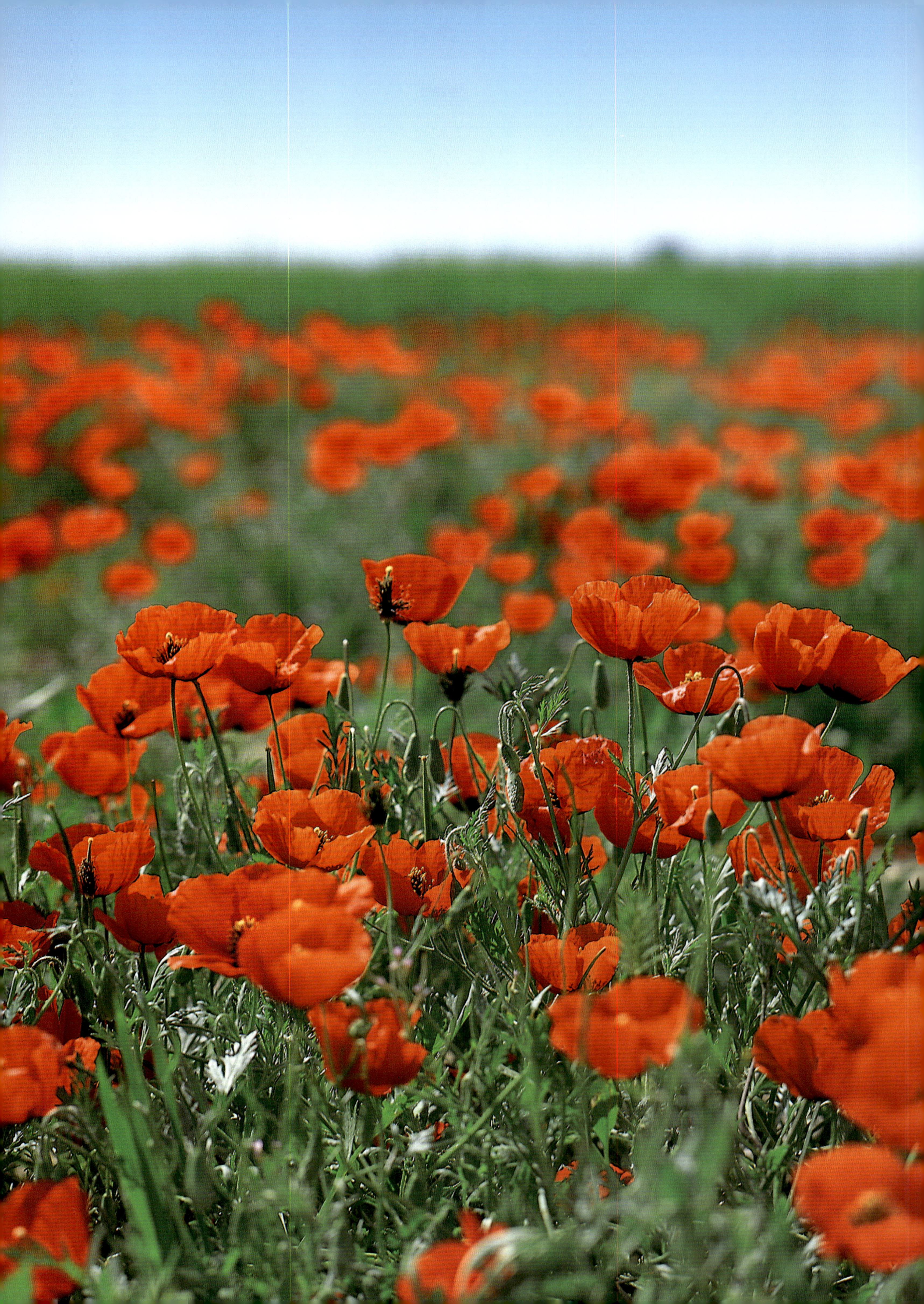

Green Dome (Gonbad-e Sabz)

A small rectangular mausoleum, it is probably the best extant historical building in Mashad outside the Holy Shrine, built by the order of Shah Abbas the Great. Partly rebuilt in later years, it is in good conditions except for a missing patch of tiles at the base of its green dome. Adjacent to the Dome, there is a Khaneqah of recent construction, which is being used by the Naqshbandi dervishes.

Mashad - Railway
مشهد ـ راه آهن

گنبد سبز

در مورد این مزار گفته‌اند که مدفن شاه طهماسب دوم صفوی بوده است، و برای اینکه قبر شاه طهماسب از دیدمخالفان مخفی بماند، آن را مزار یا گنبد سبز نامیده‌اند. این پادشاه و پسرش عباس‌میرزا به دستور علی‌قلی‌میرزا پسرنادرشاه افشار در شهر سبزوار کشته شدند.

آرامگاه خواجه‌ربیع

آرامگاه خواجه‌ربیع در ۴ کیلومتری شهر واقع شده و شامل بقعه‌ای هشت ضلعی با چهار ایوان بزرگ وسط ضلع‌های چهارگانه اصلی و چهار ایوان پشت بسته کوچکتر تزیینی در چهار گوشه برآمده بنا است.
طرح بنا یک بیست ضلعی است و به عبارت دیگر مربعی یا چهار شاهنشین در چهار جانب است. بنای خارجی وداخلی بنا دارای تزیینات جالبی است. عمده تزیینات بنای بیرونی به صورت «معقلی» انجام شده و نمای داخلی دو کتیبه به خط علیرضا عباسی است. این بنا به درخواست شیخ بهائی و به دستور شاه‌عباس ساخته شده.
خواجه‌ربیع یکی از زهاد هشتگانه (زهاد ثمانیه) و از طرفداران حضرت علی بود که در کرج و بعد در قزوین حکومت می‌کرد.

Mausoleum of Khwaja Rabi

Situated 4km north of Mashad, the octagonal mausoleum houses many rooms, large halls and porticos styled in intricate and unique oriental architecture. The interior has interesting ornaments with two inscriptions written by Ali Reza Abbasi datable to 1616 and 1621 C.E. The facade has numerous superb architectural and decorative features. The construction of this mausoleum dates back to the Safavid era. It is located in a large, beautiful garden. Khwaja Rabi' was one of the adherents of Imam Ali (AS) who governed over Karaj and Qazvin.

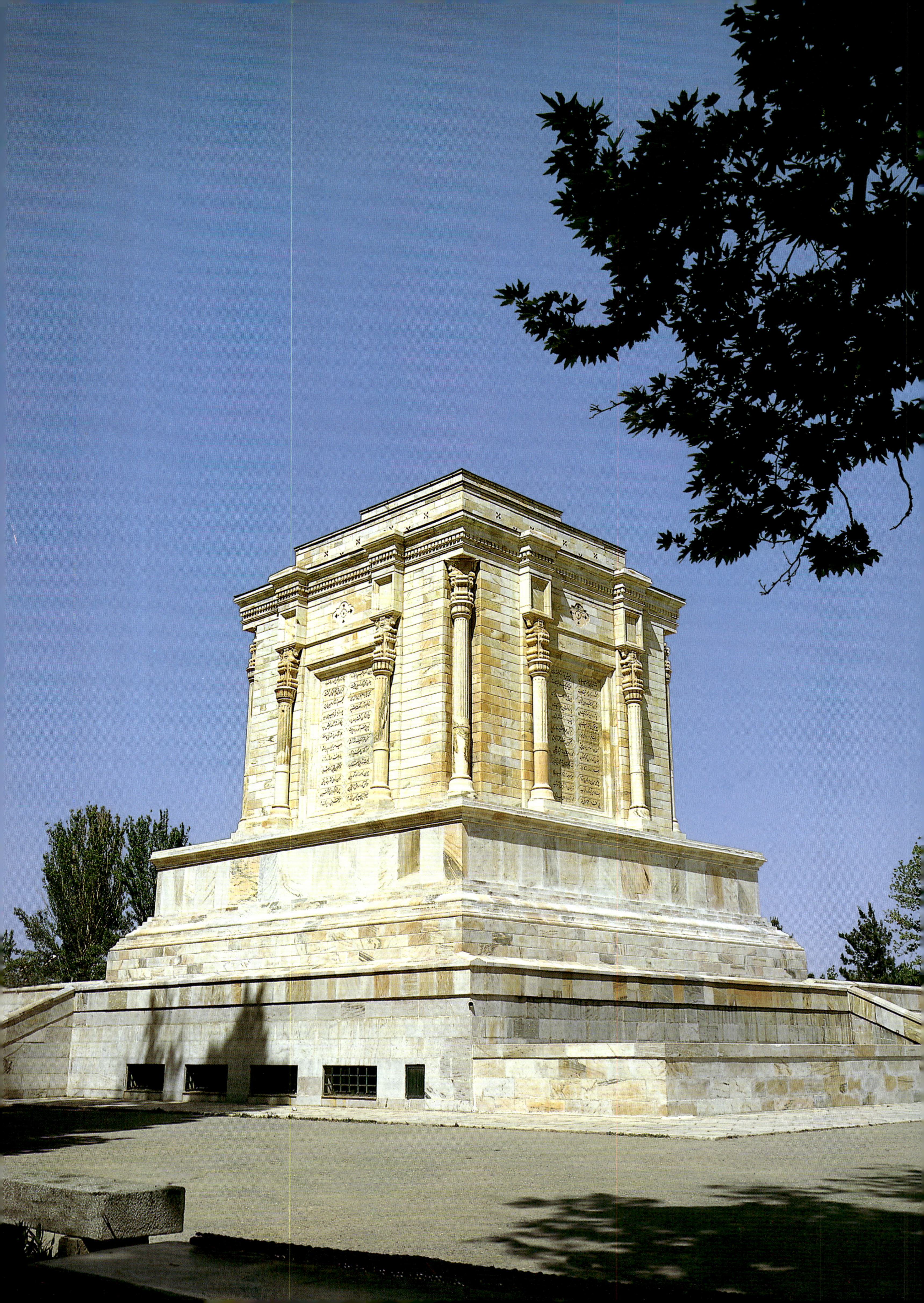

Ferdowsi Mausoleum

The structure belongs to the present time. The construction was started in 1928 and completed in 1934. The architecture is more reminiscent of the Pahlavi edifices, drawing from Achaemenian elements. Ferdowsi, the towering Iranian epic poet is buried there.

آرامگاه حکیم ابوالقاسم فردوسی

آرامگاه حکیم ابوالقاسم فردوسی زیارتگاه مشتاقان ادب پارسی است و توس، شهرت و معروفیت خود را مدیون آثار و شخصیت شامخ اوست.
ساختمان بنای فعلی آرامگاه به دوران جدید تعلق دارد. از سال ۱۳۰۷ کار احداث ساختمان آرامگاه آغاز شد و در مهر ۱۳۱۳ که مصادف با ایام برگزاری جشن هزاره فردوسی بود پایان یافت. در طراحی آرامگاه فردوسی مانند بسیاری از بناهای اوایل عصر پهلوی بیشتر از عناصر معماری دوره هخامنشی سود جسته است. آرامگاه حکیم توس تجلی غرور افتخار آفرین ایران است.

Mausoleum of Nader

This curious piece of architecture was completed in 1959. A heavy slab of concrete forms a base on which is mounted a colossal bronze group representing soldiers fighting on horseback (5m high and weighing 14,000kg) bearing a turban and a large axe (Nader Shah). It was designed by the late Iranian sculptor Abolhassan Sidiqi and built in Italy by an Italian sculptor named Bruni. The crypt shelters the tomb of Nader Shah, who made Mashad his capital and an operational base for his campaign against India.

آرامگاه نادر

نادرشاه درنظر داشت بر سر گور خود بنائی همانند تاج‌محل بسازد و دستور داد سنگ‌های آن بنا را از مراغه آورند،ولی کار بنای آرامگاه او در زمان حیاتش تمام نشد. پس از مرگ او، بازماندگانش به قدری منحط بودند که باغ آرامگاه رابین خودشان تقسیم کردند و فروختند و درها را ربودند و موقوفات او را هم تصرف کردند. در سال ۱۳۳۹ کار ساختمان بنای جدید آغاز شد که در سال ۱۳۴۰ شمسی پایان یافت. این بنا مجموعه‌ایست کامل و مجهز به موتور برق، موزه، کتابخانه و... مجسمه سواره نادر به ارتفاع ۵/۶متر بر پایه بنای اصلی قرار گرفته و مجسمه سه سرباز در کنار اسب او قرار دارد.

Mausoleum of Attar

Attar, the great Iranian poet and mystic, was born circa 1145 C.E. His mausoleum is located 6km west of Neyshabur, near Imamzadeh Mahruq and the mausoleum of Khayyam. The structure is octagonal with a tileworked onion-shaped dome. It has been finely decorated with colored (green, yellow and blue) tiles and carvings. The interior is covered with stucco and has four seats. The mausoleum stands in a garden with an area of about 119sqm. The mausoleum of Kamal al-Mulk, the renowned painter, also stands in a part of this garden.

آرامگاه عطار

آرامگاه عطار هر ساله زیارتگاه عارفان و عاشقان فرهنگ ایران است. بنای کنونی مزار شیخ عطار با نقشه هشت‌ضلعی، و گنبد کاشی‌کاری‌شده پیازی‌شکل، دارای چهار در ورودی است. ورودی اصلی از ضلع شمالی آن است. دربنای خارجی، چهار غرفه طراحی شده که با کاشی‌های سبز و زرد و آبی تزیین شده‌اند. نمای داخلی بنا از گچ‌پوشیده شده و دارای چهار شاه‌نشین است. قبر عطار در وسط این بقعه قرار دارد. بنای آرامگاه دارای حیاط و باغچه سرسبزی است که مقبره کمال‌الملک در آن قرار دارد.

آرامگاه کمال‌الملک

مقبره محمدغفاری فرزند میرزا بزرگ کاشانی ملقب به کمال‌الملک در باغ مقبره شیخ عطار نیشابوری قرار گرفته‌است. این بنا به سبک جدید و به‌صورت مشبک با شش ایوان، در سال ۱۳۴۱ بر روی قبر کمال‌الملک ساخته‌شده‌است.

Mausoleum of Kamal al-Mulk

Mohammad Ghaffari AKA Kamal al-Mulk was a towering Iranian painter. The mausoleum stands in a garden near the mausoleum of Attar. It was built in 1962.

آرامگاه خیام

یکی از دیدنی‌های باغ‌های ایرانی، باغی است که بنای آرامگاه حکیم عمرخیام در میان آن قرار دارد. این باغ به‌خود او تعلق داشته. آرامگاه خیام در شرق امامزاده محروق و ابراهیم قرار دارد. این محل سالهای متمادی از یادها رفته بود و شاید اگر نشانی آرامگاه امام‌زاده محروق نبود، مزار خیام به‌طورکلی ناشناخته می‌ماند. در سال ۱۳۴۱هجری شمسی، انجمن آثارملی در فاصله ۱۰۰متری شمال آرامگاه یادشده، بنای یادبود این حکیم بزرگ را ساخت. این بنای عظیم و استوار، ازسنگ آهن و سنگ، به‌صورت گنبدی رفیع با ده پایه ساخته شده و پایه‌های آن با اشکال هندسی به یکدیگر متصل‌است. در اطراف پایه‌های گنبد، هرم‌هایی از سنگ بزرگ و آبنماهایی سنگی ساخته‌اند که داخل آن کاشی‌کاری‌شده‌است. تندیس زیبای خیام در پیشخوان باغ نصب شده‌است.

Mausoleum of Khayyam

In a garden lies the mausoleum of the great scholar, mathematician, philosopher and poet, Omar Khayyam. The exact date of his death is not certain. However, it is surmised to be between 1112-1135 C.E. Later another monument was erected about 100m north of the tomb to commemorate this luminary. The structure is made of iron and stone, consisting of ten bases, geometrical in shape and connected to each other.

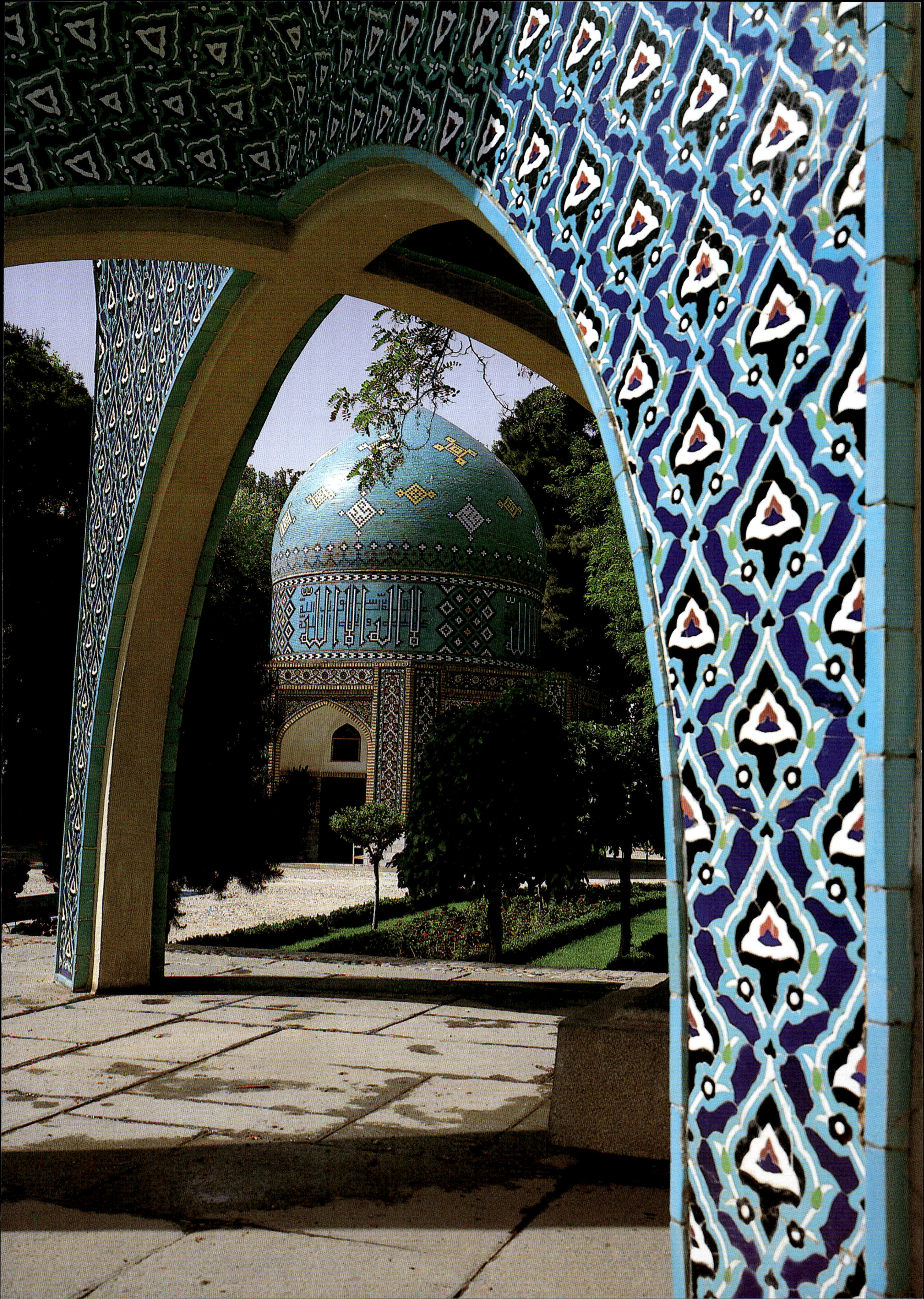

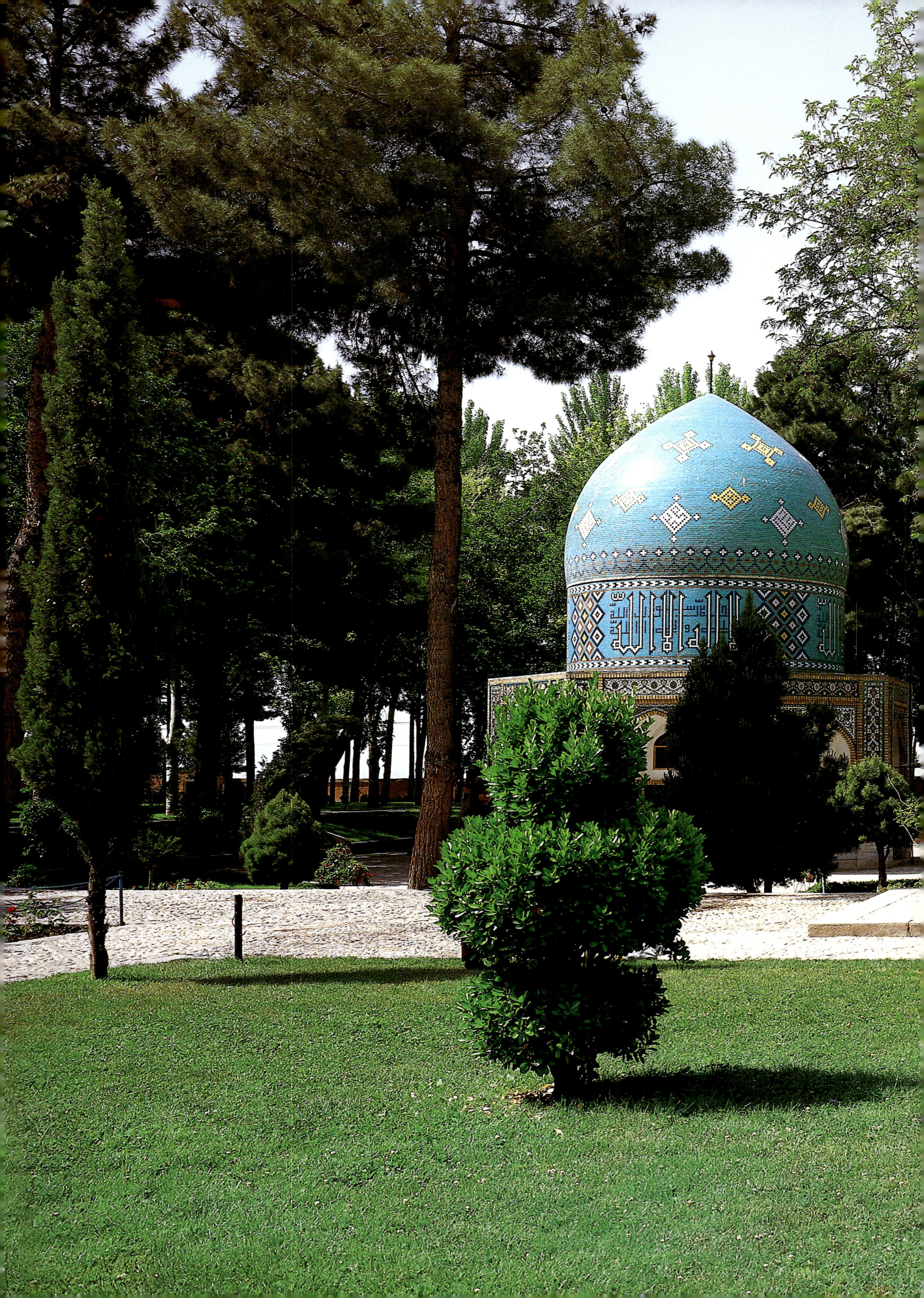

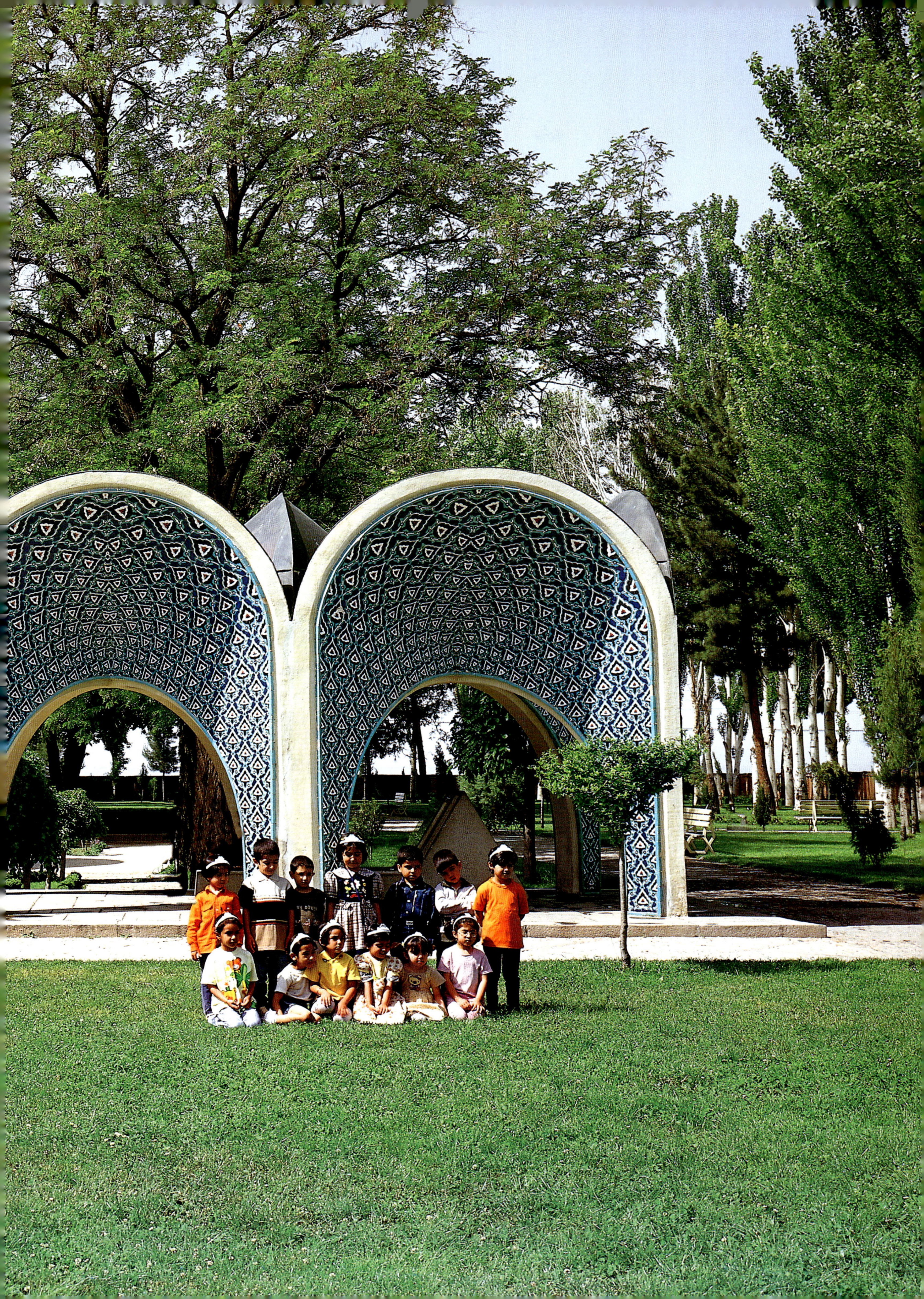

قصر خورشید - کلات نادری

این کاخ از آثار دوره نادرشاه افشار است و احتمالا برای سکونت خانواده سلطنتی ساخته شده‌است. بنای این کاخ که به شیوه معماری هندی است استوانه‌ای شکل است و با سنگ مرمر سیاه تزیین شده‌است. این کاخ مجموعاً دارای ۱۲ اتاق است که در داخل آنها تزییناتی از نقاشی و گچبری دیده‌می‌شود. تصاویری هم از شاهزادگان نادری بر روی دیوارها نقش شده‌است. در وسط این بنا، از سطح پشت‌بام طبقه اول، برجی مدور با ترک‌هایی شبیه نیم‌ستون‌هایی معروف به «خیاری» احداث شده‌است.
این قصر در نیمه دوم قرن دوازدهم هجری ساخته شده‌است.

Qasr-e Khurshid (Palace of the Sun) - Kalat-e Naderi

Dating back to the Afsharid era, the palace was constructed as the royal residence. Styled in the Indian architecture, the palace is cylindrical and decorated with black marbles. It consists of 12 rooms decorated with plasterworks and murals. Images of Naderi princes are visible on the walls.

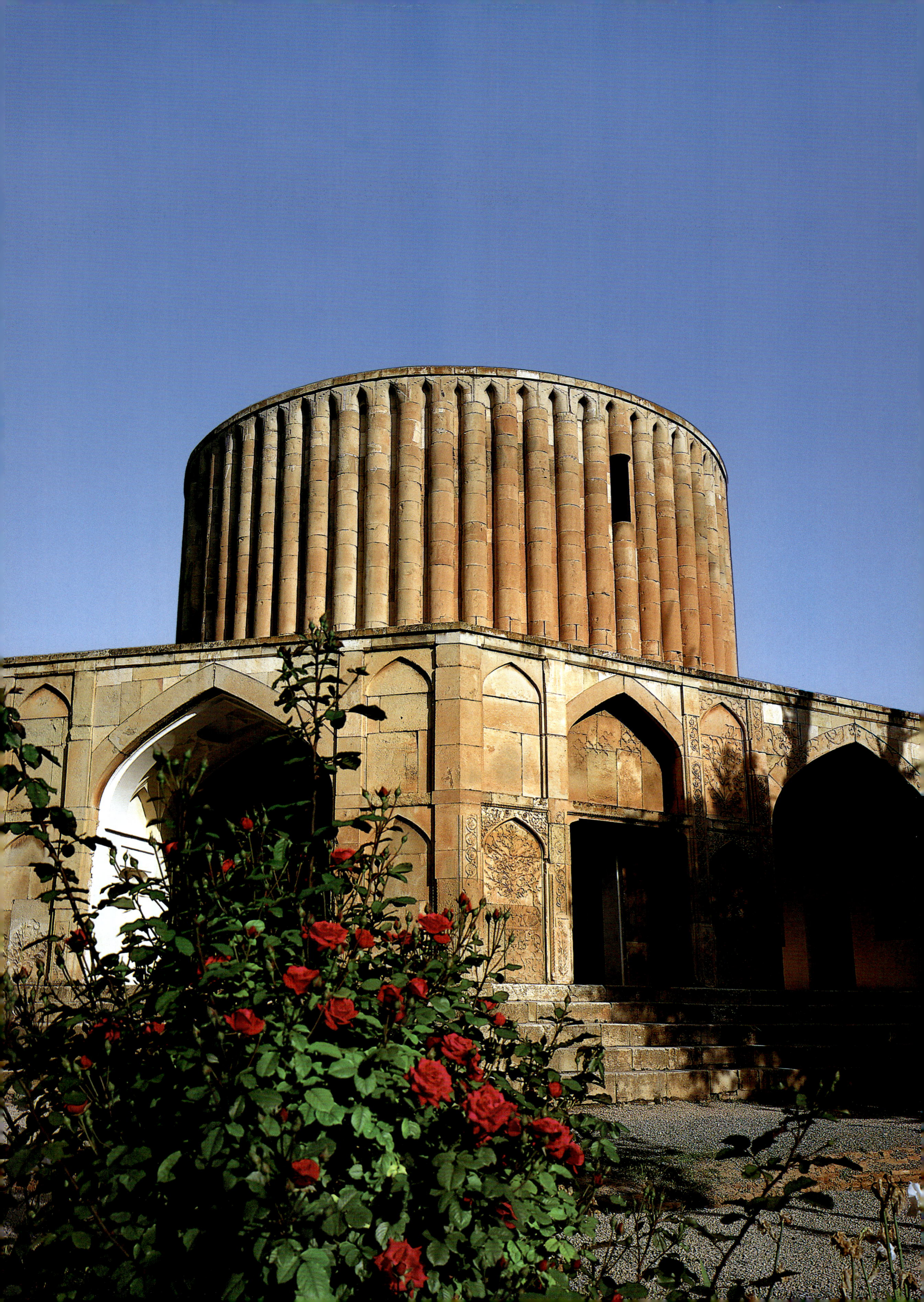

Haruniya Garden
(Mausoleum of Mohammad Ghazzali)

Known as the tomb of Harun-al-Rashid, "Naqareh-Khaneh" and Masjid, this large, quadrangular domed mausoleum is the only remaining structure of Tus. It is situated between Mashad and Tus near the tomb of Firdawsi. It is a quadrangular, brick structure, containing porticos and windows with fine architectural finish. The dome and the ceiling boast of intricate craftsmanship. It was constructed in 1320 C.E. and has three storeys. It is not clear for whom or at which date it was built. It may have been constructed over the grave of Ghazzali. It obviously dates back to the early sixteenth century. It is believed to have been a dervish monastery for some time.

توس ـ هارونیه

آرامگاه امام محمدغزالی (هارونیه)

این بنا که به مقبره هارون‌الرشید، نقاره‌خانه زندان هارون و مسجد نیز معروف است، در کنار جاده مشهد به توس ودر نزدیکی آرامگاه فردوسی بنا شده‌است. عملکرد این بنا به‌طور قطعی معلوم نیست، اما به نظر می‌رسد که این بنادر سال ۷۲۰هجری‌قمری به یادبود امام محمد غزالی ـ دانشمند نامی ایران ـ ساخته شده‌باشد. حفریات جدید باستان‌شناسی منجربه کشف قبر غزالی و آثار دیگری شده‌است.

بنای هارونیه که شباهت زیادی به آرامگاه سنجر در مرو دارد، از آجر ساخته شده و گنبد دوپوشه داشته. اما پوشش‌خارجی آن، ویران شده که در سال‌های اخیر بازسازی شده‌است.

نقشه مقبره به شکل چهارگوش است. در این بنای بلند و کشیده طرحی از ویژگی‌های معماری قرن هشتم هجری قمری برجای مانده‌است که از جمله می‌توان به خطوط عمودی و موازی نشسته بر سطح نما ـ برای بلندتر نشان‌دادن بنا ـ ونیز طاق‌نما و نورگیرها و فضاهای پر و خالی اشاره کرد. این بنای تعمیرشده، مشتمل بر ایوانی رفیع، دولچکی و چهارایوان صلیبی‌شکل در داخل و همچنین پنجره‌های مشبک، نغول‌هایی به شکل عمودی و افقی، هشت طاق نما باقوس جناغی، سَردابه و گُنبد، دو پوشه آجری به بلندی ۲۲متر تا کف زمین است. این بنا در گذشته سه مدخل داشته که‌امروز ورودی شرقی ـ غربی آن مَسدود شده و به شکل پنجره‌های مشبک درآمده‌است. داخل بنا طراحی چهارضلعی‌دارد، و طول هریک از اضلاع به ۱۱متر می‌رسد. این مقبره در واقع بنای سه طبقه‌ای شامل سرداب و دو طبقه دیگراست که مدخل سرداب آن در ضلع جنوب‌شرقی اتاق قرار دارد.

Friday Mosque of Kalat-e Naderi – Blue Dome

Located in 131km of Sarakhs, the blue domed mosque dates back to the era of Nader Shah. The dome is massive and decorated with tileworks. The tileworks have simple geometrical shapes. The mosque has been registered as a historical edifice.

مسجد جامع کلات نادری ـ کبودگنبد

مسجد کبود گنبد که در درگز، در ۱۳۱ کیلومتری شهرستان سرخس واقع شده، از بناهای دوره نادرشاه افشار است. این مسجد، گنبدی عظیم با ساقه بلند و با روکش کاشی دارد. کاشی‌کاری گنبد، دارای نقشمایه‌های ساده هندسی است که با طرح‌های تزیینی کاشی‌کاری ساقه گنبد در تضادی چشمگیر است و این ویژگی بر جلوه گنبد می‌افزاید.

مسجد جامع نادری یا مسجد جامع کلات نادری، تحت شماره ۶۶۱ در شمار آثار تاریخی به ثبت رسیده است.

برج تاریخی رادکان

بنای این برج که ساخت آن در سال ۴۱۱ هجری قمری به پایان رسیده، بی‌تردید یکی از مفاخر معماری و یکی از مواریث فرهنگی سرزمین ایران به شمار می‌آید.

Historical Tower of Radkan

Completed in 1020 C.E., the edifice is one of the masterfully worked architectural remnants in Iran.

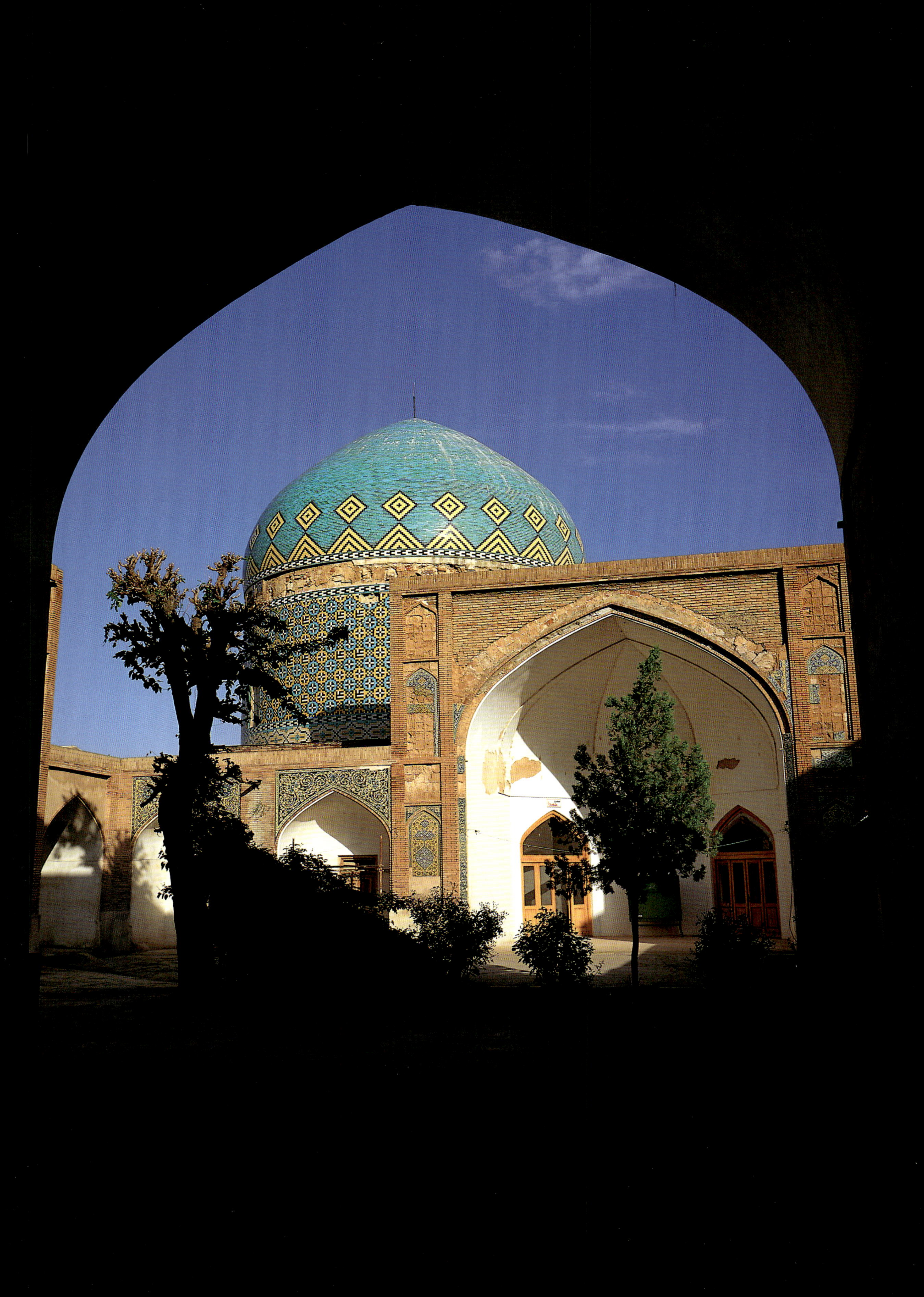

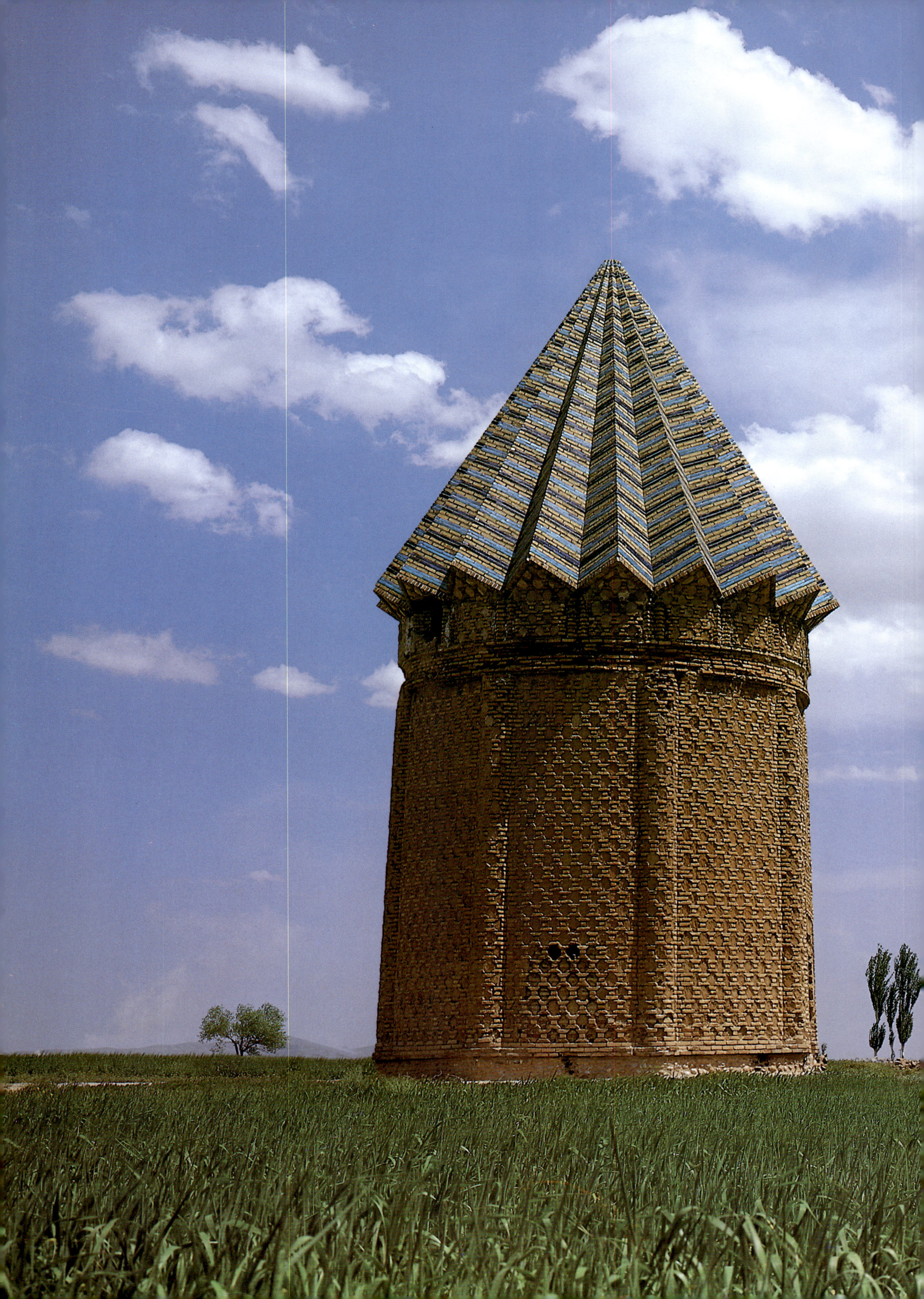

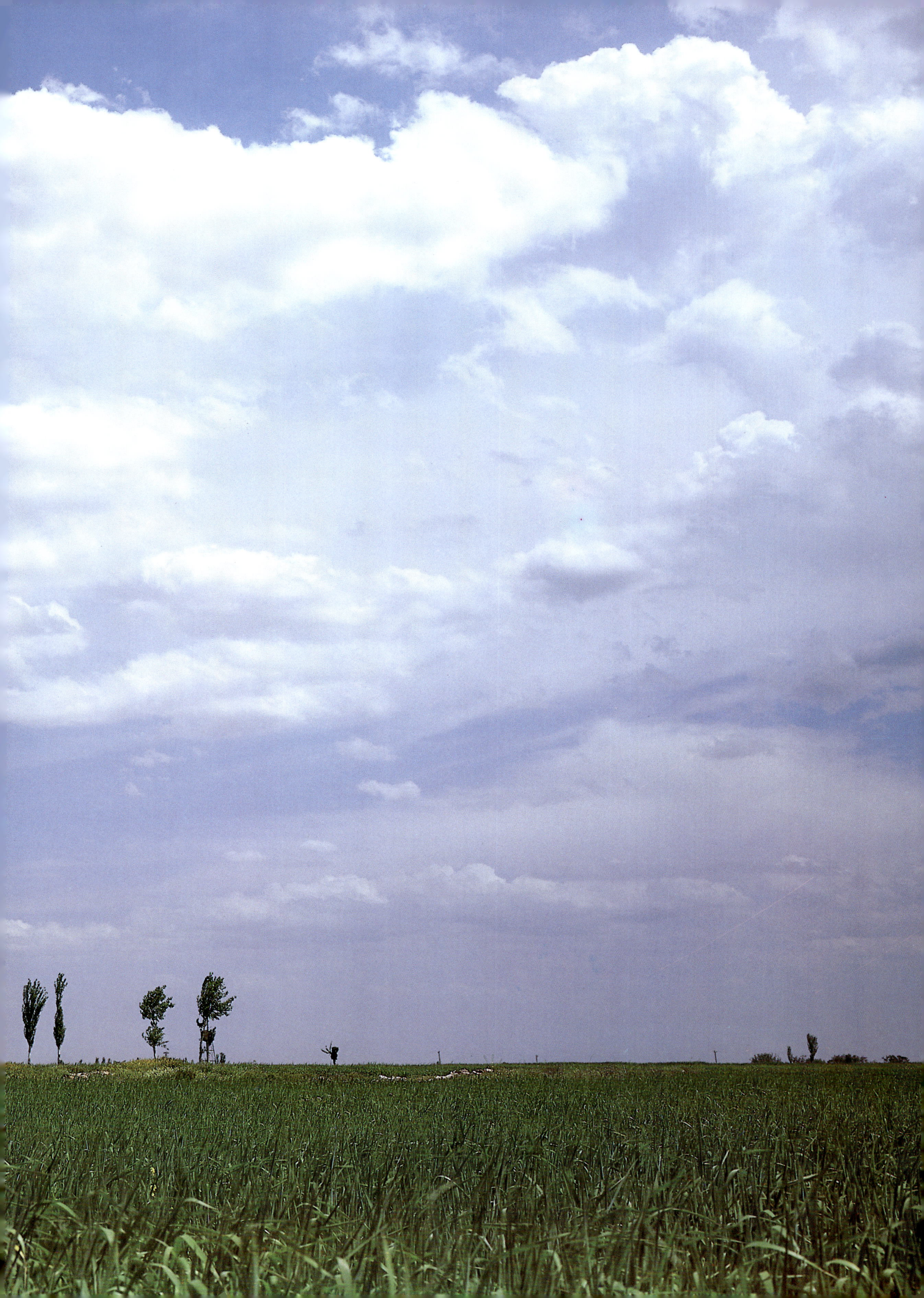

Akhanjan Tower

Mil-e Akhanjan is located in a village of the same name in 22km of Mashad. The structure dates back to the Timurid era. It contains a spectacular mud brick octagonal tower with a conical cupola known as Khiyari. The brickworks are artistic and decorated in stylistic manners.

برج اخنجان

میل اخنجان در ۲۲ کیلومتری شمال مشهد و روستائی به همین نام واقع شده‌است. ساختمان این میل به دوره تیموری و قرن نهم هجری قمری تعلق دارد و دارای برج هشت ضلعی آجری زیبا و گنبد مخروطی ترک ترک، معروف به «خیاری» است. آجرکاری‌های آن بسیار هنرمندانه است و در اشکال گوناگون تزیین یافته است.

Desert interested | Tabas Desert

In some variuos interested of tourism, desert has a special attraction.

جاذبه های کویری | کویر طبس

در میان منابع متنوع جهانگردی در ایران، بی‌شک کویر از جاذبه‌ای خاص برخوردار است. خصوصاً اینکه بعضی از کویرهای ایران در نوع خود منحصر به فرد هستند و از جالب ترین مناظر و دیدنی های دنیا محسوب می شود.

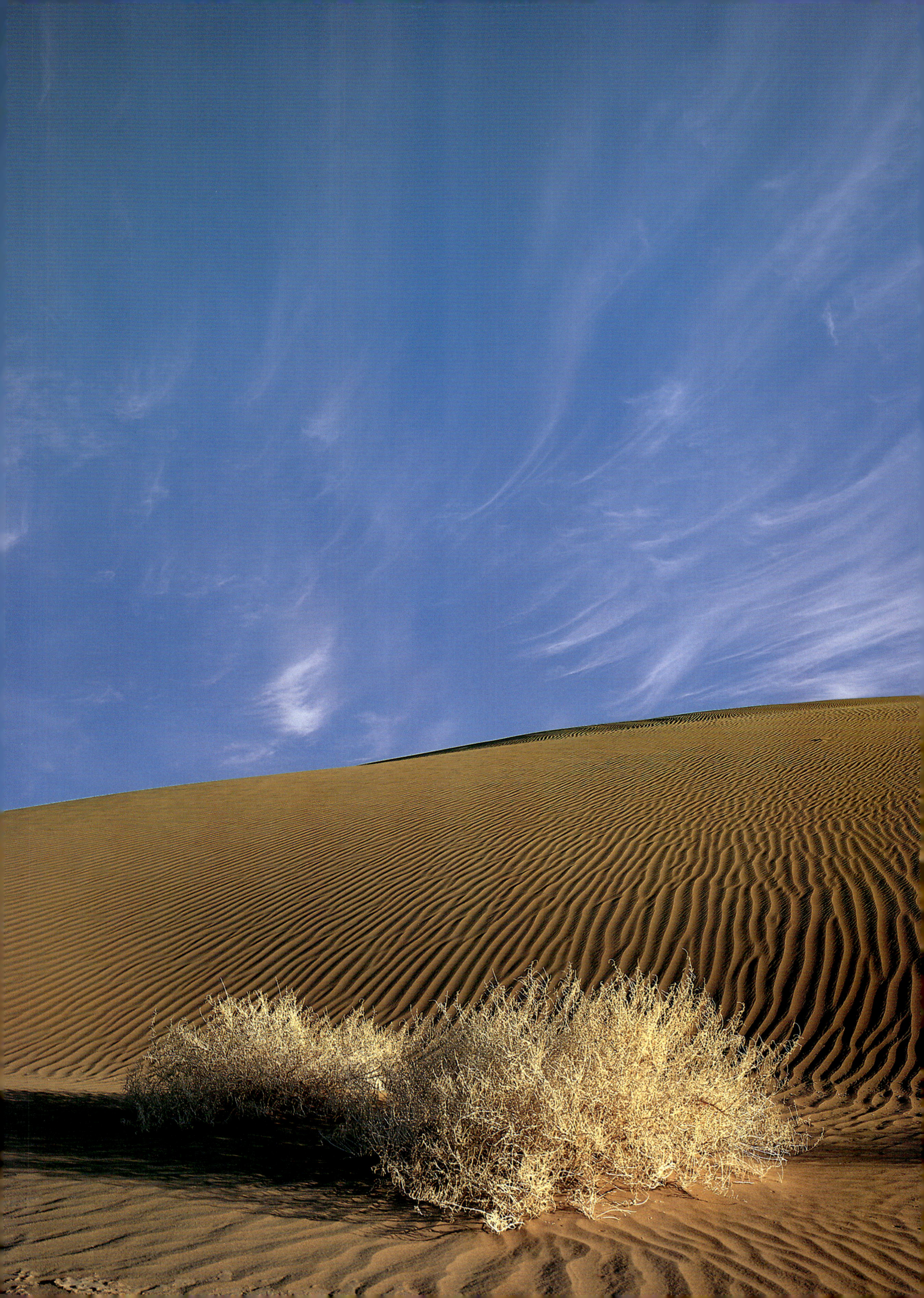

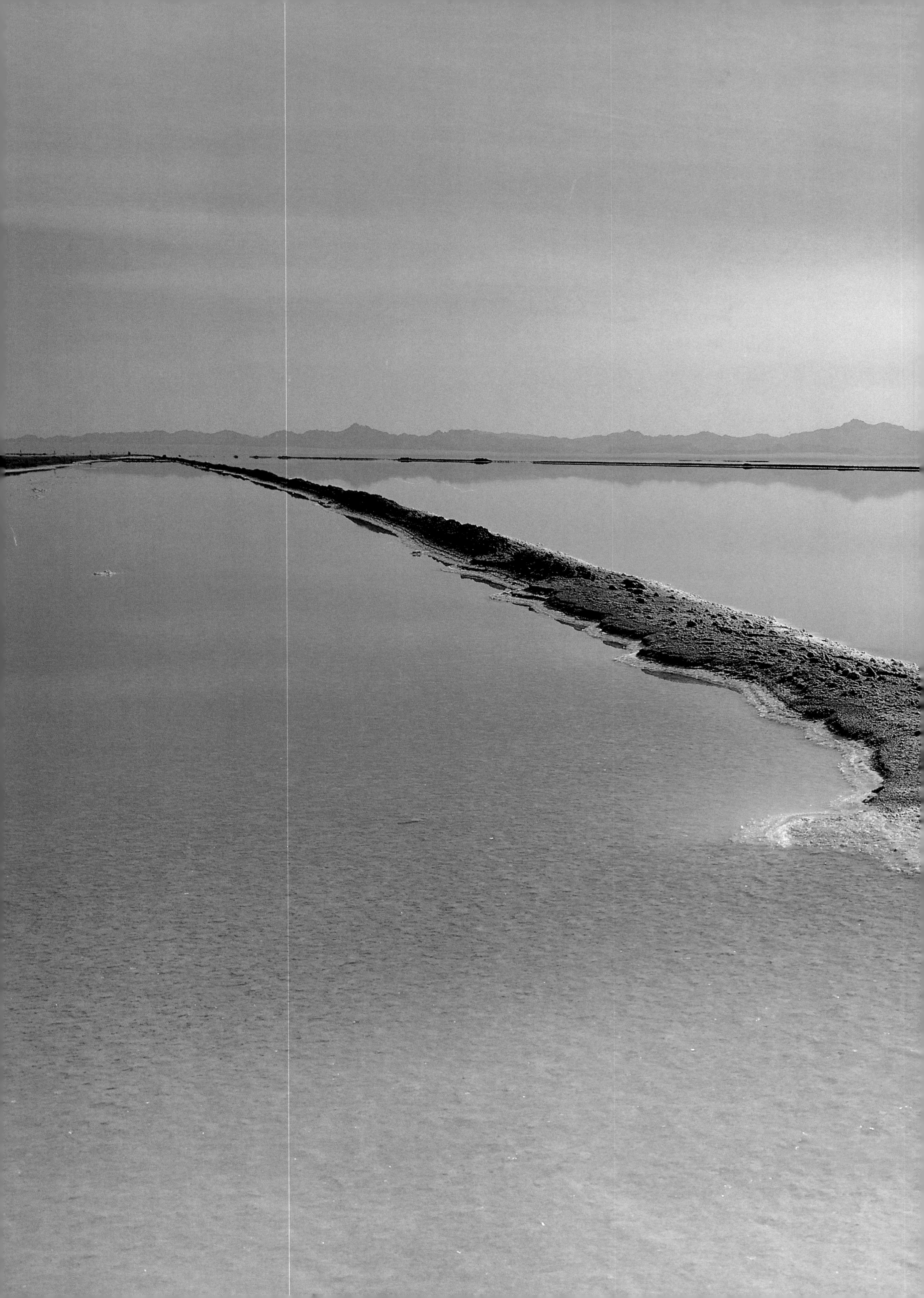

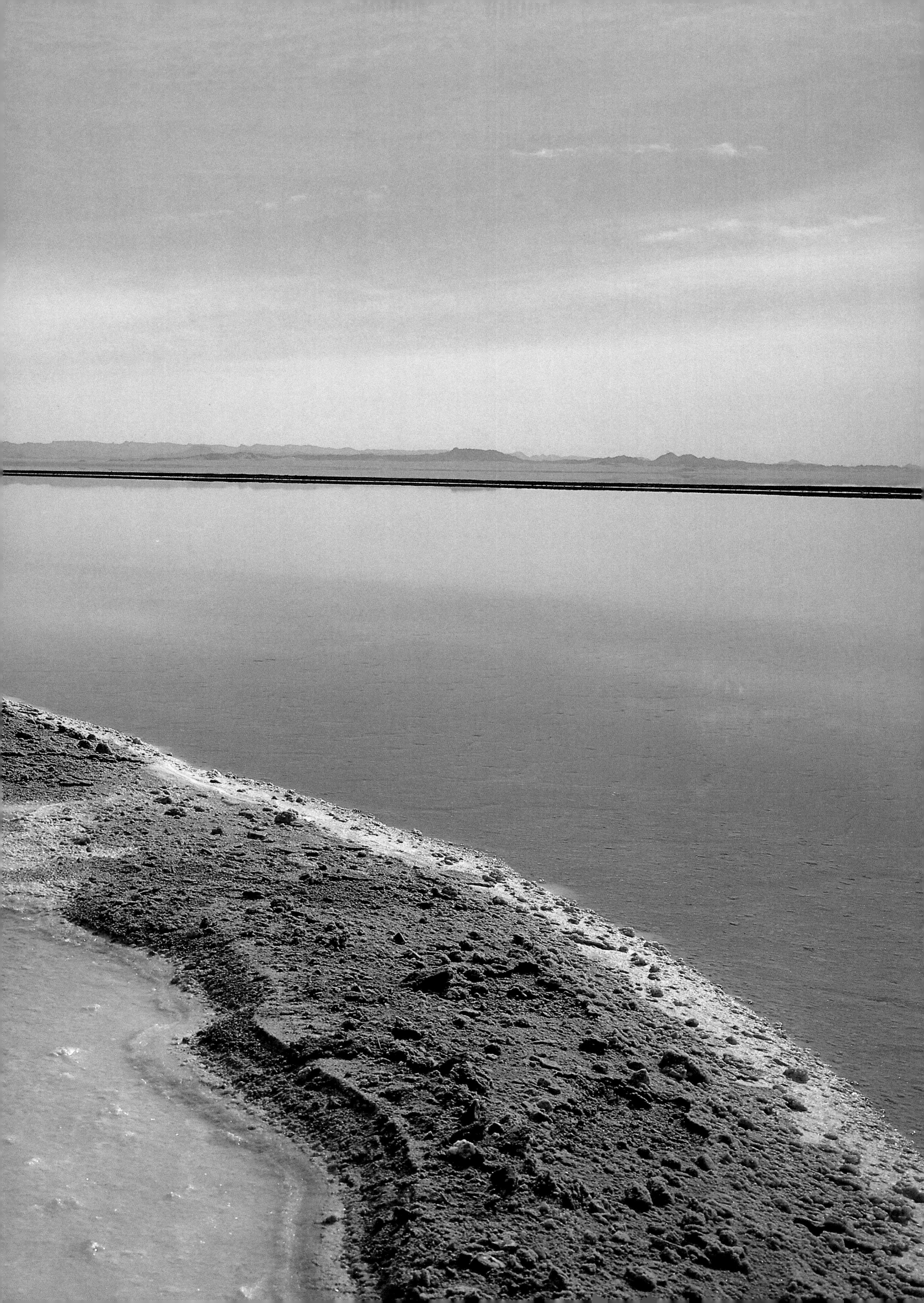

کردستان
Kurdistan

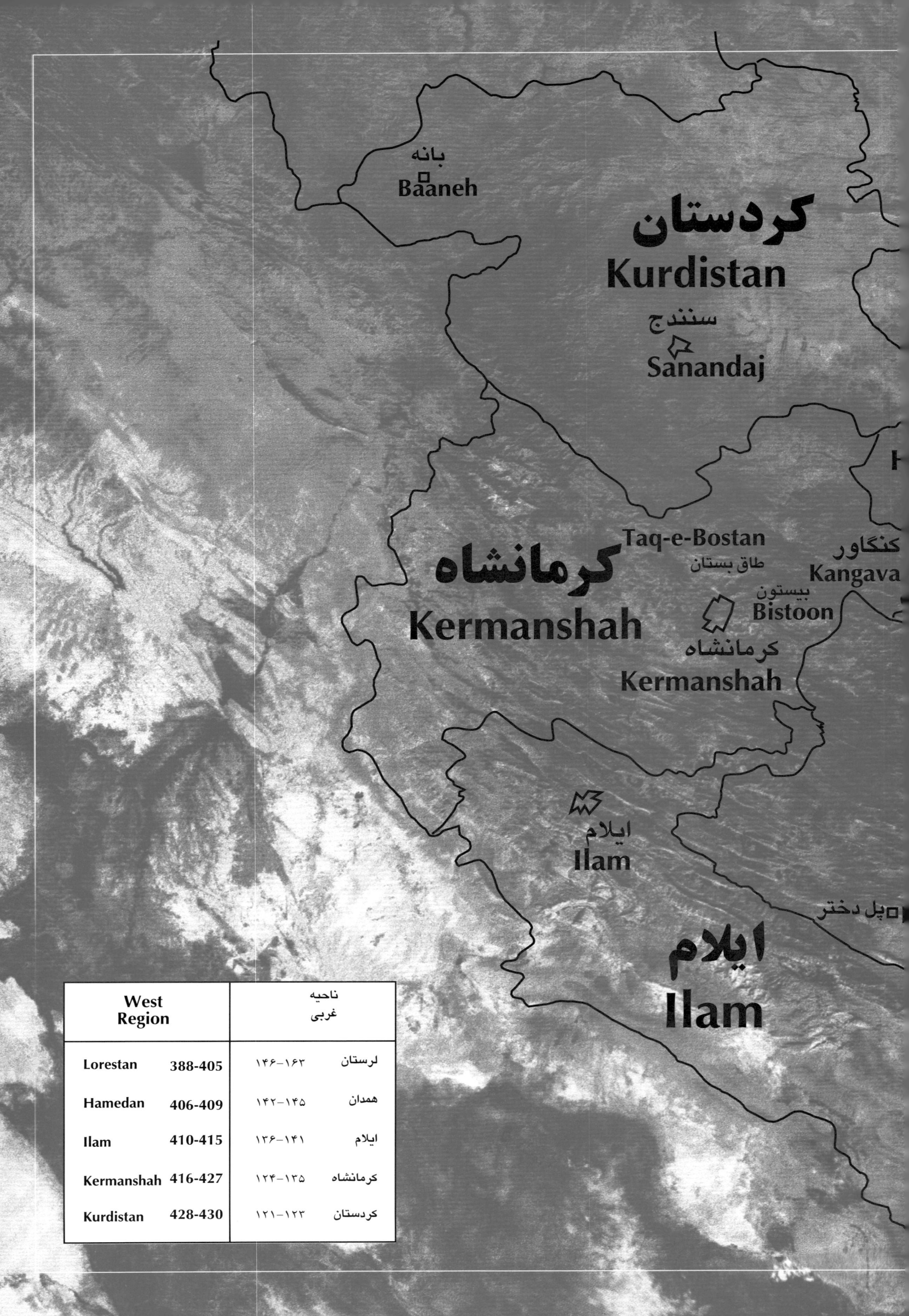

بانه
Bāaneh

سنندج
Sanandaj

Taq-e-Bostan
طاق بستان

کنگاور
Kangava

کرمانشاه
Kermanshah

بیستون
Bistoon

کرمانشاه
Kermanshah

ایلام
Ilam

پل دختر

ایلام
Ilam

West Region		ناحیه غربی	
Lorestan	388-405	۱۴۶-۱۶۳	لرستان
Hamedan	406-409	۱۴۲-۱۴۵	همدان
Ilam	410-415	۱۳۶-۱۴۱	ایلام
Kermanshah	416-427	۱۲۴-۱۳۵	کرمانشاه
Kurdistan	428-430	۱۲۱-۱۲۳	کردستان

					کیلومتر
۵۰	۰	۵۰	۱۰۰	۱۵۰	۲۰۰
50	0	50	100	150	200 Km

amedan
همدان

an
همدان

ahavand
نهاوند

خرم آب
Azna ازنا
ram Abad
الیگودرز
Aligoodarz

okhtar
لرستان
Loristan

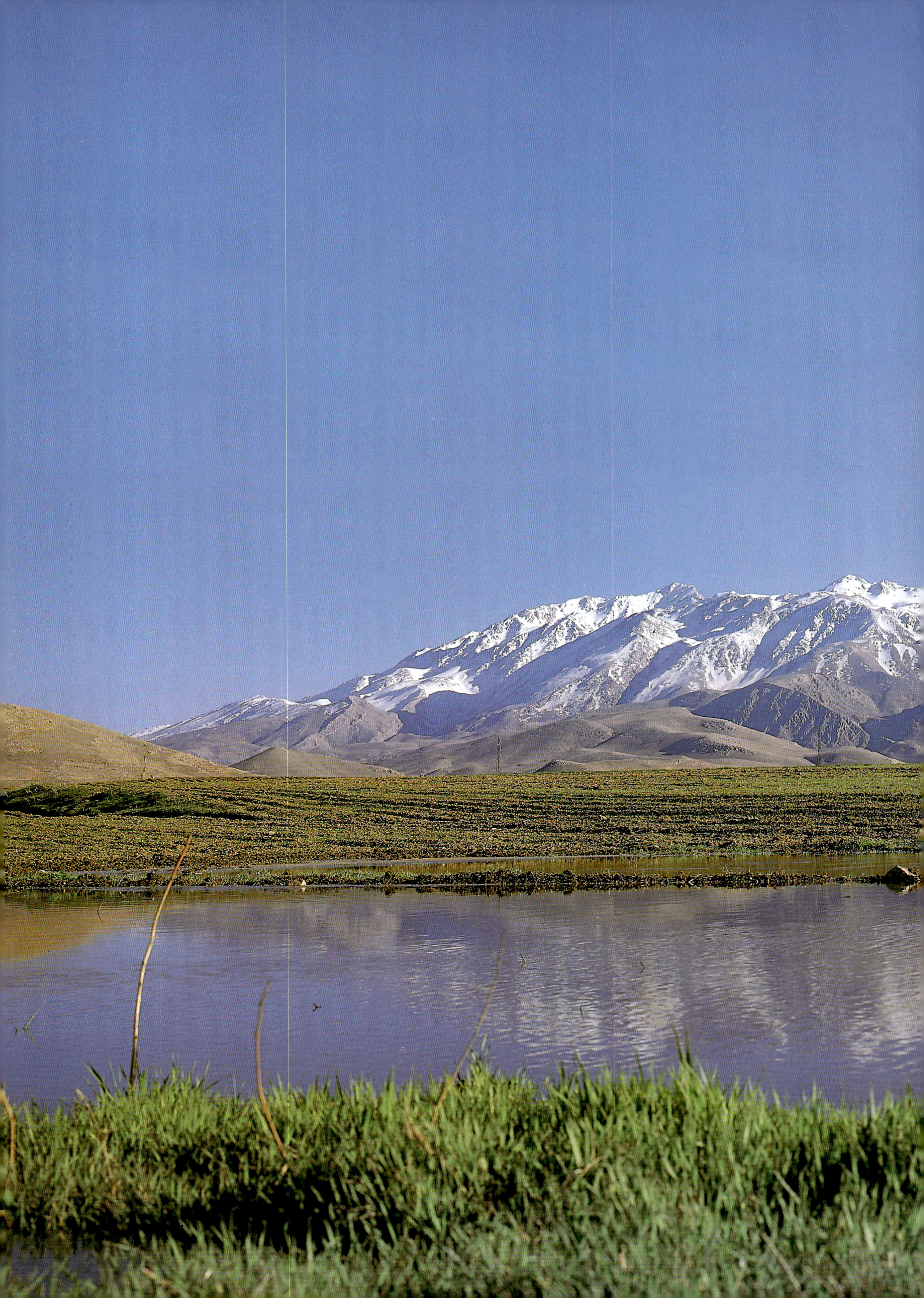

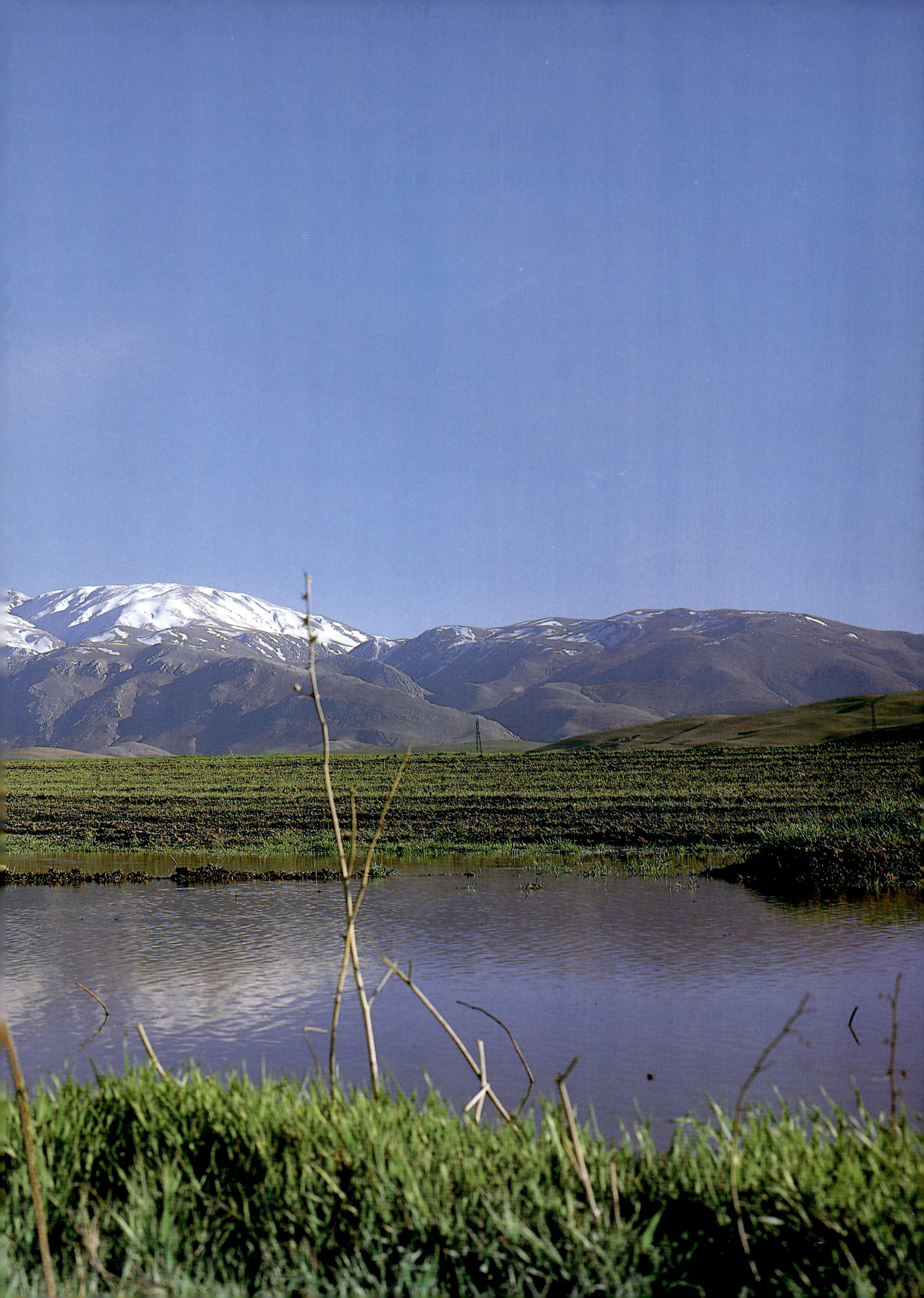

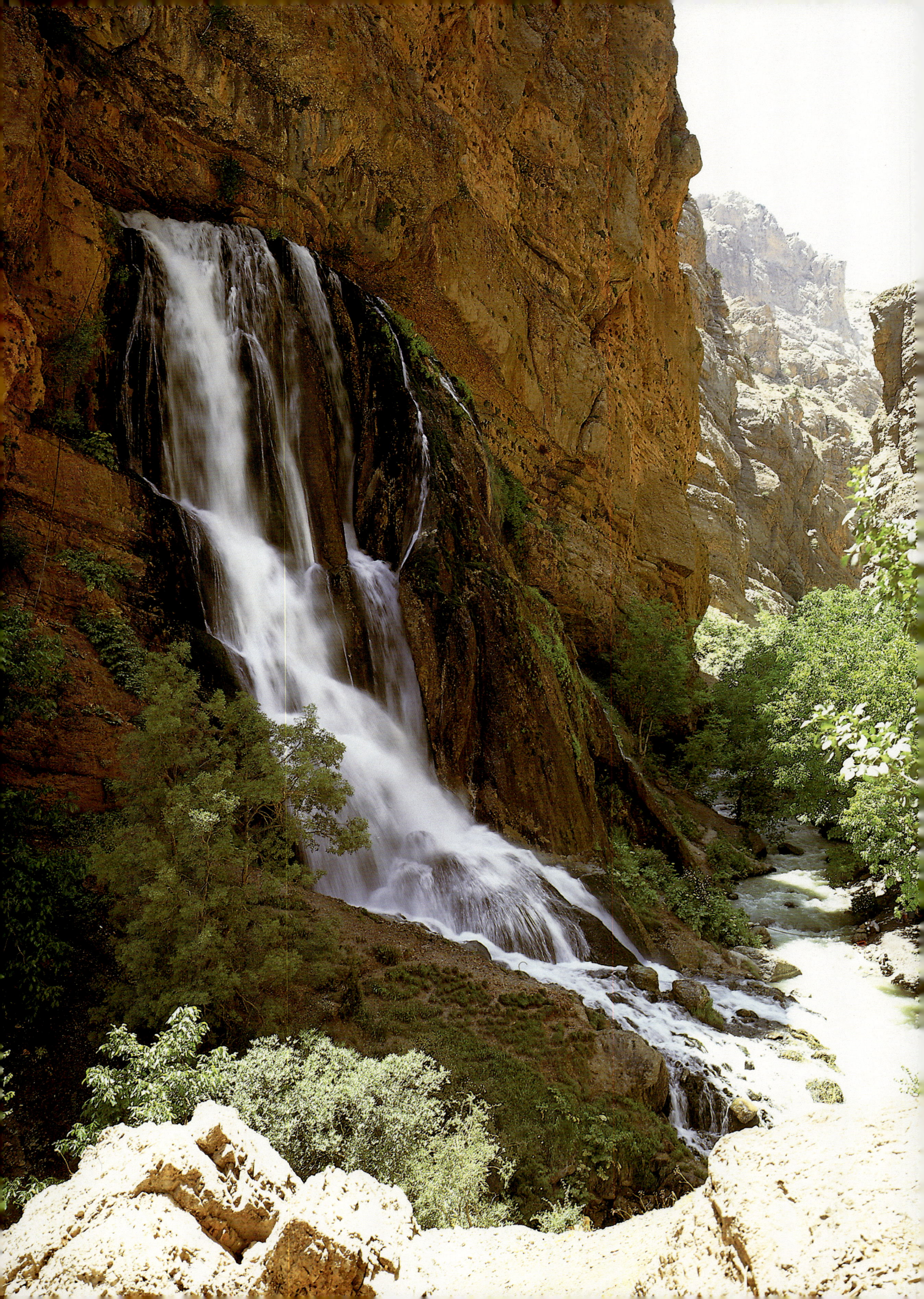

Lorestan

With an area covering 28,392sqkm, it is located in western Iran. It consists nine districts: Khorramabad (the capital), Borujerd, Aligudarz, DoRud, Azna, Kuh-Dasht, Delfan, Selseleh and Pol Dokhtar. Bounded by Hamadan on the north, Khuzestan on the south, Isfahan on the east and Kermanshah on the west, the province consists of forested and pastured mountain ranges. The inhabitants are mainly Lurs and Bakhtiari. From Lorestan came (18th cent. B.C.) the Kassite conquerors of Babylonia. The noted Luristan bronzes, found in the province beginning around 1930, include cups, horse bits, daggers, and shields, ornamented with animal motifs, checkerboards, wavy lines, and crosses. They were probably made in the eighth and seventh cent. B.C. by local metalworkers for Scythian, Cimmerian, or Median nomads. Cyaxares, ruler of the Medes, drove out the Scythians in about 620. Under Cyrus the Great, Luristan was incorporated into the growing Achaemenid Empire in about 540 and successively was part of the Seleucid, Parthian, and Sasanid dynasties.

لرستان

استان غربی لرستان با وسعتی حدود ۲۸۵۵۹کیلومترمربع، از شمال به استان‌های مرکزی و همدان، از جنوب به‌خوزستان، از شرق به استان اصفهان و از غرب به استان‌های کرمانشاه و ایلام محدود است.
لرستان ناحیه‌ای کوهستانی است که جز چند درّه آبرفتی و چند دشت کوچک، ناحیه هموار ی ندارد. استان لرستان‌دارای آب‌وهوای متنوع است.
در زمستان، هنگامی‌که در شمال لرستان برف و کولاک و سرمای شدید جریان دارد،قسمت‌های جنوبی آن از هوایی مطبوع و بارانی برخوردار است. شهر خرم‌آباد زمستانی معتدل و تابستانی گرم، وبروجرد زمستانی سرد و تابستانی معتدل دارد.
شهرهای لرستان :خرم‌آباد، بروجرد، الیگودرز، کوهدشت، دورود، دلفان، ازنا، پل دختر، سلسله.
لرستان از منطقه‌های باستانی ایران است و آثار دیرینه‌ای در خود جای داده، به استثنای کتیبه‌های بابلی، آشوری وایلامی، ساکنان کوهستان زاگرس طایفه‌هایی مانند لولویی، مانایی، کاسی، گوتی، آمادا و پاسدا بوده‌اند. اقوام لر، که درسراسر لرستان پراکنده‌اند، باید از تبار لولویی باشند.
استان لرستان از نظر جاذبه‌های طبیعی، از مناطق دیدنی ایران است. بلندی‌های برفگیر، دره‌ها، رودخانه‌ها،دریاچه‌ها، چشمه‌ها، آبشارها و دشت‌های سرسبز از جاذبه‌های گردشگری باارزش این منطقه به شمار می‌روند. ازجالب‌ترین دیدنی‌های لرستان می‌توان به قلعه فلک الافلاک، دریاچه کیو، آبشارهای قاف و افرینه، سراب چنگانی،غارهای تاریخی، سنگ نوشته‌های قرن ششم و دوره صفویان در شهرستان خرم‌آباد، تالاب‌های زیبا و کوهستان‌فرح‌بخش اشتران‌کوه در شهرستان بروجرد، آبشار آب سفید در الیگودرز، غارهای تاریخی در کوهدشت و دریاچه گهر وآبشارهای درود اشاره کرد.

آبشار آب سفید ـ الیگودرز
AbSefid fall - Aligoodarz

سنگ نوشتهٔ قرن ششم

در جنوب‌شرقی راه خرم‌آباد به خوزستان در شمال خرابه‌های «شاپور خواست»، سنگ نوشته‌ای به شکل مکعب مستطیل منسوب به قرن ششم هجری قمری پابرجاست. این سنگ‌نوشته (به تاریخ ۱۵۳ هجری قمری) مربوط به یکی از امرای سلطان محمودبن محمدبن ملکشاه سلجوقی به نام «ابوسعید برسق کبیر» بوده‌است و مضمون آن «منع مردم از پوشیدن لباس ابریشمی» و «اجازه‌ی علف‌چرانی به دامداران» بوده‌است.

Sixth Century Inscription

Towards the north of the Shapur ruins lies an inscription dating back to the 11th century. The inscription is attributed to a Seljuq ruler and the subject is prohibiting people from wearing silk clothes and permitting the herdsmen to freely graze their cattle.

Pol-i-Dokhtar

The bridge is over the Samirah River on the Andimeshk-Khorramabad road. It consists of four arches, each being 11 meters tall.

پل کرو دختر

این پل سنگی بر روی رود «سیمره» (در جاده‌ی خرم‌آباد ـ اندیشمک) ساخته شده و چهار چشمه‌ی بزرگ داشته و اندازه‌ی دهانه‌ی هر چشمه ۱۱ متر و ارتفاع آن رودخانه ۱۹ متر و طول پل ۱۶ متر بوده‌است.

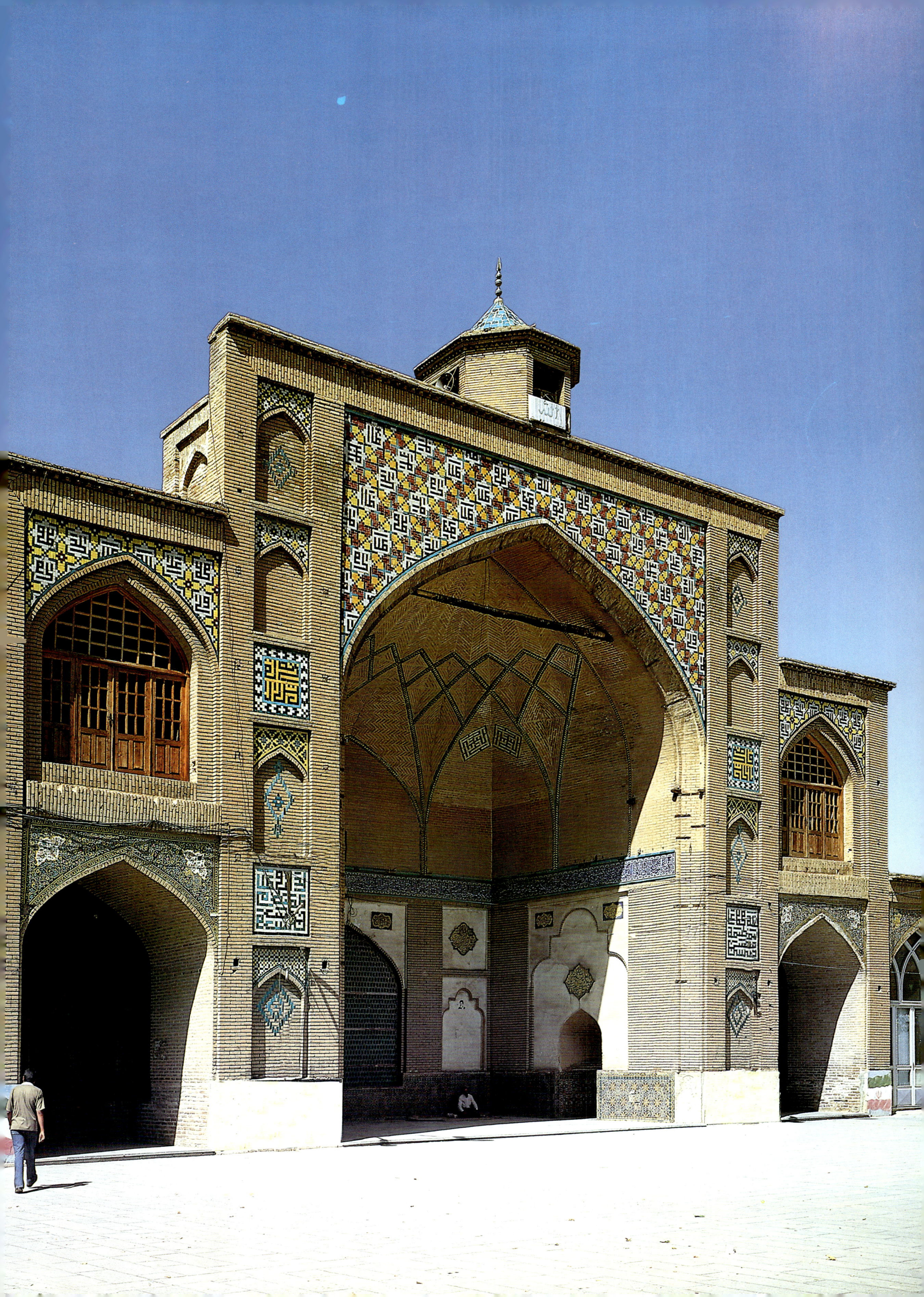

Lorestan

لرستان

Pol-i-Kashkan

It is built over the Kashkan River. The Sassanid bases of the bridge have survived

پل کشکان

این پل بر سر راه باستانی طرهان به شاپور خواست (کوهدشت) و بر روی رودخانهٔ کشکان ساخته شده (در سال ۳۹۸) پایه‌های دوره ساسانی در این پل باقی مانده‌است.

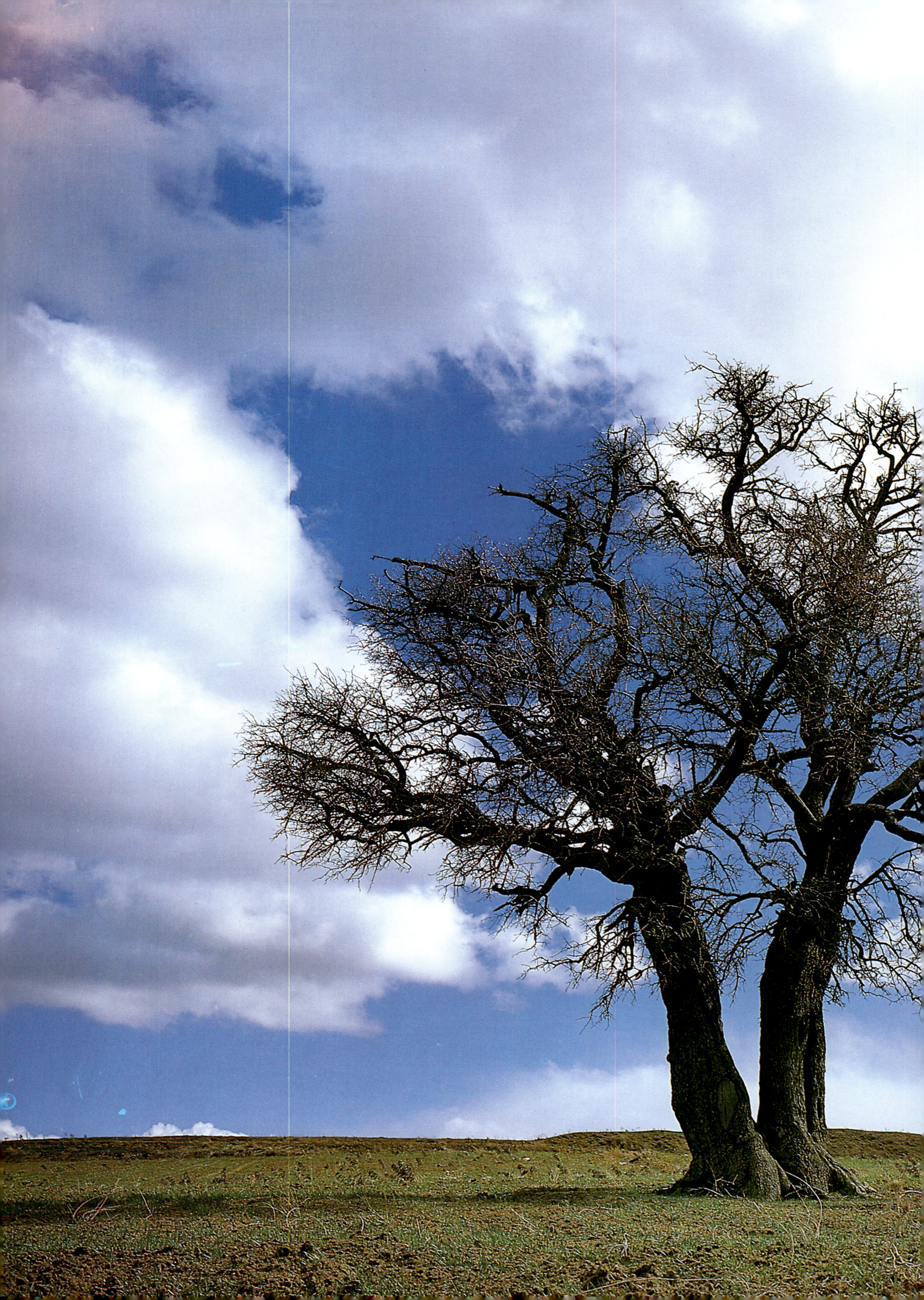

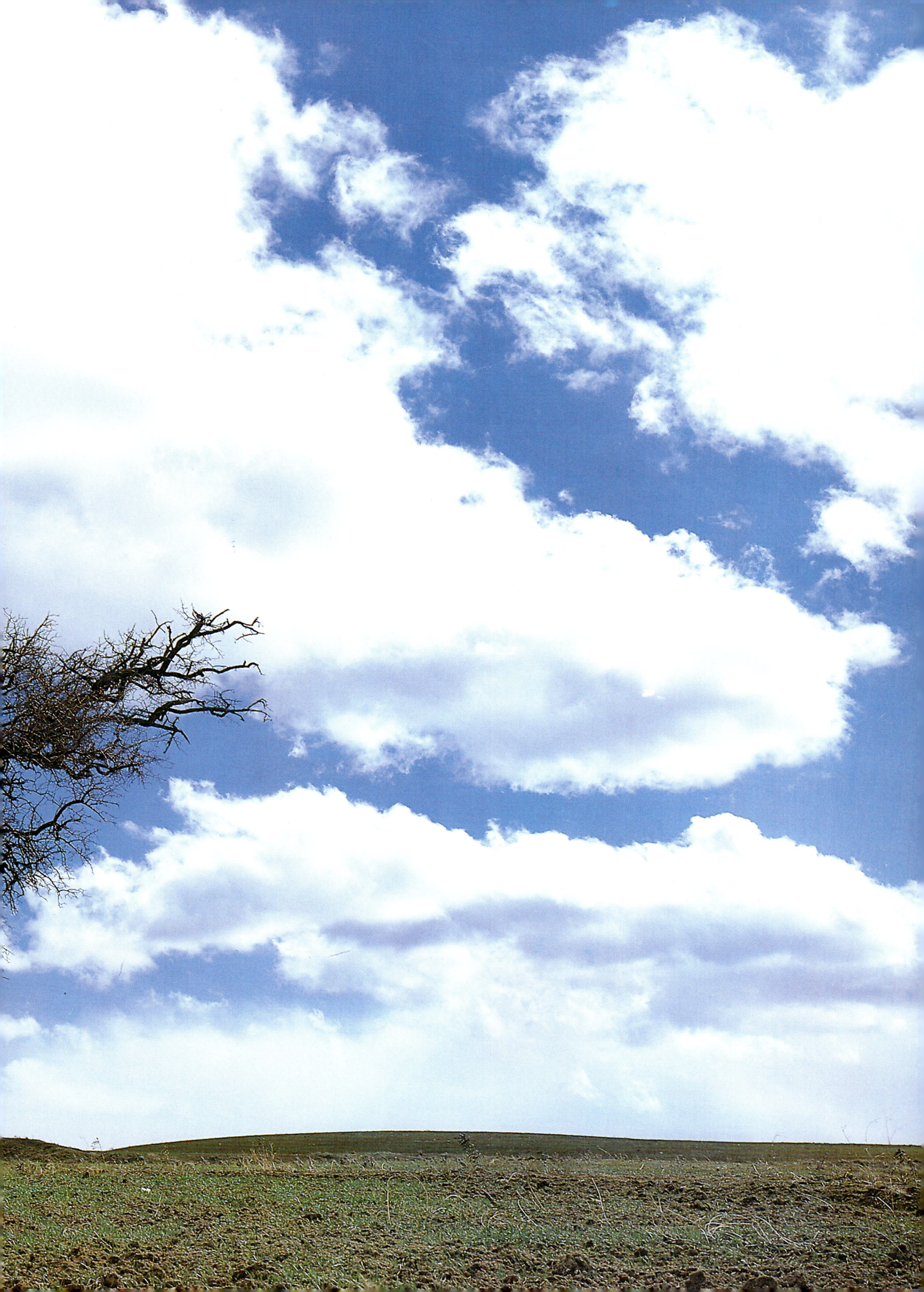

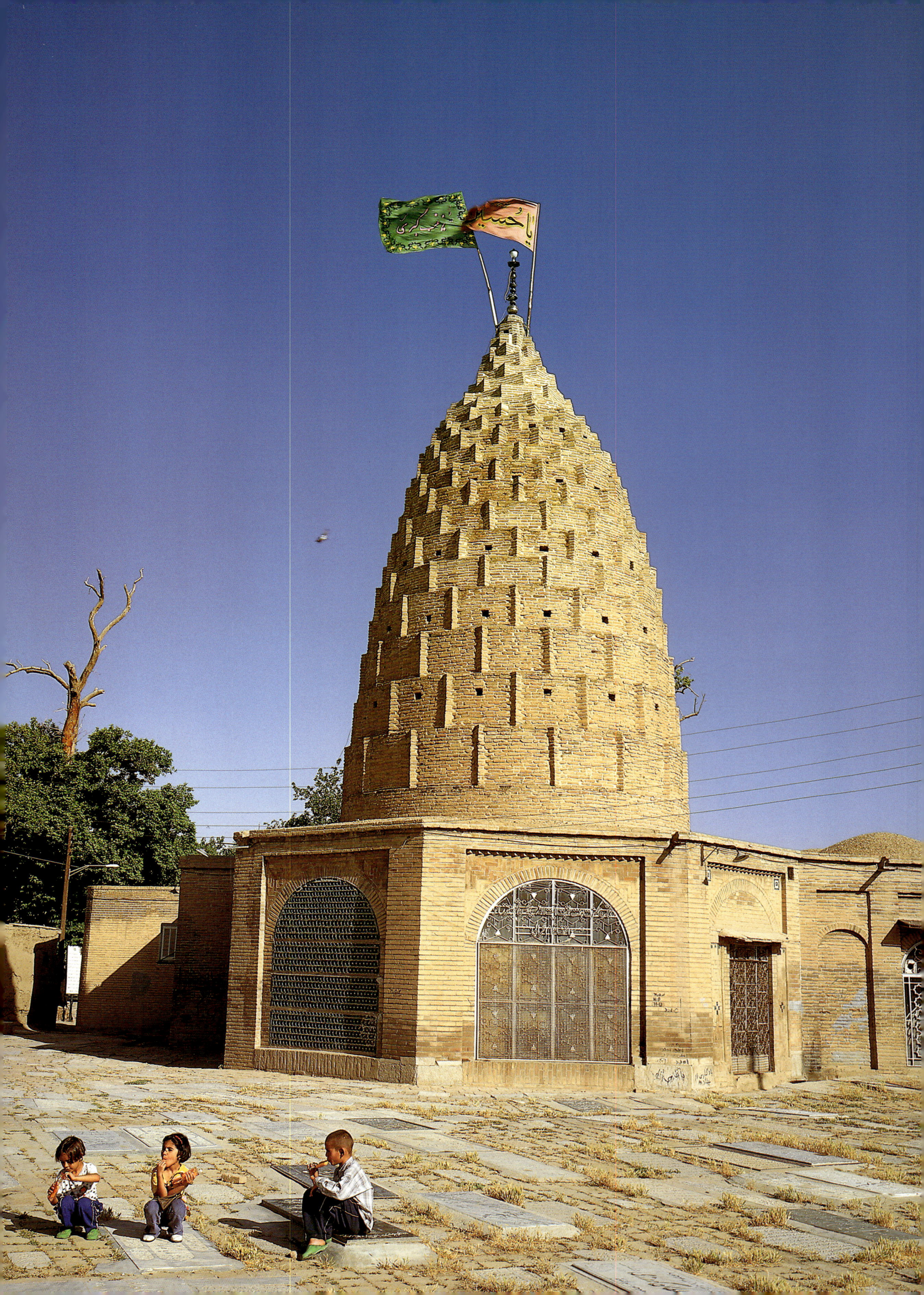

Khorramabad

A city in western Iran with 270,000 inhabitants (1996), in a river gab in the Lorestan Mountains, Khorramabad is the capital of Lorestan Province with 1.6 million inhabitants (1996). It is the trade center of a mountainous region where fruit, grain and wool are produced. It is a summer market for the nomadic Lur tribes. Khorramabad has an active bazaar, and its major landmark is the Black Fortress, which was the seat of the governors of Lorestan between 1155 and 1600.

خرم‌آباد

این شهر در میان دره‌ای قیفی‌شکل و پرآب جای گرفته است. این شهر تاریخ چند هزار ساله دارد و از آغاز پیدایش‌خود، تمدن‌های مختلفی را تجربه کرده‌است. در اطراف شهر آثار متعددی از تمدن‌های کاسی، بابلی، ایلامی، ساسانی، سلجوقی و... باقی مانده‌است.

Imamzadeh Ja'far

Located in eastern Burujerd, there is a superb structure in the middle of an old cemetery. It dates back to the Seljuk era.

امام‌زاده جعفر

در شرق شهرستان بروجرد و در انتهای خیابان جعفری در میان یک گورستان قدیمی مقبره جالب و دیدنی به نام امامزاده جعفر واقع شده است که متعلق به عصر سلجوقی است.

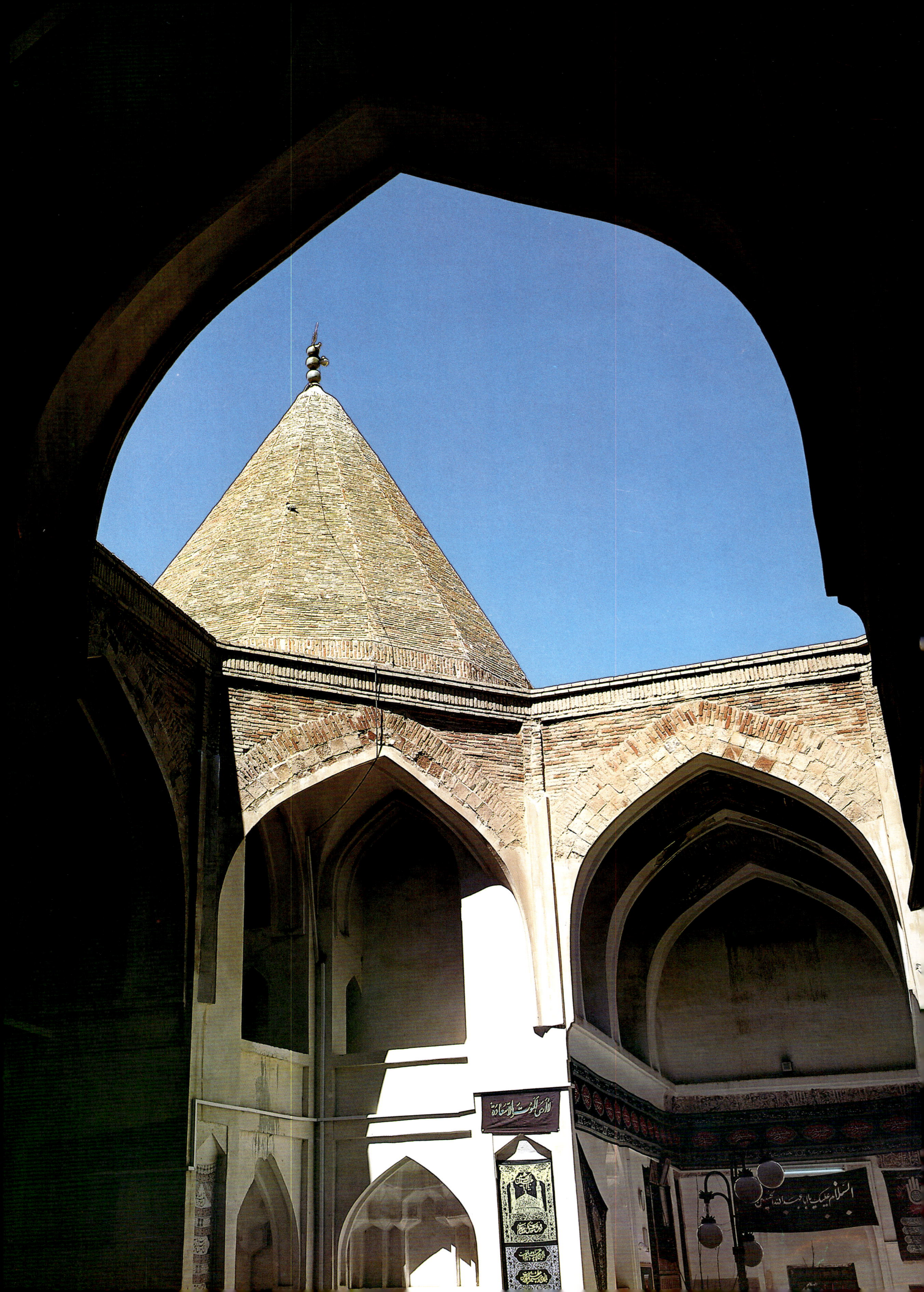
لا اری الموت الا سعادة
السلام علیک یا ابا عبدالله الحسین

Imamzadeh Qasem

Located in east of Burujerd in the southern Khoramabad, the oldest part of the structure is its dome and wooden door. This is an important structure of the 15th century.

امام زاده قاسم

این بقعه متبرکه در روستایی با همین نام در ۳۰ کیلومتری شمال شهر و بر سر راه ازنا به شازند قرارگرفته است. قدیمی ترین بخش بنا گنبد خانه و در چوبی آن است. این بنا از آثار قرن هشتم هجری می باشد.

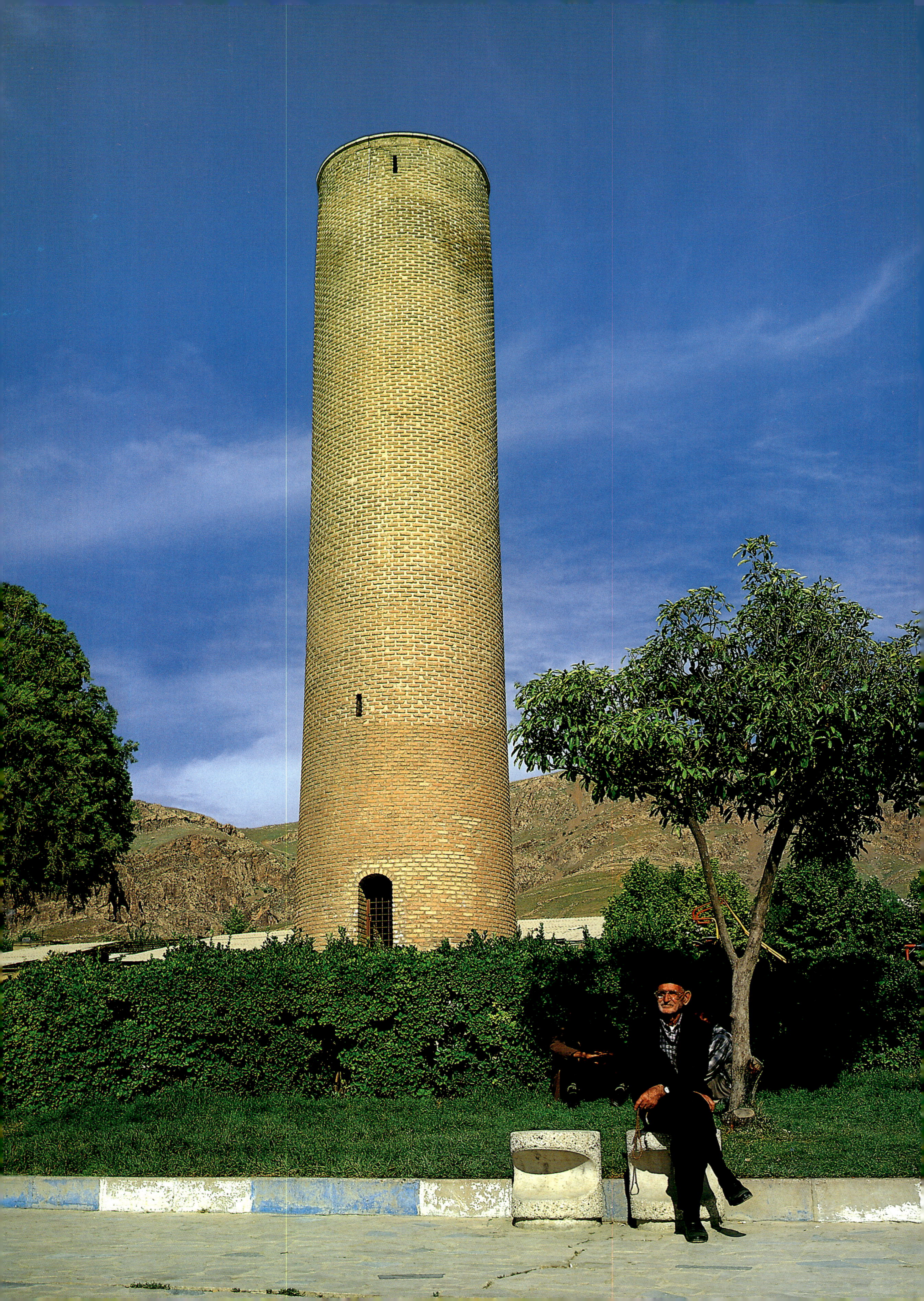

Chishmih Gerdab Sangi

The spring is situated in northwestern Khorramabad. It is half-full for half of the year and for the other half dry. A mill used to operate it in the past.

چشمه‌ی گرداب سنگی

در شمال غربی شهر خرم‌آباد و بر دامنه‌ی کوه کور، چشمه «گرداب سنگی» سر برآورده‌است. این چشمه، نیمی از سال پرآب است و نیمی دیگر خشک و خاموش. روزگاری آب آن آسیایی را در ۲۵کیلومتری چشمه به حرکت در می‌آورد.

Brick Minaret

The old monument stands on a stone base. It's 30m tall and it was apparently used to guide the caravans.

مناره آجری

این بنا با قدمتی در حدود ۹۰۰سال در جنوب خرم آباد و کناره شهر قدیمی شاپور خواست، بر روی پایه سنگی برپاشده و حدود ۳۰متر ارتفاع دارد و ظاهراً از آن برای هدایت کاروانها استفاده می شده است.

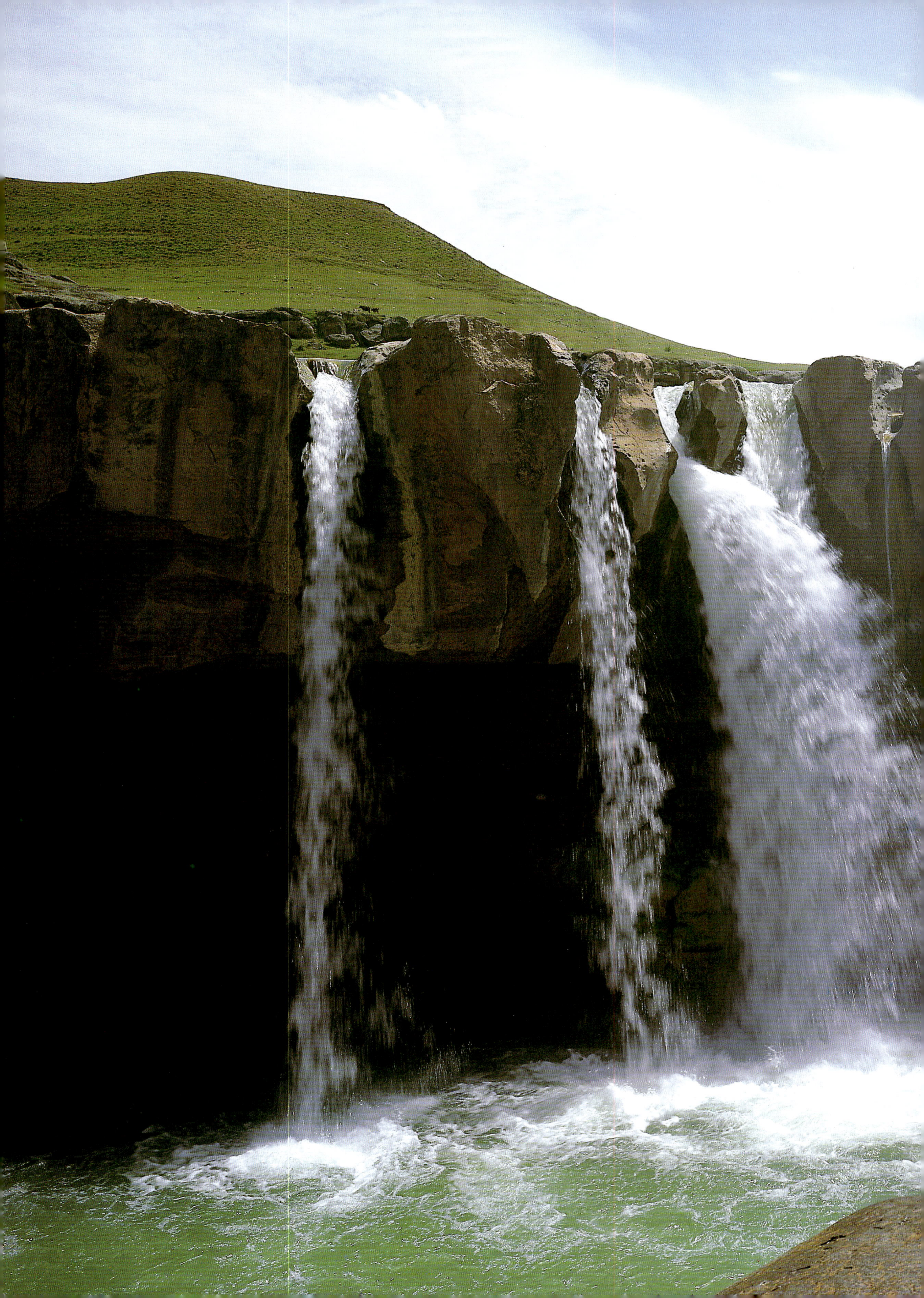

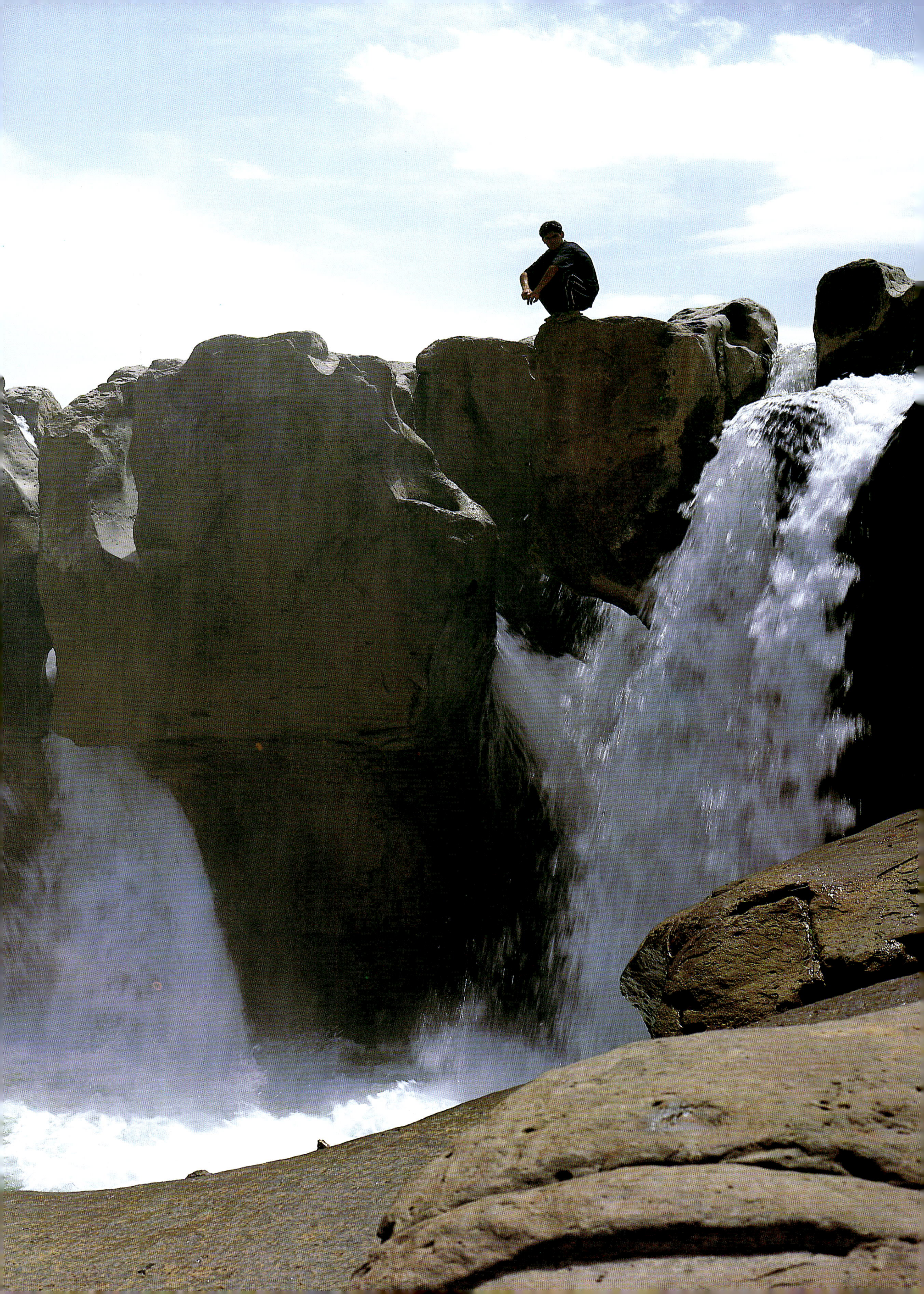

آرامگاه ابوعلی سینا

آرامگاه حجت الحق شیخ الرئیس شرف الملک ابوعلی حسین بن عبدالله بن سینا فیلسوف و دانشمند و طبیب مشهور ایران (۴۲۸- ۳۷۰ هـ. ق) در میدانی به نام ابوعلی سینا در شهر همدان واقع شده است.

Avicenna's Mausoleum and Museum

The world-famous Iranian scientist, philosopher, and physician Abu Ali Sina known to the West of Avicenna, a prodigy who knew Koran by heart, lived in Hamadan for several years. He died in 1307. A large mausoleum built over his tomb in 1952, together with a library (which contains approximately 8,000 volumes of books) and a small museum devoted to his works are visited by most local and foreign tourists. A magnificent view of the city and the Mount Alvand can be seen from the roof of this museum.

Avicenna was above all a mathematician whose theories were taught in Europe until the 19th century. His works as a poet and philosopher are still studied by Iranians and Orientalists.

On the left side gallery of the mausoleum, there is a grave, which is attributed to Abu Sa'id Dakhdukh. The grave of Aref-e Qazvini, a famous early-twentieth century Iranian poet is also situated in an open yard close to the entrance of the building.

Mausoleum of Baba Taher

The 20th century Mausoleum of Baba Taher, situated near the northern entrance of the city from Tehran Highway and at the end of Baba Taher Street in a square named after him, is a rocket-like monument to a mystic poet contemporary of Avicenna, Baba Taher, who died in 1019 AD. The mausoleum was reconstructed in 1970. Baba Taher, living in the first half of the 11th century AD, was one of the great Gnostics of Ahl-e Haq (Dervish or Follower of Truth) sect to which the gnostic order of mountainous Iran belonged. Baba Taher's songs and maxims were originally read in Fahlavi, Lurish, Kurdish and Hamadani dialects, taking their present form in the course of time. At least more interesting than the monument are the magnificent flowers and winding paths that surround it at the center of a rather large hilltop square.

آرامگاه بابا طاهر

یکی از دیدنی های شهر همدان، آرامگاه باباطاهر است. بابا طاهر که حدوداً در اواخر قرن چهارم و اوایل قرن پنجم می زیست از شعرا و عرفای بزرگ روزگار خویش بوده است.

Hamedan

همدان

Located in western Iran in an area of more than 20,170sqkm, it is bounded on the north by the province of Zanjan, on the south by Luristan, on the east by the central province and on the west by Kermanshahan and Kurdistan. The region is covered with huge mountains and green slopes. The province consists of six districts: Hamedan (the capital), Malayer, Nahavand, Kabudar-Ahang, Toyserkan, and Asadabad. The city of Hamedan dominates the wide, fertile plain of the upper Qareh Su River. There is a sizable Turkish-speaking minority. The city, although certainly an older foundation, has records only from the first millennium BC. Hamadan has had many names: it was possibly the Bit Daiukki of the Assyrians, Hangmatana, or Agbatana, to the Medes, and Ecbatana to the Greeks. One of the Median capitals, under Cyrus II the Great (d. 529 BC) and later Achaemenidian rulers, it was the site of a royal summer palace. A little east of Hamadan is the Mossala, a natural mound the debris of which includes the remains of ancient Ecbatana, which has never been excavated. The modern city is built partly on its mounds. The city is mentioned in the Bible (Ezra 6:2). In summer, the pleasant climate makes Hamadan a resort, but the winters are long and severe. The Shahnaz Dam provides water for the city. Grain and fruits are grown in abundance, and Hamadan is an important trade centre on the main Tehran-Baghdad highway. In the Iranian rug trade, it ranks second only to Kerman.

استان همدان که از استانهای غربی ایران است از شمال به استان زنجان از جنوب به استان لرستان، از شرق به‌استان مرکزی و از غرب به استان کرمانشاه و کردستان محدود می‌شود.

شهرهای مهم استان همدان :اسدآباد، بهار، کبودرآهنگ، لالجین، ملایر، نهاوند، تویسرکان.

استان همدان منطقه‌ای است مرتفع، کوه الوند در جنوب و غرب شهر همدان قرار گرفته و توده‌ای سنگ گرانیت‌است که از سنگ‌های آن در صنعت ساختمان‌سازی استفاده می‌شود. به‌طورکلی مناطق مرتفع استان همدان هوای‌سرد کوهستانی دارد و مناطق جنوبی آن - ملایر و نهاوند - دارای آب و هوای معتدل کوهستانی است.

شهر همدان، که زمان بنای آن به دوره مادها در ۷۰۰سال پیش از میلاد مسیح می‌رسد، دارای دیدنی‌های فراوان‌است.

مهمترین آن‌ها عبارتند از :کتیبه‌های گنج‌نامه، شیرسنگی، آرامگاه استرومردخای، گنبد علویان، آرامگاه‌بوعلی‌سینا و آرامگاه باباطاهر عریان. دراطراف‌همدان دیدنی‌های‌طبیعی‌فراوان وجود دارداز جمله غارهای معروف علی صدر، قلعه جون، هیزج و غارهای دیگر.

یکی از روستاهای دیدنی استان همدان، روستای لالجین است. این روستا مرکز صنعت سفالگری است. ظروف‌سفالی لالجین در سراسر ایران خریداران بسیار دارد.

Alavian dome

Once a Dervish monastery and later the mausoleum of the Alavian family who ruled Hamadan for some 200 years. The entire facade of the building was covered with extraordinary stucco decoration in high relief. It was probably built during the second half of the 12th century A.D. when Hamadan was a major Seljuk capital.

گنبد علویان

یکی از مهم ترین بناهای تاریخی همدان بنایی چهار ضلعی به نام گنبد علویان است که محل آرامگاه دو نفر از اعضای خاندان علویان است و در دوران مغول تزاین و مرمت شده است. این بنا به اواخر ذوران سلجوقی مربوط است. منظره آن بیرونی شباهت زیادی به گنبد سرخ مراغه دارد.

Imamzadeh Hud

Located in the village of Yangi Qaleh, it dates back to the Mongol era in the 15th century.

امام زاده هود

این امام زاده در روستای ینگی قلعه بخش رزن از توابع شهرستان همدان قرار دارد و از بناهای دوران مغول و قرن هشتم به شمار می آید.

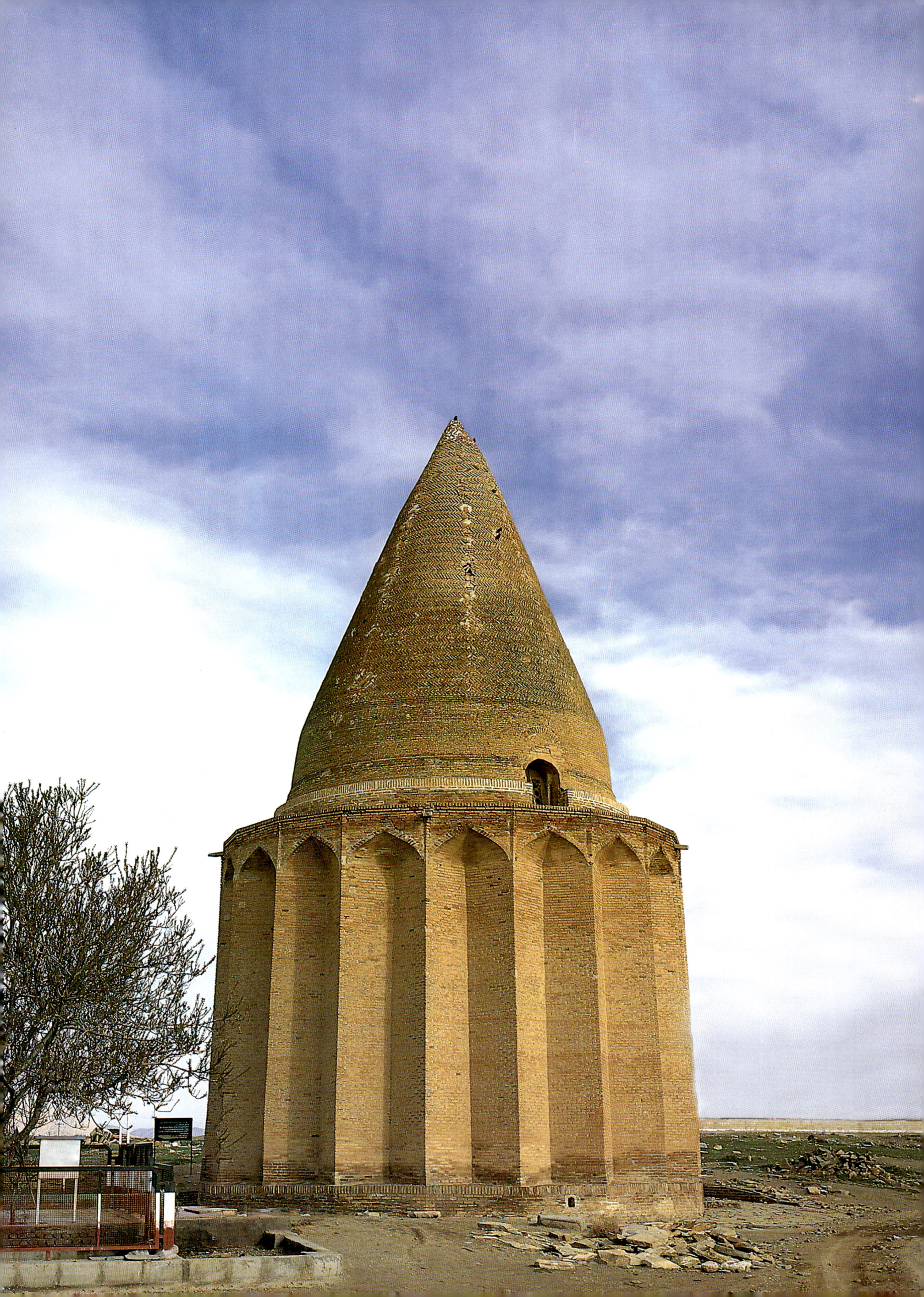

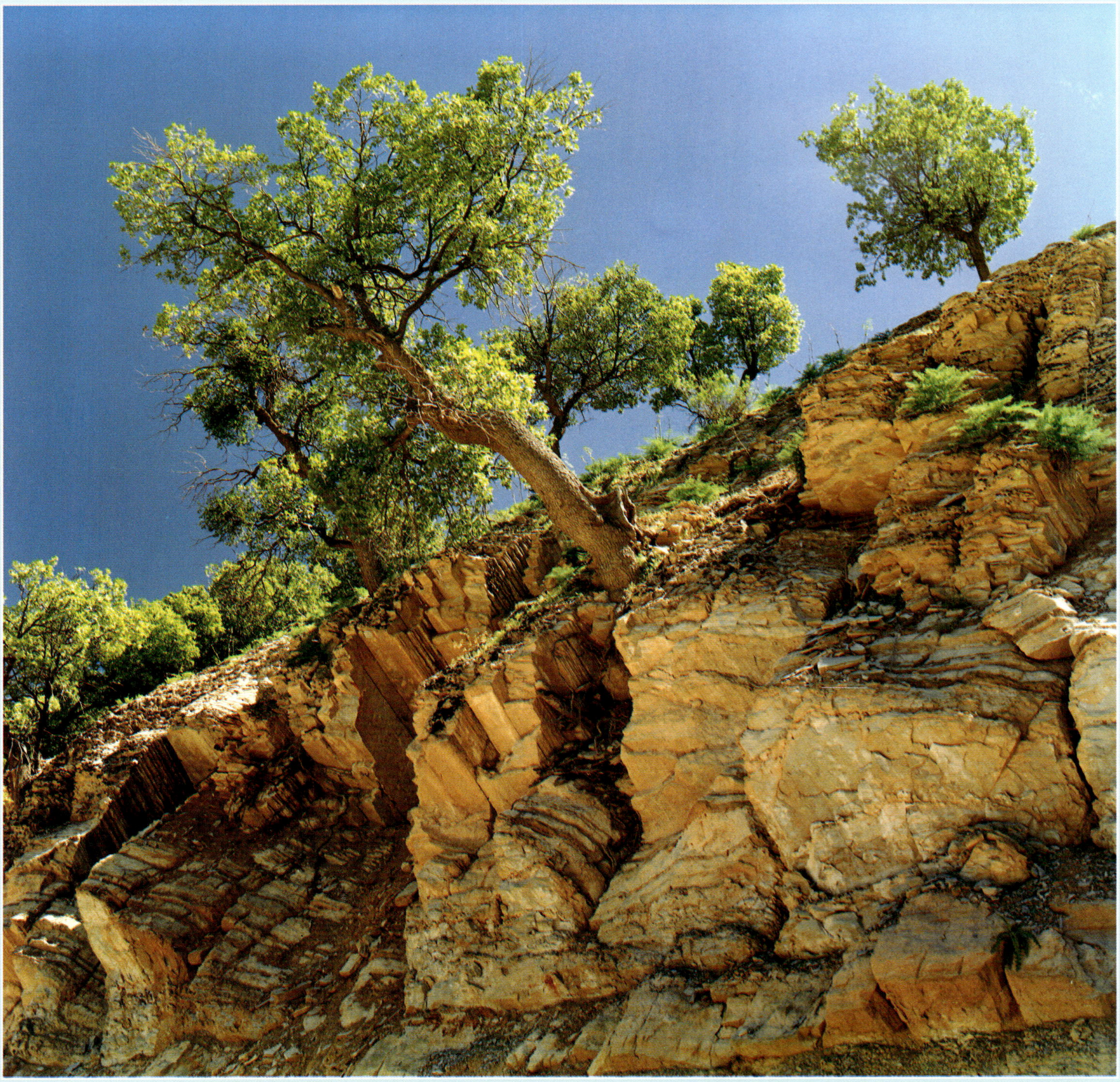

Ilam

Located in western Iran, it is bound on the north by Kermanshah, on the south by Khuzestan, on the east by Luristan and on the west by Iraq. Ilam consists of seven districts: Ilam (the capital), Mehran, Abdanan, Dareh Shahr, Dehloran, Shiravan and Ivan.

Local industries produce bricks, woven cloth, coarse carpets, and sack cloth. The surrounding region is a continuation of the valley of Mesopotamia and was formed by the deposition of sediments eroded from the Zagros Mountains. Agriculture is the principal occupation of the region, and barley, wheat, rice, oilseeds, potatoes, and dates are grown. There are also a few oilfields in the region.

ایلام

استان ایلام با ۱۹۰۸۶ کیلومترمربع، حدود ۱/۴ درصد مساحت کل کشور است. استان ایلام از جنوب با خوزستان، از شرق با لرستان، از شمال با کرمانشاه، و از سمت غرب با ۲۲۵ کیلومتر مرز مشترک، با عراق همسایه‌است.

شهرهای عمده استان ایلام :ایلام، ایوان دره، دهلران، شیروان- و مهران، مرکز استان شهر ایلام است که به خاطرزیبایی‌های طبیعی فراوانش، «عروس زاگرس» نام گرفته است.

به‌طورکلی، نواحی شمالی و شمال شرقی ایلام کوهستانی است و نواحی جنوب‌غربی و مغرب آن از اراضی پست و کم‌ارتفاع تشکیل شده‌است.

سرزمین باستانی ایلام سرزمینی با سابقه تاریخی کهن است. شهر ایلام با شهرهای دیگر استان ایلام مانند مهران و دهلران، به علت ارتباط تاریخی با سرزمین باستانی میان‌رودان (بین‌النهرین)، آثار جالب توجهی دارد. از جمله بقایای شهرهای قدیمی در دره دهلران و سراب گلان شیروان، که به دوره ساسانی مربوط می‌شود.

پل بهرام چوبین، تاق شیرین و فرهاد، تنگ چوبین و چهارتاق عهد ساسانی از آثار مهم تاریخی این سرزمین‌اند.

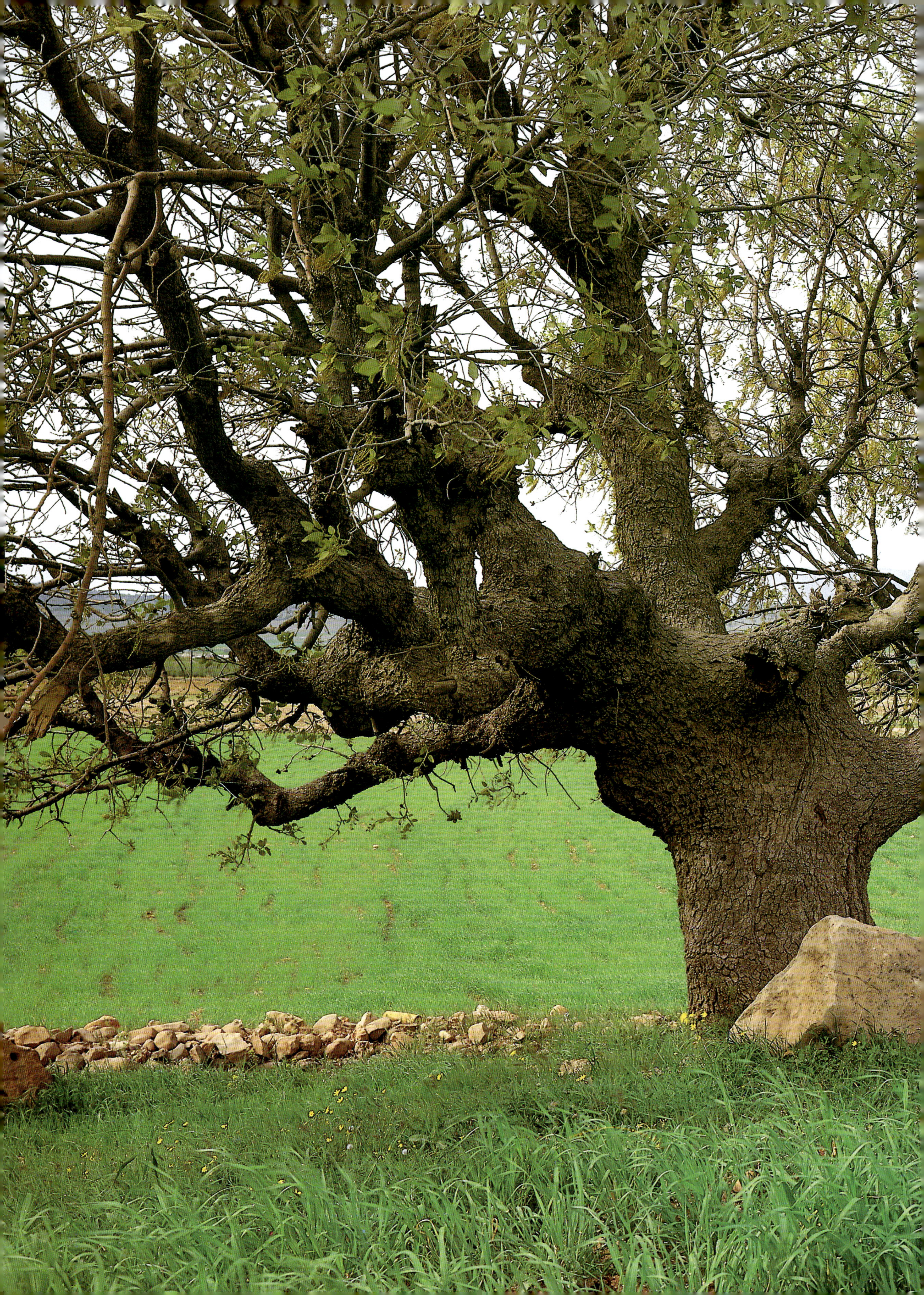

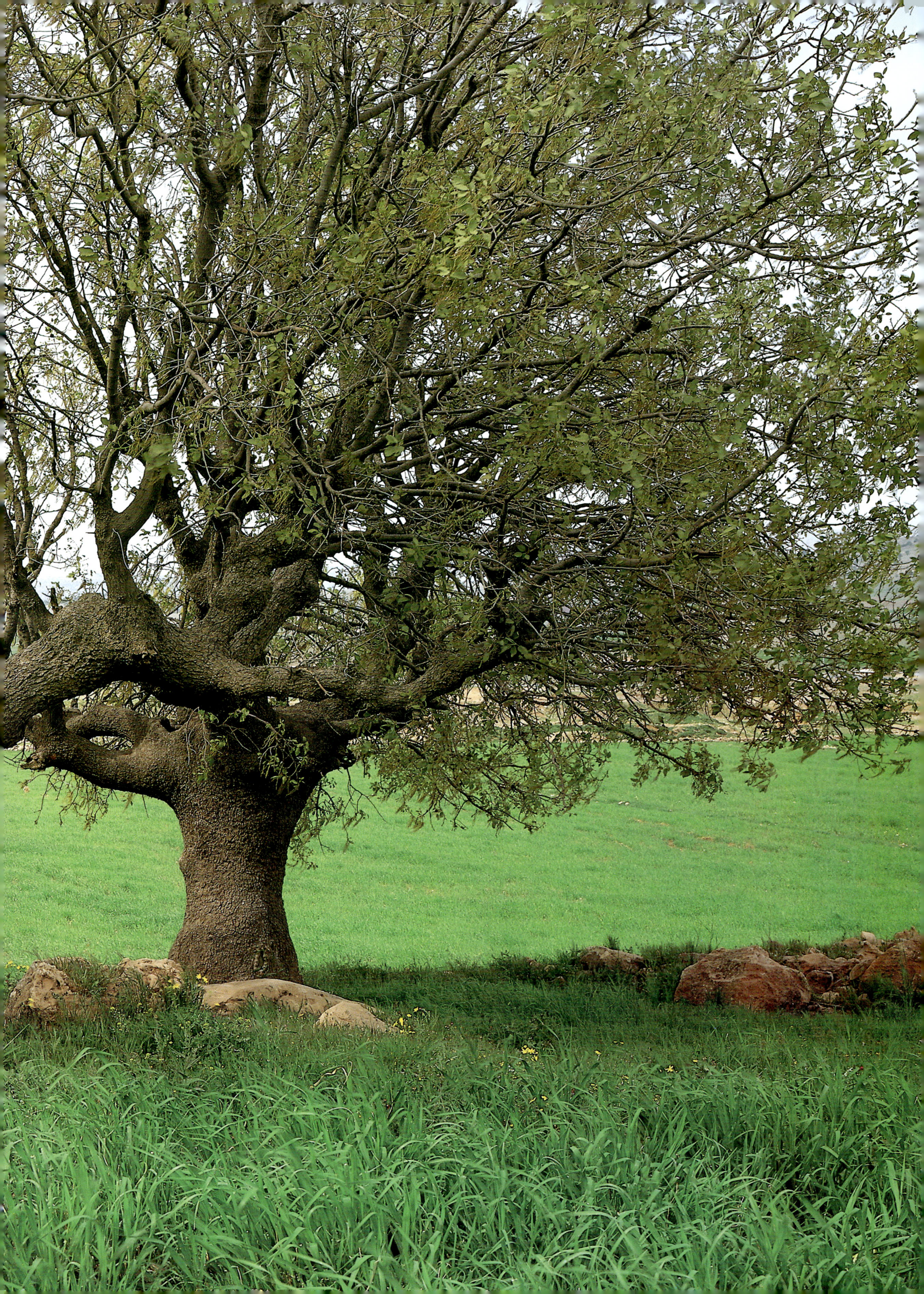

تاسیسات صنعتی - ایلام

enterprise industerial - Ilam

Nature – Ilam

There is a diversity of climate in Ilam. The high points of Kabir Kuh are cold with the temperature falling below zero. In the western and southwestern plains--which cover the dry deserts of Mehran, Dehloran and Dasht Abbasi, the weather is quite warm. The southwestern scorching winds sweep through the area in the summer. In central areas, the climate is diverse and the temperature falls below zero in winters. In northern and northeastern areas, the average annual rainfall tops 500 millimeters compared to the 250 millimeters in the western and southwestern areas.

طبیعت ایلام

استان ایلام از نظر شرایط اقلیمی جزو مناطق گرمسیر کشور محسوب می‌شود، ولی به علت وجود ارتفاعات، اختلاف درجه‌ی حرارت و میزان بارندگی در بخش‌های شمالی، جنوبی و غربی آن زیاد است. به طوری‌که می‌توان از نظر اقلیمی، مناطق سه گانه سردسیری، گرمسیری و معتدل را به خوبی مشاهده کرد.

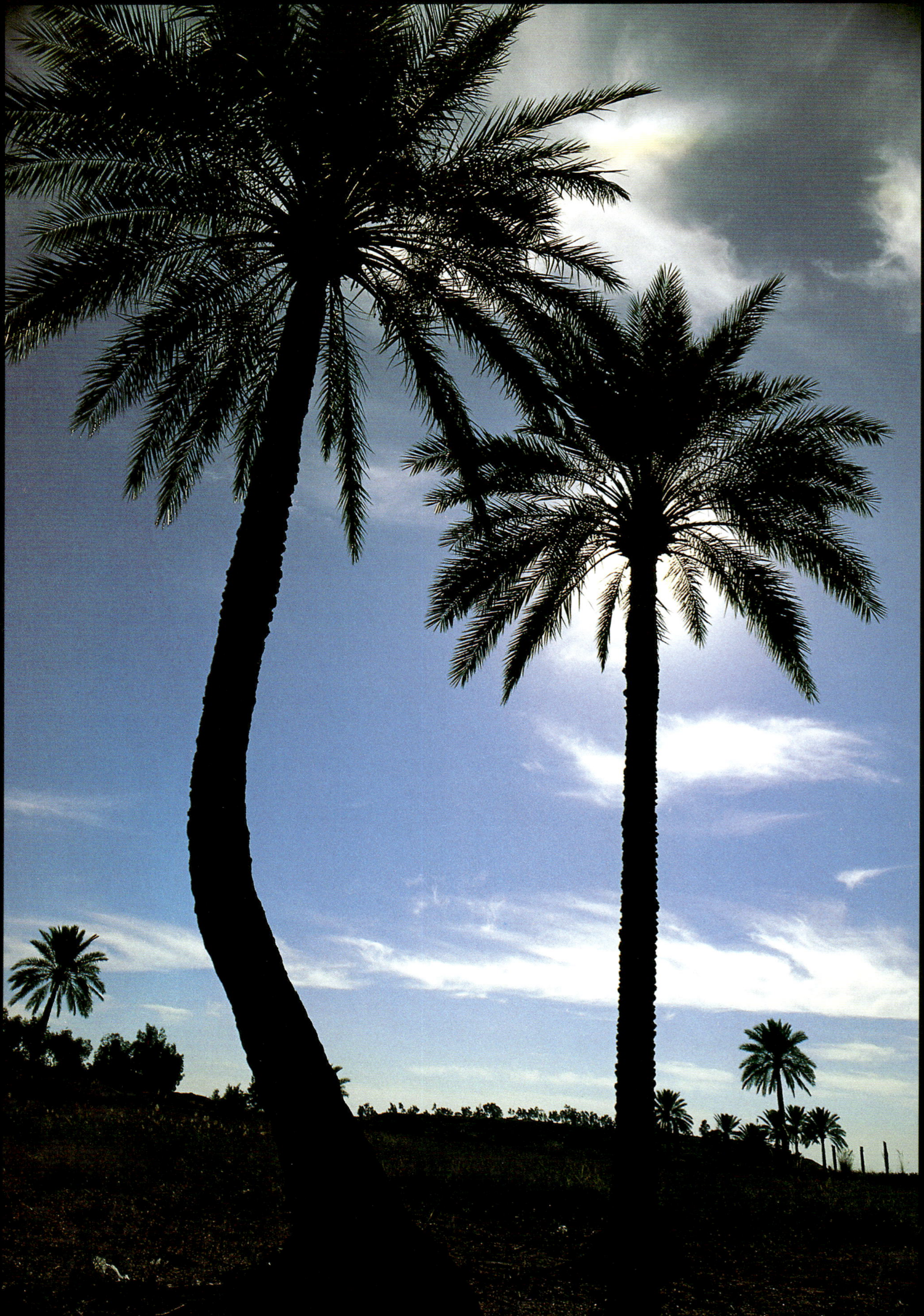

Kermanshah

With an area of 24,400sqkm in western Iran, it consists of Kermanshah (the capital), Harsin, Sahneh, Kangavar, Islamabad Gharb, Gilan-e Gharb, Qasr-e Shirin, Sar Pol-e Zahab, Javan Rood, and Paveh. The province is populated by Kurds, Turks, Lurs and various other tribes. The city of Kermanshah lies in the fertile valley of the Qareh Su River and is situated on the ancient caravan route between the Mediterranean Sea and Central Asia. It was founded in the 4th century AD by Bahram IV of the Sasanian dynasty. Industries include textile manufacturing, food processing, oil refining, carpet making, sugar refining, and the production of electrical equipment and tools.

Wheat and barley, corn (maize), clover, beans, oilseeds, rice, fruit, and vegetables are the main crops, and the hills in the area provide good pasturage. The inhabitants are mainly Kurds of many different tribes, most of whom settled in urban areas after World War II. The history of the area extends back into antiquity, as many local monuments of Achaemenid and Sasanid origin demonstrate—e.g., the rock carvings at Bisitun and Tag-e Bostan. There are also many prehistoric remains in the form of mounds and formerly inhabited caves.

کرمانشاه

استان کرمانشاه با حدود ۲۴۴۳۲کیلومترمربع وسعت، در میانه ضلع غربی کشور قرار گرفته‌است. این استان ازشمال به کردستان، از جنوب به لرستان و ایلام، از شرق به همدان و از غرب به کشور عراق محدود شده‌است.

شهر کرمانشاه مرکز شهرستان و استان کرمانشاه است شهرهای استان کرمانشاه عبارتند از : اسلام‌آباد غرب، پاوه،جوانرود، سرپل ذهاب، سنقر، صحنه، قصر شیرین، کرمانشاه، کنگاور، گیلان غرب، هرسین.

استان کرمانشاه ناحیه‌ای کوهستانی است که بین فلات ایران و جلگه بین‌النهرین قرار گرفته و سراسر آن را قلل و ارتفاعات زاگرس پوشانده است.

به‌طورکلی استان کرمانشاه از نظر آب‌وهوا به دو منطقه گرمسیر (غرب)و سردسیر (در سایر نواحی)تقسیم می‌شود.

استان کرمانشاه با شهرهای باستانی خود، چون کرمانشاه، قصر شیرین، پاوه، سنقر، اسلام‌آباد و کرند، ازقدیمی‌ترین کانون‌های تمدن ایران به شمار می‌آید.

آثار تاریخی: تاق بستان، بیستون، تکیه معاون‌الملک در کرمانشاه، معبد معروف آناهیتا در کنگاور؛ آثار باستانی بر جای‌مانده در قصر شیرین و سرپل ذهاب ارزش دیداری فراوانی دارد. در ناحیه بیستون، تاق‌بستان و دالاهو (ریجاب)چشمه‌های آهکی بزرگی وجوددارند که در راه خود استخرهای آهکی بسیاری پدید آورده‌اند، که در کنار هم چشم‌انداز زیبایی به این روستا بخشیده‌اند.

Nature – Kermanshah

The climate is temperate. Kermanshah is climatically influenced by the factors of height, moist, western currents, and the direction of mountains. The average annual rainfall in Kermanshah is 300 to 500 millimeters. The precipitation is often in the form of rain and in cold seasons in the form of snow. Cold weather usually starts in mid-December and continues until March. Qasr-e-Shirin, Zahab, Sumar, and Naft Shahr have warmer weather.

طبیعت کرمانشاه

در استان کرمانشاه چهار اقلیم قابل تشخیص است: اول زمستان ملایم و تابستان گرم و خشک که شهرستان‌های قصر شیرین، سر پل ذهاب و دهستان از گله درجنوب غربی شهرستان جوانرود را شامل می‌شود. دوم زمستان و تابستان خنک که شهرستان‌های پاوه و جوانرود و بخش کرند از توابع شهرستان اسلام‌آباد غرب رادربر می‌گیرد. سوم اقلیم نیمه‌خشک و استپی خنک که شهرستان‌های سنقر و دهستان پشت دربند را شامل می‌شود. چهارم اقلیم نیمه‌خشک و استیپی گرم که شهرستان‌های کنگاور، صحنه و هرسین را دربر می‌گیرد.

Sahneh | صحنه

Paveh | پاوه

Qasr-e Shirin | قصرشیرین

تکیه‌ی معاون‌الملک

این تکیه یا حسینیه در واقع یک مجموعه‌ی بزرگ هنری است. دیوارهای آن، سراسر پوشیده از کاشی‌های گوناگون بارنگ‌های متنوع و زیباست. کاشی‌های نقشدار، صحنه‌های جالب و متنوعی را تجسم بخشیده‌اند. چهره‌ی رجال وبزرگان دوره‌ی قاجار، به ویژه بزرگان مذهبی و عشایر کرمانشاه را با قلمی ظریف و رنگهای طبیعی بر کاشی‌ها نقش کرده‌اند. موضوع بعضی از کاشی‌کاری‌ها ـ روایت‌ها، قصه‌ها و داستانهای تاریخی و اساطیری و اخبار دینی و مذهبی است، مانند بارگاه حضرت سلیمان، وقایع عاشورا و داستان رستم و سهراب.

Tekiyyeh Moaven al-Malek

This tekiyyeh is an art complex. The walls are decorated with varying colorful tiles. The figures of the Qajar luminaries are visible on the walls. Some murals depict religious and mythological tales. Such as the story of Rustam and Sohrab and the great event of Ashura.

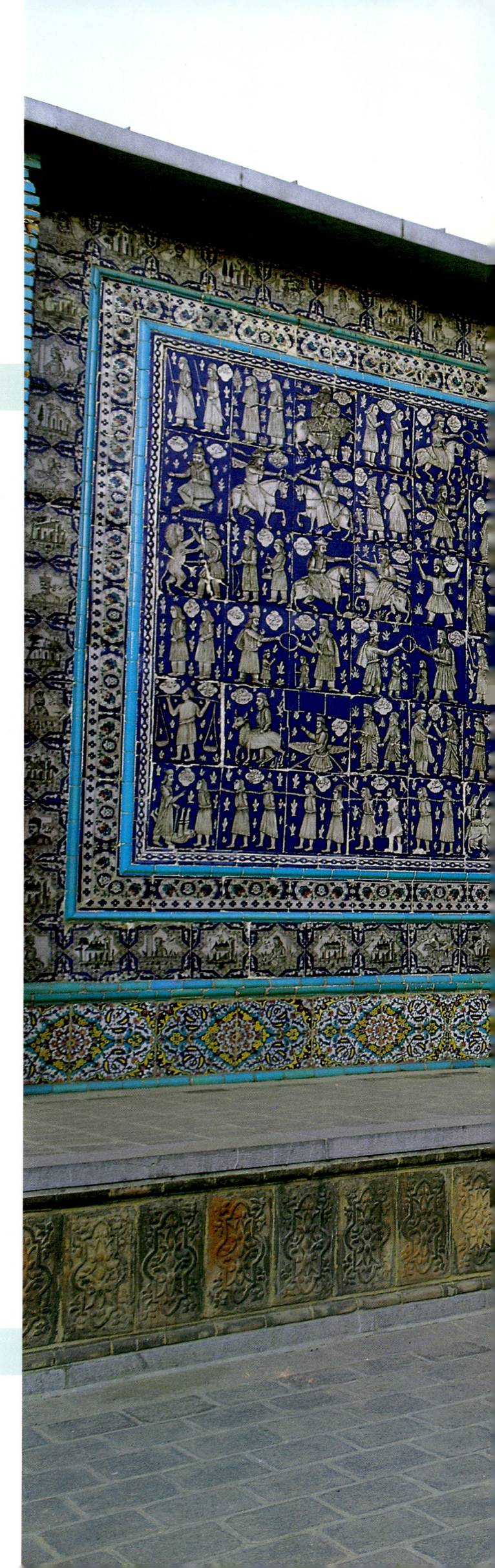

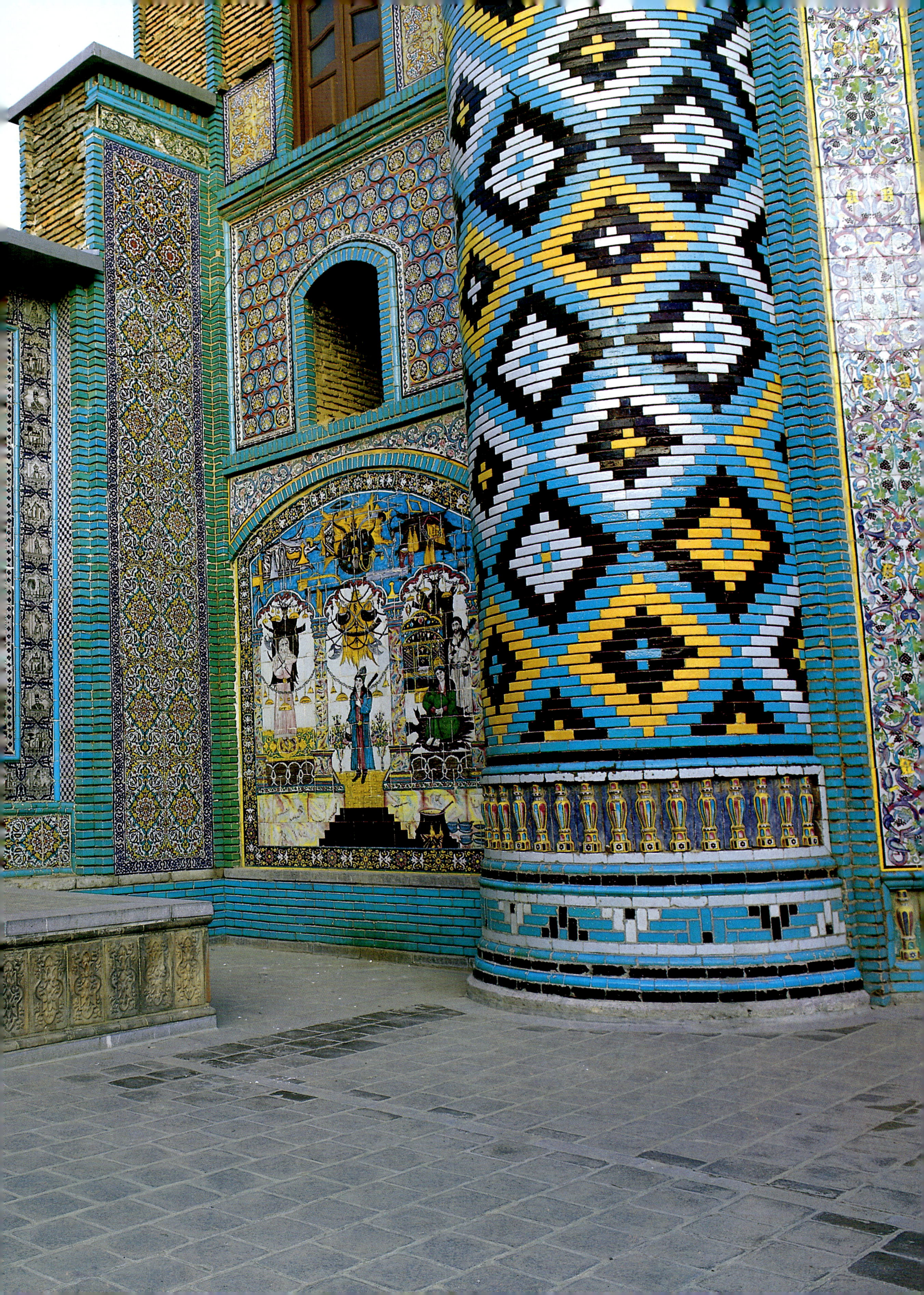

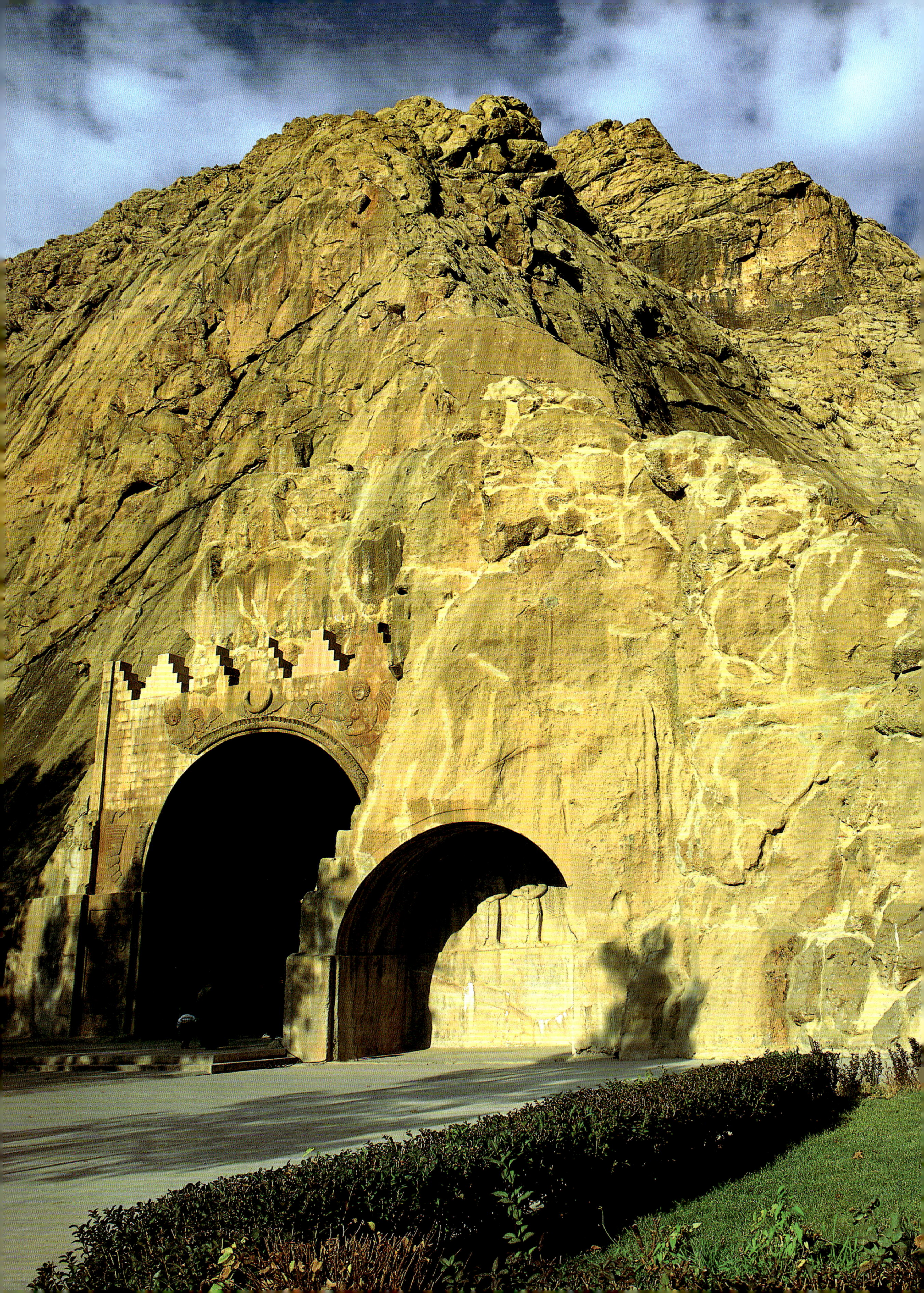

طاق بستان

مجموعه‌ای از سنگ‌نگاره‌ها و سنگ نوشته‌های دوره ساسانی است که در چشم‌اندازی زیبا از کوه و چشمه و آب قرار گرفته‌است. پس از ورود به مدخل طاق بستان، اولین سنگ نگاره، اردشیر دوم را نشان می‌دهد که بین اهورامزدا و میترا قرار گرفته، روی خود را به سوی اهورامزدا برگردانده و با دست چپ حلقه‌ی مأدت را از وی دریافت می‌کند. زیرپای شاه، اهریمن بر زمین افکنده شده. بعد از این نقش، طاق کوچکی دیده می‌شود که پیکره‌ٔ شاپور دوم و پسرش شاپور سوم بر آن کنده شده. در سومین بخش از این مجموعه، سنگ نگاره زیبائی از فرشتگان بالدار، درخت زندگی، و نقش فیل و اسب و... جلب نظر می‌کند.

Taq-e Bostan

Only nine kilometers from Kermanshah city, there is Taq-i-Bostan village with signs left in it from the Sassanid period (266 - 651 AD). One such sign is the coronation of the Sassanid kings which has been demonstrated on the rocks. On the left side of the reception of Artaxerxes the second's coronation, there exist two vaults, a smaller one and a bigger one which belong to the Sassanids. The first vault which is the small one has been carved in the mountain during the reign of Shapur and includes two relief sculptures and two inscriptions in the Sassanid Pahlavi. According to the inscriptions the two pictures belong to Shapur the second.

The smaller vault is of greater significance since the two inscriptions have remained intact from events and act as introductions to the demonstrations of the vault. The bigger vault, which contains more demonstrations and delicate carvings, has attracted the attention of historians. The mouth of the bigger vault is 7.4 meters; it is 7.17 meters deep and 9 meters high. This bigger vault belongs to the era of Khosrow the second known as Parviz.

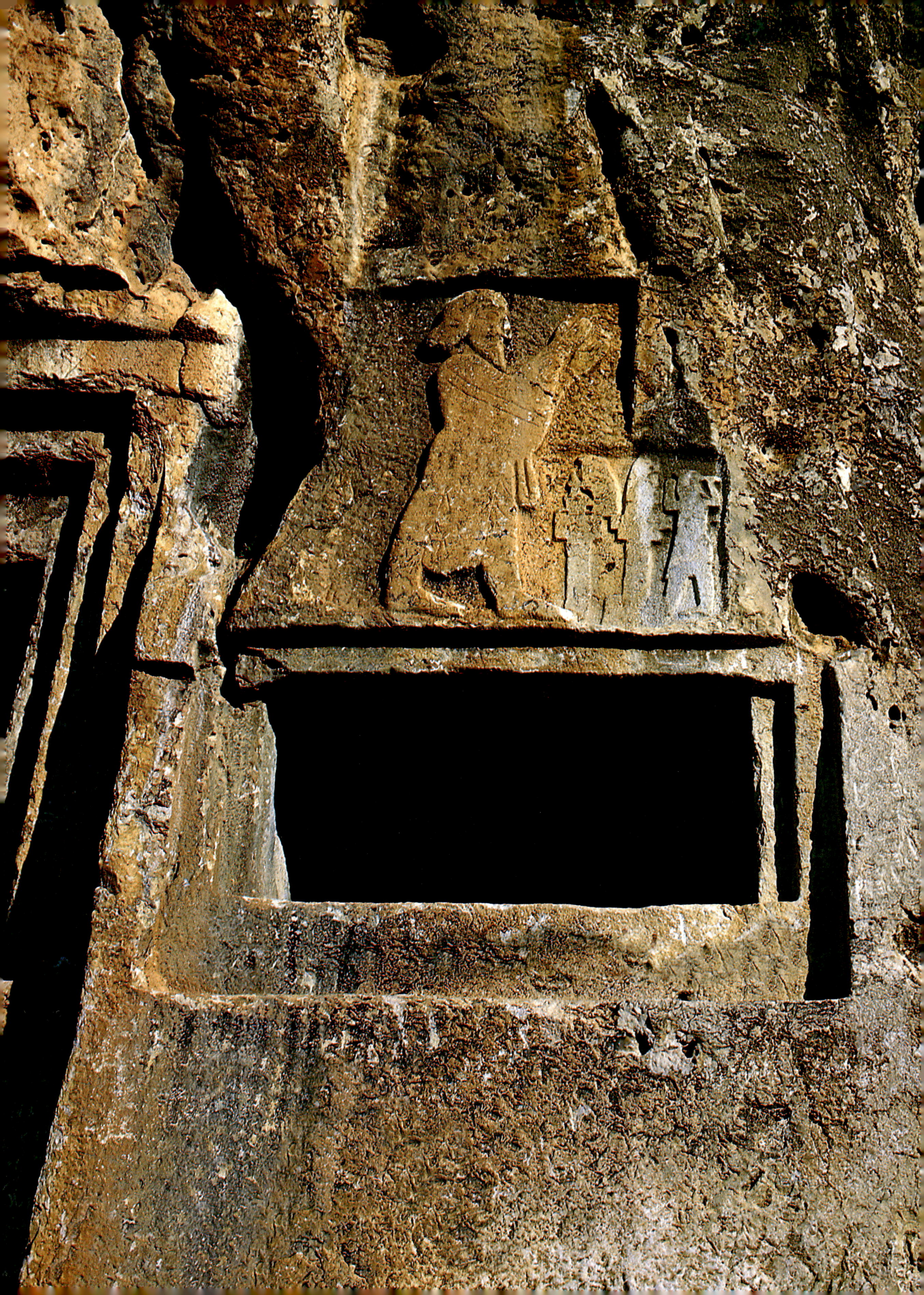

در کنگاور بر بلندای یک صفحه سنگی بقایای بنای عظیمی هنوز خودنمایی می کند. قدمت بنا را برخی به دوران اشکانیان می رسانند. اما آنچه مسلم است این بنا در اواسط دوره ساسانیان تعمیر کلی شده است.

Temple of Anahita

In small town of Kangavar, ruins of a majestic historic site start to appear right by the roadside. The site is known as the Temple of Anahita, built by Achaemenian Emperor Ardashir II (Artaxerxes II), 404 BC to 359 BC. This temple is built in honour of "Ardevisur Anahita," the female guardian angel of waters. It is known as "Temple of Anahita" Architecture of this temple coincides with palaces and temples built during the Achaemenian period, 550 BC to 330 BC, in western Iran. Shapes and carvings of the columns in temple are similar to those found in Persepolis and palace of Darius in Susa. In the nineteenth century, various Europeans investigated the ruins. Ker Porter in 1818 found them to form the foundations of a single huge platform - a rectangular terrace three hundred yards square, crowned with a colonnade. Professor Jackson in 1906 found one very well-preserved retaining wall at the NW corner of the enclosure, probably part of the foundation of a single building; it was 12 to 15 feet high and runs north and south for more than 70 feet. According to classic historians, the temple of Anahita at Ecbatana was a vast palace, four-fifths of a mile in circumference, built of cedar or cypress. In all of it, not a single plank or column stood but was covered by plates of silver or gold. Every tile of the floors was made of silver, and the whole building was apparently faced with bricks of silver and gold.

Davud Shop

Located 3km of Sar Pol-e Zahab, it is a tower in the mountain. The face of a man is inscribed on a piece of rock who seems to be praying. It dates back to the Medean era.

دکان داوود

دکان داوود دخمه ای است در سینه کوه که در ۳ کیلومتری جنوب شرقی سرپل ذهاب واقع شده است. در این محل صورت مردی بر سنگ تراشیده شده که برگ خرمایی در دو دست دارد و گویی در حال نیایش است. این دخمه و حجاری آن را به دوره مادها نسبت می دهند.

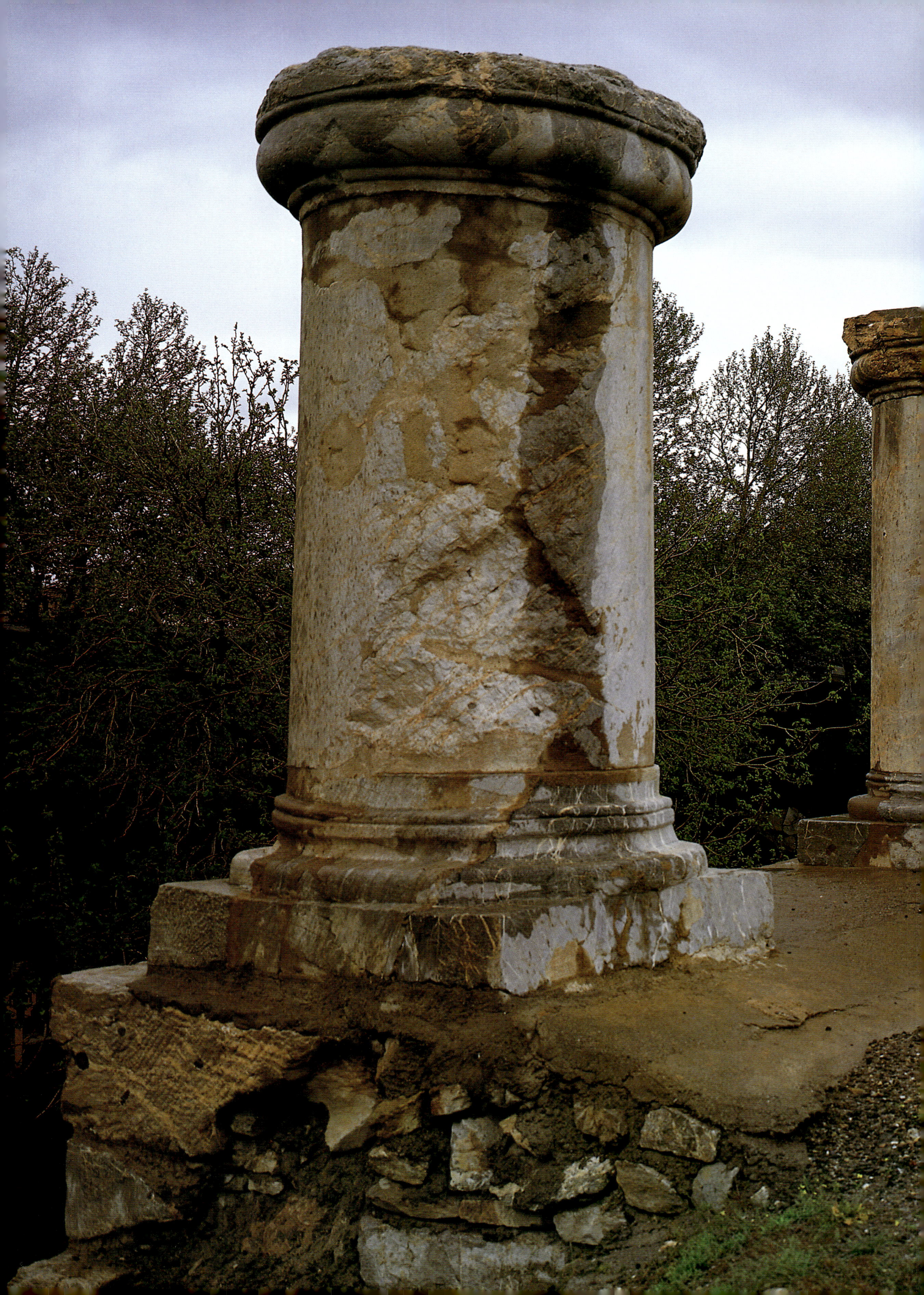

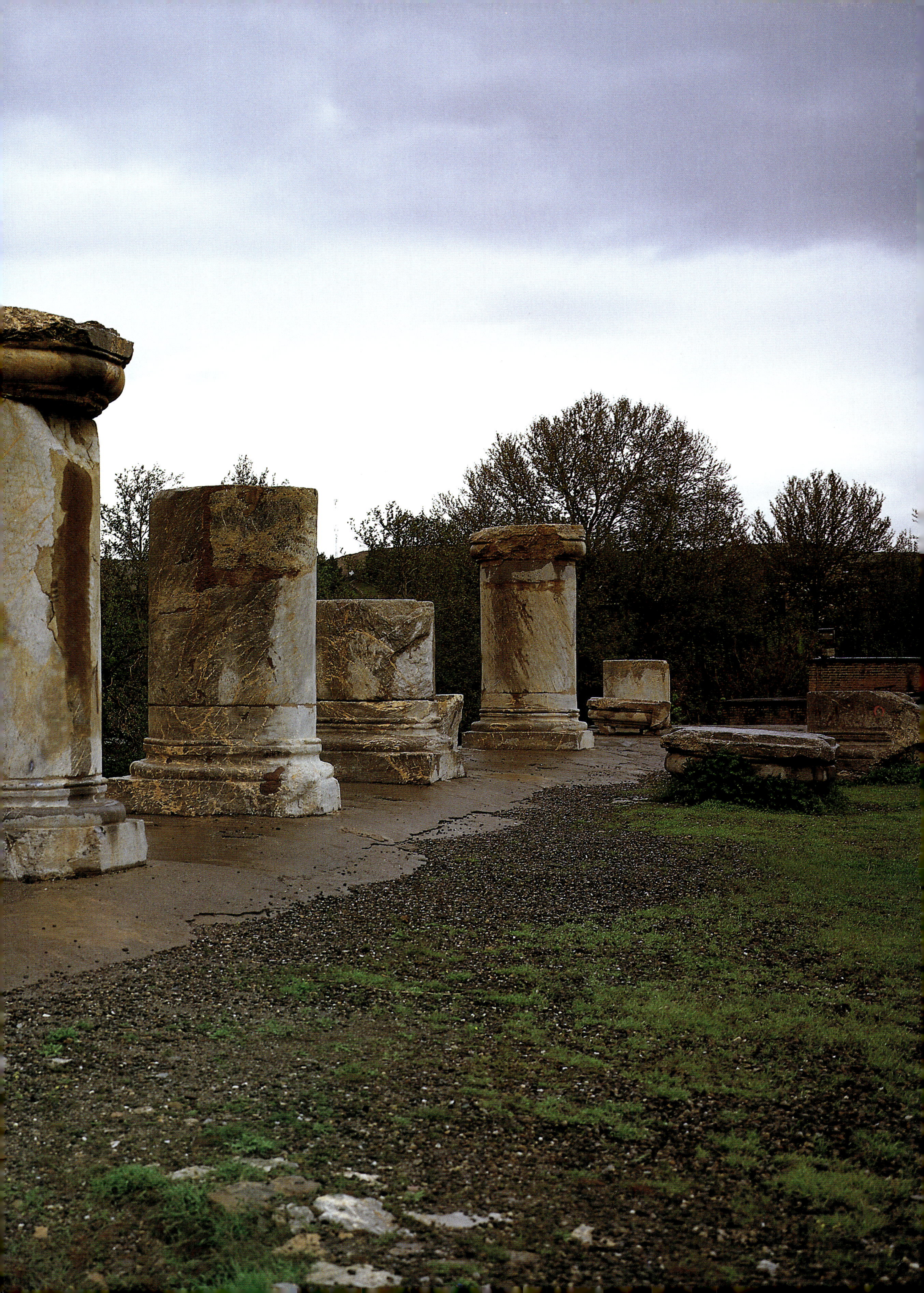

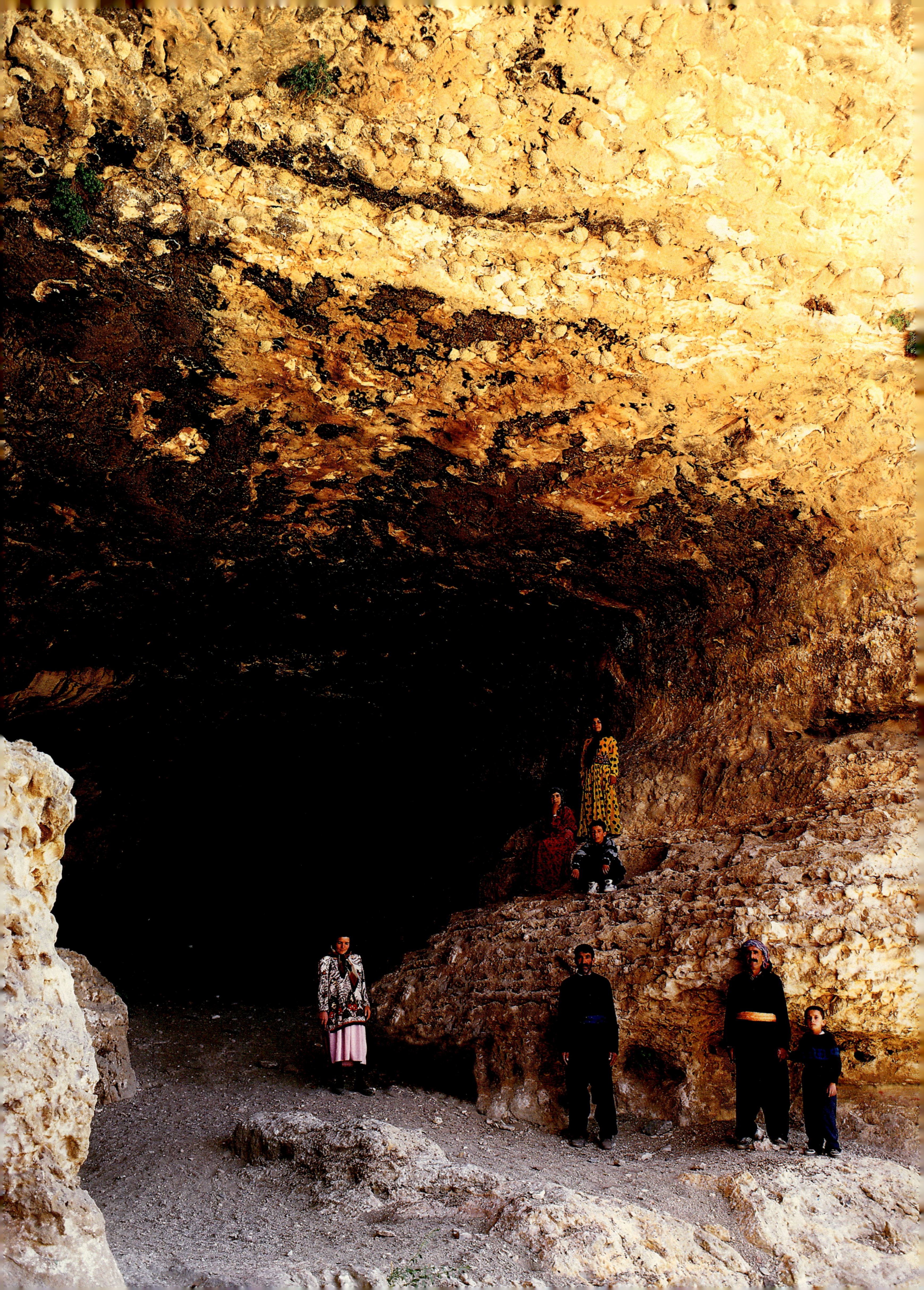

Kurdistan

کردستان

With an area of 29,150sqkm in northwestern Iran, the eight districts of the province are Sanandaj (the capital), Bijar, Marivan, Baneh, Kamyaran, Divan Darreh, Qorveh, and Saqqez.
The name Kurdistan ("Land of the Kurds") refers to an area that roughly includes the mountain systems of the Zagros and the eastern extension of the Taurus. Since very early times the area has been the home of the Kurds, a people whose ethnic origins are uncertain. For 600 years after the Arab conquest and their conversion to Islam, the Kurds played a recognizable and considerable part in the troubled history of western Asia, but as tribes, individuals, or turbulent groups rather than as a nation. Among the petty Kurdish dynasties that arose during this period the most important were the Shaddadids, ruling a predominantly Armenian population in the Ani and Ganja districts of Transcaucasia (951–1174); the Marwanids of Diyarbakir (990–1096); and the Hasanwaihids of Dinavar in the Kermanshah region (959–1015). Less is written of the Kurds under the Mongols and Turkmens, but they again became prominent in the wars between the Ottomans and the Safavids.

استان کردستان با وسعتی معادل ۲۸۲۰۳ کیلومترمربع، در دامنه‌ها و دشتهای پراکنده سلسله جبال زاگرس میانی‌قرار گرفته، و از شمال به آذربایجان‌غربی و زنجان، از شرق به همدان و زنجان، از جنوب به استان کرمانشاه و از غرب به‌کشور عراق محدود است.

استان کردستان منطقه‌ای کاملا کوهستانی است، تمام قلمرو استان در بهار و تابستان آب‌وهوای خنک و معتدل دارد و این‌شش ماه برای گردشگری مناسب است. پاییز و بخصوص زمستان کردستان سرد و اغلب یخ‌بندان است.

شهرهای عمده کردستان ؛بانه، بیجار، دیوان دره، سقز، سنندج، قزوه، کامیاران و مریوان است. این شهرها یادمان‌هاو دیدنی‌های جالبی دارد، از جمله می‌توان مسجد جامع و موزه سنندج، گنجینه زیویه و غار کرحَتو در سقز را نام برد.

کردستان یکی از کانون‌های مهم صنایع دستی ایران به شمار می‌آید که فرآورده‌های آن عبارتند از :گلیم، وسایل‌خراطی شده و چوبی، و لباس‌های سوزن‌دوزی و قلاب‌دوزی و پولک‌دوزی شده که خواستاران فراوان دارد.

Kurdistan

کردستان

Kurdistan
کردستان

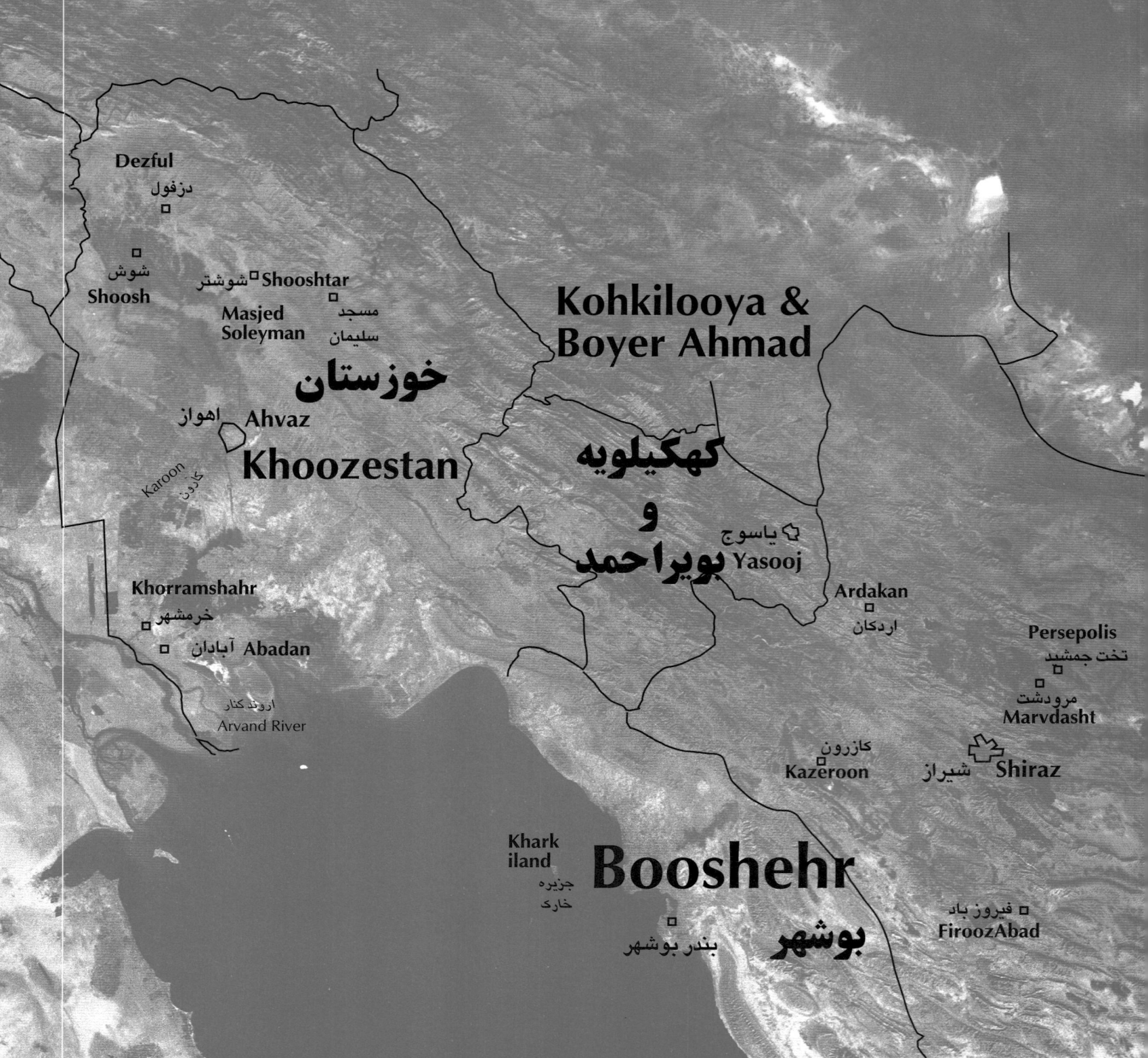

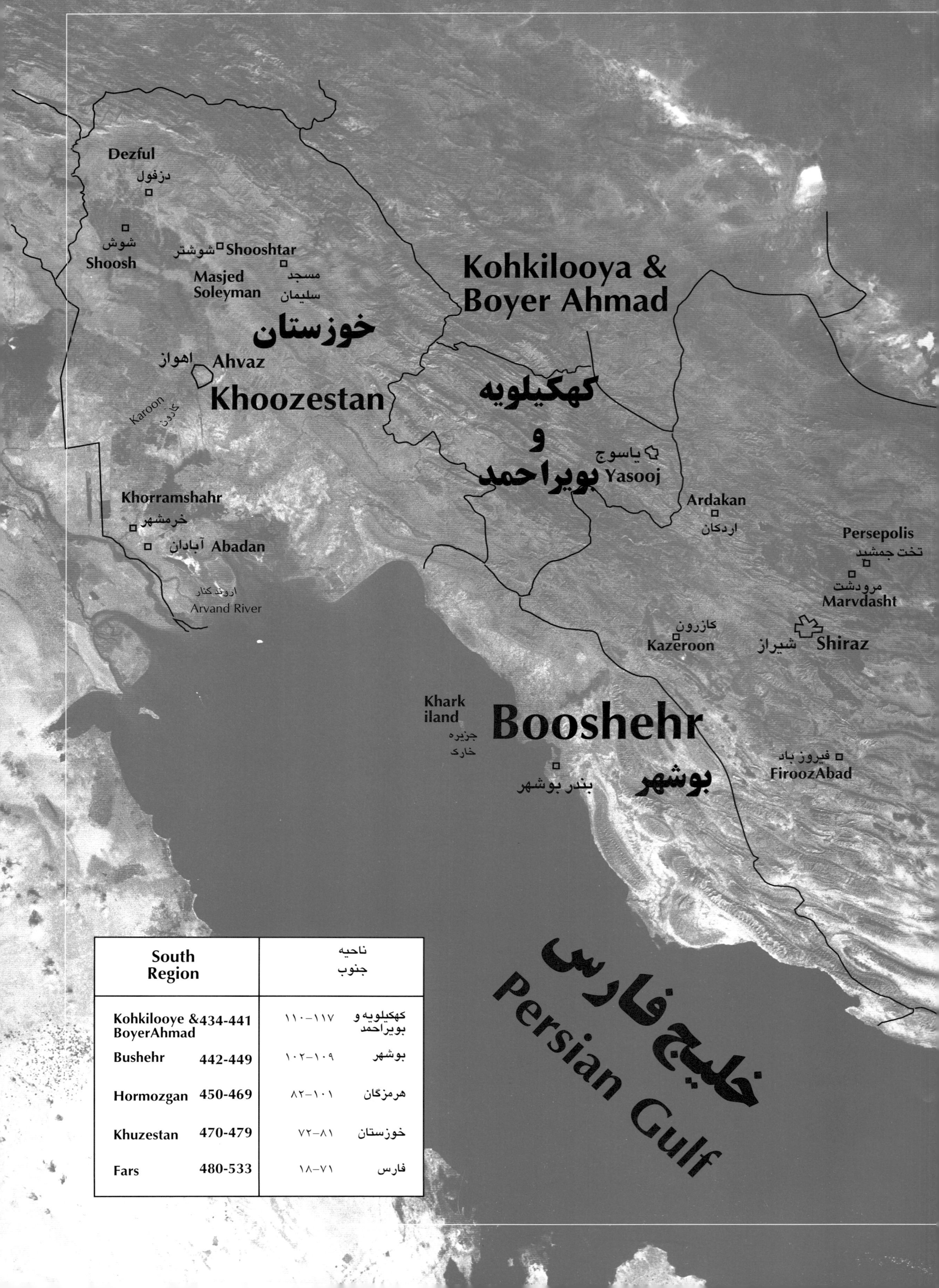

South Region		ناحیه جنوب	
Kohkilooye & BoyerAhmad	434-441	۱۱۰-۱۱۷	کهگیلویه و بویراحمد
Bushehr	442-449	۱۰۲-۱۰۹	بوشهر
Hormozgan	450-469	۸۲-۱۰۱	هرمزگان
Khuzestan	470-479	۷۲-۸۱	خوزستان
Fars	480-533	۱۸-۷۱	فارس

Dezful — دزفول
Shoosh — شوش
Shooshtar — شوشتر
Masjed Soleyman — مسجد سلیمان
Kohkilooya & Boyer Ahmad — کهگیلویه و بویراحمد
خوزستان
Ahvaz — اهواز
Khoozestan
Karoon — کارون
Yasooj — یاسوج
Ardakan — اردکان
Persepolis — تخت جمشید
Khorramshahr — خرمشهر
Marvdasht — مرودشت
Abadan — آبادان
Arvand River — اروندکنار
Kazeroon — کازرون
Shiraz — شیراز
Khark iland — جزیره خارک
Booshehr — بوشهر
بندر بوشهر
FiroozAbad — فیروزآباد
خلیج فارس / Persian Gulf

کیلومتر	۲۰۰	۱۵۰	۱۰۰	۵۰	۰	۵۰
Km	200	150	100	50	0	50

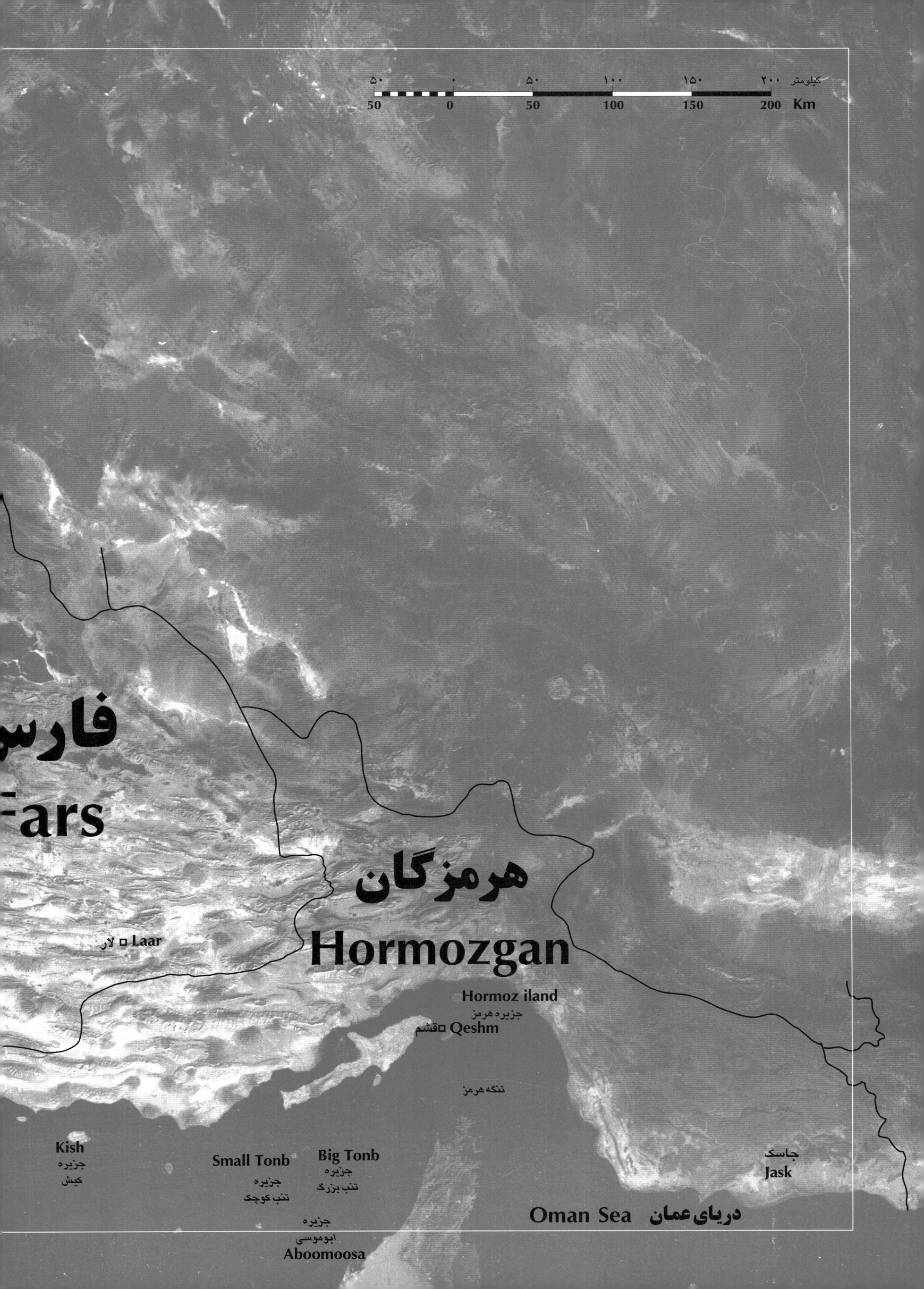

فارس
Fars

هرمزگان
Hormozgan

لار □ Laar

Hormoz iland
جزیره هرمز
□ قشم Qeshm

تنگه هرمز

Kish
جزیره کیش

Small Tonb
جزیره تنب کوچک

Big Tonb
جزیره تنب بزرگ

جزیره ابوموسی
Aboomoosa

جاسک
Jask

دریای عمان   Oman Sea

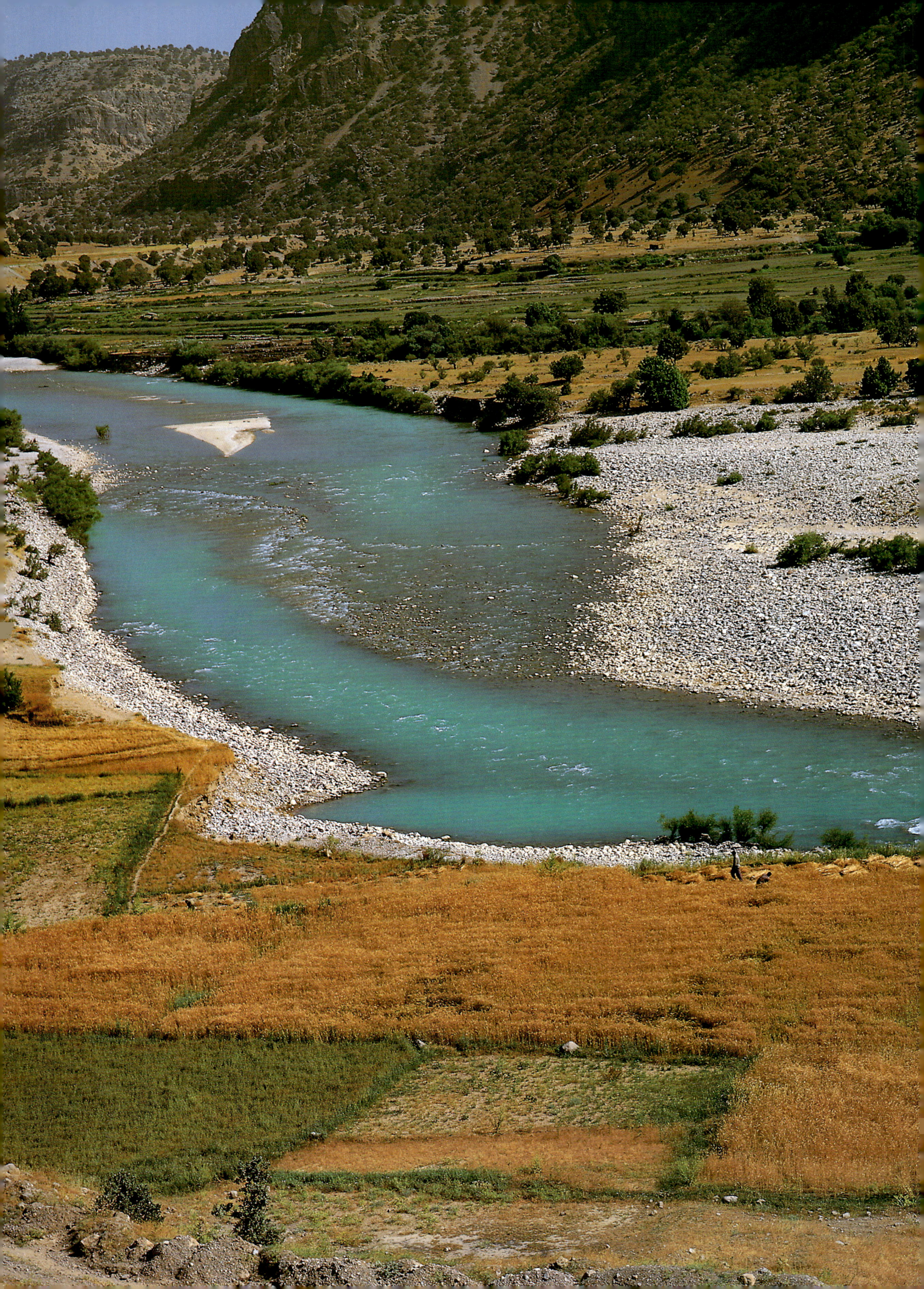

Kohkiloyeh and Boyer-Ahmad

With an area of 15,563sqkm, the province is located in southwestern Iran. It is bounded by Chahar Mahal Bakhtiari on the north, Fars on the south, Isfahan on the east, and Khuzestan on the west. The main counties are Yasuj (the capital), Dehdasht, and Dogonbadan and Basht.

Near the city of Dehdasht stands a 4-cornered stone tomb in a place called forest park. The site is believed to be the tomb of the Sassanid king Shahpur. There are a number of fire temples including Chahar-Taqi Farzuk and Sorkhdan. Among other historical sites are the castles Jaygah, Seresht and Qalea Dokhtar. Luri is the dominant dialect in the province. Turkish dialect is sporadically spoken in some villages. A predominantly mountainous region, there are varying climates in the region. There is a lot of snow during the cold months. The region is unsurpassed in natural beauty. Perhaps the best tourist magnet is the Margun Waterfall.

The chief handicrafts include rugs, kilims, carpets, jajim, gabbeh, khurjin, and namad.

کهکیلویه و بویراحمد

این استان با ۱۶۲۶۲ کیلومترمربع وسعت، در جنوب غربی ایران واقع شده و از شمال با استان چهارمحال و بختیاری، از جنوب با استان فارس و بوشهر، از شرق با استان اصفهان و فارس و از غرب با استان خوزستان همسایه است.

قله دنا با ارتفاع ۴۴۰۹ متر بلندترین منطقه استان است و پست ترین ناحیه آن ۵۰۰ متر از سطح دریا ارتفاع دارد.

شهرستان های این استان عبارتند از: بویراحمد، کهکیلویه و گچساران و شهرهای مهم استان: یاسوج، سی سخت، کهکیلویه، دهدشت، دوگنبدان و باشت.

استان کهکیلویه و بویراحمد از نظر جغرافیایی به دو ناحیه وسیع سردسیری (بویراحمد) و گرمسیری (کهکیلویه) تقسیم می شود.

استان کهکیلویه و بویراحمد زیستگاه عشایر بویراحمد و ممسنی است. این استان طبیعتی زیبا و جذاب دارد.

چارتاقی ساسانی و آبشار مارگون معروف ترین جاذبه های تاریخی و طبیعی آن است.

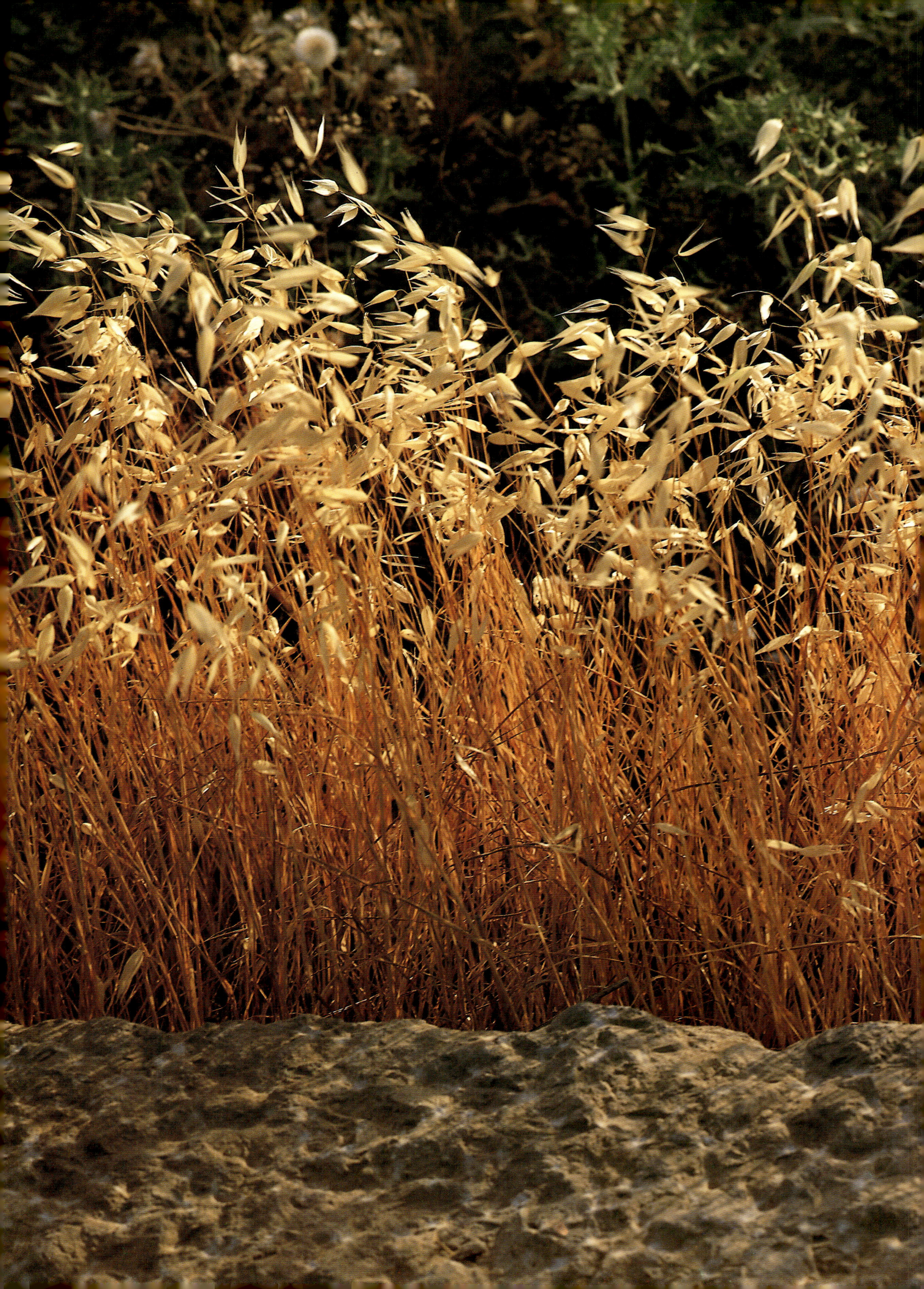

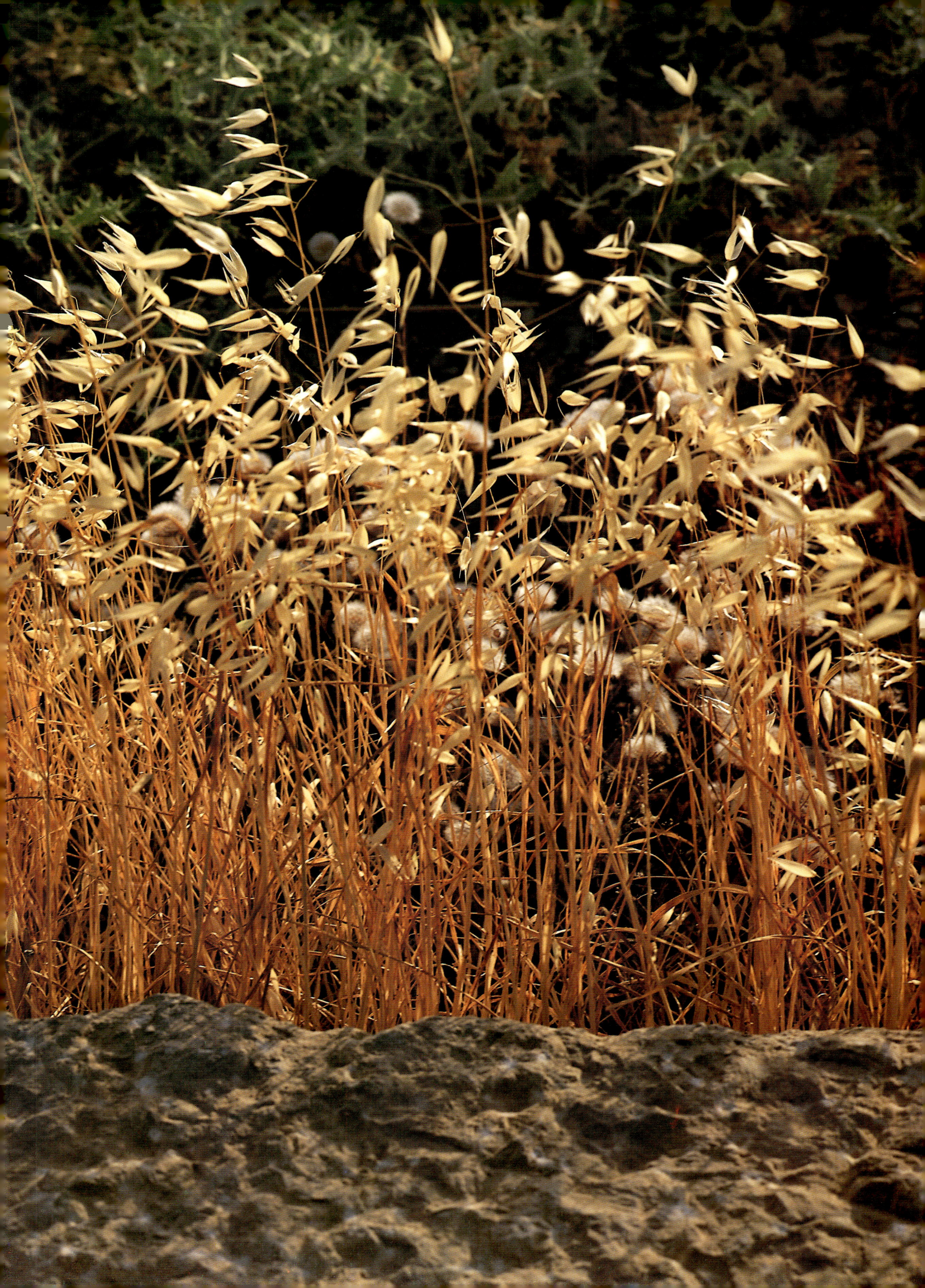

منطقه حفاظت شده دنا

منطقه حفاظت شده دنا از نظر تنوع گونه های گیاهی بسیار غنی است و با توجه به مجموعه درختان و گیاهان جنگلی، مرتعی، داروی خوراکی و تزئینی سرمایه ژنتیکی با ارزشی به حساب می آید. در ارتفاع ۲۵۰۰ متری، جنگلهای بلوط دامنه های جنوبی دنا را پوشانده است.

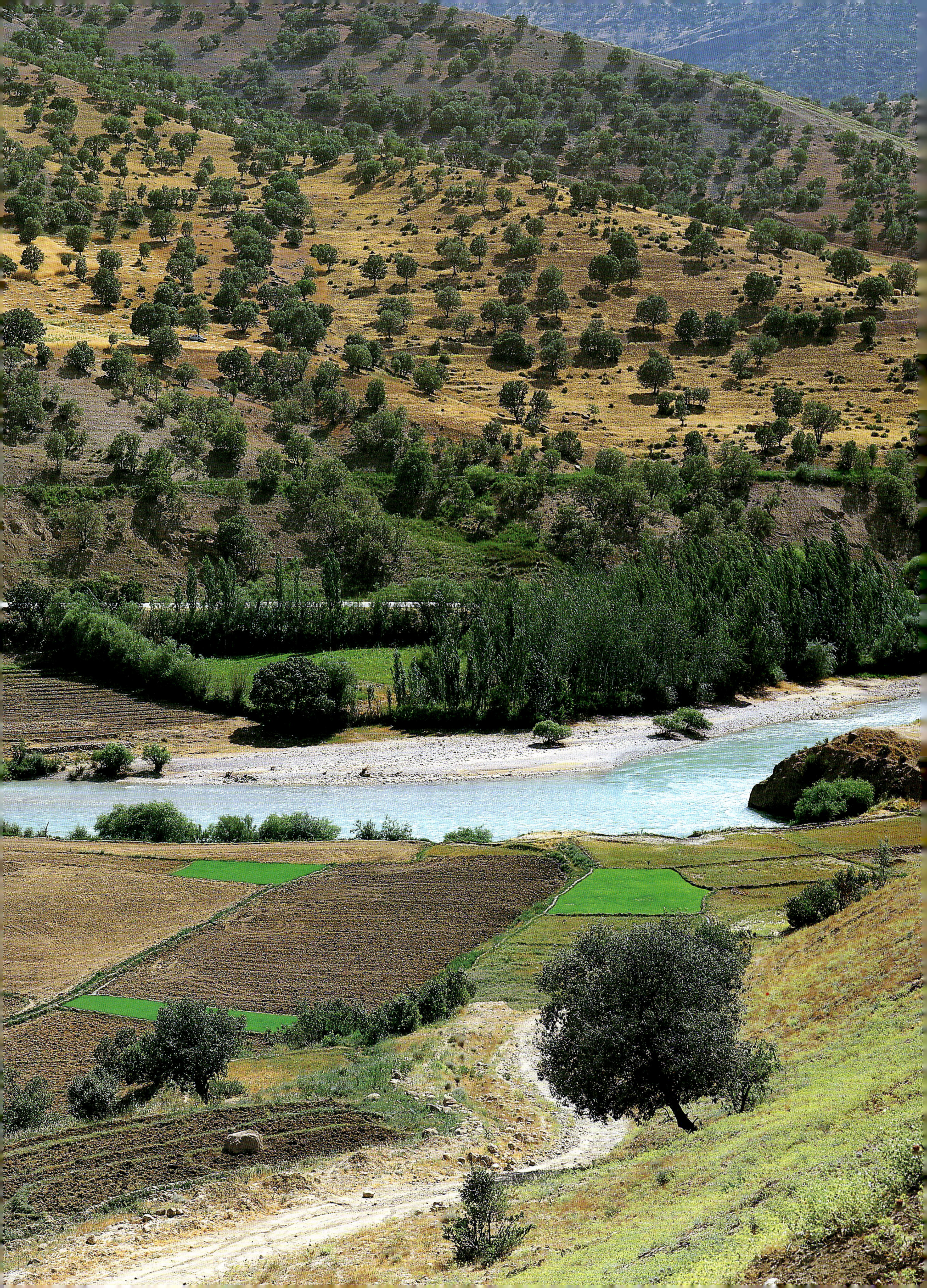

رودخانه یاسوج

این رودخانه از ارتفاعات دنا سرچشمه می گیرد و از تنگه آبشار واقع در شمال یاسوج وارد یاسوج می شود.
مقداری از آب این رودخانه به مصرف شرب آب شهر می رسد و بقیه آن، ضمن آبیاری اراضی پیرامون یاسوج به رودخانه بشار می پیوندد.

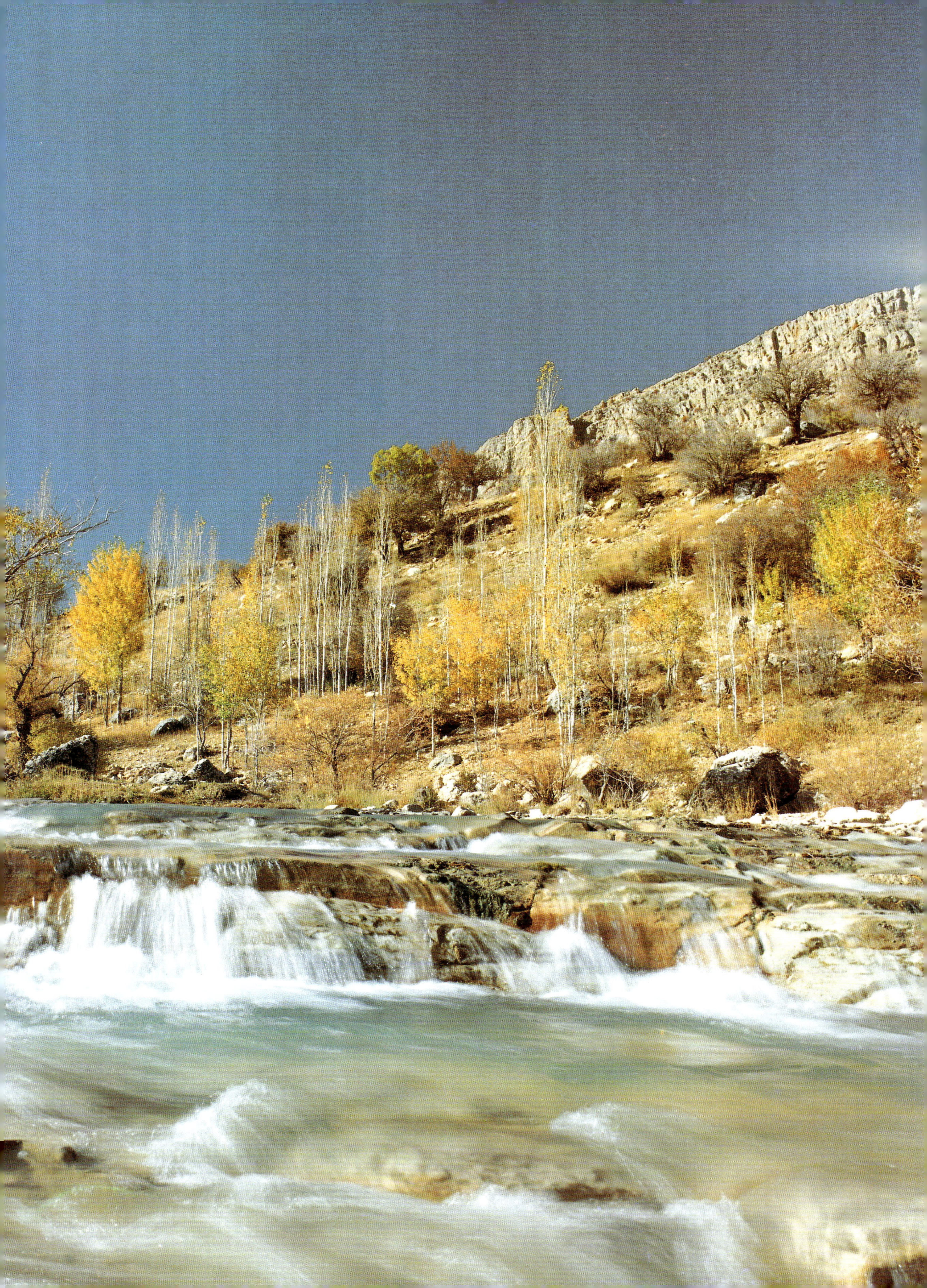

Bushehr

With an area of 27,653sqkm area in southern Iran, the province is bounded on the north by Khuzestan, on the south by the Persian Gulf and Hormozgan, on the east by Fars Province and on the west by the Persian Gulf. It is of paramount strategic and economic importance. The major counties are Bushehr, Dashtistan, Dashti, Deylam, Kangan, Gonaveh and Tangistan. Inland the region is part of the Zagros Mountains and consists of fingers of upland within a plateau. The Shapur River drains the region and serves as an inland waterway from the coast of the Persian Gulf at Bushehr, which is the main city of the region. Rainfall over the region is low and sporadic.
Historical Monuments in Bushehr include Qaleye Holandiha (the Dutch Castle), Ma'bad Poseidon (The Sea God Temple), the ancient cemetery, Ardashir mansion, Malek Building, the tomb of Ibrahim Isfahani, the Old Church (located in the Khark Island), the tomb of English General, the house of Ra'is Ali Delvari (located 45 kilometers from Bushehr), the old city of Ray Shahr and the Kazerunis' mansion.

بوشهر

استان بوشهر با مساحتی حدود ۲۷۶۵۳ کیلومتر، در جنوب ایران قرار گرفته، و از شمال به استان خوزستان وقسمتی از کهکیلویه و بویراحمد، از جنوب به خلیج‌فارس و قسمتی از استان هرمزگان، از شرق به استان فارس و ازغرب به خلیج‌فارس محدود است. استان بوشهر بیش از ۶۰۰ کیلومتر مرز دریایی دارد و از اهمیت سوق‌الجیشی واقتصادی قابل توجهی برخوردار است.

شهرستان‌های استان بوشهر :بوشهر، تنگستان، دشستان، دشتی، دیر، دیلم، کنگان و گناوه.

به‌طورکلی آب‌وهوای بوشهر در نوار ساحلی، گرم و مرطوب و در قسمت‌های داخلی، گرم و خشک صحرایی است.در استان بوشهر دو فصل محسوس وجوددارد :زمستان نسبتاً خشک (آذر تا اسفند) و تابستان گرم و خشک و طولانی. پاییز و بهار این استان زودگذر است.

استان بوشهر آثار تاریخی و باستانی جالب توجهی دارد، که مشهورترین آن‌ها «گوردختر» از آثار دوره هخامنشیان است.

از جزایر وابسته به استان بوشهر، دو جزیره خارک و خارکو دارای تأسیسات عظیم نفتی‌اند، بقیه جزایر، خالی از سکنه‌اند.

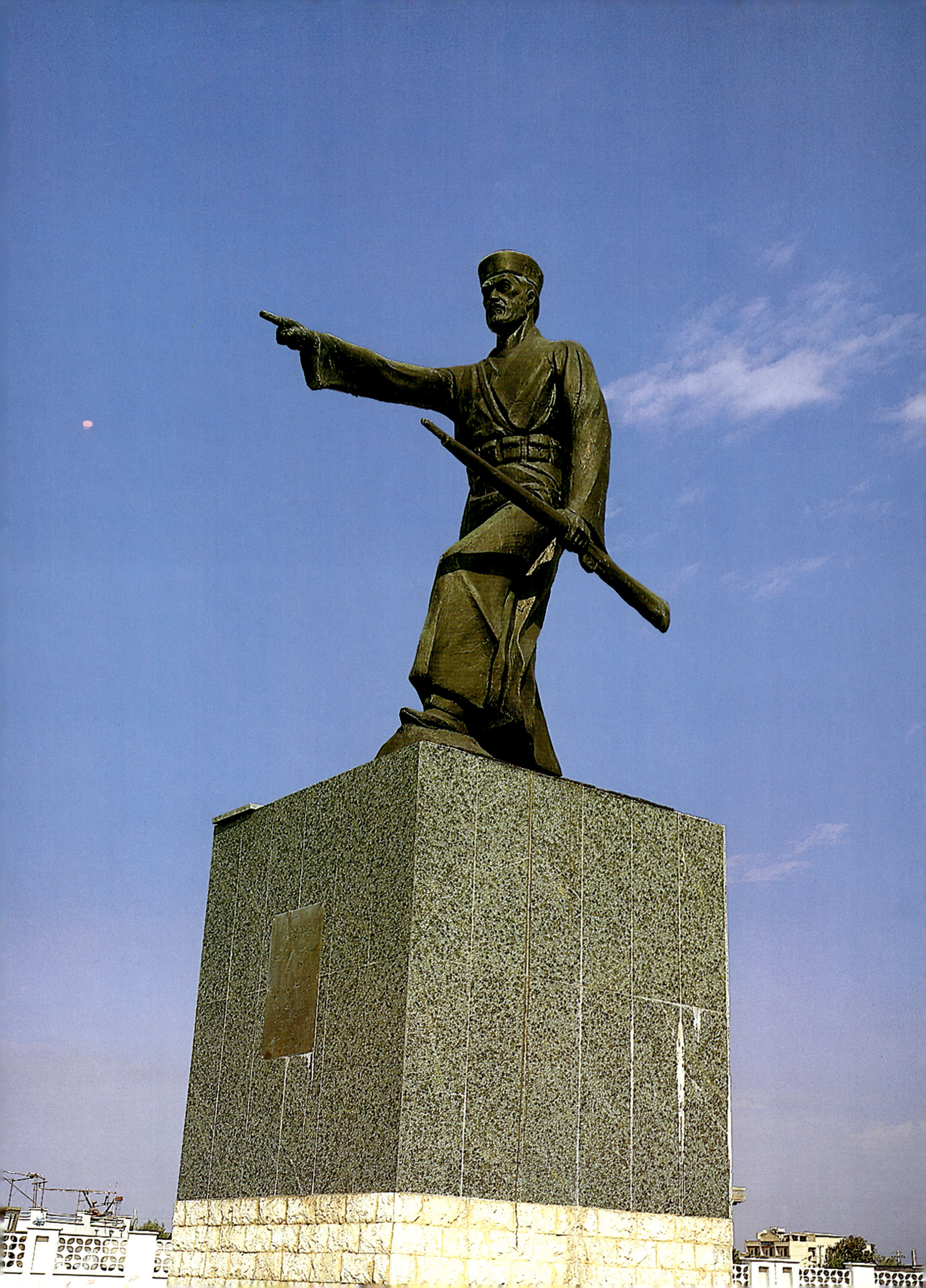

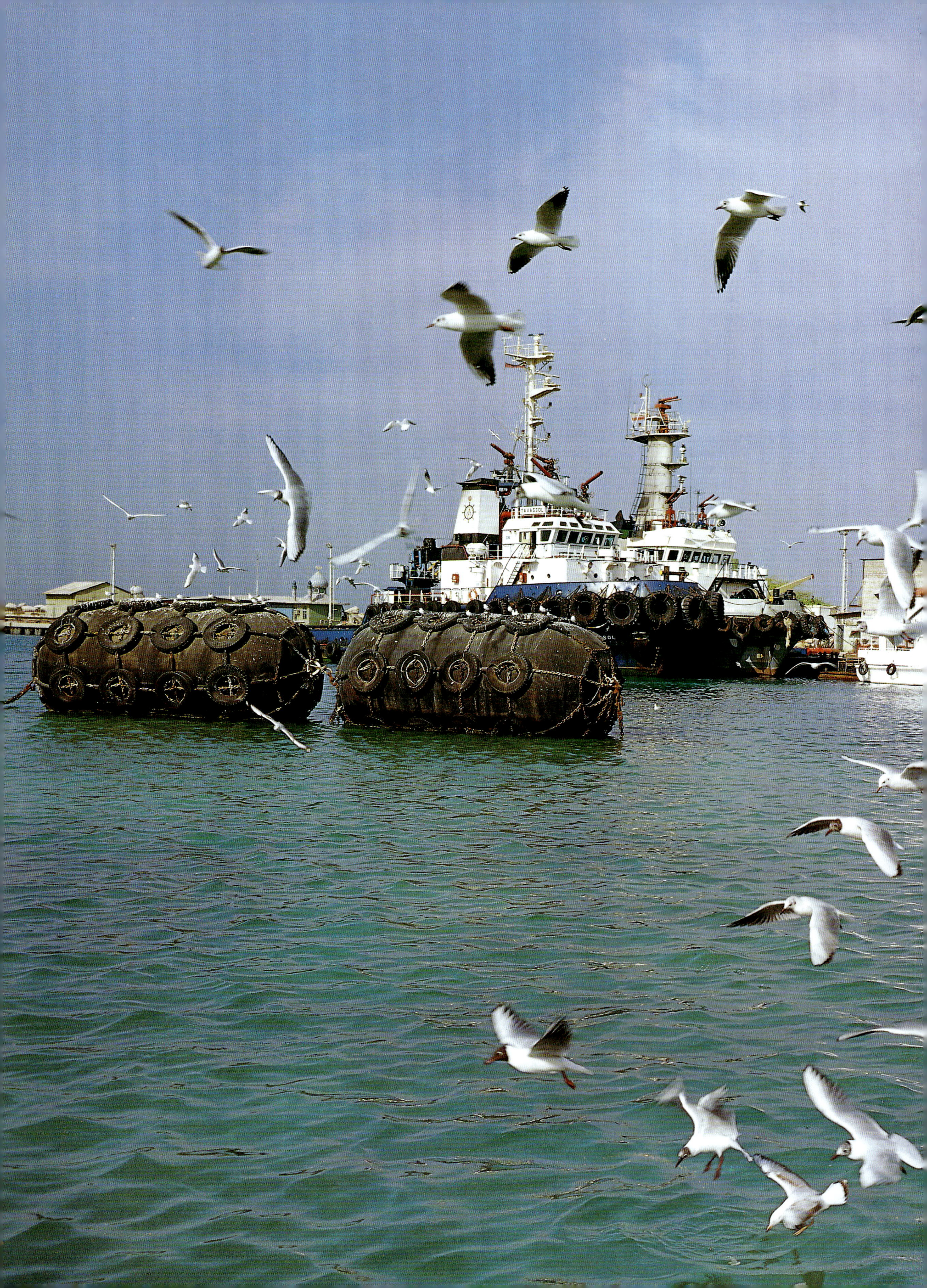

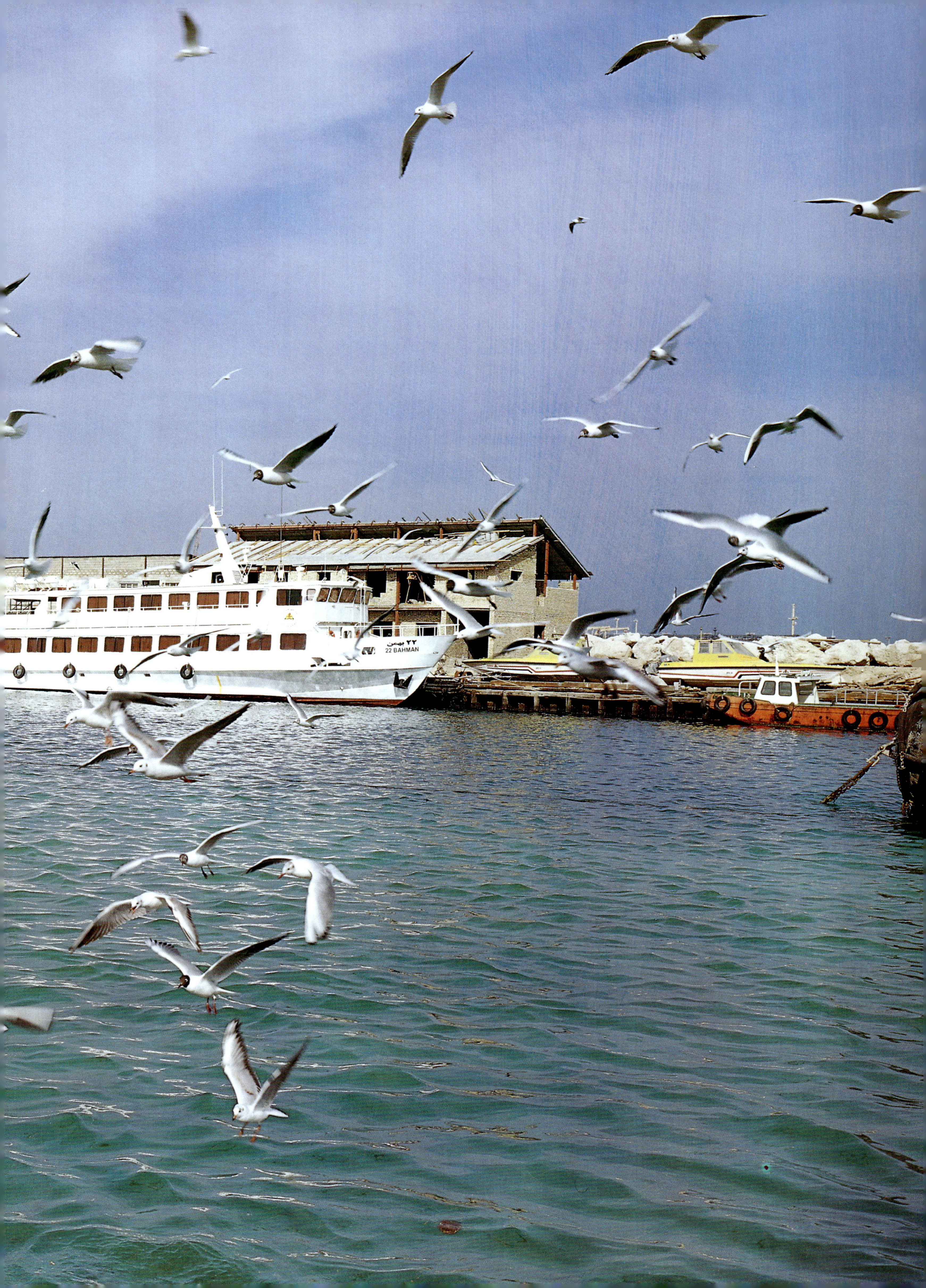
۲۲ بهمن
22 BAHMAN

Imamzadeh Mirmohammad

Located in Khark Island, it dates back to the beginning of Islam. The mausoleum has a pyramidal dome and a small gild one.

بقعه امامزاده میرمحمد

این بقعه در جزیره خارک واقع شده و از یادگارهای صدر اسلام است. این بقعه یک گنبد هرمی شکل مضرس و یک گنبد کوچک مدور دارد.

گور دختر

بنای گور دختر بسیار شبیه به مقبره کورش کبیر در پاسارگاد است و قدمت آن به سده ششم قبل از میلاد میرسد.

Gur Dokhtar

The monument bears much semblance to the tomb of Cyrus the Great in Pasargadae and dates to six hundred years BC.

خانه رئیس علی دلواری

خانه رئیس علی دلواری در ۴۵ کیلومتری بوشهر در دلوار قرار دارد که پس از تعمیر و نوسازی به یک مجموعه فرهنگی تبدیل شده است.

Ra'is Ali Delvari's House

Situated 45km of Bushehr in Delvar, it was turned into a cultural complex after much renovation.

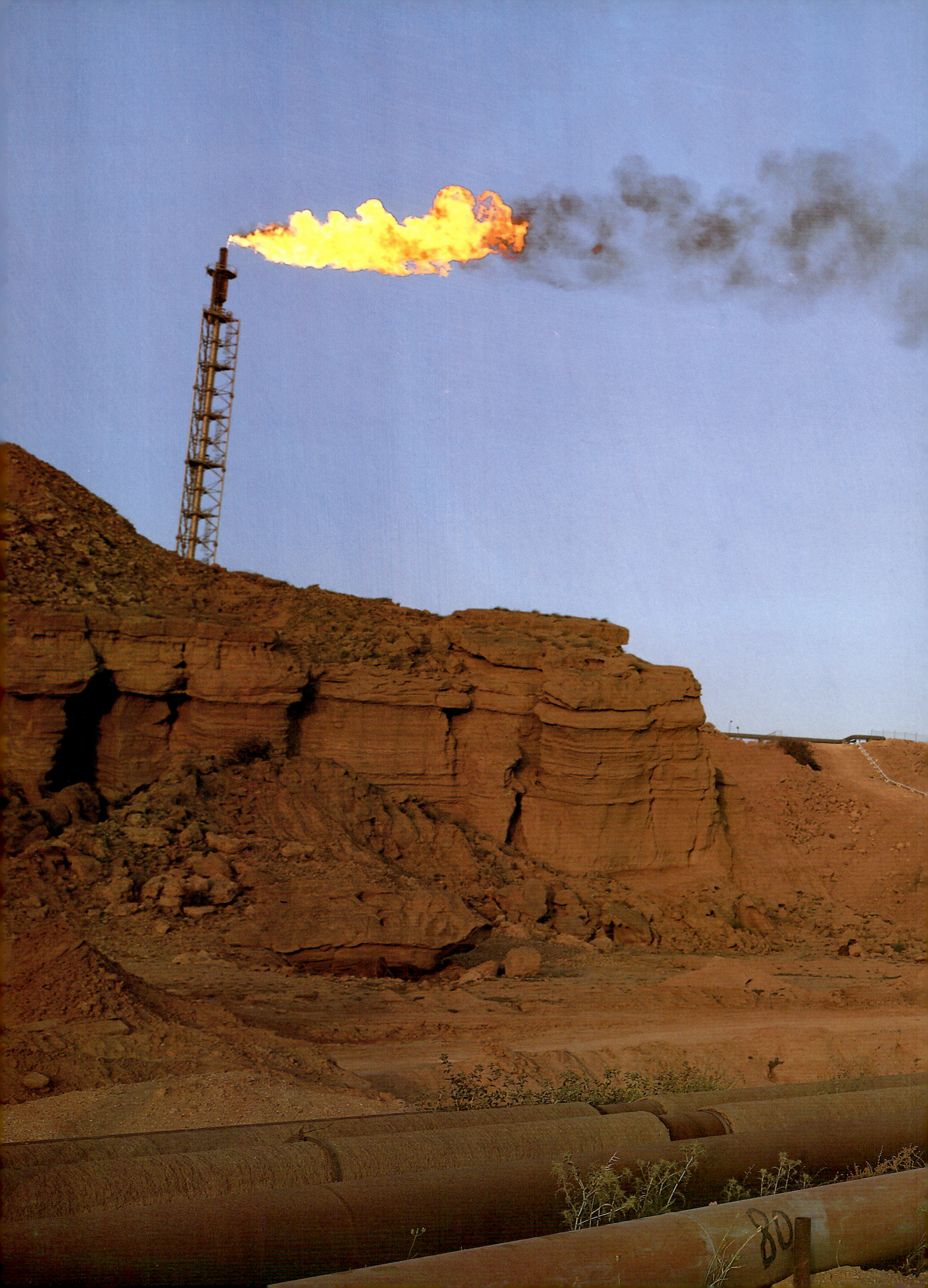
80

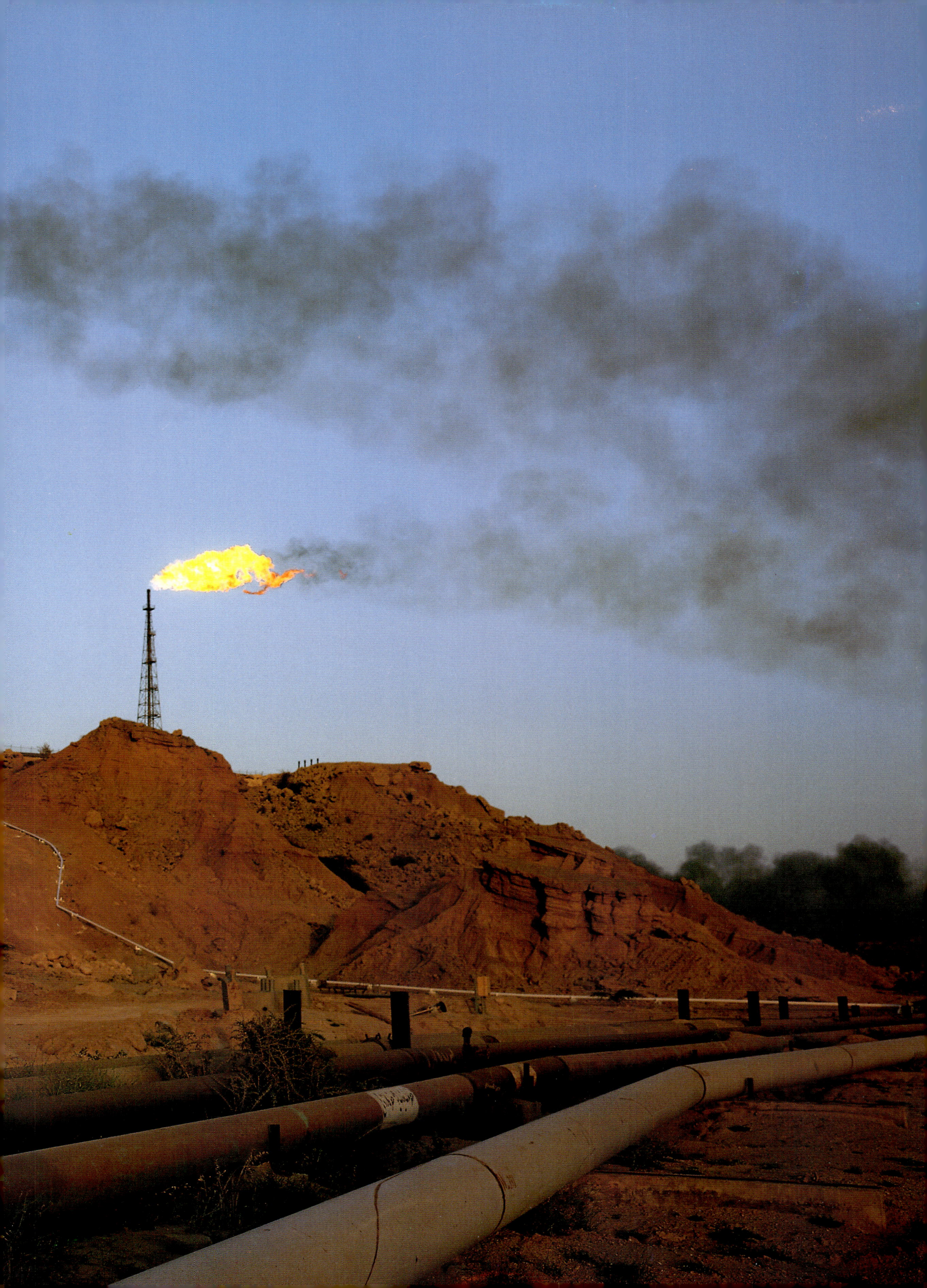

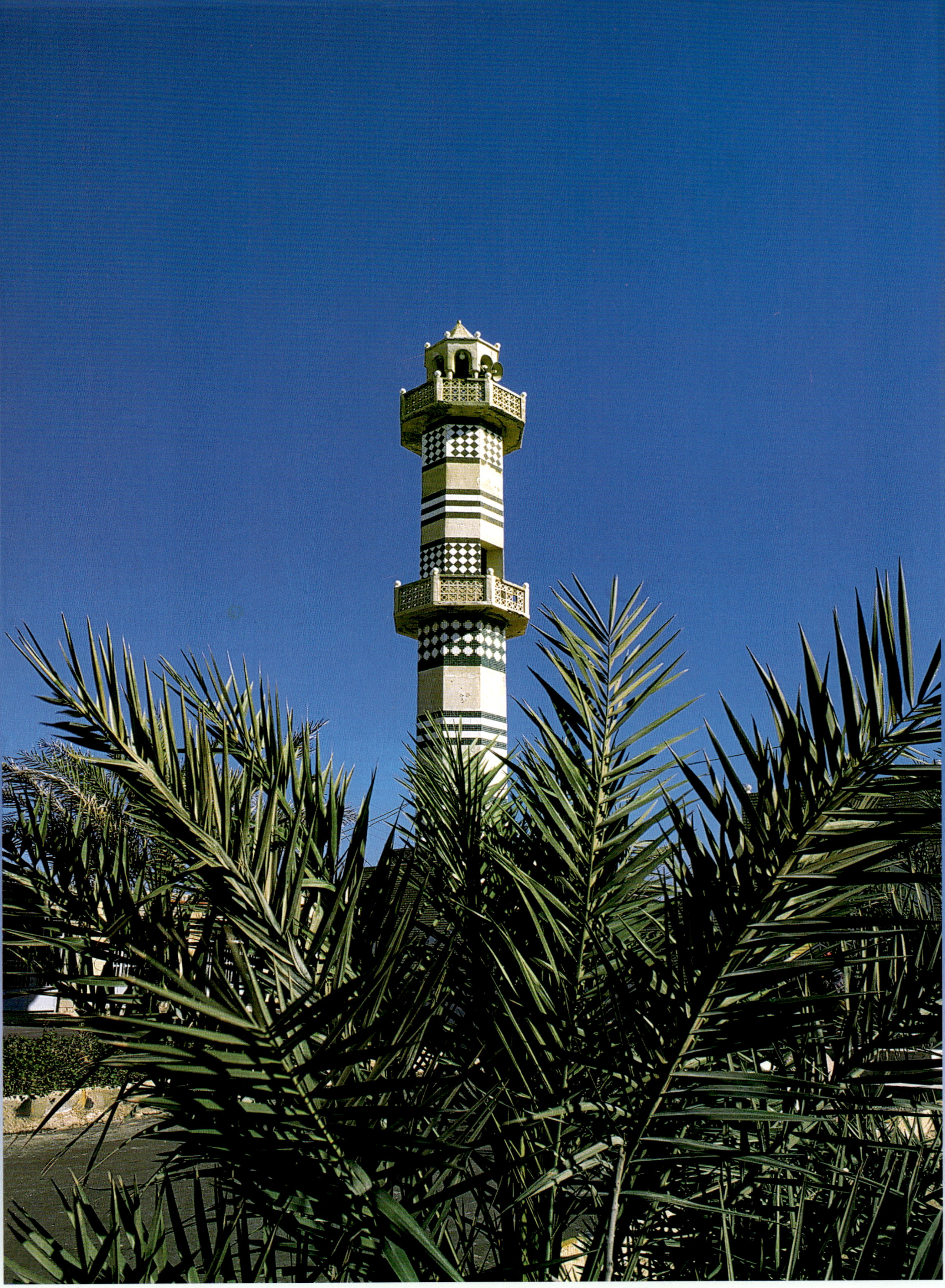

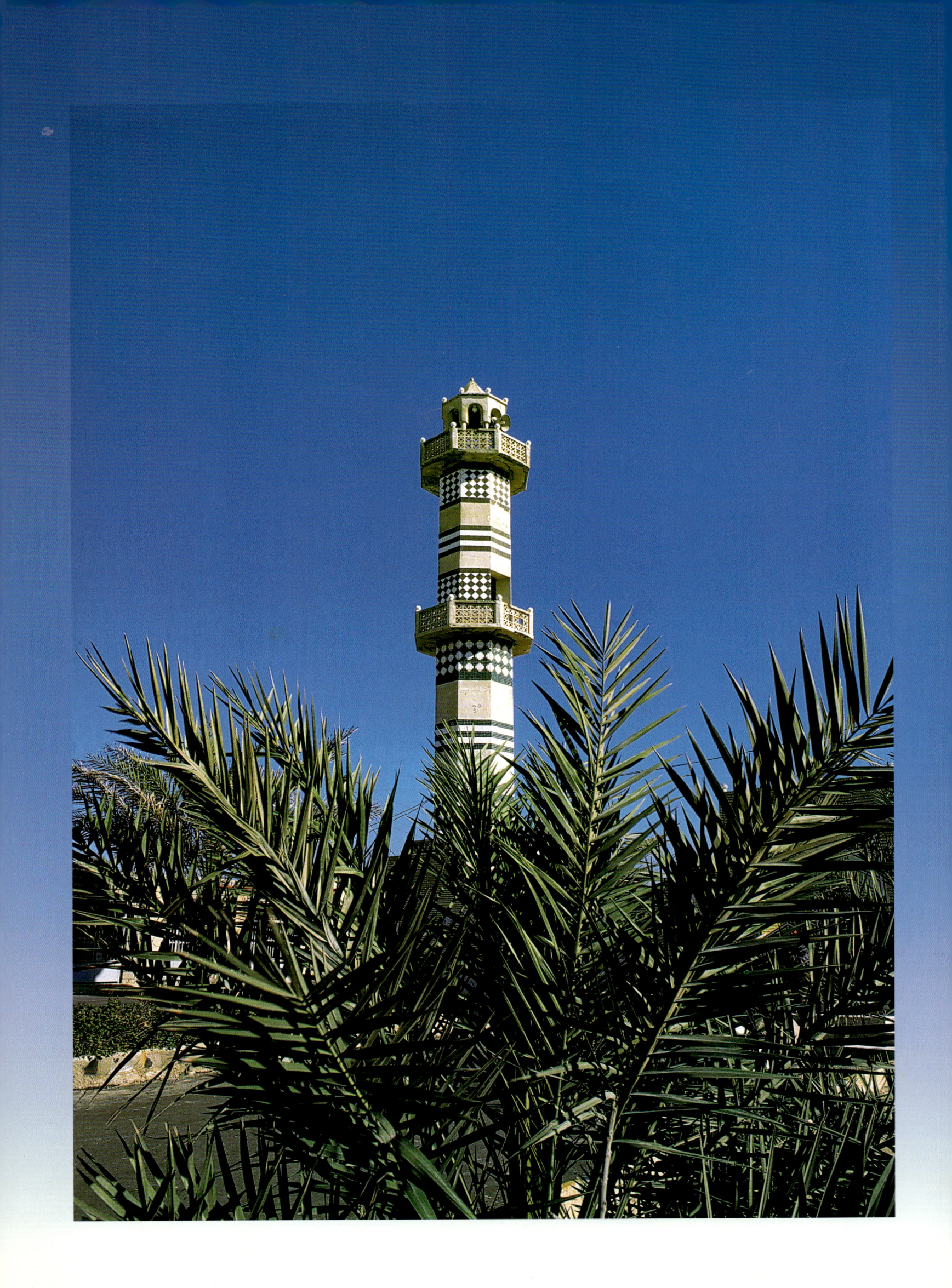

Hormozgan

هرمزگان

With an area of over 68,400sqkm, it is located in southern Iran. There are eight districts in the province: Bandar Abbas, Bandar Lengeh, Minab, Rudan, Qeshm, Jask, Haji-Abad, and Abu Musa. It borders the Persian Gulf and the Gulf of Oman on the south and is bounded by the provinces of Bushehr and Fars on the west and northwest, Kerman on the east and northeast, and Sistan-Baluchestan on the southeast. The province was named after Hormuz, an 8th-century principality on the Rudkhaneh-ye (stream) Minab, later abandoned for a new site, subsequently named Hormuz, on the island of Jarun. Bandar Abbas, the capital of the province, was founded by Abbas I the Great in 1622 and was conceded with the adjoining territory to the forming part of the wider physiographic region of Tangistan, the Zagros highlands in Hormozgan rise from the Persian Gulf with no intervening coastal plain. Ridges front much of the coast and have produced a coastline with few indentations. Farther east, near Bandar Abbas, are numerous salt domes; some reach altitudes of 4,000 ft (1,200 m).

استان هرمزگان با وسعت ۶۸/۴۷۵/۸کیلومترمربع، در جنوب ایران واقع شده‌است. این استان از شمال و شمال‌شرقی با استان کرمان، از جنوب با خلیج‌فارس و دریای عمان و از جنوب شرقی با استان سیستان و بلوچستان و ازغرب با استان‌های فارس و بوشهر همسایه است.

شهرستان‌های هرمزگان عبارتند از: بندرعباس، بندر لنگه، میناب، رودان، قشم، جاسک، حاجی‌آباد و ابوموسی.

تنگه هرمز یکی از حساس ترین و حیاتی ترین گذرگاههای آبی عصر حاضر در قلمرو این استان قرار دارد،

بخش عمده این استان را مناطق کوهستانی در بر گرفته اند،

با توجه به مشخصات اقلیمی و استقرار استان هرمزگان در منطقه فوق حاره ای، گرمی هوا مهم ترین پدیده مشهود اقلیمی آن است.

تاریخ مکتوب بندر هرمز از زمان اردشیر بابکان آغاز می شود. این بندر دستخوش فراز و نشیبهای فراوانی بوده تا اینکه شاه عباس صفوی حاکمیت پرتغالی ها را که زمانی بود بر این منطقه دست انداخته بودند پایان داد.

هرمزگان ۱۰۰

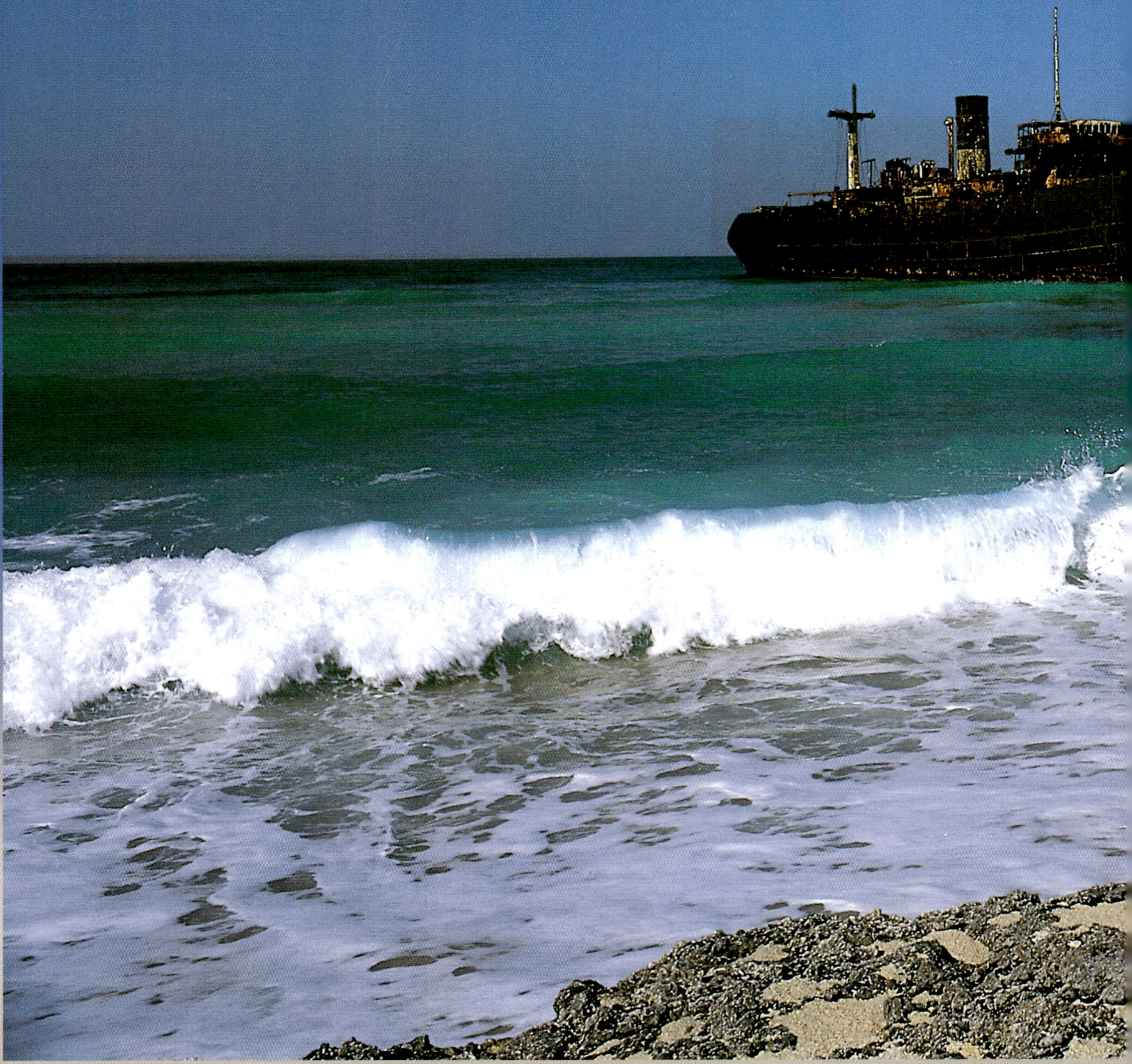

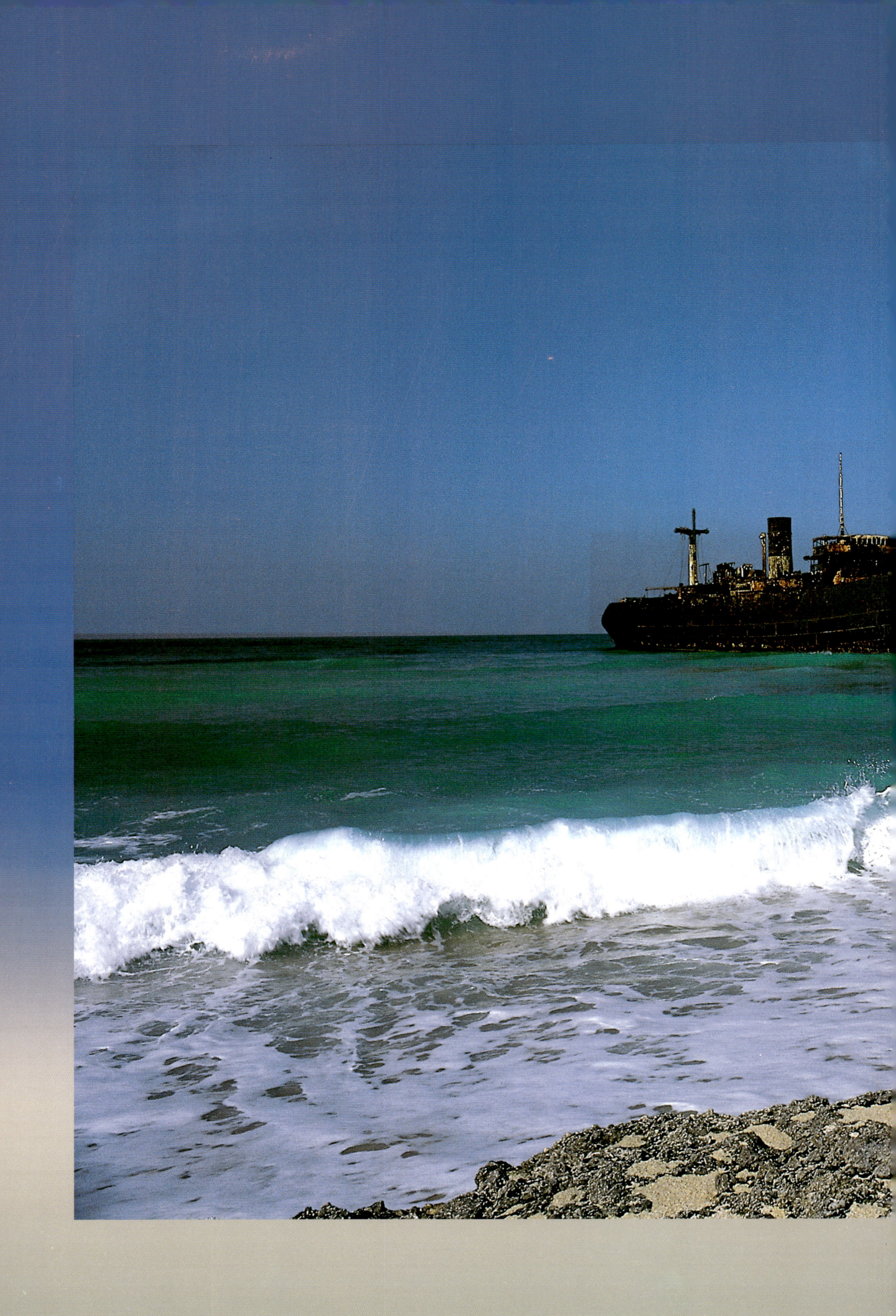

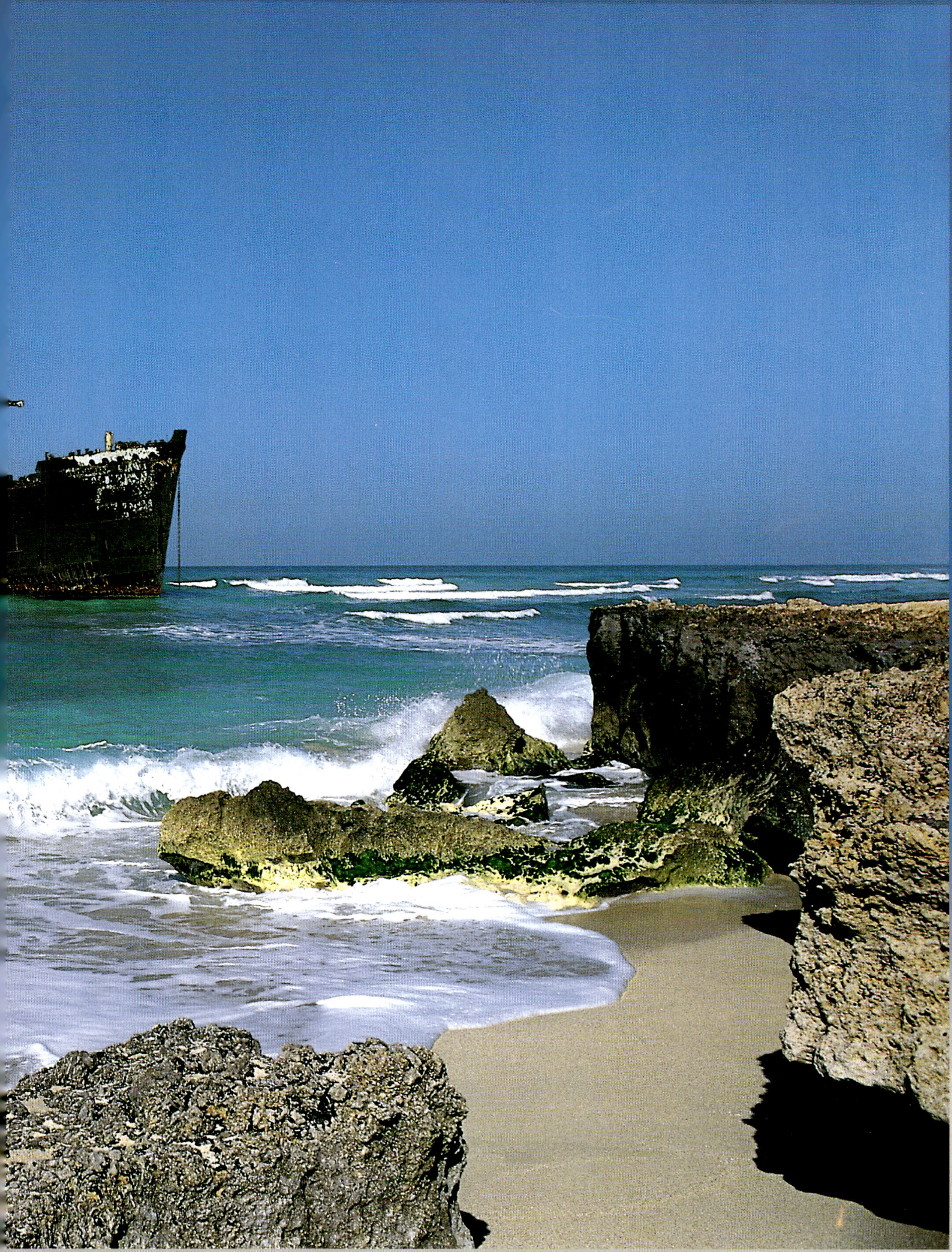

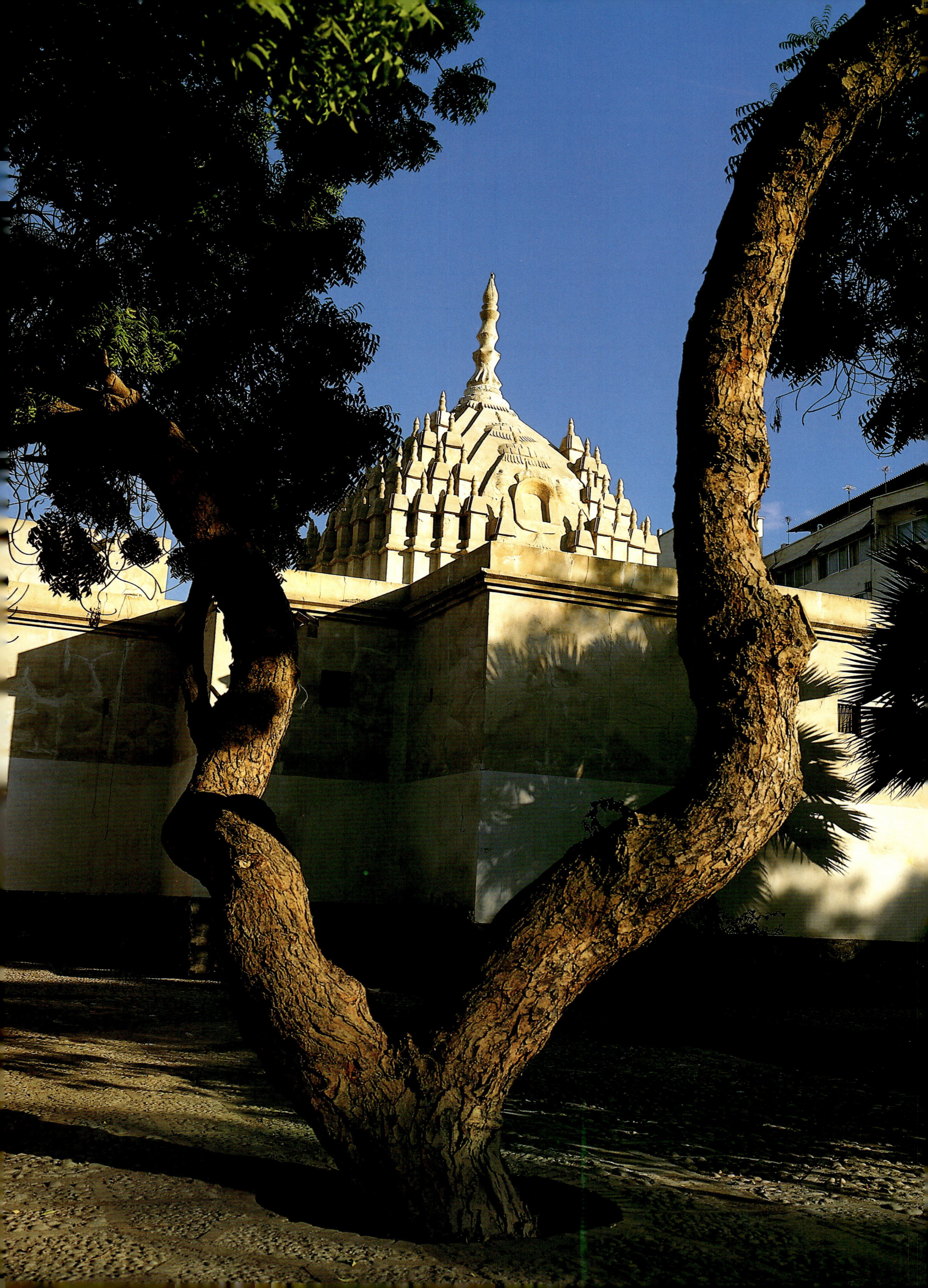

Bandar Abbas – Hindu Temple

Constructed in 1892, the temple consists of a quadrangular room on which there is dome. The construction of the temple is completely influenced by Indian temples.

معبد هندوها، بندرعباس

این معبد در سال ۱۳۱۰ هجری قمری ساخته شده، اساس ساختمان این معبد عبارت است از یک اتاق چهارگوش میانی که روی آن گنبدی قرار گرفته است سبک معماری این گنبد را مقرنس‌های پیرامونی آن، از دیگر گنبدهای سراسر ایران ممتاز ساخته است. طرح این بنا کاملا از معماری معابد هندی متاثر است.

Badgir - Kish | کیش ـ بادگیر

Fekri Mansion

A major Qajar monument, it is located in Bandar Lengeh. The mansion has two yards with rooms surrounding them and six win towers.

عمارت فکری

این عمارت که یکی از مهم ترین بناهای دوره قاجار است در بندر لنگه قرار دارد. عمارت فکری دو حیاط با اتاق هایی در اطراف آن و پنج بادگیر دارد.

Kish | کیش

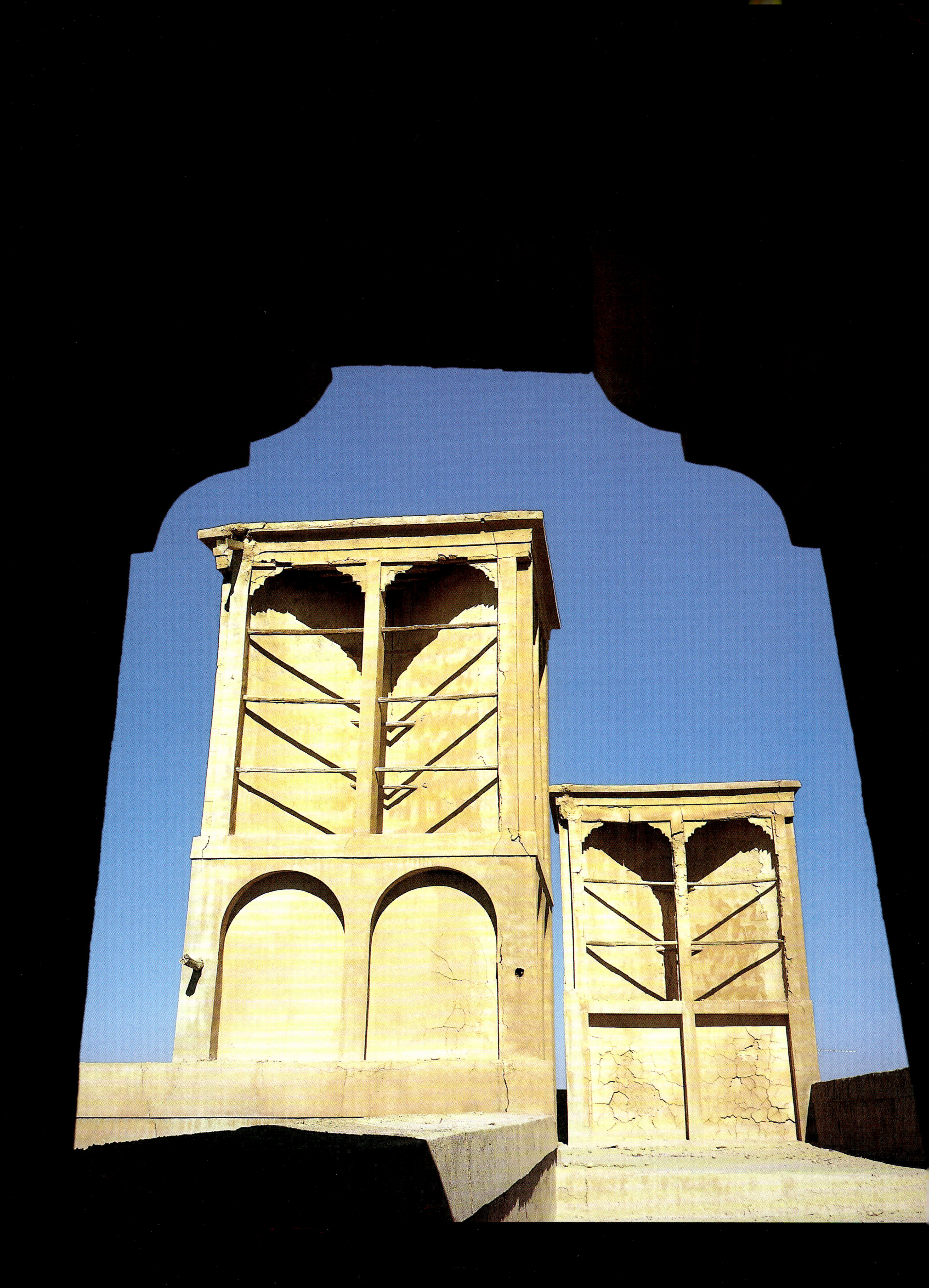

Bandar Abbas

Kish

Bandar Abbas

A Short History of Bandar Abbas

Formerly called Jordan Port, it was a small village in 1555 AD. In 1514 AD, the Portuguese captured the city and called it Gambarallo. In 1622 AD, Shah Abbas ousted the Portuguese from this port with the help of Britain and the port came to be known as Bandar Abbas. The English and the Dutch constructed several beautiful buildings for commercial purposes. In 1741 AD, the Dutch constructed a new city in the midst of Bandar Abbas with the permission of the Iranian Government In the first half of the 17th century, the East Indian Company was established in this city. In 1759, however, the company

تاریخچه بندرعباس

بندرعباس در سال ۹۲۴هجری‌قمری دهکده کوچکی بود که «بندر حَرون» خوانده می‌شد. در سال ۱۵۱۴پرتغالی‌ها برای‌مقاصد تجاری این بندر را تصرف کردند و آن را «گامبارالو» نامیدند که در تداول عامه به «گمبرون» تبدیل شد. در سال ۱۶۲۲شاه عباس به کمک انگلیسی‌ها، دست پرتغالی‌ها را از آن بندر کوتاه کرد. و به مناسبت این پیروزی، آن را «بندرعباس» نامیدند. در نیمه نخست قرن هفدهم، مرکز کمپانی هند شرقی در بندرعباس مستقر شد و این بندر تجاری‌رونقی گرفت.

در سال ۱۷۵۹به علت متشنج شدن اوضاع و بمباران تأسیسات تجاری انگلیس، کمپانی شرقی مرکز تجاری خود را به‌بصره منتقل کرد، به این ترتیب، بندرعباس اهمیت تجاری خود را از دست داد. بعدازظهور، نادرشاه، بندرعباس و توابع‌آن به اجاره به سلطان مَسقط واگذار شد. در سال ۱۶۶۸میلادی به علت مخالفت‌ها و درگیری‌های ایرانیان این امتیاز لغو شد و بندرعباس

transferred the commercial center to Basra. Bandar Abbas and its appurtenances were leased to Sultan of Muscat according to a contract in the time of Nader Shah. After an upheaval in 1868 in Muscat, the contract was canceled and the city came under the administration of Iran.

دوباره در اختیار دولت‌ایران قرار گرفت. پس از پیروزی نهضت مشروطه و تصویب قانون ایالات، بندرعباس و توابع آن جزو محدوده ایالت‌فارس قرار گرفت و سپس در محدوده اختیارات حاکم کرمان درآمد. در تقسیمات کنونی کشوری، بندرعباس مرکز استان‌هرمزگان است.

Bandar Laft (Laft Port)

The Laft Port is so rich in natural beauty that it dazzles the eyes of every viewer. The architecture of the village houses is superb. Varying badgirs (wind towers) of different sizes are abundantly seen in the port. There are many historical monuments in the village including Naderi Castle, the Portuguese Castle, two circular cisterns and a cemetery.

بندر لافت

چهره طبیعی روستای بندری لافت در میان درختان سرسبز گرمسیری و نخلستان‌های بلند، همراه با زیبایی خیره‌کننده دریا و جنگل شناور حرا برای هر تازه‌واردی جذاب و قابل توجه است. سبک معماری خانه‌های روستایی نیز دیدنی است. بزرگترین ویژه‌گی معماری این روستا، بادگیرهای فراوان آن در اندازه‌های مختلف است. بناهای روستا خیلی نزدیک به هم ساخته شده و کوچه‌های آن نیز تنگ و باریک‌اند. این روستای زیبا و شکوهمند، همچنین آثار تاریخی ارزشمندی در خود جای داده‌است. از جمله: قلعه نادری، قلعه پرتغالی‌ها، دو آب انبار گنبدی مدور، گورستان تاریخی با دست‌نوشته‌های هزار سال پیش.

جزیره کیش

این جزیره بیضی‌شکل با مساحت ۸۹/۷ کیلومتر مربع در جنوب غربی بندرعباس و در میان آبهای نیلگون خلیج فارس واقع شده‌است. جزیره کیش از نظر محیط زیست طبیعی و موقعیت جغرافیایی ویژه، زمینه مناسبی برای بهره‌برداری جهانگردی و تجارت فراهم ساخته است. از جمله دیدنی‌های جزیره کیش آکواریوم بزرگ آن است که در گوشه شرقی جزیره قرار دارد و گونه‌های مختلف ماهیان و دیگر آبزیان را در بنایی زیبا به نمایش گذاشته است. اسکله تفریحی جزیره کیش از دیگر جاذبه‌های کیش است. در این اسکله سرگرمی‌هایی فراهم آمده است از قبیل گردش در روی آب با قایق‌های کف شیشه‌ای که از بالای آن می‌توان عبور گروهی ماهی‌ها و زیبایی‌های دنیای زیر آب را تماشا کرد. ورزش اسکی روی آب و غواصی از تفریحات این مجموعه است.

معماری کیش دو شکل متمایز دارد: معماری سنتی و مدرن، و مصالح آن غالباً از سنگ‌های مرجانی موجود در جزیره تشکیل شده‌است. معماری مدرن و جدید کیش هم در واقع گرته‌برداری از معماری سنتی است.

جزیره کیش دارای امکانات رفاهی و تاریخی از قبیل هتل‌ها و کلبه‌های ویلایی و یک سلسله ویلاهای خصوصی و توریستی، قایقرانی، شهر باری، بازارها و مراکز عمده خرید و فروش نیز هست. کیش اولین بندر آزاد تجاری ایران است که هر روزه صدها نفر برای خرید و گردش از آن دیدن می‌کنند.

قلعه هرمز

این قلعه در ضلع شمالی جزیره هرمز و در ساحل دریا قرار دارد و مهمترین قلعه بازمانده از روزگار سلطه پرتغالی‌ها بر سواحل و جزایر خلیج فارس است این قلعه به فرمان «آلفونسو آلبوکرک»، دریانورد پرتغالی، در سال ۱۵۰۷ میلادی در محلی به نام «مورنا» ساخته شد؛ قلعه به شکل چندضلعی نامنظم است. دیوارهایی به قطر ۳/۵ متر با چند برج به ارتفاع ۱۲ متر، از استحکامات قلعه است. این قلعه تأسیساتی شامل انبارهای اسلحه، آب انبار، و اتاق‌هایی با سقف هلالی دارد. امام قلی‌خان سردار شاه‌عباس قلعه هرمز را از پرتغالی‌ها بازپس گرفت.

Hormoz Castle

The major remaining castle from the time of the Portuguese domination, it is located in the north of the Hormoz Island. The castle was commissioned by Alfonso da Albuquerque, the Portuguese seaman in 1507. Imam Qoli Khan, commander of Shah Abbas recaptured it from the Portuguese.

Kharis (khariz) - Qeshm

This ancient village is located in the Qeshm Island. The major feature of the village is its architecture. In the heart of the village lie ancient architectural pieces believed to be the fire temples of the Mithraists.

خریس (خریز)، قشم

این روستای کهن‌سال در جزیره قشم و بر سر راه قشم ـ درگهان واقع شده‌است. مهمترین ویژگی آن ـ که موجب اعجاب هر بیننده‌ای است ـ معماری صخره‌ای آن است. در دل ارتفاعات روستای خریس، آثار باشکوهی از معماری صخره‌ای دیده می‌شود که به عقیده برخی، نیایشگاه پیروان آیین مهر (میترائیسم) یا پرستشگاه آناهیتا (خدای آب) بوده‌است.

قشم ـ انجیر معابد

درخت انجیر معابد درختی است کهنسال که در باور مردم جزیره قشم، دارای تقدس است و معجزه می‌کند. این درخت مقدس، زیارتگاه مردم قشم است و مردم از آن، نیاز طلب می‌کنند. احمد محمود نویسنده نام آور ایران، رُمان معروفی براساس باورهای مردم درباره «درخت انجیر معابد» نوشته است.

Qeshm – Anjir Ma'abid

The tree of anjir ma'abid is an ancient tree in the beliefs of the inhabitants in Qeshm. The tree is the place of pilgrimage for the people.

جزیره قشم

جزیره قشم بزرگترین جزیره ایران است که در شمال غربی تنگه هرمز قرار دارد. شهر قشم، مرکز این جزیره، در شمال شرق جزیره واقع شده و وسعت آن ۳کیلومترمربع است. شهر قشم در حال حاضر به شکل نیم‌دایره‌ای در گوشه شمال‌شرقی جزیره با بافت سنتی و نخلستان‌های انبوه و با مناظر طبیعی بسیار زیبا قرار گرفته است. معماری سنتی سازگار با شرایط اقلیمی و بادگیرهای بلند قدیمی خانه‌های مسکونی، چشم‌انداز زیبای شهر را پدید آورده‌است. یکی از نقاط بسیار دیدنی جزیره، جنگل‌های حرا است، «حرا» نام علمی یک گونه گیاهی است که ابن‌سینا نام‌گذاری کرده :درختان حرا با قطر ۳۰ سانتی‌متر و ارتفاع ۴متر، از میان آبهای خلیج سر برآورده‌اند. درخت حرا همیشه سرسبز و زیبا است. جنگل حرا دائماً در معرض جزر و مد عظیم آب دریا قرار دارد. در زمان جزر، درختان و بستر لجنی آن از آب بیرون می‌آید، و به‌صورت جزایری پراکنده نمایان می‌شود. و در موقع مد، تمام جنگل در زیر آب ناپدید می‌شود. جزیره قشم دومین بندر آزاد تجاری ایران است و همین ویژگی، اهمیت توریستی آن را دوچندان کرده است. به عبارت دیگر، سفر به قشم از نظر اقتصادی مقرون به صرفه است و هزینه‌های گمرکی و مقررات دست و پاگیر تجاری‌شامل آن نمی‌شود.

Qeshm Island

Qeshm Island is one of the largest islands of the Straight of Hormoz, in the Persian Gulf, with a unique geological and natural Status. With an area of 1445 KM2, circumference of approximately 362km, and a length of 122, Qeshm Island is located along Iranian main land. From geobotanical point of view, it is based along the strip of northern hemisphere tropical plantation. The strip in Iran begins from Hormozgan to Sea of Oman and from Qasr-e Shirin to Guatre harbor. The Qeshm city is within a distance of 22KM from Bandar Abbas. The northern coast of the island is covered with mangrove. Forests are dispersed in Iran in northern coasts of the Persian Gulf and the Sea of Oman from Kangan bay, Sirik to Khamir bay, Qeshm Island, Minab and Laft in Hormozgan province and Jask gulf of Chahbahar and Guatre gulf in Baluchestan province.

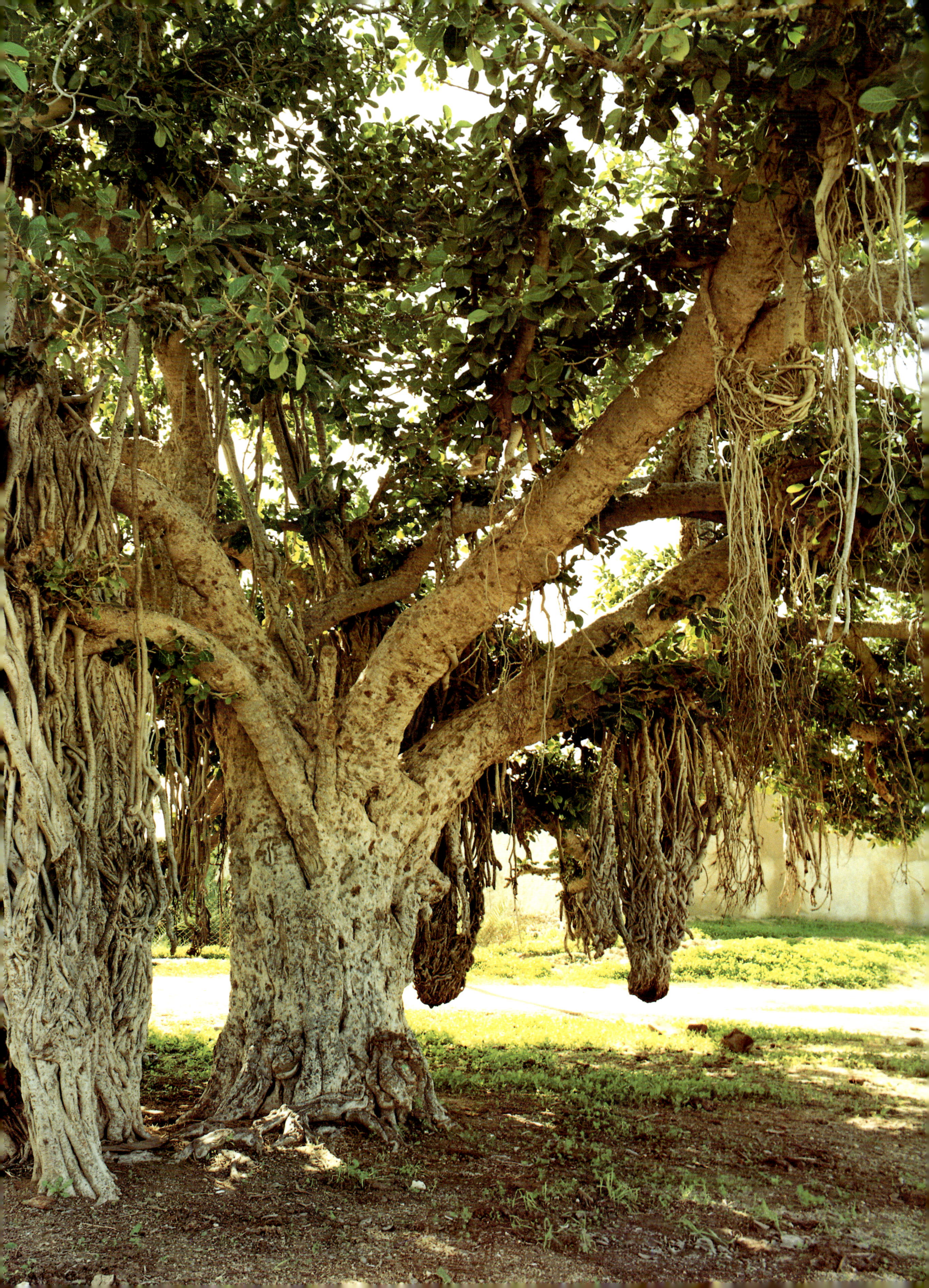

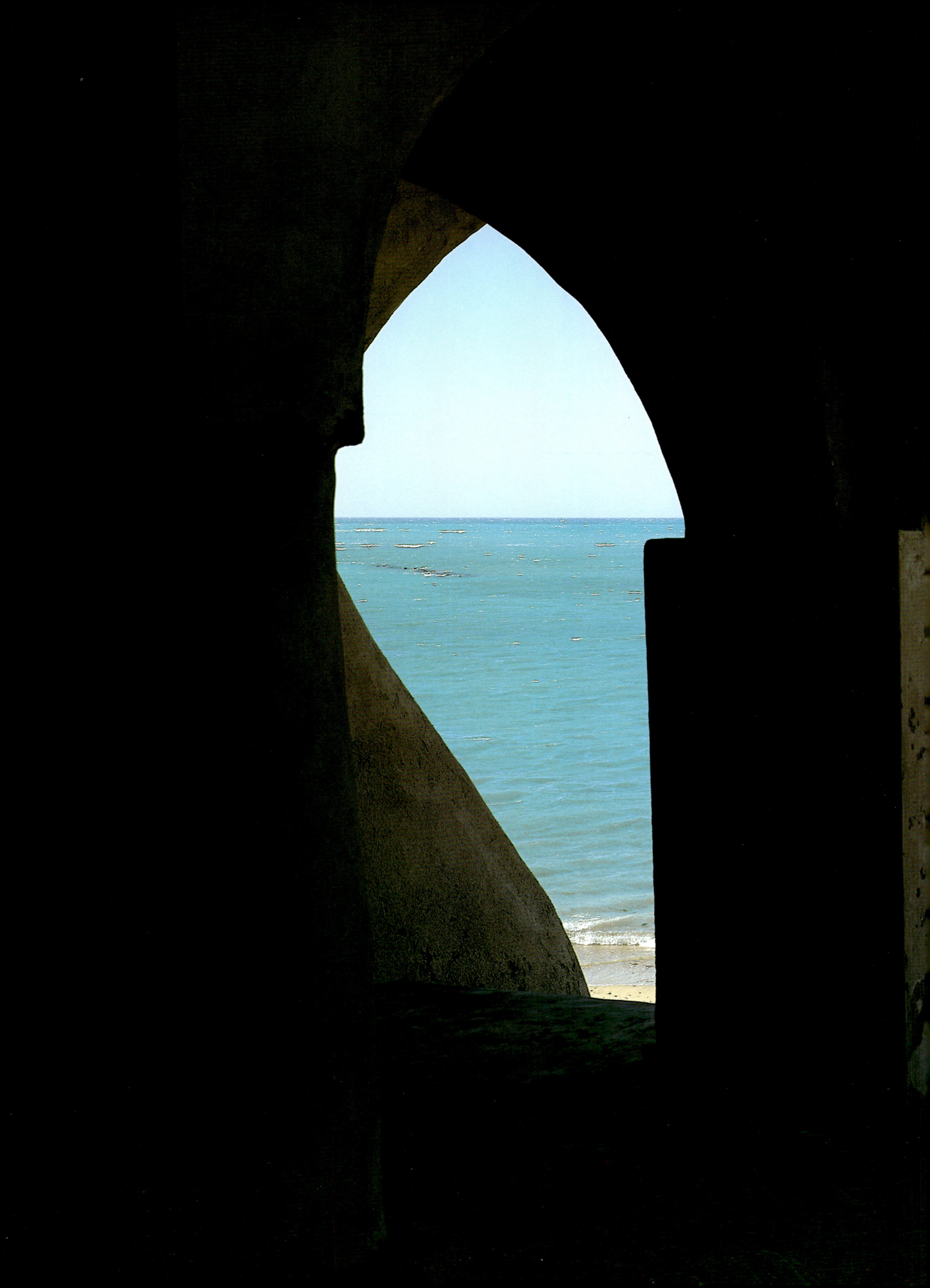

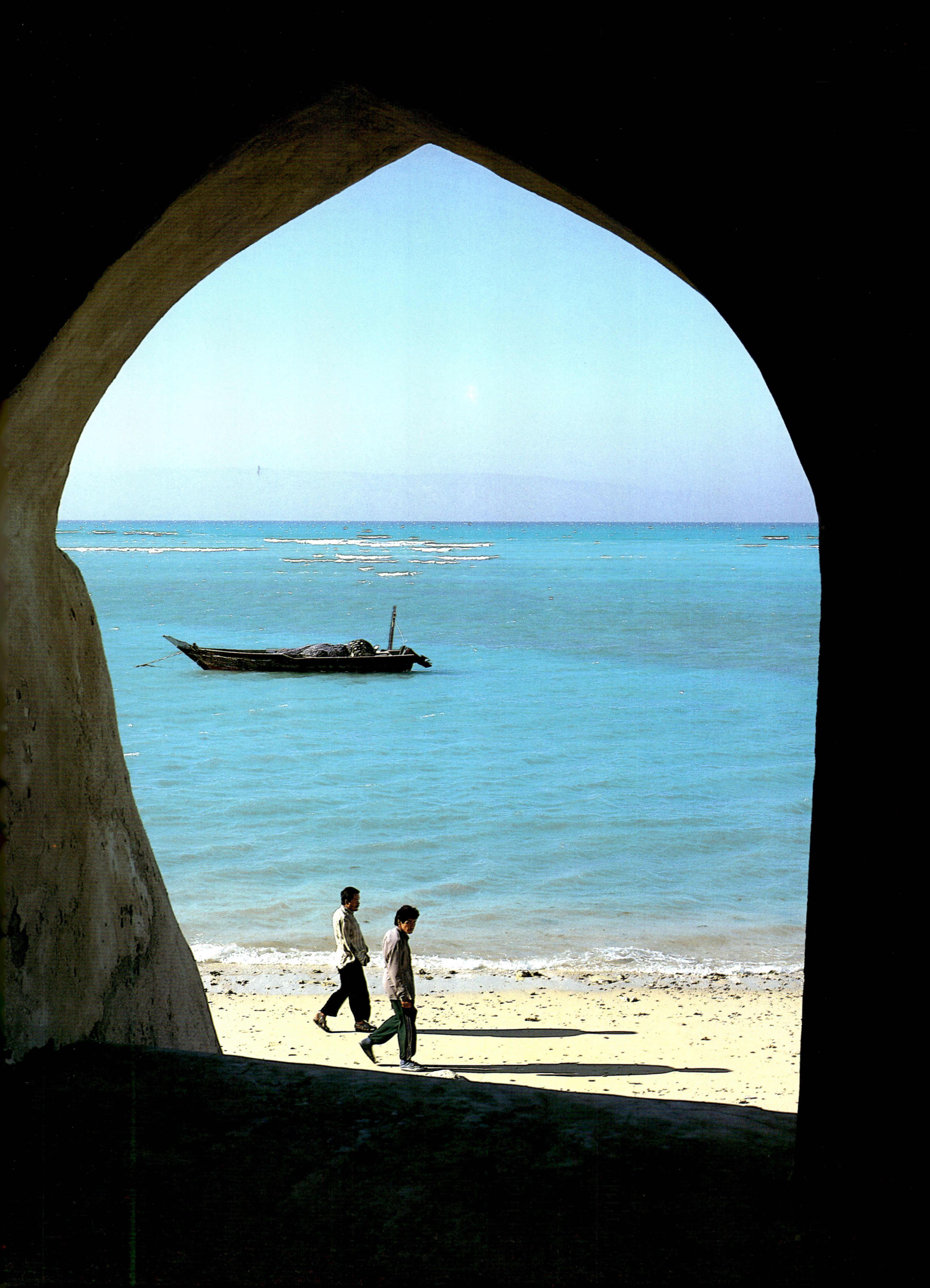

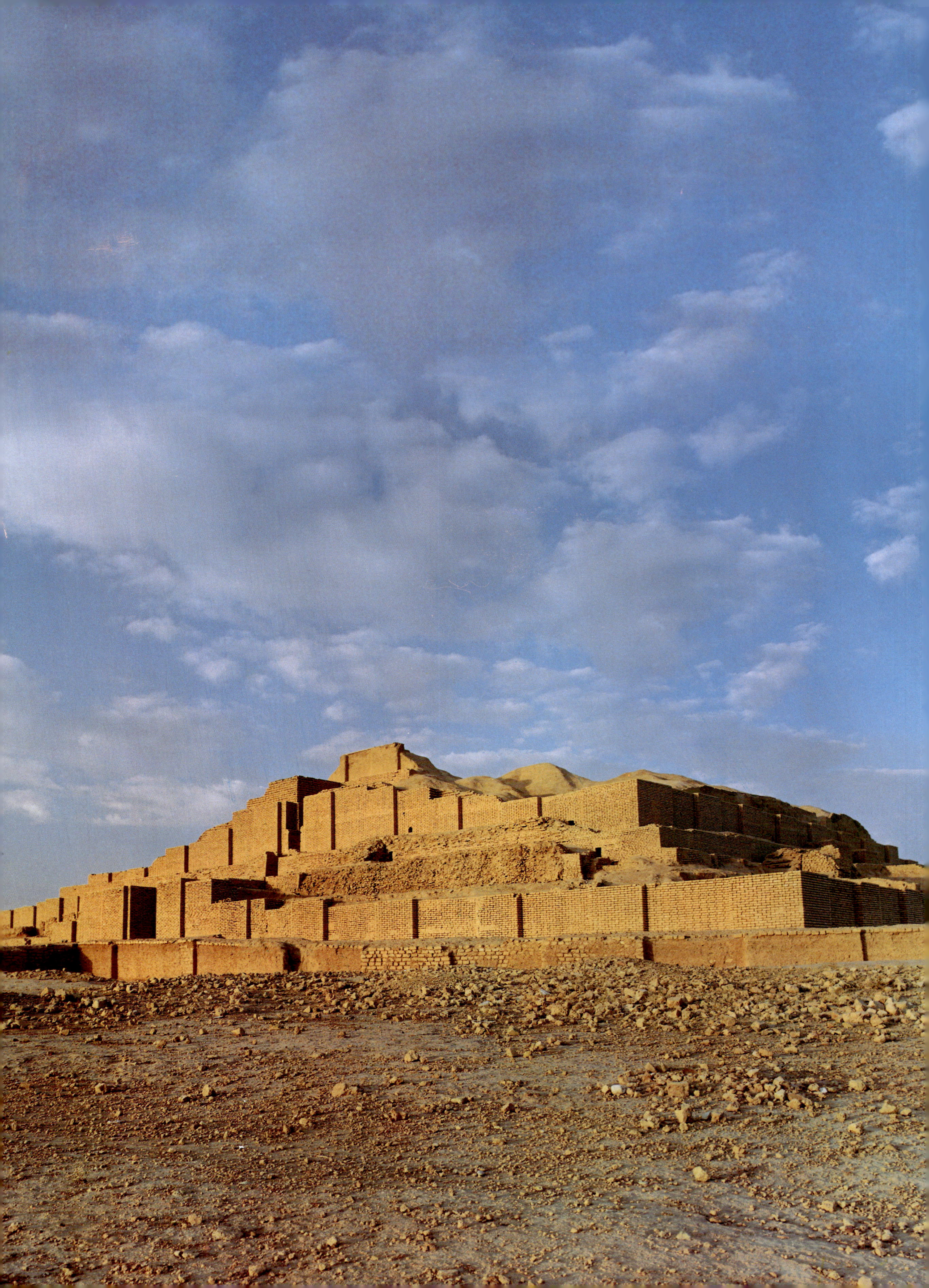

Khuzestan

Situated in southwestern Iran, the province covers an area of 63,238sqkm. There are 15 districts in Khuzestan: Ahwaz (the capital), Abadan, Khoramshahr, Shadegan, Mahshahr, Behbahan, Ramhormoz, Susangerd, Bagh Malek, Izeh, Masjed Suleiman, Shush, Andimeshk, Dezful, and Shushtar.

The area that is now Khuzestan was settled about 6000 BC by a people with affinities to the Sumerians, who came from the Zagros Mountains region. Urban centers appeared there nearly contemporaneously with the first cities in Mesopotamia in the 4th millennium. Khuzestan came to constitute the heart of the Elamite kingdom, with Susa as its capital. Beginning with the reign of the legendary Enmebaragesi, about 2700 BC, who (according to a cuneiform inscription) "despoiled the weapons of the land of Elam," Sumerian, Akkadian, Babylonian, Kassite, Neo-Babylonian, and Assyrian invasions periodically crossed Khuzestan in response to Elamite involvement in Babylonian politics; the campaign of Ashurbanipal in 646–639 BC destroyed the Elamite kingdom and its capital, Susa. Incorporated into the Assyrian empire about 639, Khuzestan next passed under Achaemenid control at the collapse of Assyria; and after Cyrus the Great conquered Babylon in 539, it became a satrapy (province) of the Persian Empire, with Susa serving as one of the Persians' three great capitals. Alexander the Great took Susa shortly after the Battle of Gaugamela in 331, and from 311 to 148 Khuzestan was a satrapy (named Susiana) of the Seleucid empire, with its capital at Seleucia on the Eulaeus River. It passed firmly into Parthian control between 148 and 113 BC and then under Sasanian rule about AD 226. It was a frontier zone between the Roman-Byzantine and the Parthian-Sasanian empires and finally was taken by the Arabs about 642. It was part of the Safavid and Qajar dynasties that successively ruled Iran. Khuzestan comprises a southeastern extension of the Mesopotamian plain and includes part of the forested Zagros Mountains to the northeast. These mountains are drained by several rivers, the most important being the Karun, which flows into the Al-Arab River, and the Karkheh Kur River. These and other rivers have built up large alluvial fans and partially saline mud flats that merge into a zone of tidal marshes near the Persian Gulf. An isolated ridge (Hamrin Hills) borders the piedmont with its large gravel plains. More than half the population are Arabs who live in the plains; the rest are Bakhtiaris and other Lurs (peoples of West Persia), with many Persians in the cities. Some of the Bakhtiaris and Lurs are still nomads. Khuzestan's industries produce paper, cement, petrochemicals, processed foods, and light-engineering products. Susa (now Shush) and Choga Mish are important archaeological sites.

خوزستان

استان زرخیز خوزستان با مساحتی حدود ۶۴۲۳۶کیلومترمربع در جنوب غربی ایران واقع شده‌است. ازشمال‌غربی با استان ایلام، از شمال با استان لرستان، از شمال‌شرقی و شرق با استانهای چهارمحال بختیاری وکهکیلویه و بویراحمد، از جنوب با خلیج‌فارس و از غرب با کشور عراق هم‌مرز است.

مرکز استان خوزستان شهر اهواز است و شهرستان‌های آن عبارتند از :آبادان، اندیمشک، ایذه، باغ‌ملک، بندرماهشهر، بهبهان، خرمشهر، دزفول، دشت آزادگان، رامهرمز، شادگان، شوش، شوشتر و مسجد سلیمان.

استان خوزستان را از نظر پستی و بلندی می‌توان به دو منطقه تقسیم کرد :منطقه کوهستانی در شمال‌شرق استان ومنطقه جلگه‌ای در جنوب دزفول، مسجد سلیمان و رامهرمز و بهبهان تا کرانه‌های خلیج‌فارس و اروندرود. خوزستان‌دارای آب‌وهوای مختلف است ؛آب‌وهوای استپ گرم در شمال و شرق استان و آب‌وهوای نیمه‌بیابانی در منطقه‌جلگه‌ای جنوب.

خوزستان بخشی از سرزمین باستانی میان رودان (بین‌النهرین) در ایران است. این ناحیه به علت قدمت تمدنی خود، دیدنی‌های باستانی و تاریخی فراوانی دارد. زیگورات جغازنبیل از آثار برجسته تمدن عیلامی است که تاریخ بنای آن به اواسط قرن سیزدهم پیش از میلاد می‌رسد. در کاوش‌های انجام شده در هفت تپه، بقایای کاخ‌ها ولوحه‌ها و مجسمه‌های عیلامی از دل خاک بیرون کشیده شده‌اند. در شهر شوش علاوه بر آرامگاه دانیال نبی که‌زیارتگاهی محلی است، می‌توان از بقایای شهر شوش باستانی نیز دیدن کرد. آثار باقی‌مانده در مسجد سلیمان وشوشتر از دوره‌های هخامنشی و اشکانی و ساسانی به نوبه خود ارزش فراوانی دارند. آسیاب‌های قدیمی شوشتر وساختمان‌های آجری دزفول، نمونه‌ای از فن و هنر معماری زمان‌های گذشته در این شهر هستند. دانشگاه تاریخی‌جندی‌شاپور، و شهر نامی جندی‌شاپور، از مفاخر علمی ایران ساسانی است. شهری که شاپور، شاه ساسانی بنیاد کرد واولین دانشگاه را بنیان گذاشت که در رشته طب متخصصان نامی تربیت کرد.

در دوره ساسانیان خوزستان دارای صنایع مهمی بوده و منسوجات آن در دوردست جاده ابریشم، در میان شاهان وشاهزادگان و بانوان درباری خواستاران بسیار داشته. خاصّه دیبا و حریر شوشتری، و خزشوش شهره آفاق بوده چنانکه‌سعدی، شاعر بزرگ ما، در بوستان و گلستان از آن یاد کرده‌است.

اکتشاف، استخراج و تصفیه نفت در عصر جدید، زندگی اقتصادی و اجتماعی خوزستان را به کلی دگرگون کرد. پالایشگاه آبادان، دستگاه تقطیر مسجد سلیمان، پالایشگاه گاز بیدبلند، مجتمع پتروشیمی آبادان، مجتمع شیمیایی‌خارک، مجتمع پتروشیمی ایران -ژاپن، کارخانه نورد و لوله اهواز و ذوب آهن گازی اهواز، مایه مباهات نفتگران ومهندسان خوزستان است.

Ziggurat Chogha Zanbil – Khuzestan

Alongside the Dez River, the remarkably well preserved ziggurat of Chogha Zambil is the best surviving example of Elamite architecture anywhere, and it has now been registered with UNESCO. Ziggurat Chogha Zanbil was built on the order of Untash Gal the Elamite king in 1250 BC, for the worship of Inshoshinak god. Originally, it had five concentric storeys but only three remain, reaching a total height of some 25m (82ft). It is hard to believe that such an imposing landmark was lost to the world for more than 2500 years, which it was until being accidentally spotted in 1935 during an oil company's aerial survey. Chogha Zambil is in southern Iran, near the Iraqi border, 45km (28mi) east of Shush.

معبد زیگورات (چغازنبیل)

معبد زیگورات(چغازنبیل)در ۴۵کیلومتری جنوب‌شرقی شوش واقع شده‌است. این معبد در ۱۳۰۰ سال پیش از میلاد، به طول ۱۳۰۰ متر و عرض ۱۰۰ متر ساخته شده‌است این مجموعه بعدها به نام دورانتاش یا شهر اونتاش‌گال مشهور شد. این شهر، یادگار تمدن عیلام جدید است که از سه حصار تودرتوی خشتی تشکیل شده. در فاصله بین‌حصار اول و دوم، کاخ‌های شاهی و آرامگاه‌های سلاطین عیلام قرار دارند. در بین حصار دوم و سوم، بقایای تصفیه‌خانه‌ی آب واقع شده، این تصفیه‌خانه از قدیمی‌ترین تأسیسات آبرسانی به شمار می‌رود. در مرکز حصار سوم، معبد اصلی (زیگورات) قرار دارد. معبد اصلی مربع کاملی است به ابعاد ۱۰۵×۱۰۵ متر. اصل این معبد در ۵طبقه ساخته شده‌بود که در حال حاضر دو طبقه‌ی آن باقی‌مانده است. طبقه‌ی پنجم جایگاه قراردادن بت‌های آن زمان بوده‌است. مهمترین این بت‌ها خدای «دینشوشیناک» خدای شهر شوش بوده‌است.

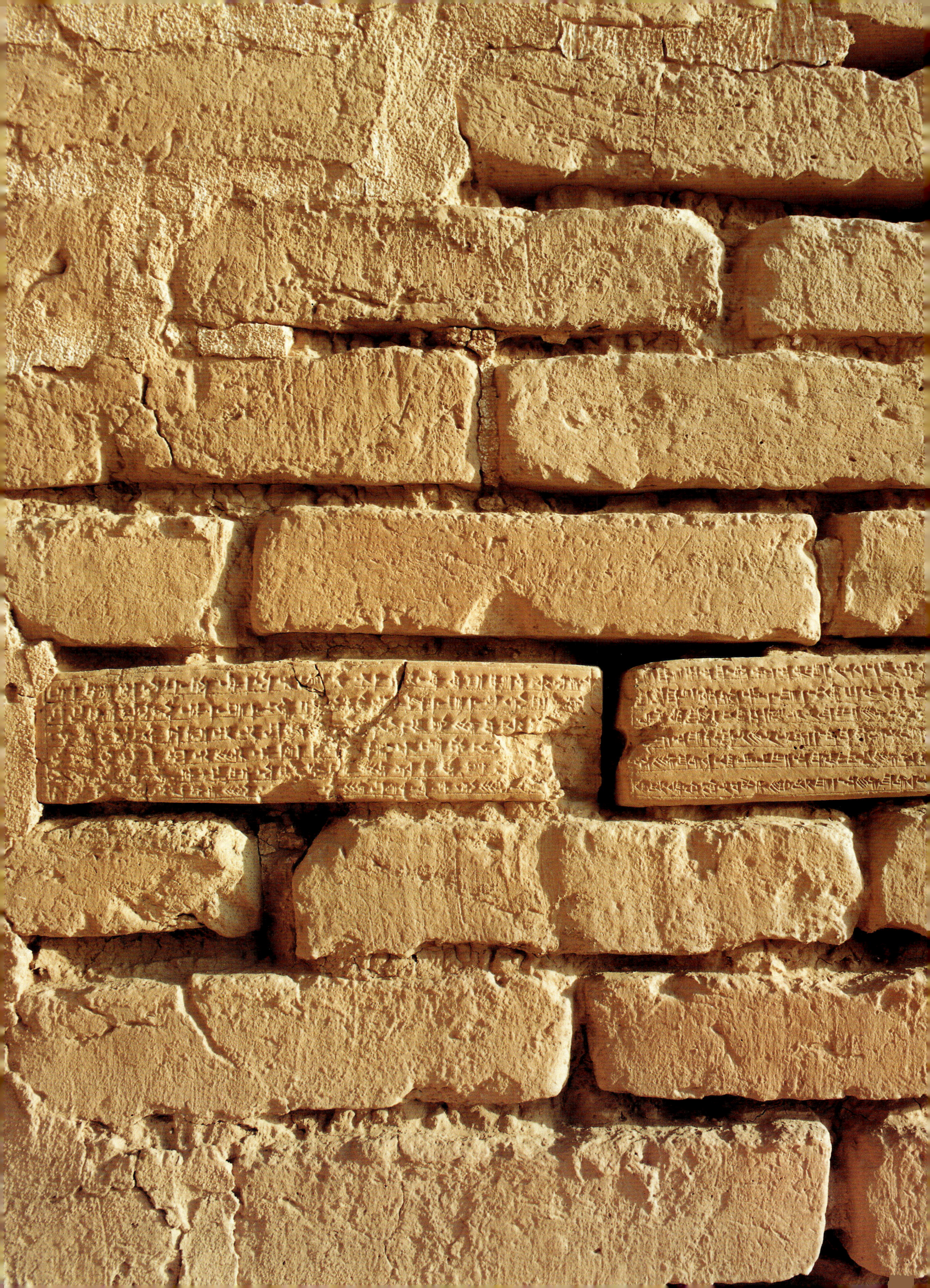

Pol-i-Ahvaz | پل اهواز

Danial e Nabi - Khuzestan

Given that Shush (or Susa) has been continuously inhabited for nearly 10,000 years, it is perhaps surprising that there is very little in the way of spectacular remains to inspect. As an archaeological site, however, its value is enormous - a stratigraphic section of the central hill has revealed thirteen superimposed cities, and evidence of the use of fifteen different languages. Standing on the east bank of the small river Sh'ur, the site of this mausoleum, clearly of no great antiquity, is marked by a curiously pineapple-like white plaster cone, whose shape is both irregular and unsymmetrical: an architectural feature common in this part of Iran and also in Iraq.

بقعه‌ی دانیال‌نبی

بقعه‌ی دانیال پیغمبر در ساحل شرقی رودخانه شائور و روبه‌روی ارگ شوش واقع شده‌است. این بقعه مدفن یکی از پیامبران بنی‌اسرائیل است و دو حیاط دارد. بقعه در انتهای حیاط دوم قرار گرفته است. حیاط بقعه از سه طرف اتاق‌هایی جهت اقامت زوار دارد.

گنبد بارگاه دانیال نبی به صورت کثیرالاضلاعی شش‌ضلعی در ۲۵ طبقه مغرس است که بر قاعده مدور استوار شده و در سال ۱۳۳۰ هـ.ق. دو گلدسته به آن اضافه شده. گنبد بنا در سال ۱۲۸۷ هـ.ق. به دست «حاج غلامحسین معمار» (پدر معمار گلدسته‌ها) ساخته شده‌است. درباره تاریخ بنای اصلی اطلاعات دقیقی در دست نیست.

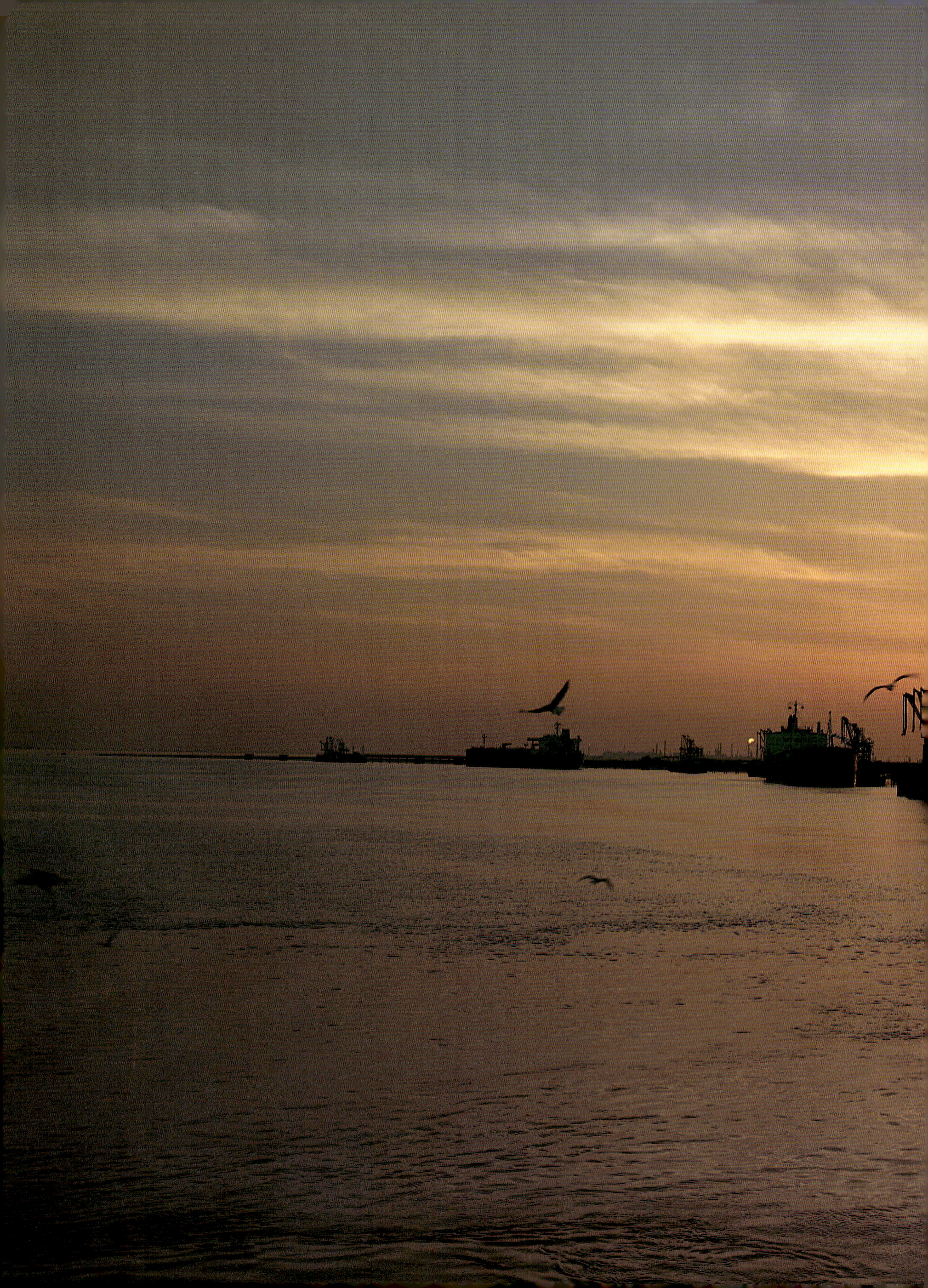

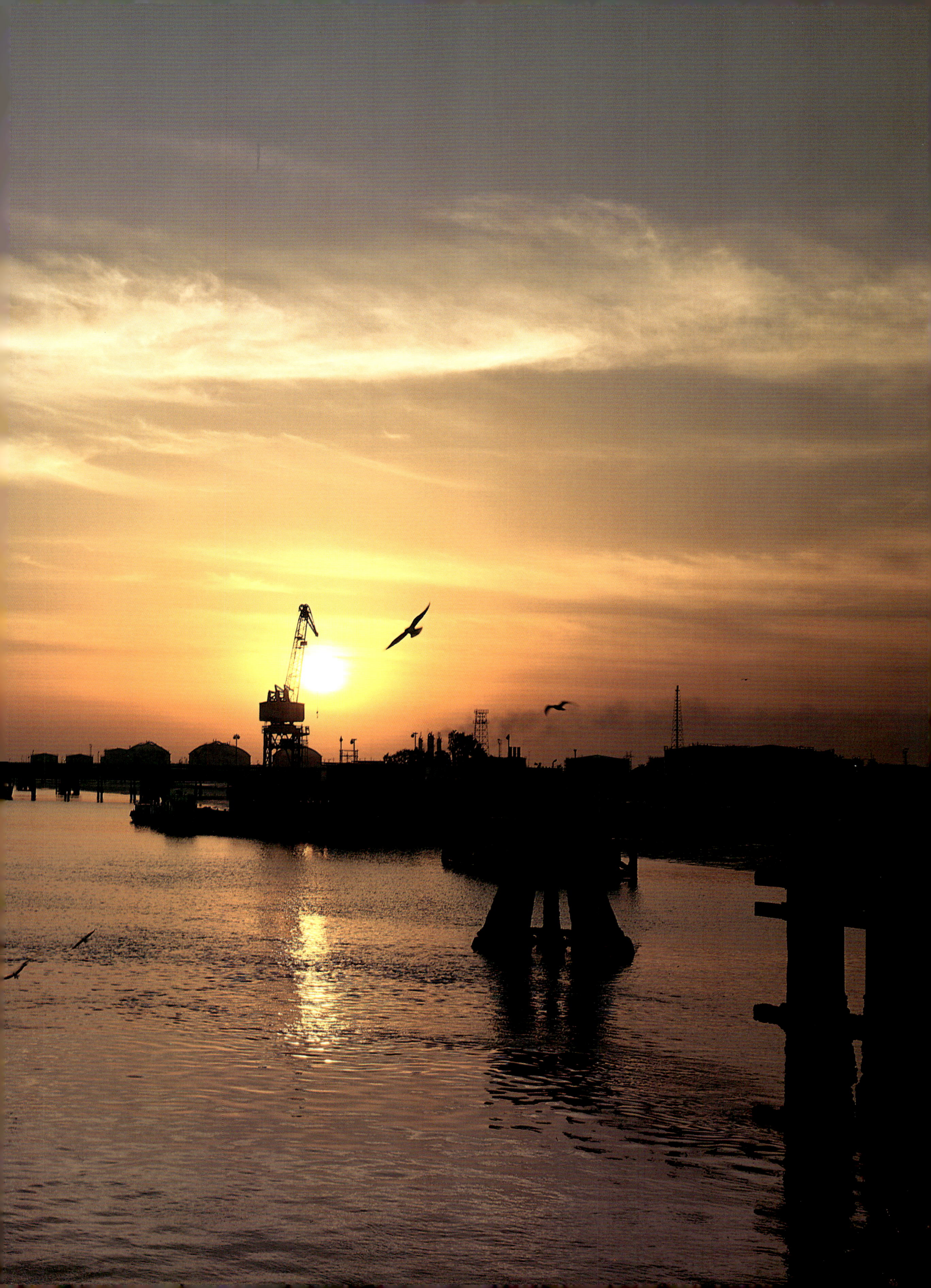

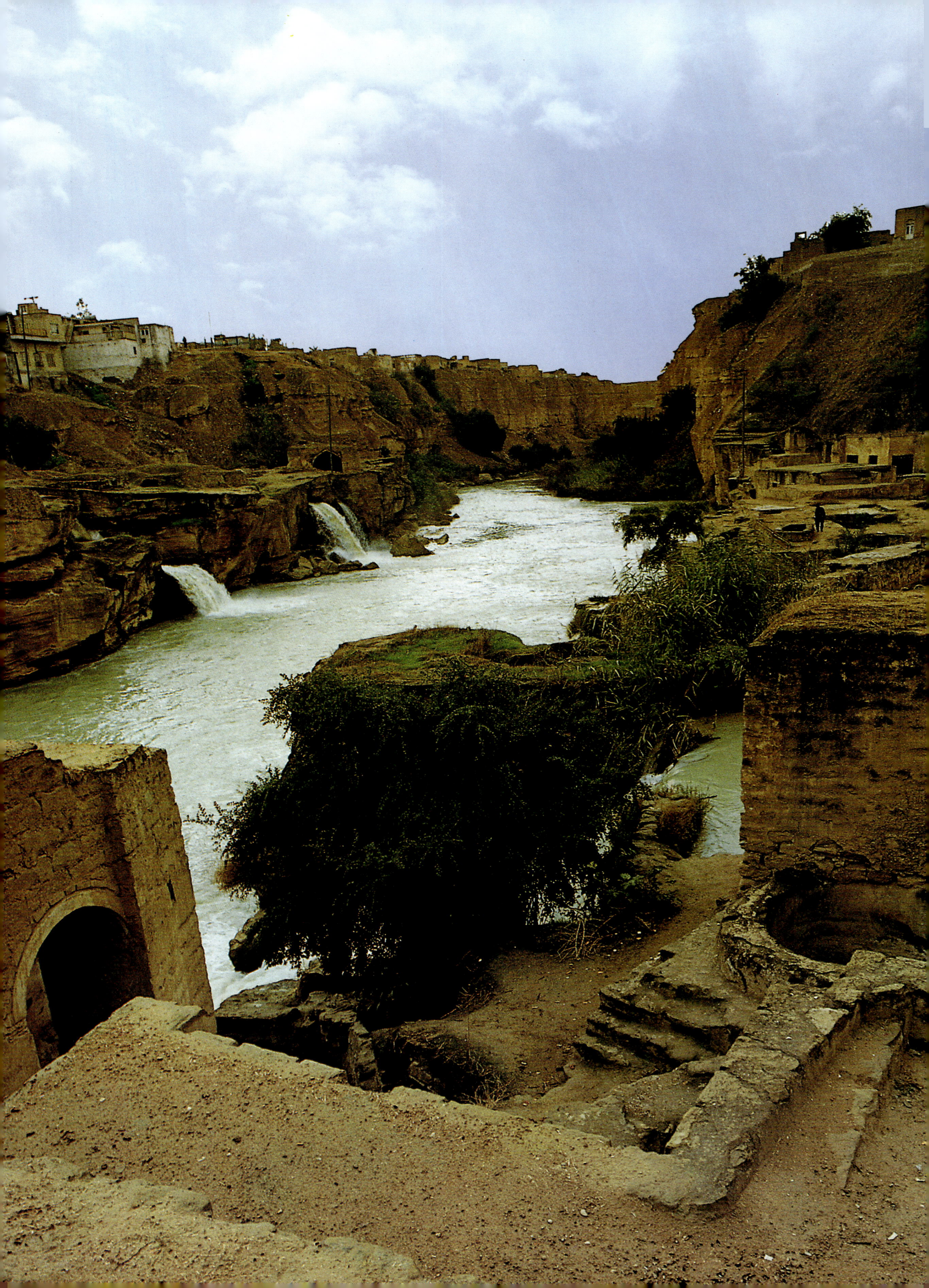

Sika Mill

A splendid mill, it is located in Shushtar. Rooms and halls make up the mill beside a running stream. The place is a summer resort for vacationers.

آبشارهای باستانی شوش

یکی از قدیمی ترین و زیباترین بناها، آسیاب های آبی سیکا در شوشتر است. سیکا محلی است با اتاقک ها و راهروها های باریک که در کنار آنها جوی آب روان است. ایجاد آبشارهای فراوان و کوچک این منطقه را تبدیل به شهر آبشارها کرده است. این مکان در تابستان محل تفریح مردم شوشتر است.

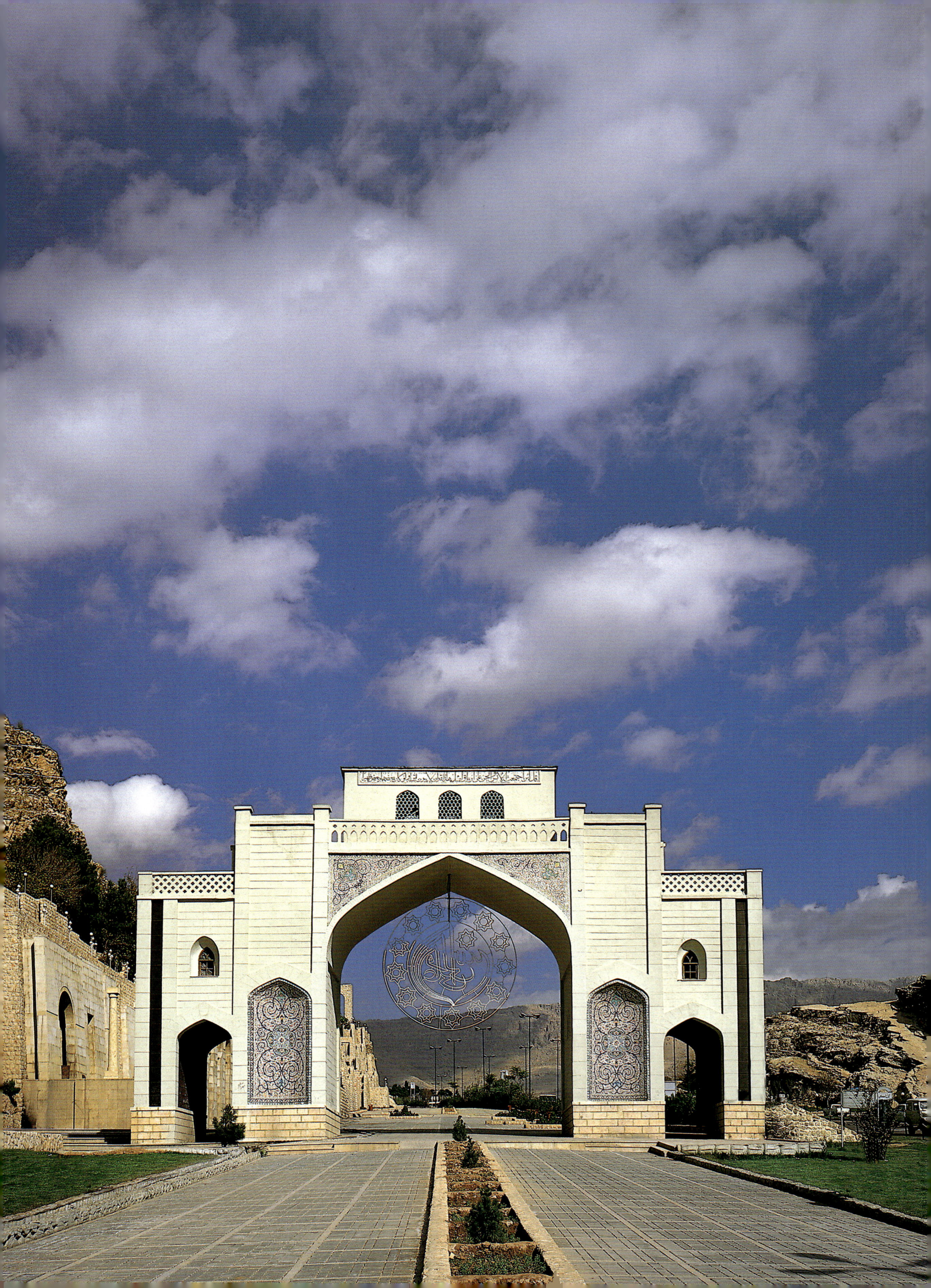

Fars

The province of Fars, with an area of 133000 kilometers, is located south to province of Isfahan. Its main cities, towns and districts are Abadeh, Darab, Estahban, Fasa, Firooz Abad, Iqleed, Jahrum, Sapeedan, Shiraz, Kazeroon, Lamard, Mamasani, Marvdasht and Nayreez. while the beautiful city of Shiraz is its provincial capital. The mountain chains of Zagros crosses the provine from the north-west towards the south east, and divides the province in 2 distinguishable parts.

فارس

استان فارس با مساحتی در حدود ۱۳۳ هزار کیلومتر مربع از شمال با استان اصفهان و یزد، از مغرب با استانهای کهکیلویه و بویراحمد و بوشهر، از جنوب با استان هرمزگان و از شرق با استان کرمان همسایه است.
شهرستانهای استان فارس عبارتند از آباده، استهبان، اقلید، بوانات، جهرم، داراب، سپیدان، شیراز، فسا، فیروزآباد، کازرون، لار، لامرد، مرودشت، ممسنی و نی ریز هستند.
کوههای زاگرس با جهت شمال غربی ـ جنوب شرقی استان فارس را به صورت منطقهٔ ویژه کوهستانی در آورده است.

The Mausoleum of Hafez

Hafez, excelled in lyrical poetry, is one of the most outstanding poets of Iran who was born in Shiraz in 14th century. Hafez is most popular poet within Iran. Hafez wrote many odes in praise of his native city, its people and its beautiful gardens. In fact, he loved his native city so well that he would seldom leave it.

آرامگاه حافظ

حافظ از شاعران بنام ایران و جهان است که بیان تغزلی را در زبان فارسی به منتها درجه تعالی خود رسانده است. از وی کتاب دیوان حافظ به جای مانده که بیشتر از کتاب های دیگر در خانه های ایرانیان نگاه داری می شود و غزلیات او در بین اشعار دیگر شاعران بیشتر در خاطر ایرانیان است و بسیاری از این غزلیات به شکل ضرب المثل و عبارات نغز از اجزای لاینفک زبان روزمره ایرانیان می باشد. گوته شاعر و متفکر آلمانی از شیفتگان اندیشه های حافظ بوده است.

The Mausoleum of Sa'di

The tomb of Sa'di in the northeast of Shiraz is as overpowering as that of Hafez. Tombs of both poets were rebuilt in early '50s. Sa'di's mausoleum stands on the spot that was once the poet's convent. Though modern in its simplicity, the portico or talar with its tall columns of pinkish marble is a traditional feature of Persian architecture. Steps lead up to the tomb with its turquoise-blue dome. A short double colonnade to the left leads to a tiled sunken enclosure containing a pool filled with voracious fish.

آرامگاه سعدی

آرامگاه شیخ سعدی در شمال شرقی شیراز در دامنه کوهی به نام «سهند» قرار گرفته‌است. این محل خانقاه شیخ بوده‌است که پس از وفات ۶۹۱ (هجری قمری) در آنجا دفن شد.

آرامگاه سعدی در گذشته چندین بار تعمیر و بازسازی شد.

ساختمان جدید آرامگاه که اقتباسی است از کاخ چهل ستون اصفهان، با نگاهی به معماری جدید، در سال ۱۳۲۱ به پایان رسید.

محوطه آرامگاه باغی بزرگ و باصفاست و چشمه آب زلالی به نام «حوض ماهی» در زیر محوطه، از دیدنی‌های این‌بناست. هفت کتیبه از گلستان و بوستان و غزلیات و قصاید سعدی به خط خوش زینت آرامگاه است.

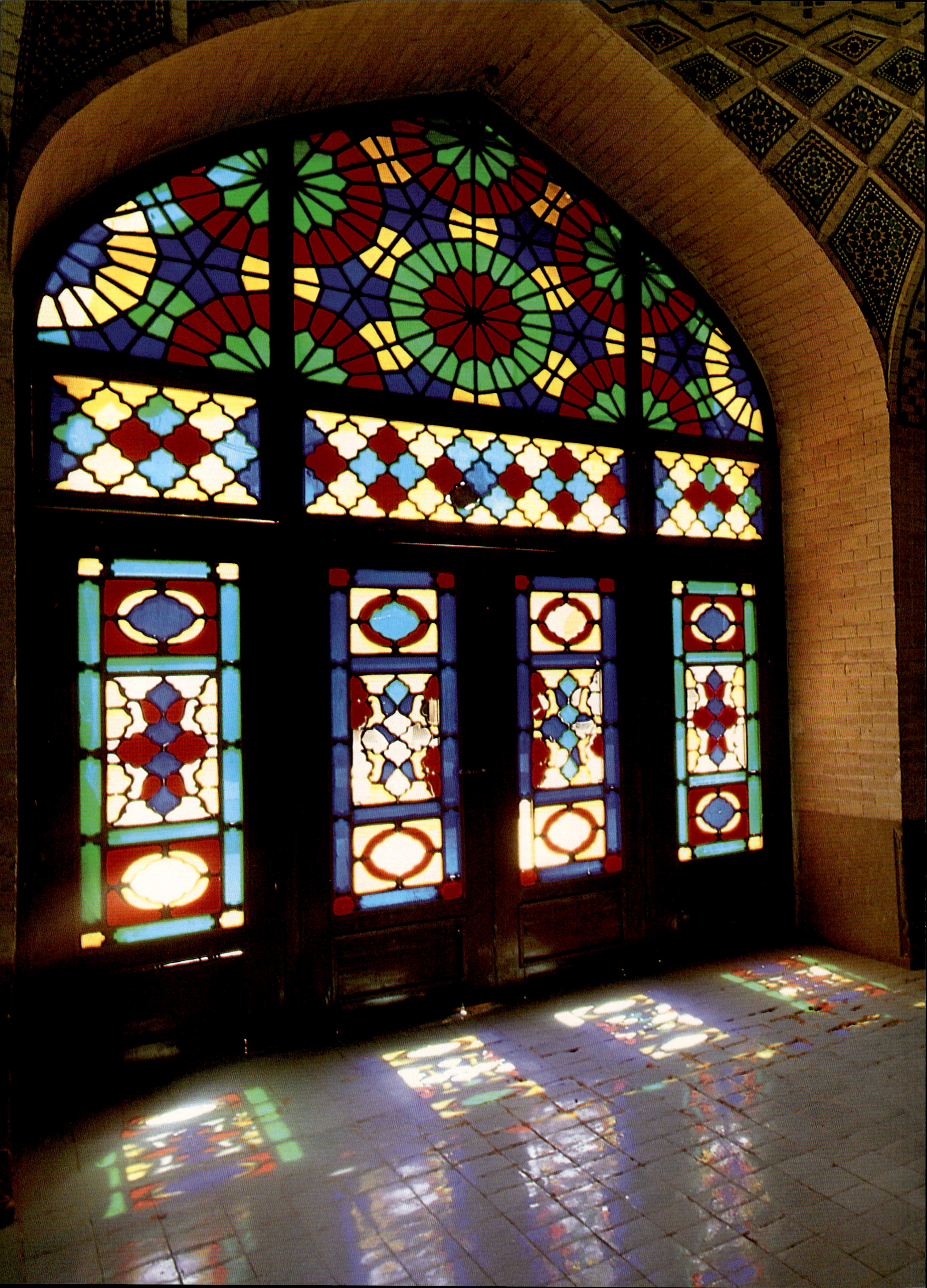

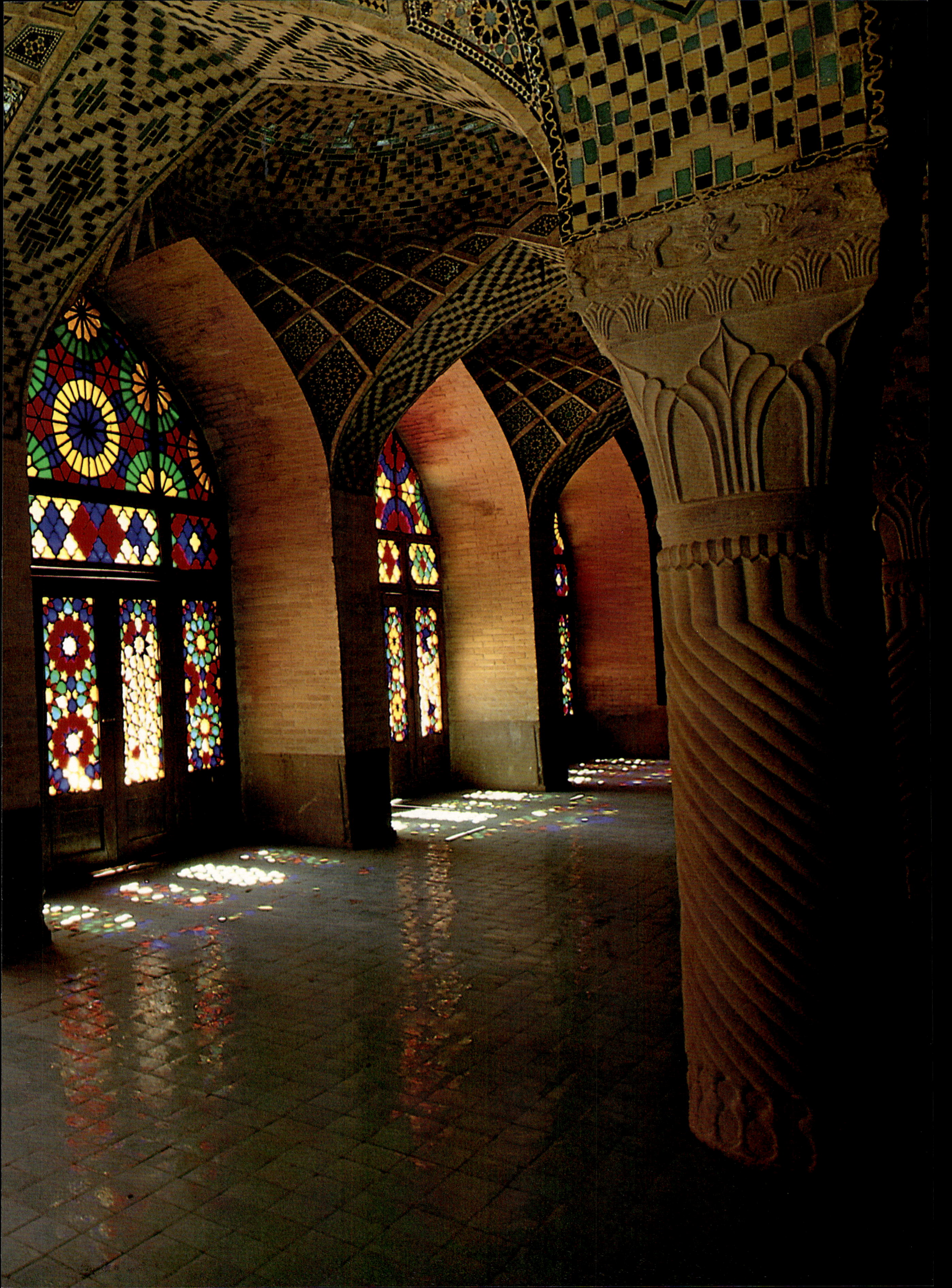

مسجد نصیرالملک

این مسجد یکی از بناهای زیبای قاجاریه است و در محله «گود عربان» شیراز واقع شده است. کاشی‌کاری و ستون‌سنگی مسجد، شبیه مسجد وکیل است و برخی از تزیینات زیبای مسجد وکیل در این مسجد هم مشاهده می‌شود،تاریخ بنای مسجد بین سال‌های ۱۲۹۲ تا ۱۳۰۵ هجری‌قمری است.

مجموعه بناهای نصیرالملک شامل مسجد، خانه، حمام، آب‌انبار و... در محله قدیمی «اسحاق بیگ» شیراز واقع‌شده‌است. قسمت اعظم این مجموعه در جریان خیابان‌سازی و خانه‌سازی تخریب شد. آنچه اکنون از خانه نصیرالملک باقی‌مانده، شامل تالار اصلی، قسمتی از حیاط اندرونی. بخش بیرونی و زیرزمین است. «حاجی‌میرزاحسنعلی‌خان نصیرالملک» پسر سوم حاجی قوام‌الملک، از حکام فارس در دوره قاجاریه بود.

- تالار آینه به‌صورت قرینه ساخته شده و در دو ضلع آن، دو ارسی یا پنجره بزرگ سراسری با گردچینی‌های‌ظریف و شیشه‌های رنگی ساخته شده که به دو حیاط اندرونی و بیرونی باز می‌شود. در دو ضلع دیگر تالار، یک شاه‌نشین مرکزی وجوددارد که از دوطرف با ارسی به دو اتاق مجاور باز می‌شود.

- منزل نصیرالملک مانند دیگر خانه‌های قدیمی شیراز، دارای زیرزمین پیچ‌درپیچ با قوس‌ها و نورگیرهای مشبک‌سنگی زیباست. برای کناسازی بنا از گچ‌کاری به شیوه ساسانی استفاده شده‌است.

تزیینات گچ و آینه عمده‌ترین تزیینات این خانه است، و تالارها و اتاق‌ها با نقش‌های ترکیبی ایرانی‌و اروپایی پوشیده شده‌است.

- سقف هر طبقه تخته‌کوبی شده و دارای نقاشی‌هایی به سبک اروپایی است.

بنای نصیرالملک به موزه قاجار تبدیل شده‌است.

Nasir al-Mulk Monuments

The collected monuments of Nasır al-Mulk including a mosque, a house, a bathhouse, a cistern are ıocated in the old area of Is'haq Beig in Shiraz. A large portion of the monuments was destroyed due to renovations and reconstructions. What is left of the Nasir al-Mulk house includes the main talar, a part of the interior yard, the exterior and the yard. Haji Mirza Hasan Ali Khan Nasir al-Mulk was the third son Haji Qavam al-Mulk, a governor of the Qajar Era.

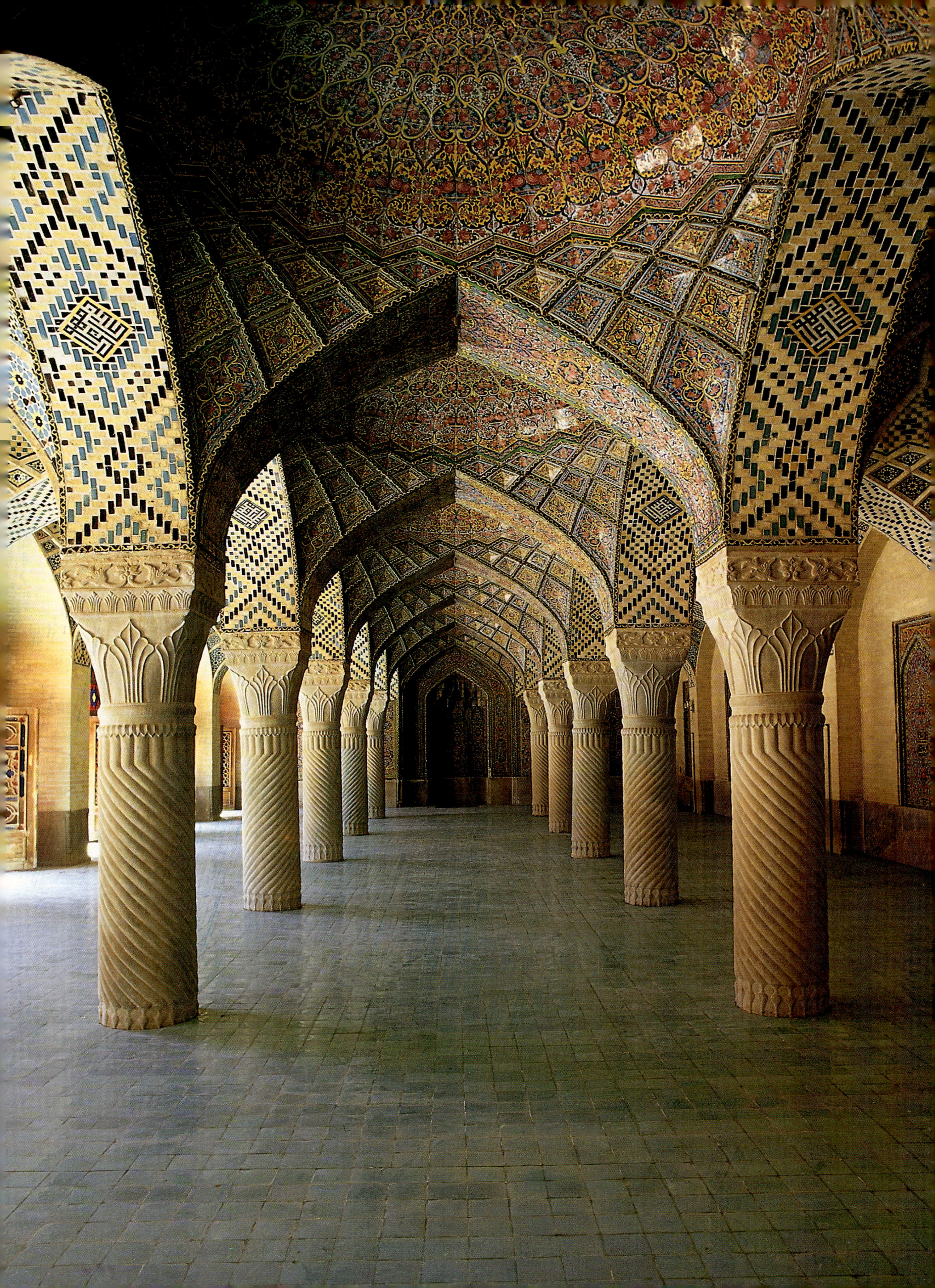

Qavam's Orangery

A major monument from the Qajar era, the structure was built in 1881 on the northern side of the luxuriant orangery in Shiraz. It was probably constructed by Mirza Ibrahim Khan. In 1965, the orangery was placed in service of the Asian Institute and Shiraz University. One of its halls was later turned into a museum. Professor Arthur Upham Pope worked 50 years there, and dedicated a large number of antique artifacts. The collection of photographs and slides, initiated by Professor Pope, is also housed here.

نارنجستان قوام

نارنجستان قوام که به موزه نارنجستان اختصاص یافته، در خیابان لطفعلی‌خان زند واقع شده و محل مسکونی و محل کار قوام‌الملک بود. کار ساختمان نارنجستان قوام در سال ۱۲۹۰ هجری‌قمری آغاز و در سال ۱۲۰۵ هجری‌قمری پایان یافت.
در ورودی در جنوب بنا، در خیابان لطفعلی‌خان واقع شده‌است، این خیابان را برای حفظ ساختمان کج احداث کرده‌اند.
پس از گذر از هشتی ورودی، دو دالان از دو سو به حیاط نارنجستان راه می‌یابد، در دو طرف این راهرو چند اتاق ساخته شده. در ازاره‌های این قسمت از ساختمان و ساختمان شمالی آن، به تقلید نقش برجسته‌های تخت جمشید، نقش‌هایی روی سنگ حک شده و در کنار آن نقش شیر، گورخر، سرباز و کنده‌کاری شده.
در شمال حیاط، ساختمانی سه طبقه قرار گرفته. طبقه اول زیرزمین است و طبقه دوم با دو راهرو به اتاق‌ها و شاه‌نشین می‌رسد. در طبقه سوم، دو اتاق در دو طرف شاه‌نشین ساخته شده که سقف زیبای آن، چوبکاری و نقاشی شده‌است. تمامی شاه‌نشین و اتاقها، آینه‌کاری است. درهای بناها خاتم‌کاری و منبت‌کاری شده‌است. کاشی‌کاری روکار این ساختمان و ساختمان جنوبی بسیار زیباست.
شهرت این بنا به نارنجستان به خاطر درختهای نارنج حیاط بزرگ این بناست.
این ساختمان در سال ۱۳۴۵ زیرنظر دانشگاه قرار گرفت و در چند سال اخیر، دانشکده معماری و هنر و دانشگاه شیراز در آن مستقر شده‌است.

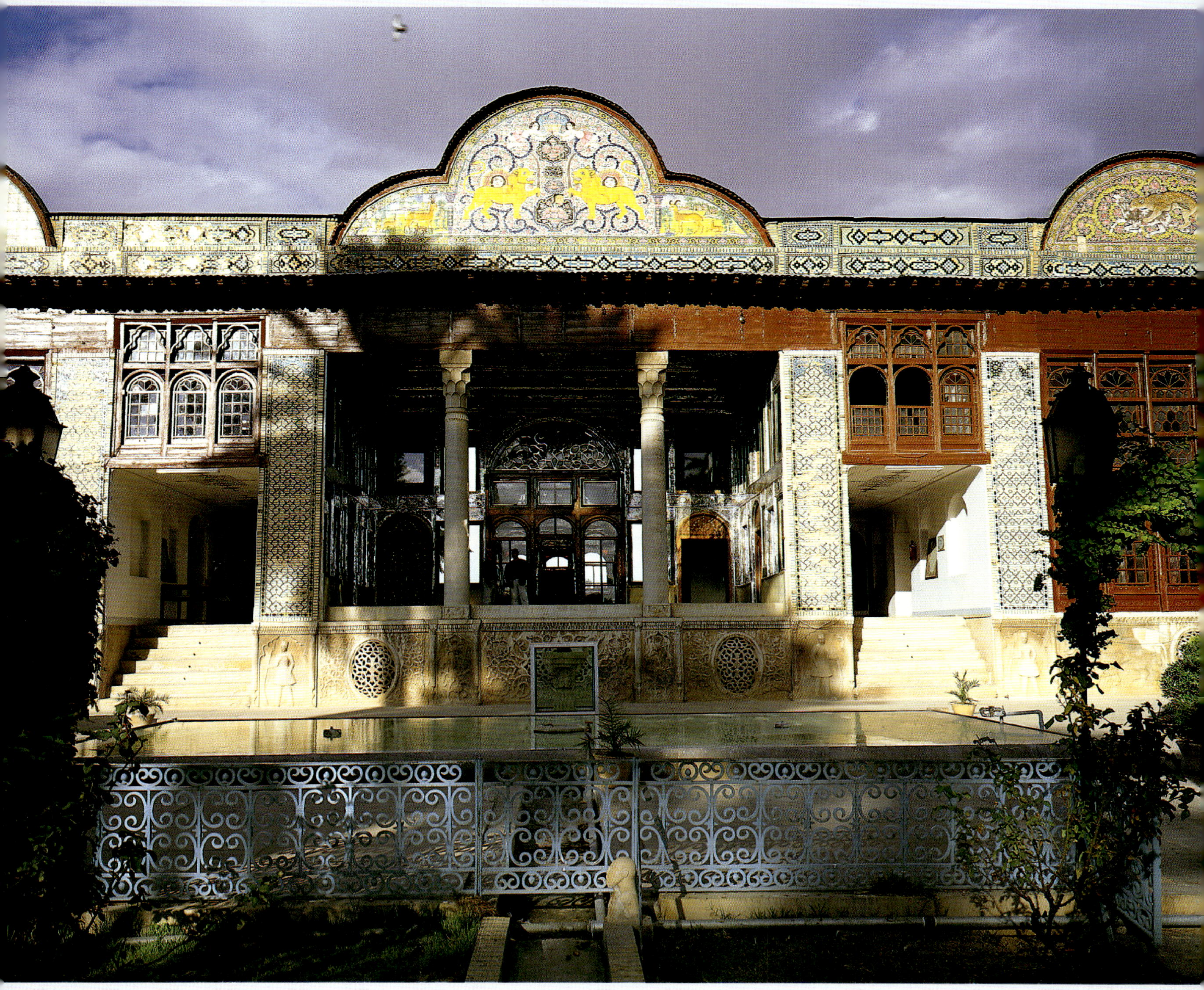

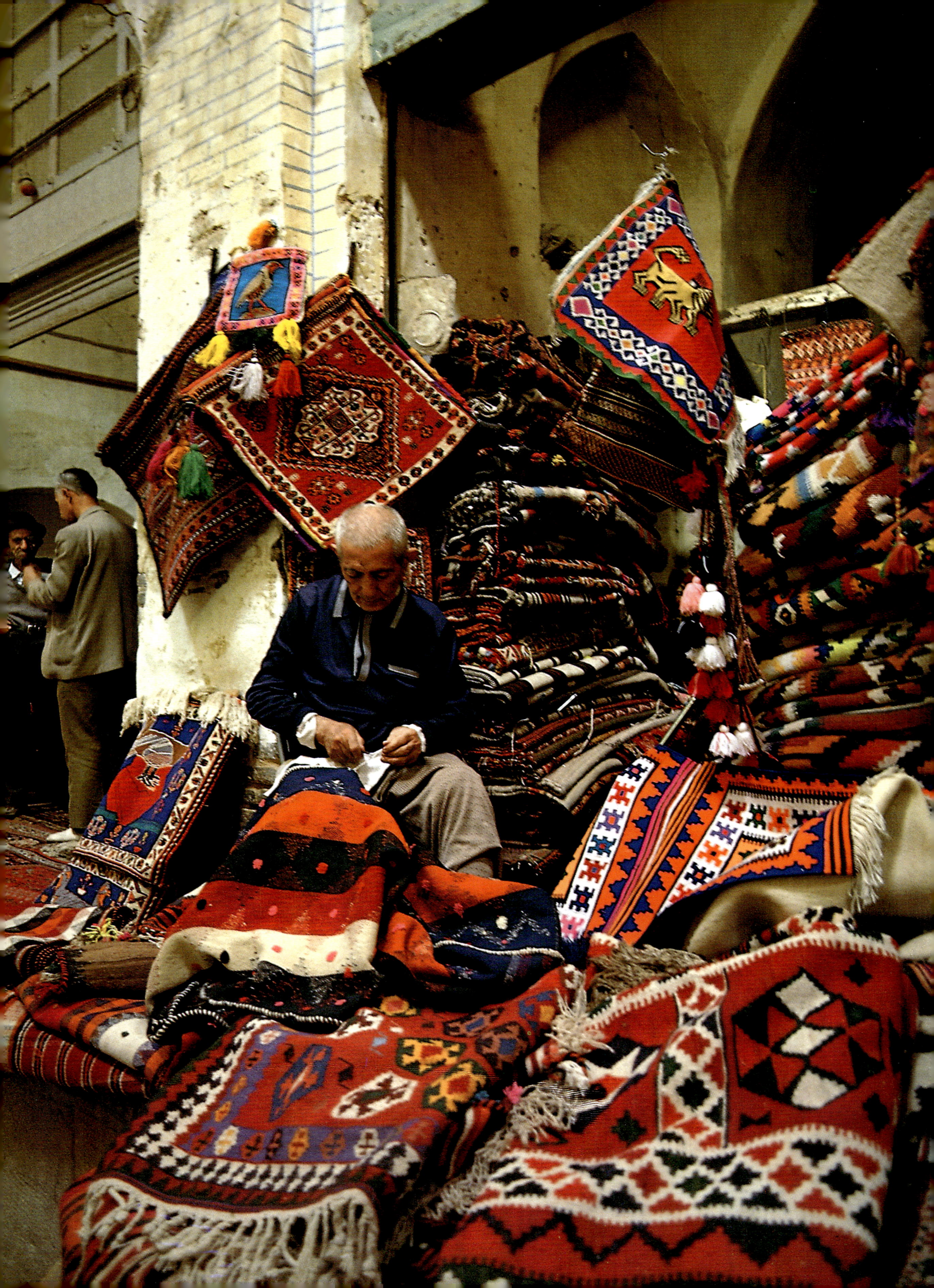

Moshir Mansion

Also known as Golshan mansion, it is located in the vicinity of Vakil Bazaar.

سرای مشیر

سرای مشیر که آن را سرای گلشن می نامند جنب بازار وکیل قرار دارد و از یادگارهای مرحوم میرزا ابوالحسن مشیرالملک است.

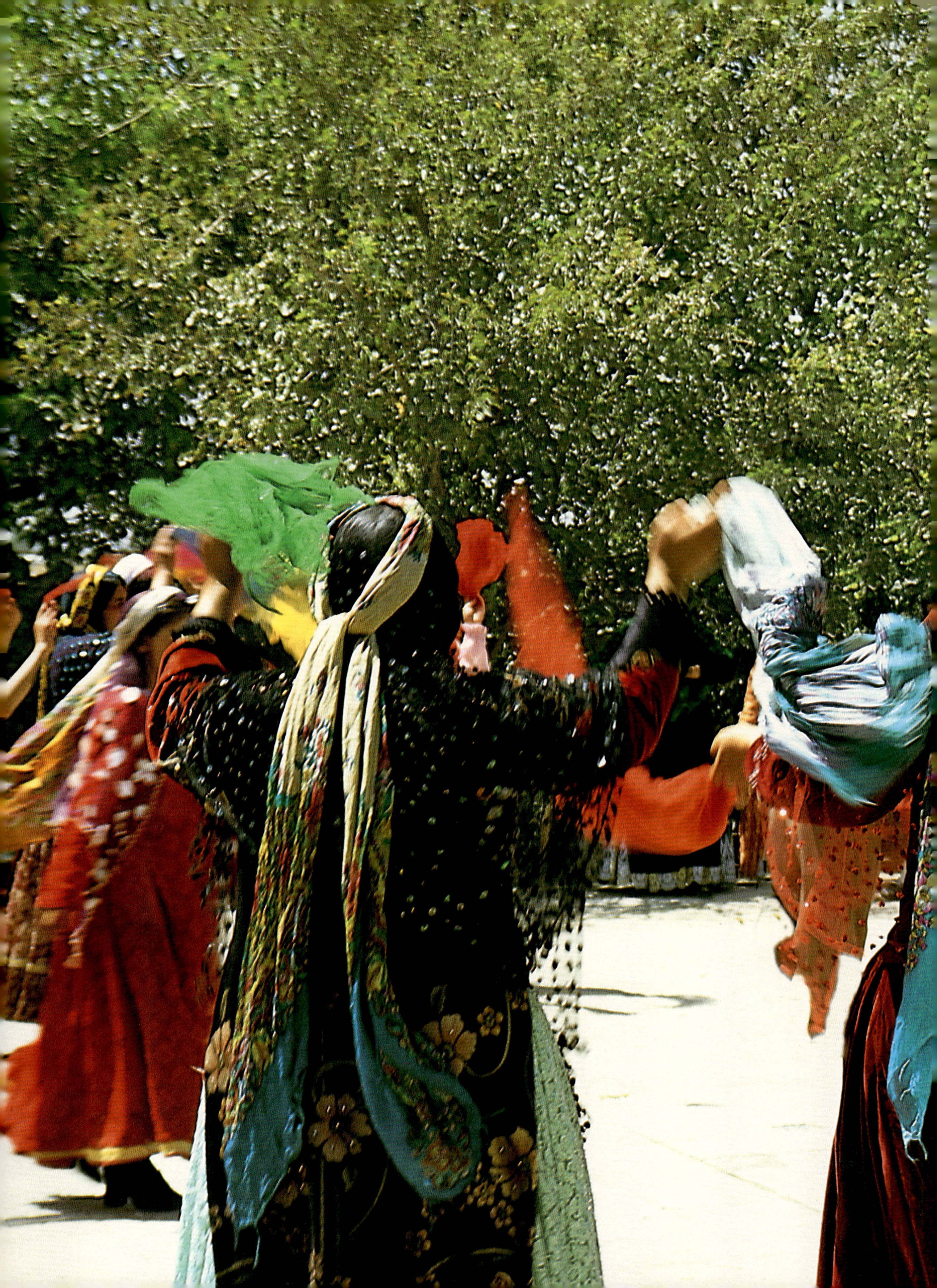

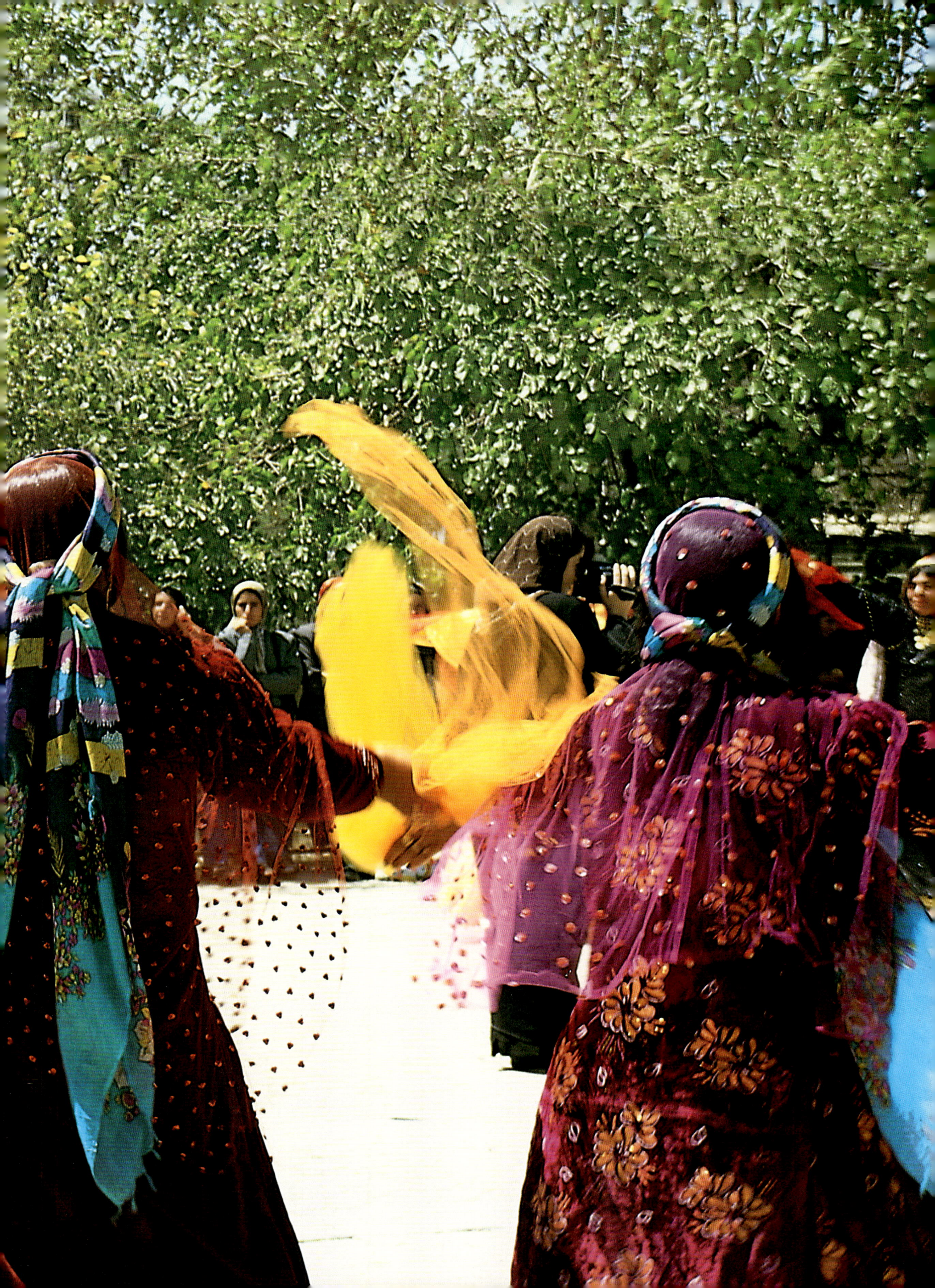

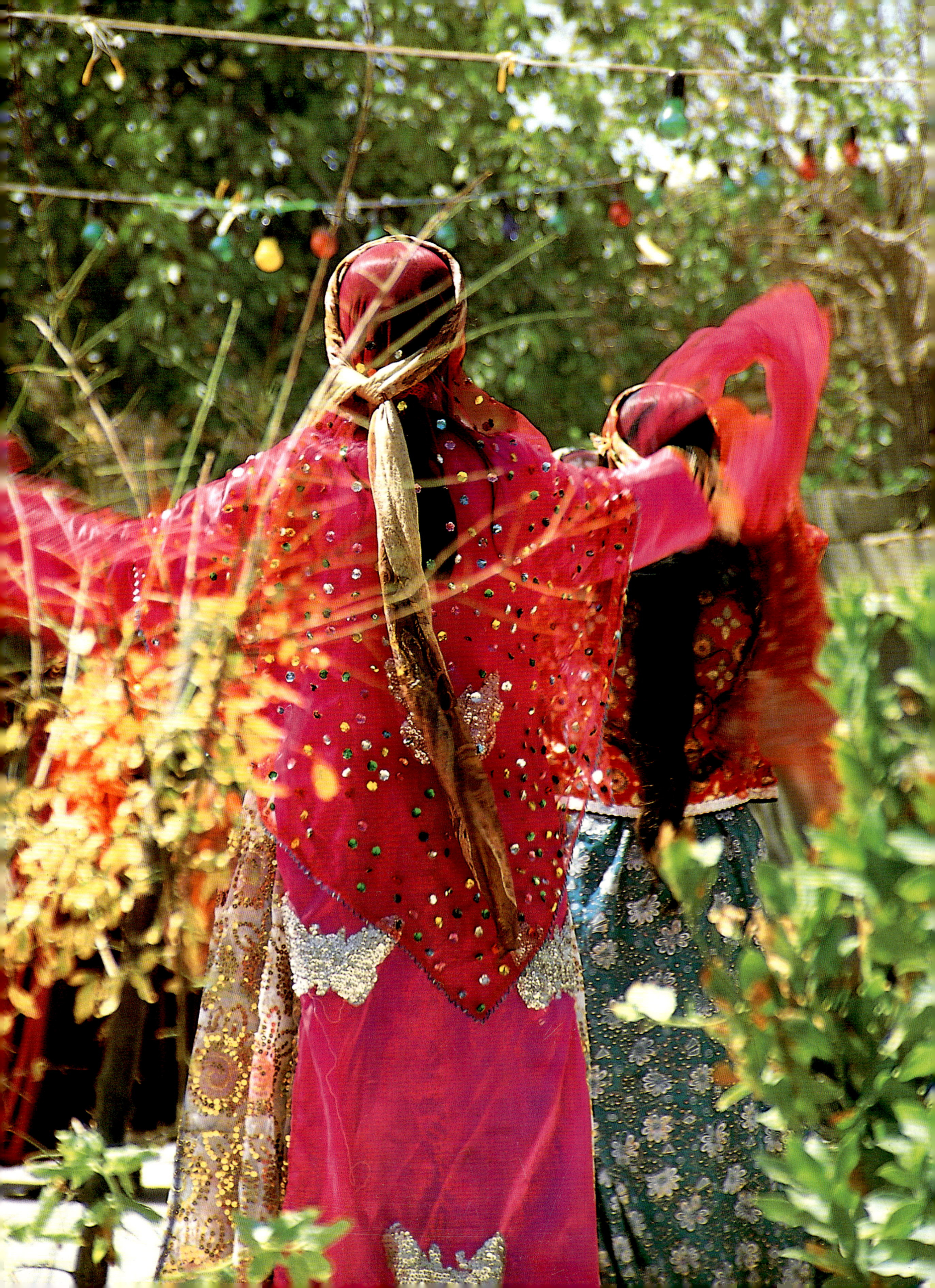

عشایر قشقائی
Qashqa'i Nomads

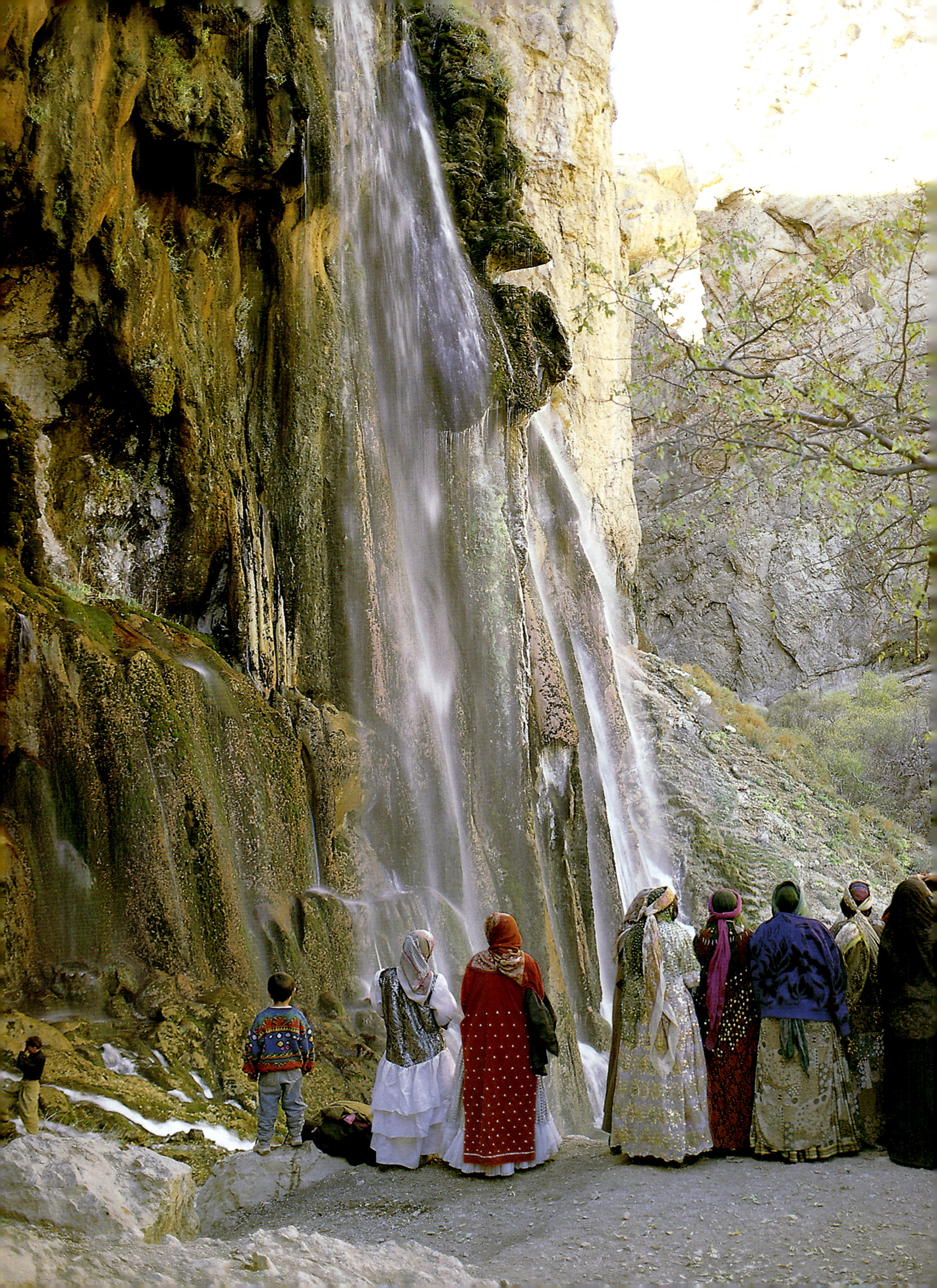

آبشار مارگون

این آبشار حاصل رودخانه کمهد و حوزه آبخیز آن است که از میان صخره ها به طرزی شگفت آور سرازیر می شود. موقعیت طبیعی و چشم اندازهای اطراف آبشار مارگون جلوه های اعجاب انگیزی پدید آورده است.

Margun Waterfall

Flowing mysteriously through the rocks, the waterfall adds to the beauty of surrounding panorama.

Afifabad Garden

With an area of 127000sqm, the Afifabad Garden is one of the most beautiful gardens in Shiraz. It was an important garden dating back to the Safavid Era.

باغ عفیف‌آباد

باغ عفیف‌آباد با وسعتی حدود ۱۲۷/۰۰۰ مترمربع از زیباترین باغ‌های تاریخی شیراز است. این باغ در دوره صفویه از باغ‌های مهم؛ و گردشگاه پادشاهان بوده‌است.
در میان این باغ ـ که «گلشن» نیز نامیده می‌شد ـ عمارتی دوطبقه، آب انبار و زیرزمین ساخته شده‌بود.

Amir Dam

The dam is built over the Kor River towards the 40km of northeastern Shiraz. It is one of the major architectural masterpieces of the early Islamic Era. The dam was commissioned by Amir Ezzodolleh Deylami in 975 C.E.

بند امیر

این بنا در ۴۰ کیلومتری شمال‌شرقی شیراز (۱۵۰ کیلومتری جنوب مرودشت) روی رودخانه کر بنا شده و ازشاهکارهای معماری و مهندسی قرن‌های اولیه اسلامی به شمار می‌آید. این بنا علاوه بر ویژگی‌های فنی برجسته‌ای که‌موجب استحکام و ماندگاری خوب آن شده، دارای کارکردهای مهمی است.

در مسیر رودخانه کر ـ از پل خان تا مصب رودخانه در دریاچه خشک ـ در دوره آل‌بویه سیستمی‌متشکل از شش سد ایجاد شد که بند امیر یکی از مهمترین آنها است آب فراهم آمده از طریق این سدها برای آبیاری‌زمین‌های زراعی، و راه‌اندازی آسیاب‌های آبی مورد استفاده بوده‌است. این سدها همچنین طغیان رود را مهارمی‌کنند.

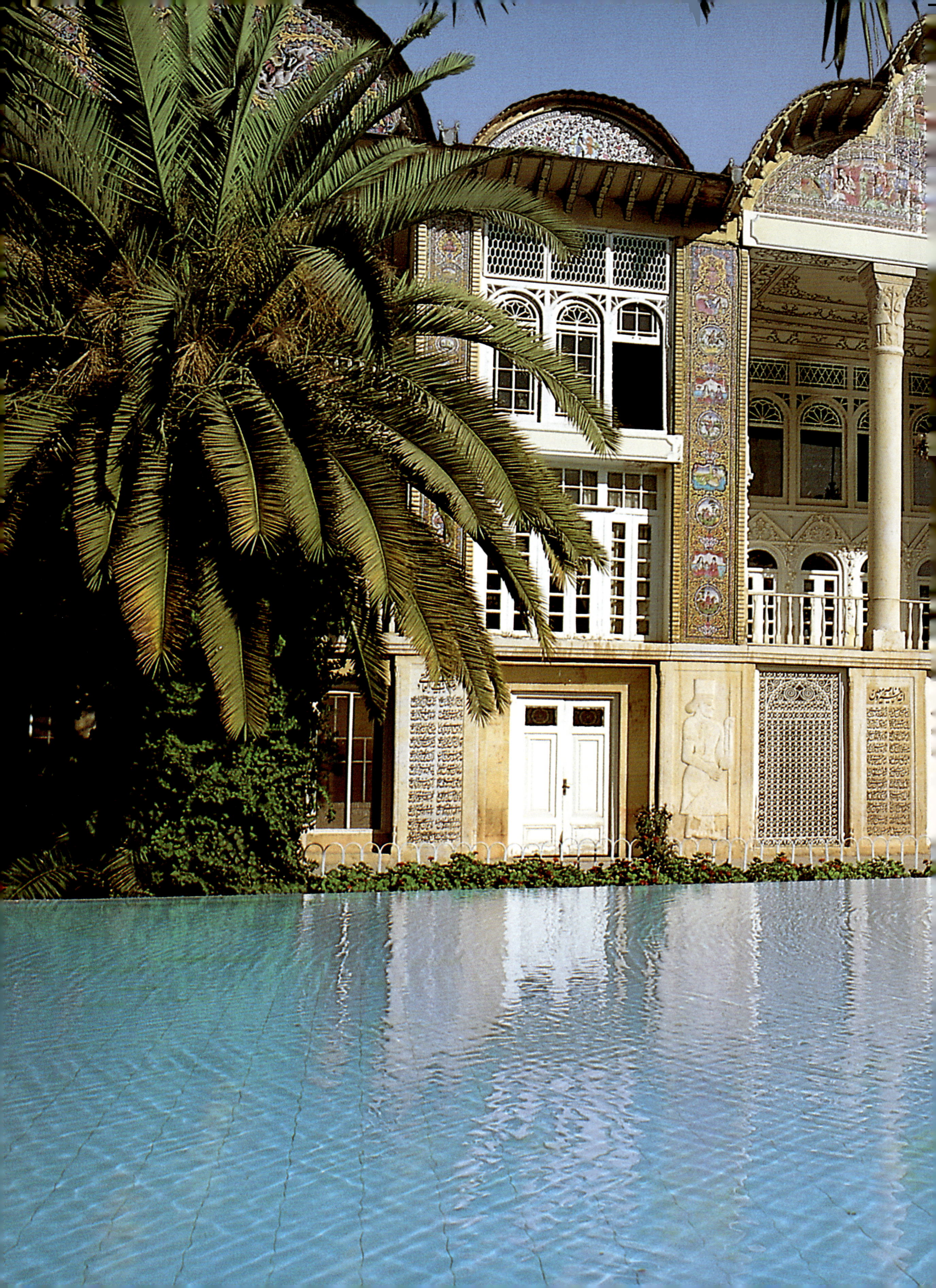

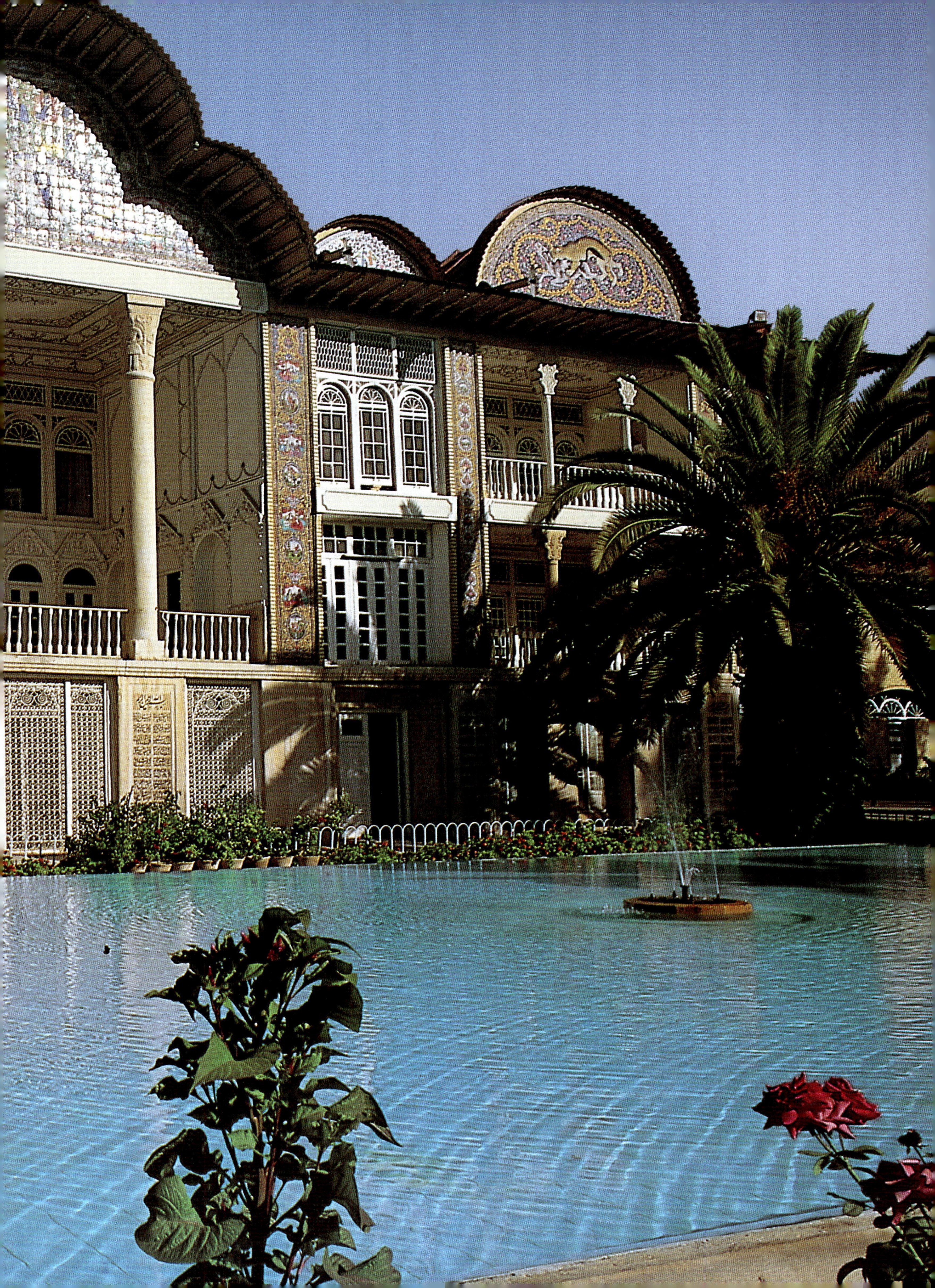

Shapur Statue and Cave

The cave of Shapur is located at Sasan village on the right side of the road by Shapur River, which is six kms from the city of Bishapur in Zagros Mountains in western Iran. The statue of Shapur I is set up inside the cave which belongs to about 1,800 years ago. The opening to the cave is one of the largest in Iran.

About 1400 years ago, after the invasion of Iran by Arabs and collapse of the Sasanid dynasty, this grand statue was pulled down and a part of one of its legs was broken. About 70 years ago, again, parts of his arms were also broken. The statue had been lying on the ground for about 14 centuries when about 30 years ago a group of relics raised it again on its feet and fixed his foot with iron and cement.

To get to the cave, one should enter Tang Chogân through a road exactly off the northern Bishapur and east of the Shapur River. Shapur River originates off Arzhan Mountains and runs into the Persian Gulf. Some 25 kms to Shiraz-Kazerun road, the river passes through a narrow passage called Tang Choogan and continues towards south by the city of Bishapur.

After 6kms on the road by the eastern bank of the river which leads to the Sasan village, there is the cave. A bridge is constructed on the river at Sasan village and the cave is west to the village by the foot of Shapur Mountain (1,560m high). From the road, alongside the river near the divide of the mountain, two caves close to each other can be seen. The triangle shape of one of them is a little bigger than the other one and the bigger opening is the Cave of Shapur. The statue of Emperor Shapur I (CE 241-272), made 1800 years ago, is set up inside the cave. The visitors who have no mountaineering experiences, judging from the opening might think the cave is only a small split on the mountain wall while the cave has one of the biggest openings in Iran.

Near the end of the ascend, a staircase has been built by responsible organizations which is equipped with iron fences to prevent visitors from falling. At the end of the stairs the opening to the cave discloses itself all of sudden.

At the opening you find a flat area 50 by 100 meters. It is in fact a vast hall nearly 12 meters high. The area is a little steep towards the end of the cave and the huge white stony statue of Emperor Shapur I is erected in the middle of it. The statue has suffered many damages in the past 1800 years.

Having passed through a vast area in which the statue is situated the cave extends towards the end with a fast steep. From this spot on there are many corridors and canals to enter which requires one to have a torch or a lantern. This is because in all caves, except for the opening which is lighted, the remaining parts are in grave darkness. It is only possible to see the inside parts using a light.

Lands by Shapur River are used as the summer resort of the great family of Darrehshouri belonging to the Qashqaie tribe. About 70 years ago, one of the young men from the tribe fell in love with a girl. The girl's father asked the young man to prove his bravery. The young man asked what the father required him to do to show his courage. The man wanted him to go to the cave at night and leave a trace there in order to prove he had been there.

The young man proceeded towards the cave immediately. There were no torches or lights at that time. The candles and torches, if any, could be found only in cities but not among Qashqaie tribe who lacked the most basic living facilities even up to four decades ago.

The young man, braving wolves, bears and leopards, covered the distance to the cave in the dark night. He was not thinking of the danger of wild animals attacking him nor fearing the snakes which would leave their nest at the darkness. Only one picture kept coming to his mind and that was the picture of his beloved one with her wavy, flowery skirt and the beautiful scarf she fastened under her chin with a pin.

Surpassing many hardships, the young man reached the cave. In that grave darkness he found the fallen statue. He sat up beside the statue to nail a stick he had brought with him to prove he had been there. The traditional costume Qashqaie men wear has a very long tail reaching down to their ankles. When the young man sat by the statue the tail of his costume stretched on the ground. Not recognizing anything in the darkness, he nailed the cloth to the ground together with his stick. The deeper the nail went, the picture of his beloved grew brighter before his eyes and he felt closer to her every moment. After making sure that the nail had been fixed, he decided to rise up and return to his village. The moment he moved, he realized he had been fastened

The naive young man, thinking the statue was holding him, got a heart failure and died by the side of statue. The people waited for him until morning, and then getting disappointed, they rushed towards the cave. The young man's ignorant brother, facing the dead body of his brother by the statue, thought he had caused his death and threw big stones at it until one of its arms was broken!

مجسمه و غار شاپور

در فاصله چهارکیلومتری بیشاپور در سینه کوه داخل تنگه، غار بزرگی وجوددارد که در مدخل ورودی آن، مجسمه عظیم شاپور اول ساسانی از ستون سنگی موجود در مدخل غار تراشیده شده‌است. این مجسمه از شاهکارهای هنری ساسانی است و با مهارت خاصی ساخته شده. ارتفاع این مجسمه که از سنگ یک پارچه ساخته‌شده، به هفت مترمی‌رسد. سروبدن مجسمه به حالت اصلی باقی‌مانده و دست‌ها و پاهای آن شکسته است. این مجسمه که به دلایل وزن زیاد واژگون شده‌بود، در سال ۱۳۳۶ در جایگاه اصلی خود نصب شد.

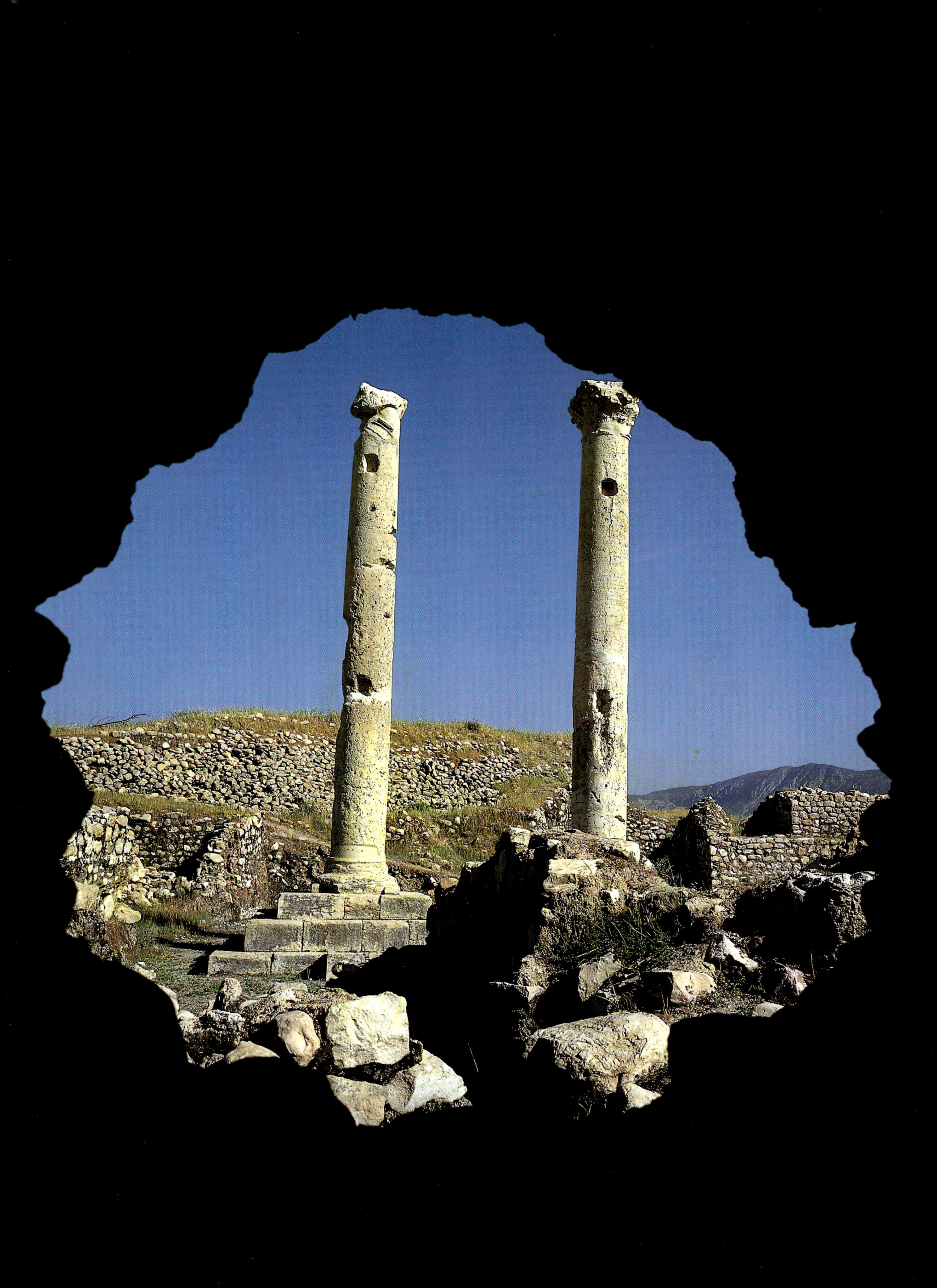

Persepolis

Old Persian Parsa, modern Takht-e Jamshid, or Takht-i Jamshid (Persian: Throne of Jamshid) an ancient capital of the Achaemaenian kings of Iran (Persia), located about 32 miles (51 km) northeast of Shiraz in the region of Fars in southwestern Iran. The site lies near the confluence of the small river Pulvar (Rudkhaneh-ye Sivand) with the Rud-e Kor. Though archaeologists have discovered evidence of prehistoric the burial place of Cyrus the Great. Built in a remote and mountainous region, Persepolis was an inconvenient royal residence, visited mainly in the spring. The effective administration of the Achaemaenian Empire was carried on from Susa, Babylon, or Ecbatana. This accounts for the Greeks being unacquainted with Persepolis until Alexander the Great's invasion of Asia. In 330 BC Alexander plundered the city and burned the palace of Xerxes, probably to symbolize

settlement, inscriptions indicate that construction of the city began under Darius I the Great (reigned 522–486 BC), who, as a member of a new branch of the royal house, made Persepolis the capital of Persia proper, replacing Pasargadae, the end of his Panhellenic war of revenge. In 316 BC Persepolis was still the capital of Persis as a province of the Macedonian empire. The city gradually declined in the Seleucid period and after, its ruins attesting its ancient glory. In the 3rd century

محوطه تاریخی تخت جمشید

تخت جمشید در دامنه کوه رحمت در ۵۷کیلومتری شمال شهر شیراز و مرودشت قرار گرفته و ۱۷۷۰متر از سطح دریا ارتفاع دارد. مساحت صفه تخت جمشید روی‌هم‌رفته ۱۲/۵۰۰متر‌مربع است، البته مساحت زمان آبادانی آن بیش از این بوده.
از تاریخ ساخت تخت جمشید اطلاع دقیقی در دست نیست. اما از لوحه طلا و نقره کشف شده در تخت‌جمشید مشخص شده‌است که ساخت تخت جمشید در ۵۱۸پیش از میلاد، همزمان با اوج اقتدار حکومت پارس آغازشد. داریوش اول برای نشان‌دادن شکوه و قدرت فرمانروایی خود و از سوی دیگر برای برپایی جشن‌های ملی ومذهبی چون نوروز، دستور داد تا با تسطیح دامنه کوه و ایجاد صفه‌ای عظیم، کاخ مجللی در آنجا بنا کند. دوره شکوه وآبادی تخت

جمشید ۲۰۰سال به طول انجامید.
عملیات ساختمانی از قسمت جنوبی صفه آغاز شد و نخست بخشی از خزانه و کاخ تچرا- یعنی کاخ اختصاصی‌داریوش و تالار بزرگ بارعام (کاخ آپادانا) ساخته شد. این ساخت‌وساز در دوران پادشاهی داریوش اول، خشایارشاه و اردشیر اول- بین سال‌های ۵۰۰ تا ۴۵۰پیش از میلاد- به طول انجامید. در زمان پادشاهی اردشیر سوم از ۴۰۴تا ۳۵۹پیش از میلاد بخش دیگری از این مجموعه عظیم بنا شد. تخت جمشید در دوره داریوش سوم در سال ۳۳۰پیش از میلاد به دست اسکندر مقدونی به آتش کشیده شد.
مجموعه تخت جمشید شامل کاخ‌ها، بخش‌های خدماتی، حصارها، شبکه آبرسانی و مقبره‌های دو پادشاه است. هر کاخ به تناسب ابعاد و موقعیت آن، کاربرد ویژه‌ای داشت و مجسمه‌ها، نقش‌های برجسته سنگی و آجرهای‌لعاب‌دار در بنای داخلی و خارجی کاخ برای تزیین به کار رفت. تمام نقش‌های تخت جمشید ابتدا رنگ‌آمیزی‌شده‌بود، و هنوز آثار این رنگها بر روی برخی از نقش‌ها باقی است. همچنین بسیاری از طرح‌ها و حتی ستون‌ها باورقه‌های طلا و نوارطلایی تزیین شده‌بود. و روی نقش‌های شاه و تاج او جواهرات قیمتی کار گذاشته شده‌بود.
«تخت جمشید» نامی است که مورخان اسلامی بر این مجموعه نهاده‌اند، اما نخستین نام تخت جمشید به نام ملت‌سرنشین پارس «پارسه کرته» بود. علاوه بر این، نام این کاخ در الواح گلی و نیز در کتیبه بالای سردر سنگی تالارورودی تخت جمشید «پارسه» ذکر شده‌است. تخت جمشید در دوره ساسانیان «ست ستون» (صد ستون) نامیده‌می‌شد. یونانیان آن را «پرسپولیس» (شهر پارسه) می‌نامیدند.

AD the nearby city of Istakhr became the centre of the Sasanian Empire. The site is marked by a large terrace with its east side leaning on the Kuh-e Rahmat (Mount of Mercy). The other three sides are formed by a retaining wall, varying in height with the slope of the ground from 13 to 41 feet (4 to 12 m); on the west side a magnificent double stair in two flights of 111 easy stone steps leads to the top. On the terrace are the ruins of a number of colossal buildings, all constructed of a dark gray stone, (often polished to the consistency of marble) from the adjacent mountain. The stones, of great size, cut with the utmost precision, were laid without mortar, and many of them are still in place. Especially striking are the huge columns, 13 of which still stand in Darius the Great's audience hall, known as the Apadana, the name given to a similar hall built by Darius at Susa. There are two more columns still standing in the entrance hall of the Gate of Xerxes, and a third has been assembled there from its broken pieces. In 1933 two sets of gold and silver plates recording in the three forms of cuneiform, Ancient Persian, Elamite, and Babylonian, the boundaries of the Persian Empire were discovered in the foundations of Darius' hall of audience. A number of inscriptions, cut in stone, of Darius I, Xerxes I, and Artaxerxes III indicate to which monarch the various buildings are to be attributed. The oldest of these on the south retaining wall gives Darius' famous prayer for his people: "God protect this country from foe, famine and falsehood."

There are numerous reliefs of Persian, Median, and Elamite officials, and 23 scenes separated by cypress trees depict representatives from the remote parts of the empire who, led by a Persian or a Mede, made appropriate offerings to the king at the national festival of the vernal equinox.

Behind Persepolis are three sepulchers hewn out of the mountainside; the facades, of which one is incomplete, are richly ornamented with reliefs. About 8 miles (13 km) north by northeast, on the opposite side of the Pulvar River, rises a perpendicular wall of rock in which four similar tombs are cut at a considerable height from the bottom of the valley. This place is called Naqsh-e Rostam (the Picture of Rostam), from the Sasanian carvings below the tombs, which were thought to represent the mythical hero Rostam. That the occupants of these seven tombs were Achaemaenian kings might be inferred from the sculptures, and one of those at Naqsh-e Rostam is expressly declared in its inscriptions to be the tomb of Darius I, son of Hystaspes, whose grave, according to the Greek historian Ctesias, was in a cliff face that could be reached only by means of an apparatus of ropes. The three other tombs at Naqsh-e Rostam, besides that of Darius I, are probably those of Xerxes I, Artaxerxes I, and Darius II. The two completed graves behind Persepolis probably belong to Artaxerxes II and Artaxerxes III. The unfinished one might be that of Arses, who reigned at the longest two years, but is more likely that of Darius III, last of the Achaemaenian line, who was overthrown by Alexander the Great.

کاخ دروازه ملل

بالای پلکان ورودی چپ، به فاصله ۲۲متر از لبه صفه، کاخ کوچکی وجوددارد که «دروازه ملل» نامیده می‌شود. نمایندگان همه ملت‌های شاهنشاهی هخامنشی، نخست وارد این کاخ شدند و روی سکوی سنگی پیش‌بینی شده‌در اطراف کاخ به انتظار ورود می‌نشستند. این بنا به فرمان خشایارشاه ساخته شده و شامل تالاری با دیوارهای خشتی‌بزرگ و سه درگاه عظیم :درگاه غربی به سوی پلکان ورودی، درگاه شرقی توسط یک خیابان به سوی کاخ صدستون، ودرگاه جنوبی با عبور از یک حیاط مرکزی به کاخ آپادانا ارتباط پیدا می‌کند. مساحت این تالار ۶۱۲/۵مترمربع است. دردوطرف درگاه غربی، دو گاو عظیم جرزهای درگاه را بر پشت خود نگاه می‌دارند. روی آنها به طرف دشت و پاهای عقب آن‌هادر حال حرکت است این دو گاو، بزرگترین حجاری تخت‌جمشید است.

در بالای سر اینها، بر جبهه درونی، سنگ نبشته‌ای در سه خط و سه زبان از خشایارشاه وجود دارد که در آن‌آمده‌است :«گوید خشایارشاه این دروازه همه ملت‌ها را من به خواست اهورامزدا ساختم.»

دیوارهای تالارملل با کاشی‌های رنگین سبز، آبی و نارنجی و دیگر رنگها پوشیده شده‌بود که نمونه‌های آن در موزه‌ساسانی موجوداست.

در درگاه شرقی، مجسمه‌هایی از سر انسان با تنه گاو و بال عقاب دیده می‌شود.

کعبه زرتشت

در برابر کوه نقش رستم [در ۲۱۵کیلومتری تخت جمشید]در قسمتی گود، ساختمان مکعب زیبایی قرار دارد که آن‌را کعبه زرتشت - پیامبر ایران باستان - می‌نامند.

این ساختمان بسیار هنرمندانه از قطعه‌های بزرگ سنگ، بنا شده‌است. مهارت و دقتی که در برش و حجاری‌سنگ‌های حجیم سفید و سیاه به کار رفته است «استادی هنرمندان و سبک معماری دوره هخامنشی را به خوبی نشان‌می‌دهد.»

در بالای ساختمان کعبه زرتشت بنای اتاقی در اندازه ۲/۵ ۲ ۲/۵دیده می‌شود که به نظر بعضی از مورخان محل‌نگهداری کتاب اوستا بوده‌است که بر دوازده هزارپوست گاو نوشته شده‌بود. بعضی معتقدند که این اتاق محل‌نگهداری آتش مقدس بوده‌است و گروهی دیگر بر این باورند که این اتاق آرامگاه بردیا پسر کورش بوده که به دست‌برادرش کشته شد. در دوره ساسانی در این اتاق اسناد مهمی نگهداری می‌شد.

The Ka'bah-i-Zardusht

Facing the cliffs of Naqsh-i-Rustam and their royal tombs stands the Ka'bah-i-Zardusht, which was probably built in the first half of the sixth century B.C. This square tower, forty-one feet high and twenty-four feet square, rises from a terraced platform. It is constructed of large blocks of limestone joined without mortar and held together by means of iron cramps. Stone steps lead up to the entrance, which opens into a large single room. Scholarly opinions about the purpose of the Ka'bah are divided. Some think that it was the burial place of an early Achaemaenian king; others, that it was later used as a fire temple of the goddess Anahita, where the Sasanian kings were crowned.

In 1936 excavations of the tower uncovered a Sasanian trilingual inscription, in Middle Persian, Greek, and Parthian, that Shapur I had had engraved on three sides of the structure. In it he described his three victorious campaigns against Rome (between 243 and 260 A.D.). Scholars today accept this description as historical fact. It is also an important record, for this was the last time that Greek was used in Iranian inscriptions.

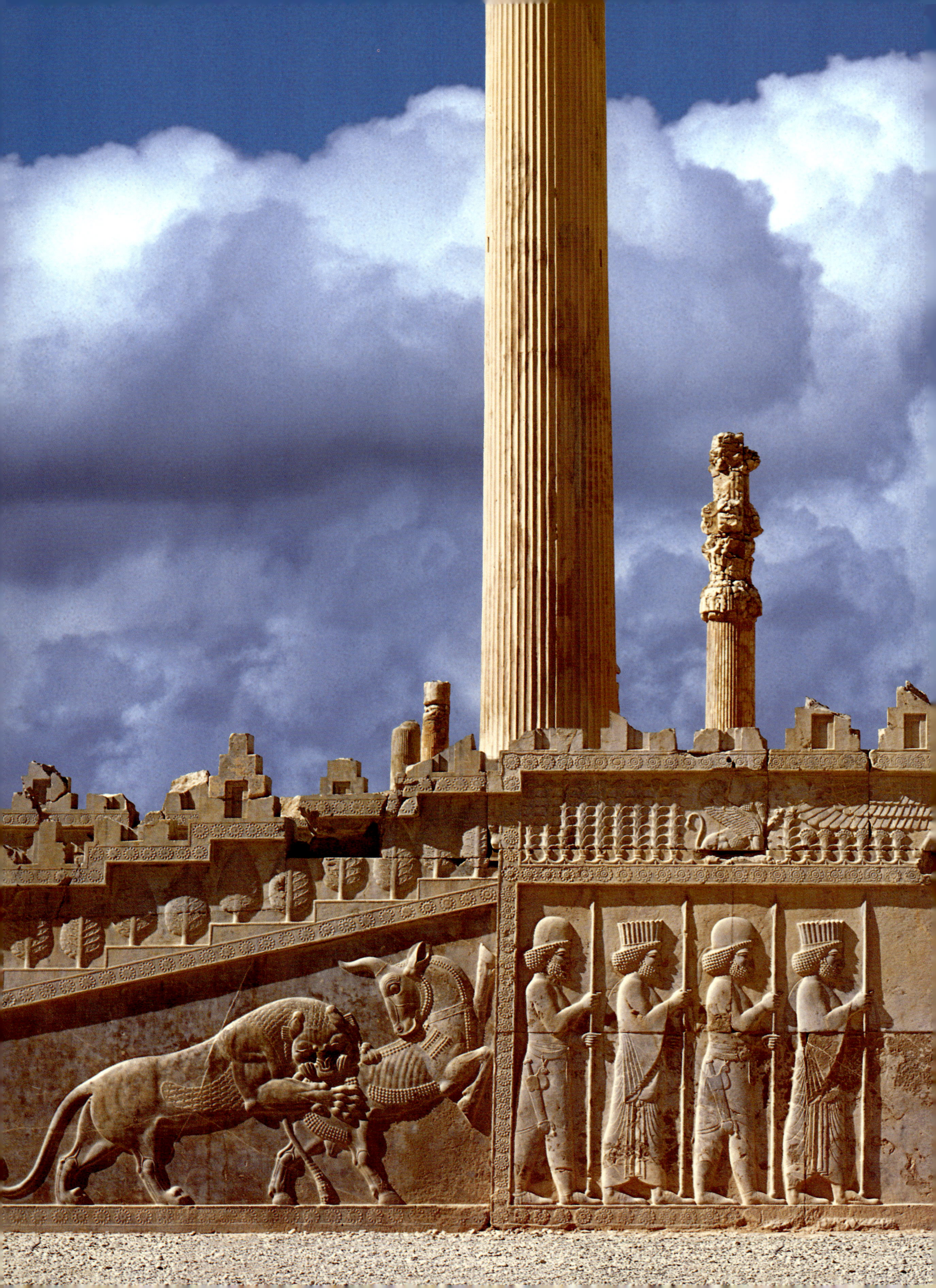

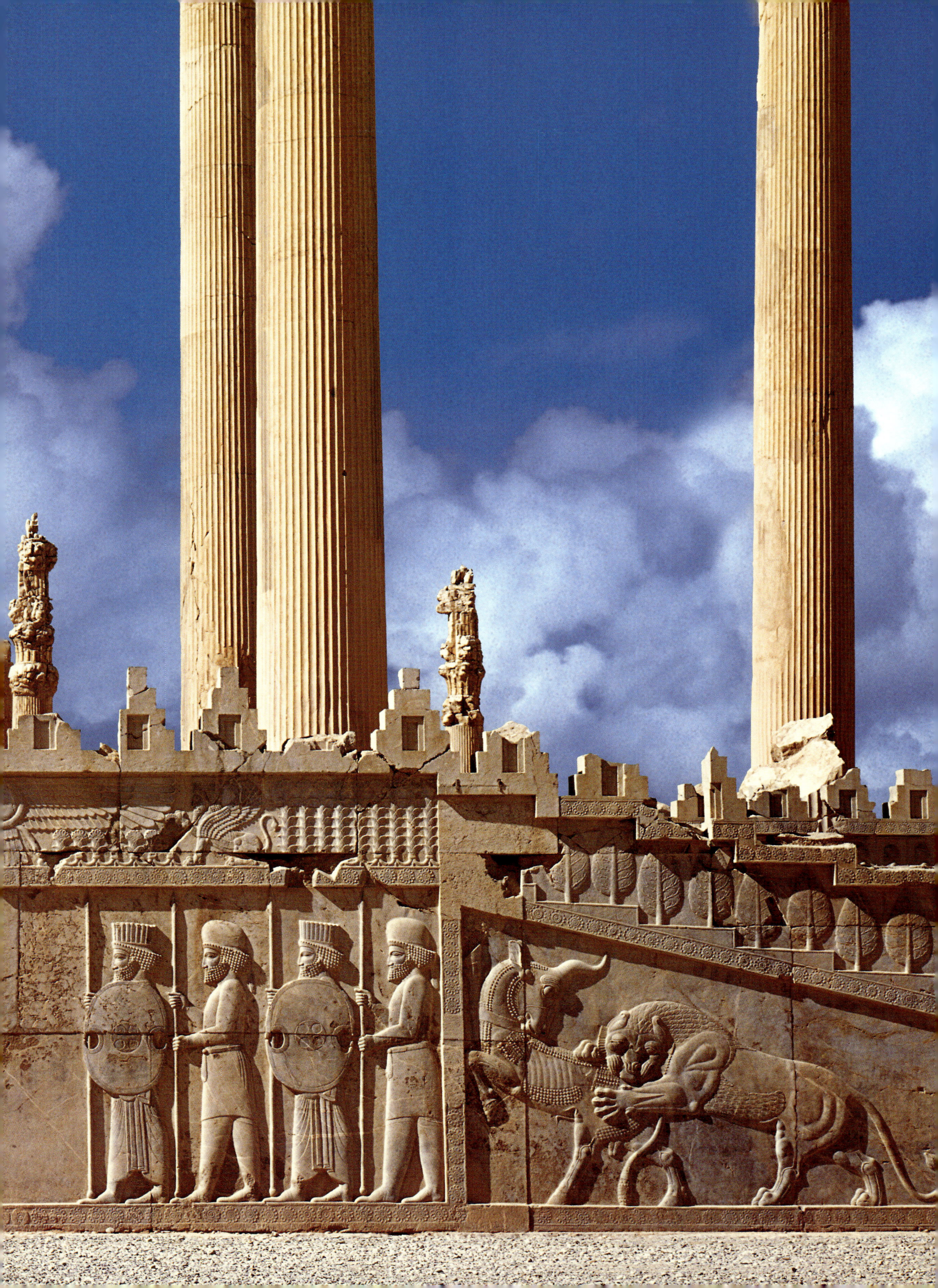

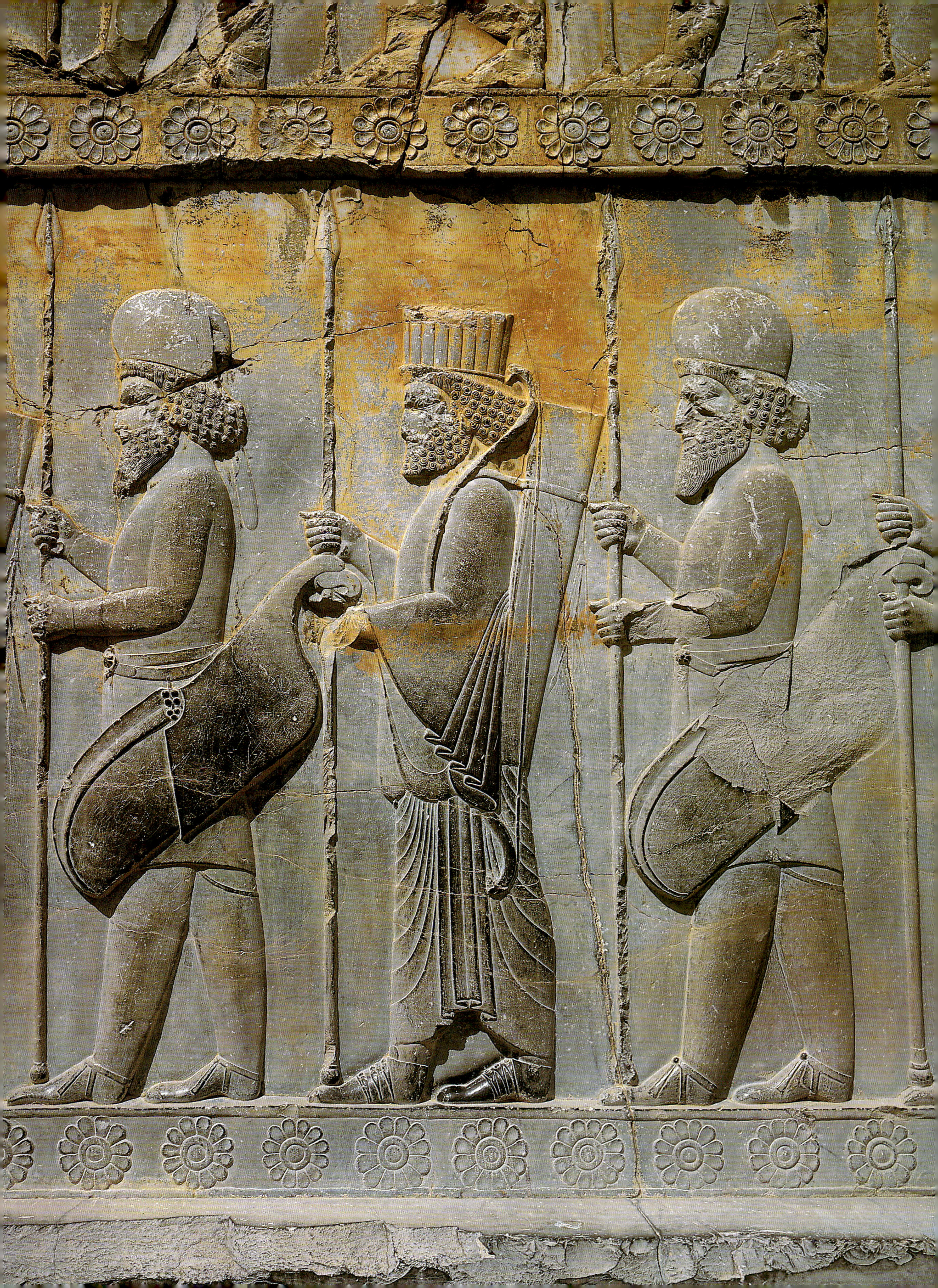

The Staircase

Access to the platform is by a monumental double ramped ceremonial staircase, carved from massive blocks of stone (five steps are carved from a single block seven meters long), and shallow enough for the most important guests to be able to ride up on their horses. The stairs were closed at the top with gates whose hinges fitted into sockets in the floor, seen at the top of the left or northern flight. The staircase landing is L-shaped; a corner of the platform jutting into it, reducing its surface by one-forth. This is functionally irrational, but serves a religious purpose, since it forms with the edge of the platform and the Gate of All Nations a ziggurat symbol in bird's eye view for god to behold.

Trumpeters standing at the top of the staircase in front of the Gate of All Nations announced the arrival of delegations. Portions of the bronze trumpets are preserved in the Persepolis Museum. The Persian and Median ushers received the delegations, led them through the Gate of All Nations to the Hundred Column Palace to the presence of the King.

پلکان ورودی

ورودیه صفه تخت جمشید از دو ردیف پله تشکیل شده که به‌صورت قرینه در دو سوی صفه و در ضلع جنوبی آن‌قرار دارند. هر ردیف از ۶۳پله تشکیل شده که به پاگرد بسیار وسیعی منتهی می‌شود و با چرخش ۱۸۰درجه، مجدداً ۴۸پله دیگر به صفه راه می‌یابد. و به این ترتیب در هر سمت ۱۱۱پله قرار دارد. هرپله ۶/۹۰متر طول ۳۸سانتی‌متر پهنا و ۱۰سانتی‌متر ارتفاع دارد. در مورد این پله‌های پهن و کوتاه، گفته‌اند که در زمان‌آبادانی تخت جمشید، سوار بر اسب از پله‌ها بالا می‌رفتند. این نظر درست نیست، چون سواره رفتن به داخل کاخ‌شاهی ممنوع بود. بعضی نیز عقیده دارند که پهن و کوتاه‌بودن پله‌ها برای آن بود که بزرگان اداری و سپاهی بتوانندهم‌گروه و گفت‌وگوکنان از پله‌ها بالا بروند. درست همانطورکه این بزرگان بر پلکان آپادانا و کاخ مرکزی به تصویردرآمده‌اند.

The statue of Homa, the legendary luck bird | مجسمه مرغ سعادت، هما

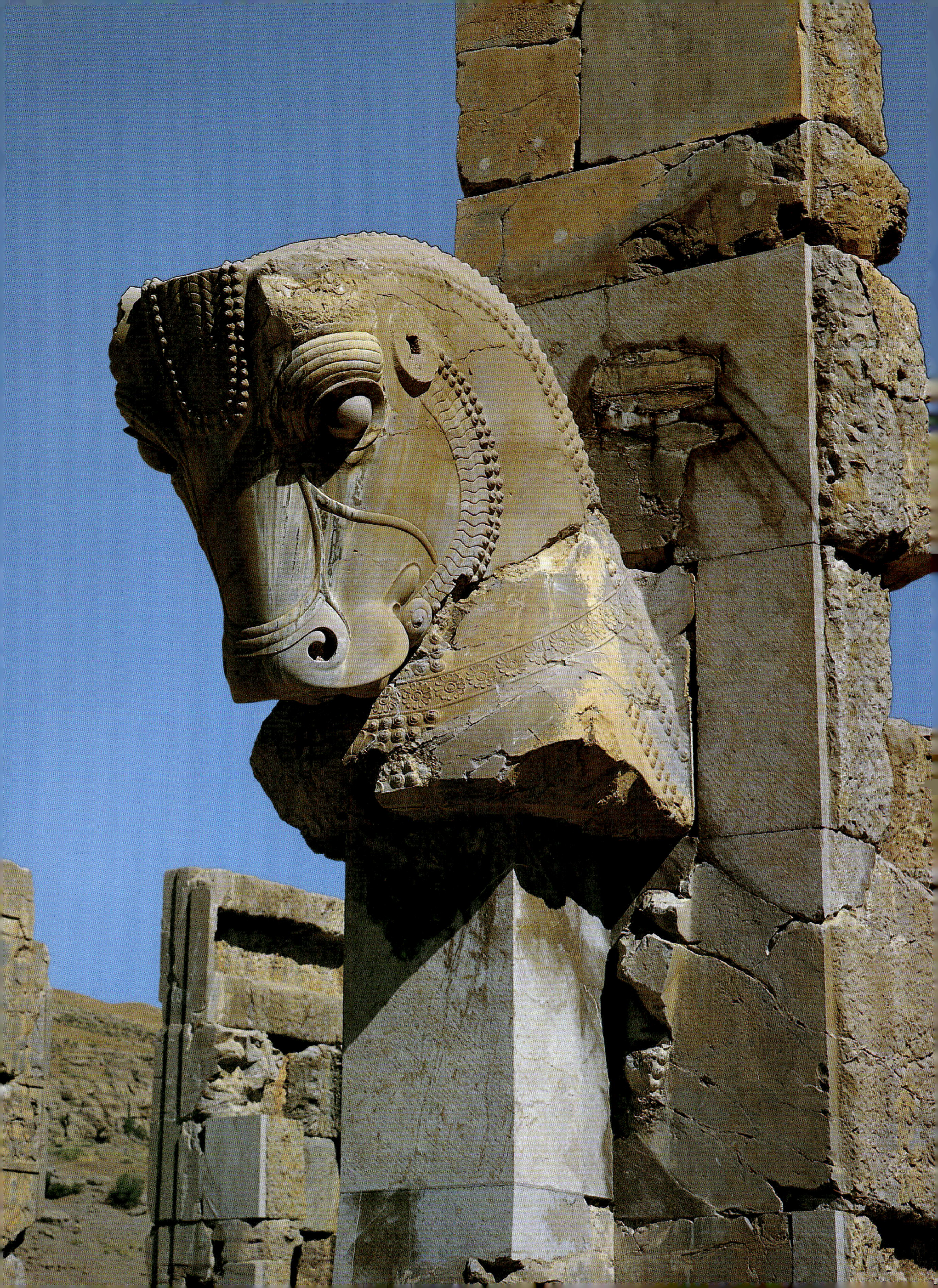

Palace of Gate of Nations

To the north of the Apadana stands the impressive Gate of Xerxes, from which a broad stairway descends. Xerxes, who built this structure, named it "The Gate of The Nations" for all visitors had to pass through this, the only entrance to the terrace, on their way to the Throne Hall to pay homage to the king. The building consisted of one spacious room whose roof was supported by four stone columns with bell-shaped bases. Parallel to the inner walls of this room ran a stone bench, interrupted at the doorways.

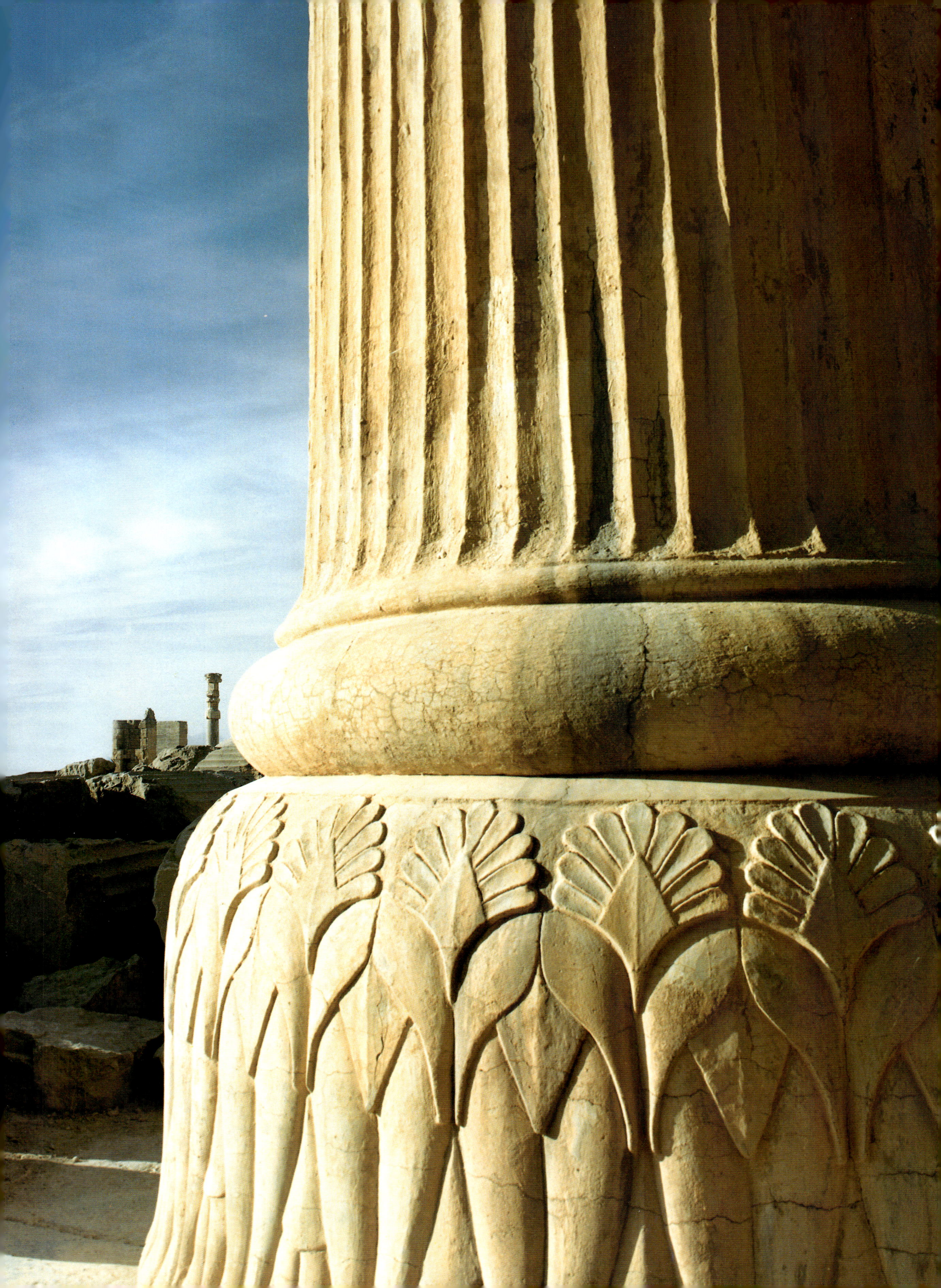

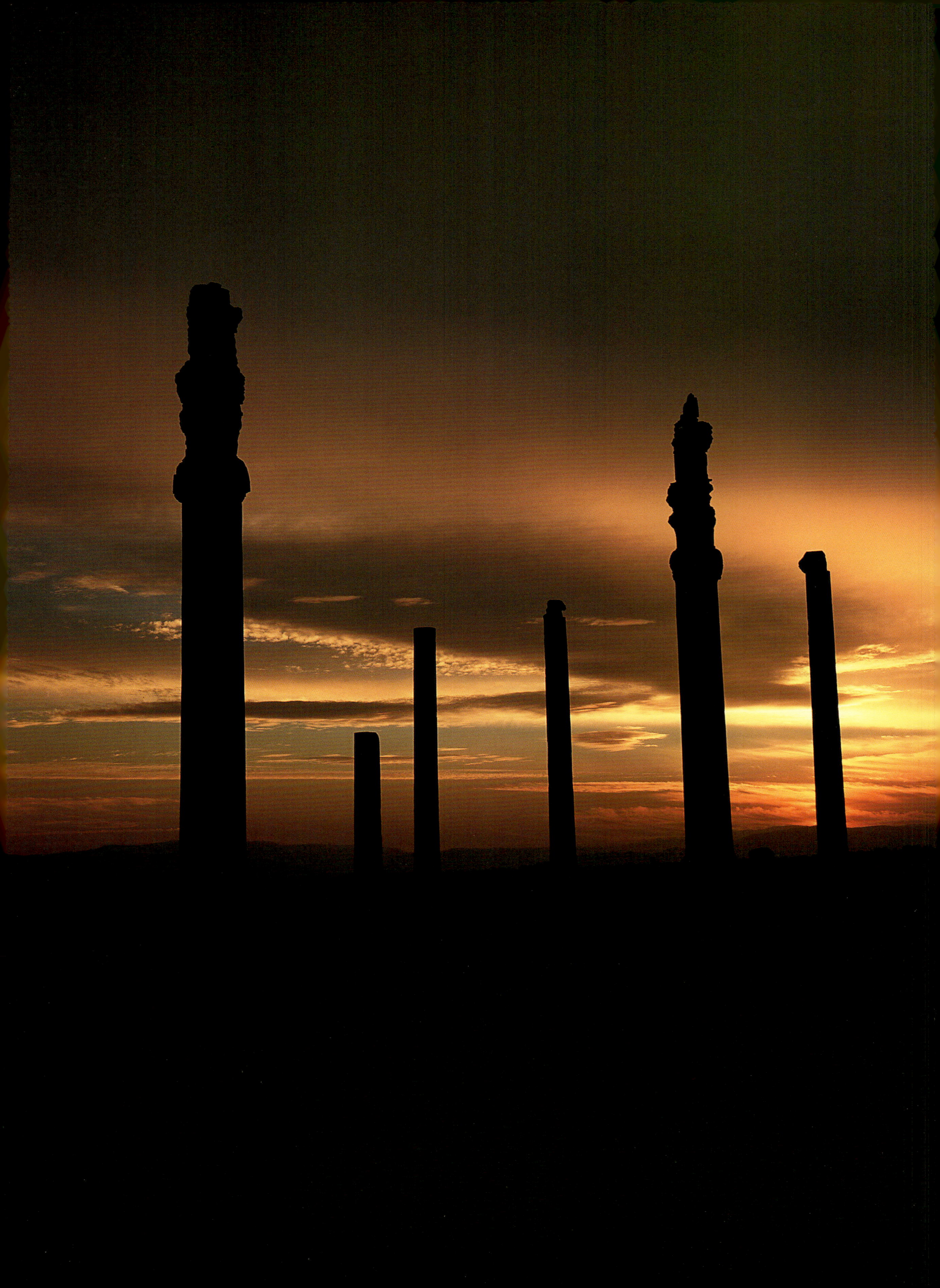

کاخ آپادانا

بزرگترین و باشکوه‌ترین کاخ تخت جمشید، کاخ داریوش (آپادانا) است که بنای آن در زمان داریوش آغاز شد و درزمان خشایارشاه پایان یافت.

در کاخ آپادانا یا کاخ بارعام، شاه نمایندگان ملل تابع را برای بارعام نوروزی به حضور می‌پذیرفت. این کاخ دارای‌یک تالار مرکزی چهارگوش با ۲۶ستون به بلندی ۱۹/۶۵متر و سه ایوان شمالی و شرقی و غربی است که هریک‌دارای ۱۲ستون است. در جنوب چهار برج در چهار گوشه بیرونی تالار و چند اتاق نگهبان قرار دارد.

ایوان شمالی ۱۵۰۰مترمربع مساحت دارد و سطح آن ۳متر بلندتر از حیاط آپادانا است. یک پلکان دوسویه ازحیاط به ایوان شمالی راه دارد. در دو سوی دیوار این پلکان، نقش‌هایی زیبا حک شده که از شاهکارهای هنرهخامنشی است در پیش بست بزرگ یا قسمت عقب پلکان، ۲۳گروه نمایندگان در سه ردیف نشان داده شده و درقسمت شمالی، بزرگان ایرانشهر و میرآخوران و سربازان گارد جاویدان نقش شده‌اند. هریک از بزرگان، گل یا غنچه‌نیلوفر آبی به دست دارد و در دست بعضی دیگر، اشیایی مشاهده می‌شود که احتمالا سیب یا تخم‌مرغ رنگی است.که از علائم نوروز به شمار می‌آیند.

گروه نمایندگان از ملل تابعه حکومت هخامنشی هستند، از جمله :مادی‌ها، خوزی‌ها، هراتی‌ها، رخجی‌های افغانستان، مصری‌ها، بلخی‌ها، ارمنی‌ها، بابلی‌ها، آشوری‌ها،سکائیان، قندهاری‌ها و... در پشت‌بست کوچک یا قسمت جلو پلکان، یک مجلس نشان داده شده که در دو سوی آن دو ابوالهول به شکل‌شیری یال‌دار با سر یک انسان تاج‌دار روبروی هم نشسته‌اند. علاوه بر آن، یک ردیف کاج و سرو، و همچنین شیری که‌گاو نری را می‌درد، نقش شده‌است.

Apadana Palace

By far the largest and most magnificent building is the Apadana, begun by Darius and finished by Xerxes, that was used mainly for great receptions by the kings. Thirteen of its seventy-two columns still stand on the enormous platform to which two monumental stairways, on the north and on the east, give access. They are adorned with rows of beautifully executed reliefs showing scenes from the New Year's festival and processions of representatives of twenty-three subject nations of the Achaemenid Empire, with court notables and Persians and Medes, followed by soldiers and guards, their horses, and royal chariots. Delegates in their native attire, some completely Persian in style, carry gifts as token of their loyalty and as tribute to the king. These gifts include silver and gold vessels and vases, weapons, woven fabrics, jewelry, and animals from the delegates' own countries. Although the overall arrangement of scenes seems repetitive, there are marked differences in the designs of garments, headdresses, hair styles, and beards that give each delegation its own distinctive

character and make its origin unmistakable. Another means by which the design achieves diversity is by separating various groups or activities with stylized trees or by using these trees alone to form ornamental bands. There is also an intentional usage of patterns and rhythms that, by repeating figures and groups, conveys a grandiose ornamental impression.

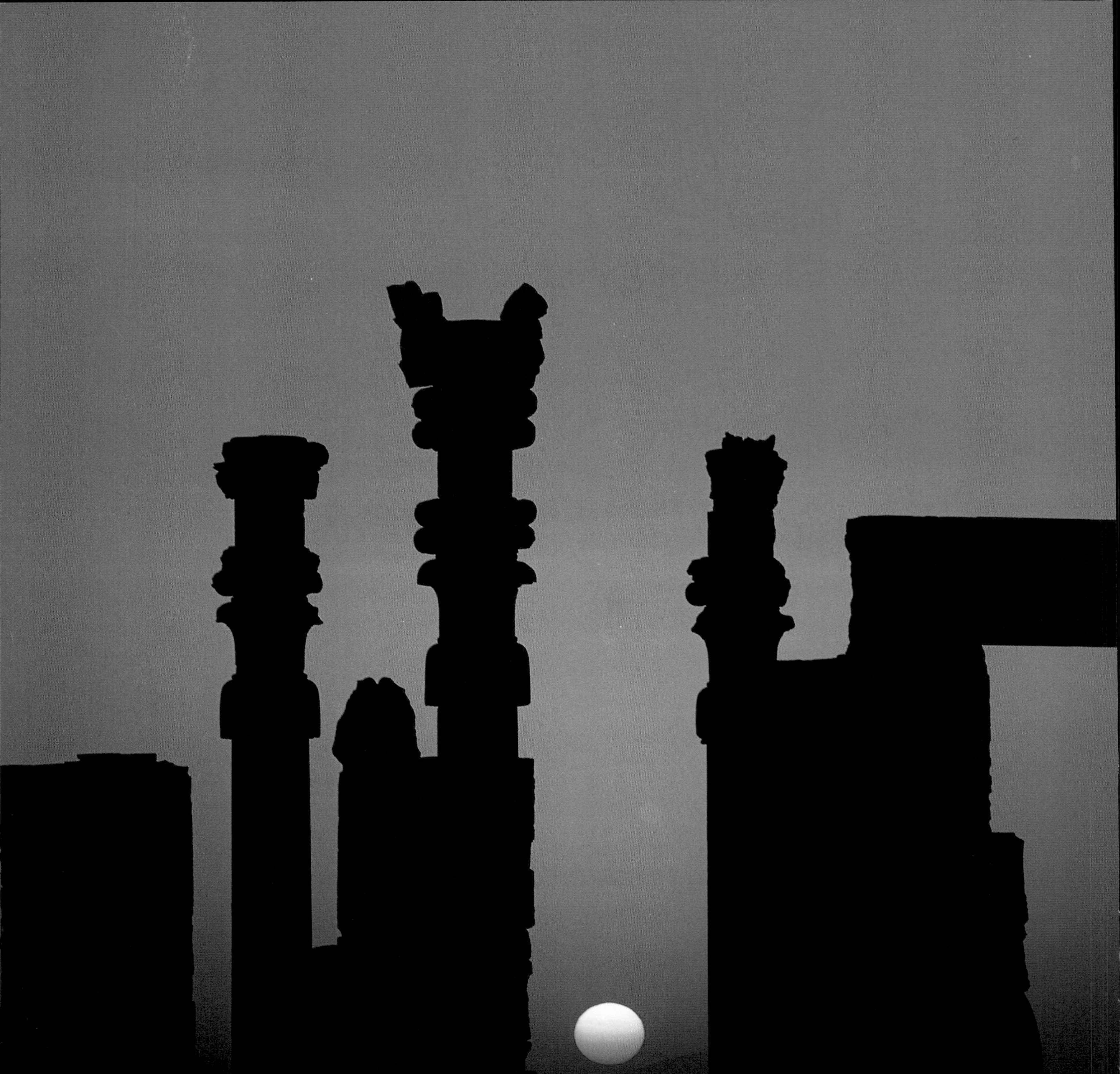

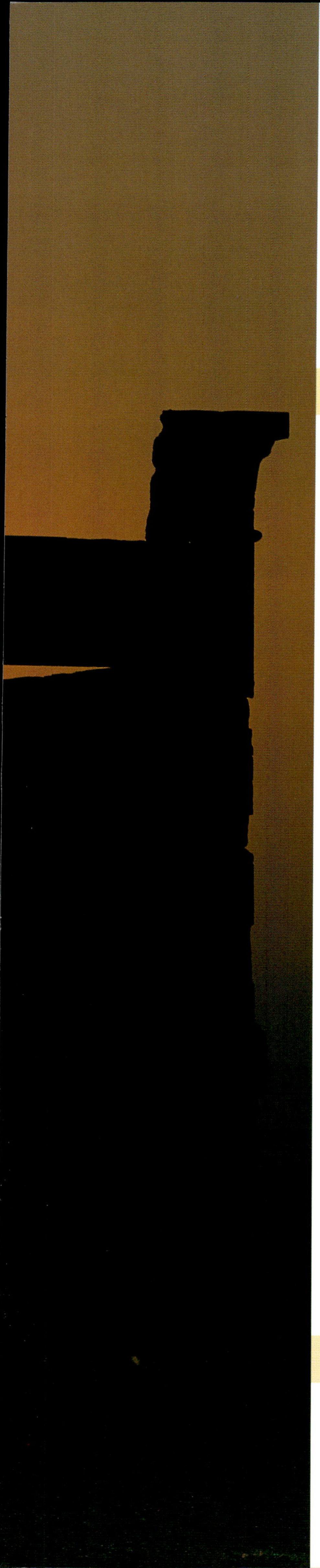

دروازه شرقی صد ستون

Eastern Gate of
Hundred Columns Palace

Naqsh-i-Rustam

Naqsh-i Rustam is situated some five kilometers northwest of Persepolis, the capital of the ancient Achaemenid Empire. It was already a sacred place (as is shown by a pre-Achaemenid relief and several old graves) when king Darius I the Great (522-486) ordered his monumental tomb to be carved into the cliff.

نقش رستم

نقش رستم یکی از مهمترین و زیباترین آثار سرزمین پارس است. این مجموعه در ۲/۵کیلومتری تخت جمشید درکوه حاجی‌آباد (نقش رستم) باقی مانده‌است. در نقش رستم آثار سه دوره مشخص است :آثار دوره عیلامی (از ۶۰۰تا ۲۰۰۰قبل از میلاد)آثار هخامنشی (از ۶۰۰تا ۳۰۰ق.م)و دوره ساسانی (از ۲۲۴تا ۲۶۵میلادی).

در نقش رستم آرامگاه‌ها و معبد آناهیتا از دوره هخامنشیان به جای مانده‌است آرامگاه‌های پادشاهان هخامنشی ازسمت راست به این شرح است (۱)آرامگاه خشایارشا(۴۴۵ـ ۴۸۴)آرامگاه دایوش(۴۸۴ـ ۵۲۲ق.م.)اردشیر اول(۴۲۴ـ۴۶۵ق.م.)دایوش دوم(۴۰۵ـ ۴۲۴ق.م)فضای خارجی آرامگاه‌ها که عموماً شبیه به هم است، دارای این مشخصات است :نقش برجسته پادشاه که کمانی در دست دارد در بالای سکو دیده می‌شود. در برابر پادشاه نقش اهورامزدا دیده می‌شود. در این نقش برجسته دو آتشدان نقش شده که آتش مقدس در آنها در حال سوختن است.

در پایین سکو نمایندگان ملل تابعه، تخت شاهی را با دستهای خود نگه داشته‌اند. شکل آرامگاه‌ها به هم مشابه است .تنها تفاوت آرامگاه داریوش کبیر در کتیبه میخی و آرامی آن است.

نقش رستم

نقش رستم

نقش رستم

Tang-i-Chogan

The Shapur River goes through a pass called Tang-e Chogan from the northeast and flows towards Bishapour. Tang-e Chogan has many important historic monuments such as the reliefs dating back to the Sasanid dynasty and a large statue of Shahpur I. The road which goes into the pass from Bishapour passes through the foot of the mountain from the right side. At the beginning of this road many reliefs can be seen on both sides of the pass. Enterin

نقش‌های برجسته تنگ‌چوگان

در کنار ویرانه‌های شهر باستانی بیشابور (در ۲۲کیلومتری غرب شهر کازرون و در کنار رود شناپور) تنگه‌ای به نام «تنگ‌چوگان» وجود دارد که در دو طرف آن گنجینه‌ای از نقش برجسته‌های متعدد در دل کوه محفوظ مانده‌است. این‌نقش‌ها همگی بیانگر نبردها و پیروزی‌های پادشاهان ساسانی است. از مجموع شش نقش موجود در تنگه، در نقش‌سمت راست و نقش اول سمت چپ، پیروزی شاپور اول را به تصویر کشیده است. سه نقش دیگر به ترتیب، پیروزی بهرام دوم بر یاغیان عرب، تاجگذاری بهرام اول و پیروزی شاپور دوم بر مخالفان را نشان می‌دهد.

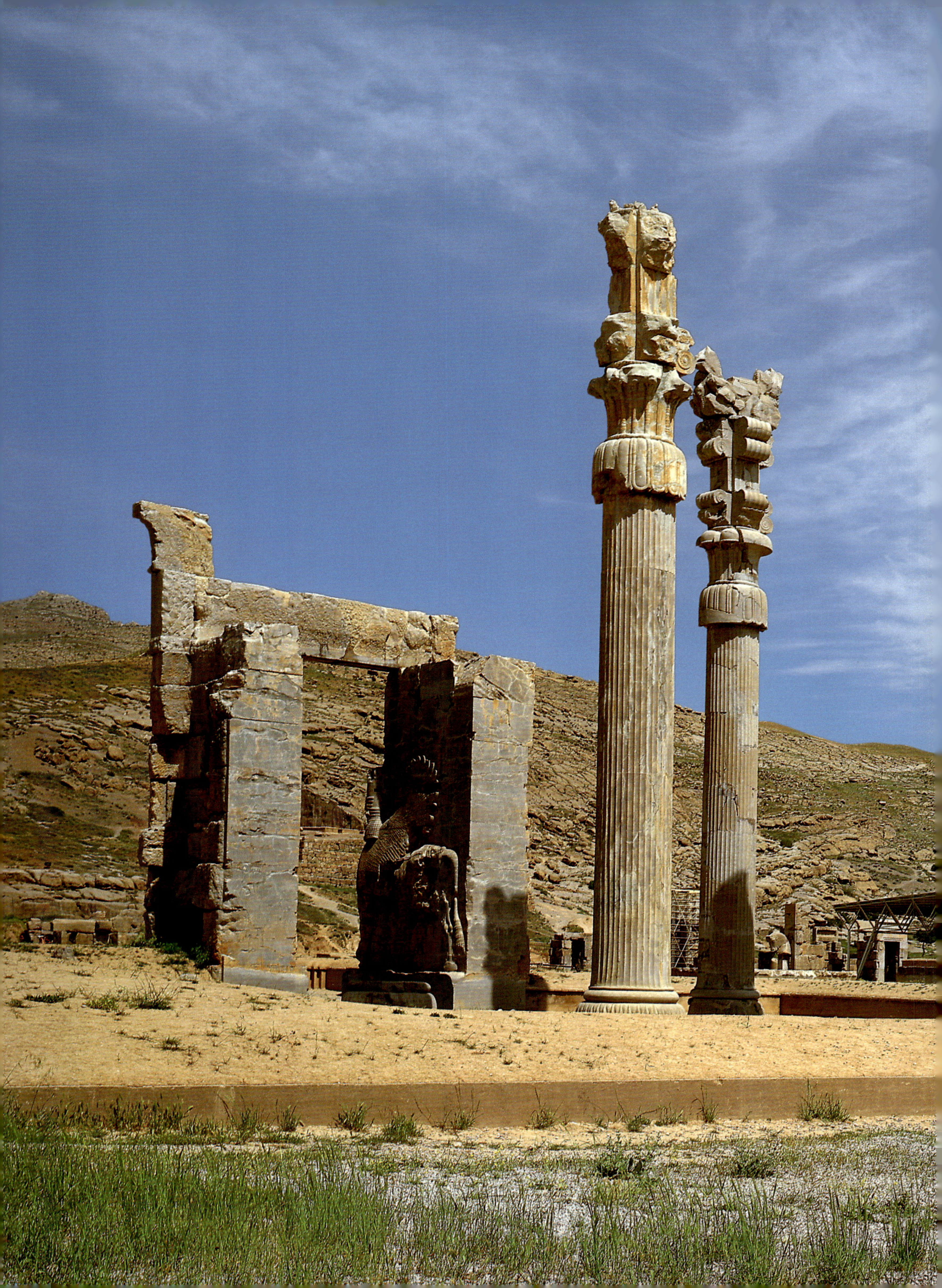

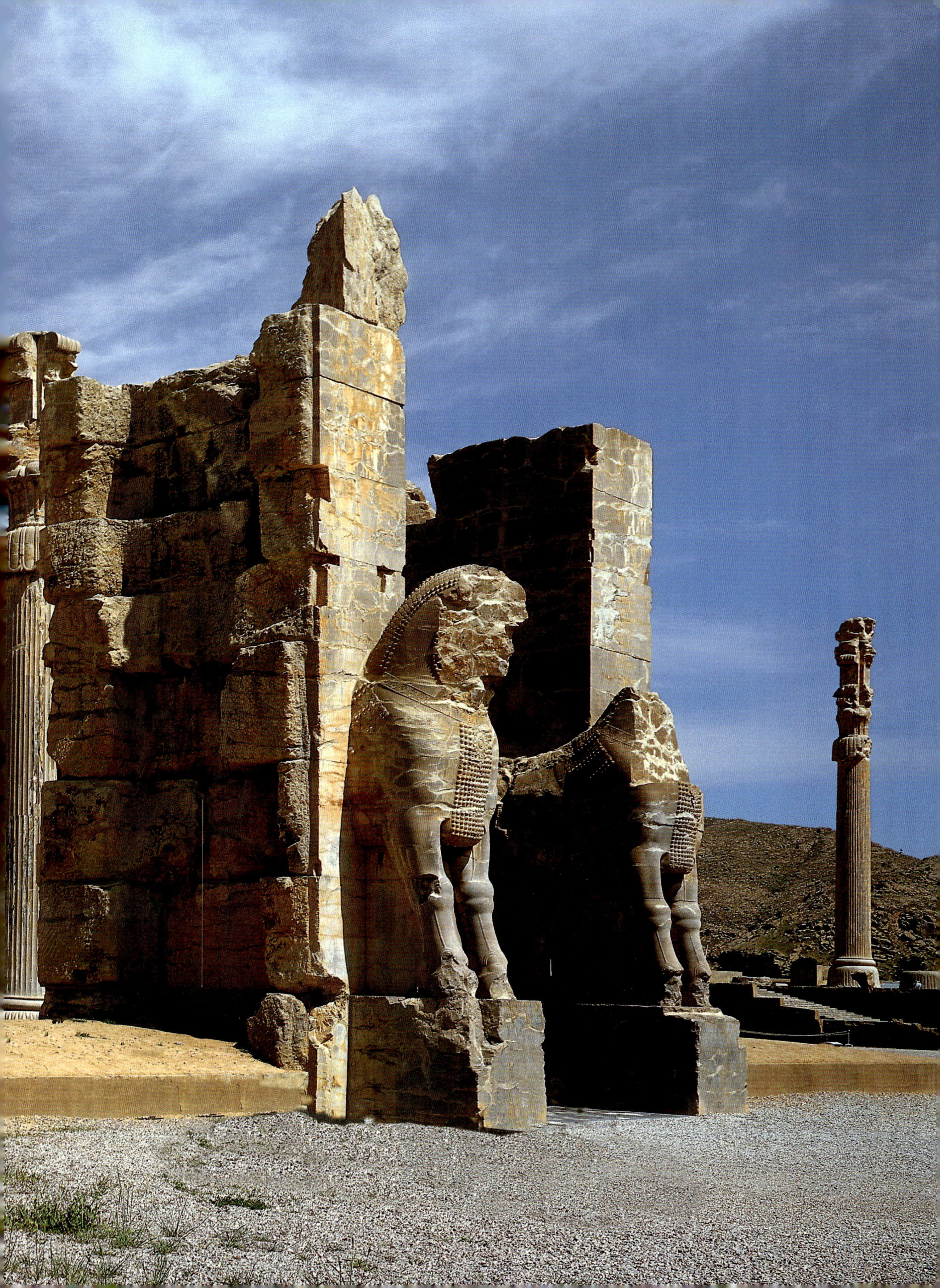

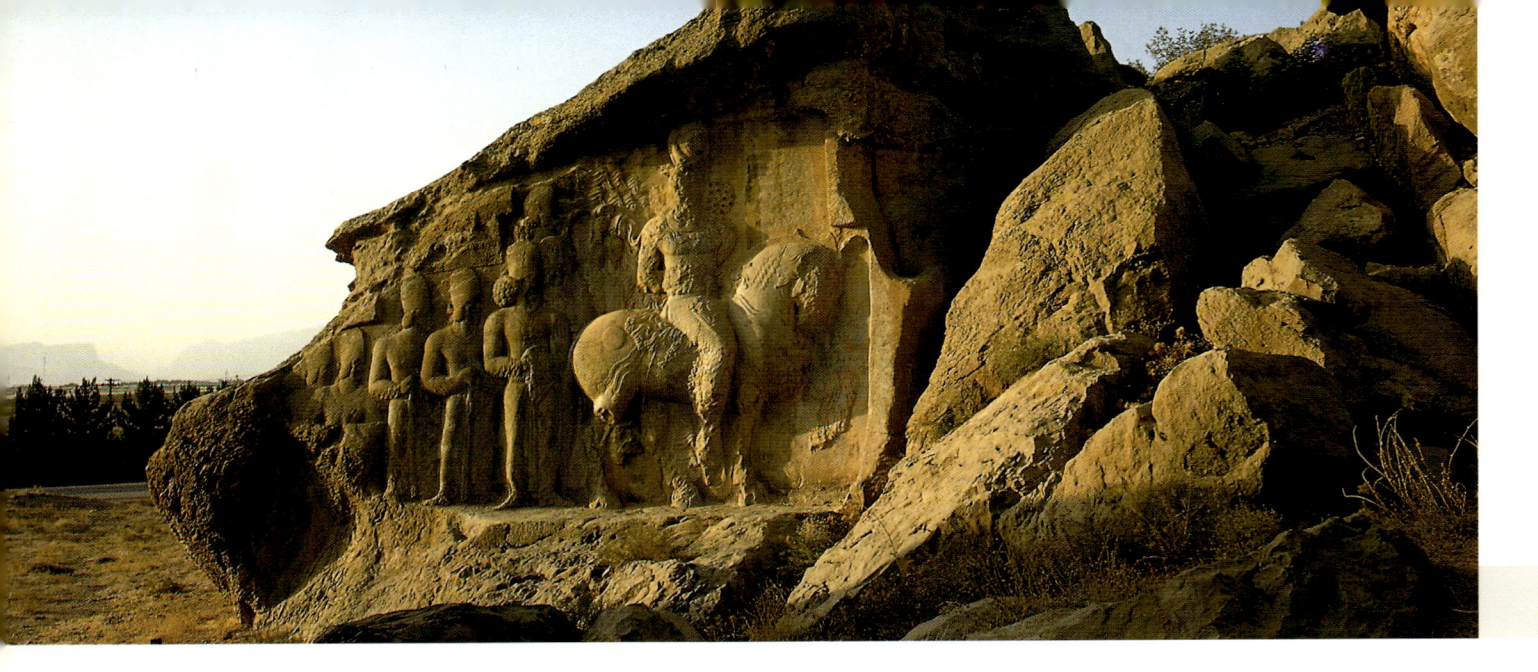

نقش رجب

در مسیر تخت جمشید به سوی آباده و اصفهان، در حدود دو کیلومتری تخت جمشید، در دامنه «کوه رحمت» نقوشی از اردشیر بابکان و شاپور اول حجادی شده که به دلیل شهرت محل به نقش رجب، چنین نام گرفته است.

آثار نقش رجب شامل چهار نقش برجسته است. در دو نقش برجسته اردشیربابکان و کریتر، موبد معروف و مقتدراوایل دوره ساسانی، مجسم شده‌است. دو نقش برجسته دیگر به شاپور اول فرزند اردشیر بابکان تعلق دارد. نقش زیر، شاپور را بر اسب همراه با نه نفر از فرزندان و بزرگان کشور نشان می‌دهد که همه پیاده و پشت سر او هستند.

Naqsh-i-Rajab

It shows an investiture scene of Ardashir I, founder of the Sasanian Empire (226-40 A.D.) by the god Hormizd (Ahuramazda), who is represented here in human shape. God and king are both standing and are of equal height. Only the fact that the god holds the diadem and the king reaches for it shows the dependence of the mortal king on the favors of the highest god. What makes this relief historically so important is its inscription by the priest Kartir, who was not only the founder of the Sasanian state church but also played an important role in politics. This inscription, proclaiming his personal beliefs, shows Kartir with hand raised in a gesture of homage to the god and the king. Another relief at Naqsh-i-Rajab depicts the investiture of Shapur I (241-72 A.D.), son and successor of Ardashir I. In an adjoining relief Shapur I is shown on horseback, followed by nine court attendants on foot.

بار عام | Audience

Persepolis Museum

Once the main building of Xerxes' harem, Persepolis Museum is one of the country's oldest structures dedicated to house a museum. It was restored to its original state in 1932 and opened as a museum in 1937. Prehistoric, Achaemaenian and Islamic artifacts are exhibited here, most of which were excavated on the site of Persepolis and in the ancient city of Istakhr.

موزه تخت جمشید

ساختمان موزه تخت جمشید، قدیمی‌ترین بنای ایران است که بازسازی‌شده و به موزه اختصاص یافته است. این‌بنا یکی از مجموعه کاخ‌های تخت جمشید است که ۲۵۰۰سال پیش - در دوره هخامنشی - بنا شده‌بود.
قسمت‌هایی از این بنا که فعلا به عنوان موزه از آن استفاده می‌شود، شامل یک ایوان، دو گالری و یک تالار است.
در ایوان، که ورودی موزه است، دو جرز عظیم یک پارچه سنگی به ارتفاع تقریبی ۸متر و عرض ۱/۲۰متر، و به وزن ۸۰تن در جلو و دوطرف ورودی قرار دارد. هریک از این دو جرز، بزرگترین سنگ یک پارچه‌ایست که در تخت‌جمشیدبه کار گرفته شده.
سقف ایوان را هشت ستون چوبی با سر ستون‌های گاو دوسر نگه می‌دارد. پایه این ستون‌ها اصل است و شکل زیباو جالبی از سنگ خاکستری حجاری شده.
آثاری که در موزه به نمایش گذاشته شده، اشیایی است که در تخت جمشید یافته شده‌است.
مهمترین آثار نمایشی موزه، یک مجموعه الواح گلی است :در سال ۱۳۱۲تعداد ۳۰هزار لوح گلی در اتاقی ازبناهای هخامنشیان که در آن تیغه شده‌بود، کشف شد که در واقع، اسناد خزانه تخت‌جمشید بوده‌است (اندازه لوح ۸، ۴، ۲سانتی‌متر است) بر این الواح اسناد را به خط ایلامی حک کرده‌اند.
دیگر اشیأ به نمایش درآمده :تکه‌هایی از مجسمه‌های شکسته مثل چشم و گوش گاو سنگی پنجه عقاب، پنجه و سرشیر از سنگ لاجورد و جنگ‌افزارهایی چون خنجر و شمشیر ؛سرنیزه و پیکان، ظروف غذاخوری :بشقاب، سینی و لیوان، هاون سنگی، گل میخی طلا، قسمتی از پرده سوخته تخت جمشید، زینت‌آلات طلا و نقره، کتیبه خشایارشاه،سرستون گاو و خمره‌های بزرگ سفالی...

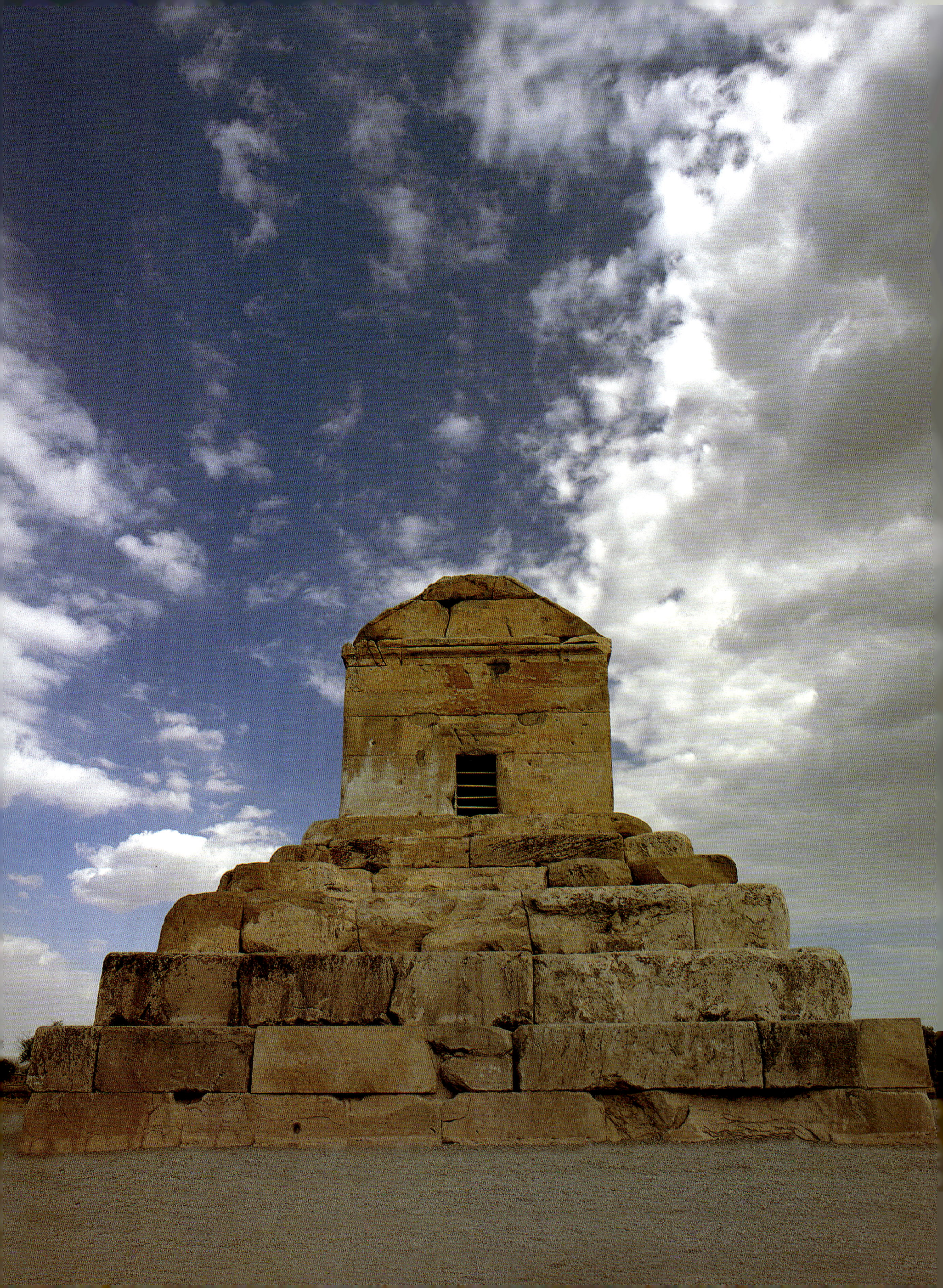

شهر اردشیرکوره

اردشیر بابکان پس از تسلط بر اردوان، آخرین پادشاه اشکانی، دشت فیروزآباد را که حالت باتلاقی داشت، باکشیدن دیواری به درازای چهارکیلومتر و بلندای ۸/۱ متر و کندن تونل، زه‌کشی کرد و شهر «اردشیر کوره» که به معنی «شکوه اردشیر» است، به‌صورت دایره ساخته شد تا نمادی از جهان آن روز و نشانگر آن باشد که اردشیر مالک جهان‌است. اما در دوره بهرام گور این شهر «گور» نامیده شد. در دوره اسلامی عضدالدوله دیلمی اسم این شهر را فیروزآبادگذاشت «فیروز» نام عضدالدوله پیش از پادشاهی بود.

City of Ardashir- Khwarrah

Conquering Artabanus, Ardashir (Artaxerxes) son of Papak, the last Arsacid King, he first built for himself a stronghold at Gur, called after its founder Ardashir-Khwarrah (Ardashir's Glory), now Firuzabad, southeast of Shiraz in Fars. However, during the reign of Bahram Gur, the city was named the city of Gur. In the Islamic era, Ezzodolleh Deylami called the city Firuzabad.

کاخ ساسانی سروستان

در نه کیلومتری جنوب شهر سروستان، در میان دشتی وسیع در مسیر روستای«نظرآباد» ساختمان بزرگی از سنگ وگچ قرار گرفته که دارای ایوان، اتاق و راهروهای چندی است. این بنا که از باشکوه‌ترین کاخ‌های ساسانی است، جنبه‌تقدس هم داشت و در این کاخ نسبت به بناهای دیگر این دوره، از فن معماری و پلان پیچیده و کامل‌تری استفاده‌شده‌است.

Sarvestan Palace

Located 9km southwest of Sarvestan, it is a large monument made of stone and gypsum. This monument dates back to the Sassanian period and to the time of Bahram-Gour (420-438 AD). Mehrnevsi, his well-known minister ordered the construction of this palace. Since 1956, major renovations took place. This monument has been registered on the list of National Monuments of Iran.

آرامگاه کوروش

آرامگاه کوروش بزرگ، مهمترین بنای مجموعه پاسارگاد است. بنای آرامگاه در میان باغهای سلطنتی قرار داشت و از تخته سنگ‌های عظیم که درازای بعضی از آنها به هفت متر می‌رسد، ساخته شده‌است. این تخته‌سنگ‌ها با بست‌فلزی به هم وصل شده‌بود. این بست‌ها بعدها به سرقت رفت، اما بیشتر این آسیب‌ها بعدها ترمیم شد. بنای آرامگاه ازدو قسمت تشکیل شده : یکی سکویی شش پله‌ای است که دورادور آرامگاه را فرا گرفته و دیگر اتاقی کوچک به‌مساحت ۷/۵ مترمربع با سقف شیب‌دار است که ضخامت آن به ۱/۵ متر می‌رسد. آرامگاه کوروش در دوره‌های پیش از اسلام مقدس به شمار می‌آمد. در دوره اسلامی بیشتر این تقدس به قوت خود باقی ماند، و مردم از آنجاکه ساختن‌بناهای عظیم سنگی را خارج از قوت بشری می‌دانستند، ساخت آن را به حضرت سلیمان نسبت دادند که دیوها را برای انجام کارهای سخت در اختیار داشت ؛ و آن را مشهد مادرسلیمان نامیدند.

Tomb of Cyrus

Farther to the south, the tomb of Cyrus still stands almost intact. Constructed of huge, white limestone blocks, its gabled tomb chamber rests on a rectangular, stepped plinth, with six receding stages. In Islamic times the tomb acquired new sanctity as the supposed resting place of the mother of King Solomon. At the extreme southern edge of the site, an impressive rock-cut road or canal indicates the course of the ancient highway that once linked Pasargadae with Persepolis.

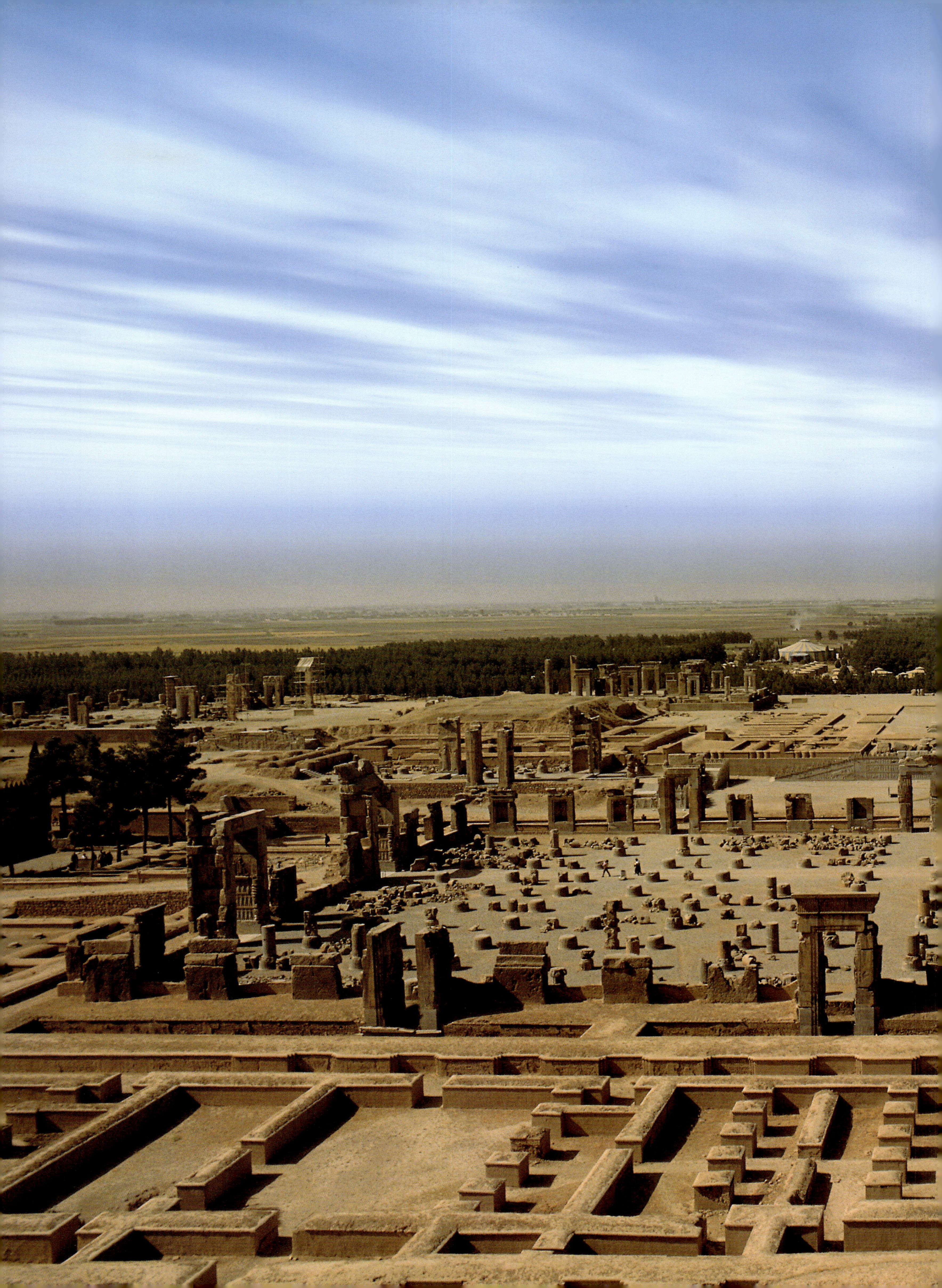

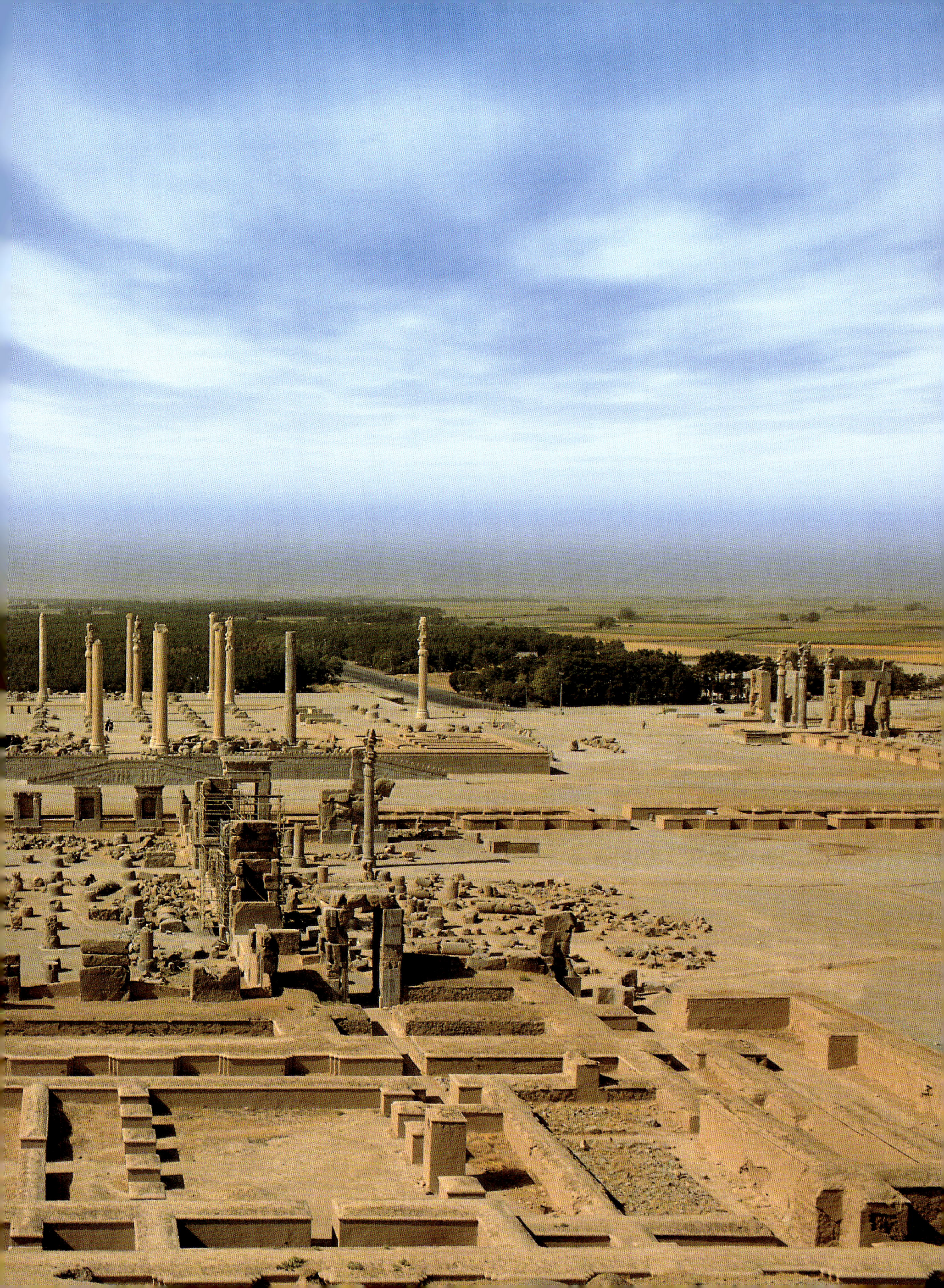

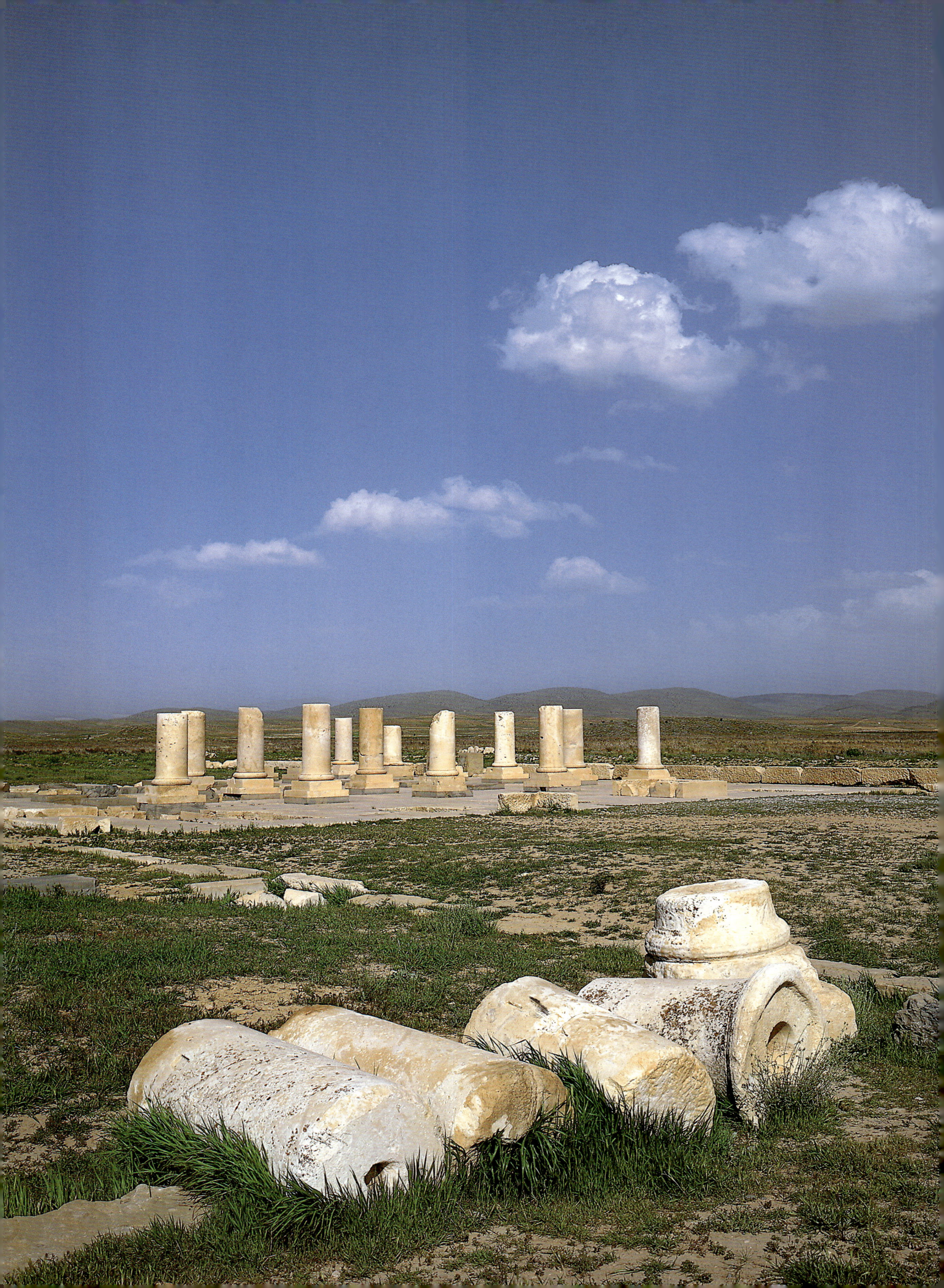

محوطه تاریخی شهر پاسارگاد

شهر پاسارگاد در ۷۰ کیلومتری شمال تخت جمشید، در جاده آسفالته شیراز - آباده، به فاصله سه کیلومتری جاده قرار دارد.

دشتی که پاسارگاد در آن قرار دارد، به نام دشت مرغاب نامیده می‌شود. پیش از آن که شهر پاسارگاد در دشت مرغاب ساخته شود، این دشت از سابقه تمدنی سه هزار ساله برخوردار بود. برخی از مورخان آورده‌اند که کوروش پس از پیروزی بر مادها، در همان میدان جنگ، محلی را برای پایتخت خود برگزید و این محل همین دشت مرغاب است.

در پاسارگاد آثار معدودی از تمدن ایلامی کشف شده است، اما اهمیت پاسارگاد به خاطر آثار دوره هخامنشی است. این آثار دربرگیرنده کاخ پذیرایی و کاخ اختصاصی داریوش، کاخ شرقی با نقش برجسته انسان بال‌دار، آب‌نماهای کاخ شاهی و حوضچه‌های سنگی، بنای معروف به زندان، دژ و آتشکده پاسارگاد، صفه سنگی معروف به تخت مادرسلیمان (تل تخت) و آرامگاه کوروش.

Pasargade

First dynastic capital of the Achaemaenian Empire situated northeast of Persepolis in modern southwestern Iran. Traditionally, Cyrus II the Great (reigned 559–c. 529 BC) chose the site because it lay near the scene of his victory over Astyages the Mede (550). The name of the city may have been derived from that of the chief Persian tribe, the Pasargadae. The majestic simplicity of the architecture at Pasargadae reflects a sense of balance and beauty that was never equaled in either earlier or later Achaemaenian times. The principal buildings stand in magnificent isolation, often with a common orientation but scattered over a remarkably wide area. Although no single wall enclosed the whole site, a strong citadel commanded the northern approaches. The dominant feature of the citadel is a huge stone platform, projecting from a low, conical hill. Two unfinished stone staircases and a towering facade of rusticated masonry were evidently intended to form part of an elevated palace enclosure. An abrupt event, however, brought the work to a halt, and a formidable mud-brick structure was erected on the platform instead. It is possible that the building represents the famous treasury surrendered to Alexander the Great in 330 BC. To the south of the citadel was an extensive walled park with elaborate, irrigated gardens surrounded by a series of royal buildings. One building, designed as the sole entrance to the park, is notable for a unique four-winged, crowned figure that stands on a surviving doorjamb; the figure appears to represent an Achaemaenian version of the four-winged genius (guardian spirit) found on palace doorways in Assyria. Farther to the south, the tomb of Cyrus still stands almost intact. Constructed of huge, white limestone blocks, its gabled tomb chamber rests on a rectangular, stepped plinth, with six receding stages. In Islamic times the tomb acquired new sanctity as the supposed resting place of the mother of King Solomon. At the extreme southern edge of the site, an impressive rock-cut road or canal indicates the course of the ancient highway that once linked Pasargadae with Persepolis. After the accession of Darius I the Great (522 BC), Persepolis replaced Pasargadae as the dynastic home.

فهرست استان‌ها

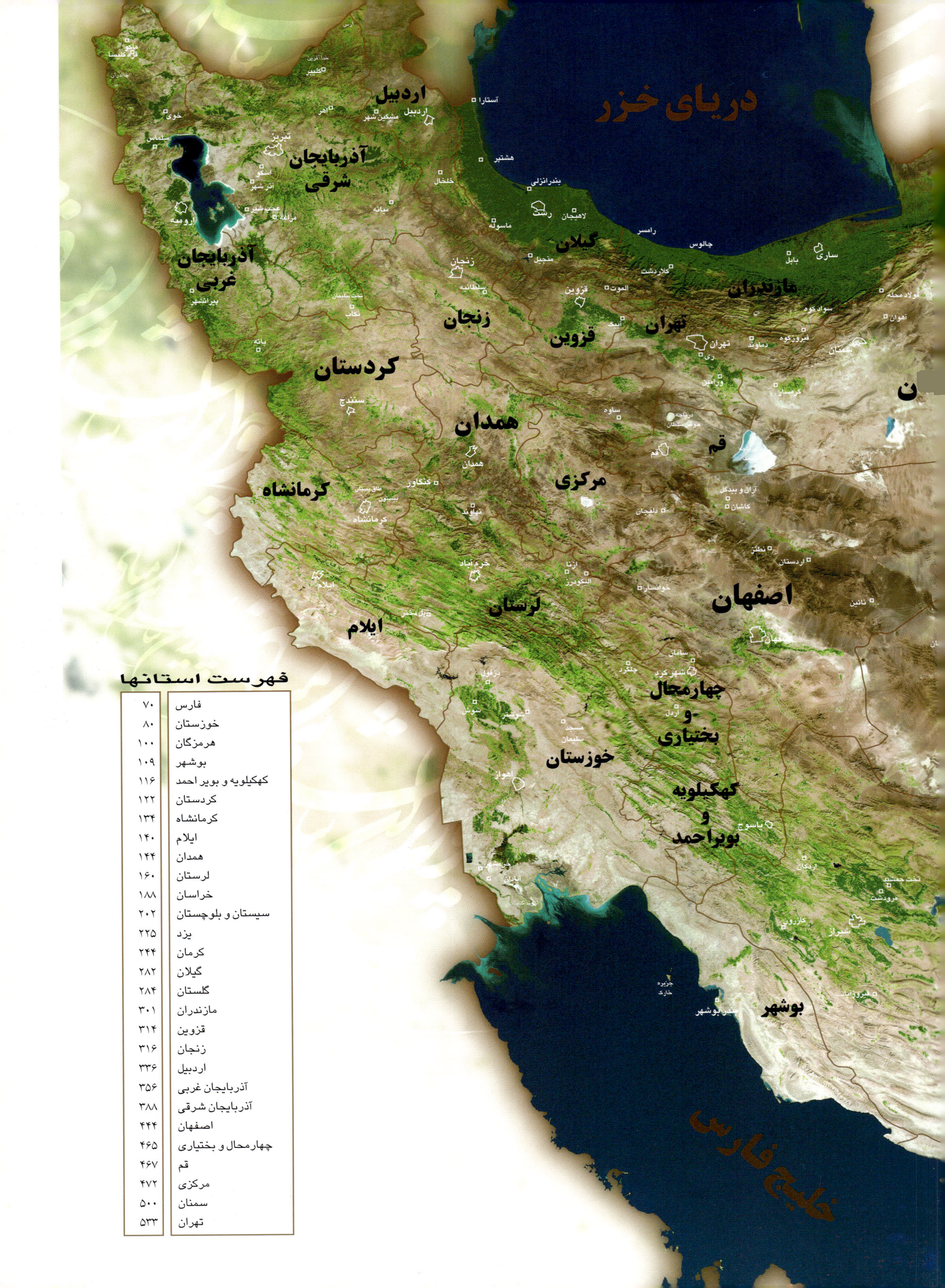

فارس	۷۰
خوزستان	۸۰
هرمزگان	۱۰۰
بوشهر	۱۰۹
کهکیلویه و بویر احمد	۱۱۶
کردستان	۱۲۲
کرمانشاه	۱۳۴
ایلام	۱۴۰
همدان	۱۴۴
لرستان	۱۶۰
خراسان	۱۸۸
سیستان و بلوچستان	۲۰۲
یزد	۲۲۵
کرمان	۲۴۴
گیلان	۲۸۲
گلستان	۲۸۴
مازندران	۳۰۱
قزوین	۳۱۴
زنجان	۳۱۶
اردبیل	۳۳۶
آذربایجان غربی	۳۵۶
آذربایجان شرقی	۳۸۸
اصفهان	۴۴۴
چهارمحال و بختیاری	۴۶۵
قم	۴۶۷
مرکزی	۴۷۲
سمنان	۵۰۰
تهران	۵۳۳

نقشه شرق ایران

مقیاس	کیلومتر
50 0 50 100 150 200 Km	

استان‌ها:
- گلستان
- خراسان
- یزد
- فارس
- کرمان
- هرمزگان
- سیستان و بلوچستان

شهرها:
کلات، رادکان، طوس، مشهد، نیشابور، فریمان، سبزوار، قوچان، تربت حیدریه، بسطام، شاهرود، مایامی، فرومد، طبس، خور و بیابانک، بیرجند، یزد، بافق، راور، رفسنجان، کرمان، ماهان، سیرجان، بم، زاهدان، زابل، زهک، میرجاوه، کهنوج، ایرانشهر، جاسک، چابهار، جزیره هرمز، بندرعباس، جزیره قشم، جزیره کیش، جزیره تنب بزرگ، جزیره تنب کوچک، جزیره ابوموسی

دریای عمان

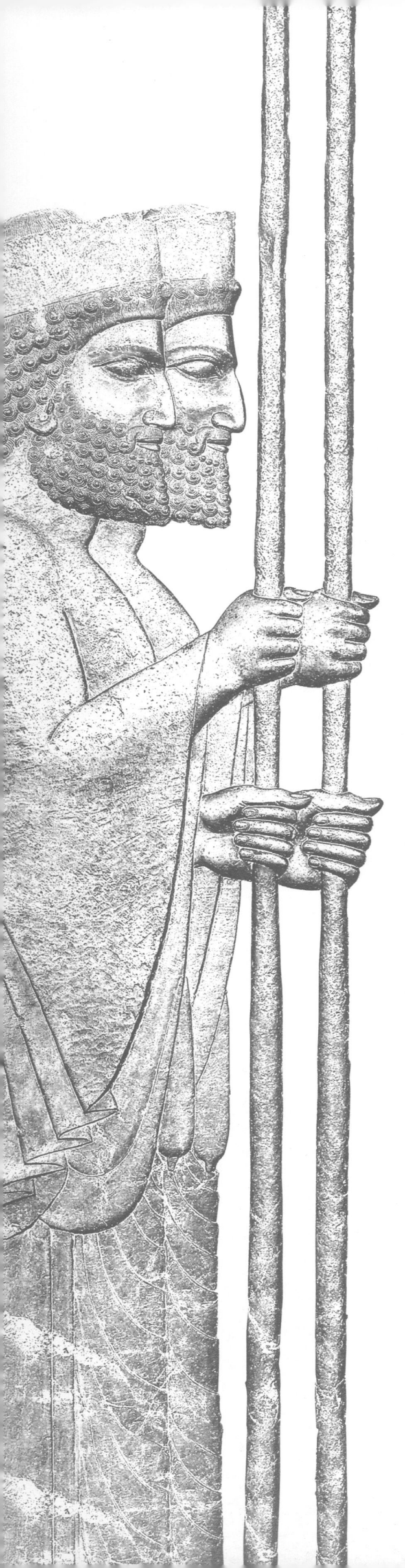

این بخش از کتاب از منظری دیگر نیز برای مخاطب جذاب است. هرچند بسیاری از بناها و آثار هنری گذشته و دیگر دستاوردهای فرهنگ بشری از گذشته‌های دور و نزدیک برجای مانده است؛ چشم‌اندازی روشن از تمدن و فرهنگ ایران فرا روی ما می‌گسترد.

به گفته شادرن ،جهان‌گرد و پژوهش‌گر فرانسوی ،که در زمان حکومت صفویان به ایران آمده بود ،ایران یک موزه زنده است. به جرئت می‌توان گفت در هر گوشه وکنار کشور ایران یادمانی از گذشته‌های دور و نزدیک جلوه‌گری می‌کند. در این کتاب گوشه‌هایی از این موزه زنده به نمایش گذاشته شده و سعی ما برآن بوده است تا این مجموعه، همه جلوه‌ها و جنبه‌های فرهنگ این سرزمین را دربرگیرد.

بناها و یادمان و دستاوردهایی که در این کتاب معرفی شده‌اند؛ عبارتند از بناهای عمومی (میدان‌ها ،بازارها ،مساجد ،پل‌ها ،آب‌انبارها، شهرها و کاخ‌های باستانی) ،بناهای خصوصی (باغ‌ها و خانه‌های قدیمی که از لحاظ معماری و تزئینات ممتازند و میراث فرهنگی بیشتر آن‌ها را به ثبت رساند)، چشم‌اندازهای طبیعی (تفریحگاه‌های طبیعی و گردشگاه‌ها) .در میان بناهای عمومی ،بناها و یادمان‌های تاریخی جایگاه چشمگیری دارند. مجموعه کاخ‌های سلطنتی تخت جمشید جای نمایانی در تاریخ معماری ایران و جهان دارد. تندیس‌ها و نقش برجسته‌های تخت جمشید از لحاظ دقت و ظرافت در جهان کم‌نظیرند.

نکته مهم دیگری که تاکید بر آن ضروری است ،تنوع سبک معماری ایران در دوره‌های مختلف تاریخی و در اقلیم‌های جغرافیایی گوناگون است. با این همه معماری ایران دارای ویژگی‌هایی است که آن را از معماری سرزمین‌های دیگر متمایز می‌کند. ظرافت و ریزه‌کاری یکی از ویژگی‌های بارز هنر ایرانی است.

ویژگی دیگر، تکرار نقش‌های همانند است. در نمونه‌های بارز تقارن در معماری ،تقارن همشکل مناره‌ها در دو سوی گنبد چشم‌گیر است. ویژگی دیگر معماری ایرانی انتزاعی بودن تزئینات بناهاست. این ویژگی‌ها وجه مشترک همه آثاری است که در این مجموعه آمده است. و این همان تجلی روح ایرانی است که از آن یاد کردیم، روحی که در همه جلوه‌ها و جنبه‌های زندگی ایران ساری و جاری است.

قصد غایی و نهایی وما شناخت این روح است.

روحی که گویی دیر زمانی است ما را ترک کرده و اکنون به سوی ما باز می‌گردد!

عکاس هنرمند این مجموعه کوشیده است تا با بهره‌وری از تکنیک عالی و دید آفرینشگر هنری ،ابهت و عظمت بناهای معماری ایران را در عکس‌های هنری خودش زنده کند و تندیس‌ها و نقش برجسته‌ها را با همه ظرافت و زیبایی‌شان در عکس‌های عالی فراهم آورد. عکس‌های این مجموعه از میان ده‌ها عکس برای معرفی فرهنگ و هنر ایران گزیده شده و برای هر عکس توضیحی دقیق و روشنگر آمده است تا شناختی در حد ظرفیت این مجموعه به مخاطب داده شود.

(۱) مهرپرستان پیرو آیین پر راز و رمز مهر یا میترائیزم را گویند که آیین‌های آن در سردابه‌ها برگزار می‌ شد.

م،آزاد

پائیز ۱۳۸۳

صخره‌ای تخت جمشید دیده می‌شود، در پرستشگاه‌های ساسانی پدیدار شد و در سده‌های اخیر اسلامی در ایوان کاخ‌ها و مساجد به کار گرفته شده و حتی در معماری قهوه‌خانه‌های کنار جاده‌ها مورد اقتباس قرار گرفته است. همچنین سقف‌های چهارتاقی که از ویژگی‌های هنر ساسانی است، هنوز در بنای بسیاری از امامزاده‌های کوچک که در سراسر ایران پراکنده‌اند ،به چشم می‌خورد. حتی سقف تخم‌مرغی‌شکل تیسفون در معماری ایران ،سرمشقی است که اینک در سده بیستم نیز ممکن است در یک بنای روستائی تقلید و تکرار شود. صحن چهار ایوان که در عصر اشکانی پدید آمده بود، حتی پیش از سده دهم به صورت سبکی جا افتاده و مسلط درآمد، برخی از عناصر معماری کهن ایرانی ،مانند برج‌های خاکی سر به آسمان کشیده ،اکنون دیگر از میان رفته است. در حالی که بنای حیاط اندرونی و حوض و مدخل گوشه‌دار و آرایش‌های فراوان ،خصوصیاتی کهن ،ولی هنوز متداولند.
هنر معماری ایران دارای استمرار بوده است ،هرچند بارها بر اثر کشمکش‌های داخلی یا هجوم خارجی دچار فترت یا انحراف موقت شده ،با این همه به سبکی دست یافته که با هیچ سبک دیگری اشتباه نمی‌شود. در این سبک مستقل ،مقیاس‌ها به خوبی درک شده و ماهرانه مورد بهره‌برداری قرار گرفته ،نتیجه آنکه در معماری اصیل ایرانی ساختمان‌های مبتذل وجود ندارد. حتی کلاه‌فرنگی باغ‌ها از وقار و عظمتی خاص برخوردار است. حجم و نمای اغلب بناها ساده است و از دور، روح آرامش و اطمینان و هیجان را القا می‌کند. این ترکیب هیجان و آرامش از ویژگی‌های زیبایی شناسی ایران است. کتیبه‌کاری معروف تخت جمشید و کاشی‌کاری عالی مشهد از لحاظ جزئیات بی‌نهایت جذاب و دل‌انگیز است. ولی وقتی به صورت کل به آن‌ها بنگریم، جزئیاتشان تحت‌الشعاع آهنگ فراگیر عظمت خاموششان قرار می‌گیرد.

در این مجموعه نمونه‌های عالی و ماندگار هنر معماری ایران ،بخصوص از دوره هخامنشیان به بعد به دوستداران هنر معرفی شده است.
معماری ایران با همه تحولاتی که در گذر زمان یافته و تنوعی که برحسب اوضاع اقلیمی یافته ،دارای ویژگی‌هایی است که آن را از معماری دیگر ملت‌ها ممتاز می‌کند. این امتیاز تنها به هنر معماری تعلق ندارد. بلکه هنر ایران در مجموع ،هنری است شاخص و بارز که روح بزرگ ایرانی در آن حلول کرده است. ویژگی عمده هنر ایران، شکل‌های ساده و با وقار با تزئینات غنی است. آن‌چه در این مجموعه آمده است ،از پل‌های عظیم ،کاروانسراها ،آب‌انبارها، بادنماها ،معابد ،آتشکده‌ها و مساجد تا کوشک‌های زیبا و ایوان‌های کاخ‌های شاهان و بزرگان از زیباترین بناهای جهان است. بی‌گمان آثار هنر ایران بسیار بیشتر از این اینهاست. لیکن ما با رعایت نسبت‌ها ،آثار ممتاز هنر ایران را در همه رشته‌ها و زمینه‌ها در این کتاب آورده ایم. این مجموعه زیبا و نفیس با همه تنوعش از یک روح والا حکایت می‌کند –از روح بزرگی ایرانی !
نگاهی به محتویات و عناوین کتاب :
کتابی که در دست دارید، چشم‌اندازی رنگارنگ از تمدن و فرهنگ سرزمین کهن سال ایران پیش رویتان می‌گسترد.
در این مجموعه بخشی را به زندگی عشایر به هنگام کوچ ،سنت‌های زیبای قبیله‌ای ،ادبیات شفاهی و موسیقی و دستکارهای ظریف زنان عشایر اختصاص داده‌ایم.

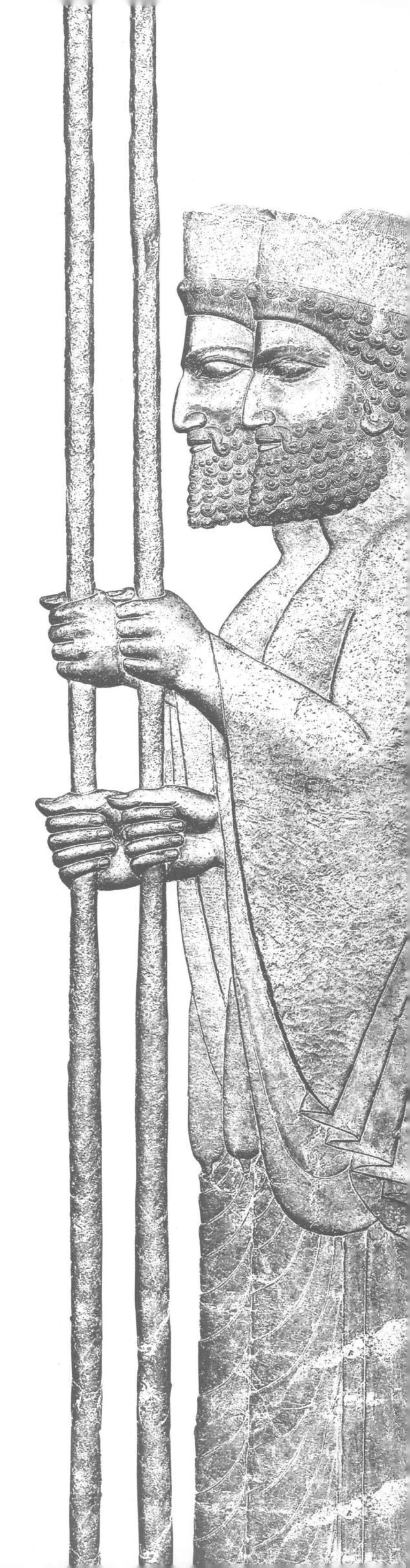

تندیس‌های خدایان یونانی ابعادی انسانی دارند ،در حالی که تندیس‌های باستانی ایران، ترکیبی خیالی‌اند. نمونه آن تندیس گاو بالدار در تخت جمشید است. ایرانیان در گذر زمان کم‌تر به مجسمه‌سازی پرداختند و بیشتر به نقاشی نمادین گرایش داشتند ،نقش‌هایی که عناصر طبیعت را خلاصه می‌کرد و از آن‌ها نقش‌هایی تجریدی و ذهنی می‌پرداخت.

علت دو گرایش متضاد در هنر ایرانی و هنر یونانی ،بی‌گمان از تفاوت جهان‌بینی یونانی و ایرانی برمی‌خیزد. خدایان یونانی خصلت‌های انسان‌گونه داشتند. جهان آنان گرته‌برداری از جهان انسان‌ها بود، در حالی که ایرانیان به مفاهیم مجردی چون خدای نادیدنی دست یافته بودند. و این مفاهیم مجرد را به شکل تجریدی نقش می‌کردند ،در حالی که یونانیان خدایان را "مجسم "می‌کردند و به همین دلیل هم هست که یونانیان بیشتر به مجسمه‌سازی گرایش داشتند و نقاشی‌های آنان نیز دارای ابعاد واقعی و عینی بود. گرایش به نمادگرایی در هنر ،با عشق ایرانی به زیبایی در همه شکل‌هایش همراه بود، عشق دیرینه ایرانیان به زیبایی در شعر متعالی هزارساله پارسی ،در سفالگری که با آثار سفالگران چین و یونان پهلو می‌زند. در فلزکاری و در استادی بی‌همتا در قالی‌بافی نمایان است. همچنین باید از مینیاتورهای ظریف و زیبایی ایرانی و دیگر هنرهای کتاب‌آرایی و همچنین طرح‌های عالی برای حجاری و خطاطی و کاشی‌کاری یاد کرد. این عشق به زیبایی در همه طبقات ایرانی وجود دارد و در ساده‌ترین ابزارها و ظروف و دیگر اشیای دست‌ساز ایرانیان به شکل خیره‌کننده‌ای جلوه کرده است که از ذوقی عالی حکایت می‌کند. این جنبه فوق‌العاده در هنر ایرانی که "کارکردی "بودن هنر است، موجب امتیاز هنر ایرانی است و این به آن معنی است که هنر در دسترس همگان بوده است ،از غنی‌ترین تا فقیرترین مردم.

تا یک قرن پیش ،پرده‌های قلمکار ،ظرف‌های مسی حکاکی شده ،سفالینه‌های خوش‌نقش و همه مظاهر زندگی روزمره مردم ،از عشق آنان به زیبایی حکایت می‌کرد "مادربزرگ‌ها و مادرها در صندوق‌های جهازی‌شان ،انواع مخمل‌ها و ترمه‌ها و پارچه‌های زری‌دوزی شده را همچون گنجی برای جهاز دختر و نوه‌شان نگهداری می‌کردند". در صد سال گذشته که زندگی جدید ماشینی جایگزین زندگی زیبای سنتی شده ،تولید انبوه کالاهای ارزان‌قیمت پلاستیکی و دیگر مشتقات نفت ،موجب شده است که آن همه نقش و رنگ از زندگی مردم رخت بربندد و کالاهای بی‌روح ماشینی زندگی مردم را اشباع کند. ما در این مجموعه نمونه‌هایی از نقش‌های زیبای سنتی را در دستباف‌های رنگارنگ عشایر فارس و نمونه‌های قلمکارها و قلمزنی‌ها و نقش کاشی‌های اصفهان و دیگر شهرها را آورده‌ایم تا درکنار دستاوردهای عظیم هنر ایران ، چون مجموعه تخت جمشید ،به این وجه از هنر این سرزمین ، که حضور زنده در زندگی روزمره بوده است، توجه داشته باشند.

برخی از ویژگیهای هنر معماری ایرانی بیش از ۳۰۰۰ سال دوام یافته است. شگفت‌انگیزترین ویژگی این هنر ،تمایل شایان به کاربرد مقیاس‌های عظیم در معماری ،بهره‌گیری هوشمندانه از شکل‌های ساده و حجیم، و تزئیات بسیار غنی است.

این ویژگی‌ها در گذر زمان در انواع و اقسام بناهایی به کار رفت که به منظورهای متفاوت پدیدآمده بودند. بی‌گمان هنوز هم برخی سبک‌های معماری پابرجاست. تالاری که در گورهای

آذربایجان می‌زیست و برخی از متعصبان او را از افتخارات آذربایجان قلمداد کرده‌اند. شک نیست که آن شاعر بزرگ ،مایه افتخار میلیون‌ها انسانی است که در زیر یک آسمان زندگی می‌کنند و شعر او را می‌خوانند و از آن لذت می‌برند. نظامی چنان از ایران یاد می‌کند که هیچ ایرانی متعصبی از کشور خود چنین سخن نمی‌گوید.

این شعر می‌تواند سند ایرانی بودن او باشد . نظامی ایران را قلب تپنده جهان می‌داند و می‌سراید :

همه عالم تن است و ایران ،دل.
نیست گوینده زین قیاس ،خجل.
چونکه ایران دل زمین باشد ،
دل زتن به بود ،یقین باشد!

این حقیقتی است که ایرانی بودن فراتر از قوم و قبیله است. کرد و لر و آذری و ترکمن و... همه خود را ایرانی می‌دانند؛ و این مقدم بر قومیّت آن‌هاست. شور ایرانیگری آن‌ها در همه جنبه‌ها و جلوه‌های زندگی‌شان متجلّی می‌شود. عید نوروز یکی از تجلیات روح بزرگ ایرانی است. نوروز در سراسر ایران جشن گرفته می‌شود، از سرزمین کوهستانی کردستان تا اعماق کویر و آن سوی دشتستان ،حتی در کوهستان‌های ماورای قفقاز ،روح ایرانی در همه شئون زندگی ایرانیان جاری و ساری است.

این روح بزرگ است که ما ایرانی‌ها را با همه تفاوت‌های قومی و خرده فرهنگ‌های بومی به هم پیوند می‌دهد.

و اما آن‌چه موجب شکوفایی و بالندگی فرهنگ ایران می‌شود ،همین تفاوت‌ها و گونه‌گونگی‌هاست . زیرا تنوع در همه جلوه‌ها و جنبه‌های زندگی ،از ویژگی‌های فرهنگ ایرانی است.

این تنوّع هم در فرهنگ مادّی و هم در فرهنگ معنوی ایرانیان ،جلوه‌گر و چشمگیر است. هرچند زندگی در جامعه مدرن ،موجب بی‌رنگ شدن ویژگی‌های فرهنگ‌های قومی شده است ،با این همه در گوشه‌وکنار این سرزمین ،جلوه‌هایی از فرهنگ‌های زیبای قومی همچنان گوش را می‌نوازد و چشم را سیراب می‌کند.

قلمرو فرهنگ و تمدن ایران ،بسیار وسیع‌تر از مرزهای جغرافیایی آن است. کهن‌ترین نمونه‌های هنر ایرانی در سرزمینی به وسعت قاره آسیا پراکنده است. نمونه‌های شناخته شده هنر ایرانی در شمال اروپا ،در سردابه‌های "مهری "کشف شده که حاکی از مهاجرت مهرپرستان (۱) به دوردست اروپاست. همان نمادهایی که در سردابه مهری ایران یافت شده ،در سردابه‌های مهری سرزمین‌های دیگر نیز دیده شده است. کشف سردابه‌های متعدد مهرپرستان در قاره آسیا و شمال اروپا ،گواه بر نفوذ و گسترش فرهنگ ایرانی در جهان متمدن است.

هنر ایرانی همچنین بیش از ۶۰۰۰سال تاریخ پیوسته دارد. آثار هنر ایرانی –تندیس‌ها ،نقش برجسته‌ها و دیگر تزئینات بناها –همراه با هنر معماری در ناحیه‌ای پهناور از سوریه تا شمال هند و از قفقاز تا زنگبار پراکنده است.

هنر ایرانی بر خلاف هنر یونانی که طبیعت‌گرا و عینی است ، هنری است تجریدی و ذهنی

در هزاره دوم پیش از میلاد است. این قوم از نواحی شمال شرق ایران تا شمال غرب ایران و مرکز ایران کوچ کردند.

مادها تا اوایل هزاره اول تمام ایران مرکزی و شمالی را در دو محدوده ماد بزرگ و ماد کوچک در اختیار داشتند. اولین پادشاه مستقل مادها در شهری به نام هکماتانا یا اکبتان به معنی "محل جمع شدن "در نزدیکی همدان امروزی تاسیس گردید و حکومت‌های قبل از خود را از بین بردند.

بعد از مادها، پارس‌ها حکومت هخامنشی را در ایران پایه‌گذاری کردند و به دلیل عظمت سرزمین تحت حکومت این سلسله ایران را پرشیا یا پرسه نامیدند. سلسله هخامنشی با حکومت کورش فرزند کمبوجیه شروع شد و اولین مفهوم دولت مرکزی و وحدت ملی در جهان توسط کورش مطرح شد. کورش در اسناد بین‌المللی، سایرس نامیده می‌شود و بسیاری از ادیان او را پیامبر آسمانی می‌دانند آن چنان که در اوستا و تورات و قرآن شواهدی دال بر پیامبری او ذکر گردیده است. اولین منشور جهانی حقوق بشر در ایران و توسط کورش بر روی یک استوانه تهیه گردید که بعدها سرلوحه منشور حقوق بشر جهانی سازمان ملل قرار گرفت.

حکومت هخامنشی با حمله اسکندر مقدونی سرنگون شد و پس از فراز و نشیب فراوان و گذشتن از حکومت‌های اشکانی و سلوکی در دوره ساسانیان دوباره به اوج شکوفایی و اقتدار خود بازگشت.

ایران نامی است به دیرینگی تاریخ سرزمین آریائی‌ها که شش هزار سال پیش از میلاد مسیح به ایران مهاجرت کردند و نام خود را به این سرزمین بزرگ دادند. هخامنشیان کشورشان را آیی ریا می‌نامیدند و ساسانیان آن را آران (ایران) و آرانشهر (ایرانشهر یا کشور ایران) می‌خواندند. با این همه ،یونانیان و اروپائیان کشوری به نام «ایران» را نمی‌شناختند. یونانیان ایران را پرسیس (پارس) نامیده بودند. کشورهای فرانسه‌زبان دنیا، ایران را «پرس» و انگلیسی‌زبان‌ها «پرشیا» می‌نامیدند. این تشتت و پراکندگی نام‌ها موجب شد که دولت ایران در سال ۱۹۳۵از مراجع بین‌المللی درخواست کند که همه کشورهای جهان، کشور ما را با نام ایران بشناسند. این درخواست پذیرفته شد و از آن پس نام ایران در سراسر جهان شناخته شد در حالی که ایرانیان در هر جای این سرزمین بزرگ آریایی که می‌زیستند ،زادبوم خود را ایران می‌نامیدند و به آن افتخار می‌کردند. گواه ما چکامه‌های پرشوری است که شاعران خراسانی و آذربایجانی و عراقی در ستایش ایران سروده‌اند.

ادبیات هزارساله سرزمین ما سرشار از ستایش ایران است. شاهنامه فردوسی سراسر «ایران‌نامه» است. این شعر فردوسی درستایش ایران، ورد زبان هر ایرانی میهن‌دوست است:

چو ایران نباشد تن من مباد   بدین بوم و بر ، زنده یك تن مباد!

و این ستایش زیبای شاعرانه :

که ایران بهشت است یا بوستان   همی بوی مشك آید از دوستان

اسدی توسی، همشهری فردوسی ، در پاسخ کسانی که ایران را خوار می‌شمارند ، می‌گوید :

مزن زشت بیغاره ز ایران زمین   که یك شهر آن به زماچین و چین !

نظامی گنجوی شاعر و داستان سرای بزرگ ، دور از زادگاه زبان فارسی دری ، در گنجه

مقدمه

سرزمین کنونی ایران در طول تاریخ دچار تحولات و دگرگونی‌های مرزی زیادی شده است، به گونه‌ای که این سرزمین مرزهای ثابتی در طول تاریخ داشته و به واسطه عوامل مختلفی همچون حکومت‌های نالایق به مرزهای امروزی محدود شده است.

از نظر جغرافیایی، ایران فلاتی است مثلثی شکل که با سلسله جبال عظیمی احاطه شده است و مابین دره سند در شرق، کوه‌های زاگرس در غرب، دریای مازندران و کوه‌های قفقاز و آمودریا (جیحون) در شمال و خلیج فارس و دریای عمان از جنوب قرار گرفته است.

پست‌ترین بخش‌های فلات ایران نواحی کویری آن است که ۶۰۹متر از سطح دریا ارتفاع دارد. فلات ایران به دلیل تنوع جغرافیایی دارای منابع و مراتع فراوان بوده و این امر عامل استقرار بشر طی هزاران سال در آن بوده است. ساکنان اولیه ایران در هزاره نهم پیش از میلاد، سفالگری با دست را در غرب بوجود آوردند. در واقع، تجربه مراحل تمدن پیش‌سفال و سفال در ایران طی شده است. در حدود ۵۳۰۰سال قبل از میلاد در دو منطقه ایران شهرنشینی آغاز گردید؛ یکی منطقه جنوب غربی و دیگری ایران مرکزی. ایرانیان اولیه اقوام غیرآریایی بودند. از جمله تمدن‌های غیرآریایی در ایران کاسی‌ها در کناره دریای کاسپین یا مازندران، ایلامی‌ها، بابلیان، ساکنین سیلک، چشمه علی شهر ری و ... هستند. این گروه‌ها از جمله اقوام ایرانی هستند که قبل از آریایی‌ها در این سرزمین پهناور می‌زیستند. بسیاری از کشفیات مهم بشر هزاره قبل از میلاد مدیون سرزمین باستان ایران است. سفالینه، سفال منقوش، چرخ سفالگری، و سفال لعاب‌دار از هزاره ششم تا چهارم پیش از میلاد در ایران اختراع شد و آثار آن در گنج دره در غرب ایران یافت شده است.

کشف فلزات و کاربرد آن‌ها در ایران پدیدار شد، به گونه‌ای که کهن‌ترین جسم جوش‌داده شده فلزی جهان از طلا متعلق به هزاره پنجم قبل از میلاد است. اختراع آسیاب بادی مربوط به تمدن سیستان، و معماری طاق گنبدی توسط ایلامی‌ها و سومری‌ها ایجاد شد. همچنین صنعت بافندگی از ابداعات مردم این سرزمین است. قنات که نوعی سیستم مکانیکی خروج آب از اعماق زمین بود توسط ایرانیان به جهان معرفی شد.

از نظر تمدن شهرنشینی نیز بشر اولیه شهرنشینی را در ایران آغاز کرد، به گونه‌ای که در سرزمین سومر در هزاره چهارم قبل از میلاد اولین شهرهای جهان شکل گرفتند. اقوام آریایی، به عقیده بسیاری از کارشناسان، در حقیقت بیابانگردان آسیای مرکزی هستند که در پی یافتن مراتع و سرزمین‌های بکر در هزاره سوم و دوم پیش از میلاد به مرکز و شمال غربی و غرب و جنوب ایران مهاجرت کردند. این گروه‌ها به صورت دسته‌های مختلف از نژاد هند–آریایی بودند که بعد از تصاحب سرزمین فلات ایران ساکنان و حاکمان این سرزمین شدند. اقوام آریایی شامل مادها، پارسی‌ها و پارت‌ها بودند. اولین حکومت آریایی در ایران متعلق به مادها

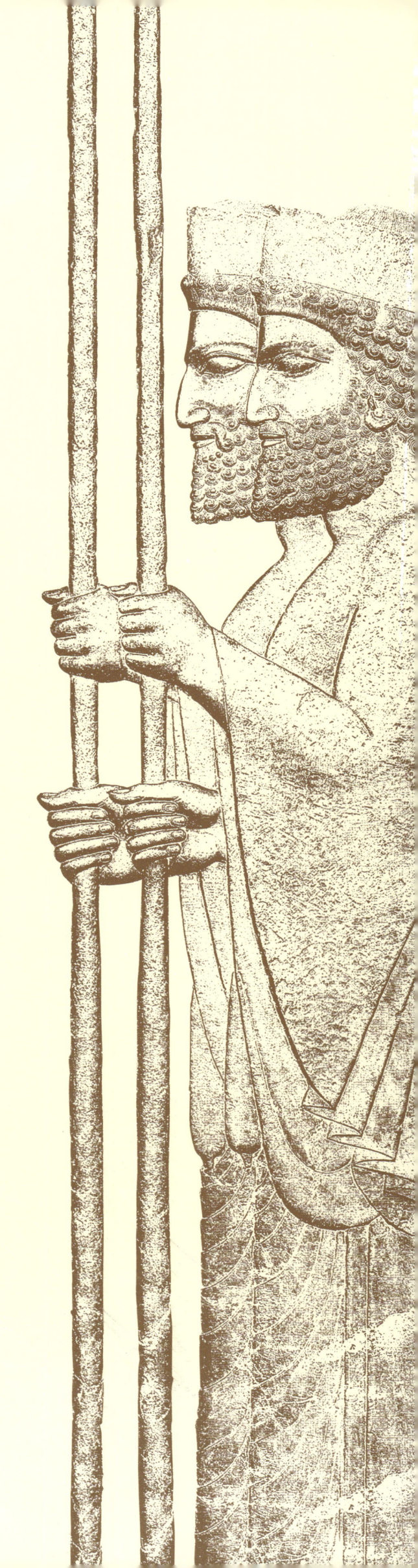

سرزمین همیشه سرافرازم ایران

در تو به دنیا آمدم

در دامنت رشد کردم

بزرگ شدم.

هرچه دارم از تو دارم

دوستت دارم تا پای جان

محبت‌های پرستم، مردم خوبت را

سپاسم بهی و هستی

در تو خواهم بود، تا بمیرم

و جزء کوچک از خاکت شوم

تا که حس کنم قدم‌های مردم خوبت را بر سرم

افشین بختیار

به نام خدا

ایران با قدمتی ۷تا ۱۰هزار ساله از تمدن غنی و منحصر به فردی برخوردار است ملتی که با دستاوردهای کهن بدان افتخار می کند و عشق می ورزد.

منشور حقوق بشر کوروش ،نظم جهانی با آیین اوستا ،فرمان داریوش جهت ساخت دانشگاه پزشکی در مصر تا هنر ناب و اصیل اسلامی و تجلی آن در کاشی کاری مساجد و بنا ها ،نگارگری و خوشنویسی همگی از تمدن کهن و اصیل در این مرز و بوم حکایت دارند.

اگر چه درخشش انسانی دوره های هخامنشیان ،اشکانیان و ساسانیان در اثر مرور زمان دگرگون گردیده ولی در مقابل هنرهای کاشی کاری ،گچ بری ،خطاطی ،نقاشی در هنرمعماری جلوه دیگری از هنر ایرانی را در جای جای میهن عزیزمان بوجود آورده است.

از سویی دیگر در ایران با وجود طبیعت چهار فصل ،سواحل زیبا ،جنگلهای سر به فلک کشیده و چشمه ساران زیبا در کنار تمدن و همچنین با داشتن اقلیم های متنوع جغرافیایی اعم از کرد ،لر ،ترک ،بلوچ و غیره می توان به تنوع فرهنگها در این دیار کهن پی برد.

دیدن کاخها ،کوخها ،مساجد ،کاروانسراها ،کلیساها و بناهای قدیمی هر یک انسان را به تاملی بزرگ در مورد تمدنی بزرگ وا می دارد.

با این همه وجود شاعران بزرگ همچون فردوسی ،مولانا ،سعدی و حافظ و غیره ... و آثار ادبی ایشان باعث شد که هنرهای دیگر چون نگارگری ،خوشنویسی و تذهیب و گل و مرغ ، رنگ و روی دیگر به هنرهای ناب و اصیل ایرانی به یادگار باقی بگذارد .

اظهار نظر محققان بزرگ چون ادوارد براون ،آرتور پوپ ، رومن کریشمن که مدتی عمر خود را صرف مطالعه ایران و جاذبه های گردشگری و هنر و فرهنگ این دیار نمودند همگی از ایران به بزرگی و زیبائی یاد کردند.

همچنانکه شاردن فرانسوی که از دیار فرنگ با دلی پر شور و بی پروا با اسب و کجاوه و کشتی خود را از پاریس به اصفهان رسانید و از همان روزهای نخست به فرهنگ این سرزمین دلباخت .

بدیهی است که نمی توان این همه عظمت و شکوه سالها تلاش بزرگان این مرز وبوم را در یک کتاب خلاصه نمود اما دستهای پر توان افشین بختیار آمیخته به فن و هنر عکاسی زمان و مکان را در مقابل دیدگان ما قرار می دهد او که سالهای متمادی و صرف ساعتها تلاش توانسته است زیباترین عکسها را به ارمغان آورد.

آنچه این مجموعه را از کتابهای همانند آن امتیاز می بخشد کامل بودن تصاویر از گوشه گوشه این مرز و بوم شامل بناها و معماری ،طبیعت ، آداب و رسوم و زندگی با تفکیک استانها می باشد .

خانه فرهنگ و هنر گویا با توجه به تجربیات ربع قرن خود و با توجه به علاقه ای که به شناساندن و معرفی فرهنگ و هنر ایران زمین دارد آثار متعددی را در این زمینه منتشر نموده است که می توان به کتابهای اصفهان ،کرمان ،یزد ،شیراز ،کاشان و غیره از عکاسان و هنرمندان اشاره کرد همچنین کتب دیگر استانها را در دست تهیه و چاپ دارد که امید است مورد توجه ایران دوستان در داخل و خارج از کشور قرار گیرد.

همچنین پدید آوردن چنین کتابی با چنین مشخصات زنجیره ای از تلاش و دقت افرادی می باشد که از همگی آنها صمیمانه سپاسگزاری می نمائیم .

در اسکن تصاویر آقای محمود رسایی و هاشم تاجیک با دقت و هنر خود پایه ریز کیفیت چاپی آثار می باشند آقای افشید فاطمی نظر در طراحی ولیات کتاب و پردازش تصاویر تلاش فراوانی مبذول داشتند . استاد م . آزاد با ادبیات شیوا و شیرین خود در توضیح و مقدمه زبان فارسی ما را یاری دادند . آقای اسماعیل سلامی متن کامل و دقیقی را به زبان انگلیسی فراهم آورده اند . خانم بریجیت رینل با علاقمندی فراوان ترجمه به زبان آلمانی را برای علاقمندان ایران به زبان آلمانی فراهم نمودند . آقای آرمان کریمی گودرزی به خاطر نگارش بسیار زیبای متن فرانسه که همکاری بسیار خوبی را با این مجموعه به عمل آوردند. در خوشنویسی اشعار، آقای اسرافیل شیرچی با علاقمندی که به فرهنگ و هنر این سرزمین دارند ،با خط زیبای خود آثاری را از شاعران بزرگ در مورد ایران به رشته تحریر در آورده اند . از آقای شعبان افضلی و همکارانشان آقایان وحید فرشاد صفت ،محمد رضا فراهانی ،علی رزاقی ،اصغر حقیقی ،مهدی جلالی و علیرضا جعفری در لیتو گرافی فرایند گویا ،در چاپ کتاب مدیریت چاپخانه ستاره سبز آقای محسن قاسمی و آیت قاسمی و مدیر فنی چاپ کتاب آقای جواد میر هاشمی و همچنین همکاران ایشان رنگ و روئی دیگر به تصاویر داده اند و سرانجام تکمیل کننده تمام این تلاشها آقایان شهاب و شاهین و مهدی متین در گروه جلد سازی ترنج که با هنر منحصر بفرد خود صحافی کتاب را بعهده داشتند و از افتخارات رشته صحافی در ایران می باشند و در پایان از همه افراد دیگری که در پدید آوردن این کتاب تلاش نمودند و نام آنها ذکر نشده است صمیمانه قدر دانی و سپاسگزاری می نمائیم .

ناصر میر باقری

عکس : افشین بختیار

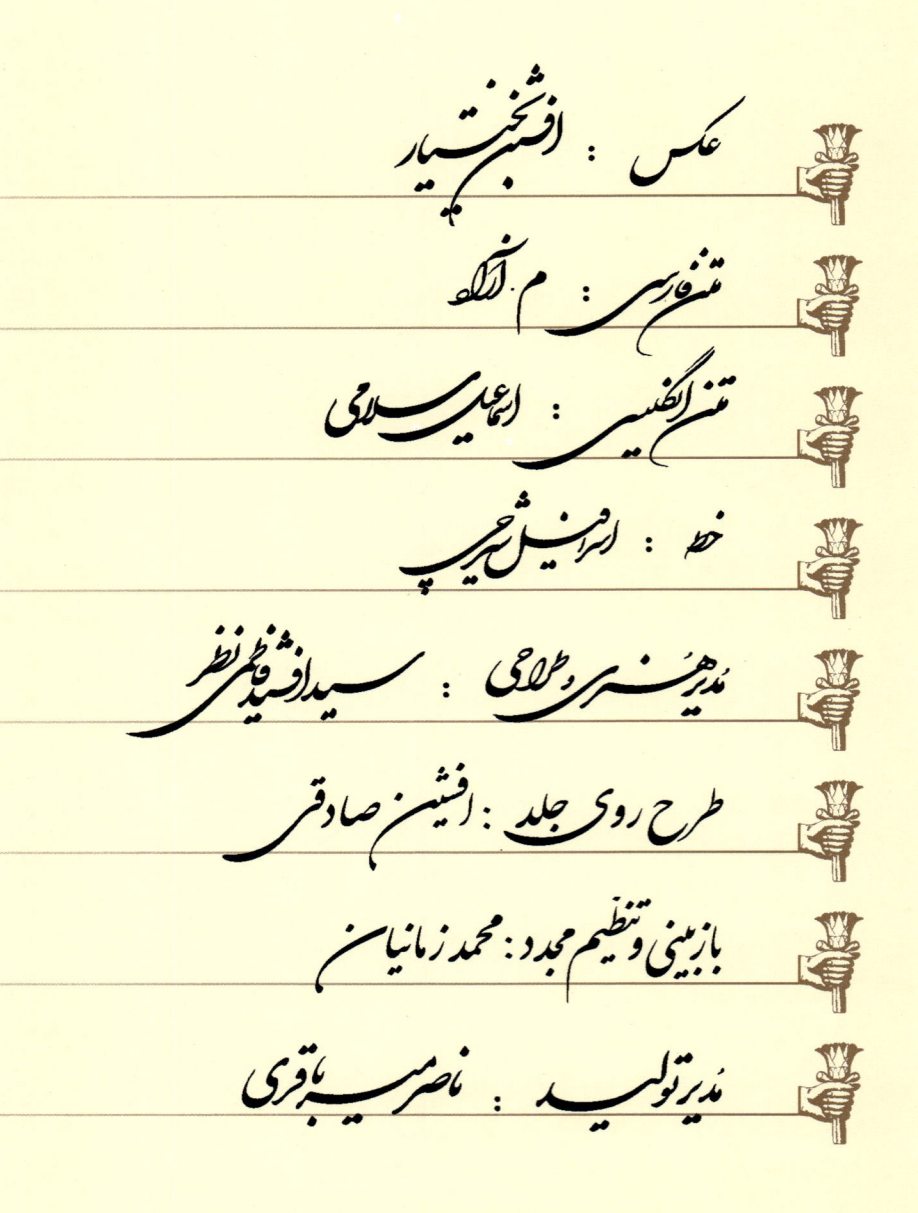

متن فارسی : م. آزاد

متن انگلیسی : اسماعیل سلامی

خط : اسرافیل شیرچی

مدیر هنری و طراحی : سید افشید قاضی نظر

طرح روی جلد : افشین صادقی

بازبینی و تنظیم مجدد : محمد زمانیان

مدیر تولید : ناصر میر باقری

اسکن و تفکیک رنگ : محمود رسالی، هاشم تاجیک

لیتوگرافی : فرآیند گویا

چاپ : خانهٔ فرهنگ و هنر گویا

صحافی : گوهر

نوبت چاپ : هفتم - پاییز ۱۳۹۶

شمارگان : ۱۰۰۰ جلد

شابک : ۹۶۴-۷۶۱۰-۰۳-۳

بختیار، افشین، ۱۳۲۹ - ، عکاس.
ایران، گهواره تمدن= Iran. The cradle of civiliztion/ عکس افشین بختیار؛ متن م. آزاد.-
تهران: خانه فرهنگ و هنر گویا، ۱۳۸۳.
۵۵۰ ص.: مصور (رنگی).
ISBN 964-7610-03-3
فارسی - انگلیسی.
فهرستنویسی براساس اطلاعات فیپا.
۱. عکسها -- ایران. الف. مشرف آزاد تهرانی،
محمود، ۱۳۱۲ - . ب. عنوان.

TR۶۵٤/الف۳ب۱۸۷	۷۷۹/۰۹۵۵
[DSR۷۸]	[۹۵۵/۰۰۲۲۲]

کتابخانه ملی ایران ۸۳-۲۲۱۸۶م

خانه فرهنگ و هنر گویا

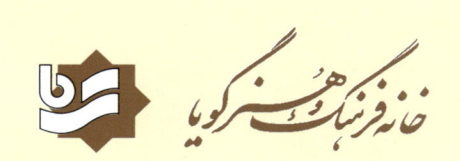

تهران - خیابان کریمخان زند، روبروی ایرانشهر، پلاک ۹۱
تلفن: ۸۸۳۱۳۴۳۱- ۸۸۸۳۱۶۶۹ - ۸۸۸۳۸۴۵۳
فکس: ۸۸۸۴۲۹۸۷
www.gooyabooks.com
E-mail: info@gooyabooks.com

متن فارسی : م. آزاد

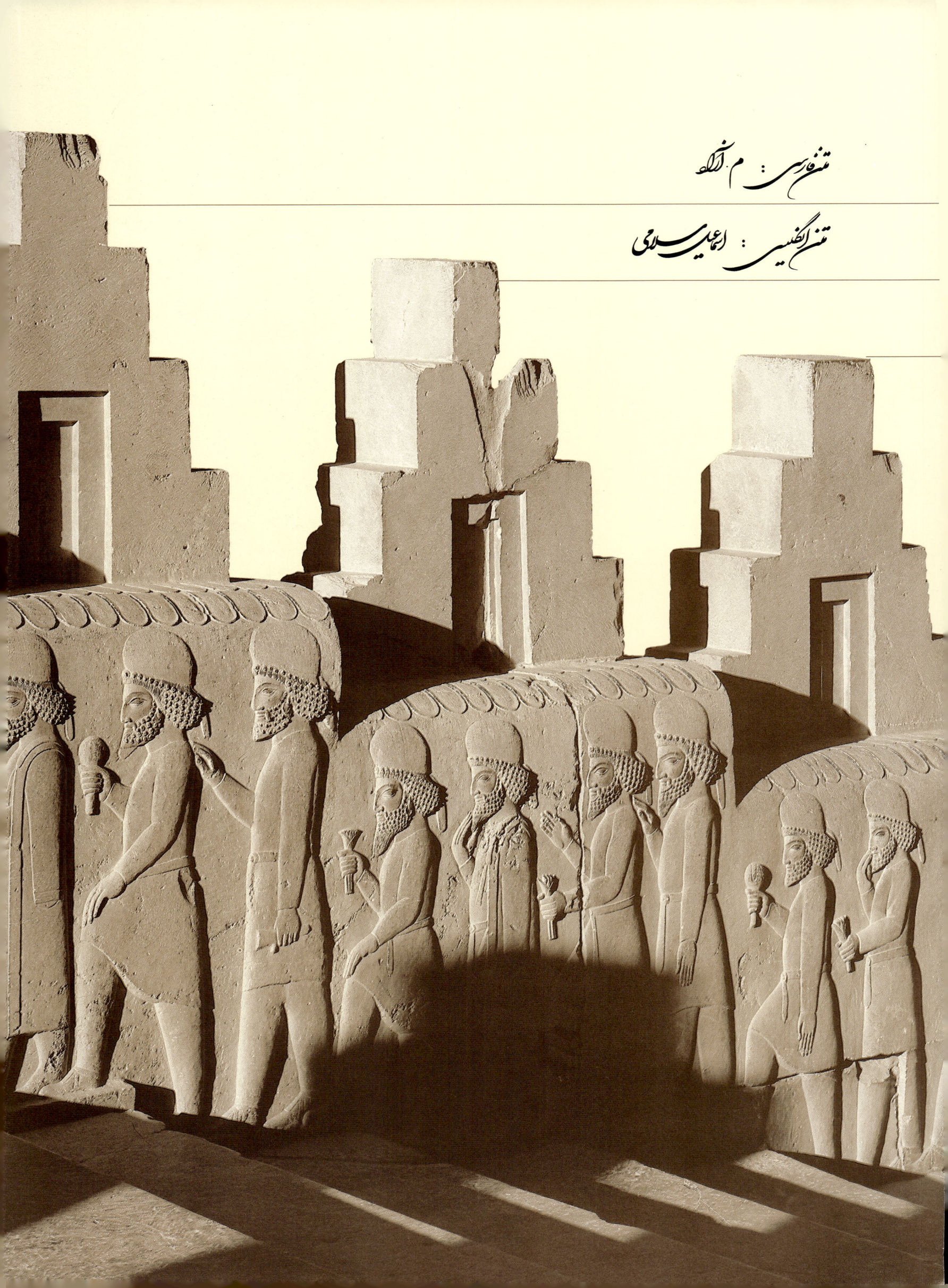

متن انگلیسی : اسماعیل سلامی

ایران گهواره تمدن

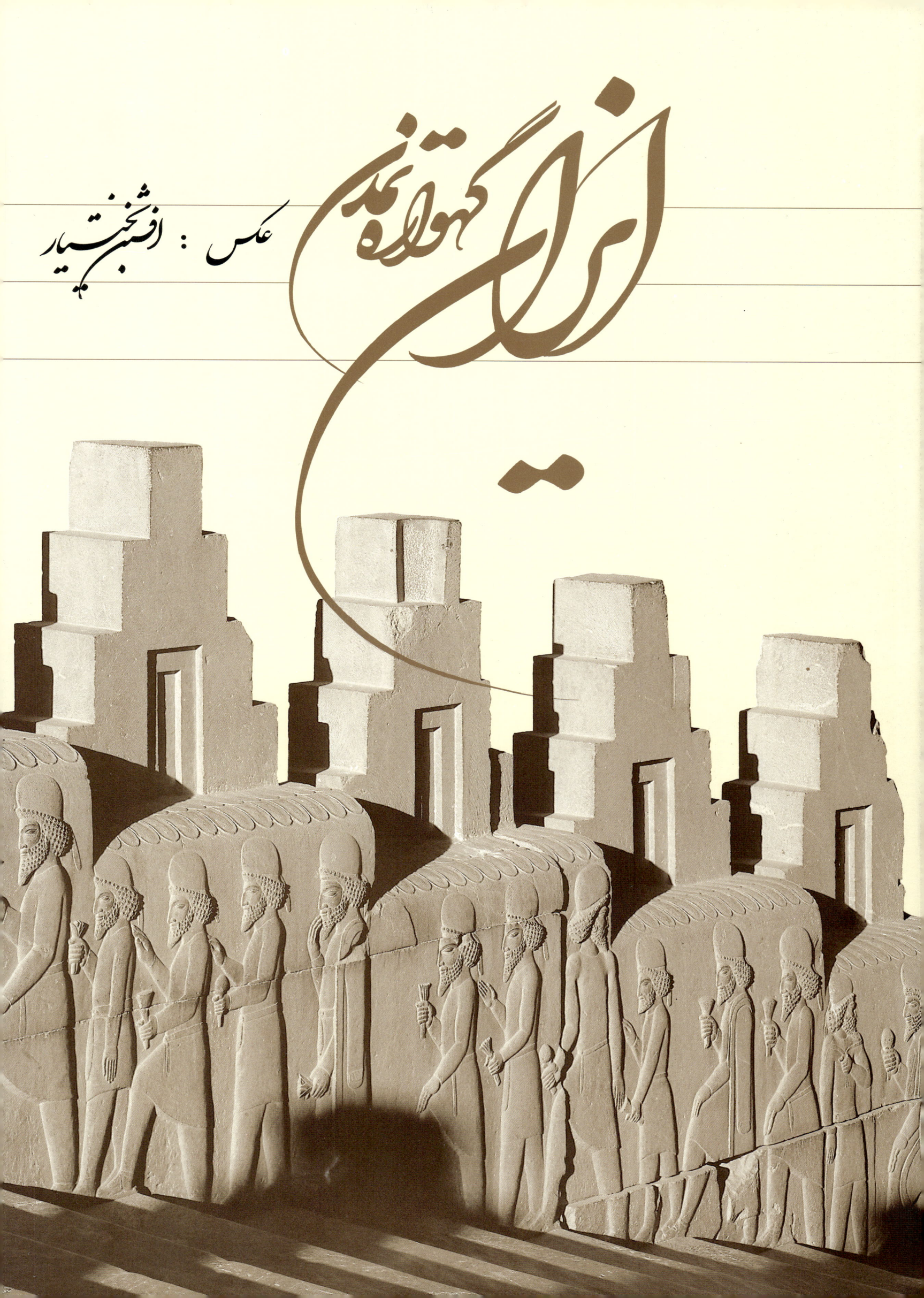

عکس : افشین بختیار

بنام خداوند جان و خرد
کزین برتر اندیشه برنگذرد

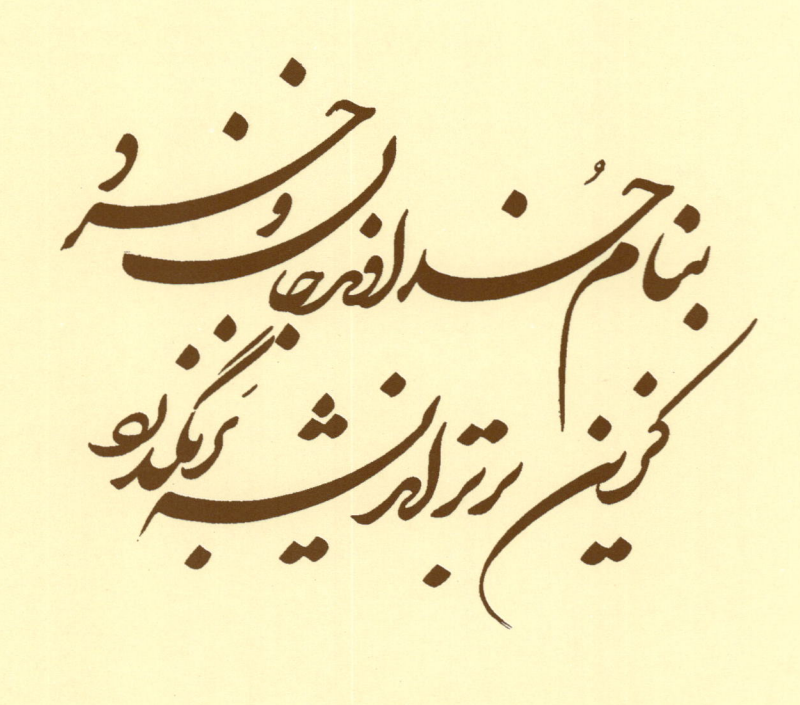